Ditmar Brock

Leben in Gesellschaften

Ditmar Brock

Leben in Gesellschaften

Von den Ursprüngen bis
zu den alten Hochkulturen

Bibliografische Information Der Deutschen Nationalbibliothek
Die Deutsche Nationalbibliothek verzeichnet diese Publikation in der
Deutschen Nationalbibliografie; detaillierte bibliografische Daten sind im Internet über
<http://dnb.d-nb.de> abrufbar.

1. Auflage September 2006

Alle Rechte vorbehalten
© VS Verlag für Sozialwissenschaften | GWV Fachverlage GmbH, Wiesbaden 2006

Lektorat: Frank Engelhardt

Der VS Verlag für Sozialwissenschaften ist ein Unternehmen von Springer Science+Business Media.
www.vs-verlag.de

Das Werk einschließlich aller seiner Teile ist urheberrechtlich geschützt. Jede Verwertung außerhalb der engen Grenzen des Urheberrechtsgesetzes ist ohne Zustimmung des Verlags unzulässig und strafbar. Das gilt insbesondere für Vervielfältigungen, Übersetzungen, Mikroverfilmungen und die Einspeicherung und Verarbeitung in elektronischen Systemen.

Die Wiedergabe von Gebrauchsnamen, Handelsnamen, Warenbezeichnungen usw. in diesem Werk berechtigt auch ohne besondere Kennzeichnung nicht zu der Annahme, dass solche Namen im Sinne der Warenzeichen- und Markenschutz-Gesetzgebung als frei zu betrachten wären und daher von jedermann benutzt werden dürften.

Umschlaggestaltung: KünkelLopka Medienentwicklung, Heidelberg
Druck und buchbinderische Verarbeitung: Krips b.v., Meppel
Gedruckt auf säurefreiem und chlorfrei gebleichtem Papier
Printed in the Netherlands

ISBN-10 3-531-14927-X
ISBN-13 978-3-531-14927-1

Einleitung 9
  1 Die Gesellschaft –
     ein nichtssagender Schlüsselbegriff der Soziologie? 9
  2 Wie der Beliebigkeit soziologischen Theoretisierens Grenzen
     gezogen werden können. 13
  3 Gesellschaft – von außen betrachtet. 15
  Literatur 18

1 **Bestandsaufnahme – der Aspekt gesellschaftlicher Ordnung
   in der Soziologie** 21
  Einleitung 21
  1 Soziologische Grundbegriffe 22
  2 Die Bedeutung der Soziologie für moderne Gesellschaften hängt
     aufs Engste mit dem Ordnungsthema zusammen. 23
  3 Erklärungen über Ursachen und Voraussetzungen
     gesellschaftlicher Ordnung 24
  4 Der Gesellschaftsbegriff als zusammenfassende Bezeichnung für
     den Gegenstandsbereich der Soziologie. 46
  5 Fazit des ersten Kapitels 54
  Literatur 58

2 **Das Spektrum des Sozialverhaltens von Tieren und Menschen –
   Unterschiede und Gemeinsamkeiten** 61
  Einleitung 61
  1 Chemische Kommunikation – ein ganz anderes Feld von
     Kommunikation und Sozialverhalten 62
  2 Reziproker Altruismus bei Fledermäusen 65
  3 Mitteilungen und Interessen – intendierte selektive Kommunikation ... 66
  4 Protogesellschaftliche Strukturen bei Tieren?. 73
  5 Definitive Differenzen im Sozialverhalten von Tieren und
     Menschen 77
  6 Fazit: Gemeinsamkeiten und Trennendes 86
  Literatur 93

3 Anfragen an die Anthropologie und die Menschheitsgeschichte: Was unterscheidet den Menschen in biologischer Hinsicht von seinen nächsten tierischen Nachbarn? Wann hat er sich von ihnen wodurch unterschieden? ... 97

Einleitung ... 97
1 Biologische Besonderheiten des Menschen ... 98
2 Welche Hinweise enthält die menschliche Evolutionsgeschichte auf definitive Unterschiede zwischen Mensch und Tier? ... 109
Literatur ... 119

4 Indikatoren für die Erfindung der Gesellschaft. Mythische Erzählungen, Rituale und die Sozialstruktur von Abstammungsgemeinschaften. ... 123

Einleitung ... 123
1 Enthalten die in den französischen und spanischen Höhlen gefundenen Wandmalereien Hinweise auf gesellschaftliche Strukturen? ... 126
2 Was lässt sich über die „Erfindung" der Gesellschaft überhaupt noch in Erfahrung bringen? ... 135
3 Koevolution zwischen Wahrnehmung und Kommunikation – eine zentrale Grundlage für die „Erfindung" der Gesellschaft ... 140
4 Wie könnte es zur Gesellschaftsbildung gekommen sein? Ein Gedankenexperiment. ... 146
5 Wie kann mit Geistern kommuniziert werden? Ein erster gesellschaftlicher Rahmen für menschliche Kommunikation ... 153
6 Zusammenfassendes Fazit der in den Abschnitten 2 bis 5 entwickelten Thesen zur Entstehung von Gesellschaft ... 159
7 Archäologische Indikatoren für Gesellschaftsbildung ... 162
Literatur ... 167

5 Jäger- und Sammlerinnen-Gesellschaften. Was macht den gesellschaftlichen Aspekt in diesen als besonders archaisch angesehenen Stammesgesellschaften aus? ... 171

Einleitung ... 172
1 Leben in Gesellschaften – tiefgreifende Veränderungen am Beispiel von Verpflichtungen gegenüber Toten ... 174
2 Kann das ethnologische Material zu Jäger/Sammlerinnen – Gesellschaften für einen Widerlegungsversuch der Thesen zur „Erfindung" der Gesellschaft genutzt werden? ... 181

Inhalt

    3 Clan-Totemismus: Durkheims Studie über den australischen Totemismus 186
    4 Schamanismus 205
    5 Fazit zu Merkmalen der frühesten Formen der Gesellschaftsbildung. 213
    Literatur 217

6 Wege in die „Neolithische Revolution" 221
    Einleitung 221
    1 Grundlegende Probleme und Befunde zur „Neolithischen Revolution" 226
    2 „Kritische Ereignisse" und der „Kult der Göttin" 228
    3 Der als System symbolischer Zeichen konservierte Glaube an den Prozess von Tod und Wiedergeburt. 230
    4 Die magischen Eigenschaften des Ackerbaus 240
    5 Materielle Kultur: Sesshaftigkeit, Kultstätten, Häuser, Keramik und Modelle 246
    6 Institutionelle Gesamtordnungen in Ackerbaugesellschaften ohne Staat 251
    7 Ethnologisch belegte Übergänge zum Ackerbau 254
    8 Zusammenfassung 260
    9 Fazit zur Gesellschaftsentwicklung – soziologisch relevante Unterschiede zwischen Jäger und Sammlerinnen und Ackerbau betreibenden Stammesgesellschaften 262
    Literatur 265

7 Staaten und Zivilisationen 269
    Einleitung 270
    1 Was sind die grundlegenden Merkmale der alten Hochkulturen? 270
    2 Formative Phase: Von der Stammesgesellschaft zum Stadtstaat – die Institutionalisierung von Machtpositionen in der Gesellschaft 274
    3 Von der Theokratie zum weltlichen Königtum – die Trennung zwischen Tempel und Palast (2. Phase) 295
    4 Kriegerische Expansion – Vom Stadtstaat zum Imperium 308
    5 Fazit: Soziologische Grundlagen der alten Hochkulturen 315
    6 Nachbemerkung: Mechanismen der Stagnation 322
    Literatur 324

8 **Zusammenfassung** 327
Einleitung 328
1 Techniken des Sozialverhaltens – über die besondere Machart von „Gesellschaft". 333
2 Soziologische Aspekte der Hominisation – zur Evolution von Symbolsprache und Gesellschaft 354
3 Die Weiterentwicklung von Gesellschaften – Neolithische Revolution und die alten Hochkulturen 372
4 Reproduktive Mechanismen – Wie sich die Anforderungen an die Reproduktion gesellschaftlicher Ordnungen im Zuge der Gesellschaftsentwicklung gesteigert haben. 380
5 Die Umkehr der Denkrichtung – zu den Möglichkeiten einer historischen Soziologie in systematischer Absicht. 384
Literatur 390

Einleitung

1 Die Gesellschaft – ein nichtssagender Schlüsselbegriff der Soziologie?

„Soziologie die, Gesellschaftslehre, die Wissenschaft von der Gesellschaft, ihren Formen, Gesetzlichkeiten und ihrer Entwicklung." (Der neue Brockhaus, Bd.5, S. 52, Wiesbaden 1960).

Wenn man erfahren möchte, womit sich die Soziologie beschäftigt und dann zu einem vielleicht nicht mehr ganz neuen Nachschlagewerk greift, erhält man diese oder eine ähnliche Information. Wenn Soziologie die Wissenschaft von der Gesellschaft ist, dann, so sollte man annehmen, beschäftigen sich die Soziologen besonders intensiv mit diesem Begriff. Sie haben, um ihr Fach auf eine solide wissenschaftliche Grundlage zu stellen, zunächst Fragen geklärt wie diese:

- Welche Kriterien müssen mindestens erfüllt sein, damit man von einer „Gesellschaft" sprechen kann?
- Unter welchen Bedingungen haben sich Gesellschaften entwickelt?
- Welche Begriffe sind mindestens notwendig, um eine soziologisch gehaltvolle Beschreibung von Gesellschaften vornehmen zu können?

Dem ist aber keineswegs so. Damit der Leser die Gründe hierfür besser verstehen kann, möchte ich eine kurze fiktive Geschichte erzählen. Nehmen wir also an, Frau Müller[1], eine frisch gebackene Studienanfängerin der Soziologie, möchte neugierigen Fragern, die wissen wollen, was Soziologen genau können und machen, endlich eine klare Antwort geben können. Da sie schon von der Berufsberatung her weiß, dass Soziologie die Wissenschaft von der Gesellschaft ist, geht sie in die Unibibliothek und schlägt in einem der Wörterbücher der Soziologie den Begriff Gesellschaft nach. Bald danach sehen wir sie mit einem Ratlosigkeit signalisierenden (bei anderem Temperament: wütendem) Gesichtsausdruck die Bibliothek wieder verlassen. Was ist passiert?

Vielleicht hat Frau Müller zunächst in „Grundbegriffe der Soziologie" nachgeschlagen (Schäfers 1995; 95ff). Dort hat sie erfahren, dass mit diesem Begriff ganz unterschiedliche Sachverhalte bezeichnet werden können – von der „Tatsache der Verbundenheit von Lebewesen" (95) bis hin zu „gesellige(m)

---

[1] Soziologie wird heute überwiegend von Frauen studiert, daher ist von Frau Müller die Rede.

Beieinandersein ganz allgemein" (96). „Im heutigen soziologischen Verständnis" gehe es aber vor allem um die „bürgerliche Gesellschaft", eine von den Bürgern getragene und in Revolutionen durchgesetzte „Form der gesellschaftlichen Organisation des Zusammenlebens" (97). „Was hat denn das mit Wissenschaft zu tun?!", geht es ihr durch den Kopf. „Das ist ja ungefähr so, als würden sich Physiker nur mit Mechanik befassen! Wie hätte dann Einstein auf die Relativitätstheorie kommen können?"

Da sie das nicht glauben kann und ein gewissenhafter Mensch ist, greift Frau Müller zu einem weiteren Nachschlagewerk. Nehmen wir einmal an, sie schlägt den ersten Band des „Wörterbuch der Soziologie" (Endruweit/Trommsdorf 1989) auf. Dort stößt sie zum selben Begriff auf einen Artikel von Günther Büschges (Bd.1, 245ff.), der Gesellschaft zunächst wiederum ganz ähnlich erläutert. Daran anschließend findet sie aber eine Erklärung für die Mehrdeutigkeit und Unbestimmtheit des Gesellschaftsbegriffs. Das hänge damit zusammen, dass der Begriff in der Alltagssprache ganz unterschiedliche Bedeutungen habe. Deswegen müsse er unter theoretischen Gesichtspunkten eingeengt werden. Das leuchtet Frau Müller ein. Erleichtert denkt sie: „Jetzt endlich erfahre ich etwas über den wissenschaftlichen Gesellschaftsbegriff". Zu früh gefreut! Sie erfährt nämlich anschließend, dass es in der Soziologie fast so viele Gesellschaftsbegriffe gebe wie Theorierichtungen bis hin zur konsequenten Forderung nach Abschaffung des Gesellschaftsbegriffs (Tenbruck 1984).

Wir verlassen Frau Müller nun und hoffen, dass ihr ein ebenso freundlicher wie kompetenter Dozent in einer Einführungsveranstaltung oder in einem persönlichen Gespräch erklären kann, womit sich Soziologen beschäftigen. Hoffentlich hört sie sich dessen Erklärung nicht nur brav an sondern fragt ihn auch, wieso sich Soziologen denn hauptsächlich nur mit der bürgerlichen Gesellschaft befassen und lässt sich erläutern, warum sich die Soziologen nicht auf ein gemeinsames Verständnis ihres Gegenstandes „Gesellschaft" einigen können.

Welche Antworten könnte ihr der freundliche Dozent auf diese Fragen geben?

Die erste Frage nach der Konzentration auf die bürgerliche Gesellschaft könnte er so beantworten: Die Soziologie ist entstanden – und darin bestand auch lange Zeit ihr Nutzen – um die Funktionsfähigkeit einer bürgerlichen Gesellschaft zu erläutern. Spätestens mit dem durch die Industrialisierung hervorgerufenen Strukturwandel war den meisten Menschen klar geworden, dass die vormoderne Feudalgesellschaft nicht mehr zu restaurieren war. Zugleich war aber nicht klar, ob eine bürgerliche Gesellschaft, also eine Demokratie in Verbindung mit einer industrialisierten und zugleich entmoralisierten Wirtschaft, tatsächlich die vormodernen Institutionen ersetzen könnte, ohne dass ein allgemeines Chaos ausbrechen müsste. Diese Befürchtung hat die Soziologie entkräftet, weil sie zeigen konnte, dass die Gesellschaft nicht nur durch Moral und Monarchen zusammengehalten wird. Soziologen haben gezeigt, dass die Grundlagen des gesellschaftlichen Zusammenlebens vielmehr tiefer liegen: in der zur Kooperation verpflichtenden gesellschaftlichen Arbeit (Marx), im allgemeinen Differenzierungsgesetz (Spencer), in den gemeinsamen Wissensformen (Saint-Simon, Comte), in der durch die Arbeitsteilung nur noch intensiver gewordenen gesellschaftlichen Solidarität (Durkheim), im sozialen Handeln (Weber), dem Wechselwirkungsmechanismus (Simmel) usw.

Diese „Parteilichkeit für das Neue" forderte allerdings auch ihren Preis: eine **perspektivische Oberflächlichkeit**. Da die Soziologen bereits von vornherein auf der Seite des Fortschritts standen, zerbrachen sie sich auch nicht den Kopf darüber, wie das Neue mühsam und oftmals auf verschlungenen Pfaden entsteht und sich durchsetzt. Man muss es nur als zur Ordnung fähig erkennen und rechtfertigen! Im Übrigen ist man weitgehend frei darin, was man jeweils als das spezifisch Neue ansieht. Hiermit ist bereits der Keim gelegt für den für die heutige Soziologie so charakteristischen Pluralismus an Theorien und Diagnosen.

Wenn man beispielsweise nach neueren Gesellschaftsdiagnosen darüber sucht, wie sich die moderne (bürgerliche) Gesellschaft denn modernisiert hat, findet man eine Fülle unterschiedlichster Begriffe, Thesen und Beobachtungen. Der nicht mit diesen Gegebenheiten vertraute Interessent muss sich nach der Lektüre der einschlägigen Texte fragen: Leben wir heute im Informationszeitalter (Castells 2003), in der Multioptionengesellschaft (Groß 1994), der Erlebnisgesellschaft (Schulze 1992), der Risikogesellschaft (Beck 1986), der zweiten, reflexiven, Moderne (Beck 1996, Giddens 1996), der dritten Moderne (Münch 1998), der nachindustriellen Gesellschaft (Bell 1975), oder doch eher in der Wissensgesellschaft (Reich 1994, Rifkin 1996)? Kundige können ihm dann erklären, dass das nicht entscheidbar ist, da alle genannten Merkmale (und noch unzählige weitere) in den heutigen modernen westlichen Gesellschaften zu finden sind.

Danach fällt die Antwort auf die zweite Frage nach der Uneinigkeit der Soziologen über die Definition ihres Gegenstandsbereichs leicht. Da es keine Entscheidungsregel dafür gibt, welches die bestimmenden Merkmale der modernen Gesellschaft (oder auch anderer Gesellschaftsformen) sind, kann sich die Soziologie auch nicht auf ein gemeinsames Verständnis ihres Gegenstands einigen, selbst wenn sie Einschränkungen wie etwa auf die „bürgerliche Gesellschaft" vornimmt. Da die heutigen Soziologen sich ganz überwiegend nicht mehr den hehren Zielen der Aufklärung, des Marxismus oder anderer Heilslehren verpflichtet fühlen, gibt es um solche Fragen keine hitzigen Debatten und Kontroversen mehr. Die Uneinigkeit über grundlegende Begriffe wie Sachverhalte wird ganz unfreiwillig zu einer Schule der Toleranz und des postmodernen Pluralismus (vgl. auch Bauman 1995; 281ff.). Man kann sich unter gestandenen Soziologen umstandslos darauf verständigen, dass die moderne Gesellschaft zu Beginn des 21. Jhs. genauso gut eine Multioptionsgesellschaft wie eine Erlebnis-, Wissens- oder Informationsgesellschaft, usw. „ist". Genauso gut kann man eben auch an die unterschiedlichsten Sachverhalte denken, wenn man von „Gesellschaft" spricht. Seit den wissenssoziologischen Überlegungen Karl Mannheims (1952), so könnte der Dozent weiter erklären, ist es klar geworden, dass das Denken über Gesellschaft in den Bereich des „seinsverbundenen Denkens" gehört, also immer von außerintellektuellen Faktoren wie Religion und Klassenlage beeinflusst wird, so dass ein Konsens mit rationalen Mitteln kaum erreichbar ist.

Das Problem an dieser (für gelernte Soziologen bedauerlicherweise absolut selbstverständlichen) Erläuterung besteht zunächst in ihrer Wirkung auf Außenstehende, also auf alle diejenigen, die in diese Art zu denken nicht sozialisiert sind – wie z.B. Frau Müller, die dies noch vor sich hat, wenn sie anders als die Mehrzahl der Studienanfänger, ihr Soziologiestudium tatsächlich mit Erfolg „durchzieht". Vielleicht nickt Frau Müller nicht einfach mit dem Kopf, um irgendwie aus dem Gespräch mit dem Soziologiedozenten wieder heraus zu kommen, sondern entgegnet empört: „So etwas soll eine Wissenschaft sein?!" Solche empörten Reaktionen kann unser verständnisvoller und hilfreicher Soziologiedozent durch weitere, relativierende Erklärungen zumindest zu dämpfen versuchen.

Er könnte die Studentin z.B. mit dem Hinweis beruhigen, dass heute der Hauptnutzen der Soziologie im Alltagsgeschäft der empirischen Sozialforschung bestehe, in der Erstellung von Meinungsbildern und Bestandsaufnahmen zu den unterschiedlichsten Themenfeldern. Wie sonst sollen auch die Entscheidungsträger in einer immer komplexer, undurchschaubarer und anonymer werdenden „Gesellschaft" wissen, wer die eigenen Wähler oder Kunden sind, was sie denken, welche Trends für sie wichtig sind, usw.?

Der Dozent könnte auch direkter auf die empörte Reaktion eingehen und auf andere Disziplinen zeigen, die als absolut seriös gelten. So auf das Vorbild der modernen Wissenschaft überhaupt, die Physik. Das erste Beispiel der modernen Wissenschaft, die Mechanik, wurde auf theoretischen Grundlagen errichtet, die sich inzwischen als unzureichend herausgestellt haben. Mechanik und Optik waren bis zur Entwicklung der Relativitätstheorie auf inkompatiblen Fundamenten errichtet worden.

Damit begibt er sich aber auf ein Minenfeld. Anders als die Soziologen konnten sich die Physiker zumindest auf ein gemeinsames begriffliches Verständnis einzelner Objektbereiche wie z.B. der Mechanik einigen. Das erwähnte Beispiel demonstriert weiterhin, dass es für jede Wissenschaft zentral ist, ihre Fundamente parallel zur Entwicklung des Wissensstands kritisch zu überprüfen und weiter zu entwickeln. Der Physik ist das immer wieder gelungen (vgl. z.B. Whitehead 1988).

2 Wie der Beliebigkeit soziologischen Theoretisierens Grenzen gezogen werden können.

Hier verlassen wir nun endgültig Frau Müller und gehen stärker ins Detail. Eine Besonderheit der Soziologie ist offensichtlich, dass sich das Verständnis der kategorialen Grundlagen der Soziologie **gegenstandsunabhängig** vervielfältigt hat. Unterschiedliche Beobachtungsgesichtspunkte führen zu unterschiedlichen Ergebnissen. Damit wird eine vortheoretische oder theorieunabhängige Verständigung auf grundlegende Sachverhalte immer weniger möglich. Nicht nur „Gesellschaft" sondern auch andere grundlegende Begriffe wie z.B. „sozial" können ohne theoriespezifische „Aufladung" nur noch als nichtssagende Leerformeln angesehen und benutzt werden. Aussagekraft gewinnen grundlegende Begriffe somit erst in Verbindung mit Theoriesystematiken, also immer nur „theoriespezifisch".

So führt beispielsweise Andreas Reckwitz bei seiner Rekonstruktion eines „idealtypischen Modells" der Praxistheorie aus, dass eine signifikante Besonderheit dieses Theoriemodells auch in einer spezifischen Sichtweise des Sozialen bestehe: „Das Problem des Sozialen ist aus praxeologischer Perspektive das Problem, wie es dazu kommt, dass in der sozialen Welt Raum und Zeit gebunden werden, d.h. wie eine zumindest relative Reproduzierbarkeit und Repetitivität von Handlungen über zeitliche Grenzen und über räumliche Grenzen hinweg möglich wird..." (Reckwitz 2003; 289). Diese Version kontrastiert er durchaus schlüssig mit anderen Versionen des Sozialen, die sich ebenso aus der inneren Systematik anderer Theorieperspektiven erschließen (ebd. 286f.).

Wenn keine Alternativen zu dieser in der Soziologie allgemein gebräuchlichen Sichtweise gefunden werden, dann hängt das, was Soziologen erkennen können, primär von der gewählten Theorieperspektive ab. Der reale Gegenstandsbereich spielt nur insoweit eine – sekundäre – Rolle, als er einen möglichst plausiblen „Anker" für die Theorie abgeben muss. Ein weder an politische, ideologische noch wissenschaftstheoretische Standpunkte gebundener Soziologie kann also so viele unterschiedliche Beschreibungen selbst grundsätzlicher soziologischer Sachverhalte abgeben wie Theoriesprachen vorhanden sind. Fragen wie die nach aktuellen Veränderungen moderner Gesellschaften müssen daher zunehmend als „naiv" angesehen werden, da nicht entschieden werden kann, ob „Neues" veränderten Beobachtungsperspektiven und Theoriesystematiken, dem Gegenstandsbereich oder beidem zuzurechnen ist.

Begründungen, die (überwiegend mit wissenschaftstheoretischen oder wissenssoziologischen Argumenten) diese Gegebenheiten für unvermeidlich erklären, sind in der Soziologie in den letzten Jahrzehnten ohne große Debatten, scheinbar umstandslos verinnerlicht worden. Meist reicht das Zauberwort „Konstruktivismus" aus, das, entgegen den Intentionen der Erlanger und Konstanzer Schule (zusammenfassend: Kamlah/Lorenzen 1973; Lorenzen/Schwemmer 1975) – gewissermaßen postmodern –, als ein Programm verstanden wird, das die von der Wissenschaftssprache abhängige Konstruktion von Gegenstandsbereichen „erkläre" und daher Theorienpluralismus als Weg zu Erkenntnisfortschritten legitimiere. Dabei wird entweder übersehen oder unterschlagen, dass es auch bei diesem wissenschaftstheoretischen Programm um ein **gemeinsames** Verständnis von Gegenstandsbereichen geht. **Hierfür** sollen methodische bzw. dialogische Prinzipien entwickelt werden. Im Hinblick auf methodische Prinzipien geht es um die Einführung von Prädikatoren[2], für die **konsensfähige** Begründungen angeben werden müssen.

Ähnlich folgenreich war auch die von Luhmann (1997; 866ff.) vorgetragene These, dass der soziologische Beobachter Teil der Gesellschaft sei. Deshalb könne er sie nie vollständig beobachten, beschreiben oder gar erklären. Paradoxerweise ist diese Aussage Teil eines konstruktivistischen Theoriekonzepts, das keine begriffsunabhängige Realität kennt. Was behauptet Sie dann? Nichts anderes als dass Luhmanns Theoriekonzept, insbesondere ist das eine Konsequenz seines Gesellschaftsbegriffs, die Möglichkeit vollständiger Beschreibungen des soziologischen Gegenstandsbereichs durch soziologische Beobachter ausschließt und keinen grundsätzlichen Unterschied zwischen wissenschaftlichen und nichtwissenschaftlichen Gesellschaftsbeschreibungen kennt. Nur wenn man die These wissenschaftstheoretisch naiv als unbezweifelbare Aussage über die Realität soziologischer Beschreibungen liest, kann man den immer weiter eskalierenden Theorienpluralismus als Naturnotwendigkeit missverstehen.

Wenn man weiterhin noch bedenkt, dass der Konstruktivismus, wie andere wissenschaftstheoretische Richtungen auch, eine ganze Reihe ungelöster Probleme mit sich herumschleppt (vgl. z.B. Thiel 2004), dann wird deutlich, dass man durch den Rekurs auf Wissenschaftstheorie keine unumstößlichen Wahrheiten, wohl aber Zweifel und Anregungen gewinnen kann. Ein unbezweifelbares Fundament für den Verzicht auf konsensfähige Grundbegriffe, für eine unge-

---

2 Prädikatoren dienen im logischen Sinne zur Unterscheidung und damit zur Bestimmung von Gegenständen. Nominatoren dienen dagegen der Benennung. In der logischen Analyse bezeichnen Prädikatoren eine Elementarbeziehung zwischen einem Gegenstand und einer Klasse von Eigenschaften oder Beziehungen. In die sprachlichen Verständigung werden vergleichbare Bestimmungen anhand von Beispielen und Gegenbeispielen eingeführt. Vgl. Stichwort Prädikator in Mittelstraß 2004.

bremste Vervielfältigung von Beobachtungssystematiken bzw. Sozialtheorien oder für die Verabschiedung von Wahrheitsansprüchen bietet die Wissenschaftstheorie jedenfalls nicht.

Für die Zukunft steht zu erwarten, dass der heutige Stand an gegenstandsunabhängiger Pluralisierung noch weiter überboten werden wird. Wie schnell und wie weitgehend das sein wird, ist vermutlich primär vom Ausmaß des soziologischen Theoretisierens und von den Distinktionsbedürfnissen der soziologischen Beobachter bzw. des soziologischen Wissenschaftsbetriebs abhängig. Die Kehrseite dieser Entwicklung wird sein, dass die klassische Wissenschaftskompetenz der Soziologie im Sinne von Expertisen noch weiter eingeschränkt werden wird als das heute schon der Fall ist.

Wie können der Beliebigkeit des soziologischen Theoretisierens sachlich begründete Grenzen gezogen werden? Wenn man der Wissenschaft nicht adäquate Möglichkeiten ausschließen möchte wie insbesondere (a) die Festlegung auf normative oder politisch – ideologische Prämissen, (b) die Beschränkung auf solche Phänomene, die durch unbezweifelbare Zahlen (z.b. Demographie) beschrieben werden können oder (c) die gewaltsame Durchsetzung partikularer Theorieprogramme durch Strategien der „Kanalisierung von beruflichen Chancen", dann kann man vermutlich nur im **Gegenstandsbereich** der Soziologie nach Ankerpunkten suchen.

Es gilt dann (durchaus im Einklang mit Intentionen des Konstruktivismus) nach der **Unabhängigkeit** (in Durkheims Terminologie) „**sozialer**" von „**soziologischen Tatsachen**" zu fragen. Sie besteht grundsätzlich immer dann, wenn gezeigt werden kann, dass soziale Tatsachen existieren und zwar unabhängig davon, ob und in welcher Weise sie beobachtet werden. Dann kann im Sinne einer möglichst vollständigen Erklärung deren Rekonstruktion gefordert werden. **Wissenschaftliches Ziel ist dann nicht die Distinktion soziologischer Beobachtungsperspektiven („mit welcher Theorie kann man was sehen") sondern die möglichst vollständige Rekonstruktion sozialer Tatsachen** – z.B.: „was ist eine Gesellschaft in den Augen der Gesellschaftsmitglieder?" Eine derartige Fragestellung schließt Interpretationsunterschiede und Dissens keinesfalls aus. Sie werden jedoch wie bei anderen auf Rekonstruktion verpflichteten Disziplinen auf im Gegenstandsbereich identifizierbare Interpretationsunterschiede konzentriert.

3 Gesellschaft – von außen betrachtet.

Ich möchte diese Einleitung nicht mit einer vorläufigen Definition des Gesellschaftsbegriffs, sondern mit einem methodischen Experiment abschließen. Dem

Leser dürfte hinreichend klar geworden sein, dass Gesellschaft nur dann zu einem aussagefähigen Begriff wird, wenn nicht „alles" im Bereich des Sozialen damit bezeichnet werden kann. Der Gesellschaftsbegriff soll vielmehr eine grundlegende Unterscheidung markieren, die so allgemein formuliert werden kann, dass sie für nahezu alle soziologischen Theorierichtungen und Theoriesprachen informativ ist. Das ist aber nur zu erreichen, wenn wir etwas so Selbstverständliches wie die Gesellschaft von außen betrachten können. Wie ist das möglich?

Solange man das Feld heutigen menschlichen Sozialverhaltens nicht verlässt, wird man mit soziologischen Begriffsapparaten immer nur absolute Randbereiche ausmachen können, die nicht gesellschaftlich geprägt sind. Wenn man z.B. mit Parsons davon ausgeht, dass Handlungen mit den Begriffen Akteur, Handlungsziel, Situation und Werte/Normen hinreichend beschrieben werden können, dann erfasst man mit jedem dieser Begriffe ein spezifisches Einfallstor der gesellschaftlichen Formung des Sozialverhaltens. Die gesellschaftliche Formung des Sozialverhaltens kann jedoch in Ausnahmefällen durchbrochen werden: der Akteur kann z.b. „aus der Rolle fallen" oder „die Beherrschung verlieren". Dann kann er „ausrasten", „sich vergessen", also Dinge beabsichtigen, die als Handlungsziele „eigentlich nicht vorgesehen sind". Dann kann es auch zum „Amoklauf" kommen, also zu Verhaltensweisen, die den Rahmen der gesellschaftlichen Definition der Handlungssituation verlassen.

Ganz andere Grenzen der Gesellschaft werden sichtbar, wenn man zu verstehen versucht, wie sich ein Mensch mit einem Haustier z.B. einem Hund verständigt. Hier ist klar, dass das Tier weder die menschliche Sprache versteht noch gesellschaftliche Formen wie Macht und Herrschaft. Das Tier versteht nur Belohnungen und Bestrafungen, also die Handhabung seiner vom Menschen kontrollierten Reproduktionsbedingungen. Es versteht aber auch die momentane emotionale Verfassung seines Frauchens bzw. Herrchens. Umgekehrt besteht die Chance des Menschen darin, dass er intuitiv oder rational die Möglichkeiten des Tieres versteht, zu reagieren und zu lernen. Erst auf dieser Grundlage kann es zwischen „Waldi" und „Frauchen" zur Ausbildung von Routinen und Gewohnheiten kommen, die aber nicht ohne weiteres verallgemeinert werden können. Gesellschaftlich ist an dieser Form der Verständigung nichts, sie basiert eher auf der Verknüpfung zwischen den Interessen des Tierhalters mit den Auslöserreizen des Tieres. Eine wichtige Grundlage des Sozialverhaltens zwischen Menschen und Haustieren sind zumindest beim Tier biologisch fixierte Bedürfnisse des Zusammenlebens.

Unter den bekannteren soziologischen Theoretikern und Theorierichtungen gibt es nur ganz wenige, die sich mit solchen Grenzbereichen befasst haben. Die Ethnomethodologie (vgl. Harold Garfinkel 1967) versucht die Herstellung von

Ordnung auf der Mikroebene alltäglicher Kommunikation zu rekonstruieren (sogenannte Konversationsanalyse). Sie kann aber nicht zwischen einer punktuell und situativ unter Akteuren ausgehandelten Ordnung, die vermutlich jegliches Sozialverhalten von Dauer charakterisiert, und einer generalisierten abstrakt gesellschaftlichen Ordnung unterscheiden. Eine solche Unterscheidung wird erst über Aspekte der Interaktionsanalysen von Erving Goffman möglich. Er unterscheidet disziplinarische Anforderungen an Akteure, je nachdem, ob sie sich vor oder hinter der Bühne befinden, wie auch Anforderungen an die Konstanz und Wiederholbarkeit einer Interaktionsordnung (Aspekt der Ritualisierung). Genau diese Ablösung des Rollenhandelns von der empirischen Person, wie auch die Starrheit, Konstanz und der Eigenwert der Wiederholbarkeit bestimmter Formen der Interaktion (Interaktionsrituale) charakterisiert nur Kommunikation in einem gesellschaftlichen Rahmen, nicht aber jegliche kommunikative Ordnung. Im letzten Satz der Einleitung seines Buchs „Interaktionsrituale" hat Goffman den Unterschied so ausgedrückt: **„Es geht *hier* also nicht um Menschen und ihre Situationen, sondern eher um Situationen und ihre Menschen"**! (Erving Goffman 1986; S.9.)

Aber warum ist eine solche ziemlich spitzfindig anmutende Unterscheidung denn überhaupt wichtig? Solange man sich nur für heutiges menschliches Sozialverhalten interessiert, besteht kaum Anlass, sie für wichtig zu nehmen. Die Situation der üblichen soziologischen Beobachter (vgl. Luhmann 2002; 141ff.) gleicht der von Zootieren, die nichts anderes kennen als das wohlbehütete Leben hinter Gittern. Dessen Spezifik wird aber erst sichtbar, wenn man auch das risikoreiche Leben in Freiheit kennt. Dann wird die Unterscheidung zwischen Zoo und Freiheit für die Tiere selbst wie auch für mögliche Beobachter wichtig. Genau aus diesem Grund sollte sich die Soziologie für nichtmenschliches Sozialverhalten wie auch für Sozialverhalten jenseits eines gesellschaftlichen Ordnungsrahmens interessieren. **Nur wenn man von außen auf die Gesellschaft blickt, können die Gitterstäbe erkennbar werden, die diese spezifisch menschliche Form des Sozialverhaltens von anderen unterscheidet.** Nur so kann man die Spezifik des menschlichen Sozialverhaltens herausarbeiten, das eben im Regelfall Sozialverhalten innerhalb des gesellschaftlichen Rahmens ist.

Ein solcher Begriff der Gesellschaft und insbesondere Erklärungen darüber, wann, warum und auf welchen Wegen sich Gesellschaften entwickelt haben, bekommen dann Schlüsselcharakter für das Verständnis der Besonderheiten des menschlichen Sozialverhaltens. **Die Soziologie** gewinnt wesentlich schärfere Konturen, wenn sie den Gesellschaftsbegriff nicht als Schublade, sondern als Teil einer Unterscheidung benutzt. Sie **kann zur Wissenschaft von den spezifischen Möglichkeiten gesellschaftlicher Entwicklung werden** und – um das Bild der Zootiere noch einmal zu strapazieren – darüber informieren, in welchem

"Sozialen Käfig" (Michael Mann) wir uns befinden, welche Möglichkeiten wir darin haben und welchen Preis die Menschheit für "ihre" Entwicklung bezahlt hat. Vergessen wir aber auch Frau Müller nicht, jene Studentin der Soziologie im ersten Semester, die eine gute Antwort auf die Frage sucht, womit sich Soziologen denn beschäftigen. Auch ihr könnte geholfen werden!

Literatur

Bauman, Z. (1995): Moderne und Ambivalenz. Das Ende der Eindeutigkeit. Ffm.
Beck, U. (1986): Risikogesellschaft. Auf dem Weg in eine andere Moderne. Ffm.
Beck, U./Giddens, A./Lash, S. (1996): Reflexive Modernisierung. Eine Kontroverse. Ffm.
Bell, D. (1975): Die nachindustrielle Gesellschaft. Ffm./N.Y. (Amerik. Orig. 1973)
Büschges, G. (1989): Gesellschaft in Endruweit/Trommsdorf (1989)
Castells, M. (2003): Das Informationszeitalter. 3 Bde. Opladen.
Endruweit, G./Trommsdorf, G. (Hg.) (1989): Wörterbuch der Soziologie. Stuttgart.
Garfinkel, H. (1967): Studies in Ethnomethodology. Englewood Cliffs, N.J.
Giddens, A. (1988): Die Konstitution der Gesellschaft. Ffm./N.Y. (Engl. Orig. 1984)
Goffman, E. (1983): Wir alle spielen Theater. Die Selbstdarstellung im Alltag. (Amerik. Original. 1959) München.
Goffman, E. (1986): Interaktionsrituale. Über Verhalten in direkter Kommunikation. (Amerik. Orig. 1967) Ffm.
Groß, P. (1994): Die Multioptionsgesellschaft. Ffm.
Kamlah, W./Lorenzen, P. (1973): Logische Propädeutik. 2. Auflage. Mannheim/Wien/Zürich.
Lorenzen, P./Schwemmer, O. (1975): Konstruktive Logik, Ethik und Wissenschaftstheorie. 2. Auflage. Mannheim/Wien/Zürich.
Luhmann, N. (1997): Die Gesellschaft der Gesellschaft. Ffm.
Luhmann, N. (2002): Einführung in die Systemtheorie. Herausgegeben von Dirk Baecker. Heidelberg.
Mann, M. (1990): Geschichte der Macht. Ffm./N.Y.
Mannheim, K. (1952): Ideologie und Utopie. 3. Aufl. Ffm.
Marx, K. (1972): Das Kapital. Erster Band. Berlin. (Dt. Erstausg. 1867)
Mittelstraß, J. (Hg.)(2004): Enzyklopädie Philosophie und Wissenschaftstheorie. Stuttgart.
Münch, R. (1998): Globale Dynamik, lokale Lebenswelten. Der schwierige Weg in die Weltgesellschaft. Ffm.
Reckwitz, A. (2003): Grundelemente einer Theorie sozialer Praktiken. In: ZfS., Jg. 32, H. 4, S. 282–301.
Reich, R. (1994): Die neue Weltwirtschaft. Ffm./Berlin. (Amerik. Orig. 1991)
Rifkin, J. (1996): Das Ende der Arbeit und ihre Zukunft. Ffm./N. Y. Amerik. Orig. 1995
Schäfers, B. (Hg.) (1995): Grundbegriffe der Soziologie. Opladen, 4. Aufl.
Schulze, G. (1992): Erlebnisgesellschaft. Ffm./Berlin.

Thiel, C. (2004): Konstruktivismus in Mittelsraß (Hg.): Enzyklopädie Philosophie und Wissenschaftstheorie. Bd. 2; 449 – 453. Stuttgart/Weimar.
Tenbruck, F. (1984): Emile Durkheim oder die Geburt der Gesellschaft aus dem Geist der Soziologie; in: ZfS. 10. Jg., S.333 – 350.
Whitehead, A. N. (1988): Wissenschaft und moderne Welt. Ffm.

1 Bestandsaufnahme – der Aspekt gesellschaftlicher Ordnung in der Soziologie

Gliederung

Einleitung ... 21
1 Soziologische Grundbegriffe ... 22
2 Die Bedeutung des Ordnungsthemas für die Soziologie ... 23
3 Erklärungen über Ursachen und Voraussetzungen gesellschaftlicher Ordnung ... 24
3.1 Die Suche nach der Rationalität gesellschaftlicher Ordnungen ... 25
3.2 Die Suche nach der Eigendynamik gesellschaftlicher Entwicklung ... 28
3.3 Die Entdeckung des „Subjekts" ... 29
3.3.1 Die Spannungsverhältnisse zwischen Individuum und Gesellschaft und zwischen Struktur und Handeln ... 31
3.3.2 Ist der Mensch als ein soziales Tier zu verstehen? ... 36
3.3.3 Wie entsteht aus menschlichem Handeln gesellschaftliche Ordnung? ... 36
4 Der Gesellschaftsbegriff als zusammenfassende Bezeichnung für den Gegenstandsbereich der Soziologie ... 46
4.1 Grenzen einer ganz selbstverständlich von der gesellschaftlichen Natur des Menschen ausgehenden Sozialtheorie ... 53
5 Fazit des ersten Kapitels ... 54

Einleitung

Obwohl die Soziologie sich nicht für die Besonderheiten des Sozialverhaltens in Gesellschaften interessiert und Gesellschaft nur als einen formalen Oberbegriff verwendet, erfasst sie dennoch Aspekte der gesellschaftlichen Ordnung. Das muss nicht verwundern. Sie müssen einfach deshalb zur Kenntnis genommen werden, weil die kommunikative Verständigung in Gesellschaften von ihnen dominiert wird.

Dieses Kapitel gibt einen Überblick darüber, wie die gesellschaftliche Ordnung in der Soziologie begrifflich erfasst wird und welche Erklärungen über Ursachen und Voraussetzungen gesellschaftlicher Ordnung gegeben werden.

1 Soziologische Grundbegriffe

Der Gesichtspunkt gesellschaftlicher Ordnung wird in zentralen Grundbegriffen der Soziologie aus ganz unterschiedlichen Blickwinkeln erfasst (vgl. z.b. Endruweit/Trommsdorf 1989; Schaefers 1995; König 1965; Bernsdorf 1969). Ihnen ist gemeinsam, dass sie angeben, auf welche Art und Weise Menschen jeweils von dem feinmaschigen Netz gesellschaftlicher Ordnung erfasst werden. Die gesellschaftliche Ordnung selbst wird dabei als eine keiner weiteren Erklärung bedürftige Selbstverständlichkeit behandelt. Für die Gesellschaftsmitglieder ist sie das zweifellos, von einer Wissenschaft könnte man allerdings Erklärungen über ihr Zustandekommen erwarten.

Die Begriffe Position, Status und Rolle geben an, wie einzelne Menschen in gesellschaftliche Ordnungsgeflechte einbezogen werden. An der von einem Menschen eingenommenen Position wie z.B. Briefträger, Vater, Wähler, Mitglied des Geflügelzüchtervereins oder auch des Golfclubs können andere sich ein Bild über seinen sozialen Status oder auch den Grad seiner sozialen Integration machen. Menschen richten ihre gegenseitigen Verhaltenserwartungen somit weniger an die Persönlichkeit des Gegenübers, sondern mehr an eine bestimmte Position, die er inne hat. Sie erwarten damit rollengemäßes Verhalten: Du als Vater (Briefträger, Schriftführer des Geflügelzüchtervereins ...) kannst doch nicht (oder solltest doch eigentlich wissen, dass) dies oder jenes tun, usw.!

Der Ordnungsfaktor Kultur wird dagegen vor allem mit den Begriffen Norm und Wert eingefangen, die als punktuelle Normen (wie Höflichkeit gegenüber anderen) bzw. generelle Werte (wie z.B. soziale Gerechtigkeit) als Richtschnur des Verhaltens gegenüber anderen dienen. Auch die Kultur ist ein Ordnungsfaktor, der uns Verhaltenssicherheit unabhängig davon vermittelt, mit welcher konkreten Person wir es zu tun haben. Sie dient uns als eine Art „Kreiselkompass" (Riesman) um die Situation, in der wir uns gerade befinden, angemessen beurteilen und d.h. verallgemeinern zu können: Jedem Unbekannten gegenüber sollte man höflich sein; in allen Situationen, die etwas mit Moral zu tun haben, sollte der Maßstab sozialer Gerechtigkeit benutzt werden unabhängig davon, ob uns jemand sympathisch ist oder nicht. Das drückt auch die bekannte Eidesformel aus, die verlangt, man solle „Gerechtigkeit gegen jedermann" üben.

Die Ordnung des zwischenmenschlichen Verhaltens insgesamt wird über die Begriffe Gruppe, Institution und Organisation erfasst.

Von einer „Gruppe" sprechen Soziologen dann, wenn ein zusammengewürfelter Haufen wie z.B. eine neu entstandene Schulklasse ein gemeinsames Wir-Gefühl entwickelt und auf dieser Grundlage zu einem abgestimmten Verhalten gegenüber anderen z.B. dem Lehrer kommt. Im Unterschied zu den bisher behandelten Begriffen kommt es bei einer Gruppe immer auf die konkreten Personen an, die gerade eine Gruppe bilden bzw. sich als „Gruppe" verstehen. Das Wir-Gefühl und das gesamte Auftreten der Gruppe ist nicht vorab geregelt, es wird von den Mitgliedern gemeinsam, also im Konsens entwickelt. Was konsensfähig ist, das muss immer erst herausgefunden werden und kann sich auch verändern, wenn jemand zusätzlich zur Gruppe stößt bzw. wenn jemand die Gruppe verlässt. Zwar behält jedes Gruppenmitglied seine gesellschaftliche Position, seine Rollen, seine kulturellen Überzeugungen. Es hängt jedoch von der Kommunikation innerhalb der Gruppe ab, was davon „eingebracht" werden kann und was keine Rolle spielen soll.

Organisationen verfügen dagegen über ein wesentlich weitreichenderes und diffizileres Ordnungspotential, weil sie nur solche Menschen als Mitglieder aufnehmen, die zumindest für die Zeit der Mitgliedschaft mit den Organisationszielen übereinstimmen. Anders als bei einer Gruppe wird der Konsens nicht über eine Verständigung innerhalb der Organisationsmitglieder erreicht. Das Einverständnis mit den zentralen Organisationszielen wird vielmehr zur Voraussetzung der Mitgliedschaft gemacht. So kann beispielsweise nur jemand, der mit den zentralen religiösen Aussagen einer Kirche übereinstimmt, dort auch Priester werden.

Der Begriff Institution wird verwendet, wenn die Art und Weise wie bestimmte gesellschaftliche Aufgaben erledigt werden, durch rechtliche Regelungen, aber auch durch Sitte und Moral normiert ist und genau dieser Gesichtspunkt untersucht werden soll. Der Begriff Institution markiert ein generelles, nicht an spezifische Erwartungen gebundenes Unterordnungsverhältnis unter eine stark verallgemeinerte Ordnung. So ist z.B. die gesellschaftliche Aufgabe Kinder zu bekommen und großzuziehen zumindest in vormodernen Gesellschaften sehr weitgehend durch Ehe und Familie geregelt.

2 Die Bedeutung der Soziologie für moderne Gesellschaften hängt aufs Engste mit dem Ordnungsthema zusammen.

Ordnungsfragen sind immer auch gesellschaftspolitische Grundfragen. So kann man heute z.B. darüber streiten, ob die formelle Eheschließung noch zeitgemäß ist oder ob die Verletzung bestimmter Normen härter bestraft werden sollte. Deswegen finden soziologische Untersuchungen über Ordnungsfragen, vor allem über Veränderungen im gesellschaftlichen Ordnungsgefüge meist große gesellschaftliche Aufmerksamkeit. Fast alle „großen" soziologischen Themen der letzten Jahrzehnte bezogen ihre Brisanz daraus, dass sie tatsächliche oder sich ankündigende **grundlegende Veränderungen im gesellschaftlichen Ordnungsgefüge** angesprochen haben. Man denke nur an die Themen: *Wertewandel* (z.B.

Inglehart 1977), *Risikogesellschaft* (Beck 1986), *Strukturwandel der Familie* (z.b. Nave-Herz 1988), *Individualisierung* (z.b. Simmel 1890; Beck 1986) und *Globalisierung* (z.b. Leggewie 2003). Auch wenn das Aufgabengebiet der Soziologie heute weniger über Ordnungsbegriffe[3] charakterisiert wird, sondern überwiegend über die soziale Komponente des menschlichen Verhaltens (vgl. z.b. Giddens 1993; 8 – 24), bleiben die Aussagen zu Ordnungsthemen dennoch ein zentraler Kristallisationspunkt für die Identität des Faches nach außen wie nach innen. Das bedeutet unter anderem, dass *der gesellschaftliche Nutzen der Soziologie vor allem daran abgelesen werden kann, ob und inwieweit es diesem Fach gelingt, als gesellschaftspolitisches Frühwarnsystem Debatten über schleichende Veränderungen wie auch notwendige Anpassungsprozesse im gesellschaftlichen Ordnungsgefüge auszulösen.* Mit den Erfolgen oder Misserfolgen auf diesem Feld ist auch das Selbstverständnis der Disziplin und damit auch ihre Fähigkeit zur Selbststeuerung und zur Konzentration auf neue relevante Themen eng verflochten. Um Krisen im gesellschaftlichen Ordnungsgefüge allerdings erfolgreich bewältigen zu können, ist wesentlich mehr erforderlich, als nur das rechtzeitige Wissen um neu entstehende Problembereiche.

3 Erklärungen über Ursachen und Voraussetzungen gesellschaftlicher Ordnung

Debatten über die weitere Modernisierung gesellschaftlicher Ordnungen können erst dann konstruktiv werden, wenn Klarheit über die Ursachen institutioneller Krisen besteht und auch der Horizont realistischer Modernisierungsmöglichkeiten in etwa bekannt ist. Das setzt aber die Klärung der sozialen Voraussetzungen, der Grundlagen und der inneren Zusammenhänge mindestens des problematisch gewordenen Ordnungsgefüges voraus. Derartiges können die bisher betrachteten soziologischen Grundbegriffe allein nicht leisten. Sie dienen zunächst nur dazu, Ordnungen unter unterschiedlichen Gesichtspunkten zu erfassen.

Im sozialphilosophischen und später dann im soziologischen Denken erfolgte die Theoretisierung gesellschaftlicher Ordnungen im Wesentlichen in drei Schritten.

---

3 Die alte Formel, Soziologie sei die „Wissenschaft von der Gesellschaft", wird heute kaum noch gebraucht.

3.1 Die Suche nach der Rationalität gesellschaftlicher Ordnungen

Zunächst musste überhaupt ein Standpunkt gefunden werden, von dem aus Ordnungen auf ihre Zweckmäßigkeit und Notwendigkeit hin untersucht werden konnten. Die alte schon von der griechischen Philosophie entwickelte Ordnungskritik konnte dies nicht leisten. Sie bediente sich noch des normativen Maßstabes einer idealisierten Ordnung, von dem aus Auswüchse oder Abweichungen registriert werden konnten. Der Maßstab selbst konnte indessen nicht in Frage gestellt werden. Eine solche *normative Position* schließt ein Nachdenken über die Notwendigkeit und die Zweckmäßigkeit gesellschaftlicher Ordnung von vornherein aus (klassisches Beispiel: Platon), *weil es keinen Beobachtungsstandpunkt außerhalb der gesellschaftlichen Ordnung gibt.* Wenn man sich uneingeschränkt mit ihr identifiziert, dann kann man nur Abweichungen vom Idealbild oder Auswüchse und Übertreibungen kritisieren, aber nicht über ihre Zweckmäßigkeit nachdenken.

Erst mit der Denkfigur eines vermeintlichen Urzustandes freier, gleicher und voneinander unabhängiger Menschen wurde von einigen Intellektuellen (insbesondere Grotius, Althusius, Pufendorf) im 16. und 17. Jh. ein Bezugspunkt gewonnen, der auch eine Distanz gegenüber der eigenen gesellschaftlichen Ordnung zuließ. Erst von einem solchen fiktiven „Naturzustand" aus konnte *nach der Rationalität gesellschaftlicher Ordnungen* überhaupt *gefragt werden.* Welche rationalen Gründe veranlassen die Menschen, Abhängigkeitsbeziehungen gegenüber anderen einzugehen und insbesondere sich der politischen Herrschaft durch eine andere Person zu unterwerfen?

Das Ergebnis dieser ersten modernen Debatte um die Rationalität gesellschaftlicher Ordnung bestand in der Position, dass man sich nur dann einer Ordnung aus rationaler Einsicht unterwirft, wenn man sie als zweckmäßig oder unvermeidlich anerkennen kann. Maßstäbe für diese Zweckmäßigkeit können damit aber weder in der Tradition noch in der Religion gefunden werden. Das Traditionsargument rechtfertigt Ordnungen mit dem Hinweis auf frühere Generationen, die unter vergleichbaren Bedingungen gelebt hätten. Das religiöse Argument rechtfertigt Ordnungen als gottgewollt bzw. Herrscher als von Gott ausgewählt. Beides ist nach dem Denken der Aufklärung weder zweckmäßig noch notwendig. Rationale Argumente können dann einmal in der *menschlichen Natur* gefunden werden: der Mensch ist aufgrund seiner Natur auf gesellschaftliche Ordnungen angewiesen, deswegen sind sie unvermeidlich. Das andere rationale Argument (im Sinne der Aufklärung) liegt in der *Leistungsfähigkeit gesellschaftlicher Ordnungen.*

Thomas Hobbes war es gelungen, beide Argumente miteinander zu verknüpfen. Er versuchte zu beweisen, dass die Menschen unter den Bedingungen völliger Willensfreiheit aufgrund ihrer von der Leidenschaft geprägten Natur übereinander herfallen würden. Die Leistung jeder wirkungsvollen Ordnung bestehe genau darin, dass dies zum Wohlergehen aller verhindert werde (Th. Hobbes 1980).

Im 17. und 18. Jahrhundert verlagerte sich das Interesse zunehmend auf einen **Vergleich** *unterschiedlicher Herrschaftsformen* (vgl. vor allem: Montesquieu 1748; Rousseau 1762) bzw. *zwischenmenschlicher Umgangsformen* (allgemein: Rousseau 1963 (1762)). Daraus ergab sich als allgemeine Einsicht französischer Sozialtheoretiker ein **Zusammenhang zwischen Gesellschaftsstruktur und sozialem Fortschritt**: Gesellschaften müssten einmal so beschaffen sein, dass sie positives wissenschaftliches Denken gegenüber mythischem oder metaphysischem Denken durchsetzen. Denn nur über einen derartigen **Wandel in den Denkformen** könne sich die Möglichkeit menschlicher Rationalität entfalten (Turgot, Montesquieu, Saint-Simon, Comte).

Eine ganz ähnliche Argumentationsfigur entstand im britischen Liberalismus: Die *in der menschlichen Natur angelegte Hilfs- und Unterstützungsbedürftigkeit* könne wesentlich besser und effektiver als durch Mildtätigkeit durch den *gegenseitigen Austausch von Leistungen und Arbeitsprodukten* befriedigt werden (Adam Smith). Über die Institutionalisierung des Tausches könne nicht zuletzt ein **System der Arbeitsteilung** etabliert werden, dass den natürlichen Unterschieden in den menschlichen Talenten und der Leistungsbereitschaft Rechnung tragen und die Möglichkeiten der Spezialisierung ausschöpfen kann (Adam Smith, John Locke).

Fazit: Während vormoderne Ordnungen darauf abzielten, das Verhalten der Menschen insgesamt zu regeln und an nicht weiter hinterfragbaren standesspezifischen Idealen zu messen, kommt es unter dem Einfluss der Aufklärung zu einem neuen Grundverständnis vom Sinn gesellschaftlicher Ordnungen. Er wird darin gesehen, dass sie die freie Entfaltung menschlicher Potentiale fördern oder doch zumindest ermöglichen sollen und nur solche Verhaltensweisen ausschließen sollen, die als sozial schädlich anzusehen sind (wie der Krieg aller gegen alle). Dieses Ordnungsverständnis dominierte im 17. und 18. Jahrhundert die Debatten über Fragen gesellschaftlicher Modernisierung, die vor allem im Zusammenhang mit dem Erstarken des Bürgertums auftraten.

Seine erste große Bewährungsprobe am Ende des 18. Jahrhunderts hat dieses neue Ordnungsverständnis allerdings nur teilweise bestanden. Sowohl die Gründung der Vereinigten Staaten von Amerika wie auch die Französische Revolution boten erstmals Gelegenheit, es zur Grundlage des politischen und gesellschaftlichen Lebens zu machen und damit auch praktisch zu erproben. Während die US-amerikanische Verfassung dem neu entstandenen Staatswesen einen Ordnungsrahmen gegeben hat, der bis in die Gegenwart hinein trägt, sind die

Resultate der Französischen Revolution ambivalent. Dabei ist allerdings zu berücksichtigen, dass das amerikanische Experimentierfeld aus zwei Gründen von vornherein wesentlich erfolgversprechender war. Einmal musste dort keine Feudalordnung überwunden werden, da sie in den ehemaligen englischen Kolonien nie etabliert worden war (vgl. Tocqueville 1990; Parsons 1972). Zum anderen rekrutierten sich die amerikanischen Siedler überwiegend aus moderneren, in Folge der Reformation entstandenen, religiösen Bekenntnissen (vgl. Weber 1988b). In Frankreich dagegen musste die neue Ordnung von Anfang an gegen gesellschaftliche Gruppen durchgesetzt werden, die noch auf dem Boden der alten Ordnung standen. Dieser wesentlich schwierigeren Situation war das bis dahin entwickelte Verständnis gesellschaftlicher Ordnung nicht gewachsen.

Die blutigen politischen Wirren in Paris und die Unterdrückung der royalistisch gesinnten Landbevölkerung in der Vendeé und in der Bretagne, die Eroberung von Lyon und Marseille forderten unzählige Opfer[4]. Dieser Ereignisse zeigten vor allem, dass gesellschaftliche Ordnungen nicht in ähnlicher Weise rationalisiert werden können wie man die Eigenschaften einer Brücke entsprechend des Verkehrsaufkommens und anderer Bedingungen optimieren kann. Das bis zur Französischen Revolution entwickelte Verständnis gesellschaftlicher Ordnungen war aber von einer Art Ingenieurdenken durchdrungen. Auch die gesellschaftlichen Ordnungen sollten, ähnlich wie eine Brückenkonstruktion, entsprechend der menschlichen Natur optimiert werden können. Man hatte noch nicht verstanden, dass gesellschaftliche Ordnungen eben viel mehr sind, als ein die menschliche Natur ergänzendes oder auch korrigierendes Hilfsmittel (wie etwa ein Fernrohr oder eine Krücke). Wie rational oder irrational auch immer, so sind gesellschaftliche Ordnungen in jedem Fall ein untrennbarer Bestandteil des sozialen Lebens. Die Menschen sind in sie einsozialisiert und können sie eben nicht so umstandslos wechseln wie ein Hemd oder eine Krücke. Das hatten die französischen Revolutionäre ebenso wie die Sozialtheoretiker übersehen als sie „rationalere" Ordnungen wie den französischen Revolutionskalender oder die Einteilung des gesamten Landes nach Departments vom Reißbrett aus konzipiert und durchgesetzt hatten. Als noch gravierender erwies sich der Umstand, dass Unterschiede in der sozialen Lage auch Einfluss darauf haben, welche sozialen Veränderungen die Menschen als für sie „rational" und damit erstrebenswert halten. Deswegen kann ein Konsens über gesellschaftliche Ordnungen auch nicht allein auf dem Wege des rationalen Argumentierens und Beweisens hergestellt werden. Er muss vielmehr in einem sozialen Prozess erst herbeigeführt werden. Mit der Unterscheidung zwischen volonté de tous und volonté generale hat Rousseau auf diesen entscheidenden Gesichtspunkt aufmerksam gemacht.

---

4   Pelzer 2006 spricht von über 30.000 Opfern des innerfranzösischen Bürgerkriegs (277) sowie von 35.000-40.000 gouillotinierten Opfern (278).

3.2 Die Suche nach der Eigendynamik gesellschaftlicher Entwicklung.

Nach der Französischen Revolution wurden diese Erfahrungen in das theoretische Verständnis gesellschaftlicher Ordnungen eingearbeitet. Ein Schlüsselbegriff für das Ordnungsverständnis des 19. Jahrhunderts ist daher die **Eigendynamik gesellschaftlicher Entwicklung**, die genau beobachtet und auf ihre immanenten Gesetzmäßigkeiten hin untersucht werden muss. Wenn gesellschaftliche Ordnungen nicht frei vom Reißbrett aus veränderbar sind, dann muss man nach Gesetzmäßigkeiten gesellschaftlicher Entwicklung Ausschau halten. Erst wenn man die Gesetze gesellschaftlicher Entwicklung kennt, kann man auch das historisch mögliche Maß an gesellschaftlichem Fortschritt erkennen und durchzusetzen versuchen. Die weitreichendsten und für die weitere Entwicklung des soziologischen Ordnungsdenkens folgenreichsten Konsequenzen aus dieser Problemlage haben Karl Marx und Herbert Spencer gezogen.

Im Anschluss an Hegel hat Karl Marx aus dem Kraft seiner Vernunft mündigen Subjekt der Aufklärung ein soziologisches Konstrukt gemacht: Der Mensch wird zur Verkörperung der jeweils historisch gegebenen gesellschaftlichen Verhältnisse. *Aus dem Sozialingenieur der Aufklärung wird damit ein Sozialrevolutionär*, der aufgrund ökonomischer und sozialstruktureller Analysen die „gesellschaftlichen Bewegungsgesetze" ermittelt. Auf diesem Wege erkennt er die in der gegebenen historischen Situation enthaltenen Möglichkeiten gesellschaftlicher Veränderung. Sie bilden den Leitfaden für eine revolutionäre politische Praxis.

Das alte Konzept einer der menschlichen Natur entsprechenden bzw. sie ergänzenden Ordnung mutiert bei Marx zu einem Spannungsverhältnis zwischen den in den Produktionsverhältnissen fixierten gesellschaftlichen Beharrungskräften und dem Fortschrittsfaktor der Produktivkräfte der gesellschaftlichen Arbeit, der damit an die Stelle des menschlichen Verstandes tritt. Das revolutionäre Endziel besteht darin, eine Synthese zwischen den bisher immer durch Herrschaftsverhältnisse geprägten gesellschaftlichen Produktionsverhältnissen und dem kooperativen „Wesen" der gesellschaftlichen Arbeit durch die „Vergesellschaftung der Produktionsmittel" zu erreichen.

Marx identifiziert die Ursache der in der Französischen Revolution aufgetretenen Probleme bei der Schaffung rationaler und effizienter gesellschaftlicher Ordnungen somit in dem Privateigentum an Produktionsmitteln. Es widerspreche den egalitären Grundbedingungen der gesellschaftlichen Arbeit, deren Grundlage die Kooperation der Produzenten sei. Erst nach Abschaffung des Privateigentums könne es zu einer „freien Assoziation" der Produzenten kommen, also zu einem von den gesellschaftlichen Interessen her harmonisierten industriellen Fortschritt (Marx 1972; 1974).

Auch Herbert Spencer sucht nach den Möglichkeiten der Entwicklung einer rationalen Ordnung. Er knüpft dabei jedoch an die Mitte des 19. Jahrhunderts vor allem von Charles Darwin entwickelte biologische Evolutionstheorie an. Ihr Verdienst war es, die auf der Erde vorhandenen Tier- und Pflanzenarten als vorläufig letztes Glied einer unendlich langen Evolutionskette identifiziert zu haben und sie als vorläufige Endprodukte einer sich selbst entwickelnde Ordnung mit wenigen Begriffen erklären zu können. Für diese Erklärung war der Gedanke der natürlichen Auslese zentral. Da die am besten an ihre Umwelt angepassten Exemplare einer Art eine höhere Überlebens- und Fortpflanzungswahrscheinlichkeit erreichten, könnten sich ihre Eigenschaften in der jeweiligen Population allmählich durchsetzen.

Diese Naturgesetze der natürlichen Auslese suchte Spencer nun auf den Evolutionsprozess menschlicher Gesellschaften anzuwenden (vgl. Krähnke 2002). Er formulierte ein allgemeines Evolutionsgesetz, wonach die Richtung des Evolutionsprozesses immer von unzusammenhängender Gleichartigkeit zu zusammenhängender Ungleichartigkeit verläuft. Für die menschlichen Gesellschaften bedeutet dies eine stetige Zunahme funktionaler Differenzierung, die ähnlich der Funktionsdifferenzierung innerhalb eines Organismus, die Anpassungs- und Leistungsfähigkeit erhöht. Durch diesen Rückgriff auf Naturgesetze der Evolution versuchte Spencer die in der Französischen Revolution aufgeworfenen Probleme gesellschaftlicher Modernisierung in ganz anderer Weise als Marx zu lösen. Da auch der gesellschaftliche Fortschritt dem Evolutionsgesetz unterliegt, verbietet sich nach Spencer jeder Eingriff in die Gesellschaft. Auch sozialpolitische Eingriffe in den ewigen Prozess der natürlichen Auslese waren daher als kontraproduktiv zu verwerfen.

Das liberale Konzept eines gesellschaftlichen Fortschritts durch wirtschaftliche Arbeitsteilung wurde durch Spencer sowohl auf alle Bereiche der Organisation des gesellschaftlichen Lebens ausgeweitet wie auch als eine zwangsläufige Folge naturgesetzlicher Entwicklung historisch verallgemeinert. In abgeschwächter und relativierter Form gilt Spencers These evolutionär zunehmender funktionaler Differenzierung auch heute noch.

3.3 Die Entdeckung des „Subjekts"

Die Erklärung der Entwicklungsdynamik gesellschaftlicher Ordnungen aus „Gesetzen" – entweder Naturgesetzen oder „gesellschaftlichen Bewegungsgesetzen" – wurde Ende des 19./Anfang des 20. Jahrhunderts zunehmend problematisch. Die Zweifel an dem bisherigen Ordnungsverständnis gingen weniger von gesellschaftlichen oder politischen Großereignissen aus (eine gewisse Rolle spielt allerdings wohl der Erste Weltkrieg), sondern wurden vornehmlich von Veränderungen im intellektuellen Klima geschürt. Zentrale Bedeutung hatte vor allem die Wiederentdeckung des Individuums, weniger als theoretische Kategorie, sondern mehr als letztlich ausschlaggebender Kontext für Wahrnehmung, Erleben und Handeln. Symptomatisch ist vielleicht Bergsons Erstaunen darüber, dass die Erlebnisse sehr unterschiedlich sind, wenn man zweimal die selbe Theateraufführung besucht (Bergson 1989).

Dieses einfache Beispiel zeigt, dass soziale Strukturen nicht einfach in individuelles Erfahren und Erleben übersetzbar sind und umgekehrt. Daraus folgt, dass nicht nur die Eigendynamik gesellschaftlicher Entwicklung beachtet werden muss, sondern ebenso die Eigendynamik der zunächst einmal individuellen Lebenspraxis. Lebensphilosophie, Jugendbewegung, Pessimismus gegenüber großen Emanzipationsprojekten, Nietzsche sind Stichworte, die diese drastische Veränderung im intellektuellen Klima umschreiben.

Vor diesem Hintergrund wird überaus deutlich, dass großformatige Erklärungen der gesellschaftlichen Ordnung aus Naturgesetzen oder aus gesellschaftlichen Bewegungsgesetzen große Blindstellen aufweisen, solange sie die Menschen nur als Merkmalsträger, nicht aber als Individuum oder als „Subjekt" erfassen. Beides zugleich scheint aber im Rahmen eines geschlossenen Theoriegebäudes nicht möglich zu sein. Vor diesem neuen intellektuellen Hintergrund stellte sich die alte, bereits von Hobbes aufgeworfene Frage nach den Konsequenzen menschlicher Willensfreiheit für das zwischenmenschliche Zusammenleben erneut – zunächst theoretisch, in der Krise autoritärer Regimes und des Realsozialismus gegen Ende des 20. Jahrhunderts, dann aber auch politisch und praktisch.

Die Frage nach dem Zusammenhang zwischen Gesellschaft und Individuum ist bis heute nicht definitiv gelöst, was sich unter anderem auch darin ausdrückt, dass die konstitutive Bedeutung des Ordnungsthemas für die Soziologie zum Schaden ihres öffentlichen Profils in unterschiedlicher Weise heruntergespielt wird. Derzeit beherrschen zwei Alternativen das Geschehen:

- Anstelle einer in sich geschlossenen Sozialtheorie wird von einem Spannungsverhältnis zwischen Gesellschaft und Individuum bzw. zwischen Struktur und Handeln ausgegangen (3.3.1).
- Man sucht prinzipielle Lösungen, die gesellschaftliche Ordnungen „vom Menschen her", insofern also mikrosoziologisch erklären. Ansatzpunkte sind einmal die biologische Beschaffenheit des Menschen (3.3.2) bzw. ordnungsgenerierende Konsequenzen des sozialen Handelns bzw. der Kommunikation (3.3.3).

3.3.1 Das Spannungsverhältnis zwischen Individuum und Gesellschaft bzw. Struktur und Handeln

Bei diesem Thema geht es stärker um pragmatische als um grundlagentheoretische Überlegungen. Als Grundlage der Argumentation dienen Eigenlogiken und Eigendynamiken, die Ordnungen dann aufweisen, wenn man sie als gegeben unterstellt. Aus einer solchen pragmatischen Perspektive heraus kann man Akteure annehmen, die in einer gegebenen Situation handeln. Sowohl vom Standpunkt einer gegebenen Ordnung wie auch für den Horizont des Akteurs verweisen handelnde Akteure und soziale Strukturen dann gegenseitig aufeinander. Ein derartiges Ordnungsverständnis findet man einmal bei soziologischen Klassikern wie Durkheim und Weber, es charakterisiert aber auch neuere Beiträge zum Ordnungsthema wie etwa von Giddens und Bourdieu.

Emile Durkheim geht von einem Spannungsverhältnis zwischen Individualinteressen und einer allen Gesellschaftsmitgliedern gemeinsamen Moralordnung aus, das durch Unterordnung der Individualinteressen unter die gemeinsame (und deswegen „übergeordnete") gesellschaftliche Ordnung aufgelöst wird (vgl. insbes. Durkheim 1981a). Dieses Konzept nimmt eine Distanz zwischen spezifisch individuellen Interessen und Bedürfnissen auf der einen und dem durch gemeinsame Wert- und Moralvorstellungen charakterisierten gesellschaftlichen Zusammenleben auf der anderen Seite an. Das spezifisch Individuelle kann in das gesellschaftliche Zusammenleben nicht einfließen und die gemeinsame Moral muss sich deswegen darüber hinwegsetzen.

Innerhalb dieses Argumentationsrahmens identifiziert Durkheim eine kohärente gesamtgesellschaftliche Ordnung, die (1) als funktionales Abhängigkeitsverhältnis, (2) als Kooperations- und Solidarverhältnis und (3) auf der Ebene von Moralvorstellungen analysiert werden kann (vgl. insbesondere Durkheim 1981 und 1988).

Die Soziologie Max Webers setzt sowohl am Individuum wie auch an großformatigen gesellschaftlichen Ordnungen an. Sie trägt den Eigendynamiken von Individuum und Gesellschaft so weitgehend Rechnung, dass darunter die innere Konsistenz leidet.

In seiner Kategorienlehre entwickelt Weber ein vom sozialen Handeln, also dem kleinsten Element, ausgehendes Begriffsgeflecht (vgl. Weber 1972; S. 1 – 30). In der „Wirtschaftsethik der Weltreligionen" entwickelt er dagegen das Konzept einer eigendynamischen Rationalisierung gesellschaftlicher Ordnungen (vgl. Weber 1988; insbes. S. 237 – 275 und S. 536 – 573). Der Bruch zwischen dem individualistischen Ansatz der Kategorienlehre und der Analyse gesellschaftlicher Gesamtordnungen in der Wirtschaftsethik der Weltreligionen wird durch den Rationalitätsbegriff und die Idealtypenlehre nur notdürftig überdeckt.

Rationalität weisen sowohl die aus der Perspektive des sozialen Handelns einzelner Akteure rekonstruierbaren gesellschaftlichen Verflechtungsprozesse wie auch die Entwicklungsprozesse gesellschaftlicher Ordnungen auf. Letztere sind allerdings nicht auf die methodisch begründete Rationalität handelnder Akteure rückführbar, sondern folgen einer in den Ordnungen selbst enthaltenen historischen Eigendynamik kognitiver Rationalisierung[5]. Dagegen zielt die Idealtypenlehre darauf ab, das sozial Typische aus der Vielfalt des individuellen Handelns herauszupräparieren.

Da Webers Analysen auch heute noch bedeutsam sind, gehe ich etwas ausführlicher auf sie ein. Im Anschluss daran werde ich auf den Bruch zwischen Webers historischen Analysen und dem methodischen Konzept einer verstehenden Soziologie zurückkommen.

Magie (Weber 1972; 246ff.) und Askese (Ebd. 353f.) sind nach Weber die beiden Grundtechniken religiöser Praxis. Magische Praktiken bilden ein in sich geschlossenes System. Sie werden von Gläubigen solange akzeptiert, als sie als erfolgreich gelten. Solange z.B. Regen als Folge eines Regenzaubers angesehen wird, legitimiert er den Regenzauber. Asketische Praktiken verlangen dagegen nach einer theoretischen Begründung, die sie als zielführend ausweist. Gläubige werden nur dann zu asketischen Praktiken greifen, wenn sie davon überzeugt sind, dass z.B. das Fasten, die Isolation in einer Mönchszelle oder die Meditation in der Wüste sie ihren religiösen Zielen näher bringen wird.

Der historische Ausgangspunkt einer Entwicklungskette, die sich bis zu den umfassend durchrationalisierten modernen westlichen Industriegesellschaften spannen lässt, besteht darin, dass die auf Selbstdisziplin drängenden asketischen Praktiken die magischen Praktiken („Zauberei") immer stärker in den Hintergrund drängen. Asketische Praktiken und die Tendenz zur Dogmatisierung setzen dabei einen mehrdimensionalen Rationalisierungsprozess in Gang.

1. Religiöse Glaubenssätze gewinnen dadurch an Überzeugungskraft, dass sie zu einem in sich geschlossenen Gedankengebäude zusammengefügt werden (Dogmatisierung; Weber 1972; 340ff.).
2. Der Sinn asketischer Praktiken muss sich aus dem religiösen Gedankengebäude möglichst zwingend ergeben. Dadurch wird ein Zusammenhang zwischen religiöser Dogmatik und der Lebensführung der Gläubigen hergestellt (vgl. Weber 1988; S.84ff.).
3. Die Lebensführung wird enttraditionalisiert und rationalisiert, insoweit die Gläubigen asketische Praktiken übernehmen (methodisch – rationale Lebensführung; Weber 1988; 84ff.und 237ff.).

---

5 Dieser letztgenannte Aspekt wird besonders scharf bei Tenbruck 1975 herausgearbeitet.

4. Darüber hinaus gelangt Weber durch einen Vergleich der großen Weltreligionen zu der Ansicht, dass ihnen ein dogmatisches Grundproblem gemeinsam ist. Es besteht darin, den Gläubigen plausibel zu erklären, wieso trotz der Glaubensüberzeugung, dass es einen mächtigen Gott gäbe, moralisches Unrecht in der Welt existieren könne (Theodizee-Problem – der Ankerpunkt religiöser Dogmatisierung; vgl. Weber 1972; 341ff.).
5. Ausgehend von der Verlagerung religiöser Anstrengungen auf Dogmatisierung und Askese führt eine gerade Linie zu Webers Verständnis des modernen Kapitalismus als einer *in allen Lebenssphären durchrationalisierten Ordnung* (Differenzierung der Wertsphären; vgl. Weber 1988a; S.237 – 275 und 536 – 573). Die protestantische Ethik bildet für Weber das Scharnier zwischen der Religionsentwicklung und der Rationalisierung der modernen Welt. Sie verpflichtet die Gläubigen auf die asketischen Praktiken eines unbedingten Berufsmenschentums und systematischen wirtschaftlichen Erfolgsstrebens (Weber 1988; 163ff.). Mit dem Verblassen der religiösen Orientierung kommt es zu einer umfassenden Systematisierung des Weltverständnisses entlang unterschiedlicher, untereinander inkompatibler „Wertsphären": Neben ein systematisiertes Wirtschaftsdenken tritt eine selbstreferentielle Moralordnung, die inkompatibel ist mit der Systematik ästhetischer Bewertungen usw. Aufgrund wechselseitiger Inkompatibilität kann ein und der selbe Sachverhalt z.B. als wirtschaftlich sinnvoll, moralisch verwerflich und ästhetisch interessant angesehen werden. Dadurch geht die für die Religion charakteristische Engführung zwischen religiöser Ordnung und der Lebensführung der Gläubigen verloren. Der moderne Mensch verfügt daher über keine verbindlichen Sinnkriterien, an denen er seine Lebensführung orientieren kann. Weber hält dies für ein Problem der Moderne (These vom Sinnverlust) und für eine Wiederkehr des Polytheismus in neuem Gewande[6].

Dieses Konzept einer Durchrationalisierung und Entzauberung der Welt ist nur relativ lose mit Webers am Individuum ansetzenden Konzept einer „verstehenden Soziologie" verbunden. In der Kategorienlehre erfolgt die Verbindung über die These, dass Menschen ihr Handeln nicht nur an anderen Menschen, sondern ebenso auch an den als geltend unterstellten Ordnungen orientieren können (vgl. Weber 1972; §§ 5 bis 7). Da sich die verstehende Soziologie nicht für jedes, sondern nur für typisches Verhalten interessiert, kommt man auf diesem Wege zu religiösen oder weltlichen Ordnungen. **Während jedoch in der Kategorienlehre Handlungsfreiheit unterstellt wird**, so dass die Orientierung an einer

---

6 Vgl. zu Webers Gegenwartsdiagnose vor allem Habermas 1981, Bd.1, S. 332ff.

bestimmten Ordnung kontingent gehalten wird, **entwickelt Weber in der Religionssoziologie ein soziologisches Verständnis für die Geltung und die empirische Verbindlichkeit gegebener systematischer Ordnungen.** Wie aber der methodische Gesichtspunkt über explizite Motive erfassbarer individueller Handlungsfreiheit mit den **in der Rationalität gesellschaftlicher Ordnungen enthaltenen Geltungsansprüchen** konzeptionell verbundenen werden kann, bleibt bei Weber weitgehend offen.

In ähnlicher Weise wie Durkheim von einem Spannungsverhältnis zwischen Individuum und Gesellschaft ausgeht, kennt Weber ein Spannungsverhältnis zwischen individueller Handlungsfreiheit und dem Verbindlichkeitsanspruch gesellschaftlicher Ordnungen.

Solche dualistischen Konzeptionen haben zweifellos den Verdienst, dass sie sich gegen eine umstandslose Unterordnung menschlicher Akteure unter Struktur- oder Kollektivkategorien sperren und deswegen auch die voreilige Bildung von Großtheorien und geschichtsphilosophischen Deutungen blockieren. Das Problem solcher dualistischen Ansätze besteht allerdings darin, dass das Spannungsverhältnis zwischen Individuum und Gesellschaft bzw. zwischen Akteuren und Strukturen seinerseits nicht soziologisch ausgearbeitet ist, sondern auf der Ebene von Prämissen eingeführt wird. Neue Sozialtheoretiker haben daher nach konzeptionellen Brücken insbesondere zwischen struktur- und handlungstheoretischen Konzepten gesucht. Unter diesem Gesichtspunkt sind insbesondere einige Überlegungen von Anthony Giddens (insbes. 1988) von Interesse.

Der Grundgedanke bei Giddens ist, dass Handlungen und Strukturen sich wechselseitig voraussetzen, sobald man das soziale Geschehen von einem Prozessaspekt (man könnte auch von „Praxis" sprechen; vgl. Joas 1988; 9ff.) aus betrachten kann. Dann zählen gesellschaftliche Ordnungen zu den empirischen Voraussetzungen menschlichen Handelns. Zugleich wird deutlich, dass sie nur als Bestandteil typischer menschlicher Handlungen – Giddens spricht hier von gesellschaftlichen Praktiken (vgl. auch Reckwitz 2003) – fortgeschrieben werden können. Auf dieser Grundlage entwickelt Giddens ein Theorem der „Dualität von Struktur" (Giddens 1988; 77ff. und 352ff.), das im Folgenden näher erläutert werden soll.

(a) In kritischer Auseinandersetzung mit Durkheim zeigt Giddens, dass normative Ordnungen durchaus mit dem Gesichtspunkt der individuellen Handlungsfreiheit verbunden werden können (Ebd.; 222ff.). Sie können nämlich keineswegs ausschließen, dass sich die Akteure in ihren Handlungen über den Geltungsanspruch normativer Ordnungen hinwegsetzen. Sie schrauben nur den Preis für die Regelverletzung bzw. Nichtbeachtung in die Höhe.

(b) Nach Giddens strukturiert die Effektivität unserer materiellen Kultur das menschliche Handeln wesentlich verbindlicher als Normen und Werte (Ebd. 228ff.). Die Architektur eines Gebäudes oder das Nahverkehrssystem einer Stadt haben für das Handeln der Menschen Effekte, die üblicherweise den Institutionen zugeschrieben werden. Sie geben nämlich wirksam vor, wie bestimmte Dinge getan werden müssen. Allerdings kanalisiert[7] die materielle Kultur menschliches Handeln nur, wenn die menschlichen Akteure ihre kulturelle Prämisse der Effektivität (Einsparung von Zeit, Mühe und dergleichen) teilen und deswegen andere nach wie vor vorhandene Alternativen ausschließen. Man könnte davon sprechen, dass über die Nutzung der materiellen Kultur einer Gesellschaft *Effektivitätsordnungen* entstehen (vgl. Brock 1994).

Auf diesem Wege erreicht Giddens eine Erweiterung des Ordnungsbegriffs. Normative wie auch gedankliche Ordnungen erweisen sich nun als Extrempole auf einem Kontinuum von Kanalisierungsformen menschlichen Handelns, deren Geltungsansprüche als empirische Größen behandelt werden können. Denn nur solange die Kanalisierungsleistungen von Ordnungen wirksam werden, haben Ordnungen als Ordnung Bestand.

(c) Wenn man unter einer dynamischen Perspektive nicht nur die strukturellen Voraussetzungen für das menschliche Handeln betrachtet, sondern auch umgekehrt das menschliche Handeln als Voraussetzung für die Fortschreibung gesellschaftlicher Ordnungen behandelt, dann kann man Ordnungen unter den Gesichtspunkten ihrer zeitlichen Dauer wie ihrer räumlichen Verbreitung hierarchisieren (Giddens 1988; 235ff.). So entsteht das Bild eines Kontinuums von Ordnungen, die sich hinsichtlich ihrer räumlichen und zeitlichen Reichweite unterscheiden. Es reicht von kurzzeitigen und räumlich eng begrenzten Strukturierungseffekten (z.B. Leistungen von Betrieben für lokale Märkte) bis hin zu Strukturen, die menschliches Handeln über lange Zeitspannen hinweg weiträumig formen (z.B. Handelswege wie die Seidenstraße oder der Tausch von Ware gegen Geld; Giddens 1988; 240ff.).

Obwohl Giddens „Theorie der Strukturierung" zu interessanten Verfeinerungen dessen gelangt, was ansonsten pauschal unter den Begriff „gesellschaftliche Ordnung" gebracht wird, schreibt er das von den Klassikern entwickelte Grundkonzept zweier eigenlogischer Grundelemente, gesellschaftlicher Ordnungen und handelnder Individuen, unverändert fort. Er betont jedoch den wechselseitigen

---

7 Im Sinne von ermöglichen und dabei zugleich anderes ausschließen.

Bedingungszusammenhang beider Ebenen wesentlich stärker. Strukturen können nur über menschliche Handlungen reproduziert werden. Menschliches Handeln bedient sich unter Effektivitätsgesichtspunkten der jeweils gegebenen Strukturen. Die beiden Prozesse der Fortschreibung gesellschaftlicher Ordnungen und der Reproduktion gesellschaftlicher Praktiken bleiben aufeinander bezogen, insoweit sie effektives Handeln ermöglichen. Die implizite anthropologische Prämisse ist hierbei, dass die Menschen „zu wenig Zeit haben" bzw. mit möglichst wenig Aufwand möglichst viel zu erreichen suchen (vgl. auch Hahn 1986).

3.3.2   Ist der Mensch ein soziales Tier? Anthropologische Annahmen und Konzepte

Eine Möglichkeit, das Spannungsverhältnis zwischen Individuum und Gesellschaft *aufzulösen*, besteht darin, eine grundlegendere Betrachtungsebene zu wählen, von der aus man beide Sachverhalte neu entwickeln und in Zusammenhang bringen kann. Eine solche Möglichkeit bietet die Anthropologie, also die Wissenschaft vom Menschen, seinen körperlichen, seelischen und eben auch sozialen Eigenschaften. Grundlagen für eine derartige Betrachtungsweise „des" Menschen wurden in der Philosophie, der Biologie und der Ethnologie gelegt. In der Soziologie haben drei Ansätze eine gewisse Rolle gespielt: anthropologische Annahmen im Marxismus, die biologisch-philosophische Anthropologie Arnold Gehlens und Helmuth Plessners sowie einige anthropologische Aspekte bei G.H. Mead (vgl. den Überblick bei Honneth/Joas 1980).

An dieser Stelle gehe ich auf diese Möglichkeiten aber nicht weiter ein, da sie im dritten Kapitel ausführlicher behandelt werden.

3.3.3   Wie entsteht aus menschlichem Handeln gesellschaftliche Ordnung?
Die Frage nach den Ursachen gesellschaftlicher Ordnungen –
prinzipielle Lösungen über Handlungs- und Kommunikationstheorien

Die Grenze der in der neueren Debatte dominierenden[8] pragmatischen Überbrückungsversuche der Spannungsverhältnisse von Individuum und Gesellschaft sowie von Struktur und Handeln besteht darin, dass immer nur der Reproduktionsprozess gesellschaftlicher Ordnungen thematisiert werden kann, nicht aber ihr Produktionsprozess. Jede grundlegende Analyse gesellschaftlicher Ordnung kann sich aber nicht auf die Frage der Fortschreibung gesellschaftlicher Ordnung be-

---

8   Vgl. neben Giddens insbesondere Arbeiten von Bourdieu und Archer.

schränken. Sie muss auch nach der Genese gesellschaftlicher Ordnungen fragen. **Die Grundlagenfrage ist dann: Wie entsteht aus menschlichem Handeln gesellschaftliche Ordnung?**

Ich möchte die in einer derartigen Fragestellung enthaltenen Erkenntnischancen zunächst an einem begrenzten Beispiel demonstrieren. Es handelt von zwei grundlegenden Ordnungselementen der bürgerlichen Gesellschaft: Privateigentum und freie Lohnarbeit. Im klassischen Marxismus wird eine historische Erklärung dieser Strukturen gegeben, die jedoch von der Fragestellung her bereits mit dem negativen Vorzeichen einer gesellschaftlichen Fehlentwicklung versehen ist. Die Ausgangsfrage ist hier polemisch verkürzt, weil die Ordnung der bürgerlichen Gesellschaft *am Maßstab einer als feststehend bzw. unhintergehbar unterstellten natürlichen Ordnung der Arbeit gemessen wird.* Sie lautet: Wieso kommt es zu einer gesellschaftlichen Spaltung in Eigentümer an Produktionsmitteln einerseits und Lohnarbeiter andererseits, obwohl jegliche menschliche Arbeit voraussetzt, dass Arbeitskräfte über Arbeitsmittel verfügen müssen, um sinnvoll produzieren zu können? Schon diese polemische Fragestellung verhindert eine Suche nach soziologischen Grundlagen und verlagert das Interesse einmal auf mit der Fragestellung korrespondierende skandalöse Ereignisse wie das „Bauernlegen" der britischen Aristokratie oder die Zerstörung der alten Armenschutzgesetze durch die Liberalen. Zum anderen geht es um die Mechanismen, über die sich dieser antagonistische Klassengegensatz reproduziert und immer weiter verschärft. Lohnarbeit wird über das Theorem der „doppelten Freiheit" (Marx 1972; 183) als eine zynische Konstruktion „entlarvt", die indessen für die Durchsetzung der Industrialisierung unabdingbar sei. Anders als Sklaven müssten Lohnarbeiter um ihr Überleben kämpfen. Deswegen seien sie in der Lage auch diffizile Arbeiten durchzuführen und komplexe Werkzeuge und Geräte pfleglich zu behandeln (Ebd. 210f.).

Diese Erklärungen bleiben schon für den klassischen Fall England unvollständig. Vor allem aber sind sie kaum auf andere historische Fälle der Industrialisierung übertragbar und sie geben für die heutige Realität industrieller Lohnarbeit wenig her.

Einen wesentlich breiteren Zugang zum Verständnis freier Lohnarbeit erhält man über das Analysemodell von James Coleman (1995). Das hängt damit zusammen, dass er eine *Grundlagenfrage für derartige Abhängigkeitsbeziehungen* aufwirft: Unter welchen Bedingungen ist es für einen Akteur rational, das Verfügungsrecht über das eigene Arbeitsvermögen abzutreten (vgl. Coleman 1995, Bd.1; S.81ff.)? Mit dieser Fragestellung *kann die Kategorie des strukturellen Zwangs auf die Handlungsebene* übertragen werden. Ein Kontrakt zwischen Käufer und Verkäufer von Arbeitskraft kommt dann zustande, wenn der Verkäufer bei einer Selbstverwertung der eigenen Arbeitskraft in eigener Regie weniger erzielen würde als der Arbeitslohn, den der Käufer als Entgelt anbietet. Der Käufer wiederum handelt nur dann rational, wenn er aus der Verwertung der gekauften Arbeitskraft einen Nutzen ziehen kann, der größer ist als das Entgelt. Auf diese Weise entsteht eine Matrix von Möglichkeiten, in die sich die Fälle, die Marx vor Augen hatte, als Grenzfälle eintragen lassen. Die Figur des Proletariers, der über keinerlei Vermögen verfügt und nichts anderes zu verkaufen hat als seine eigene Arbeitskraft, steht dabei für eine solche Extremvariante in einem Kontinuum von Konstellationen. Dass unter den heutigen Bedingungen eines wesentlich höheren durchschnittlichen Reallohnniveaus und eines entwickelten sozialen Sicherungssystems ganz andere Kalkulationen in Abhängigkeit von Geschlecht, Familiensituation, Lebensalter usw. beim Verkauf der eigenen Arbeitskraft angestellt werden, muss zumindest vermutet werden (vgl. auch Coleman 1995, Bd.2; S.132).

Dieses kleine Beispiel soll zeigen, dass eine allein auf die Reproduktion von Ordnungen zugeschnittene Analyseperspektive viel zu unsensibel für Fragen des sozialen Wandels ist. Wenn man wie Coleman Bedingungen zu benennen versucht, die erklären, warum welche Elemente gesellschaftlicher Ordnung in Handlungen als Ressourcen oder Restriktionen (vgl. Ebd. Bd.1; 33ff.) benutzt werden, gewinnt man eine wesentlich offenere Analyseperspektive.

Als generelle Grundlage für die Analyse der Genese gesellschaftlicher Ordnung sind Coleman und andere bislang vorliegende rational-choice-Ansätze meines Erachtens jedoch nicht geeignet, da sie zu sehr auf den Horizont bürgerlicher Gegenwartsgesellschaften zugeschnitten sind. Es ist dennoch deutlich geworden, wonach zu suchen ist: **Gibt es ein Modell menschlichen Handelns, das so formuliert ist, dass das Entstehen gesellschaftlicher Ordnung im Prozess menschlichen Handelns nachvollziehbar wird?**

Solche grundlagentheoretischen Interessen prägen Parsons' Frühwerk „Structure of Social Action" (Parsons 1937). Er versucht dort das Hobbessche Problem grundlagentheoretisch zu lösen, wie individuelle Willens- und damit auch Handlungsfreiheit und gesellschaftliche Ordnung miteinander zu vereinen sind. Parsons geht es um die Bedingungen der Möglichkeiten gesellschaftlicher Ordnung überhaupt und nicht etwa darum, den historischen Prozess der Herausbildung einer bürgerlichen Ordnung analytisch nachzuvollziehen. Parsons Ergebnisse sind auch heute noch wichtig, deshalb werden sie auch im Folgenden kurz dargestellt (vgl. auch Münch 1982, Kap. 1; Joas 1992, Kap. 1).

Nach Parsons kann ein allein auf utilitaristische Motive gegründetes Einverständnis allenfalls nur eine instabile, ständig vom Verfall bedrohte gesellschaftliche Ordnung begründen (vgl. Münch 1982; 37). Das Ordnungsproblem ist daher nur durch ein Zusammenwirken zwischen normativer – in der Tradition des Idealismus reflektierter – und utilitaristischer – also auf Interessen gegründeter –

Ordnung zu lösen. Im menschlichen Handeln kommen diese beiden von der Systematik her höchst unterschiedlichen Ordnungselemente zusammen. Das wird daran sichtbar, dass eine elementare Handlung durch Akteure, Handlungsziele, eine sowohl aus restriktiven Bedingungen (conditions) wie auch aus Ressourcen (means) bestehende Situation, sowie durch (in den Akteuren über den Prozess der Sozialisation verankerte) Werte und Normen beschrieben werden kann (Parsons 1937, Bd.2; 727ff.). Sowohl in den Handlungszielen des (sozialisierten) Akteurs wie auch in der Definition der Situation, in der gehandelt wird, durchdringen sich beide unterschiedlichen Ordnungssysteme (Interpenetration; vgl. hierzu auch Münch 1982; 471f.). Die in den Handlungen der Akteure realisierte Ordnung ist eine Schnittmenge aus normativer Ordnung und Interessenordnung und insofern ein spezifisches Produkt menschlichen Handelns.

Das ist so zu verstehen, dass Akteure, die in eine komplexe, normative und auch utilitaristische Ordnung hineinsozialisiert sind, ihre Interessen innerhalb dieses Ordnungsrahmens zu definieren pflegen. Sie wählen nur solche Ziele aus, die in der gegebenen sozialen Situation erfolgversprechend sind. Auch das von Parsons entwickelte Situationskonzept verbindet beide Ordnungsmuster. Situationsadäquat zu handeln bedeutet dann sowohl die restriktiven normativen Bedingungen zu beachten wie auch die zugelassenen Ressourcen zu benutzen.

Von der Ordnung des Handelns zur gesellschaftlichen Ordnung kommt man mit diesem Konzept aber nur dann, wenn man eine für alle Akteure verbindliche normative Ordnung unterstellt. Mit anderen Worten: Der normative Selektionsschritt muss standardisiert werden, damit eine stabile gesamtgesellschaftliche Ordnung entstehen kann. Subkulturen, eine pluralistische Kultur, aber auch kultureller Wandel, der in der Regel über bestimmte Trägerschichten erfolgt, ebenso auch institutionalisierte Konflikte sind nach diesem Modell nur als Störfaktoren der gesellschaftlichen Ordnung zu verstehen (vgl. auch Dahrendorf 1974; 213ff.).

Wenn man von Parsons Konzept aus einen Blick auf die Ordnung des bürgerlichen Nationalstaates (vgl. Reinhard 1999) wirft, dann wird deutlich, dass er das Problem der Vereinbarkeit von individueller Handlungsfreiheit und gesellschaftlicher Ordnung nur so lösen konnte, dass auf der Grundlage einer nationalstaatlich fixierten Kultur (vgl. Gellner 1995) eine verbindliche, rechtlich fixierte Ordnung einen normativen Rahmen für eine dezentrale und selbstregulierte Ordnung des Alltagslebens absteckt[9].

An Parsons Konzept kann man lernen, warum empirische, durch menschliches Handeln hervorgebrachte Ordnungen nicht unbedingt die Systematik von Ordnungssystemen aufweisen müssen. Jede Ordnung muss in sich stimmig und

---

9   Diese historische Realität liegt zwischen den Ordnungskonzepten von Hobbes und Parsons.

überzeugend konstruiert sein. Menschen können sich in ihrem Handeln jedoch zugleich auf mehrere Ordnungssysteme beziehen und sie zu einem dann wesentlich selektiveren Filter kombinieren. Daraus kann sich eine eigene empirische Ordnung ergeben, die dann auch mit mehreren untereinander von der Konstruktion her inkompatiblen Ordnungssystemen[10] verträglich ist. In diese empirische Ordnung sind die „dahinter stehenden" Ordnungssysteme dann aber nur partiell eingegangen.

Für das grundlagentheoretische Interesse an einer durch menschliches Handeln hervorgebrachten Ordnung ist das Konzept von Parsons aber immer noch zu vordergründig. Es unterstellt zwei Ordnungssysteme als gegeben, deren Genese und Kombination erst zu klären wäre. Hält man Ausschau nach einem möglichst voraussetzungsarmen und allgemein gehaltenen Erklärungsmodell, dann bieten sich Luhmanns Überlegungen zu Kommunikation, Handeln und doppelter Kontingenz als Ankerpunkt an.

Luhmann konzipiert diese Begriffe im Rahmen seiner Theorie autopoietischer sozialer Systeme, die wiederum als ein spezifisches Anwendungsgebiet einer generellen Theorie autopoietischer Systeme aufgefasst wird (vgl. insbes. Luhmann 1984, 1997, 2002). Inspiriert von einer auf Biologen zurückgehenden und auf alle Formen von Leben anzuwendenden Theorie autopoietischer Systeme sieht Luhmann das heute einzig noch mögliche Ordnungskonzept in einer Theorie sich selbst organisierender Systeme, die aus amorphen Elementen („Rauschen") selbsttätig, über zirkuläre Prozesse Ordnung herstellen. **Grundlegende Begriffe müssen daher immer als Ordnung bewirkende und reproduzierende Begriffe formuliert werden.**

Kommunikation ist ein grundlegender Begriff für soziale Systeme, der bereits drei selektive Prozesse gegenüber einem Horizont sprachlicher Kommunikationsmöglichkeiten in sich vereinigt. Diese drei Selektionen sind zugleich die zentralen Definitionsmerkmale von Kommunikation. Kommunikation besteht aus Information, Mitteilung und dem Verstehen der Differenz von Information und Mitteilung (vgl. Luhmann 1984; 191ff.; Berghaus 2004; 73ff.).

Information ist eine zunächst beliebige Selektion aus dem Horizont sprachlicher Kommunikationsmöglichkeiten, die unter sachlichen Aspekten erfolgt und sowohl den Sprecher wie auch den Hörer mit einbezieht. Eine Information liegt nämlich nur dann vor, wenn die Selektion des Sprechers S für einen Hörer H informativ ist, das heißt eine noch nicht gehörte Selektion ist.

Die zweite in jeder Kommunikation vorgenommene Selektion steckt in dem Mitteilungssinn. Wenn S die Information an H gibt: „Es regnet", so kann er dies aus sehr unterschiedlichen Gründen gesagt haben. In jedem Fall aber müssen S

---

10 Zum Problem der Ambivalenz vgl. Junge 2000.

und H unterstellen, dass jede Kommunikation auch unter sozialen Gesichtspunkten selektiv ist. Wenn S mit H kommuniziert, dann kann er ganz unterschiedliche Intentionen H gegenüber haben. Damit eine Kommunikation zu Stande kommt, muss er aber irgendeine mit seiner Kommunikation verbinden.

Eine Kommunikation von S ist aber nur dann bei H „angekommen", wenn er verstanden hat, warum S ihm beispielsweise mitgeteilt hat, es habe geregnet. Hier liegt eine dritte Selektionsschwelle. „Verstehen" ist die Beobachtung einer Kommunikation: H registriert, wer ihm was warum mitgeteilt hat und kann auf dieser Grundlage die Kommunikation erwidern. Wichtig für das Verstehen ist nur, dass H die Differenz zwischen Information und Mitteilung zu identifizieren versucht, nicht dass er sie „richtig" verstanden hat. Er muss zwischen Selbstreferenz, also dem systeminternen Sinn der Mitteilung, und der Fremdreferenz der Information, also dem in der Kommunikation enthaltenen Bezug auf die Umwelt des sozialen Systems, unterscheiden können. Daher gehören auch Missverständnisse zum Verstehen. Sie können über weitere Kommunikationen aufgeklärt und korrigiert werden. H könnte z.B. erwidern: „Ich habe blödsinnigerweise heute meinen Regenschirm vergessen." Oder er kann sich auch erst vergewissern: „Warum hast du mir das gesagt?"

Das „Verstehen" einer Kommunikation bedeutet also nichts anderes als die kleinstmögliche Reproduktion eines sozialen Systems durch einen oder mehrere Kommunikationsteilnehmer. Mit dem Mitteilungssinn wird ein soziales System abgegrenzt: der Hörer muss identifizieren, ob das, was jemand anders gesagt hat, sich an ihn richtet und entscheiden, ob er sich angesprochen fühlt. Der informative Gehalt einer sprachlichen Mitteilung greift dagegen auf etwas außerhalb des sozialen Systems zu, das nach Ansicht des Sprechenden zum Gegenstand gemeinsamer Aufmerksamkeit werden soll. Da Personen nicht zu einem sozialen System gehören, kann der informative Aspekt auch mit beteiligen Personen zusammen hängen. Wichtig ist nur, dass irgendetwas außerhalb des sozialen Systems angesprochen wird. Ein soziales System kann sich genau sowenig nur mit sich selbst beschäftigen wie ein Lebewesen „nichts tun" kann.

Warum aber wird überhaupt kommuniziert? Welche Gründe oder Anlässe gibt es, um auf dem Wege der Kommunikation Ordnungen zu etablieren? Auf diese eigentliche Grundlagenfrage reagiert Luhmann mit dem Theorem doppelter Kontingenz.

Im Anschluss an Talcott Parsons (vgl. Parsons/Shils 1951; S. 16f.) fasst Luhmann das Problem der „doppelten Kontingenz" als Ausgangsproblem für eine Theorie sozialer Systeme auf (Luhmann (1984; S. 148ff.). „Parsons geht davon aus, dass kein Handeln zustande kommen kann, wenn Alter sein Handeln davon abhängig macht, wie Ego handelt und Ego sein Verhalten an Alter anschließen würde ... Es geht ... um eine Grundbedingung der Möglichkeit des sozialen Handelns schlechthin. Ohne Lösung dieses Problems der doppelten Kontingenz kommt kein Handeln zustande, weil die Möglichkeit der Bestimmung fehlt" (Luhmann ebd.; 149). Anders als Parsons, der dieses Problem über die historische Annahme gemeinsamer kultureller Wertüberzeugungen und gleichartiger Sozialisationsprozesse zu lösen versucht, gibt Luhmann ihm eine prinzipielle Wende. Wie ist es möglich, Handlungen aufeinander abzustimmen, wenn beide Akteure, Ego und Alter, davon ausgehen, dass sie das Verhalten des jeweils anderen weder bestimmen noch in irgendeiner Weise erfolgreich berechnen oder vorhersehen können? Zudem charakterisiert Luhmann diese analytische Grundkonstellation des Sozialen dadurch, dass beide Akteure davon ausgehen, dass der jeweils andere um diese beiderseitige Kontingenz weiß. Wie kann es zu anschlussfähigen Kommunikationen und Handlungen kommen, wenn darüber hinaus Ego und Alter sich gegenseitig nicht durchschauen können, also wechselseitig füreinander „black boxes" sind?

Die Problemlösung sieht Luhmann in einem selbstreferentiellen Zirkel. Er unterstellt dabei, dass Ego Alter in irgendeiner Weise beeinflussen möchte und umgekehrt. Unter dieser Voraussetzung können Ego und Alter eine konditionale Verknüpfung ihrer wechselseitigen Intentionen herstellen. „Ich tue, was du willst, wenn du tust, was ich will" bzw.: „Ich lasse mich von dir nicht bestimmen, wenn du dich nicht von mir bestimmen läßt" (Luhmann 1984; 166 f.). Wenn Ego und Alter sich auf diese konditionale Verknüpfung ihrer wechselseitigen Intentionen verständigen, dann kann es zur Bildung von extrem störanfälligen, damit aber auch flexiblen und evolutionsfähigen sozialen Systemen kommen. Die konditionale Verknüpfung der wechselseitigen Kommunikations- und Handlungsbereitschaft erzwingt gewissermaßen eine Öffnung der ja ihrerseits autopoietisch strukturierten psychischen Systeme für die Belange anderer psychischer Systeme. Aus dem wechselseitigen Wissen um das Problem doppelter Kontingenz ergibt sich, dass Kommunikationen und Handlungen nur dann auf Anschluss hoffen können, wenn sie „sich selbst in der Perspektive des Alter – Ego" (ebd. 183) kontrollieren. Die konditionale Verknüpfung wechselseitig auf den jeweils anderen gerichteter Intentionen ist damit zugleich die Grundlage selbstreferentieller sozialer Systeme, die sie von psychischen Systemen unterscheidet. „Mit der Konstitution selbstreferentieller Handlungszusammenhänge entsteht also zugleich eine Selbstreferenz des sozialen Systems, nämlich die Miteinarbeitung des Geltungsbereichs der doppelten Kontingenz und seiner sachlichen, zeitlichen und sozialen Grenzen" (ebd. 183).

Soziale Systeme zeichnen sich also durch einen eigenen, vom je individuellen Bewusstsein der Kommunikationsteilnehmer unabhängigen Referenzpunkt aus, der das Eigenleben des Sozialen ausmacht. Es besteht darin,

dass aufgrund des Problems doppelter Kontingenz Kommunikationen immer nur dann erfolgversprechend sein können, wenn sie eine Brücke zwischen Ego und Alter bauen in Form einer konditionalen Verknüpfung von wechselseitig auf den jeweils anderen gerichteten Intentionen. Diese Realität zwischenmenschlicher Kommunikation kann dann sowohl auf das Bewusstsein der Kommunikationsteilnehmer zurückgerechnet wie auch auf einen interpersonellen Referenzpunkt[11] bezogen werden. Von dort aus kann dann eine Geschichte sozialer Systeme gezeichnet werden, die in der je individuellen Lebensgeschichte der beteiligten Personen nicht aufgeht. Daher können auch weder die Individuen auf die Gesellschaft noch umgekehrt die Gesellschaft auf die Summe der beteiligten Individuen reduziert werden.

Schließlich bleibt noch der Aspekt zu klären, wie Kommunikationen und Handlungen miteinander zusammenhängen. Luhmann zufolge kommt bei Kommunikationen der Aspekt des Handelns vor allem über Zurechnungsprozesse der Beteiligten ins Spiel. Sie haben vor allem die Funktion, Kommunikationssituationen trotz deren hoher Komplexität überschaubar zu halten. „Wir denken normalerweise Kommunikation immer zu sehr als Handlung und können uns daraufhin Kommunikationsketten wie Handlungsketten vorstellen. Die Wirklichkeit eines kommunikativen Ereignisses ist jedoch sehr viel komplexer. Es setzt die Handhabung der doppelten Kontingenz von Ego und Alter auf beiden Seiten voraus, es wird während einer gewissen Zeit in der Schwebe gehalten, mag Rückfragen, bedeutsames Schweigen, Zögern erfordern, bevor es mit dem Verstehen zum Abschluss kommt; oder es mag, obwohl die Mitteilung als Handlung vorliegt als Kommunikation scheitern. Dem gegenüber erleichtert es die Orientierung, wenn man sich Handlungssequenzen wie Faktenketten vorstellen kann, in denen eine Handlung die andere ermöglicht, wenn sie punktuell fixiert werden kann. Während Kommunikation die Reversibilität im Zeitlauf festhalten (kann) ... markieren Handlungen die Irreversibilität der Zeit und ordnen sich so im Verhältnis zueinander chronologisch ein" (Luhmann 1984; 232f.).

Der große Vorteil dieses Konzeptes besteht darin, dass die beiden Prozesse Kommunikation und Handeln als *ordnungsgenerierende Prozesse* ausgewiesen werden. Ordnung entsteht auf analoge Weise wie in der Welt der biologischen Evolution, nämlich durch Selektion. Selegiert wird jedoch aus einem andersartigen „Material", der Kommunikation. Deren ordnungsgenerierendes Potential gewinnt eine spezifische Richtung durch die ihre Kommunikationen und Handlungen miteinander verknüpfenden Akteure, die durch die Analyse existierender sozialer Systeme näher bestimmt werden könnte.

---

11 Anknüpfend an Durkheims Begriff der sozialen Tatsache.

Im Vergleich zu Parsons hat Luhmann vor allem den Kulturbegriff analytischer gefasst. Das Problem doppelter Kontingenz bekommt einmal dadurch andere Konturen, *dass Luhmann Kultur nicht als Bindung an bestimmte Inhalte versteht.* Kulturelle Bindungen existieren bei ihm nur als Bindungen an Möglichkeitsräume und zwar generell als Bindung an den Möglichkeitsraum einer sinnhaft strukturierten Welt. Dieser für selektive Wahrnehmungen wie für Kommunikationen maßgebliche Horizont kann nicht überschritten werden[12]. Alle semantischen Festlegungen („Form") innerhalb dieses unhintergehbaren Möglichkeitsraums sind nur vor dem Hintergrund eines spezifischeren Möglichkeitsraums variierbarer Bedeutungen („Medium") möglich[13]. Daher kann die bloße Einführung von Kultur bei Luhmann das Bestimmungsproblem in keinem Fall lösen.

Zum andern möchte ich auf den Einbau des systemtheoretischen Begriffs der Konditionierung hinweisen, der die Problemlösung trägt. **Konditionierung erlaubt Abgrenzungen innerhalb eines Möglichkeitsraums, die die Möglichkeiten als solche erhalten.** Das Problem der Bestimmung wird gelöst, wenn sich Ego für eine bestimmte konditionale Verknüpfung entscheidet und wenn diese Entscheidung zu einer stabilen Verknüpfung führt. Das schaltet andere Möglichkeiten nur für den Moment der Realisierung dieser einen aus. Aus diesem Aspekt ergibt sich mein erster von insgesamt vier Einwänden gegen Luhmanns Version des Problems doppelter Kontingenz.

Erster Einwand: Diese Problemverschiebung mag zwar theorietechnisch elegant sein, sie ist aber immer noch **zu vordergründig**, da nicht geklärt wird, wo der kulturelle Möglichkeitsraum her kommt, in dem sich Ego und Alter unterscheiden können. Entsprechend seines „analytischeren" Kulturbegriffs setzt Luhmann nicht mehr Sozialisation sondern eine im Medium Sinn geformte Realitätssicht voraus. Wenn man klären möchte, wieso Ego und Alter sich im Rahmen eines ihnen gemeinsamen Möglichkeitsraums verständigen können, dann **ergibt sich aus diesem Rahmen ein Bestimmungsproblem, das bei dem von Luhmann explizierten Bestimmungsproblem vorausgesetzt werden muss.** Diese Prämisse verfällt genau jener, die Luhmann (1984; 149f.) schon an Parsons geübt hatte.

Zweiter Einwand: Weiterhin fällt auf, dass der Einbau des Problems doppelter Kontingenz in Luhmanns Systemtheorie nur partiell erfolgt ist. Das mag damit zusammenhängen, dass sie auf die Kennzeichnung reproduktiver Mechanismen zugeschnitten ist. Mit ihren begrifflichen Mitteln kann man also sehr gut identifizieren, welche Voraussetzungen für die Fortschreibung von Sozialität in

---

12 Dieses Sinnkonzept geht auf Husserl zurück. Luhmann verweist v.a. auf Husserl 1950 und 1972.
13 Vgl. zum Zusammenhang von „Medium" und „Form": Luhmann 1997; 190ff.

Form der Selbstreferenz von Kommunikationen gegeben sein müssen. Sie ist aber nicht auf die mit dem Problem doppelter Kontingenz angezielte Frage zugeschnitten, wie man sich den **Einstieg** in selbstreferentielle Kommunikationen vorstellen kann.

Aus der Perspektive des Problems doppelter Kontingenz wird der Umstand „dass die Handlung sich selbst in der Perspektive des alter Ego kontrolliert und... dass sie sich eben damit einem sozialen System zuordnet" (Luhmann 1984; 183) darauf zurückgeführt, dass Ego ein Interesse hat, die Handlungen von Alter bestimmen zu wollen und umgekehrt. Ego und Alter sind hier „ganze Personen" mit Organismus, Psyche und Sprachfähigkeit. M. a. W.: die Lösung des Problems doppelter Kontingenz lässt sich nicht innerhalb der auf Selbstreferenz zugeschnittenen Theorie sozialer Systeme formulieren, sondern nur unter Einbezug der von Luhmann als **empirische** Voraussetzung sozialer Systeme ja auch immer betonten strukturellen Kopplung zwischen Organismus, psychischem System und sozialem System. Unter dem Gesichtspunkt systemischer Selbstreferentialität unterscheidet und trennt Luhmann ansonsten konsequent zwischen diesen Systemen und zugehörigen neurophysiologischen, Wahrnehmungs- und kommunikativen Operationen.

Dritter Einwand: Anders als Parsons möchte Luhmann einen philosophischen, von der sozialen Realität abgelösten Lösungsvorschlag des Bestimmungsproblems machen. Er ist auf der Ebene Kant'scher Fragetechnik nach den „Bedingungen der Möglichkeit" menschlichen Sozialverhaltens angesiedelt. Das schottet die Argumentation jedoch nicht von empirischen Bezügen ab[14]. Daher muss gegen den Lösungsvorschlag eingewendet werden, dass er mit charakteristischen Merkmalen sozialer Realität wie Normierung von Aufgaben, Rollenhandeln, Wertorientierung, usw. nicht vereinbar ist[15]. **Alle solchen normativen Elemente sind so gebaut, dass sie konditionales Kalkül und dahinter stehende Problemlagen doppelter Kontingenz geradezu ausschalten.** Sie sprechen eher für Parsons Überlegung, dass gemeinsame Bindungen an Wertorientierungen das Bestimmungsproblem zumindest historisch lösen können.

Vierter Einwand: Schließlich muss ich monieren, dass Luhmann die Tatsache nicht berücksichtigt, dass **Möglichkeiten der Bestimmung von Handeln**

---

14 „Abstraktion darf jedoch weder als reine Artistik noch als Rückzug auf eine „nur analytisch" relevante, formale Wissenschaft missverstanden werden....Im Anschluss an Saussure, Kelly und andere könnte man auch formulieren: Begriffe formulieren den Realitätskontakt der Wissenschaft ... als Differenzerfahrung" (Luhmann 1984; 13)

15 Luhmann löst letztlich das Hobbessche Problem, wie viele zeitgenössische Soziologen auch, durch die Auflösung und Ausblendung aller intersubjektiver Verbindlichkeit aus der sozialen Realität. Das erfolgt dadurch, dass alle normativen Elemente unter dem Deckmantel „soziologischer Aufklärung" als frei disponibel ausgegeben werden. Die soziale Realität wird also so stilisiert, **als ob** sie sich dem Postulat der Willensfreiheit problemlos füge.

nicht ein für alle Mal existieren, sondern evolutionär entstanden sind. Damit verzichtet Luhmann aber auch darauf, zu überprüfen, ob die Verkopplung von Selektionen im Rahmen eines sinnhaftem Weltverständnisses die einzig denkbare Lösung des Bestimmungsproblems ist. Sie könnte auch auf letztlich willkürliche Grenzen des Horizonts der Theorie sozialer Systeme zurückzuführen sein, die auf nur mit „Sinn" operierende Menschen beschränkt bleibt.

Man muss aus diesen Kritikpunkten ein nüchternes Fazit ziehen. Luhmanns konzeptionelle Überlegungen zur Genese des Sozialen über die Zwänge des Problems doppelter Kontingenz sind immer noch zu vordergründig. *Sie setzen eine* **gemeinsame** *Sprache voraus ohne dass ausgeschlossen werden kann, dass das Problem doppelter Kontingenz auch zwischen Exemplaren einer Art existiert, die ohne Symbolverwendung kommunizieren.* Es ist auch *nicht allgemein genug, um erklären zu können, wie diese mit Sozialverhalten zusammenhängende Voraussetzung evolutionär entstanden sein könnten. Andererseits wiederum scheint das Problem doppelter Kontingenz zu allgemein formuliert zu sein, um die Besonderheiten der Kommunikation innerhalb eines gesellschaftlichen Ordnungsrahmens erklären zu können.*

Gerade das vermutlich elaborierteste Konzept demonstriert also, dass die Soziologie nur weiter kommen kann, wenn sie sich um ein besseres Verständnis der Spezifik ihres Gegenstandsbereichs bemüht. Deswegen behandelt der letzte Teil dieser Bestandsaufnahme nun direkt den Gesellschaftsbegriff, über den die Soziologie üblicherweise ihren Gegenstandsbereich zu fixieren sucht.

4   Der Gesellschaftsbegriff als zusammenfassende Bezeichnung für den Gegenstandsbereich der Soziologie.

Zusammenfassende Darstellungen des Gesellschaftsbegriffs aus dem 19. Jh. zeigen noch sehr deutlich, wieso gerade dieser Begriff zu einer begrifflichen Grundlage für soziologische Fragestellungen werden konnte. Im Anschluss an Aristoteles („der Mensch ist von Natur ein gesellschaftliches Wesen") und bestätigt durch den Liberalismus[16] wurde der Gesellschaftsbegriff anthropologisch unterfüttert. „Endlich spricht man aber auch von der menschlichen Gesellschaft schlechthin, indem man hierbei an die Menschheit mit allen ihren geistigen und wirtschaftlichen Interessen und Verknüpfungen denkt. Der Mensch ist auf das Zusammenleben und den Verkehr mit anderen Menschen angewiesen. Erst durch die Vergesellschaftung mit ihrer arbeitsteiligen Gliederung und ihrer Vererbung

---

16   So heißt es z.B. bei Adam Smith: Fast jedes Tier ist völlig unabhängig und selbständig, sobald es ausgewachsen ist... Dagegen ist der Mensch fast immer auf Hilfe angewiesen." (Smith 1978; 16f. (1776))

von angesammelten geistigen Schätzen und materiellen Hilfsmitteln des Lebens wird eine Kulturentwickelung, werden die Begriffe Bildung, Gesittung, überhaupt erst ermöglicht" (Meyers Konversations – Lexikon 1896; 7.Bd. 454).

An dieses Verständnis von Vergesellschaftung als Grundbedingung menschlicher Zivilisation kann eine historische Verwendung des Gesellschaftsbegriffs direkt anschließen. Der Text geht insofern ganz konsequent folgendermaßen weiter: „Dieses Zusammenleben äußert sich aber nicht allein in der Staatenbildung und im Staatsleben mit seiner Rechtsentwickelung, sondern es macht sich auch in Erscheinungen bemerklich, welche über die Landesgrenzen hinausgreifen oder, wenn sie auch nur einem Lande angehören, doch gar nicht oder nur mittelbar vom Staat als solchen und seinen Lebensäußerungen beeinflußt werden und insofern selbständig auftreten (ein großer Teil des wirtschaftlichen Verkehrs, Entwickelung von Sitte, Sprache, Rechtsgefühl etc.). Dieser Umstand hat dazu Veranlassung gegeben, eine **Gesellschaftswissenschaft** oder **Sociologie** als besondere Wissenschaft neben den Staatswissenschaften und der Rechtswissenschaft auszubauen" (Ebd. S. 454f. Hervorh. i. Orig.).

Diese direkte gedankliche Verklammerung zwischen einem als elementar angesehenen Vergesellschaftungsmechanismus, historischen existierenden Gesellschaften und der Soziologie als Gesellschaftswissenschaft wird im Laufe des 20. Jahrhunderts zwar immer wieder durch Versuche in Frage gestellt, die theoretischen Grundlagen zu verfeinern. Beginnend mit dem bereits dargestellten Dualismus zwischen Gesellschaft und Individuum kommt es zu immer weiteren Einschränkungen der Reichweite des Gesellschaftsbegriffs bis hin zur Forderung nach seiner Abschaffung (Tenbruck 1984). Eine mikrosoziologische Fundierung des soziologischen Gegenstandsbereichs kann jedoch, wie die Diskussion des Problems der doppelten Kontingenz gezeigt hat, die Frage nach der spezifisch menschlichen Komponente des Sozialverhaltens weder umgehen noch lösen, die eine auf menschliches Sozialverhalten spezialisierte Soziologie in irgendeiner Weise beantworten muss.

Vor diesem Hintergrund möchte ich mich im Folgenden mit einem Versuch näher auseinandersetzen, der in meinen Augen als einziger zwei Vorzüge miteinander verbindet: den einer besonders konsequenten Modernisierung der theoretischen Grundlagen mit dem alten Anspruch eines einheitlichen, alle Ebenen umfassenden Soziologiekonzepts. Der Gesellschaftsbegriff wird hierbei immer noch als eine Art Schublade gefasst, in die der gesamte soziologische Gegenstandsbereich hineingepackt werden kann ohne damit eine historische Verwendung des Gesellschaftsbegriffs auszuschließen. Mit modernen begrifflichen Mitteln wird somit die traditionelle Zentralstellung des Gesellschaftsbegriffs fortgeschrieben. Ich spreche von dem Gesellschaftsbegriff bei Niklas Luhmann.

Luhmann hat im Einführungsteil seines ersten zusammenfassenden Hauptwerks „Soziale Systeme" folgendes Schema angegeben, dass die Grundlage seiner Theoriearchitektur auf drei Abstraktionsebenen fixiert (Luhmann 1984; 16). Der Gesellschaftsbegriff befindet sich auf der 3., also der niedrigsten Abstraktionsebene.

1. Ebene: Systeme
2. Ebene: Maschinen – Organismen – soziale Systeme – psychische Systeme
3. Ebene: Interaktionen – Organisationen – Gesellschaften

Allgemeinste Grundlage der Systemtheorie ist ein begriffliches Modell einer sich selbst reproduzierenden Ordnung. „Von System kann man sprechen, wenn man Merkmale vor Augen hat, deren Entfallen den Charakter eines Gegenstandes als System in Frage stellen würde" (Luhmann 1984; 15).

Die 2. Ebene, u.a. soziale Systeme, erfasst dann die Anwendungsfälle dieser Allgemeinen Systemtheorie. Sie kann angewendet werden, wenn die zentralen Merkmale von Systemen auf dieser Ebene identifiziert werden können. Das gelingt für soziale Systeme, wie bereits im vorangegangenen Abschnitt (3.3) gezeigt wurde, über die Begriffe Sinn, Kommunikation und doppelte Kontingenz.

Auf einer dritten Ebene unterscheidet Luhmann „drei Typen sozialer Systeme" (Baraldi u.a. 1997; 178): Interaktionen, Organisationen und Gesellschaften. Der analytische Status dieser dritten Ebene bleibt seltsam unklar. „Man kann weder die Typen aufeinander reduzieren noch Modelle benutzen, die das Primat eines Typs voraussetzen. Die Theorie sozialer Systeme erklärt die soziale Realität mit Rekurs auf die drei Typen, ihre Autonomie und ihre Interdependenzen" (Baraldi, ebd.). Luhmann selbst scheint bei der Einführung dieser dritten Ebene mit dem Gedanken zu spielen, dass hier möglicherweise „begriffliche Abstraktion (die auf Theorie abzielt)" und „Selbstabstraktion des Gegenstandes (die auf Struktur abzielt)" (Luhmann 1984; 16) zur Deckung kommen. Er begnügt sich aber letztlich mit einem vagen Hinweis: „Es ist möglich und kommt vor, dass Systeme Merkmale des Systembegriffs z.B. die Unterscheidung von innen und außen, auf sich selbst anwenden. Insofern geht es hier nicht lediglich um ein analytisches Schema. Vielmehr dient uns der Vergleich der Systeme auch als Prüfverfahren für die Frage, wie weit die Systeme auf Selbstabstraktion beruhen und dadurch gleich bzw. ungleich sind" (Luhmann 1984; 17).

Aufgrund dieser Unklarheiten ist es sinnvoll, zunächst die wesentlichen Merkmale dieser drei „Typen" sozialer Systeme zu referieren.

Interaktionssysteme: „Interaktionen bilden sich, wenn die Wahrnehmung der physischen Anwesenheit die Grundlage der Kommunikation ist ... Das Selektionsprinzip für die Bildung des Interaktionssystems ist also die psychische Anwesenheit ... (Daher) gilt für die Beobachtung der Interaktion die Unterscheidung zwischen Anwesenden und Abwesenden als Grundunterscheidung ... Die Interaktion bildet die minimale Ebene der Produktion der Kommunikation: ohne Interaktionen wäre kein soziales System möglich. Die Interaktion ist jedoch mit der Gesellschaft nicht gleichzusetzen: Interaktionen sind Episoden, die zur Realisierung der Gesellschaft beitragen und sich zugleich in der Gesellschaft ausdifferenzieren. Die Gesellschaft ist immer Voraussetzung ... der Interaktion" (Baraldi u.a. 1997; 82f.).

Organisationssysteme: „Die Organisation ist derjenige Typ eines sozialen Systems, der sich – im Unterschied zu Interaktion und Gesellschaft – aufgrund von Anerkennungsregeln bildet, vor allem Mitgliedschaftsregeln, die durch Personalrekrutierung und Rollenspezifikationen festgelegt werden können: es können immer nur eine begrenzte Anzahl von Personen Mitglieder einer formalen Organisation sein ... Die als Letztelemente der Organisation fungierenden Kommunikationen haben die Form von Entscheidungen. Entscheidungen sind Kommunikationen besonderer Art, deren Selektivität immer einem Mitglied der Organisation zugerechnet werden muß ... Personen sind Mitglieder der Organisation, indem sie dazu beitragen, die Strukturen zu bestimmen, die das System funktionsfähig machen; als psychische Systeme bleiben sie in der Umwelt der Organisation" (Baraldi u.a. 1997; 129). Das Spektrum an Entscheidungsmöglichkeiten innerhalb einer Organisation kann durch drei „Entscheidungsprämissen" weiter spezifiziert werden: Programme, Kommunikationswege und persönliche Merkmale der Organisationsmitglieder.

Gesellschaft wird von Luhmann dagegen ganz in der klassischen Tradition als Universalbegriff angelegt. „Es muss in der Soziologie einen Begriff geben für die Einheit der Gesamtheit des Sozialen – ob man dies nun (je nach Theoriepräferenzen) als Gesamtheit der sozialen Beziehungen, Prozesse, Handlungen oder Kommunikationen bezeichnet. Wir setzen hierfür den Begriff der Gesellschaft ein. Gesellschaft ist demnach das umfassende Sozialsystem, das alles Soziale in sich einschließt und infolgedessen keine soziale Umwelt kennt" (Luhmann 1984; 555). Die Grenzen der Gesellschaft fallen somit mit der Grenze kommunikativer Möglichkeiten zusammen.

Eine wichtige Konsequenz dieses Gesellschaftsbegriffs ist, dass Gesellschaft nicht als Umwelt anderer sozialer Systeme verstanden werden kann, sondern als deren Voraussetzung. Das gilt auch für Interaktion. Daher ist „die Gesellschaft ... dasjenige soziale System, das die letzten grundlegenden Komplexitätsreduktionen institutionalisiert und dadurch die Prämissen für das Operieren aller anderen sozialen Systeme (Interaktionen und Organisationen) setzt" (Baraldi u.a. 1997; 63).

Zu diesen Prämissen gehört insbesondere die „primäre Differenzierung" (vgl. Luhmann 1997; 609ff.) der Gesellschaft. Luhmann operiert hier mit den klassischen Differenzierungsbegriffen: segmentäre Differenzierung, Zentrum und Peripherie, stratifikatorische und funktionale Differenzierung. Je nachdem welcher Differenzierungsbegriff die Struktur einer Gesellschaft primär bestimmt, werden bestimmte Kommunikationsmöglichkeiten ausgeschlossen. In einer an die Dialektik von Produktionsverhältnissen und Produktivkräften bei Marx erinnernde Art und Weise erzwingt nach Luhmann innergesellschaftliche Komplexität den Übergang zu dem jeweils größere Komplexität zulassenden Differenzierungsmuster. Die geringste Komplexität ist dabei in segmentär, die höchste in funktional differenzierten Gesellschaften möglich. Der Übergang z.B. auf das Primat funktionaler Differenzierung bringt die anderen Differenzierungsmuster nicht zum Verschwinden, sie bleiben als sekundäre Muster erhalten und integrieren sich in die neuen Gegebenheiten, indem sie an das primäre Differenzierungsmuster anschließen (vgl. Schimank 1996; 150ff.). So müssen z.B. Betriebe das funktional differenzierte Wirtschaftssystem und seinen Code voraussetzen, um als segmentäre Struktur existieren zu können.

Nach dieser knappen Beschreibung komme ich auf die Frage zurück, was Gesellschaft nach Luhmann „ist"[17]. Es ist bereits deutlich geworden, dass er der klassischen Tradition folgend Gesellschaft als einen Totalitätsbegriff fasst. Auch der positive Bezug auf Aristoteles fehlt nicht (Luhmann 1997; 80).

Die „alteuropäische" (Luhmann; Rumsfield) Tradition versucht Luhmann also keineswegs generell zu überwinden. Vermeiden möchte er lediglich einige normative Implikationen eines umfassenden Gesellschaftsbegriffs, die Luhmann aber als tiefgreifenden Traditionsbruch deklariert. Das soll durch konsequente Verwendung des Kommunikationsbegriffs geschehen. „Wenn wir sagen, dass nur Kommunikationen und alle Kommunikationen zur Autopoiesis der Gesellschaft beitragen und dadurch das Merkmal „umfassend" redefinieren, steckt auch in dieser These ein tiefreichender Bruch mit der Tradition. Es kommt dann weder auf Ziele noch auf gute Gesinnungen, weder auf Kooperation noch auf Streit, weder auf Konsens noch auf Ablehnung des zugemuteten Sinnes an[18] ... Nur die Autopoiesis selbst wird durch alle diese Kommunikationen transportiert. Und natürlich erst recht alle Kommunikationen, die den Teilsystemen unserer Gesell-

---

17 Die Unterstellung, dass Gesellschaft unabhängig von vorausgesetzten Begriffen existiere, mag an Kant bzw. dem Neukantianismus orientierten Soziolog/innen naiv erscheinen. Luhmann orientiert sich jedoch an der in anderen Wissenschaften geläufigen Konvention, dass der jeweilige Gegenstandsbereich als per se bestehende Realität anzunehmen sei und reserviert für Kants Erkenntnistheorie die Beobachterperspektive (Luhmann 2002; 141ff.).
18 Hier ist anzumerken, dass Luhmann nicht gerade der erste ist, der normative Bewertungen auszuklammern sucht. Er unterscheidet sich in dieser Hinsicht beispielsweise von Weber nur dadurch, dass er nicht Handeln, sondern Kommunikation als Grundlagenbegriff verwendet.

schaft zuzurechnen sind. Unterscheidungen wie Wirtschaft und Gesellschaft, Recht und Gesellschaft ... sind deshalb verwirrend und, in unserer Theorie, nicht erlaubt. Sie erwecken den Eindruck, ob die Komponenten der Unterscheidung sich wechselseitig ausschließen, während in Wahrheit Wirtschaft, Recht ... usw. nicht außerhalb der Gesellschaft, sondern nur als ihr Vollzug gedacht werden können. Es handelt sich um den gleichen Unsinn wie bei dem Versuch, Frauen und Menschen zu unterscheiden ..." (Luhmann 1997).

Einschränkende Unterscheidungen sind somit nur innerhalb des Gesellschaftsbegriffs möglich. Organisation und Interaktion sind insofern Unterbegriffe von „Gesellschaft" obwohl sie „unter allen sozialen Verhältnissen als **Differenz** von Bedeutung" (Luhmann 1984; 552) sind. Diese Differenz besteht aber nicht in „Gesellschaft überhaupt", sondern nur in historischen oder empirischen Gesellschaften, die selbst wiederum Bestandteil des umfassenden Gesellschaftsbegriffes sind. Die Schwierigkeiten eines Gesellschaftsbegriffs, der sowohl als Totalitätsbegriff alle sozialen und soziologischen Phänomene einschließen und zugleich auf historische Gesellschaften angewendet werden soll, sind damit offenkundig.

Eine spezifizierende Verwendung des Gesellschaftsbegriffs ist folgender Erläuterung der Differenz zwischen Interaktion und Gesellschaft unterlegt. „Jede Gesellschaft hat ein **für sie** problematisches Verhältnis zur Interaktion, auch dann, wenn sie interaktionsfreies und gleichwohl gesellschaftliches Handeln ermöglicht, zum Beispiel Schreiben und Lesen. Und jede Interaktion hat ein **für sie** problematisches Verhältnis zur Gesellschaft, weil sie als Interaktion keine Autarkie im Sinne einer vollständigen Geschlossenheit des Kommunikationsablaufs erreichen kann. Jedes Sozialsystem ist damit durch die Nichtidentität von Gesellschaft und Interaktion mitbestimmt" (Ebd. 552; Hervorh. i. Orig.). Die hervorgehobene Formulierung „für sie" weist darauf hin, dass hier von existierenden sozialen Systemen die Rede ist, die operieren und sich selbst beschreiben können, und nicht von Gesellschaft als einer Schublade aller Möglichkeiten. Lässt sich beides zugleich wirklich in den Gesellschaftsbegriff hineinpacken?

Diesen kritischen Punkt kann man nur über einige Testfragen auszuloten versuchen. Welche Konsequenzen hat es für einen als Totalität konzipierten Gesellschaftsbegriff, wenn man zeigen kann, dass empirische bzw. historische Gesellschaften so gebaut sind, das sie nur über einen sehr spezifischen Typus von Kommunikation ihren Bestand erhalten können? Welche Konsequenzen hätte es, wenn man zeigen könnte, dass Robinson und Freitag auf ihrer Insel kommunizieren, ohne dass sie deswegen in einer „Gesellschaft" leben? Wie ist es zu bewerten, dass Schimpansen offenbar die elementare Lösung des Problems doppelter Kontingenz beherrschen?

Die Antwort auf derartige Fragen ist ganz einfach. Solche Beobachtungen haben keine Konsequenzen für den Gesellschaftsbegriff. Sie können höchstens als interne Unterscheidung innerhalb des Begriffes markiert werden, weil Luhmann ja beide Verwendungsmöglichkeiten in dem Begriff bündeln möchte. Gesellschaft ist sowohl die Bezeichnung für den Gegenstand der Gesellschaftstheorie wie auch die Bezeichnung für konkrete empirische wie historische Gesellschaften. Nur die Befunde aus der Schimpansenforschung können nicht integriert werden. Sie müssen ausgeklammert werden, weil Gesellschaft für menschliches Sozialverhalten reserviert ist. Diese Beschränkung ist implizit in Luhmanns Begriff der Kommunikation enthalten, der die Reichweite von Gesellschaft markiert. Die Befunde der Schimpansenforschung können daher z.B. mit dem Hinweis ausgeklammert werden, dass die Kommunikation von Schimpansen nicht alle Merkmale menschlicher Kommunikation und damit sozialer Systeme erfüllt. Dies könnte dann noch durch den Hinweis ergänzt werden, dass man mit Hilfe der Systemtheorie immer nur das Operieren von Systemen, aber nicht die Herausbildung ihrer konstitutiven Merkmale analysieren könne (Luhmann 2002; 116).

Diese Schwierigkeiten von Beobachtern, die mit Luhmanns Gesellschaftsbegriff operieren wollen, sind symptomatisch. Bei allem Verständnis für die von Luhmann und auch von anderen Autoren durchaus gesehene Paradoxie des Gesellschaftsbegriffs sowohl den gesamten Gegenstandsbereich (Ebene: Grundlagen der Vergesellschaftung) wie zugleich auch Unterscheidungen innerhalb des Gegenstandsbereichs (historische Verwendung) zu erfassen (z.B. Luhmann 1997; 80ff.), halte ich eine Veränderung dieser Konvention für unumgänglich. Als Bezeichnung für den Gegenstand der Sozial- oder Gesellschaftstheorie scheint mir der klarer von historischen Formen unterscheidbare Begriff „Sozialverhalten" brauchbarer zu sein. Er ist wesentlich allgemeiner und nötigt daher dazu, mögliche Besonderheiten des menschlichen Sozialverhaltens genauer herauszuarbeiten. Der Begriff „Gesellschaft" könnte dann der Analyse des menschlichen Lebens in Gesellschaften, einer – wie ich noch zeigen werde – auf spezifischen Konventionen beruhenden Form des Sozialverhaltens vorbehalten bleiben. Diese Konventionen können im Anschluss an Luhmanns Unterscheidung zwischen auf Theorie abzielenden begrifflichen Abstraktionen und auf Struktur abzielenden Selbstabstraktionen (Luhmann 1984; 16) als Konstruktionsleistungen miteinander zusammenlebender Menschen aufgefasst werden.

Gesellschaftstheorie ist in dieser Konzeption somit nur Teil einer umfassenderen Sozialtheorie. Ihr Ansatzpunkt ist empirisch und besteht in der Analyse bzw. Beobachtung von vorhandenen Gesellschaftskonstruktionen.

Wie ja bereits gezeigt wurde, ist eine immanente Kritik eines in der aristotelischen Tradition konzipierten Gesellschaftsbegriffs nicht aussichtsreich. Daher werde ich so vorgehen, dass ich an dieser Stelle wesentliche Argumente für diese Umstellung anführe und in den folgenden Kapiteln mit den vorgeschlagenen Begriffen operieren werde.

4.1 Grenzen einer ganz selbstverständlich von der gesellschaftlichen Natur des Menschen ausgehenden Gesellschaftstheorie.

Diese Grenzen möchte ich in Thesen- und Frageform benennen:

1. Die These von der gesellschaftlichen Natur des Menschen kann nur dann wissenschaftlich fruchtbar gemacht werden, wenn sie nicht einfach unterstellt, sondern vielmehr über Unterscheidungen eingeführt wird. Erst das eröffnet Möglichkeiten der empirischen Überprüfung.
2. Solche Unterscheidungen müssen berücksichtigen, dass nicht nur Menschen permanentes Sozialverhalten kennen, sondern auch andere in Gruppen lebende Säugetiere.
3. Hieraus ergibt sich das Problem, wie man sich die Einführung einer insgesamt sinnhaft strukturierten Welt in die Kommunikation überhaupt vorstellen kann.
4. Für die menschliche Evolutionsgeschichte gilt, selbst wenn man die Unklarheiten darüber, was als Gesellschaft bezeichnet werden kann, in Rechnung stellt, dass Menschen weite Strecken ihres Evolutionsweges zurückgelegt haben, ohne in Gesellschaften gelebt zu haben.
5. Gerade wenn man wie z.B. Luhmann (z.B. 1984; 57) davon ausgeht, dass nach dem Verlust religiöser und aufklärerischer Überzeugungen auch im Bereich des „sozialen Lebens" nur noch auf Ordnungen gesetzt werden kann, die sich durch Selektion selbst organisieren und entwickeln, ergeben sich aus der vierten These erhebliche Erklärungsprobleme. Ist „Gesellschaft" nach dem Muster eines oder unendlich vieler evolutionärer Zufälle entstanden oder als eine „Erfindung" oder gar „Konsequenz" des menschlichen Geistes?
6. Auch Luhmanns scheinbar universell auf Kommunikation gegründeter Gesellschaftsbegriff zeigt bedenkliche Implikationen, wenn man ihn aus der Perspektive einer allgemeineren Kategorie Sozialverhalten betrachtet. Bei Luhmann bleiben z.B. solche zwischenmenschlichen Kommunikationen, die nicht über sprachliche Verständigung laufen, begrifflich ausgeblendet. Rechtfertigt der Umstand, dass z.B. Blickkontakte soziale Bindungen erzeugen können, auch wenn sie sowohl aus der Kommunikation als auch aus dem menschlichen Bewusstsein ausgeklammert bleiben, ihre Ausblendung

aus der Sozialtheorie? Wie steht es mit Kommunikationen, die nicht über die selektive Verwendung von „Sinn" laufen, sondern über Selektionen des Organismus, wie Emotionen oder körperliche Bedürfnisse, wie Schlaf oder Hunger[19]?

7. Es ist für die Soziologie (über)lebenswichtig, die Abgrenzung ihres Gegenstandsbereich auch dem wissenschaftlichen Fortschritt benachbarter Disziplinen anzupassen. Selbst Luhmann, dessen systemtheoretische Terminologie für interdisziplinäre Kooperation in hohem Maße offen ist, reproduzierte in seinem Gegenstandsverständnis – ungeprüft – traditionelle Abgrenzungen.

8. Es ist gerade auch im Hinblick auf die Außenwahrnehmung unbedingt erforderlich, die Gesellschaftsanalyse von spekulativem Ballast zu entlasten. Ein als Schubladenbegriff für den gesamten Gegenstandsbereich gefasster Gesellschaftsbegriff muss jedes instruktive Verständnis der sozialen Realität von „Gesellschaft" zwangsläufig zerstören. **Wenn die Soziologie aber nicht mehr sagen kann, was das Leben in Gesellschaften charakterisiert, dann ist auch nicht mehr kommunizierbar, worin genau der Gegenstand und der mögliche gesellschaftliche Nutzen der Soziologie besteht.** Auch Luhmanns Notlösung bleibt letztlich nicht kommunizierbar und schafft unnötige Akzeptanzprobleme.

9. Ich schlage daher vor, den Gegenstandsbereich der Soziologie durch überprüfbare abgrenzende Unterscheidungen auf einer allgemeineren Ebene von Sozialverhalten überhaupt auszuweisen. Damit könnte der Gesellschaftsbegriff ausschließlich für eine historische Verwendung reserviert werden, wobei Vergleiche zwischen unterschiedlichen Gesellschaftsformen zu einem genaueren Verständnis dessen führen können, was „Gesellschaft" von anderen Formen menschlichen Sozialverhaltens unterscheidet.

5 Fazit des ersten Kapitels

Der in diesem Kapitel gegebene Überblick über das Ordnungsdenken innerhalb der Soziologie hat die in der Einleitung angesprochenen Probleme deutlicher hervortreten lassen. Sie ergeben sich aus einem Verzicht auf einen aussagekräftigen Gesellschaftsbegriff in Verbindung mit einer unsystematischen Behandlung von Problemen gesellschaftlicher Entwicklung und einer nicht weiter reflektierten Beschränkung des Gegenstandsbereichs auf menschliches Sozialverhalten.

Weder auf der Ebene beschreibender Begriffe noch auf der Ebene von Erklärungen konnten Bemühungen registriert werden, die Spezifik des innerhalb

---

19 Zur Behandlung nonverbaler Kommunikation bei Luhmann vgl. Berghaus 2004; 128ff.

von Gesellschaften ablaufenden Sozialverhaltens auszuweisen. Stattdessen beherrscht entweder das Spannungsverhältnis zwischen Individuum und Gesellschaft die theoretischen Konstrukte oder man trifft auf Versuche, Ordnungen generell handlungs- oder kommunikationstheoretisch zu erklären. Der Allgemeinheitsgrad gerade der zuletzt genannten Ansätze kann aber nicht kontrolliert werden, da weder ein systematisches Verständnis der Entwicklung menschlichen Sozialverhaltens noch der Gesellschaftsentwicklung noch der Unterschiede zwischen menschlichem Sozialverhalten und dem Sozialverhalten von Tieren existiert.

Dennoch enthält dieser Überblick einige Anknüpfungspunkte, die man benutzen kann, um sowohl das gesamte Spektrum des Sozialverhaltens auszuloten wie auch, darauf aufbauend, die Spezifik des Sozialverhaltens im Kontext der Erfindung und Weiterentwicklung von Gesellschaften herauszuarbeiten. Sie werden nun in Form von Thesen fixiert.

These 1: Gesellschaftliche Ordnung legt Kommunikation vorab fest.
Es erfolgt eine Verengung auf wenige Möglichkeiten.

Ich komme zunächst auf die Darstellung soziologischer Grundbegriffe zurück. Sieht man einmal vom Begriff „Gruppe" ab, dann versuchen alle Grundbegriffe Ordnungen zu beschreiben, die nicht frei und flexibel unter den Beteiligten ausgehandelt werden. Sie basieren vielmehr auf Vorabfestlegungen, die genau das ausschalten, was man über Luhmanns Begriffe „Kommunikation", „Lösung des Problems doppelter Kontingenz" und „soziale Systeme" als das „Wesen" des Sozialverhaltens kennzeichnen könnte, nämlich die flexible, ergebnisoffene kommunikative Verknüpfung von Intentionen.

Aus dem Blickwinkel soziologischer Grundbegriffe wird Sozialverhalten entweder über dem Akteur zugeschriebene Positionen und Rollen, über generalisierte Normen und Werte, über Mitgliedschaft begründendes Einverständnis oder über institutionelle Gesamtregelungen vorab entschieden. Man muss nur darüber kommunizieren, welche allgemeine Regelung gerade zutrifft!

Ich folgere daraus, dass innerhalb von Gesellschaften zwar nicht generell (vgl. den Begriff Gruppe) aber doch überwiegend die Offenheit des Sozialverhaltens eingeschränkt und standardisiert ist. Eingeschränkte Möglichkeiten lassen Sicherheiten entstehen, die aber mit Merkmalen zu tun haben, die konkrete Personen nach abstrakten Kategorien sozial funktionalisieren als Rolleninhaber, Mitglieder, Gesinnungsinhaber usw.

These 2: Gesellschaftliche Ordnung ist auf Kommunikation, nicht aber auf soziales Handeln zurückzuführen. Es besteht keine direkte Entsprechung zwischen gesellschaftlicher Ordnung und Handeln.

Menschen können sich in ihrem *Handeln* an mehreren gesellschaftlichen Ordnungen zugleich orientieren, solange diese sich nicht diametral widersprechen. Das gilt nicht nur für kombinierbare Ordnungselemente wie z.B. Institution, Organisation und Position, sondern auch für die Interpenetration von normativer und utilitaristischer Ordnung bei Parsons. Dagegen kann über Ordnungen nur dann *kommuniziert* werden, wenn man sie auseinander halten kann.

Daraus kann man einmal folgern, dass sich gesellschaftliche Ordnungen nicht einfach aus der Regelmäßigkeit von Handlungen ergeben, sondern dass sie nur über Kommunikation fixiert werden können. Ihr Effekt besteht darin, kommunikative und damit auch gedankliche Möglichkeiten zu kanalisieren. Die Entwicklung und Reproduktion von spezifischen Ordnungen ist daher immer an eine „entsprechende" Spezialisierung von Kommunikation gebunden.

Man kann zweitens folgern, dass das Nebeneinander von Ordnungen nach Bedarf nahezu beliebig gesteigert werden kann, ohne dass die hohe Ordnungsdichte zu Handlungsblockaden führt. Das ist solange möglich, als sich gesellschaftliche Ordnungen nicht diametral widersprechen, sondern unterscheidbaren Gesichtspunkten folgen.

These 3: Gesellschaftliche Ordnungen können kommunikative Verständigung ersetzen. Sie weisen eine problematische Effektivität auf.

Wenn man im Anschluss an Max Weber nach der Systematik gesellschaftlicher Ordnungen fragt (vgl. insbes. oben unter Differenzierung der Wertsphären), dann kann man Gesichtspunkte erkennen wie z.B. Wissen, Moral, Pflicht, Effektivität (im Sinne von Zeit sparen und räumliche Distanzen überwinden), Religion, die isoliert werden und systematisch verfolgt und ausgearbeitet sind. Verständigung unter Bezugnahme auf solche gesellschaftlichen Ordnungen bedeutet, dass auf aufwendige kommunikative Verständigung über diese Ordnungen selbst und ihre Systematik verzichtet werden kann. Die Effektivitätsvorteile sind durchaus vergleichbar mit den Eigenschaften von Medien wie Macht und Geld (vgl. insbes. Habermas 1981, Bd. II; 384ff.).

In ganz ähnlicher Weise wie bei den soziologischen Grundbegriffen fallen auch hier wiederum Eigenschaften auf, die die komplexen Möglichkeiten kommunikativer Verständigung reduzieren und standardisieren.

Genau diese Eigenschaften werden aber von grundlagenorientierten Ansätzen, die Ordnungen aus Handlung oder Kommunikation zu gewinnen versuchen, nicht erklärt sondern sie bleiben weitgehend unbeachtet. Diese Erklärungsansätze zielen somit offensichtlich auf konkretere oder abstraktere Ebenen.

These 4: Die grundlagentheoretischen Überlegungen von Niklas Luhmann zum Problem doppelter Kontingenz lassen sich auch ohne die zu voraussetzungsvolle Prämisse eines kommunikativen Operierens mit dem Medium „Sinn" reformulieren. Dann erfassen sie eine möglicherweise nicht auf Menschen beschränkte Möglichkeit, Sozialverhalten zu entwickeln.

Ich möchte daher an dieser Stelle versuchen, die in den Begriffen Kommunikation, doppelte Kontingenz und soziales System enthaltenen, vom Sinnmedium ablösbaren Grundannahmen zu fixieren und dabei soweit wie möglich ohne systemtheoretisches Vokabular auskommen.

(a) In jeder Kommunikation wird fixiert, an wen sie gerichtet ist und auf welches außerhalb der Kommunikation selbst liegende Thema sie sich bezieht.
(b) Eine Kommunikation kommt nur dann an, wenn sie verstanden wird, wenn also ein oder mehrere Hörer sich angesprochen fühlen und die Intention des Sprechers identifizieren.
(c) Es muss einen Anlass für Kommunikationen geben. In allgemeinster Formulierung kann man diesen Anlass darin sehen, dass ein potentieller Sprecher Grenzen des eigenen Organismus bzw. des eigenen Selbst wahrnimmt und deswegen an irgendwelchen für ihn nützlichen Reaktionen anderer Akteure interessiert ist, sei es an Unterstützung, Bestätigung, Widerspruch, Konkurrenz, Kooperation oder was auch immer.
(d) Nur wenn den Teilnehmern an einer Kommunikation klar ist, dass sie die Angesprochenen weder manipulieren noch sonst wie ihrem Willen unterwerfen können, sind sie gezwungen den antizipierten Wille der Adressaten in ihre Kommunikation mit einzuarbeiten. Nur so wird sie intersubjektiv, überwindet sie den spezifisch individuellen Wahrnehmungs- und Willenshorizont.
(e) Es kommt nur dann zu einem eigenständigen sozialen System, zu selbständigem sozialem Leben, wenn auf eine Kommunikation mit einer Anschlusskommunikation von Seiten des oder der Angesprochenen reagiert wird. Außerhalb der Kommunikation liegende Motive sollen so ausgeschlossen werden. Sind sie entbehrlich, dann kann man von einem sich selbst reproduzierenden sozialen System sprechen.

These 5: Den weiteren Überlegungen liegt eine Unterscheidung zwischen Sozialverhalten und Gesellschaft zugrunde. Der Gesellschaftsbegriff wird für eine spezifische, nur Menschen zugängliche Form des Zusammenlebens reserviert, die in historisch existierenden Gesellschaften stattfindet. Diese spezifische Form von Sozialität kann nicht vorab definitorisch festgelegt werden. Sie soll vielmehr soweit möglich erst durch empirisch kontrollierbare Unterscheidungen innerhalb eines Begriffs des Sozialverhaltens gewonnen werden, der zunächst alle Formen des Sozialverhaltens von Lebewesen einschließt. Diese Unterscheidung erfolgen in zwei Stufen: Zunächst gilt es, die Spezifik menschlichen Sozialverhaltens von anderen Formen und Möglichkeiten zu unterscheiden. In einem zweiten Schritt muss dann die Spezifik des Lebens in Gesellschaften durch geeignete Unterscheidungen fixiert werden.

Literatur

Althusius, J. (1932): Politica methodice digesta. Cambridge Mass.
Archer, M. (1982): Morphogenesis versus Structuration: On Combining Structure and Action. BJS, Jg. 33, S.455 – 483.
Archer, M. (1988): Culture and Agency: The Place of Culture in Social Theory. Cambridge.
Beck, U. (1986): Risikogesellschaft. Ffm.
Beck, U./Beck-Gernsheim, E. (Hg.)(1994): Riskante Freiheiten. Ffm.
Berghaus, M. (2004): Luhmann leicht gemacht. Eine Einführung in die Systemtheorie. Köln/Weimar/Wien.
Bergson, H. (1989): Zeit und Freiheit; Ffm.
Bernsdorf, W. (Hg.) (1969): Wörterbuch der Soziologie. Ffm.
Bourdieu, P. (1977): Outline of a Theory of Practice. London
Bourdieu, P. (1982): Die feinen Unterschiede. Ffm. Frz. Orig. 1979.
Brock, D. (1994): Rückkehr der Klassengesellschaft? Die neuen sozialen Gräben in einer materiellen Kultur. In: Beck/Beck-Gernsheim 1994
Coleman, J. (1995): Grundlagen der Sozialtheorie. 3 Bände. München und Wien.
Comte, A. (1884): Die positive Philosophie von August Comte. Hg. von J. Rig.
Dahrendorf, R. (1974): Pfade aus Utopia. Zur Theorie und Methode der Soziologie. Neuausgabe. Dt. Erstausgabe 1967. München und Zürich.
Durkheim, E. (1988): Über soziale Arbeitsteilung. Ffm. (Frz. Orig. 1893)
Durkheim, E. (1981): Die elementaren Formen des religiösen Lebens. Frz. Orig. 1912. Ffm.
Durkheim, E. (1981a): Der Dualismus der menschlichen Natur und seine sozialen Bedingungen. In: F. Jonas: Geschichte der Soziologie 2, S. 368 – 380. Opladen (Le dualisme de la nature humaine et ses conditions sociales, in: Scientia, XV, 1914, S. 206-221. Übersetzt von F. Jonas)

Durkheim, E. (1984): Die Regeln der soziologischen Methode. Ffm.
Endruweit, G./Trommsdorf, G. (Hg.) (1989): Wörterbuch der Soziologie. Stuttgart.
Franklin, A. (1999): Animals and modern cultures: a sociology of human-animal relations. London/Thousand Oaks, Cal.
Giddens, A. (1993): Sociology. Cambridge.
Giddens, A. (1988): Die Konstitution der Gesellschaft. Grundzüge einer Theorie der Strukturierung. Ffm./NY.
Goffman, E. (1983): Wir alle spielen Theater. Die Selbstdarstellung im Alltag. Amerik. Original. 1959. München.
Goffman, E. (1980): Rahmen-Analyse. Ein Versuch über die Organisation von Alltagserfahrungen. (Amerik. Orig. 1974) Ffm.
Goffman, E. (1986): Interaktionsrituale. Über Verhalten in direkter Kommunikation. (Amerik. Orig. 1967) Ffm.
Grotius, H. (1950): Drei Bücher vom Recht des Krieges und des Friedens. Einl. von W. Schätzel. (Lat. Orig. 1625).
Habermas, J. (1981): Theorie des kommunikativen Handelns. 2 Bde. Ffm.
Hahn, A. (1986): Soziologische Aspekte der Knappheit. Unveröff. Ms.
Hegel, G. W. F. (1955): Grundlinien der Philosophie des Rechts. 4. Aufl. Hamburg. (1821)
Hobbes, Th. (1980): Leviathan. Stuttgart. (zuerst 1651).
Honneth, A./Joas, H. (1980): Soziales Handeln und menschliche Natur. Anthropologische Grundlagen der Sozialwissenschaften. Ffm.
Inglehart, R. (1977): The Silent Revolution. Princeton
Joas, H. (1988): Eine soziologische Transformation der Praxisphilosophie – Giddens' Theorie der Strukturierung. Einführung zu Giddens 1988.
Joas, H. (1992): Die Kreativität des Handelns. Ffm.
Junge, M. (2000): Ambivalente Gesellschaftlichkeit. Die Modernisierung der Vergesellschaftung und die Ordnungen der Ambivalenzbewältigung. Opladen.
König, R. (Hg) (1965): Fischer – Lexikon Soziologie. Neuausgabe. Ffm.
Krähnke, U. (2002): Herbert Spencer. In: Brock, D. et al.: Soziologische Theorien von Auguste Comte bis Talcott Parsons. München/Wien.
Kromka, F. (2000): Mensch und Tier. Bergisch-Gladbach.
Leggewie, C. (2003): Die Globalisierung und ihre Gegner. München.
Luhmann, N. (1984): Soziale Systeme. Ffm.
Luhmann, N. (1997): Die Gesellschaft der Gesellschaft. Ffm.
Luhmann, N. (2002): Einführung in die Systemtheorie. Herausgegeben von Dirk Baecker. Heidelberg
Marx, K. (1972): Das Kapital. Erster Band. Berlin. Dt. Erstausg. 1867.
Marx, K. (1974): Grundrisse der Kritik der politischen Ökonomie. Berlin 1974. Manuskript 1857 – 1858.
Montesquieu, C. – L., Baron de (1951): Vom Geist der Gesetze, herausgegeben von E. Forsthoff, 2 Bde. Tübingen. (Frz. Orig. 1748)
Münch, R. (1982): Theorie des Handelns. Zur Rekonstruktion der Beiträge von Talcott Parsons, Emile Durkheim und Max Weber. Ffm.
Mütherich, B. (2000): die Problematik der Mensch-Tier-Beziehung in der Soziologie: Weber, Marx und die Frankfurter Schule. Münster/Hamburg/London.

Nave-Herz, R. (Hg.) (1988): Wandel und Kontinuität der Familie in der Bundesrepublik Deutschland. Stuttgart
Pelzer, E. (2006). Die französische Revolution. In: Die Zeit: Welt- und Kulturgeschichte. Bd. 10. Hamburg.
Parsons, T. (1937): Structure of Social Action. NY.
Parsons, T./Shils, E. (Hg.) (1951): Toward a general Theory of Action. Cambridge Mass.
Parsons, T (1972): Das System moderner Gesellschaften. München.
Pufendorf, S. (1672): De jure naturae et gentium. Lund.
Reckwitz, A. (2003): Grundelemente einer Theorie sozialer Praktiken. Eine sozialtheoretische Perspektive. In: ZfS, 32, H.4, S.282 – 301.
Reinhard, W. (1999): Geschichte der Staatsgewalt. Eine vergleichende Verfassungsgeschichte Europas von den Anfängen bis zur Gegenwart. München
Rousseau, J.J. (1762): Contrat social ou principes du droit politique; in: Ders.: Euvres completes. Paris 1959ff.
Rousseau, J.J. (1963) : Emil oder über die Erziehung. Hg. von E. Sckommodau und M. Rang. (Frz. Orig. 1762).
Saint-Simon, C.-H. Comte de (1962): Die Lehre Saint-Simons. Hg. von G. Salomon. Neuwied.
Schaefers, B. (Hg.) (1995): Grundbegriffe der Soziologie. Opladen, 4. Aufl.
Simmel, G. (1890): Über sociale Differenzierung. Sociologische und psychologische Untersuchungen. Leipzig.
Spencer, H. (1896): Einleitung in des Studium der Sociologie. 2 Bde. Leipzig
Tenbruck, F. (1975): Das Werk Max Webers; in: KZfSS, 27; S. 66588
Tenbruck, F. (1984): Emile Durkheim oder die Geburt der Gesellschaft aus dem Geist der Soziologie, in: ZfS. 10 Jg., S. 333-350.
Tocqueville, A. de (1990): De la démocratie en Amérique. Hg. E. Nolla. Paris.
Turgot, R. (1990): Über die Fortschritte des menschlichen Geistes. Hg. von J. Rohbeck und L. Steinbrügge. Frz. Orig. 1750
Weber, M. (1972): Wirtschaft und Gesellschaft. 5. Aufl. Tübingen.
Weber, M. (1988a): Die Wirtschaftsethik der Weltreligionen. In: Ders.: Gesammelte Aufsätze zur Religionssoziologie Bd. I, S. 237 – III. S. 442.
Weber, M. (1988b): Die protestantische Ethik und der Geist des Kapitalismus. In: Ders.: Gesammelte Aufsätze zur Religionssoziologie Bd. I, S. 17 – 206.
Wiedenmann, R. E. (2002): Die Tiere der Gesellschaft. Studien zur Soziologie und Semantik von Mensch-Tier-Beziehungen. Konstanz.

2 Das Spektrum des Sozialverhaltens von Tieren und Menschen – Unterschiede und Gemeinsamkeiten

Gliederung

Einleitung 61
1 Chemische Kommunikation – ein ganz anderes Feld von
 Kommunikation und Sozialverhalten 62
2 Reziproker Altruismus bei Fledermäusen 65
3 Mitteilungen und Interessen – intendierte selektive Kommunikation 66
4 Protogesellschaftliche Strukturen bei Tieren 73
5 Definitive Differenzen im Sozialverhalten von Tieren und Menschen ... 77
5.1 Moral 79
5.2 Tod und Bestattung 84
6 Fazit: Gemeinsamkeiten und Trennendes 86
6.1 Sozialverhalten in Gesellschaften 87
6.2 Gesellschaft im Spektrum des Sozialverhaltens 90
Literatur 93

Einleitung

In diesem zweiten Kapitel wird es darum gehen, den Gegenstand der Soziologie, menschliches Sozialverhalten und menschliches Zusammenleben in Gesellschaften mit Formen des Sozialverhaltens bei Tieren zu vergleichen. Wenn die These zutrifft, dass wir nur über Unterscheidungen etwas genauer identifizieren und lokalisieren können, dann dürfte das eine ertragreiche Möglichkeit sein, etwas über die von der Soziologie immer wieder postulierte Sonderrolle menschlicher Sozialität in Erfahrung zu bringen. *Es kann dabei selbstverständlich* **nicht** *darum gehen, hier einen systematischen Überblick über sämtliche auf dieser Welt existierende Formen des Sozialverhaltens zu geben.* Der Anspruch ist allein darauf gerichtet, auf diesem etwas unüblichen Wege etwas über Besonderheiten menschlichen Sozialverhaltens zu erfahren.

Das konkrete Vorgehen in diesem Kapitel orientiert sich an einer Methode, die zum Standardrepertoire qualitativer Sozialforschung gehört: das sogenannte theoretical sampling (Glaser/Strauss 1967). Sie legt folgendes Vorgehen nahe:

der Sozialforscher, der sich ein unbekanntes soziales Feld erschließen möchte, sollte nach Kontrasten und extremen Fällen suchen, die jeweils in einer Dimension verglichen werden können. Diese Methode dient zum Aussuchen geeigneter Interviewpartner. Ich werde sie in diesem Kapitel zu Exkursen in die für Soziologen üblicherweise völlig unbekannte Welt der Tierverhaltensforschung nutzen.

1 Chemische Kommunikation – ein ganz anderes Feld von Kommunikation und Sozialverhalten

Wenn man sich also an der Grundidee des theoretical sampling orientiert und nach einer Form der Kommunikation sucht, die den größtmöglichen Kontrast gegenüber menschlicher Kommunikation aufweist, dann bietet sich hierfür das große Feld chemischer Kommunikation an.

Was ist hierunter überhaupt zu verstehen? „Als chemische Kommunikation bezeichnet man die Sekretion einer Botschaft, die aus Molekülen besteht, durch einen Organismus oder einen seiner Teile an die Umgebung, in der er lebt, im Wesentlichen also an das Wasser oder die Luft. Diese Botschaft kann sich (wie im Fall der Hormone) an einen anderen Teil des Organismus derselben Art (Pheromone) oder auch an einen Organismus einer anderen Spezies richten" (Serres/Farouki 2001; 125). Schon aus Vergleichsgründen ist es angebracht, die interne Kommunikation innerhalb eines Organismus auszublenden und alles weitere auf chemische Kommunikation zwischen Organismen zu konzentrieren.

Bei der chemischen Kommunikation zwischen Organismen handelt es sich keineswegs um etwas, was der menschlichen Wahrnehmung und Erfahrung völlig fremd ist. Unser Geruchs- und Geschmackssinn dient der chemischen Kommunikation. Wir haben z.B. an ihr Teil, wenn wir im Hochsommer im Supermarkt in einer langen Warteschlange vor der einzigen besetzten Kasse stehen. Dann kann unser Geruchsorgan den z.T. nur notdürftig durch Deos oder Parfüms überlagerten Botenstoffen der Körper unserer Mitmenschen kaum entkommen. Chemische Kommunikation findet aber auch dann statt, wenn jemand eine unbekannte Pflanze gefunden hat, erst an ihr riecht und dann vorsichtig ihren Geschmack probiert. Wenn sie z.B. gallebitter schmeckt, dann wird er sie sofort wegwerfen, auch wenn er sie für ungiftig hält. Auf diese Weise können sich Pflanzenarten (allerdings nicht die einzelne, schon ausgerissene Pflanze) gegen den Verzehr schützen und so **durch Kommunikation ihre Überlebenschancen steigern.**

Unter evolutionstheoretischen Gesichtspunkten ist an der chemischen Kommunikation bemerkenswert, dass sie enorm weit verbreitet ist und, wie im folgenden Beispiel, auch von Einzellern wie z.B. Bakterien zur Handlungskoordination verwendet wird. „Der Genetiker (Mike Silverman) hatte am Beispiel der Tintenfische besiedelnden Leuchtbakterien *Vibrio fischeri* zeigen können, dass diese ein Signalmolekül produzieren, dessen Menge die Bakteriendichte anzeigt. Ist eine Mindestzahl ... überschritten, beginnen alle zu leuchten ... Es erspart den Meeresbakterien unkoordiniertes und energieraubendes Einzelgeflacker" (Breuer 2003; 36).

Diese Leuchtbakterien sind kein Einzelfall. „Bald stellte man fest, dass nicht nur Leuchtbakterien kommunizierten. So fanden sich etwa Mikroben, die sich sammeln und mittels chemischer Information entscheiden, wann sie Gifte oder zersetzende Enzyme verströmen. Andere wiederum signalisieren sich Gefahr und bilden gemeinsam einen Schleimfilm, der sie vor Desinfektionsmitteln oder Antibiotika schützt ... Die Einzeller kommunizieren nicht in einer einheitlichen Biochemie ... Möglicherweise gibt es Dutzende Signalmoleküle, auf denen die eigentliche Mikrobensprache aufbaut..." (Ebd.).

Wie bereits erwähnt, verfügen auch Pflanzen über die Möglichkeiten chemischer Kommunikation, um sich z.b. gegen Schädlinge zu schützen (Serres/ Farouki 2001; 126). Sie können auch gegen die artinterne Kommunikation anderer Arten gerichtet sein[20]

Der **einfachste Fall chemischer Kommunikation** scheint vorzuliegen, wenn ein Organismus Moleküle produziert, die sich an Rezeptoren (meist Proteine) eines anderen Organismus anlagern (Serres/Farouki 2001; 126).

Bemerkenswert ist schließlich die **Breite an Zielen, die mit den Mitteln chemischer Kommunikation verfolgt werden können.** „Vom Anreiz zur Befruchtung (blühende Pflanzen, die Duftstoffe verströmen, um Insekten anzulocken) oder zum Koitus (Steroide im Speichel des Ebers), über die Markierung eines Weges zu einer Nahrungsquelle (Ameisen) bis hin zur Differenzierung der Zellen (bei der Embryonalentwicklung) oder Individuen (Gelee Royale bei den Bienen); von der Verteidigung gegen Raubtiere (Chrysanthemensäure, ein natürliches Insektizid, das Pflanzen der Familie der Korbblütler vor Blattläusen schützt), über das Auslegen von Ködern bis hin zur Schaffung ökologischer Nischen, in denen Arten gedeihen können, weil sie ihr Territorium mit bestimmten Stoffen abgrenzen" (Serres/Farouki 2001; 125).

Das Grundprinzip der chemischen Kommunikation scheint also darin zu bestehen, das der Organismus Stoffe produziert, die nicht direkt, sondern indirekt für das Weiterleben eines Organismus bedeutsam sind. Sie dienen – und deswegen macht es durchaus Sinn hier sowohl von Kommunikation wie auch von Sozialverhalten zu sprechen – dazu, das Verhalten anderer Organismen im eigenen Überlebensinteresse zu beeinflussen, „feindliche" Verhaltensweisen zu vermei-

---

20 Z.B. schützen sich Algen so gegen Bakterienschleim, der aufgrund bakterieninterner Kommunikation entsteht (Breuer ebd.)

den, förderliche wahrscheinlicher zu machen[21]. Sie kann aber auch die Überlebenschancen einer Gruppe, beispielsweise einer Bakterienkolonie, erhöhen. Wie bei direkter menschlicher Kommunikation, so ist auch hier das räumliche Zusammenleben[22] in Reichweite der Signale eine unabdingbare Voraussetzung. Kooperiert wird bei der Wahrnehmung der Umwelt.

Im Hinblick auf den Kommunikationszweck sind also durchaus Gemeinsamkeiten mit menschlicher Kommunikation auszumachen. Der Unterschied liegt vor allem auf der Ebene der Selektivität bzw. Veränderbarkeit der Kommunikation. Chemische Kommunikation ist weitgehend festgelegt und standardisiert. Alle für menschliche Kommunikation charakteristischen intentionalen Elemente fehlen hier: die Entscheidung, ob kommuniziert wird oder nicht, mit wem kommuniziert wird, welche Information mitgeteilt wird. Damit ergeben sich auch keine Probleme des Verstehens. Allein offen ist der Zeitpunkt der Kommunikation. Das einzige „kontingente" Element liegt also bei der Kommunikation auslösenden Wahrnehmung.

Aus systemtheoretischer Sicht ist das entscheidende Merkmal menschlicher Kommunikation ihre Verselbständigung, die es ermöglicht soziale Systeme über selbstreferentielle Kommunikation zu charakterisieren. Dieses Merkmal weist chemische Kommunikation eindeutig nicht auf. Sie scheint punktuell zu bleiben, kann nicht variiert werden und sie bleibt einseitig. Diese Merkmale schließen es aus, chemische Kommunikaton als autopoietisches und selbstreferenzielles soziales System aufzufassen.

Aus diesem kleinen Exkurs in die Sozialwissenschaftlern meist fremde Welt der Mikrobiologie und Biochemie kann man als Fazit mitnehmen, dass Kommunikation ein weitverbreitetes Merkmal ist und dass Sozialverhalten für das Überleben zahlreicher Arten hohe Relevanz hat. Insoweit kann von einer Sonderstellung des Menschen als sozialem Wesen keine Rede sein. Um diesen Aspekt abschließen zu können, möchte ich noch auf das Feld kooperativen Sozialverhaltens eingehen, da hier anknüpfend an die marxistische Anthropologie (Brock 2002) vielfach ein spezifisch menschlicher Bereich des Sozialverhaltens vermutet wird.

---

21 Natürlich ist das eine anthropozentrische Sichtweise, die sich aber schon aus Darstellungsgründen nicht vermeiden lässt. Vermutlich haben derartige Organismen kein Bewusstsein und daher auch keine Interessen, sondern nur genetisch festegelegte Verhaltensweisen.
22 Anzumerken ist, dass es sich hierbei auch um ein grundlegendes soziologisches Definitionsmerkmal von Gesellschaft handelt (vgl. z.B. Schäfers 1997; Stichwort Gesellschaft)

2 Reziproker Altruismus bei Fledermäusen

Nach dem bisherigen Forschungsstand liefert eine Fledermausart, die Vampire, das eindrucksvollste Beispiel für altruistisches kooperatives Sozialverhalten. Ich zitiere aus der einprägsamen Darstellung bei Hauser (2001; 301f):
Vampire leben in großen Sozialverbänden. Sie erkennen einander an ihren Stimmen und leben lange genug, um stabile Beziehungen zueinander zu entwickeln. Ihr Überlebensrezept ist einfach: „‚Flieg jede Nacht aus, und such dir eine Portion Blut.' Das Problem ist, dass Blut nicht immer leicht zu finden ist. Zwar können Fledermäuse ein paar Nächte ohne Nahrung auskommen, doch nach 60 Stunden verhungern sie. Eine Fledermaus mit einem blutgefüllten Magen aber kann den Inhalt teilweise hoch würgen, um eine andere damit zu versorgen – eine Art Versicherung gegen das Verhungern. Damit befinden sich Fledermäuse in einem Gefangenendilemma ... Die Währung besteht in Blut. Es bildet eine begrenzte Ressource, die für jeden von Wert ist. Sie abzugeben, ist kostspielig, sie zu erhalten, von großem Nutzen, vor allem, wenn sich der eigene Zustand jener Sechzig-Stunden-Marke nähert." (Hauser 2001; 301).

Die Untersuchung der Tauschpraxis dieser Fledermausart brachte folgendes Ergebnis: „Am häufigsten bedienten die Tiere Artgenossen, die ihnen in der Vergangenheit auch geholfen hatten. Interessanterweise war dieses Muster auch bei Tieren zu beobachten, die genetisch nicht oder nur entfernt miteinander verwandt waren ...Vielmehr, so Trivers theoretisches Argument, werden sie Nichtverwandten gegenüber altruistisch reagieren, wenn sie damit rechnen können, dass diese sich in Zukunft bei ihnen revanchieren werden, oder wenn diese sich in der Vergangenheit schon einmal erkenntlich gezeigt hatten. Er beobachtete auch, dass Fledermäuse Betrug bestrafen und dem Betteln nach Blut nicht nachkommen, wenn die Bittsteller in der Vergangenheit noch nie Blut gespendet haben ... Wenn eine Fledermaus eine Blutmahlzeit zu sich nimmt, erweitert sich ihr Magen. Während der gegenseitigen Fellpflege nehmen die anderen Tiere ihre Magengröße wahr und können daraus auf ihre Fähigkeit schließen, Blut zu spenden" (Hauser 2001; 301f.).

Wer wollte bezweifeln, dass Vampire soziale Wesen par excellence sind und dass sie durch diese Praktiken des sich gegenseitig mit Nahrung aushelfens in der Lage sind, ihre Nahrungsgrundlage effektiv zu nutzen. Sie erfüllen auch die Bedingungen für reziproken Altruismus[23], aber nicht die für die Lösung des Problems der doppelten Kontingenz – auf diesen Aspekt werde ich noch zurück-

---

23 Vgl. hierzu Hauser: „Sie erkennen einander, sind langlebig, haben wiederholt Gelegenheit, mit anderen in Kontakt zu treten, und verlassen sich auf diese in der Zukunft, sie sind zum Überleben auf den Austausch ihrer Ressourcen angewiesen und verfügen über die Möglichkeit Betrüger zu entlarven." (2001; 302). Vgl. Trivers 1971.

kommen. Weiterhin sollten wir noch beachten, dass Fledermäuse nicht zu den Tieren mit besonders elaborierten Verarbeitungskapazitäten wie Delphine oder Primaten gehört, in deren Spektrum sich weitere Beispiele für reziproken Altruismus finden. Auf welchen kognitiven bzw. genetischen Grundlagen diese Fledermausart ein solches Kooperationssystem etablieren konnte, ist noch weitgehend unklar (vgl. Hauser 2001; 302f.).

3 Mitteilungen und Interessen – intendierte selektive Kommunikation

Wenn sich menschliche Kommunikation und menschliches Sozialverhalten nicht auf der Ebene einer gemeinschaftlichen Überlebenspraxis von dem Sozialverhalten anderer Arten abheben – wie sieht es dann mit der Art und Weise unserer Kommunikation aus?

Die menschliche Symbolsprache ist nach dem bisherigen Forschungsstand ein solches Alleinstellungsmerkmal, auch wenn das Kommunikationsrepertoire von Walen (Payne et al. 1984; Payne/Payne 1985), Delphinen und einigen Vogelarten (Green/Marler 1979; Marler 1977; Marler et. al 1988; Matsuzawa 1996) erstaunlich komplex zu sein scheint – einschließlich einiger möglicher Parallelen zur menschlichen Sprache – und Laborschimpansen in der Lage sind, in Taubstummensprache (ASL) zu kommunizieren (Fouts/Mills 1998). Wie steht es aber mit möglicherweise sprachunabhängigen Merkmalen der menschlichen Kommunikation? Ich denke hier in erster Linie daran, dass Menschen entscheiden können, ob sie jemandem etwas mitteilen wollen oder nicht und mit Bedacht auswählen, was sie wem mitteilen wollen. Dazu gehört auch das Verstehen, also die Identifikation der vom Sprecher vorgenommene Selektion durch den Hörer. Erst dann hat eine Kommunikation wirklich stattgefunden. In der Struktur der Sprache ist die Unterscheidung zwischen Information und Mitteilung vorgesehen, daher muss sie hier systematisch erfolgen. Das schließt aber nicht aus, dass diese Unterscheidung auch ohne dieses Medium erfolgen kann und nicht nur in der zwischenmenschlichen Kommunikation erfolgt.

Eine Untersuchung über die Kommunikation von Meerkatzen, die zu den Altweltaffen gehören, zeigt, dass diese Affenart in der Lage ist, die Differenz zwischen Information und Mitteilung zu verstehen (vgl. Cheney/Seyfarth 1988). Das Problem der Exemplare dieser Affenart ist, dass sie zu den Beutetieren ganz unterschiedlicher Arten gehören. Da die richtige Reaktion davon abhängt, von welcher Tierart sie jeweils bedroht werden, haben die Meerkatzen für jeden ihrer Hauptgegner einen besonderen Warnruf entwickelt. Wenn sie den Warnruf für Leoparden oder Geparden hören, dann versuchen sie schnellstmöglich Bäume zu erklettern und die weit vom Stamm entfernten dünnen Äste zu erreichen, da sie nur dort vor den schwereren Jägern sicher sind. Diese Reaktion wäre jedoch fatal, wenn ein Adler in der Nähe wäre. Deswegen ertönt in diesem Falle ein anderer Ruf, der die Meerkatzen veranlasst, möglichst schnell einen dichten Busch zu erreichen, der den besten Schutz vor Adlern bietet. Eine solche Verhaltensweise würde sie einer dritten Jägergruppe, den Schlangen, in die Arme treiben. Hier besteht die richtige Reaktion in einer Enttarnung, die der Gruppe ermöglicht einen hinreichenden Sicherheitsabstand einzuhalten. Deswegen gibt es auch einen besonderen Alarmruf für Schlangen (vgl. hierzu Strushaker 1967).

Jungtiere können von Geburt an diese Rufe von sich geben und mit Dingen in der Luft bzw. am Boden in Verbindung bringen, diese Fähigkeit dürfte also zur genetischen Ausstattung gehören. Cheney und Seyfarth (1988 und 1994) konnten nun zeigen, dass Jungtiere etwa ein Jahr brauchen, bis sie auf diese Alarmrufe adäquat reagieren und noch länger, bis sie selbst die Rufe richtig verwenden können. Diese Lernphase ermöglicht es den Gruppenmitgliedern ihr Lautrepertoire an die realen Bedingungen anzupassen. In Nairobi, wo es keine Raubkatzen aber Hunde gibt, wird das im Dschungel für Raubkatzen verwendete Signal daher auf Hunde bezogen (Hauser 2001; 241).

Damit entsteht aber für die Gruppe ein interessantes Verstehensproblem. Die erwachsenen Tiere müssen zwischen Alarm und falschem Alarm unterscheiden können. Tatsächlich ignorierten die Erwachsenen den unzuverlässigen Alarmruf von Jungtieren. Wenn er von Jungtieren jedoch richtig verwendet wurde, wiederholt ein erwachsenes Gruppenmitglied den Ruf (vgl. Cheney und Seyfarth 1988; 1994)! Auf diese Weise können die Jungtiere die adäquate Rufverwendung erlernen. Sie weist zumindest Ähnlichkeiten zum Spracherwerb auf, handelt es sich bei den Rufen doch um akustisch unterschiedliche Lautfolgen, die mit relevanten Gegenstandsbereichen verknüpft werden. Sicherlich ist die Reichweite und das begriffliche Auflösungsvermögen dieser Art von Kommunikation eng begrenzt und „Sinn" wird auch nicht über eine nach bestimmten Regeln vorgenommene Verknüpfung von Bedeutungsbausteinen variierbar zusammengesetzt, aber es wird über Laute so etwas wie hochrelevanter Sinn vermittelt.

Der in meinen Augen entscheidende Punkt ist aber, das erwachsene Gruppenmitglieder zwischen Alarm und unklarem Signal unterscheiden können. Deswegen kann man m.E. durchaus von sicherlich noch punktuellem und grobkörnigen „Sinn" und von punktuellem Verstehen der Differenz zwischen Information und Mitteilung sprechen. Wenn ein erwachsenes Tier den Alarmruf eines Jungtieres hört und sich vergewissert, ob die mitgeteilte Information zutreffend oder nicht zutreffend ist, dann hat es zwischen Wahrnehmung und Kommunikation unterschieden, also im Luhmannschen Sinne „verstanden" und gerade deshalb überprüft, auf welchen Sachverhalt sich der Alarmruf denn tatsächlich bezieht. Wenn dasselbe Tier bei dem Warnruf eines anderen Erwachsenen sich nicht erst selbst ein Bild verschafft, sondern auf die mitgeteilte Information hin sofort reagiert, dann vertraut er der mitgeteilten Information. Im anderen Falle vertraut er ihr nicht. Das heißt, dass es auch über die Alternative Annahme oder Ablehnung des kommunizierten Warnrufs verfügt! Die Wiederholung des Alarmrufs demonstriert schließlich, dass das erwachsene Gruppenmitglied über die adäquate Verknüpfung von Information und Mitteilung verfügt und sie kommuniziert, damit der Alarmruf adäquat verstanden wird. Alle 4 Selektionen, die nach Luhmann in einer menschlichen Kommunikation enthalten sein müssen (vgl. z.B. Luhmann 2002; 288ff.; Berghaus 2004; Kap 6 und 7) – Selektion der Information und der Mitteilung durch den Sprecher, Verstehen und Annahme bzw. Ablehnung der Kommunikation durch den Hörer – treten in diesem elementaren Fall auf.

Vor diesem Hintergrund komme ich noch einmal auf den am Beispiel der Vampire erläuterten reziproken Altruismus zurück. Es gibt in der Soziologie ein vergleichbares Theorem, das Problem doppelter Kontingenz[24]. Es unterscheidet sich allerdings von reziprokem Altruismus in einem wichtigen Punkt, der unterstellten Willensfreiheit. Sie gehört nicht in den Anforderungskatalog für reziproken Altruismus. Das Problem doppelter Kontingenz kommt ja beispielsweise in der elementaren Kommunikation zwischen A und B gerade dadurch zustande, dass A weiß, dass er B nicht zwingen kann, etwas für ihn vorteilhaftes zu tun und umgekehrt und beiden dieses Problem und das Wissen des jeweils anderen darüber antizipieren. Ein Miteinander zwischen A und B kann unter diesen Bedingungen nur durch konditionale Verknüpfung zustande kommen. Sie folgt dem Muster: „Ich tue, was du von mir willst, wenn du tust, was ich von dir will".

Besteht aber tatsächlich ein Unterschied zum reziproken Altruismus der Fledermausart? Auch die Fledermäuse können ablehnen, ihr Blut zu teilen, verfügen also über eine Art Willensfreiheit, deren Grundlagen die Verhaltensforscher offenbar noch nicht genau verstehen. Vermutet wird genau dasselbe Kalkül, das auch bei der Lösung des Problems doppelter Kontingenz zum Tragen kommt. Wenn wir versuchen, die rechtlich – ethische Kategorie der Willensfreiheit auf die Ebene von Handlungsmöglichkeiten zu transportieren, dann ist damit impliziert, dass ein Akteur keinem biologisch festgelegten Programm folgen muss, sondern seine Handlungsstrategien und Handlungsziele variieren kann. Das kann in stärkerem oder geringerem Maße der Fall sein. Unter diesem Gesichtspunkt ist die Kooperationsstrategie der Vampire ein elementarer Fall. Sie haben nur ein Ziel, das sie kooperativ oder nicht kooperativ erreichen können. Die kooperative Strategie ist dann auf längere Sicht erfolgreicher, wenn sie tatsächlich reziprok ist, Geben und Nehmen sich in etwa entsprechen.

---

24 Ein eingehende Diskussion dieses Theorems findet sich im achten Kapitel.

Während die Vampire nur eine Handlungsalternative zu haben scheinen, dürften die Menschenaffen ziemlich weit am anderen Ende einer solchen Skala von Handlungskomplexität liegen. Ihre Handlungsziele sind schon aufgrund eines breiten Nahrungsspektrums breit gefächert. Insbesondere für die am besten erforschen Arten, Schimpansen und Bonobos, ist klar, dass sie daneben auch innerhalb ihrer Gruppe ein Spektrum weiterer „sozialer" Intentionen haben, die auch auf alternativen Wegen verfolgt werden können. Dieser Komplexität an Optionen entspricht auch die Kommunikation. Sie erfolgt nicht nur akustisch wie bei den Meerkatzen sondern kombiniert akustische Signale mit Gesten des Bewegungsapparats, insbesondere aber mit dem Gesichtsausdruck, der für kommunikative Zwecke stark variiert werden kann (vgl. Goodall 1971; 228ff.). Schon aufgrund dieser Komplexität kann unterstellt werden, dass sie wie die Meerkatzen zwischen Information und Mitteilung unterscheiden können und auch ablehnen können. Unter diesen Voraussetzungen sind sie in der Lage, nicht nur zu teilen, sondern auch unterschiedliche Leistungen zu tauschen. Ihre Lösungen des Problems der doppelten Kontingenz muten daher erstaunlich menschenähnlich an. Hierzu nun drei Beispiele.

(a) Betteln um Nahrung zwischen nicht direkt miteinander verwandten Exemplaren

Jane Goodall hat Fälle des Bettelns berichtet, die genau in das Schema des Kontingenzproblems passen (vgl. Goodall 1991: 263f.): Ein Exemplar möchte von einem anderen begehrte Nahrung haben – bei „normaler", leicht zu erreichender Nahrung kommt kein Bestimmungsinteresse auf – und ist nicht in der Lage, das andere Exemplar durch Drohungen oder Gewaltanwendung zu der erwünschten Handlung zu zwingen. Die Beispiele zeigen, dass es von vielen Variablen (Grad des Hungers, Aufdringlichkeit des Bettelns, Unangefochtenheit der Position in der Rangordnung usw.) abzuhängen scheint, ob das Betteln erfolgreich ist oder nicht. Eine denkbare Erklärung lautet, dass das Abgeben von Nahrung an nichtverwandte Schwächere auf die Erwartung zurückzuführen sei, in einer anderen Situation auf Unterstützung rechnen zu können. Es handle sich also um einen Fall von reziprokem Altruismus (vgl. de Waal 1996: 24 und 136ff.). Mit dieser Erklärung wird eine Konstellation wechselseitig aufeinander bezogener Bestimmungsinteressen unterstellt.

(b) Bestätigung von Rangunterschieden

Das Ersuchen um emotional stabilisierende Fellpflege (grooming), stellt bei Schimpansen ein offensichtlich ebenso häufiges wie wichtiges Bestimmungsinteresse dar. De Waal (1991: 50) berichtet die Beobachtung, dass Ranghöhere dem Ersuchen um grooming erst dann nachkommen, wenn der Bittsteller ihm in der Haltung des Rangniederen gegenübertritt. **Dieser Fall entspricht, wie auch die Entwöhnungspraktiken, genau der von Luhmann entwickelten theoretischen Lösungsstrategie des Problems doppelter Kontingenz: wechselseitig auf den jeweils anderen gerichtete Bestimmungsinteressen werden konditional miteinander verknüpft.**

(c) Entwöhnungspraktiken

„Konditionierte Rückversicherung ist nicht auf Statusbeziehungen beschränkt. Säugetiere machen zum ersten Mal ausgiebig Erfahrungen mit ihr, wenn ihre Mutter sie entwöhnt. Schimpansen beginnen damit, wenn ihre Jungen 4 Jahre alt sind. Das Weibchen hindert ihr Kind durch Drohgebärden oder Wegstoßen am Saugen oder indem sie ihre Brüste mit dem Arm bedeckt. Dies bewirkt, dass das Junge viel schmollt und mit sehr menschenähnlicher Stimme wimmert, und gelegentlich endet es in einem Wutkoller, wobei das Kind schreit und sich krümmt, als ob der Tod bevorstünde. Die Mutter bietet dann beruhigenden Körperkontakt unter der Bedingung an, dass das Junge seinen Kopf weiterhin von den Nippeln abwendet; wenn nicht, wird es wiederum weggestoßen. Da die Mutter eine so ungeheuer wichtige Figur ist, von der das entwöhnte Junge weiterhin für Jahre abhängig sein wird, kann es dem Problem nicht aus dem Wege gehen. Die erhaltenen Drohungen und Zurückweisungen müssen akzeptiert werden, und eine neue Beziehung mit mütterlicher Wärme entwickelt sich, die jetzt vom Verhalten des Jungen abhängt" (de Waal 1991; 50f.).

Inwieweit geht die kommunikative Abstimmung im Sozialverhalten der Schimpansen über die Praktiken hinaus, die auch andere permanent oder phasenweise in Gruppen oder Herden lebende Säugetiere entwickelt haben? Auch andere Säugetierarten sind in der Lage, ihr Verhalten bei der Jagd, der Abwehr oder der Flucht vor Feinden über Lautgesten zu koordinieren. **Die entscheidenden Unterschiede liegen offensichtlich in der inneren Struktur der Gruppe und nicht im abgestimmten Verhalten der Gruppe gegenüber der Umwelt.** Wenn man die Beobachtung von Gruppen gefangengehaltener Schimpansen und anderer Primaten hier mit einbezieht, dann ergibt sich folgendes Bild:

- Die Rangordnung innerhalb der Gruppe wird teilweise sozial tradiert (bei Rhesusaffen vgl. de Waal 1991; 96ff.). Dies wird so erklärt, dass die entsprechenden Verhaltensweisen von der Mutter übernommen und mit Hilfe der anderen durchgesetzt werden. Die Rangstruktur scheint zumindest Aspekte einer tradierten Ordnung aufzuweisen.
- Die zur Einsozialisation verwendete Technik des Liebesentzugs (siehe oben) deutet darauf hin, dass Schimpansen nicht nur das Lösungsmuster des Problems doppelter Kontingenz kennen, sondern auch strategisch mit ihm umzugehen (zum Zeithorizont vgl. de Waal 1989; 44) vermögen. Wenn ein ranghöheres Exemplar nur unter der Bedingung bereit ist, einem Rangniedrigeren emotionale Zuwendung zu geben, dass das rangniedere Tier seinen niedrigeren Rang zum Ausdruck bringt und dieses Verhalten offenbar systematisch praktiziert wird, dann lässt dies darauf schließen, dass das ranghöhere Tier mit dem Bedürfnis nach emotionaler Zuwendung strategisch umzugehen vermag und auf einer Verknüpfung mit seinem Bedürfnis nach Anerkennung seines Rangs beharrt.
- Die Bedeutung des gruppeninternen Sozialverhaltens scheint damit zu tun zu haben, dass das Bedürfnis nach gegenseitiger emotionaler Stabilisierung sehr hoch ist[25]. Jedenfalls dienen sehr viele Sozialkontakte innerhalb der Gruppe der emotionalen Stabilisierung, aber auch der Weitergabe von Stimmungen (Goodall 1971; 97ff. sowie 228ff.). Wichtigste Stabilitätstechniken sind das grooming und Sex. Ob es im Einzelfall zur emotionalen Stabilisierung kommt, ist kontingent. Grooming erfolgt nicht immer direkt wechselseitig, die Bilanz der entsprechenden Aktivitäten scheint sich aber über längere Zeiträume auszugleichen.
- Das Sozialverhalten wird gleichermaßen von Aggression und Imponiergehabe wie auch von Versöhnungs- und Deeskalationstechniken strukturiert (de Waal 1991; 48ff.). Auf beiden Feldern zeigt sich, dass das Verhaltensrepertoire nicht völlig feststeht, sondern auch erlernt und modifiziert werden kann (de Waal 1991; 66).
- Das Sozialverhalten ist auch insofern nicht völlig biologisch festgelegt, als innerhalb der Gruppe Netzwerke und Seilschaften ausgemacht werden können und Koalitionen geschmiedet werden. Das deutet auf Kalkulation und vorausschauendes strategisches Verhalten hin. De Waal macht dabei auf geschlechtsspezifische Unterschiede aufmerksam: „Unter Schimpansenmänn-

---

25 Möglicherweise ist die Bindung der Emotionen an die Gruppenmitglieder – etwa über Praktiken der gegenseitigen Fellpflege, die nicht nur bei Primaten üblich sind sondern beispielsweise auch bei den Vampiren (vgl. Hauser 2001), die Grundlage ausgefeilten gruppeninternen Sozialverhaltens, dirigiert sie doch hohe Anteile der Bindung von Emotionen an Lebewesen auf die Gruppe.

chen scheinen die meisten Kooperationen geschäftlicher Natur zu sein; sie helfen einander auf der Basis: „wie du mir, so ich dir". Im Gegensatz dazu gründen Schimpansenfrauen ihre Kooperation auf Verwandtschaft und persönliche Präferenzen. Beide Formen gegenseitiger Hilfe durchdringen alle Bereiche ihres gesellschaftlichen Lebens, Machtstrukturen eingeschlossen" (de Waal 1991; 54).

- Hinzu kommen Anzeichen für altruistisches Verhalten. Wie bereits erwähnt geben Ranghöhere Rangniedrigeren auf ihr Betteln hin manchmal von einer begehrten Beute etwas ab. Möglicherweise aus Kalkül[26] oder aber aus Mitgefühl wird auf diesem Wege der Zusammenhalt unter den Gruppenmitgliedern gestärkt. Der Gruppenzusammenhalt ist insofern wichtig, als es z.B. unter freilebenden Schimpansen zu Auseinandersetzungen zwischen unterschiedlichen Schweifgruppen kommen kann. Goodall hat beobachtet, dass eine Gruppe durch eine andere aufgerieben wurde (vgl. de Waal 1991; 74). Sie berichtet weiterhin davon, dass ein sozial weitgehend ausgegrenzter Schimpanse sich eine Zeit lang vom Kerngebiet der Gruppe entfernt hat und nach Abklingen der Spannungen wieder engeren Kontakt mit der Gruppe gefunden hat (vgl. de Waal 1991; 76).
- Goodalls Zusammenstellung von typischen Rufen und Formen des Minenspieles (Goodall 1971, Anhang 1; 228ff.) erlaubt gewisse Rückschlüsse auf die Kommunikation unter Schimpansen. Sie erfolgt überwiegend über Lautgesten, also Laute, die mit einem bestimmten Gesichtsausdruck verbunden werden. Selten wird nur über Rufe oder Gebärden kommuniziert. Goodalls aus der Beobachtung heraus entwickelte Typologie von Lautgesten enthält wenige grundlegende, emotional bestimmte oder zumindest unterfütterte Sachverhalte, die kommuniziert werden. Neben Kontaktrufen geht es um Aggression bzw. Unterordnung, Wollen, Bedürfnisbefriedigung und Erschrecken. Schon diese Kategorisierung (selbst wenn sie unvollständig sein mag) zeigt, dass es den Schimpansen bei der Kommunikation vor allem darum geht, grundlegende emotionale Befindlichkeiten auszutauschen und den emotionalen Haushalt wechselseitig zu stabilisieren. Ihr Kommunikationsziel wäre danach: Die Befindlichkeit des Lautgebers auf die Hörer zu übertragen. Nach Mead besteht genau darin die Grundlage kommunikativer Verständigung. Denn Bedeutungen können nur dann zuverlässig zwischen Sprechern und Hörern kommuniziert werden, wenn der Hörer die Befind-

---

26 Diese Position vertritt de Waal und ordnet diesen Komplex dem intelligenten strategischen Verhalten zu. „Tiere brauchen auch die Fähigkeit, Kalkulationen und Voraussagen zu machen, bevor es sich als nützlich erweisen kann, auf die kurzzeitigen Vorteile eines exklusiven Besitzes zugunsten von langzeitigen Vorteilen dank gegenseitiger Kooperation zu verzichten" (De Waal 1991; 85).

lichkeit des Sprechers, die kommunikativ z.B. durch den Ruf „Hilfe!" ausgedrückt wird, in sich selbst hervorrufen kann[27]. Damit gewinnen die Hörer über ihr inneres Nacherleben die Möglichkeit, auf den emotionalen Zustand des Sprechers zu reagieren. Die Kommunikation von Gefühlen ist auch die Grundlage dafür, dass Primaten Mitgefühl für Gruppenmitglieder empfinden können (vgl. de Waal 1996; 40ff.).

4 Protogesellschaftliche Strukturen bei Tieren?

Wenn man Gesellschaftsbegriffe inflationär oder gedankenlos benutzt, dann kann man schon aufgrund des Kriteriums räumlicher Nähe selbstverständlich sowohl Pflanzengesellschaften wie auch Gesellungsformen bei Tierarten ausmachen. Die Soziobiologie steht in dieser Hinsicht der Soziologie in nichts nach (vgl. z.B. die Übersicht bei Wuketits 1997; 26ff.). In diesem Text wird Gesellschaft dagegen ausschließlich als eine sehr spezifische Form des Miteinander aufgefasst, bei der Sozialverhalten an einer von den Gesellschaftsmitgliedern als geltend unterstellten Ordnung orientiert wird. In diesem Sinne haben, wie wir noch in den nächsten Kapiteln sehen werden, nur Menschen Gesellschaften entwickelt.

Es gibt aber bei Tieren wenige Fälle, die in diese Richtung gehen. Von ganz besonderem Interesse ist dabei das schon im vorangegangen Abschnitt behandelte Sozialverhalten der Meerkatzen. Es scheint mir in einem Aspekt eine protogesellschaftliche Struktur aufzuweisen.

Sie erinnern sich. Erwachsene Meerkatzen verlassen sich auf die Warnrufe erwachsener Gruppenmitglieder, nicht aber auf Warnrufe junger Tiere. In diesem Fall vergewissert sich ein erwachsenes Tier, ob der Warnruf zutrifft oder nicht. Trifft er zu, dann wiederholt es den Warnruf, der dann für alle anderen verbindlich ist.

Der normale Fall, für den es zahllose Parallelen gibt, ist der, dass ein Warnruf die eigene Wahrnehmung ersetzt. Er löst an Stelle der eigenen Wahrnehmung das teils angeborene, teils erlernte Fluchtverhalten aus. Derartige Warnrufe vergesellschaften gewissermaßen die Wahrnehmung. Sie sorgen dafür, dass Feinde schneller und zuverlässiger entdeckt werden und sie koordinieren die eingespielte Reaktion des Fluchtverhaltens.

Aber was ist die Grundlage dafür, dass **immer ein erwachsenes** Gruppenmitglied den Warnruf einer jungen Meerkatze **überprüft**? An dieser Verhal-

---

[27] „Entscheidend für die Kommunikation ist, dass ein Symbol in einem selbst das gleiche wie im anderen Individuum hervorruft" Mead (1969; 190f.).

tensweise ist aus soziologischer Perspektive vieles merkwürdig und überraschend.

1. Die Verhaltensweise folgt keinen Instinkten, sondern einer logischen Regel. Nur, wenn alle die Regel kennen und sich bedingungslos an ihr orientieren, funktioniert sie. Wenn die Darstellung zutrifft, ist z.b. ausgeschlossen, dass ein anderes Jungtier den Warnruf kommentiert.
2. Das erwachsene Tier, das überprüft, reagiert als Funktionsträger, nicht als konkretes Individuum. Anders als bei reziprokem Altruismus oder konditionaler Verknüpfung kommt es nicht auf das konkrete Individuum, sonder nur auf das Merkmal „erwachsen" an.
3. Das Verhalten erfolgt **vollständig** kommunikationsabhängig. Es ist immer eine Anschlusskommunikation, die, wie bereits erwähnt, nicht variiert werden kann, sondern standardisiert ist und ein Verstehen der Differenz zwischen Information und Mitteilung voraussetzt. Es kann daher nur erlernt und nicht genetisch bedingt sein.
4. Zu der Regel gehört auch, dass ein und nicht etwa alle Erwachsenen reagieren. Alle anderen **vertrauen** dem einen Erwachsenen, der reagiert. Dieses Element erlaubt vom Prinzip her die Entwicklung von Arbeits- und Aufgabenteilung (zu Vertrauen vgl. Giddens 1995).

Wenn man sich in der unvermeidlich anthropozentrischen Perspektive (vgl. Perler/Wild 2005; Dennett 2005; Radner 2005) in diese Population hineinversetzt und nach Wegen sucht, wie diese Verhaltensweise erstmalig entstanden sein könnte, dann fällt mir nur das Modell der Kommunikationsgemeinschaft (Apel, Habermas) ein, allgemeiner formuliert irgendeine Form gemeinsamer Problemlösung, denn man kann sich nur vorstellen, dass die Regel aufgrund einer Form von Konvention gilt. Hier scheint eine Verhaltensweise vorzuliegen, deren Vernunft und Zweckmäßigkeit *nicht Modellen einer Aushandlungsordnung folgt*, nach denen üblicherweise die Genese von Sozialität gedacht wird (vgl. oben: das Problem doppelter Kontingenz und reziproker Altruismus).

Ordnungen können nur dann ausgehandelt werden, wenn unterschiedliche Intentionen oder Interessen am Verhalten des jeweils Anderen existieren. Nach diesem Modell einer Aushandlungsordnung (Beispiele: reziproker Altruismus, konditionale Verknüpfung) können aber keine homogenen Konstellationen, in denen die Beteiligten ein gemeinsames Problem haben, gelöst werden. Hier kommt es darauf an, das alle dasselbe tun und sich darauf verständigen, was das sein soll. Die bei Interessenheterogenität so selbstverständlich gegebenen „natürlichen" Sanktionsmöglichkeiten existieren hier nicht.

Im heutigen zwischenmenschlichen Zusammenleben existieren offenbar beide Formen. Wie hängen sie aber miteinander zusammen? Gilt gleiches auch für Tiere?

Den Zusammenhang zwischen beiden Formen kann man sich anhand eines klassischen Falles, Durkheims Kritik an der liberalen Vorstellung eines ausschließlich auf vertraglicher Übereinkunft beruhenden gesellschaftlichen Zusammenlebens, klar machen. Verträge gehören in den Bereich von Aushandlungsordnungen, da sie unterschiedliche Interessen der Vertragspartner voraussetzen. Durkheim wendet nun gegen die Vorstellung einer ausschließlich vertagsbasierten Vergesellschaftung ein, dass Verträge auf Voraussetzungen aufbauen, die selbst nicht Teil des Vertrags seien. Solche „nichtvertraglichen Grundlagen des Vertrags" sind z.b. Rechtsnormen und gemeinsame Moralvorstellungen. Ohne sie wären vertragliche Vereinbarungen nicht erfolgversprechend, der Vertrag für jede der beiden Seiten nicht die vorteilhafteste Form der Interessenrealisierung. Die praktische Relevanz dieses nur scheinbar etwas abgehoben klingenden Arguments kann man in Gebieten inspizieren, wo eine gesamtstaatliche Ordnung zerbrochen (z.b. Somalia) oder noch nicht flächendeckend durchgesetzt (z.B. Afghanistan) ist. Eine arbeitsteilige Privatwirtschaft kommt hier deswegen nicht auf die Beine, weil diese nichtvertraglichen Grundlagen zumindest keine allgemeine Verbindlichkeit haben, und die Wirtschaftsakteure daher immer auf ertragreichere illegale Geschäfte wie Drogenanbau, Entführung und dergleichen hoffen können. Andererseits können sie sich auch nicht sicher sein, dass Vertragspartner vertragliche Vereinbarungen typischerweise auch erfüllen werden.

Durkheims Argument wie auch die angedeuteten Beispiele zeigen, dass interessenhomogene Ordnungen (Konventionen) die Grundlage von Aushandlungsordnungen bilden und nicht umgekehrt. Diese Grundlagen müssen in den darauf aufbauenden Aushandlungsordnungen nicht reflektiert, sondern nur stillschweigend vorausgesetzt werden. Nicht ohne Ironie verweise ich als Beispiel für diese These auf die vielfältigen, meist rechnergestützten Versuche, mit Hilfe der Spieltheorie den Grundlagen des Sozialen auf die Spur zu kommen (ausgehend von Axelrod 1984). Sie zeigen meist, dass kooperatives Verhalten erfolgreicher ist als unkooperatives. Das ist es aber nur, weil Konventionen in Form von Spielregeln als für alle Beteiligten verbindlich unterstellt werden! Der Erfolg „sozialer" Strategien wird bereits durch die Prämisse allgemein geltender Regeln eingeführt.

Wenn man diese These konsequent zu Ende denkt, läuft sie auf die Vermutung hinaus, dass erst auf der Basis von gemeinsamen Verhaltensregeln unterschiedliche Interessen verhandelbar und in einer wie auch immer gearteten „Gesellschaft" über Formen des Austauschs etablierbar werden.

Gibt es solche Gemeinsamkeiten bereits in dem elementaren Fall des Austausch von Blutnahrung unter der Fledermausart der Vampire? Das ist eindeutig der Fall. Einmal sind alle in derselben Weise von der Blutnahrung abhängig. Alle Exemplare haben dieselben Antriebe, an diese Nahrung zu gelangen. Zweitens betreiben sie untereinander Fellpflege, was darauf hindeutet, dass sie wechselseitig positive Emotionen auf andere Mitglieder der Kolonie lenken, also wechselseitige emotionale Bindungen aufbauen[28].

Deutliche Hinweise darauf, dass gegenseitige Fellpflege, das sogenannte grooming, Gemeinsamkeiten stiftet, auf deren Grundlage unterschiedliche Interessen überhaupt erst ausgehandelt werden können ohne dabei die gemeinsame Gruppenstruktur zu zerstören, enthält auch der bereits als Beispiel für konditionale Verknüpfung erwähnte Fall von **Rangordnungsauseinandersetzungen unter Schimpansen**. In einem solchen Fall nimmt die „Unwilligkeit, sich zu versöhnen, ... in den Endphasen eines Machtkampfes dramatische Züge an. ... Ein solcher Prozess erstreckt sich über einige Monate und hat viele Einschüchterungsshows und aggressive Begegnungen zusammen mit ein paar physischen Attacken zur Folge. Konfrontationen zwischen Rivalen wechseln sich mit gefühlvollen Versöhnungen und ungewöhnlich langen Grooming – Sitzungen ab. **Dieser freundschaftliche Austausch nimmt in seiner Häufigkeit am Ende des Kampfes noch zu**" (de Waal 1991; 49f. Hervorhebung D.B.).

Diese Darstellung zeigt sehr deutlich, dass Rangordnungen unter Rivalen nur auf der gemeinsamen Grundlage einer „emotionalen Solidargemeinschaft" ausgehandelt werden können. Nur sie sichert den Zusammenhalt der Gruppe, die für die Beteiligten überlebensnotwenig ist. Für den Unterlegenen solcher Auseinandersetzungen trifft das ganz direkt zu. Müsste er die Gruppe verlassen wären seine Überlebenschancen minimal. Aber auch eine zu kleine Schweifgruppe hat ein hohes Risiko von stärkern Gruppen aufgerieben oder verdrängt zu werden.

Rangordnungen können somit evolutionär entwickelt werden, wenn sie nur auf eine Weise ausgehandelt werden, die diese Grundlage nicht gefährdet. Nach den Beobachtungen de Waals geht das folgendermaßen: „Das Männchen, das als das dominante hervorgehen wird, beginnt während der letzten zwei oder drei Wochen der spannungsgeladenen Zeit, Versöhnungen abzulehnen... Zurückweisungen sind so lange tägliche Erscheinungen, wie der Verlierer sich nicht förmlich unterwirft. Status wird unter Schimpansen durch japsende Grunzer und tiefe Verbeugungen mitgeteilt. Wenn der Verlierer erst einmal durch ordnungsgemäßes Grüßen des anderen und durch charakteristische Grunzer seine Ehrerbietung

---

28 Diese Folgerung stützt sich auf Hausers Darstellung der angeborenen Verbindung von Emotionen mit der Wahrnehmung von Lebewesen (Hauser 2001; 269ff.). Berührungen bewirken den Austausch von Emotionen mit der Folge wechselseitiger emotionaler Bindung (vgl. Eibl-Eibesfeld 2004; 604ff. zu taktiler Kommunikation).

zeigt, so wird der Kontakt zwischen beiden aufgenommen und die Beziehung entspannt sich" (de Waal 1991; 50). De Walls Fazit gilt für alle in permanenten Gruppen (Rudeln...) lebenden Arten: **„Rangordnungen binden Individuen gemeinsam in einen Treuepakt ein"** (ebd. Hervorhebung D.B.). Während gemeinsame Aktivitäten wie das grooming einen Rahmen des Zusammenlebens auf der Grundlage angeborener Eigenschaften schaffen, können Konventionen dieselbe Funktion übernehmen. Da sie zumindest bei heutigen Menschen auf freiwilliges Einverständnis zurückgeführt werden können und allgemeine Regeln einführen, können sie vom Prinzip her (a) beliebig modifiziert und (b) auch wesentlich komplexer gestaltet werden. Worauf die oben aufgezeigte allgemeine Verhaltensregel bei den Meerkatzen zurückzuführen ist, ist der Literatur nicht plausibel zu entnehmen.

Solche allgemeinen Verhaltensregeln, die direkte emotionale Bindungen ergänzen oder auch punktuell ersetzen, sind Entwicklungen, die in Richtung Gesellschaft gehen. Ich bezeichne sie als protogesellschaftliche Elemente, weil sie sich von Gesellschaften durch ihre punktuelle Funktion unterscheiden. Menschliche Gesellschaften sind dagegen Totalkonstruktionen, die das zwischenmenschliche Leben auf eine völlig neue Grundlage stellen. Sie gehen über punktuelle Verhaltensregeln wesentlich hinaus, weil sie ein gemeinsames Grundverständnis der „Welt" etablieren und die Gemeinschaft gedanklich wie praktisch in dieser Welt positionieren.

5 Definitive Differenzen im Sozialverhalten von Tieren und Menschen

In diesem letzten Teil unseres Exkurses in die Welt tierischen Sozialverhaltens möchte ich versuchen, definitive Unterschiede gegenüber menschlichem Sozialverhalten auszuloten. Nachdem wir in den Abschnitten 3 und 4 an wenigen Beispielen gesehen haben, dass im tierischen Sozialverhalten durchaus Elemente zu finden sind, die in Richtung unseres Sozialverhaltens gehen, gilt es nun die Gegenprobe zu machen: gibt es so etwas wie eine Schallmauer, die Tiere nicht überwinden können. Wenn Ja: wie ist sie beschaffen? Ist sie kultureller oder biologischer Natur? Wenn nein: dann muss die menschliche Evolutionsgeschichte durch Kontinuität geprägt sein. Sie kann dann ausschließlich aus der Perspektive des Darwinismus als Entwicklung hin zum anatomisch modernen Menschen erzählt werden. Gesellschaftsentwicklung wäre nur ein Appendix biologischer Eigenschaften des Menschen.

Um es gleich vorweg zu nehmen: Man kann eine solche Schallmauer durchaus mit den begrifflichen Mittel der Sozial- und Kulturwissenschaften identifizieren. Aus einer darwinistischen Perspektive scheint sie indessen kaum ausmachbar zu sein. Ich wähle daher zwei Beispiele aus, die in der Tierverhaltensforschung eine erhebliche Rolle spielen. An ihnen möchte ich die Schallmauer zeigen und zugleich plausibel machen, warum sie aus darwinistischer Perspektive so schwer zu erkennen ist.

Die Frage einer möglichen Sonderstellung des Menschen hat schon Darwin beschäftigt. „Die Verschiedenheit in den geistigen Kräften zwischen dem höchsten Affen und dem niedrigsten Wilden ist ungeheuer" urteilte er 1871 (Darwin 1966; V). In modernerer Sprache formuliert Richard Dawkins dieses Credo folgendermaßen: „Gibt es gute Gründe für die Vermutung, dass unsere Spezies einzigartig ist? Ich glaube, die Antwort lautet ja. Ein Großteil dessen, was am Menschen ungewöhnlich ist, lässt sich mit einem einzigen Wort zusammenfassen: Kultur" (Dawkins 1996; 304).

Diese das eigene Wissenschaftsverständnis herausfordernde Paradoxie, das eine Art, die wie alle anderen auch als Produkt universeller Evolutionsgesetze zu verstehen ist, dennoch aus dem Rahmen fällt, haben die Evolutionsbiologen immer wieder dadurch klein zu arbeiten gesucht, **dass sie die Besonderheit des Menschen nicht qualitativ, sondern quantitativ zu fassen suchten und damit sogleich wieder dementierten.** Sie besteht dann darin, dass die Menschen besonders viel von etwas aufweisen, was auch bei anderen Arten vorkommt. So ging bereits Darwin im dritten Kapitel seines Werkes über die Abstammung des Menschen hinsichtlich der Intelligenz vor. Auf dieselbe Weise wird heute beispielsweise auch mit dem Merkmal Kultur verfahren. So identifiziert z.B. Dawkins Kultur mit Imitation und hat danach keine Schwierigkeiten mehr, angesichts erstaunlicher Phänomene „kultureller" Vererbung etwa bei den Neuseeland-Lappenstaren (Ebd. 305), zu konstatieren, dass „Kultur" bei der Gattung homo sapiens eine unendlich größere Rolle spiele.

Die Frage einer möglichen Sonderstellung des Menschen ist aber auch deshalb eine besonders kritische wie interessante Frage, weil hier die unterschiedlichen Erklärungsperspektiven der Biowissenschaften und der Sozial- und Kulturwissenschaften aufeinanderprallen.

Während für die Biowissenschaften jedes Herausfallen der menschlichen Evolutionsgeschichte aus den Gesetzen der Evolution bedrohlich wäre, weil sie den universellen Anspruch der Evolutionstheorie dementieren würde, muss die Soziologie wie auch alle anderen Kultur- und Sozialwissenschaften genau umgekehrt eine Sonderstellung des Menschen unterstellen, um den eigenen konventionellen Gegenstandsbereich und die eigenen Analysemethoden gegen den Erklärungsanspruch der Biowissenschaften zu immunisieren.

Diese beiden konträren Forschungsperspektiven treffen deswegen nur bei der Frage nach einer möglichen Sonderstellung des Menschen aufeinander, weil, abgesehen von dem Randthema Mensch-Tier-Kommunikation (Degener 1918;

Geiger 1931; Tembrock 1997; Franklin 2000; Kromka 2000; Wiedenmann 2002; Mütherich 2000), die Sozial- und Kulturwissenschaften sich nicht mit dem Verhalten von Tieren beschäftigen. Am Thema Mensch-Tier-Kommunikation kann man erkennen, dass dort, wo das Verhalten von Tieren in den Blick genommen wird, der Anthropozentrismus dieser Disziplinen wesentlich unverblümter als in der Tierverhaltensforschung ausgeprägt ist. Die Mensch-Tier-Kommunikation wird nämlich als kulturelles Phänomen und zudem nur aus der menschlichen Perspektive behandelt. Das muss im Hinterkopf behalten werden, wenn wir uns nun kritisch mit der vergleichenden Verhaltensforschung auseinandersetzen.

Wie in den Zitaten von Darwin und Dawkins schon anklang, besteht das Problem in der Art der angestellten Vergleiche. In beiden Fällen werden mögliche Differenzen zwischen Mensch und Tier auf einer Ebene operationalisiert, die von vornherein ausschließt, dass die evolutionstheoretische Prämisse nicht bestätigt wird. Sowohl Fähigkeiten des Gehirns wie Imitationsfähigkeiten **können** sich nur relativ unterscheiden. Eine etwas genauere Betrachtung wird im Folgenden zeigen, dass diese Art der Operationalisierung Methode hat. Kulturelle Fähigkeiten des Menschen werden extrem reduktionistisch auf jene Aspekte hin zu geschnitten, die auch im tierischen Verhalten mit biologischen Begriffen gefunden werden können. Gelingt dieser Vergleich, dann wird die Behauptung aufgestellt, die beobachtete Tierart verfüge über menschliche Qualitäten.

5.1 Moral

Einer dieser Aufsehen erregenden Befunde ist z.B. die Behauptung, auch Tiere verfügten über Moral (z.B. de Waal 1996; umfangreiche Rezension in „Der Spiegel" und in weiteren Printmedien). Versuchen wir zunächst die Argumentation in ihren wichtigsten Schritten nachzuzeichnen. Ich folge dabei im Wesentlichen der Darstellung bei Hauser 2001 (Kapitel 9; 267 – 318)[29]. Die Zielsetzung seiner Darstellung ist: „zu einem umfassenderen Verständnis davon gelangen, wie sich das Moralempfinden in der Evolution entwickelt haben kann, und da-

---

29 Zur Klarstellung möchte ich erwähnen, dass der Autor zu den renommiertesten auf seinem Gebiet gehört. Er ist Professor für Psychologie und Neurowissenschaften an der Harvard University und wurde mit dem Presidential Young Investigator Award ausgezeichnet. Das Werk ist keine periphere Veröffentlichung des Autors, sondern eine für ein breiteres Publikum geschriebene, u.a. in Nature besprochene, sehr sorgfältig verfertigte Zusammenfassung des Forschungsstands, zu dem der Autor gerade im Kapitel Moral erhebliche eigene Beiträge geliefert hat. Wenn sich hier Interpretationsprobleme ergeben, dann muss somit vermutet werden, dass sie nicht in Unzulänglichkeiten der Veröffentlichung zu suchen sind, sondern mit Problemen des Forschungsansatzes zu tun haben.

von, in welchem Ausmaß auch andere Tiere (als der Mensch; D.B.) die moralische Substanz mit uns teilen" (268).

Was möchte Hauser genau herausfinden? Ich zitiere hier ganz ausführlich, weil es auf die Operationalisierung der Fragestellung ankommt. „Woher kommen unsere Vorstellungen von richtig und falsch, gut und böse, Eigensucht und Altruismus? „Richtig" und „falsch" mögen abstrakte Begriffe sein, aber sie leiten sich womöglich von handfesten Wurzeln her, die in unseren Gefühlen gründen. Wir fühlen Schuld, wenn wir eine Regel verletzen, Scham, wenn wir einem Freund in Not nicht geholfen haben, und Genugtuung, wenn wir für einen guten Zweck gespendet haben. Die meisten, wenn nicht gar alle Gefühle entsprießen einem Spektrum an unter den gegebenen Umständen tolerierbaren Verhaltensweisen, der Philosoph Allan Gibbard bezeichnet solche Gefühle als normative Emotionen. Tiere können ihre Handlungen nicht mit Worten als richtig oder falsch einordnen: ob sie dennoch verstehen, warum bestimmte Handlungen Regeln verletzen, verfügen sie über die zugehörigen Emotionen?" (269)

Diese Formulierungen scheinen auf den ersten Blick wenig Ansatzpunkte für divergierende Interpretationen zu bieten. Hauser möchte klären, ob Tiere, die nicht über unsere Symbolsprache verfügen, (a) die Verletzung moralischer Regeln durch Handlungen verstehen und (b) ob sie ähnlich wie Menschen darauf emotional reagieren können. Die einzige zunächst offene Frage ist dabei: geht es Hauser um ein verbindliches normatives Konzept von Moral oder um eine schwächere deskriptive Version, bei der es nur um die faktische Geltung moralischer Regeln ginge? Die Formulierung „woher kommen unsere Vorstellungen von richtig und falsch" sprechen auf den ersten Blick für die harte normative Version. Unsere Vorstellungen von richtig und falsch gründen sich immer auf eine moralische Rechtfertigung (vgl. Kambartel 2004). Das meint der Autor aber nicht, wie aus dem folgenden Satz hervorgeht. Es geht ihm um den evolutionsgeschichtlichen Ursprung von Moral, den der Autor in den Emotionen vermutet. Aber dennoch ist dieses Missverständnis produktiv, lenkt es doch unsere Aufmerksamkeit darauf, dass selbst bei bloß faktischer Geltung moralischer Regeln, also der schwächeren Version von Moral, **Gründe** für ihre Geltung **angegeben werden müssen,** die dann aber auch technisch oder zweckrational sein können. Eine solche zweckrationale Begründung wäre zum Beispiel: „Wenn alle betrügen, könnte man keine Verträge mehr schließen".

Was bedeutet es, wenn Hauser feststellt, dass sich richtig und falsch „in unseren Gefühlen gründen"? Er meint das offensichtlich „evolutionär". Was das genau bedeutet, wird sich noch zeigen. Beim Menschen ist der Zusammenhang zwischen Moral und Gefühl ganz anders. Unsere Moral ist keineswegs in unseren Gefühlen gegründet. Sie ist weder Ausdruck noch Verbalisierung unserer Gefühle. Der Zusammenhang ist umgekehrt: Moral diszipliniert unsere Gefühle.

Sie gibt uns Anhaltspunkte für die ***Kontrolle*** unserer Gefühle. Das bezieht sich weder auf alle Gefühle, noch funktioniert dieser Kontrollmechanismus immer. Aber auf diese Weise kommen charakteristische kulturelle Unterschiede in der emotionalen Reaktion etwa beim Anblick von Mohammed-Karikaturen oder von Entführungsvideos zu Stande. Diese Disziplinierung unserer Gefühle läuft, wie bereits erwähnt, über Gründe, mit denen moralische Handlungsregeln gerechtfertigt werden können. Es ist schwer vorstellbar, dass ein Kaspar Hauser oder nicht über Symbolsprache verfügende Tierarten in diesem Sinne Moral entwickeln können.

Es ist aber auch schwer vorstellbar, dass der Autor derartige Formen von Moral bei Tieren oder Menschen für untersuchenswert hält. Schließlich haben die Verhaltensforscher große Anstrengungen darauf verwendet, uneigennütziges und kooperatives Verhalten auf Egoismen und damit auf die Maximen des Überlebenskampfes der Individuen zurückzuführen[30]. Worum geht es also tatsächlich? Da es undenkbar ist, dass menschliche Moral keine evolutionären Grundlagen hat, gilt es, solche evolutionären Bausteine von Moral an anderen Arten zu identifizieren. In dieses Denken muss man die eher an „nicht Eingeweihte" oder „Arglose"[31] gerichteten Frageformulierungen zurückübersetzen. Dann ist die „eigentliche" Fragestellung: Verfügen Tiere (und wenn ja, welche Arten) über das gesamte Inventar an angeborenen und erlernten Verhaltensweisen, das Menschen in punkto Moral benutzen. Das meint die oben zitierte und für Uneingeweihte merkwürdig klingende Formulierung „moralische Substanz". Inspizieren wir nun dieses Inventar und damit auch die Operationalisierung des Phänomens Moral.

Hierzu zählt nach Auffassung des Autors **erstens** die Unterscheidung zwischen belebten und unbelebten Gegenständen. **Mit Bewegung und damit auch nur mit beweglichen Gegenständen werden emotionale Assoziationen verbunden** (271). In Experimenten kann das für Menschen und Tiere gezeigt werden. Positive Emotionen sind dann, wie an Experimenten mit Ratten (278f.) und Rhesusaffen (279ff.) diskutiert wird, ein möglicher „Baustein" für kooperatives Verhalten. Wie auch das Fazit zu diesem „Baustein" zeigt, bleibt der Autor in seinen Bewertungen immer vorsichtig. „Das Bemerkenswerteste an diesen Versuchen ist die Beobachtung, dass manche Tiere ganz auf das Fressen verzichteten, um den anderen zu schonen. Vielleicht empfanden die Akteure tatsächlich

---

30 Kooperation zwischen Verwandten wird als indirekte Strategie der Weitergabe von Erbgut erklärt, Kooperation zwischen Nicht-Verwandten gilt als Strategie, längerfristige Vorteile zu sichern (reziproker Altruismus, siehe oben).
31 Hauser spricht im nicht geglätteten Fußnotenapparat davon, dass „evolutionäre Ideen arglose Disziplinen unterwandern" (333) – solche Formulierungen findet man ansonsten eher bei religiösen oder weltanschaulichen Fanatikern.

Mitgefühl, vielleicht fühlten sie, wie es sein muss, einen Schock versetzt zu bekommen, das heißt, wie es wäre, der andere Affe zu sein, dem die Schmerzen zugefügt wurden. Andererseits ist es dem Akteur vielleicht aber auch nur unangenehm, jemanden zu sehen, dem solches widerfährt ..." (281). Hauser bleibt daher skeptisch hinsichtlich der Moral bei Tieren. Sie verfügten über ein „emotionales Manko" (283), da ihnen – nach dem bisherigen Forschungsstand – das Bewusstsein für das eigene Ich fehle. Es fehlten Indizien dafür, dass Tiere „sich wirklich ihrer eigenen Überzeugungen und Wünsche bewusst seien" (283).

Der zweite Baustein für Moral ist nach Hausers Ansicht die Fähigkeit zur Hemmung. Anhand von Experimenten wird gezeigt, dass erst die Fähigkeit zur Hemmung es ermöglicht, Hindernisse bei der Verfolgung eigener Bedürfnisse oder Bestrebungen zu überwinden. Erst unter dieser Voraussetzung können nicht erfolgreiche Strategien variiert werden. Aus dem Forschungsstand zu diesem Komplex, den ich hier ausklammere, zieht Hauser folgenden Schluss. „Ich behaupte ..., dass kleine Kinder und Tiere keinerlei Rolle bei der Gestaltung der moralischen Gemeinschaft spielen können, weil ihre Fähigkeit zur Unterdrückung von Handlungen und ihre konzeptuelle Flexibilität noch unfertig ausgebildet sind. Um eine ethische Entscheidung zu treffen – zwischen richtig und falsch zu unterscheiden – müssen wir zwischen mehreren alternativen Möglichkeiten unterscheiden. Manchmal ist die verführerischste Möglichkeit genau die falsche" (295). Weiter hinten (305) wird dann gezeigt, dass Konventionen – z.B. wann ein dominantes Tier seine Macht ausüben darf und wann nicht – ohne die Fähigkeit zur Hemmung nicht aufrechterhalten werden könnten. Auch die Fähigkeit zur Versöhnung (312) setzt diese Fähigkeit voraus.

Als **dritten und komplexesten Baustein** diskutiert Hauser das Thema **Altruismus**. Besonders interessant ist reziproker Altruismus, also uneigennütziges Handeln, dass durch das Prinzip der Gegenseitigkeit motiviert wird. Es funktioniert nur unter folgenden intellektuellen Voraussetzungen: „Die betreffenden Individuen müssen imstande sein, sich früherer Begegnungen zu erinnern, und sie müssen sich eine Art Frist setzen können, innerhalb derer die altruistische Handlung zu vergelten ist. Sie müssen imstande sein, einander zu erkennen und sich daran zu erinnern, was sie gegeben und was sie erhalten haben. Sie müssen jeder altruistischen Handlung einen Wert beimessen können, der die Kosten des Gebens in Relation setzt zu den Auswirkungen einer solchen Handlung auf Überleben und Fortpflanzung ... (Schließlich) sollten die Individuen in der Lage sein, Betrüger ... zu erkennen und zu bestrafen" (299). An Beispielen werden diese vorauszusetzenden beträchtlichen kalkulatorischen Fähigkeiten belegt. „Generell stellt man fest, dass bei Arten, die Koalitionen und Allianzen bilden, ein großes Gehirn zur Grundausstattung des Werkzeugkastens gehört" (300).

Soweit meine zusammenfassende Wiedergabe von Hausers Diskussion der Frage, ob Tiere Moral kennen. Hauser gehört zu den Skeptikern, die auf der Grundlage des gegenwärtigen Forschungsstandes die Frage verneinen, es aber durchaus für möglich halten, dass in Zukunft ein derartiger Nachweis gelingen könnte. Deswegen endet dieses Kapitel auch mit einem in sechs Thesen zusammengefassten Forschungsprogramm. Aber auch wenn dieses Programm mit positivem Ergebnis abgearbeitet wäre, glaube ich nicht, dass man dann von Moral im menschlichen Sinne bei Tieren sprechen könnte. Man könnte dann nur behaupten, dass (a) bestimmte Tierarten über bestimmte Voraussetzungen (wie: Hemmung, Bewusstsein des eigenen Ich, an Emotionen gekoppelte Wahrnehmung von Lebewesen) verfügen, auf deren Grundlage Moralentwicklung denkbar wäre. Weiterhin könnte man behaupten, dass (b) Tiere wie moralische Wesen funktionieren.

Mit der letzten Formulierung spiele ich darauf an, dass für das Forschungsprogramm der Verhaltensforschung Moral als eine universelle menschliche Verhaltensweise darstellt, die an bestimmten Merkmalen wie der Unterscheidung zwischen richtig und falsch identifiziert werden kann. Dabei wird übersehen oder bewusst ausgeblendet, dass Moral ohne Verständigungsprozesse über die Geltung von Normen weder entstehen noch aufrechterhalten werden kann. Die Geltung von Normen kann kontrovers werden, muss an Veränderungen angepasst werden, unterliegt dem Wandel. Das ist ohne argumentative Diskurse nicht möglich. **Moral kann sich erst dort entwickeln, wo Gruppen untereinander ihr gemeinsames Handlungsrepertoire unter normativen Gesichtspunkts bestimmen.**

Wie wir noch sehen werden, überschreiten die Möglichkeiten solcher kulturellen Bestimmungsprozesse die Grundmaximen des Darwinismus, dass alles Verhalten bei Strafe des Untergangs zweckdienlich für den Überlebenskampf und die Weitergabe des Erbgutes zu sein habe. Damit man tatsächlich von Moral bei Tieren sprechen könnte, müssten sie sich relativ frei über eine gemeinsame Praxis verständigen können. Wie sollten sie das, wenn sie über keine Symbolsprache verfügen?

Hier wird deutlich, warum die Verhaltensforschung die Öffentlichkeit immer wieder mit Forschungsergebnissen über Gemeinsamkeiten zwischen Mensch und Tier überrascht und zuweilen Primaten als die besseren Menschen präsentiert[32]. Ihr Menschenbild ist von vornherein auf Vergleichzwecke und die begrifflichen Möglichkeiten des Darwinismus reduziert. Sozialverhalten kann unter dieser Brille verstanden werden, wenn es auf seinen Beitrag für den Überlebenskampf des Einzelnen oder der Art zurechtgestutzt worden ist.

---

32 „Von Schimpansen lernen, was es heißt ein Mensch zu sein" lautet der Untertitel von einem der Beststeller der Primatenforschung (Fouts/Mills 2000).

Auf der anderen Seite darf niemals übersehen werden, dass die Sozial- und Kulturwissenschaften die biologische Natur des Menschen nahezu vollständig ausblenden, obwohl sie eine unhintergehbare Voraussetzung aller menschlichen Leistungen darstellt.

5.2 Tod und Bestattung

Bei Cynthia Moss findet sich eine Schilderung der Reaktionen mehrerer Verwandten auf das Sterben einer Elefantenkuh, die sie Tina nennt: „Teresia und Trista waren außer sich. Sie knieten nieder und versuchten, sie aufzurichten. Sie schoben ihr die Stoßzähne unter Leib und Kopf. Irgendwann gelang es ihnen, sie in eine sitzende Position zu manövrieren, doch ihr Körper sank zurück. Ihre Familie versuchte mit allen Mitteln, sie aufzuwecken, sie schubsten sie, stießen sie mit den Stoßzähnen. Tullah ging sogar ein Büschel Gras holen, das er ihr ins Maul zu stopfen suchte" (Moss 1987; 73; zit. nach Hauser 2001; 285f.).

Scheinbar konträre Beobachtungen über den Umgang mit toten Gruppenmitgliedern hat Jane Godall bei den Gombe-Schimpansen gemacht. Wenn man ihren Text darauf hin untersucht, welche Verhaltensweise der nicht zuletzt unter dem Gesichtspunkt der Menschenähnlichkeit beobachteten Schimpansen die Autorin am meisten befremdet hat, dann ist das sicherlich der Umgang mit Toten. So hat sie ziemlich schockiert eine Szene beobachtet, wo eine Mutter mit ihrem toten Jungen „achtlos" umgeht (Goodall 1971: 180f.). Schimpansen scheinen zwar durchaus Trauer um Tote zu empfinden und sich längere Zeit an sie zu erinnern (Goodall 1971: 187), aber mit toten Körpern können sie nichts anfangen. Denselben Schluss muss man allerdings auch für die Elefanten ziehen, auch wenn sie sich im zitierten Fall rührend um die Tote kümmerten und sie offenbar wieder zum Leben erwecken wollten.

Auch Menschen äußern wie die Elefanten Trauer und Bestürzung über den Tod vertrauter Mitmenschen. Auch sie erinnern sich wie die Schimpansen an Tote. Die Differenz liegt im Umgang mit dem Körper des Toten, in der menschlichen Institution der Bestattung.

Elefanten, Schimpansen und vermutlich auch die Mitglieder anderer in permanenten Gruppen zusammenlebende Arten können toten Körpern von Artgenossen solange keine Bedeutung beimessen, als ihre kommunikative Verständigung auf der Grundlage der biologischen Bedürfnisnatur erfolgt. Auf dieser Grundlage kann man sich weder in einen toten Körper hineinversetzen, noch kann er zum Adressat von Wünschen oder Interessen werden. Man kann sich zwar an den Toten erinnern und seinen Tod vielleicht auch nicht wahr haben wollen, aber man kann mit dem toten Körper nichts anfangen. **Jegliche Form** der Bestattung setzt somit die Existenz von sozialer Bedeutung jenseits der biologischen Bedürfnisnatur voraus. Eine solche soziale Bedeutung des toten Körpers existiert vermutlich in allen bekannten sogenannten primitiven Gesellschaften. So kennt z.B. der Wiedergeburtsglaube australischer Aboriginees eine universelle Unterscheidung zwischen Körpern und Geistern/bzw. Seelen (Durkheim 1981: 370ff.). Dieser Bedeutungshintergrund kann sehr wohl eine besondere Behandlung von toten Körpern begründen. Gleiches gilt für rituellen Kannibalismus[33], der eine Theorie der Übertragung von menschlichen Eigenschaften durch Verzehr voraussetzt (vgl. Narr 1975: 162f.). Nicht verzehrbare Teile eines toten Körpers können dann als **symbolische Zeichen** benutzt werden, die z.B. den Transfer von Eigenschaften bezeichnen. Aber auch jegliche Form der Angst vor Toten setzt **Theorien** über ein partielles Weiterwirken (z.B. in einer Unterwelt) voraus, die dann wiederum besondere Praktiken des Umgangs mit toten Körpern begründen können.

In Bestattungen kommen aber nicht bloße Theorien über den Tod zum Ausdruck. Darüber hinaus werden immer auch Beziehungen zu den Lebenden hergestellt. Insofern setzen Bestattungen eine **Sozialstruktur** voraus, die alle lebenden wie toten und zukünftigen Mitglieder eines Sozialverbandes in eine gedankliche Beziehungssystematik einschließt. Jede Form von Bestattung verlangt Akteure, die in einer Beziehung zu dem Toten stehen. Hierzu reicht es nicht aus, dass sie dem Toten in irgendeiner Weise nahe standen, als er noch lebte, und sich nun seiner erinnern. Erinnerungen an die Lebenszeit von Toten haben auch Schimpansen (Goodall 1971: 187.), ohne dass das irgendeine Aufmerksamkeit (wie z.B. Bestattung) dem *toten* Körper gegenüber nahe legt. Nur eine Beziehung zwischen dem toten Körper und lebenden Akteuren **in einer gemeinsamen Sinnwelt** kann eine Bestattung begründen. Dazu reicht die Existenz eines sinnhaften Weltverständnisses allein aber nicht aus. Darüber hinaus müssen sich **die Akteure in ihr eigenes Weltverständnis hineinbegeben und dort ebenso wie auch tote Körper einen Platz, eine Position einnehmen** (reentry[34]). Die verbindliche Konstruktion derartiger Beziehungen besorgt die Sozialstruktur, die z.B. auf Verwandtschaftsbeziehungen gemäß bestimmter Verwandtschaftsre-

---

33 Deswegen gilt die Unterstellung von nicht rituellem Kanibalismus in älteren Berichten über Schwarzafrika oder in neueren Darstellungen über Neandertaler bis hin zu Witzen mit Weißen im Kochtopf als definitiver Beweis für äußerste Unzivilisiertheit (vgl. auch Kuckenburg 1999: Kap. 7 und 11).

34 „Mit re-entry wird ... die ‚Wiedereinführung' einer Unterscheidung in den Bereich bezeichnet, den sie zu unterscheiden erlaubt" (Baraldi u.a. 1997; 153). In logischer Hinsicht ist das paradox, für das Operieren von Systemen eine wichtige Möglichkeit die innere Komplexität zu steigern (vgl. Luhmann 2002: 166).

geln³⁵ beruhen kann. **Erst dann** kann der tote Körper **konkrete Bedeutung für bestimmte Menschen in ihrer Eigenschaft als Mitglieder** der Sozialstruktur bekommen.

Aber noch ein drittes Merkmal ist wichtig, das ebenfalls nicht in der Trauer um Tote, sondern erst in der Bestattung zum Tragen kommt. Jede Bestattung erfordert im Kern immer Handlungen, die von Menschen durchgeführt werden. Was die Lebenden in diesem Fall tun, ist nicht ins Belieben des Einzelnen gestellt, sondern Teil einer Ordnung.

Bei Bestattung handelt es sich immer um menschliche Praktiken, die rituell geordnet sind. Damit soll ausgedrückt werden, dass die Handlungen einer Ritualordnung folgen, die – ähnlich wie Schauspieler einem Drehbuch – festlegt, was wann wie zu tun ist (vgl. Goffman 1983 oder auch Jonas 1966; König 1958). Rituelle Praktiken sind gegen jenen etwa bei dem Problem doppelter Kontingenz angenommenen Normalfall von Sozialverhalten scharf abgegrenzt, bei dem die Art und Weise des Miteinander unter den Akteuren nach Maßgabe ihrer Interessen am Verhalten anderer jeweils empirisch ausgehandelt wird. Derartige Gegebenheiten müssen gerade sorgfältig **ausgeklammert** werden. Die Akteure treten in vorgegebenen Rollen auf, deren Zuweisung im Zusammenspiel von Ritualordnung und Sozialstruktur geregelt ist. Bei der Ausführung der ihnen durch diese Ordnung vorgegebenen Handlungen müssen sie darauf achten, dass alle mit der eigenen konkreten Person zusammenhängenden Aspekte (momentane Stimmung, persönliche Sorgen und Belastungen, andere Verpflichtungen etc.) kontrolliert werden und alle unpassenden Verhaltensaspekte ausgeklammert bleiben³⁶.

6 Fazit: Gemeinsamkeiten und Trennendes

Die explorative, ohne Anspruch auf Systematik vorgenommene Erkundung des Terrains tierischen Sozialverhaltens hat im Hinblick auf menschliches Sozialverhalten sowohl Gemeinsamkeiten wie auch Trennendes zu Tage gefördert.

Die Gemeinsamkeiten betreffen sowohl evolutionäre Voraussetzungen des menschlichen Sozialverhalten wie auch die Angewiesenheit auf Kooperation, gegenseitigen Austausch, permanentes Zusammenleben mit Artgenossen. Vor allem hat sich gezeigt, dass Sozialverhalten nicht unbedingt zu den jüngsten Errungenschaften der Evolution von Lebewesen auf diesem Planeten gehört,

---

35 Sie sind nicht mit dem biologischen Sachverhalt identisch. Einen Überblick über den ethnologischen Forschungsstand gibt z.B. Kohl 1993: 32ff.
36 Vgl. zum Aspekt ritueller Sorgfalt die Studie von Ruth Benedict über die Zuni (Benedict 1950).

sondern bereits die Überlebenschancen von relativ einfach gebauten Lebewesen wie Bakterien erhöht. Weder die Bedeutung des Sozialverhaltens noch das Aufbauen auf und Weiterentwickeln von biologischen Bausteinen des Sozialverhaltens können Anlass zur These einer menschlichen Sonderstellung bieten. Man könnte zweifellos auch für andere Arten wie z.b. Wale oder Delphine Vergleichbares zeigen und sie ebenso zur Krone der Schöpfung erklären.

In **einer** Hinsicht kann man dennoch von einer Sonderstellung sprechen ohne daraus Ansprüche ableiten zu müssen. Nur Menschen haben eine systematische Symbolsprache und Gesellschaft ausgebildet. Auch in dieser Hinsicht sind wir auf Vorläufer und Anknüpfungspunkte bei anderen Arten gestoßen. Wenn von einer Schallmauer oder Trennlinie gesprochen werden kann, dann nur im Hinblick auf die Totalität mit der die Menschen ihr Sozialleben auf diese Grundlagen umgestellt haben.

Mit der Formulierung Totalität ist einmal gemeint, dass nur alle bekannten menschlichen Sprachen es den Sprechern ermöglichen, buchstäblich alles im Medium Sinn auszudrücken. Auch Tiere sind in der Lage Objekte zu bezeichnen, sie tun dies aber nur für relevante Objekte, beschränkt auf den für sie relevanten Umweltausschnitt, und sie tun dies auf eine Art und Weise, die auf keine beliebig kombinierbaren Elemente zurückgreift. Erst die umfassende Systematisierung der Bedeutungsbeimessung führt sowohl zu einem verselbständigten Medium Sinn innerhalb dessen **alle** Unterscheidungen geklärt und fixiert werden können wie auch dazu, dass Bewusstsein und Identität der Akteure innerhalb dieser Sinnwelt verortet werden. Mit Gesellschaft wird eine „benachbarte Totalität", die Konsequenz dieser Sinnwelt ist, bezeichnet. Auch Tiere bieten seltene Beispiele für Konventionen, deren Regeln das Sozialverhalten unterworfen wird. Gesellschaften regulieren dagegen Verhaltensweisen und Aufgabenzuweisung in ganz anderen Dimensionen und schließen diese Regulierung und Standardisierung an die Systematik des Sinnmediums an.

6.1 Sozialverhalten in Gesellschaften

Für das Verständnis der Art und Weise, wie historisch existierende Gesellschaften die zwischenmenschliche Kommunikation zuschneiden, hat eine auf Erving Goffman zurückgehende Unterscheidung zentrale Bedeutung. Menschen können öffentlich kommunizieren, dann sind sie in einer Position, die der eines Schauspielers auf der Bühne entspricht. Sie können aber auch in einem privaten, nicht gesellschaftlich reglementierten Bereich kommunizieren. Dann gleichen sie Schauspielern hinter der Bühne. **Diese Unterscheidung zielt direkt auf die**

gesuchte gesellschaftliche Spezifizierung zwischenmenschlicher Kommunikation ab.
Ein Schauspiel unterscheidet sich von der üblichen Kommunikation dadurch, dass hier jegliche Kontingenz ausgeschaltet ist. Zudem ist der Mitteilungsaspekt auf merkwürdige Weise standardisiert: die Schauspieler wollen nur etwas vom Publikum (Applaus, Begeisterung, menschliche Regungen ...) aber nichts voneinander. Das hängt damit zusammen, dass sie eine vom Bühnenautor konstruierte Geschichte zur Darstellung bringen und nicht als sie selbst agieren sondern bestimmte Figuren vorspielen. Als Schauspieler klammern sie ihre Persönlichkeit während des Schauspiels aus aber wollen nach dem Schauspiel vom Publikum für ihre schauspielerische Leistung belohnt werden. Sie haben die eigene Persönlichkeit also nur zeitweise ausgeklammert. Das Schauspiel dient nicht wie jede „normale" Kommunikation zur Verständigung der Schauspieler untereinander, sondern möchte dem Publikum eine **fiktive und festgelegte Realität** vorführen, die durch Kommunikation auf vorgesehene Weise realisiert werden soll.

In unzähligen Beobachtungen hat Goffman im Einzelnen erläutert, dass gesellschaftliche Kommunikation genau diesem Muster folgt. Er spricht von einer rituellen Ordnung menschlicher Interaktion (insbes. Goffman 1986) und sieht, dass die gesellschaftliche Ordnung die Menschen gleich Schauspielern nötigt, den anderen etwas Vorgesehenes vorzuspielen, was mit ihrer Identität nichts zu tun hat.

Wir interessieren uns hier nicht wie Goffman für das prekäre Verhältnis zwischen menschlicher Identität und den eingenommenen Rollen, sondern fragen nach dem Sinn derartiger Kommunikation. Er besteht darin, eine bereits aus abstrakten Anforderungen an die Schauspieler (Drehbuch etc.) bestehende Realität zu „realisieren" und zu reproduzieren, also ihr Fortbestehen zu bewirken. Im Unterschied zum Schauspiel wird „Gesellschaft" als eine Realität aufgeführt, die auch dem Publikum bereits hinlänglich bekannt ist. Es geht nicht um neue Erfahrungen sondern, um die **Bestätigung einer bereits bekannten und erfahrenen Ordnung durch eine ihr gemäße Praxis der Realitätserzeugung.**

Auch die Gesellschaft kennt einen Bereich hinter der Bühne, wo man sich darüber verständigen kann, dass die gesellschaftlichen Rollenerwartungen außer Betracht bleiben sollen. In solchen „informellen" oder „privaten" Lebensbereichen kommen die üblichen Grundbedingungen von Kommunikation wiederum zu ihrem Recht. Auf dieser Grundlage kann man einen durch die Festlegung von Kommunikation, durch Rollen, festgelegte Erwartungen und Verpflichtungen charakterisierten gesellschaftlichen Bereich von einem Bereich unterscheiden, wo diese Regularien nicht gelten sollen. Die Unterscheidung selbst ist Teil der Kommunikation.

Alle diese Aspekte lassen sich dahingehend **zusammenfassen**, dass mit Gesellschaft jener Spezialfall zwischenmenschlicher, mit Sinn operierender Kommunikation erfasst wird, bei dem die Akteure sich in einer gedachten Ordnung bewegen und sich in ihrer Kommunikation auf diese Ordnung beziehen.

Grundlegendes Merkmal jeder in dieser Weise auf irgendeine gesellschaftliche Ordnung bezogenen Kommunikation ist einmal, dass jeder Sprecher als Bestandteil dieser gedanklichen Ordnung auftritt (reentry). Dies geschieht zweidimensional. Einmal lokalisiert er sich in dieser Ordnung (Positionierung). Zum anderen realisiert er in dieser Ordnung hergestellte Zusammenhänge als seine Aufgabe (Aufgabenaspekt).

Beide Bezüge müssen durch Ausblendung und Stilisierung von Eigenschaften des Organismus und der Persönlichkeit des jeweiligen Sprechers hergestellt werden[37]. Die Positionierung muss kommunikativ dargestellt und durch Stilisierung des Erscheinungsbilds (Attribute wie Kleidung, Haarschnitt, Bemalung usw.) unterstützt werden. Die Aufgabenzuschreibung muss durch Kontrolle sowohl der persönlichen Bedürfnisse und Neigungen wie auch durch Selbst-Disziplinierung der vom eigenen Organismus ausgehenden Wirkungen[38] realisiert werden.

Positionierungs- und Aufgabenaspekt sind in dem Maße miteinander verschränkt als, gesellschaftliche Ordnungen nicht nur die Lebenswelt verbindlich auslegen, sondern die gesellschaftliche Gemeinschaft in dieser gedanklich geordneten Welt positionieren und ihren Mitgliedern zu ihrer Reproduktion verbindliche Aktivitäten bzw. in ihr mögliche Projekte (z.B. moderne Wissenschaft) zuweisen.

Aus gedachter Ordnung wird in dem Maße gesellschaftliche Realität, als Menschen vorgesehene Positionen ausfüllen und vorgesehene Aufgaben ausführen und so das zwischenmenschliche Leben durch diese Ordnung bestimmen. Konkret erzeugt wird diese gesellschaftliche Realität über Kommunikationen, die die Zusammenhänge dieser gedanklichen Ordnung mit Leben erfüllen.

In gedachten ebenso wie in als „Gesellschaft" realisierten Ordnungen werden sprachlich variierbare Bedeutungselemente **fest verkoppelt**. Die gedankliche

---

37 Es reicht nicht, diese Voraussetzungen nach dem Muster von Interpenetration einfach zu unterstellen. Erforderlich ist eine festere Verkopplung, die in etwa dem Sachverhalt der „Realabstraktion" (Sohn-Rethel 1973; 38ff.; Verkopplung zwischen Warenform und Denkform) entspricht.

38 Einiges davon ist Thema der Zivilisationstheorie von Norbert Elias. Hier wird jedoch ein wesentlich prinzipiellerer „gesellschaftlicher Zwang zum Selbstzwang" vermutet. In Bezug auf die Kontrolle und „Disziplinierung" menschlicher Handlungen in Richtung zielgerichteter Aktivitäten (z.B. im Ritual) bis hin zu „Arbeit" spielt insbesondere die Ausschaltung von Kontingenzen eine zentrale Rolle, worauf Hans Freyer (1955; 15ff.) sehr instruktiv hinweist. Entsprechende Überlegungen zum Ritual stellt Frazer 1989; 15ff. an.

Verkopplung wird als normativer Geltungsanspruch sozial wirksam, der aber nicht immer tatsächlich realisiert werden muss. Variation erzeugt alternative Verknüpfungsmöglichkeiten, so dass im Verlaufe der Zeit wie der Differenzierung von Gesellschaften[39] **eine für die Verbindung zwischen fester und loser Kopplung charakteristische Konstellation erreicht wird.** Damit kann eine historische Veränderungstendenz von verbindlichen Ordnungen hin zu in Form von Möglichkeitsräumen[40] wirksam werdenden Ordnungen in dem Maße vermutet werden, wie das Repertoire lose verkoppelter semantischer Elemente zunimmt.

6.2 Gesellschaft im Spektrum des Sozialverhaltens

Solange gemäß der aristotelischen Tradition eine privilegierte menschliche Sozialität unterstellt wird, bleibt der Gesellschaftsbegriff im Bereich des Selbstverständlichen. Erst unter einer komparativen Perspektive wird klar, dass die darin erfasste Normalität und Selbstverständlichkeit des gesellschaftlichen Alltags *einen überaus spektakulären Zuschnitt des Sozialverhaltens* zum Gegenstand hat.

Wenn es zutreffend wäre, dass der generelle evolutionäre „Sinn" von Sozialverhalten in der Überwindung begrenzter Möglichkeiten eines einzelnen Organismus durch konditionale Verknüpfung der auf jeweils andere Organismen gerichteten Erwartungen besteht, dann beschreibt Gesellschaft eine überaus paradoxe Konstellation – z.B. zwischen den Akteuren Ego und Alter. Im Rahmen gesellschaftlicher Kommunikation erwartet weder Ego etwas von Alter, das mit seiner Person und ihren spezifischen Wahrnehmungen zu tun hat noch hegt Alter derartige Erwartungen gegenüber Ego. Genau das muss ausgeklammert werden zugunsten eines *beiderseitigen Bezugs auf eine beiden gemeinsame Ordnung*.

Wenn ein Kunde z.B. von einer Verkäuferin einen Computer kaufen möchte, dann kommt es, solange es sich um einen „normalen" Vorgang handelt, nicht auf den konkreten Anderen an. Die Verkäuferin würde jedem beliebigen Kunden etwas aus dem Angebot verkaufen und der Kunde würde von jedem beliebigen Verkäufer/in kaufen.

---

39 Ein wichtiger Ansatzpunkt für die Variation gesellschaftlicher Ordnungen ist die Praxis segmentär differenzierter Stammesgesellschaften auf Übervölkerung mit Auswanderung und Gründung neuer Dörfer/Stämme zu reagieren.
40 Luhmann vermag sich Gesellschaften nur als Möglichkeitsräume vorzustellen. Das liegt vor allem daran, wie er das Konzept operativer Schließung in die Gesellschaftstheorie übersetzt (instruktiv seine Ausführungen in Luhmann 2002; 91ff.).

An die Stelle einer für permanentes Gruppenleben charakteristischen ergebnisoffenen Verständigung innerhalb der Gruppe (das Problem doppelter Kontingenz existiert real) tritt **eine Praxis, die** durch eine feste Positionierung aller Stammesmitglieder innerhalb eines Verwandtschaftssystems **gruppeninterne Kontingenzen ausklammert.** Erst auf dieser Grundlage wird dann eine „dramaturgische" Praxis möglich.

Die Kommunikation selbst ist unter diesen Bedingungen ausschließlich reproduktiv: eine antizipierte Realität wird zur Aufführung gebracht. Die kommunikative Leistung der Akteure besteht in der möglichst genauen Einhaltung der Vorgaben.

Auf diese Konstellation und die dazugehörige Praxis beziehen sich Begriffe wie Ritual, Tradition, Schauspiel und meiner Ansicht nach auch Gesellschaft. Sie spezifiziert menschliches Sozialverhalten in noch einschneidenderer Weise als die Einführung einer sinnhaft geordneten Welt. Man kann die Maximen dieser disziplinierenden Praxis so zusammenfassen: Kommunikative Einflussnahme auf eine außerhalb der eigenen Gruppe liegende Welt erfordert die Einklammerung gruppeninterner Kontingenzen und die Entwicklung eines auf Weltbeeinflussung ausgelegten theoretischen Weltverständnisses.

Die entscheidende Frage ist nun zweifellos, wie kann man sich die Herausbildung einer derartigen disziplinierenden Praxis vorstellen? Luhmann gibt hierzu nur den drögen Hinweis, dass es sich bei dem Begriffspaar Medium und Form „nicht um eine Theorie der Entstehung von Ordnung als Entwicklung von Medium zu Form" handele (Luhmann 1997; 196 Fußnote 11). Man könnte zunächst eher umgekehrt neue „Formen" als Einfallstor für neuartige Praxis vermuten. Dabei ist aber zu bedenken, dass Kommunikation „immer die operative Verwendung der **Differenz** von medialem Substrat und Form" impliziert, es also immer um das „Prozessieren dieser Differenz" geht (Luhmann 1997; 195; Hervorh. i. Orig.). *Mit einer neuen „Form", so könnte man das in eine realitätsnähere Sprache übersetzen, müsste sich für die an der Kommunikation Beteiligten* **zugleich** *eine „neue Welt" auftun.* Nur in diesem zirkulären Kontext könnte sie überhaupt verstanden werden!

In eine ganz ähnliche Richtung, allerdings mit ganz anderen begrifflichen Mitteln, argumentiert auch Castoriadis, wenn er die „schöpferische Einbildungskraft des Menschen" als die entscheidende Triebfeder des Neuen in der politischen Geschichte der Menschheit bezeichnet (Castoriadis 1984).

Meiner Einschätzung nach liefert Castoriadis aber eher eine Explikation als eine Erklärung. Ich werde daher in den nächsten Kapiteln seiner Intuition mit den nüchternen begrifflichen Mitteln aus Luhmanns Theoriebaukasten zu folgen suchen. Zu beachten ist dann insbesondere:

1. Jede „Form" basiert auf einer Unterscheidung, die das in sie Eingeschlossene in den Blick nimmt, das Ausgeschlossene aber nicht absolut ausschließt, sondern als Hintergrundkontext mittransportiert (Spencer Brown 1997; Luhmann 2002; 70ff.). M. a. W.: Man kann nur dann einer disziplinierten Praxis folgen, wenn man in einer symbolischen Welt lebt, also wahrnimmt und spricht.
2. Es besteht eine strukturelle Kopplung und koevolutionäre Verknüpfung zwischen personalen und sozialen Systemen. Wenn „Formen"/begriffliche Unterscheidungen kommuniziert werden, die in anderer Weise an die Wahrnehmung personaler Systeme anschließen, vielleicht sogar bestimmte Wahrnehmungen erst für die Kommunikation erschließen und als Folge der Kommunikation umbauen, dann könnten sie das hervorbringen, was Castoriadis, aber auch othodoxere Marxisten, „schöpferische Einbildungskraft" nennen.
3. Die Reichweite der Unterscheidung, auf der eine neu in die Kommunikation eingeführte „Form" basiert, kann höchst unterschiedlich sein. Die Entwicklung einer neuartigen menschlichen Praxis basiert vermutlich auch auf der Durchsetzung von Unterscheidungen, die gleichermaßen das Weltverständnis wie die Lebensführung strukturieren wie z.B. Gut – Böse, Richtig – Falsch, Körper – Geist usw.
4. Diese Verbindung von logischer Reichweite und hoher existenzieller Bedeutsamkeit schafft in Verbindung mit langer zeitlicher Dauer einen idealen Nährboden für die Variation der einmal eingeführten Form. Damit steigen die Chancen, das aus einer einfachen Unterscheidung eine immer engmaschigere neue Welt von Bedeutungen wird.

Während diese evolutionstheoretische Fährte beginnend mit dem vierten Kapitel weiter verfolgt wird, geht es an dieser Stelle nur darum, das Spektrum von Kommunikation und damit verbundenem Sozialverhalten zur Kenntnis zu nehmen und grob zu sortieren. Das mit den Begriffen Symbolsprache und Gesellschaft umschriebene Neue ist, auf einen einfachen Nenner gebracht, **eine Praxis des zwischenmenschlichen Umgangs, die nicht intersubjektiv ausgehandelt wird, sondern als Verständigung einer Gemeinschaft über „ihre" symbolische Welt, sowie die Stellung und die Aufgaben der Gemeinschaft in dieser symbolischen Welt grob umschrieben werden kann. Sozialität wird damit nicht zwischen den konkreten Beteiligten und ihren auf andere Beteiligte gerichteten Bestimmungsinteressen durch Arrangements konditionaler Verknüpfung ausgehandelt, sondern in gemeinschaftlichen Verständigungsprozessen mit Hilfe des Instruments der Symbolsprache geschaffen.**

Um welche Veränderungsrichtung menschlicher Praxis und menschlicher Kommunikation es hierbei geht, ist an vielen historischen Beispielen noch fassbar. Ein besonders instruktives Beispiel liefern Webers Ausführungen zur Veralltägtlichung des Charismas (Weber 1972; 142ff.). Charisma ist zunächst nur als eine persönliche Eigenschaft denkbar, die einem Menschen aufgrund seiner Persönlichkeit zugeschrieben wird. Sobald aber auf dieser Grundlage dauerhafte Abhängigkeiten entstehen, Weber spricht von „Dauerbeziehung" (ebd.), ergeben sich stabile Interessen an einem Fortbestehen dieser Beziehung über den Tod hinaus. Sie können nur eingelöst werden durch **Praktiken, die aus einer persönlichen Eigenschaft eine abstrakte und damit transferierbare soziale Form machen** und über sie nach bestimmten Regeln disponieren. Auf diesem Wege wird aus einer persönlichen Eigenschaft ein abstraktes gesellschaftliches Merkmal.

Weber unterscheidet sechs unterschiedliche Praktiken, über die dieser Zweck verfolgt wurde: (a) Neu-Aufsuchen nach bestimmten Merkmalen, (b) Offenbarung durch Orakel, Los usw, (c) Nachfolgerdesignation durch bisherigen Charisma-Träger bzw. (d) durch einen Verwaltungsstab, (e) Erbcharisma oder (f) Amtscharisma.

Dieses Beispiel zeigt recht instruktiv das Zusammenspiel zwischen Medium und Form. Die Varianten lassen noch die mit jeder Praxis verbunden möglichen Probleme für die Beteiligten erahnen und sie illustrieren die Suche nach Alternativen. Aus unserem Wissen über Gesellschaftsentwicklung lässt sich schließen, dass die „an sich" naheliegende Lösung offenbar die unwahrscheinlichste bzw. erfolgloseste war: nämlich ohne das einer Person zugeschriebene Charisma auszukommen und alles offen untereinander auszuhandeln!

Literatur

Apel, K.-O. (1973): Transformation der Philosophie II. Ffm.
Axelrod, R. (1984): The evolution of Cooperation. N. Y.
Baraldi, C./Corsi, G./Esposito, E. (1997): GLU. Glossar zu Luhmanns Theorie sozialer Systeme. Ffm.
Benedict, R. (1955): Urformen der Kultur. Reinbek.
Breuer, H. (2003): Das Wispern der Mikroben; in: DIE ZEIT Nr.40 vom 25.9. 2003, S.36.
Brock, D. (2002): Karl Marx. In: D. Brock et al.: Soziologische Theorien von Auguste Comte bis Talcott Parsons. München, Wien, S. 57 – 78.
Castoriadis, C. (1984): Gesellschaft als imaginäre Institution. Entwurf einer politischen Philosophie. Ffm. Frz. Orig. 1975
Cheney, D. L./Seyfarth, R. M. (1988): Assessment of meaning and the detection of unreliable signals by velvet monkeys. Animal Behaviour, 36, S. 477 – 486.

Darwin, C. (1966) : Die Abstammung des Menschen. Wiesbaden. (Englische Erstausgabe 1871)
Dawkins, R. (1996): Das egoistische Gen.
Dennett, D. C. (2005): Das Bewusstsein der Tiere: Was ist richtig und warum? In: Perler/Wild: Der Geist der Tiere. Ffm. S. 289 – 407
Degener, P. (1918): Die Vergesellschaftung im Tierreiche. Ein systematisch-soziologischer Versuch. Leipzig.
Durkheim, E. (1981): Die elementaren Formen des religiösen Lebens. Frz. Orig. 1912. Ffm.
Eibl-Eibesfeld, I. (2004): Die Biologie des menschlichen Verhaltens. Grundriss einer Humanethologie. 5. Aufl. Vierkirchen-Pasenbach
Elias, N. (1976). Der Prozess der Zivilisation. Ffm.
Fouts, R./Mills, S. T. (1998): Unsere nächsten Verwandten. Von Schimpansen lernen, was es heißt, ein Mensch zu sein. München.
Franklin, A. (1999): Animals and modern cultures: a sociology of human-animal relations in modernity. London/Thousand Oaks. Cal.
Frazer, J. G. (1977): Der goldene Zweig. Das Geheimnis von Glauben und Sitten der Völker. Ffm.
Freyer, H. (1955): Theorie des gegenwärtigen Zeitalters. Stuttgart.
Geiger, T. (1931): Das Tier als geselliges Subjekt. In: Forschungen zur Völkerpsychologie und Soziologie. Bd. 10; S. 283 – 307
Giddens, A. (1995): Die Konsequenzen der Moderne. Ffm.
Glaser, B. C./Strauss, A. L. (1967): The Discovery of Grounded Theory: Strategies for Qualitative Research. N.Y.
Goffman, E. (1983): Wir alle spielen Theater. Die Selbstdarstellung im Alltag. Amerik. Original. 1959. München.
Goffman, E. (1980): Rahmen-Analyse. Ein Versuch über die Organisation von Alltagserfahrungen. Amerik. Orig. 1974. Ffm.
Goffman, E. (1986): Interaktionsrituale. Über Verhalten in direkter Kommunikation. Amerik. Orig. 1967. Ffm.
Goodall, J. (1971): Wilde Schimpansen. Fotos von Hugo van Lawick. 10 Jahre Verhaltensforschung am Gombe-Strom. Eng. Orig 1971. Reinbek.
Green, S./Marler, P. (1979): The analysis of animal communication. In: P. Marler: Behavioral Neurobiology, Vol 3, S. 73 – 158. N.Y.
Habermas, J. (1981): Theorie des kommunikativen Handelns. 2 Bde. Ffm.
Hauser, M. D. (2001): Wilde Intelligenz. Was Tiere wirklich denken. München
Kambartel, F (2004): Stichwort „Moral". In: J. Mittelstraß (Hg.): Enzyklopädie Philosophie und Wissenschaftstheorie, Bd. 2. S. 932f. Stuttgart/Weimar.
Jonas, F. (1966): Die Institutionenlehre Arnold Gehlens. Tübingen.
Kohl, K. – H. (1986): Exotik als Beruf. Erfahrung und Trauma der Ethnographie. Ffm./N.Y.
Kohl, K.-H. (1993): Ethnologie – die Wissenschaft vom kulturell Fremden. München.
König, R. (Hg) (1965): Fischer-Lexikon Soziologie. Neuausgabe. Ffm.
Kromka, F. (2000): Mensch und Tier. Bergisch-Gladbach.

Kuckenburg, M. (1999): Lag Eden im Neandertal? Auf der Suche nach dem frühen Menschen. Düsseldorf und München.
Luhmann, N. (1997): Die Gesellschaft der Gesellschaft. Ffm.
Luhmann, N. (2002): Einführung in die Systemtheorie. Herausgegeben von Dirk Baecker. Heidelberg
Marler, P. (1977): The structure of animal communication sounds. In: T.H. Bullock (Hg.): Recognition of Complex Acoustic Signals; S. 17 – 35. Berlin.
Marler, P./Peters, S./Ball, G. F./Dufty, A. M./Wingfield, J. C. (1988): The role of sex steroids in the acquisition and production of birdsong. Nature, 336, S. 770 – 772.
Matsuzawa, T. (1996): Chimpanzee intelligence in nature and in captivity: Isomorphism od symbol use and tool use. In: Mc. Grew. Et al. (Hg.): Gerat Ape Societies; S. 196 – 209. Cambrigde.
Mead, G. H. (1968): Geist, Identität und Gesellschaft aus der Sicht des Sozialbehaviourismus. Engl. Orig.1934. Ffm.
Mead, G. H. (1987): Gesammelte Aufsätze. Hg. von H. Joas. 2 Bde. Ffm.
Moss, C. (1988): Elephant Memories. N.Y.
Mütherich, B. (2000): Die Problematik der Mensch-Tier-Beziehung in der Soziologie: Weber, Marx und die Frankfurter Schule. Münster/Hamburg/London
Narr, K. J. (1975): Handbuch der Urgeschichte. Erster Band: Ältere und mittlere Steinzeit; Jäger und Sammlerkulturen. Bern und München.
Payne, K,/Tyack, P./Payne, R. (1984): Progressive changes in the songs of humpback whales (Megaptera novaeangliae): A detailed analysis of two seasons in Hawaii. In: R. Payne (Hg.): Communication and Behaviour of Whales; S. 9 –57. Boulder.
Payne, K.B./Payne, R. S. (1985): Larger scale Changes over 19 years in songs of whales in Bermuda. In: Zeitschrift für Tierpsychologie, 68, S. 89 –114.
Perler, D./Wild, M. (2005): Der Geist der Tiere – eine Einführung. In: Dies. (Hg.): Der Geist der Tiere, Ffm. S. 10 – 76.
Radner, D. (2005): Heterophänomenologie: Was wir über die Vögel und Bienen lernen. In: Perler/Wild: Der Geist der Tiere. Ffm. S. 408 – 426.
Rieppel, O. (1992): Unterwegs zum Anfang. Geschichte und Konsequenzen der Evolutionstheorie. München.
Schaefers, B. (Hg.) (1995): Grundbegriffe der Soziologie. Opladen, 4.Aufl.
Serres, M./Farouki, N. (Hg.) (2001): Thesaurus der exakten Wissenschaften. Ffm.
Sohn – Rethel, A. (1973): Geistige und körperliche Arbeit. Ffm.
Spencer Brown, G. (1997): Gesetze der Form. Lübeck. Amerik. Orig. 1972.
Storch, V./Welsch, U. (1973): Evolution. Tatsachen und Probleme der Abstammungslehre. München
Strushaker, T. T. (1967): Auditory communication among velvet monkeys (Cercopithecus aethiops). In: Altmann (Hg.): Social Communication among primates; S. 281 – 324. Cambridge.
Tembrock, G. (1997): Grundlagen und Probleme einer allgemeinen Tiersoziologie. In: Ethik und Sozialwissenschaften 8. Jg. H.1
Tirvers, R. L. (1971): The evolution of reciprocal altruism. Quarterly Review of Biology, 46, S. 35 – 57.

de Waal, F. (1991): Wilde Diplomaten. Versöhnung und Entspannungspolitik bei Affen und Menschen. München/Wien.

de Waal, F. (1996): Good Natured. The Origins of Right and Wrong in Humans and other Animals. Cambridge Mass.

Weber, M. (1972): Wirtschaft und Gesellschaft. 5. Aufl. Tübingen.

Wiedenmann, R. E. (2002): Die Tiere der Gesellschaft. Studien zur Soziologie und Semantik von Mensch-Tier-Beziehungen. Konstanz.

Wuketits, F. M. (1997): Soziobiologie. Heidelberg, Berlin, Oxford.

3 Anfragen an die Anthropologie und die Menschheitsgeschichte: Was unterscheidet den Menschen in biologischer Hinsicht von seinen nächsten tierischen Nachbarn? Wann hat er sich von ihnen wodurch unterschieden?

Gliederung

Einleitung 97
1 Biologische Besonderheiten des Menschen 98
1.1 Der aufrechte Gang 99
1.2 Die besondere Schutzbedürftigkeit der Neugeborenen 99
1.3 Der Mensch als Mängelwesen – die philosophische Anthropologie
 Arnold Gehlens 101
1.4 Prägung – ein Beispiel für punktuelles Lernen 105
1.5 Werkzeuggebrauch, Lernen, Intelligenz und rudimentäre Kultur bei
 Schimpansen und anderen Tierarten 107
2 Welche Hinweise enthält die menschliche Evolutionsgeschichte auf
 definitive Unterschiede zwischen Mensch und Tier 109
2.1 Etappen der Evolutionsgeschichte des Menschen 110
2.2 Menschliche Lebensweise vor der neolithischen Revolution 113
2.2.1 Menschliches Sozialverhalten bis ca. 100 000 v.u.Z. 113
2.3 Indikatoren für Gesellschaftsbildung 118

Einleitung

Das zweite Kapitel hat gezeigt, dass nicht nur die Entwicklungsgeschichte der menschlichen Gattung von Formen des Sozialverhaltens abhängt, gleiches gilt auch für die Tier- und Pflanzenwelt. Das zentrale Ergebnis war, dass der Bereich des nur dem Menschen zugänglichen Sozialverhaltens wesentlich enger zu ziehen ist, als er in der Soziologie gemeinhin unterstellt wird. Die Hinweise sind erdrückend, dass zumindest unsere nächsten biologischen Verwandten, die Schimpansen, in der Lage sind, grundlegende Techniken eines selbständigen Sozialverhaltens zu praktizieren. Allerdings unterscheiden sie sich vom Menschen dadurch, dass sie keine Gesellschaften entwickelt haben und nicht in einer in sich geschlossenen sinnhaften Welt kommunizieren. Weiterhin hat sich gezeigt, dass die Möglichkeiten Kommunikation und Sozialverhalten zu entwickeln, in positiver wie negativer Hinsicht von biologischen Voraussetzungen abhängig sind[41]. In positiver Hinsicht müssen die Organismen bestimmte Voraussetzungen erfüllen wie z.b. einen für Kommunikation verwendbaren Bewegungsapparat haben, damit bestimmte Formen von Kommunikation und Sozialverhalten entwickelt werden können. In negativer Hinsicht müssen biologische Festlegungen des Organismus Raum lassen für situationsbezogenes Lernen und in diesem Rahmen auch für Lernen und sekundäre Festlegungen durch Kommunikation und Sozialverhalten.

Im ersten Teil dieses Kapitels soll nun näher untersucht werden, ob bereits (und wenn ja: welche) biologische Unterschiede den Menschen von seinen nächsten biologischen Nachbarn klar trennen. Diese Frage wurde vor allem in den 50er Jahren des letzten Jahrhunderts eingehend debattiert, so dass vor allem an die damalige Diskussion angeknüpft werden kann.

Da das Ergebnis, das kann hier vorausgeschickt werden, unbefriedigend ist, wird es im zweiten Teil dieses Kapitels darum gehen, grob zu lokalisieren, welche Anlässe und Zeitkorridore für die Entwicklung einer mit Gesellschaft und durchgängiger Sinnverwendung zusammenhängenden **zivilisatorischen Sonderstellung des Menschen zu vermuten sind**.

1 Biologische Besonderheiten des Menschen

Von ihrer genetischen Struktur her sind Menschen und Schimpansen, genauso auch Bonobos, nahe Verwandte. Ihre Verwandtschaft ist in etwa so eng wie die zwischen Zebras und Wildpferden; gut 98 % ihrer Erbinformationen sind identisch (Neffe 2000; 213)[42]. Dennoch weist die Gattung Homo in biologischer Hinsicht Besonderheiten auf, aus denen wiederholt auf eine Sonderstellung des Menschen geschlossen wurde.

---

41 Das wird auch innerhalb der Sozialtheorie anerkannt, aber nicht weiter beachtet. Vgl. den Begriff der strukturellen Kopplung bei Luhmann sowie Interpenetration bei Parsons und Luhmann.

42 Dieser Unterschied darf aber auch nicht unterschätzt werden. „Ein 98% Schimpanse zu sein, klingt zwar nach einem verschwindend geringen Abstand zwischen Tier und Mensch, addiert sich aber nach Aussagen von Evolutionsgenetikern auf 39 Millionen mögliche Unterschiede" (Henke/Rothe 2003; 9)

1.1 Der aufrechte Gang

Menschen unterscheiden sich von ihren nächsten Verwandten, den Menschenaffen, schon dadurch, dass sie aufrecht auf zwei Beinen gehen[43]. Schimpansen, Gorillas oder Orang-Utans sind dagegen Baumbewohner, die nur über kurze Strecken und relativ mühsam aufrecht gehen können. Das hängt damit zusammen, dass bei ihnen Arme und Beine gleichermaßen auf das Klettern in Bäumen zugeschnitten sind. Entsprechendes gilt für ihre Wirbelsäule.

Bei den Menschen dagegen ermöglichen die Beschaffenheit der Wirbelsäule und der Beine und Füße den aufrechten Gang, während die Hände von der Aufgabe der Fortbewegung völlig entlastet sind. „In dem Maß, wie der Daumen länger und robuster wurde, gelangten unsere Primatenvorfahren in den Besitz von vorderen Gliedmaßen, die nicht nur die leistungsstärksten und zuverlässigsten, sondern zugleich auch die feinfühligsten und präzisesten Körperwerkzeuge im ganzen Tierreich darstellen ... ein zweibeiniger, zweihändiger Großaffe gewinnt evolutionsgeschichtlich einen Sinn nur dadurch, dass er auf dem Erdboden etwas machen konnte, was vor ihm kein anderes Lebewesen je in diesem Umfang bzw. mit soviel Geschick gemacht hatte: nämlich die Hände gebrauchen, um Werkzeuge anzufertigen und zu halten und die Werkzeuge zur Befriedigung täglicher Bedürfnisse einzusetzen" (Harris 1992; 14). Die Hand ist also gleichermaßen Handhabungs- wie Wahrnehmungsorgan.

Der letztgenannte Gesichtspunkt ist unter anderem von Mead näher ausgeführt worden. Seiner Ansicht nach begründet vor allem das mit der Hand mögliche Betasten von Dingen eine Reaktionsverzögerung, die die Chancen für gezielte Handlungen anstelle von eingespielten Reaktionen vergrößert. Im Zusammenspiel von Hand, Auge und Gehirn wird ein gezielterer Umweltbezug möglich, der die Grenzen instinktiver oder auch nur habitualisierter Reaktionen sprengt (vgl. Joas 1978; 24f.).

1.2 Die besondere Schutzbedürftigkeit der Neugeborenen

Der Baseler Zoologe Adolf Portmann hat vor einem halben Jahrhundert gezeigt, dass insbesondere der menschliche Säugling in morphologischer Hinsicht zum Zeitpunkt der Geburt sehr stark von den ansonsten unter Primaten üblichen Mustern abweicht (Portmann 1956; 29ff.). Zusätzliche Unterschiede hat er auch für das weitere Wachstum und das erreichbare Lebensalter herausgearbeitet (Ebd.;

---

43 Zur Frage, wieso Menschen diese Eigenschaft entwickelt haben, vgl. Niemitz 2004.

49ff.). Ich werde mich aber auf seine besonders wichtigen Überlegungen zur menschlichen Geburt beschränken.

Morphologische Vergleiche haben ergeben, dass niedrig entwickelte Säugetiere, ähnlich wie auch viele Vögel, nach kurzer Tragzeit mehrere Junge zugleich in hilflosem Zustand zur Welt bringen. Sie sind sogenannte Nesthocker, die erst nach gewisser Zeit intensiver Brutpflege handlungs- und bewegungsfähig werden. Mit Ausnahme des Menschen bringen dagegen höhere Säugetiere sogenannte Nestflüchter zur Welt. Nach langer Tragzeit werden ein bis maximal drei Junge geboren, die meist nach wenigen Stunden bereits bewegungsfähig sind und dem Muttertier folgen können.

Das menschliche Neugeborene, das Portmann als „sekundären Nesthocker" bezeichnet, weist eine spezifische Kombination aus Merkmalen sowohl von Nestflüchtern wie auch von Nesthockern auf. Die Tragezeit und die Zahl der Jungen entspricht ziemlich genau denen der Menschenaffen. Der Entwicklungsstand des Neugeborenen dagegen entspricht dem Typus des Nesthockers. Hände und Füße des neugeborenen Menschen sind noch vergleichsweise klein. Er kann noch keine koordinierten Bewegungen ausführen, ist sprachunfähig, bedarf also intensiver Pflege. Erst mit etwa einem Jahr hat er den physiologischen Stand neugeborener Menschenaffen erreicht. Insofern kann hier von einer „physiologischen Frühgeburt" gesprochen werden (Ebd.; 49). Man nimmt an, dass sie durch eine weitere Besonderheit des Menschen bedingt ist: Das wesentlich größere Gehirnvolumen. Das Gehirn eines heutigen Menschen, aber auch bereits eines Neandertalers, ist etwa dreimal so groß wie das eines Schimpansen (Der Spiegel 1995b; 140). Schon das entsprechende Größenwachstum des menschlichen Kopfes erfordert diesen vergleichsweise frühen Geburtszeitpunkt.

Was folgt nun aus dieser Besonderheit? Zunächst einmal folgt daraus, dass das menschliche Neugeborene viele grundlegende Dinge erst erlernen muss, die ein neugeborener Menschenaffe von Geburt an kann. Dieses Lernen erfolgt nicht isoliert, sondern ist immer soziales Lernen und es enthält die Chance, ergebnisoffen zu sein. Auf der anderen Seite ist klar, dass das menschliche Neugeborene sehr viel mehr an Zuwendung und Schutz bedarf als dies etwa bei Schimpansen erforderlich ist. Evolutionsgeschichtlich gesehen muss angenommen werden, dass sich dieses Modell nur aufgrund intensiverer Paar- und vermutlich auch Gruppenbindung durchsetzen konnte (vgl. Thompson 1987; 93ff.). Ebenso mussten unsere Vorfahren einen Weg finden, ihre schutzlosen Neugeborenen nicht immer, aber doch immer häufiger, vor großen Raubtieren schützen zu können (Ehrenreich 1996; Rothe/Henke 1998).

1.3 Der Mensch als Mängelwesen – die philosophische Anthropologie Arnold Gehlens

Mit seinem Hauptwerk „Der Mensch" (1940; zit. nach 1986a) hat Arnold Gehlen einen anspruchsvollen Versuch vorgelegt, der die bereits dargestellten und noch weitere biologische Befunde über Besonderheiten der menschlichen Natur aufnimmt und mit älteren philosophischen Grundgedanken über die Natur des Menschen direkt zu verbinden sucht. Das Besondere an Gehlens Ansatz ist zweifellos, dass er empirisch, vor allem mit biologischen Fakten, argumentieren und nicht auf der Ebene philosophischer Gedanken zur Natur des Menschen stehen bleiben will. Dies unterscheidet ihn auch von den im Ergebnis durchaus vergleichbaren Ansätzen von Plessner (1928; 1964; 1970) und Scheler (1928).

Gehlen generalisiert biologische Befunde zur Morphologie des Menschen zur These eines „Mängelwesens" Mensch. Legt man an den Menschen die Messlatte der biologischen Evolutionstheorie an, dann fällt auf, dass er vergleichsweise unspezialisiert ist, also ein geringes Maß an physiologischer Umweltanpassung aufweist. Insbesondere sei die menschliche Natur durch zahlreiche Organprimitivismen gekennzeichnet (Schädelwölbung, unentwickeltes Gebiss, fehlendes Haarkleid, geringe Sinnschärfe, keine angeborenen Angriffsorgane, extrem hilflose Neugeborene, späte Geschlechtsreife; (vgl. Gehlen 1986a; 86ff.)). Eine gewisse Ausnahme bilde nur die menschliche Hand (vgl. oben). Aber auch sie ist nicht von vornherein auf eine bestimmte Verwendung festgelegt. Gerade dies ist nach Gehlen für den Menschen symptomatisch. Von seiner biologischen Beschaffenheit her sei er nicht auf bestimmte Verhaltensweisen fixiert, sondern weitgehend „weltoffen". Das bedeutet nicht zuletzt auch einer Überfülle von Sinneseindrücken ausgesetzt zu sein, ohne über ein biologisch festgelegtes Verarbeitungs- und Reaktionssystem zu verfügen. Deswegen ist der Mensch von seiner Natur her zum Handeln bestimmt (Ebd. 31ff. und 73ff.). Nur durch sein Handeln kann der Mensch gleichermaßen die in seiner Unspezialisiertheit liegenden Gefährdungen bewältigen sowie die einem instinktgeleiteten Wesen verschlossene Praxis kulturellen und evolutionären Fortschritts einschlagen. Auf diesem Wege können die Gefährdungen in privilegierte Chancen umgemünzt werden (vgl. auch Gehlen 1986b).

Bei dieser Argumentation greift Gehlen auf in der deutschen Geistesgeschichte vertraute Positionen zurück. Er beruft sich auf Schiller, Nietzsche und Herder (Gehlen 1986a; 30ff. und 73ff.). Philosophische Positionen, die dem Menschen die Sonderstellung eines seinen Platz in der Welt selbst bestimmenden Wesens zuweisen, seien durch die (damalige) empirische Forschung gedeckt.

Gehlens Argumentation, die hier nur sehr allgemein und nicht in all ihren Einzelheiten wiedergegeben werden kann, war von Anfang an in vielen Punkten umstritten. Insbesondere die These vom Menschen als einem biologischen Mängelwesen wurde von den „betroffenen" Biologen von Anfang an heftigst kritisiert[44]. So wurde beispielsweise völlig zu recht darauf hingewiesen, dass das menschliche Gehirn, das eben auch zur biologischen Ausstattung des Menschen gehört, alles andere als primitiv gebaut sei (vgl. Kamlah 1945; 54).

Deswegen sollte man aus heutiger Sicht Gehlens Argumentation nur noch als eine modelltheoretische rezipieren. Diese Deutung hat im übrigen Gehlen selbst im Vorwort zur vierten Auflage seines Buches in Auseinandersetzung mit einem kritischen Hinweis von Hans Freyer angeregt: „Wenn der Mensch hier und in dieser Beziehung, also im **Vergleich** zum Tier als „Mängelwesen" erscheint, so akzentuiert eine solche Bezeichnung eine Vergleichsbeziehung, hat also nur transitorischen Wert, ist kein „Substanzbegriff"." Insofern will der Begriff, gerade das, was Hans Freyer gegen ihn einwendet: „Man setzt den Menschen fiktiv als Tier, um dann zu finden, dass er als solches höchst unvollkommen und sogar unmöglich ist". Eben das soll der Begriff leisten. Die übertierische Struktur des menschlichen Leibes erscheint schon in **enger** biologischer Fassung im Vergleich zum Tier als paradox und hebt sich dadurch ab. Selbstverständlich ist der Mensch mit dieser Bezeichnung nicht ausdefiniert, aber die Sonderstellung bereits in enger, morphologischer Hinsicht ist markiert" (Gehlen 1986a; 20. Hervorhebung im Original).

Ich möchte nun vorschlagen, dieses Argument zu radikalisieren und Gehlens gesamte Ausführungen als eine Argumentation zu verstehen, in der **zwei unterschiedliche Modelle der praktischen Lebensführung von Lebewesen miteinander verglichen werden.** Eine zweite, nachrangig zu klärende Frage ist dann, ob und inwieweit der Mensch mit dem einen und welche Tiere inwieweit mit dem anderen Modell empirisch plausibel identifiziert werden können. Nur auf diese Weise ist es möglich, angesichts eines heute ungleich höheren Wissensstandes, insbesondere über die Menschenaffen, an einigen Überlegungen von Arnold Gehlen dennoch festzuhalten.

Dabei muss in Kauf genommen werden, dass man Gehlens Intentionen verfremdet, dem es, das wird an vielen Stellen seiner Werke (insbes. 1986b) deutlich, immer um eine möglichst reinliche Trennung der menschlichen von der tierischen Praxis gegangen ist. Das schließt aber nicht aus, **dass das aus heutiger Sicht Interessante am Denken Arnold Gehlens darin besteht, dass er zwei unterschiedliche Modelle des Verhaltens von Lebewesen in einer komplexen Welt durchdenkt.**

---

44 Vgl. zusammenfassend die Stellungnahme von Kamlah 1945, der sowohl die Kritik von Seiten der Biologie und Verhaltensforschung (Köhler, Rein, Lorenz, v. Holst) wie auch der Philosophie (N. Hartmann) referiert.

Um welche beiden Modelle handelt es sich dabei? Das eine umreißt die gleichermaßen statische wie reaktionssichere Praxis instinktgeleiteten Verhaltens. Dieses Verhalten ist Lebewesen fest biologisch einprogrammiert und es beruht auf einer direkten Verkettung von Antriebsenergie, wahrgenommenen Auslöserreizen und instinktiver Reaktion. Bei der Fixierung dieses Modells hat die experimentell arbeitende Tierverhaltensforschung von Konrad Lorenz, Nico Timbergen und anderen Pate gestanden, die unter anderem zeigen konnte, dass hochstilisierte Modelle, die aus menschlicher Sicht nur eine geringe Ähnlichkeit zum Original aufwiesen, hinreichen, um Reaktionen hervorzurufen, die nicht erlernt worden waren, sondern auf ein arteigenes, angeborenes Verhaltensrepertoire hindeuten. Zu diesem Modell gehören auch hohe Umweltanpassung und spezialisierte Organe, die ein perfektioniertes Leben und Überleben in einem sehr spezifischen Ausschnitt des Ökosystems Erde erlauben.

Das konträre Modell charakterisiert dagegen Lebewesen, deren Entwicklung durch eine Art Selbstprogrammierung geprägt ist. In morphologischer Hinsicht gleichen sie unspezialisierten, und das heißt aus biologischer Sicht immer auch vergleichsweise einfachen oder primitiven Lebewesen, die sie jedoch nicht sind, weil sie über physiologische Potentiale verfügen. Für solche Potentiale stehen beispielsweise menschliche Organe wie Gehirn oder Hand, die beide zu sehr komplexen Operationen fähig sind, ohne dass diese bereits biologisch vorprogrammiert wären. Deswegen können diese Potentiale nur über **aktive Umweltbezüge**, Gehlen spricht hier zu Recht von Handeln, selbst programmiert werden.

Diese Fähigkeit zu selbst organisiertem Handeln unterscheidet sie sowohl von instinktgeleiteten höheren Lebewesen wie auch von evolutionstheoretisch gesehen einfachen Lebewesen. Der handelnde, aktive Umweltbezug muss erlernt werden, und das Resultat solcher Lernprozesse sind Strukturierungsleistungen, die etwa darin bestehen, dass die Verarbeitungsleistungen des Gehirns organisiert oder bestimmte Bewegungen der Hand habitualisiert werden können. In dieser Hinsicht gleichen die Ergebnisse von Lernprozessen durchaus der Wirkung biologisch fixierter Instinkte. Der große Unterschied besteht aber darin, dass beim Instinktmodell der gesamte Umweltbezug biologisch vorgegeben ist. Im anderen Modell ist die gesamte biologische Ausstattung nicht festgelegt, sondern „plastisch", so dass das konkrete Verhalten erst während des Lebensprozesses erworben wird. Dieser Umstand macht das „Lernmodell" einerseits anfälliger, da es viele Möglichkeiten des Scheiterns gibt, andererseits aber ist der Umweltbezug wesentlich offener, was zahlreiche Alternativen der Selbstprogrammierung eröffnet.

Gehlen betont insbesondere die Plastizität des Antriebslebens und eines Antriebsüberschusses. „Die Plastizität des menschlichen Antriebslebens ist eine biologische Notwendigkeit, die der Organrückbildung oder besser dem Organmangel, der Unspezialisiertheit und Handlungsfähigkeit entspricht. Der Ausdruck „Plastizität" ... meint einmal die Abwesenheit ursprünglich festgelegter, gesonderter Instinkte, sodann die Entwicklungsfähigkeit der Antriebe ... Der Ausdruck meint drittens die „Weltoffenheit" der Antriebe, viertens ihre Ausgesetztheit der Stellungnahme und die Fähigkeit, gehemmt, geführt, über- und untergeordnet zu werden. Fünftens bedeutet er die Tatsache, dass alle Antriebe zu einer Höherentwicklung und Sublimierung fähig sind ... Und endlich bedeutet Plastizität auch die Versehrbarkeit, Degenerations- und Ausartungsbereitschaft der Antriebe, ihre Fähigkeit zu „Luxurieren" ..." (Ebd.; 351).

Die These eines Antriebsüberschusses hat sowohl damit zu tun, dass die Motorik beim Neugeborenen zunächst sehr gehemmt ist und sich erst langsam entwickelt (vgl. Portmann 1956; 52ff.). Sie hat aber auch mit den ebenso plastischen Bedürfnissen zu tun. **Bedürfnisse sind nicht einfach feststehende Handlungsvoraussetzungen, sie sind immer auch ein Resultat der eigenen Praxis aktiver Daseinsbewältigung** und deswegen sind sie ebenso formbar. Vergleichbares gilt im Grunde auch für Wahrnehmung und Motorik.

> „Der Grundgedanke dieser anthropologischen Bestimmungen Gehlens ist immer der gleiche: das plastische Antriebssystem, die reizüberflutete Wahrnehmung und die konturlose Motorik zwingen den Menschen schon biologisch zu einem Handeln, das die Bedürfnisse formt, die Wahrnehmung strukturiert und die Motorik leitet; der Mensch entlastet sich daher in der Handlung von Überlebensrisiken, die die organische Ausgangslage eines Mängelwesens mit sich führt" (Honneth/Joas 1980; 60).

Aus dieser Lesart Gehlens ergeben sich drei Schlussfolgerungen:

1. *Was ist der hauptsächliche Unterschied zwischen den beiden Verhaltensmodellen?* Er besteht – wie Gehlen herausgearbeitet hat – darin, dass das Modell instinktgeleiteten Handelns nicht lernfähig ist und deswegen kann sich hier eine verbesserte Umweltanpassung nur über die Mechanismen der Vererbung erst in nachfolgenden Generationen innerhalb der Population durchsetzen. Das andere Modell kann aus seinem Handeln gegenüber der Umwelt lernen, eben weil das Verhalten nicht festgelegt ist, sondern variiert werden kann. Unklar bleibt, ob bereits damit unterstellt werden kann, dass bei diesem Modell mit Sinn im Kontext eines eigenen Bewusstseins operiert wird.
2. *Sind diese beiden Modelle tatsächlich unabhängig voneinander zu denken?* Nur das Modell instinktgeleiteten Handelns ist unabhängig vom Alternativmodell handelnden und lernenden Verhaltens zu denken. Letzteres setzt dagegen immer die Grundlage eines biologischen Organismus voraus, der

Verhalten in Form alternativer Möglichkeiten erst erlaubt (Antriebsüberschuss, nicht definitiv festgelegte Motorik, die Fähigkeit Laute hervorzubringen usw.). Unabhängigkeit gegenüber dem biologischen Organismus besteht nur in der Weise, dass die neurophysiologische Realität des Körpers als solche nicht wahrgenommen und zur Grundlage einer Handlung gemacht werden kann. Entweder muss sie auf die Sinnebene übersetzt werden („ich bin müde". „Ich fühle mich krank" usw.) oder aber die neurophysiologischen Prozesse unterlaufen die Ebene des Bewusstseins und werden dann unbewusst wirksam.

3. Bei der Frage schließlich, ob Gehlens Unterscheidung dieser beiden Verhaltensmodelle zugleich als Kriterium für die Unterscheidung zwischen Mensch und Tier benutzt werden können, muss man ihm zunächst zugestehen, dass er sich auf einen heute längst überholten Wissensstand der Biologie und Ethologie bezieht. Insbesondere hinsichtlich der Themenfelder Vererbung und Lernen, sowie Sozialverhalten von Primaten und anderen dem Menschen ähnlichen Arten ist das Wissen seit den 60er Jahren sprunghaft gestiegen. Den derzeitigen Stand kann man unter zwei Gesichtspunkten zusammenfassen. Beide unterstreichen, dass es nur relative Unterschiede zwischen dem Menschen und seinen biologischen Nachbarn, den Menschenaffen im engeren Sinne, den Säugetieren im weiteren Sinne, gibt. Aus der Perspektive der Verhaltensforschung werden insbesondere Ähnlichkeiten im Bereich des ererbten Verhaltens betont. Zweitens konnte im Hinblick auf das Modell Handeln und erlerntes Verhalten gezeigt werden, dass insbesondere Schimpansen und Bonobos, aber auch andere Menschenaffen über eine **rudimentäre Kultur** verfügen, so dass die Unterschiede zwischen Mensch und Tier auch hier zwar erheblich, aber doch nur gradueller Natur sind (vgl. zusammenfassend Harris 1992).

1.4 Prägung – ein Beispiel für punktuelles Lernen

Bei einer Übersetzung dieser beiden Modelle in die Realität ist einmal zu beachten, dass auch im Rahmen des Instinktmodells gelernt werden kann. Die Entdeckung von Prägungsvorgängen erfolgte ziemlich parallel zur Entwicklung der Instinktlehre (vgl. Claessens 1967; 46ff.).

Der „Vorgang der Prägung kann sich buchstäblich innerhalb von Minuten abspielen. Denn der erste frei bewegliche große Gegenstand, den die Hühner-, Enten- oder Gänseküken zu sehen bekommen, wird automatisch zur „Mutter". Unter normalen Umständen ist es selbstverständlich wirklich die Mutter, aber bei Tierversuchen kann es praktisch jeder beliebige Gegenstand sein. Ist z.B. der erste große freibewegliche Gegenstand, den Küken aus dem Brutkasten sehen, „zufällig" ein orangefarbener Ballon, der an einem Stück Schnur gezogen wird, so werden die Tiere ihm nachlaufen: Der Ballon wird zugleich zur „Mutter". So mächtig ist dieser Prägeprozess, dass die Küken, wenn sie ein paar Tage später die Wahl zwischen dem von ihnen als „Mutter" angenommenen Ballon und der richtigen Mutter haben (die vorher außer Sichtweite gehalten wurde), sich für den Ballon entscheiden ... Die Prägung ist einfach eine Sache des „einen Reiz ausgesetzt seins" oder, wenn man will, des Darbietens. Man könnte sie demnach als „Lernen durch Darbieten" bezeichnen. Bei der Prägung gibt es ... eine bestimmte kritische Phase; Hühnerküken und Entchen sprechen nur eine kurze Zahl von Tagen nach dem Ausschlüpfen auf das Gepräge werden an ... Sobald die Jungvögel größer sind, werden sie unabhängig von der Mutter ... Aber die Spuren der ersten Prägung sind nicht verschwunden. Denn sie haben dadurch nicht nur erfahren, wer ihre Mutter ist, sondern auch, zu welcher Tierart sie gehören. Das hilft ihnen, im ausgewachsenen Zustand einen Sexualpartner der selben Art zu finden" (Morris 1972; 147f.).

An diesem, insbesondere von Konrad Lorenz erforschten und popularisierten Vorgang der Prägung, ist zunächst einmal bemerkenswert, dass eine so elementare Bindung wie die Mutter-Kind-Bindung in einem einseitigen Kommunikationsakt hergestellt wird. Die Küken wissen offenbar nicht instinktiv, wer ihre Mutter ist. Zum biologisch angeborenen Verhaltensrepertoire gehört nur das Bestreben, sofort nach dem Ausschlüpfen die Mutterbindung herzustellen. Bei der Prägung bleibt Kommunikation auf einen punktuellen Vorgang reduziert, mit dem ein nur kurzzeitig offenes Möglichkeitsfenster im ansonsten festlegenden Verhaltensrepertoire wieder geschlossen wird. Der evolutionäre Vorteil dieses kommunikativen Elementes ist evident, erlaubt er doch das Überleben von Küken, die beim Ausschlüpfen keine Eltern mehr haben. Dieses Risiko haben alle Arten, die sich über Eier vermehren. Während unter natürlichen Bedingungen die Wahrscheinlichkeit hoch ist, dass in diesem Fall ein anderes weibliches Exemplar derselben Art als Mutter erkannt wird, wird erst unter den unnatürlichen Bedingungen des Experiments oder des Zoos das Möglichkeitsspektrum aber auch das Risiko dieser selektiven Verhaltensfestlegung deutlich: Die Küken operieren offensichtlich mit so groben Schemata, dass sie auch Luftballons oder Wärter als „Mutter" akzeptieren.

Der evolutionäre „Sinn" der Prägung besteht darin, dass die Möglichkeiten einer situationsbezogenen Anpassung deutlich höher sind als bei einer Fixierung auf die biologischen Eltern. Die Prägung erlaubt es sogar, dass Exemplare einer anderen Art die „Mutterrolle" übernehmen. (Extrembeispiel: Löwin und junge Gazelle)

Bereits am Vorgang der Prägung kann man erkennen, dass Verhaltensweisen, sobald Kommunikation auch nur rudimentär ins Spiel kommt, im Zusammenspiel zwischen biologischen Anlagen und Kommunikationsprozessen festgelegt werden. Kommunikation kann dabei immer nur dort auftreten, wo die Erbinformationen Alternativen offen lassen. Gerade bei Reifungs- bzw. Sozialisationsprozessen scheint es jedoch darüber hinaus charakteristisch zu sein, das der kommunikative Prozess biologisch unterstützt wird. Dies gilt nicht nur für aus dem Ei schlüpfende Küken, die in dieser Situation auf die Identifikation einer „passenden" Mutter programmiert sind, sondern beispielsweise auch für den Spracherwerb von Säuglingen. Im „entsprechenden Alter" interessieren sie sich ganz ausgeprägt für Laute und versuchen sie nachzuahmen, weisen also eine hohe Disposition zum Spracherwerb auf, die mit zunehmendem Lebensalter wieder zurückgeht. Solche biologisch eingerahmten Kommunikationsprozesse haben für den Organismus die Bedeutung, dass sie neurophysiologische Prozesse festlegen: Das Küken legt sich dauerhaft auf eine Mutterbindung fest, der Säugling lernt die in seiner Umgebung benutzte Sprache zu sprechen.

Diese beiden Beispiele belegen zugleich das **Zusammenspiel zwischen ererbtem und erworbenen Verhalten**. Deswegen kann man beide Festlegungsprozesse nur im Hinblick auf die Art und Weise der Festlegung unterscheiden (genetisch bzw. kommunikativ), unter Prozessgesichtspunkten fungiert jedoch die genetische Festlegungsform als eine Voraussetzung der kommunikativen.

Verhalten kann durch Kommunikation aber erst dann festgelegt werden, wenn es zumindest punktuell auf biologischem Wege **nicht** festgelegt worden ist. Nur insoweit kann sich Kommunikation als intersubjektiver Festlegungsmodus entfalten. Unter diesen Vorzeichen führt auch Luhmann den Terminus „Bindung" ein. „Strukturbildung ist nicht im Leerraum und nicht nur aufgrund der Autopoiesis des strukturbildenden Systems möglich. Sie setzt „freie", ungebundene Materialien oder Energien, oder, abstrakter formuliert, **noch nicht voll bestimmte Möglichkeiten der interpenetrierenden Systeme voraus**. Bindung ist dann die Festlegung des Verwendungssinnes dieser offenen Möglichkeiten durch die Struktur eines emergenten Systems" (Luhmann 1984; 300; Hervorhebung D. B.). Für diesen Sachverhalt ist die Fixierung eines gerade geschlüpften Kükens auf eine „Mutter" ein elementares Beispiel.

1.5 Werkzeuggebrauch, Lernen, Intelligenz und rudimentäre Kultur bei Schimpansen und anderen Tierarten

Dass Tiere Steine, Stöcke und andere Materialien zum Nestbau oder als Werkzeug bei der Nahrungsbeschaffung benutzen, ist sehr breit dokumentiert. Schimpansen nehmen jedoch insofern eine Sonderstellung ein, als sie auch primitive Werkzeuge herstellen. Goodall berichtet, dass Zweige oder Grashalme für den Ameisenfang hergerichtet werden. Blätter werden durchgekaut, um danach als Schwamm zu dienen. Bemerkenswert ist aber auch, dass Stöcke vielfach als Hebel eingesetzt werden, z.b. um die Öffnung eines unterirdischen Bienennestes zu erweitern (vgl. Goodall1971; 234ff.). Eine mögliche Grenze gegenüber der Werkzeugverwendung bei Menschen sieht Goodall im **indirekten Werkzeuggebrauch**. Zumindest habe sie keine Belege dafür, dass Schimpansen in der Lage seien, „ein Werkzeug zur Herstellung eines zweiten zu benutzen" (Goodall 1971; 200).

Ebenso wie Schimpansen sind auch andere Affenarten in der Lage, neue Situationen gekonnt zu bewältigen und neue Verhaltensstrategien zu entwickeln. Ein erstaunliches Beispiel hat sich in der Makaken-Kolonie von Koshima, die von Wissenschaftlern der Universität Kyoto betreut wird, ereignet. „Als die Forscher Weizen auf dem Strand ausstreuten, hatten die Affen von Koshima anfangs große Mühe, die Körner vom Sand zu trennen. Bald erfand einer von ihnen ein Verfahren, den Sand von den Weizenkörnern zu trennen und diese Prozedur wurde rasch von den übrigen übernommen. Die Lösung bestand darin, den Weizen ins Wasser zu werfen. Die Körner schwimmen oben, der Sand sinkt auf den Grund" (Harris 1992; 67). Die Makaken haben also in kurzer Zeit dieselbe Technik entwickelt, mit der Menschen schon seit Jahrtausenden die Spreu vom Weizen trennen. In beiden Fällen werden die Unterschiede im spezifischen Gewicht für den Trennvorgang nutzbar gemacht.

Auf diesen und noch einer ganzen Reihe ähnlicher Beobachtungen beruht die These, *dass zumindest Schimpansen und Bonobos über eine „rudimentäre Kultur" verfügten* (zusammenfassend: Harris 1992; 65). Sie stützt sich vor allem auf folgende zwei Argumente. Einmal spielen Sozialisationsprozesse, in denen Techniken der Nahrungssuche ebenso wie des Sozialverhaltens (siehe unten) erlernt werden bei Primaten eine große Rolle. Schimpansen sind erst in relativ fortgeschrittenem Alter in der Lage, Termiten oder Ameisen zu fangen, nachdem sie erwachsene Tiere, in der Regel die eigene Mutter, bei dieser Tätigkeit lange beobachtet haben (Goodall 1991; 216). Termitenfang und viele andere Techniken werden also nicht auf biologischem Wege tradiert, sondern es handelt sich dabei um selbstentwickelte Techniken, die durch **Sozialisationsprozesse** weitergegeben werden.

Daran knüpft das zweite Argument direkt an. Sowohl bei den Techniken der Nahrungssuche wie auch im Sozialverhalten scheint es signifikante und stabile Unterschiede zwischen unterschiedlichen Schimpansengruppen zu geben. Boesch u.a. (2000) haben berichtet, dass die Schimpansen im Tai Nationalpark eine wesentlich ausgefeiltere Werkzeugkultur entwickelt haben als ostafrikanische Gruppen. Sie unterscheiden sich von anderen Populationen auch dadurch, dass sie Steinwerkzeuge zum Aufschlagen harter Nüsse benutzen, die frühen menschlichen Werkzeugen sehr ähnlich sind (zusammenfassend: Henke/Rothe 2003; 105). De Waal, der sich insbesondere mit dem Sozialverhalten von in Zoos gehaltenen Menschenaffen beschäftigt, berichtet Ähnliches für Techniken bei Rangordnungskämpfen (de Waal 1991; 66ff.). Wenn diese Beobachtungen zutreffen, dann ist davon auszugehen, dass sowohl stabile Schweifgruppen von wilden Schimpansen wie auch räumlich getrennte Zoopopulationen kulturelle Einheiten darstellen, die sich hinsichtlich der Weitergabe von Kulturtechniken (die allerdings noch vergleichsweise einfach und nicht sehr zahlreich sind) voneinander unterscheiden. Wenn aber Schimpansen den Wissensstand der Elterngeneration auf dem Wege der Sozialisation erreicht haben und ihrerseits in der Lage sind zu lernen und neue Techniken zu entwickeln, dann verfügen sie auch über die **Möglichkeit kultureller Entwicklung**.

Kurzum: **Die Belege sind erdrückend, dass man das Konzept eines umweltoffenen, lernenden und handelnden Wesens nicht ausschließlich auf den Menschen anwenden kann.** Dabei darf allerdings nicht übersehen werden, dass auch die nächsten Verwandten des Menschen nur relativ bescheidene Ansätze in diese Richtung zeigen, während das menschliche Leben im Zuge der Evolution immer stärker von kulturellen Techniken bestimmt wird. Ein solches Fazit zieht auch der Anthropologe Marvin Harris: „Der wesentliche Unterschied zwischen rudimentären und vollentwickelten Kulturen ist quantitativer Natur" (Harris 1992; 67).

2 Welche Hinweise enthält die menschliche Evolutionsgeschichte auf definitive Unterschiede zwischen Mensch und Tier?

Schon diese wenigen Beispiele für Lernen, Sozialisation und intelligentes Verhalten bei Primaten zeigen, dass es sich nicht lohnt, die These einer klaren biologischen Trennung zwischen Mensch und Tier weiter zu verfolgen. Selbst das Modell eines lernend handelnden Lebewesens kommt nicht ohne eine Grundlage biologisch festgelegter Verhaltensweisen aus. Eine exklusive Zuordnung des Menschen zu diesem Verhaltensmodell scheitert.

So bleibt als Fazit nur, dass der Mensch eindeutig die besten biologischen Voraussetzungen hatte, um die Evolutionsrichtung zu beschreiben, die er beschritten hat. Es ist aber keineswegs zwingend, wie Gehlen zu beweisen suchte, dass der Mensch diese Entwicklung aus biologischen Gründen nehmen **musste**. Dagegen spricht vor allem, dass, wie im folgenden exemplarisch gezeigt werden wird, der Mensch die größte Strecke seiner Entwicklungsgeschichte mit nur wenig mehr an rudimentärer Kultur zurückgelegt hat als seine nächsten biologischen Verwandten.

Ebenso wenig kann von den biologischen Möglichkeiten her ausgeschlossen werden, dass Bonobos oder Schimpansen etwas der sinnverwendenden Kommunikation und dem gesellschaftlichen Rahmen Vergleichbares hätten entwickeln können. Zumindest scheinen die kommunikativen und intelligenten Leistungen von Primaten unter Labor- und Zoobedingungen ständig zuzunehmen – möglicherweise als Folge immer intelligenterer und eben auch sozial basierter[45] Lernprogramme. Daraus folgere ich, **dass ein Verständnis der Einzigartigkeit der menschlichen Evolutionsgeschichte stärker von den *Anlässen* her entwickelt werden sollte.** Welchen Anlass oder welche Anlässe gab es im Verlaufe der menschlichen Evolutionsgeschichte, einen eigenen Weg der Zivilisationsentwicklung zu nehmen?

Im zweiten Teil dieses dritten Kapitels werde ich nach genau diesen Anlässen suchen. Ein grober Überblick über die weitgehend unumstrittenen Etappen der menschlichen Evolutionsgeschichte soll dazu dienen, zu lokalisieren, wo zu suchen ist. Der Leitfaden für diese Suche wurde bereits im zweiten Kapitel gewonnen, als sich gezeigt hat, dass ein sinnhaft geordnetes Weltverständnis und ein gesellschaftlicher Rahmen für Kommunikation die Innovationen sind, die das menschliche Sozialverhalten von jedem anderen deutlich unterscheiden. Daneben ist die Beschleunigung des Entwicklungstempos (vgl. hierzu Wilson 1979) ein weiteres Indiz, das zudem den Vorteil hat, von dem hier unterstellten Gesichtspunkt unabhängig zu sein, dass die Entwicklung von Gesellschaften entscheidende Bedeutung für die menschliche Zivilisationsentwicklung gehabt habe.

2.1 Etappen der Evolutionsgeschichte des Menschen

Aus einem Vergleich der Erbinformationen des Menschen mit denen der Menschenaffen schließt man, dass sich vor ca. 5 bis 8 Millionen Jahren Menschen und Schimpansen aus einer gemeinsamen Vorläuferart entwickelt haben (Storch/Welsch 1973; 263. Henke/Rothe 2003; 24). Bei der Rekonstruktion dieser Entwicklung werden allgemein drei Entwicklungsstufen (z.B. Der Spiegel 1995a) unterschieden. Die nachfolgende Darstellung folgt Henke/Rothe (2003).

Eine **erste Entwicklungsstufe** markieren die ältesten bisher gefundenen Fossilien (ab ca. 8 Mio. Jahre; Gattungen: Australopithecus, Paranthropus, Praeanthropus, Ardipithecus, Orrion, Kenyanthropus, Sahelanthropus). Neben men-

---

45 Vgl. nur Fouts/Mills 1998

schenähnlichen Merkmalen des Gesichtsschädels spielen vor allem Hinweise auf die Fähigkeit, aufrecht zu gehen, eine wichtige Rolle. Diese Fähigkeit wird der Gattung *Australopithecus* zugeschrieben und mit bis zu 4 Mio. Jahre alten Fossilien belegt (A. anamensis). Heute schließt man aus den vorliegenden Fossilfunden nicht mehr auf einen radikalen Biotopwechsel („Weg in die Savanne"), sondern vermutet vorwiegend baumlebende Arten, die an Seeufern und in Galeriewäldern gelebt haben. „Heute setzt sich zunehmend die Auffassung durch, dass die frühen Australopithecus-Arten ihr Leben in den Bäumen keineswegs ganz aufgegeben hatten und dort noch Nahrung, Schlafplätze (möglicherweise Nester wie bei Pan) und Schutz vor Fressfeinden fanden. Ihr zweibeiniger Lokomotionstypus unterscheidet sich von dem rezenter afrikanischer Menschenaffen ... Es ist also festzuhalten, dass die Lokomotionsform der Australopithecinen relativ erfolgreich war, aber evolutiv vermutlich nur eine alternative Problemlösung. Sie erlaubte es einigen Arten, die Bäume länger und häufiger als andere zu verlassen und zu einem Nahrungssammler und möglicherweise Aasfresser oder Jäger zu werden" (Henke/Rothe, 2003; 33f.).

In einem **zweiten Schritt** hat sich von dieser Gattung vor etwa 2–2,5 Millionen Jahren, möglicherweise auch früher, die **Gattung Homo** abgespalten (**Homo ergaster und Homo erectus**)[46]. Sie ist vor allem durch das kontinuierliche Anwachsen des Gehirnvolumens, aber auch durch kleinere Kiefer, engen Geburtskanal und eine den heutigen Menschen entsprechende Körpergröße[47] gekennzeichnet. Bei diesen Arten spielen Steinwerkzeuge erstmals eine wichtige Rolle. Sie wurden z.T. neben menschlichen Fossilien gefunden.

In einem **dritten Schritt** schließlich hat sich vom Homo erectus der **Homo sapiens** abgespalten[48]. Nach derzeitigem Wissensstand geschah dies vor ca. 500.000 Jahren. Beim Homo sapiens werden wiederum zwei Unterarten unterschieden, der Neandertaler (**Homo sapiens neandertalensis**) und der moderne Mensch (**Homo sapiens sapiens**). Beide Arten weisen ein Hirnvolumen auf, dass auch die jetzt lebenden Menschen haben (1.400 bis 1.500 cm^3). Für den Homo erectus nimmt man dagegen ein Hirnvolumen von 750 bis 1.250 cm^3 an (Der Spiegel ebd.). Mit anderen Worten: Man muss von einem relativ kontinuierlichen Wachstum des menschlichen Gehirns im Verlauf der Evolution ausgehen, das allerdings vor 100.000 bis 200.000 Jahren zum Stillstand gekommen ist.

---

46 Die Bewertung und Einstufung von Funden, die der Gattung homo habilis zugeordnet werden, ist umstritten; Henke/Rothe 2003; 43.
47 Dagegen entspricht die Körpergröße der Australopithecus-Funde etwa der Größe von Schimpansen.
48 Möglicherweise muss noch eine Zwischenstufe – etwa homo heidelbergensis – angenommen werden.

Aus dem Hirnvolumen kann man jedoch keine direkten Aussagen über die Leistungsfähigkeit des menschlichen Gehirns ableiten. Hierzu müsste man Informationen über den Hirnaufbau haben, die aus Knochenfunden aber kaum zu gewinnen sind.

Wie der Stammbaum des Menschen genau aussieht, welche Verzweigungen und evolutionäre Sackgassen er im Einzelnen aufweist, gehört zu den offenen Forschungsfragen. Man kann festhalten, dass sich mit fast jedem neuen Knochenfund das Bild weiter verkompliziert. Damit wird es aber kompatibler mit dem, was von der biologischen Evolutionstheorie her erwartet werden musste. Möglicherweise gab es mehrere Vorläuferarten nebeneinander. Die Zahl der Verzweigungen und Sackgassen in den Evolutionsmodellen wird vermutlich auch noch weiter zunehmen. Bei diesem groben Überblick müssen solche Detailfragen ausgeklammert bleiben. Für die hier verfolgten Fragen ist es wichtiger festzuhalten, dass seit ca. 35.000 Jahren (Storch/Welsch 1973; 271; Der Spiegel 1995c; 146) nur noch der homo sapiens sapiens existiert haben dürfte.

Eine **vierte Zäsur** in der Menschheitsentwicklung ist **kultureller Art**. Sie könnte sich im Zeitraum von 100.000 und 35.000 v.u.Z. abgespielt haben. Die Hinweise auf diese Entwicklung sind vergleichsweise zahlreich und vielschichtig. Insbesondere handelt es sich um **Ritzzeichnungen** (vgl. Marshak 1972; Bosinski 1994; zusammenfassend: Eliade 1978; 32ff.), **geschnitzte Figuren** (Hahn 1971; Wehrberger 1994 Gimbutas 1995 a und b), **Höhlenmalerei** (Leroi-Gourhan 1981) und **Formen der Bestattung** (Maringer 1956; Eliade 1978; 20ff.). Nach derzeitigem Stand sind Ritzzeichnungen an Felsen bis zu 80.000 Jahre alt (Henke/Rothe 2003; 74). Ritzzeichnungen auf Knochen erreichen ein Alter von mindestens 40.000 Jahren[49], geschnitzte Figuren knapp 40.000 Jahre (Wehrberger 1994), die älteste mit Malereien versehene Höhle[50], die Grotte Chauvet, wird auf 31.000 Jahre v.u.Z. datiert (Clottes in Chauvet u.a. 1995; 110ff.). Bestattungen weisen ein Alter bis zu 100.000 Jahre auf (Bosinski in Chauvet u.a. 1995)[51] (Palästina).

Die **fünfte und letzte große Veränderung** am Ende der Vor- und Frühgeschichte ist vergleichsweise gut dokumentiert. Sie setzt um ca. 12.000 Jahre v.u.Z. ein. Bis dahin hat sich der Mensch ausschließlich von der Jagd auf Tiere und von gesammelten Pflanzen sowie Aas ernährt. Von da an lässt sich ein all-

---

49 Marshak verwendet in seiner Analyse jedoch einen gravierten Knochen, dessen Alter mit 135.000 Jahren bestimmt wurde. Marshak 1974; vgl. Eliade, ebd. 33.
50 „Mit Hilfe der Thermolumineszenz ... bestimmte der australische Urgeschichtler Rhys Jones ... das Alter von Malereien in Nordaustralien auf 55.000 bis 60.000 Jahre" (Der Spiegel 1995c; 146). Es ist also keineswegs auszuschließen, dass sich diese Datierungen mit neuen Funden und v.a. neuen Datierungsmethoden noch erheblich verschieben.
51 Es ist umstritten, ob noch erheblich ältere Funde (300 – 400.000 Jahre) als Bestattung zu werten sind. Vgl. Eliade 1978; 20f; Kuckenburg 1999.

mählicher Übergang auf die Produkte landwirtschaftlicher Produktion erkennen, die dann mit der Entwicklung der ersten primären Zivilisationen zur dominanten Nahrungsgrundlage werden (*neolithische Revolution*).

2.2 Menschliche Lebensweise vor der neolithischen Revolution

Dagegen ist die Entwicklung der menschlichen Lebensweise vor der Neolithischen Revolution allenfalls in groben Konturen bekannt. Eine mögliche, aber immer noch höchst umstrittene Lesart geht davon aus, dass unsere aufrecht gehenden Vorfahren zunächst Aasfresser waren und vielfach Leoparden zum Opfer fielen. Erst mit der Verfeinerung der Werkzeuge und der Bildung geschlossenerer Sozialverbände[52] sei es dann gelungen, allmählich vom Gejagten zum Jäger zu werden, der sich auch gegen die großen Raubkatzen behaupten konnte (Binford 1984; Bunn/Kroll 1988; Ehrenreich 1996; vgl. auch die Diskussion bei Henke/Rothe 1998; 191ff. und Kückenburg 1999; 155ff.)[53]. Diese Überlegungen machen es auch plausibel, wieso die überwiegende Zahl früher Kulturfunde aus Zonen mit einem damals unwirtlichen Klima stammen. Sie zeichneten sich durch vergleichsweise einfach erbeutbares Großwild aus (vgl. Küster 1995, 35ff.).

2.2.1 Menschliches Sozialverhalten bis ca. 100.000 v.u.Z.

Da bis 100.000 v.u.Z. nur menschliche Skelettteile, Steinwerkzeuge, Feuerstellen und Knochenteile potentieller Nahrung gefunden wurden, aber keine im weitesten Sinne mit Kunst oder der eigenen Selbstdarstellung zusammenhängende Zeugnisse, kann man auch über das menschliche Sozialverhalten in diesem Zeitraum nur spekulieren. Solche Spekulationen können einmal mit Vergleichen zu heute noch existierenden oder zumindest ethnologisch dokumentierten „besonders primitiven" Gesellschaften arbeiten wie den Pygmäen, Buschmännern, Abo-

---

52 Zur Entwicklung der Größe menschlicher Sozialverbände vgl. auch Massey 2002.
53 Wann unsere Vorfahren von Aasfressern zu „Großwildjägern" wurden, ist höchst umstritten. Eine skeptische Richtung bringt diese Entwicklung in direkten Zusammenhang mit der „Out of Africa"-These und bestreitet ältere Belege (vgl. insbesondere Binford 1984, 1989; dazu kritisch: Bunn/Kroll 1988.). Einige neuere bis 400.000 Jahre alte Funde scheinen jedoch wenig Raum für Zweifel an den jagdlichen Fähigkeiten älterer Arten zu geben. Hierzu zählt insbesondere der ca. 400.000 Jahre alte Fund von Schöningen, wo Tausende von Tierknochen, 5 Wurfspeere und eine Feuerstelle in direktem räumlichen Zusammenhang gefunden wurden (Kückenburg 1999; 234ff.; Thieme 1996).

riginals, Eskimos⁵⁴. Sie können sich auch an dem durch die Ethologie dokumentierten Sozialverhalten unserer nächsten biologischen Verwandten, der Schimpansen und Bonobos, orientieren und versuchen, von dort aus die in den Knochenfunden dokumentierten Besonderheiten in der Entwicklung zum Menschen auch für das Sozialverhalten einzuschätzen.

Ich folge in diesem Abschnitt der zuletzt genannten Möglichkeit, weil alle heute noch bekannten und als besonders einfach eingestuften Stammesgesellschaften bereits künstlerische Darstellungen, Bestattung und Sozialstruktur kennen. Diese Entwicklungen datieren bestenfalls auf den Zeitraum um 100.000 (vgl. oben). Sie werden zudem als Hinweis auf die Existenz von Gesellschaft gedeutet (vgl. Kap. 4).

Über das Sozialverhalten des Austalopithecus lassen sich kaum Vermutungen entwickeln. Es sprechen einige Indizien dafür, dass eine Spezialisierung auf Fischfang auf dieser frühen Stufe der Evolutionsgeschichte des Menschen eine erhebliche Rolle gespielt hat (Lebensraum des Australopithecus; s.o.). Man nimmt weiterhin an, dass die von Afrika ausgehende Besiedlung (Stringer/Mc Kie 1996) anderer Kontinente entlang der Küsten erfolgt ist.

Die Fähigkeit, sich auf zwei Füßen bewegen zu können, um die Arme für andere Tätigkeiten frei zu haben, ist beim Fischfang in flachen Gewässern eine wichtige Voraussetzung. Sie entspricht in etwa den Möglichkeiten von auf Fischfang in flachen Gewässern spezialisierten Watvögeln wie Fischreiher oder Flamingos. Für Vermutungen in diese Richtung spricht auch, dass Bonobos, eine Subspezies der Schimpansen sind, die in vielerlei Hinsicht (Gesichtsausdruck, Länge des Kopfhaares) als noch menschenähnlicher als Schimpansen gelten, sich anders als Schimpansen im Wasser bewegen und auch von Fischen ernähren. „Bonobos weisen drei der Elemente auf, die in Drehbüchern der frühen menschlichen Evolution eine Rolle spielen:

1. Weibchen sind über ausgedehnte Zeiträume hinweg sexuell empfänglich.
2. Das Sexualleben ist vielfältig und häufig mit der Nahrungsaufnahme gekoppelt.
3. Bonobos scheinen müheloser auf zwei Beinen zu gehen als andere Menschenaffen." (de Waal 1991; 186).

Möglicherweise besteht ein Zusammenhang zwischen der Nutzung der Sexualität zur Gruppenintegration und zu engeren Bindungen zwischen den Geschlechtern und dem gefährlicheren Leben von Arten, die häufiger den Schutz der Bäu-

---

54 Ethnologen bestreiten diese Möglichkeit mit dem Argument, dass es keine Möglichkeit gebe, das Alter von Verhaltensweisen heute lebender Menschen zu erschließen. Für die Gegenposition vgl. Eliade 1978, Bd. 1; 14f.

me verlassen und sich länger auf dem Erdboden und im flachen Wasser aufhalten. Dann könnte man vermuten, dass das Gruppenleben der Ausralopithecinen ähnliche Merkmale wie das der Bonobos aufgewiesen haben könnte.

Für die These, dass sich auch das Sozialverhalten von Homo erectus auf der von Schimpansen und Bonobos her bekannten Grundlage (Verständigung durch Lautgesten und Praktiken gegenseitiger emotionaler Unterstützung) weiterentwickelt hat, spricht, dass die für diese Phase festgestellten anatomischen Veränderungen mit dieser These zusammenpassen.

Die wichtigste Konsequenz des allmählichen Wachstums des Gehirnvolumens ist, dass Säuglinge aus anatomischen Gründen nur noch als „sekundäre Nesthocker" (Portmann; vgl. unter 1.3) geboren werden können. Dies verstärkt sowohl die Abhängigkeit der Kleinkinder von der Mutter, wie auch der Mutter-Kinder-Gruppen von den männlichen Exemplaren. Möglicherweise galt dies nicht für den vom Körperbau her wesentlich breiteren und gedrungeneren Neandertaler.

Vor diesem Hintergrund ist die Vermutung naheliegend (vgl. Thompson 1987; 91ff. und die dort zitierte Literatur), dass eine weitere menschliche Besonderheit, die ständige Empfängnisbereitschaft der Frauen, im Zuge dieser Entwicklung entstanden ist und den „Sinn" hatte, die Risiken der stärkeren Abhängigkeitsbeziehung durch eine engere soziale Bindung der männlichen Exemplare an die Gruppe zu verkleinern[55].

Wohlgemerkt, diese engere soziale Bindung beruht auf einer biologischen Grundlage, die durch die ständige Empfängnisbereitschaft eine neuartige Kontinuität gewinnt. Das ist ein indirekter Hinweis darauf, dass Möglichkeiten gesellschaftlicher Normierung eben noch nicht (oder noch nicht hinreichend) zur Verfügung standen.

Wenn man weiterhin davon ausgeht, dass die Vergrößerung des Gehirns und eine Steigerung des Anteils tierischer Nahrung in engem Zusammenhang miteinander standen (z.B. Ehrenreich 1996), dann ist anzunehmen, dass bereits unsere Vorläuferart Homo erectus Formen einer geschlechtsspezifischen Arbeitsteilung entwickelt hat: Die Mutter-Kind-Gruppen spezialisieren sich auf das geringere Mobilität erfordernde Sammeln, die Männergruppe dagegen auf das größere Mobilität erfordernde Jagen[56]. Unter der Bedingung permanenter Kon-

---

55 Ob dies als Familienbildung bzw. Familienbindung im heutigen Sinne zu verstehen ist – Thompson spricht gar von „Kleinfamilie" (Thompson 1987; 91) – oder zur Ausbildung einer engen sozialen Bindung zwischen Männergruppe und Mutter-Kind-Gruppen geführt hat, ist hier von nachrangiger Bedeutung. Die alte Institution der Gruppenehe (vgl. Morgan 1908; 337ff.) spricht eher für die zweite Möglichkeit.
56 Diese Aussage kann nicht mehr als eine grobe Richtung angeben. In der einschlägigen Forschung werden derzeit eine ganze Reihe von „Modellen" diskutiert, deren Erklärungsanspruch

takte zwischen den Gruppen ist dann bei entsprechender Waffenentwicklung[57] eine allmähliche Erhöhung des Fleischanteils für die gesamte Population möglich, die wiederum eine weitere Steigerung des Gehirnvolumens ermöglicht. Zu diesem Szenario gehört auch, dass der wachsende Fleischbedarf effektiver und hochwertiger durch die Jagd von Großwild als durch das Auffinden von Aas oder die Jagd von Kleintieren befriedigt werden kann.

Die Umstellung auf die Jagd großer Tiere kann aber nur unter zwei Bedingungen erfolgreich gewesen sein: Einmal ist der Einstieg in die **gezielte und prospektive Werkzeugverwendung** und Bewaffnung erforderlich. Es ist nicht erfolgversprechend sich erst dann nach geeigneten Waffen umzusehen, wenn man das potentielle Beutetier erreicht hat. Bei der Jagd auf körperlich überlegene Tiere wird die geeignete Bewaffnung zu einer unabdingbaren Voraussetzung der Jagd. Das impliziert den Einstieg in eine gezielte Werkzeug- und Waffenentwicklung (vgl. Anm. 16). Zum anderen verlangt die Großwildjagd den Aufbau gezielter und stabiler Formen der Handlungskoordination und -kooperation innerhalb der Jägergruppe. Alle diese Entwicklungen fordern ein Maß an Zukunftsplanung, das deutlich über die bei Schimpansen beobachteten Praktiken hinausgeht (vgl. auch Narr 1962 und 1972).

Es zeigt sich also, dass die zum modernen Menschen hinführenden anatomischen Veränderungen in ziemlich direktem Zusammenhang mit der Entwicklung des Sozialverhaltens stehen. **Die Entwicklung zum modernen Menschen ist offenbar ohne wachsende Abhängigkeiten zwischen den Gruppenmitgliedern und deren Bewältigung über relativ stabile und zukunftsorientierte Formen der Handlungskoordination nicht vorstellbar.**

Die Frage ist nun, ob das von unseren nächsten Verwandten, den Schimpansen und Bonobos, her bekannte Potential an sozialer Organisation ausreicht, um diese Abhängigkeitsbeziehungen erfolgreich zu organisieren. Dort haben wir die Techniken wechselseitiger emotionaler Stabilisierung, eines offenbar biologisch fixierten reziproken Altruismus, die Stabilisierung von Statusunterschieden und die Strategie konditionaler Verknüpfung kennengelernt. Sexualkontakte, die offenbar insbesondere bei den Bonobos für die Stabilisierung von Gruppenstrukturen eine zentrale Bedeutung haben, spitzen das Mittel der wechselseitigen emotionalen Stabilisierung nur zu. Insofern wird ihnen hier keine eigenständige Bedeutung zugemessen.

---

jedoch sehr unterschiedlich ausfällt. Vgl. hierzu Rothe/Henke 1998b. Vgl. weiterhin Lerner 1991; 33ff. zur Bedeutung des Sammelns für die Gesamternährung.

57 Rothe/Henke geben allerdings für die Entwicklung von Distanzwaffen erstaunlich späte Zeitpunkte an: für Speerschleudern 40.000 – 12.000; für Pfeil und Bogen 10.000 – 12.000 v.u.Z. Nur die Erfindung von Wurfspeeren sei auf dem „Anteneandertaler – Niveau" nachgewiesen (Ebd. 135). Allerdings darf man nicht vergessen, dass Pygmäen in der Lage sind, Waldelefanten mit derartigen Wurfspeeren zu erlegen (vgl. Kückenburg 1997; 225ff.).

Es gibt wenig Grund daran zu zweifeln, dass diese von den Menschenaffen her bekannten Techniken auch dazu ausreichten, um die bei unseren Vorfahren wesentlich weitergehenden wechselseitigen sozialen Abhängigkeiten stabil zu strukturieren. Dazu musste allerdings zumindest das Instrument der konditionalen Verknüpfung ausgebaut und möglicherweise auch verfeinert werden. Bei Schimpansen ist diese Technik nur punktuell bei der Durchsetzung von Rangunterschieden beobachtet worden. Das ranghöhere Gruppenmitglied kommt der Bitte eines Rangniederen zur Fellpflege nur dann nach, wenn es sich dem Ranghöheren mit dem Ausdruck der Unterwürfigkeit nähert. Eine derartige Strategie, die Anerkennung des höheren Rangs durchzusetzen, bedeutet den Einstieg in Formen des Sozialverhaltens ohne biologisches Fundament. Überall dort, wo Handeln von mehreren Gruppenmitgliedern antizipativ, also ohne eine die entsprechenden Emotionen auslösende Situation, koordiniert werden muss, ist entweder die Technik einer konditionalen Verknüpfung von Handlungen oder die Etablierung gemeinsamer Handlungsregeln (vgl. Kap. 2) möglich[58]. Solche Situationen sind z.B. die Herstellung eines Vorrats an Waffen oder die Organisation eines längeren Jagdtrips.

Die konditionale Verknüpfung von Handlungsintentionen erfordert den bewussten (gezielten, strategischen) Gebrauch von Gesten oder Lauten. Erst wenn der wechselseitige Sinn einer Kommunikation verstanden werden kann, **der eben nicht mehr situativ evident ist**, kann es zu konditionalen Verknüpfungen kommen. Es ist davon auszugehen, dass mit dem Einstieg in die gezielte und prospektive Werkzeugverwendung und Bewaffnung eine erhebliche Vermehrung und Verfeinerung der benutzten Lautgesten erfolgt ist, um auch nicht unmittelbar evidente Praktiken kommunikativ abstimmen zu können. Ob und inwieweit das den Einstieg in die Entwicklung einer Symbolsprache und protogesellschaftlicher Strukturen bedeutet hat, lässt sich auf Basis des derzeitigen Wissensstandes kaum entscheiden.

Für eine derartige Entwicklung gibt es zumindest indirekte Hinweise. So konnten Wissenschaftler an der Schädelwölbung ablesen, dass sich die Sprachzentren des heutigen Menschen, die Broca- und die Wernicke-Region in der

---

58 Eine denkbare Alternative wäre der Ausbau „sozialer Intelligenz", die etwa an das Sozialverhalten der Bonobos anknüpfen könnte, um komplexe und stabile soziale Strukturen innerhalb der Schweifgruppe herbei zu führen (vgl. Turner 2000; Massey 2002). Das Problem dieser Variante liegt allerdings auf Seiten der biologischen Veränderungen. „The neurological structures for emotional expression are part of the primitve brain and developed long before the cognitive equipment for rational intelligence evolved" (Massey 2002; 1). Wenn das zutrifft, dann ist ein höheres Alter dieser Entwicklung zu vermuten, da die jüngsten biologischen Veränderungen des Menschen schon in Zusammenhang mit dem Auftreten des homo sapiens stehen. Das andere Problem ist, dass zumindest eine Modellvorstellung entwickelt werden müsste, wie antizipatives Handeln über „emotionale Intelligenz" institutionalisiert werden könnte.

linken Großhirnhälfte bereits vor mehr als 100.000 Jahren ausgeprägt haben könnten (Der Spiegel 1995b; 152). Ebenso indirekte Hinweise lassen darauf schließen, dass auch eine zweite Voraussetzung menschlicher Sprachfähigkeit, die Verlagerung des Kehlkopfes in den Rachenraum sich in der langen Periode von 3 Millionen bis 100.000 v.u.Z. allmählich vollzogen hat (Ebd.).

Wo die Technik konditionaler Verknüpfung eine tragende Bedeutung für das Sozialverhalten hominider Schweifgruppen bekommt, wird der Spracherwerb zu einer wichtigen Voraussetzung für eine vollwertige Gruppenmitgliedschaft. Damit kommen dem primären Sozialisationsprozess, insbesondere der Mutter-Kind-Beziehung, wichtige zusätzliche Funktionen zu. In diese Richtung deutet auch die wachsende zeitliche Ausdehnung des Kinder- und Jugendalters. Während bei Schimpansen die Jungen sofort mobil sind und die Geschlechtsreife im Alter von sieben bis zehn Jahren eintritt, wird bereits für den Homo erectus eine Babyphase von einigen Monaten und eine auf das Alter von 13 bis 14 Jahren verschobene Geschlechtsreife vermutet (Der Spiegel; ebd. 140).

Fazit: Wenn diese Überlegungen zutreffen, dann haben sich unsere Vorfahren während 98 Prozent des ca. sieben Millionen Jahre umfassenden Evolutionsprozesses in ihrem Sozialverhalten noch nicht sehr weit von dem evolutionären Ausgangspunkt entfernt, der durch die Beobachtungen der Ethologen zum Sozialverhalten von Schimpansen und Bonobos in etwa fixiert werden kann. Während der Mensch in dieser langen Entwicklungsphase bereits weite Etappen des biologischen Weges zum heutigen Menschen zurückgelegt hat und auch bei der handelnd-lernenden Auseinandersetzung mit seiner Umwelt einen eigenen Weg eingeschlagen hat, der über die bei unseren tierischen Nachbarn gefundenen Ansätze zu einer rudimentären Kultur weit hinaus geht, **scheinen die sozialen Organisationsformen innerhalb der Gruppe noch weitgehend in ähnlichen Bahnen zu verlaufen wie bei den Schimpansen und Bonobos.** Es sind folgende Gemeinsamkeiten fixierbar: rudimentäre Kultur, autopoietische soziale Systeme, Signalsprache, die Intentionen für Kooperation sind nicht nur biologisch fixiert sondern können bereits auch kommunikativ erzeugt werden. Allein der Umfang konditionaler Verknüpfungen und der Bereich der Sprachentwicklung deuten auf einen Sonderweg im Sozialverhalten hin. Er dürfte allerdings jüngeren Datums und auf die Gattung des Homo sapiens beschränkt sein.

2.3 Indikatoren für Gesellschaftsbildung

Da Landwirtschaft, also Ackerbau und Viehzucht nach allen ethnologischen Befunden ein in hohem Maße normiertes und institutionalisiertes Sozialverhalten voraussetzt[59], gehe ich davon aus, dass diese Innovation nur mit Gesellschaftsbildung möglich war. Es stellt sich daher die Frage, ob es archäologische Hinweise auf die Existenz von Gesellschaften gibt, die **vor** der neolithischen Revolution liegen, also älter sind als ca. 10.000 v. u.Z. Ich vermute nun, dass sich diese neuen Formen gesellschaftlichen Sozialverhaltens in direktem Zusammenhang mit dem Auftreten von Beerdigungen und den ersten großen Manifestationen menschlicher „Kunst" entwickelt haben, die nach derzeitigem Forschungsstand mit Sicherheit ab ca. 100.000 v.u.z. erstmals nachgewiesen werden konnten. Sie werden Gegenstand der nächsten beiden Kapitel sein.

Literatur

Binford, L. R. (1989): Debating Archaeology. San Diego/N.Y.
Binford, L. R. (1984): Die Vorzeit war ganz anders. München.
Boesch, C./Boesch-Achermann, H. (2000): The Chimpanzees of the Tai Forest. Behavioural Ecology and Evolution. Oxford.
Bolk, L. (1926): Das Problem der Menschwerdung. Jena.
Bosinski, G. (1994): Menschendarstellungen der Altsteinzeit. In: Ulmer Museum (Hg.): Der Löwenmensch. Tier und Mensch in der Kunst der Eiszeit. S.77 – 100. Sigmaringen.
Bunn, H. T./Kroll, E. M. (1988): Erwiderung auf Binford. In: Current Anthropology 29/1988. S. 135 – 149.
Buytendijk, F. J. J. (1956): Allgemeine Theorie der menschlichen Haltung und Bewegung (Erstauflage 1948). Heidelberg.
Claessens, D. (1968): Instinkt, Psyche, Geltung. Bestimmungsfaktoren menschlichen Verhaltens. Eine soziologische Anthropologie. Köln/Opladen.
Chauvet, J.-M./Brunel-Deschamps, E./Hillaire, C. (1995): Grotte Chauvet. Altsteinzeitliche Höhlenkunst im Tal der Ardèche. Mit einem Nachwort von Jean Clottes. Sigmaringen.
Dawkins, R. (1996): Das egoistische Gen. Reinbek
Der Spiegel (1995a): Siegeszug aus der Sackgasse I. In: H.42, S. 218 – 254.
Der Spiegel (1995b): Siegeszug aus der Sackgasse. Neue Knochenfunde vom Urmenschen und die Entstehung des homo sapiens (II). In: H. 43, S. 136 – 154.
Der Spiegel (1995c): Siegeszug aus der Sackgasse. Neue Knochenfunde vom Urmenschen und die Entstehung des homo sapiens (III). H. 44, S. 136 – 147.
Ehrenreich, B. (1996): Blutrituale. Ursprung und Geschichte des Krieges. München.
Eliade, M. (1978): Geschichte der religiösen Ideen. Freiburg, Basel, Wien.
Fouts, R./Mills, S. T. (2000): Unsere nächsten Verwandten. Von Schimpansen lernen, was es heißt, ein Mensch zu sein. München.

---

59 Vgl. nur Gehlens These einer neolitihischen Revolution (Gehlen 1957)

Gehlen, A. (1986 a/13.Aufl.): Der Mensch. Seine Natur und Stellung in der Welt. Erstauflage 1940. Wiesbaden.
Gehlen, A. (1986 b/5.Aufl.): Urmensch und Spätkultur. Philosophische Ergebnisse und Aussagen. Erstauflage 1956. Wiesbaden.
Gehlen, A. (1957): Die Seele im technischen Zeitalter – Sozialpsychologische Probleme in der industriellen Gesellschaft. Reinbek.
Gimbutas, M. (1995a): Die Sprache der Göttin. Ffm.
Gimbutas, M. (1995b): Die Zivilisation der Göttin. Ffm.
Goldstein, K. (1934): Der Aufbau des Organismus. Den Haag.
Harris, M. (1992): Menschen. Wie wir wurden, was wir sind. Stuttgart.
Hengstenberg, H.-E. (1957): Philosophische Anthropologie. Stuttgart.
Henke, W./Rothe, H. (1999): Stammesgeschichte des Menschen. Eine Einführung. Berlin und Heidelberg.
Henke, W./Rothe, H. (2003): Menschwerdung. Ffm.
Itani, J./Nishimura, A. (1973): The Study of Infra-Human Culture in Japan. In: E.W. Menzell: Preindustrial Primate Behaviour. Basel.
Joas, H. (1978): George H. Mead. In: Dirk Kaesler (Hg.): Klassiker des soziologischen Denkens. Bd.2. München S.7 – 39.
Kohl, K.-H. (1993): Ethnologie – die Wissenschaft vom kulturell Fremden. München.
Kamlah, W. (1945): Probleme der Anthropologie. Eine Auseinandersetzung mit Arnold Gehlen (Der Mensch, seine Natur und seine Stellung in der Welt, Berlin 1940). In: Die Sammlung 1, S. 53-60.
Kuckenburg, M. (1997): Lag Eden im Neandertal? Auf der Suche nach dem frühen Menschen. Düsseldorf und München.
Küster, H. (1995): Geschichte der Landschaft in Mitteleuropa. Von der Eiszeit bis zur Gegenwart. Ffm. und Wien.
Landmann, M. (1955): Philosophische Anthropologie. Berlin.
Lerner, G. (1991): Die Entstehung des Patriarchats. Ffm./NY.
Leroi-Gourhan, A. (1981): Die Religionen der Vorgeschichte. Ffm.
Lorenz, K. (1964; 2. Aufl.): Das sogenannte Böse. Zur Naturgeschichte der Aggression. Wien.
Luhmann, N. (1984): Soziale Systeme. Ffm.
Maringer, J. (1956): Vorgeschichtliche Religion. Einsiedeln.
Marshak, A. (1972): The Roots of Civilization. NY.
Marshak, A. (1974): The Meander is a System. Unveröff. Ms. Canberra, Mai 1974. Zitiert bei Eliade 1978.
Massey, D. S. (2002): A Brief History of Human Society: The Origin and Role of Emotion in Social Life. In: ASR, Vol 67, Feb.; S. 1 – 29.
Mead, G. H. (1968): Geist, Identität und Gesellschaft aus der Sicht des Sozialbehaviourismus. Engl. Orig.1934. Ffm.
Mead, G. H. (1987): Gesammelte Aufsaetze. Hg. von H. Joas. 2 Bde. Ffm.
Morgan, L. B. (1908): Die Urgesellschaft. Untersuchungen über den Fortschritt der Menschheit aus der Wildheit durch die Barbarei zur Zivilisation. (Amerik Orig. 1877). Stuttgart.
Morris, D. (1972): Der Menschenzoo. München/Zürich

Müller-Karpe, H. (1966): Handbuch der Vorgeschichte. Bd.1. Altsteinzeit. München.
Narr, K. J. (1975): Handbuch der Urgeschichte. Erster Band. Bern und München.
Narr, K. J. (1975a): Geistiges Leben in der frühen und mittleren Altsteinzeit in: Ders. 1975; S. 158–206
Narr, K. J. (1972): Das Individuum in der Urgeschichte. Möglichkeiten seiner Erfassung, in: Saeculum 23, 252 – 265.
Narr, K. J. (1962): Approaches to the Social Life of Earliest Man. In: Anthropos 57; 604 – 620.
Neffe, J. (2000): Geschwister im Geiste. Die großen Menschenaffen stehen uns biologisch näher als alle anderen Lebewesen. Sie bergen das Geheimnis, was den Menschen zum Menschen macht. Während Wissenschaftler noch ihre geistigen Leistungen erkunden, droht ihnen bereits der Artentod. In: Der Spiegel, H. 35. S. 212 – 225.
Niemitz, C. (2004): Das Geheimnis des aufrechten Gangs. München.
Nishida, T. (1973): The Ant-Gathering Behaviour by the Use of Tools Among Wild Chimanzees of the Mahale Mountains. Journal of Human Evolution, 2; S.357 – 370.
Plessner, H. (1928): Die Stufen des Organischen und der Mensch. Berlin.
Plessner, H. (1964): Conditio Humana. Pfullingen.
Plessner, H. (1970): Philosophische Anthropologie. Ffm.
Portmann, A. (1953): Das Tier als soziales Wesen. Zürich
Portmann, A. (1956): Zoologie und das neue Bild des Menschen. Reinbek.
Reiss, N. (1985): Speech Acts Taxonomy as a Tool for Ethnographic Description: An Analysis Based on Videotapes of Continuous Behaviour in Two New York Households. Philadelphia.
Rothe, H./Henke, W. (1998b): Lucy und ihre Schwestern. Zur stammesgeschichtlichen Entwicklung der Frauenrolle. In: B. Auffermann/G.-C. Weniger: Frauen – Zeiten – Spuren. Ausstellungskatalog des Museums Mettmann. S. 113 – 140. Mettmann.
Scheler, M. (1928): Die Stellung des Menschen im Kosmos. Darmstadt.
Schott, R. (1975): Lebensweise, Wirtschaft und Gesellschaft einfacher Wildbeuter. In: Narr 1975; S.173 – 192.
Storch, O. (1948): Die Sonderstellung des Menschen in Lebensabspiel und Vererbung. Wien.
Storch, O. (1950): Zoologische Grundlagen der Soziologie. Österr. Zeitschrift für öffentliches Recht, Bd.3; H. 3
Storch, V./Welsch, U. (1973): Evolution. Tatsachen und Probleme der Abstammungslehre. München
Stringer, C./Mc Kie, R. (1996): Afrika – Wiege der Menschheit. München
Thompson, W. I. (1987): Der Fall in die Zeit. Mythologie, Sexualität und der Ursprung der Kultur. Reinbek.
Thieme, H. (1996): Altpaläolithische Wurfspeere aus Schöningen, Niedersachsen. In: Archäologisches Korrespondenzblatt 26; S. 377 – 393.
Tinbergen, N. (1952): Instinktlehre. Berlin.
Turner, J. H. (2000): On the Origins of Human Emotions: A sociological Inquiry into the Evolution of Human Affect. Stanford, Ca.
Uexküll, J. v. (1921): Umwelt und Innenwelt der Tiere. 2. Aufl. Berlin.

de Waal, F. (1991): Wilde Diplomaten. Versöhnung und Entspannungspolitik bei Affen und Menschen. München/Wien.

de Waal, F. (1996) : Good Natured. The Origins of Right and Wrong in Humans and other Animals. Cambridge Mass.

Wehrberger, K. (1994): Der Löwenmensch. In: Ulmer Museum (Hg.): Der Löwenmensch. S.29 – 46. Sigmaringen.

Wilson, O. E. (1979): Biologie als Schicksal. Die soziobiologischen Grundlagen menschlichen Verhaltens. Ffm./Berlin.

4 Indikatoren für die Erfindung der Gesellschaft. Mythische Erzählungen, Rituale und die Sozialstruktur von Abstammungsgemeinschaften.

Gliederung

Einleitung 123
1 Enthalten die in den französischen und spanischen Höhlen gefundenen Wandmalereien Hinweise auf gesellschaftliche Strukturen? 126
2 Was lässt sich über die „Erfindung" der Gesellschaft überhaupt noch in Erfahrung bringen? 135
3 Koevolution zwischen Wahrnehmung und Kommunikation – eine zentrale Grundlage für die „Erfindung" von Gesellschaft 140
4 Wie könnte es zur Gesellschaftsbildung gekommen sein? – Ein Gedankenexperiment. 146
5 Wie kann mit Geistern kommuniziert werden? Ein erster gesellschaftlicher Rahmen für menschliche Kommunikation. 153
6 Zusammenfassendes Fazit der in den Abschnitten 2 – 5 entwickelten Thesen zur Entstehung von Gesellschaft 159
7 Archäologische Indikatoren für Gesellschaftsbildung 162
Literatur 167

Einleitung

Dieses Kapitel handelt von der „Erfindung" der Gesellschaft. Da niemand bei diesem Ereignis dabei war, es kein Videomaterial, keine schriftlichen Aufzeichnungen und dergleichen darüber geben kann, ist es von vornherein klar, dass diese Formulierung nur eine Metapher für den Übergang auf gesellschaftliches Zusammenleben sein kann. Es kann grob durch die Aspekte Weltverständnis, Sozialstruktur und rituelles Handeln charakterisiert werden. Die Metapher „Erfindung" drückt aber auch aus, dass Gesellschaft kein Werk der Gene, sondern der menschlichen Praxis ist.

Eine Erfindung kann in der Regel datiert werden. Bei der Erfindung der Gesellschaft kann es jedoch um keine Bestimmung eines genauen Zeitpunktes gehen, sondern nur um die Benennung von Indikatoren, an denen sich ablesen lässt, von welchem Zeitpunkt an Menschen mit einiger Sicherheit bereits in Gesellschaften gelebt haben. Wichtiger ist das Wie und das Warum dieser Innovation. Wenn das geklärt werden kann, dann wird deutlich mehr erreicht als bei einer funktionalistischen Erklärung, die aus der überlegenen Leistungsfähigkeit auf die Existenz rückschließen würde.

Die hier vorgestellte Erklärung versucht vier Fragenkomplexe miteinander zu verbinden.

1. Welche Ansatzpunkte, welche Möglichkeiten enthält die Kommunikation im Rahmen permanenter Gruppen (die Mustern folgt, wie sie für Schimpansen dokumentiert sind) für die Entwicklung einer Symbolsprache in direkter Verbindung mit der Umstellung der Kommunikation von den momentanen Bedürfnissen der jeweiligen Akteure auf festgelegte, rollenartige Kommunikation?
2. Kann die Entstehung aller am Ende des 3. Kapitels genannter archäologischer Indikatoren für Gesellschaftsbildung auf identische Veränderungen zwischenmenschlicher Kommunikation zurückgeführt werden? Ist eine solche „kommunikative" Erklärung für die Entstehung von „Kunst" und Bestattungspraktiken kompatibel mit der Erklärung des Übergangs auf Symbolsprache und Gesellschaft?
3. Können in ethnologischen und soziologischen Darstellungen besonders „einfacher" bzw. „archaischer" Stammesgesellschaften Einstellungen und soziale Strukturen identifiziert werden, die als Ergebnis der in (2) behaupteten Veränderungen verstanden werden können?
4. Ist die vorgebrachte Erklärung auch in der Lage, die ab etwa 100.000 v.u.Z. konstatierbare Beschleunigung des Evolutionstempos zu erklären, das sich bis heute immer weiter gesteigert hat?

Dieses vierte Kapitel beginnt mit dem Komplex Höhlenmalerei. Anknüpfend an eine aktuelle Erklärung, die Höhlenmalerei in den Kontext schamanistischer Praktiken stellt, schlage ich vor, die Frage zu stellen, was die unbekannten Höhlenmaler wem mitteilen wollten. Unter diesem Gesichtspunkt verschiebt sich der Akzent der Schamanismusthese darauf, dass Erfahrungen im Zustand der Trance offensichtlich keine isolierten Einzelerfahrungen waren, sondern in die Kommunikation der Gruppe eingeflossen sind. Nur dann können die Darstellungen Betrachtern etwas mitgeteilt haben (Abschnitt 4.1).

Im zweiten Abschnitt wird die Frage behandelt, was man über solche in archäologischen Funden möglicherweise mitenthaltene Hinweise auf für ihre Herstellung unabdingbare soziale Voraussetzungen hinaus noch über die „Erfindung" der Gesellschaft in Erfahrung bringen kann. Da soziale Praktiken sich nicht konserviert haben, sind wir bei derartigen Fragestellungen weitgehend auf Strategien indirekter Beweisführung angewiesen, über die man klären kann, auf welchen Wegen sich Sozialverhalten auf der Basis von Lautgesten in permanenten Gruppen zu sinnverwendender Kommunikation in einem gesellschaftlichen Rahmen entwickelt haben kann (Abschnitt 4.2).

Die Frage, wie eine permanente Gruppe mit an Bedürfnissen und Interessen der Gruppenmitglieder orientierter und über Lautgesten ablaufender Kommunikation nach dem Muster der Schimpansen über Wahrnehmungen im Zustand der Trance kommunizieren könnte, bildet den Ausgangspunkt dieser indirekten Beweisführung. Das Problem wird zunächst vor dem Hintergrund von Luhmanns These präzisiert, dass zwischen den Wahrnehmungen psychischer Systeme und den Kommunikationen sozialer Systeme eine enge strukturelle Kopplung besteht, da beides voneinander abhängt. Wahrnehmungen können nicht kommunizieren und Kommunikationen können nicht wahrnehmen. Daher spricht er auch von einer Koevolution psychischer und sozialer Systeme. Diese muss sich aber zu irgendeinem historischen Zeitpunkt erst ergeben haben.

Der entscheidende Punkt für das Verständnis der Innovationen „Symbolsprache" und „Gesellschaft" sind also **Veränderungen in der strukturellen Kopplung zwischen psychischem und sozialem System.** Während Lautgesten mit momentanen Wahrnehmungen, Bedürfnissen und Gefühlen der Akteure so verkoppelt sind, dass sie von den Adressaten direkt nachvollzogen werden können, **fehlt Wahrnehmungen im Zustand der Trance diese Evidenz, da es um inneres Erleben geht, über das nur zeitversetzt kommuniziert werden kann.** Daher müssen Zeichen in die Kommunikation eingeführt werden, die auf die trancespezifischen Wahrnehmungen verweisen können und von den Adressaten im inneren Erleben nachvollzogen werden müssen. Auf diese Weise wird der Einstieg in eine neue Welt symbolischer Bedeutungen jenseits des Horizonts direkter Bedürfnisse erreicht (Abschnitt 4.3).

Mit der Einführung symbolischer Zeichen wird aber nur der Einstieg in eine zur Gesellschaftsbildung führende Entwicklung verständlich. Die weiteren Schritte in Richtung Gesellschaftsbildung werden in einem Gedankenexperiment fixiert, das im vierten Abschnitt vorgestellt wird. Zur Gesellschaftsbildung kommt es erst, wenn die grundlegende Trance-Erfahrung, dass man sich in ein anderes Lebewesen aus dem eigenen kulturellen Umfeld verwandelt, in ihren Konsequenzen durchdacht wird. Das führt in irgendeiner Form zur Unterscheidung zwischen Körpern und Geistern und zu einem darauf aufbauenden Weltverständnis. Sobald Trance-Erfahrungen mit bereits bei Primaten beobachteten Reziprozitätsgesichtspunkten verknüpft werden, wird in irgendeiner Form die kommunikative Beeinflussung von „Geistern" unabweisbar. Über „entsprechende" mythische Erzählungen, Rituale und eine die eigene Gruppe als Abstammungsgemeinschaft in das eigene Weltbild integrierende Sozialstruktur kann ein gesellschaftlicher Rahmen für sinnverwendende Kommunikation geschaffen werden (Abschnitt 4.4).

Die grundlegenden Unterschiede zwischen der Kommunikation in permanenten Gruppen unter der Bedingung doppelter Kontingenz und der Kommunikation in einem gesellschaftlichen Rahmen werden deutlicher, wenn man die Frage aufwirft, wie denn mit „Geistern" kommuniziert werden kann. Da „Geister" in keine empirischen Kommunikation eintreten können, sondern vorgestellte Wesen sind (die strukturelle Kopplung an Organismus und personales System fehlt), muss sich eine Kommunikationsgemeinschaft bilden, die gemeinsame Regeln für die Kommunikation aufstellt, also Einverständnis über die ihnen zuzuschreibenden Eigenschaften erzielt, erfolgversprechende Rituale konzipiert und festlegt, woran die Reaktionen der „Geister" abgelesen werden können. Die Konsequenzen dieser Kommunikationsbedingungen sind rollenartiges Ritualverhalten, durchgeplante Kommunikationsabläufe und die Ausschaltung jeglicher Kontingenz. Sie charakterisieren Kommunikation in einem gesellschaftlichen Rahmen, wie er auch in heute noch bekannten einfachen Stammesgesellschaften nachweisbar ist und auch noch die Grundlage moderner Gesellschaften bildet (Abschnitt 4.5).

Im Abschnitt 4.6 werden die Überlegungen von 4.2 – 4.4 noch einmal zusammengefasst.

Nachdem expliziert wurde, wie es zur Gesellschaftsbildung und zu Kommunikation in einem gesellschaftlichen Rahmen gekommen sein könnte, wird im abschließenden siebten Abschnitt dieses Kapitels der Bogen zurück zu den archäologischen Indikatoren für Gesellschaftsbildung geschlagen. Es wird gezeigt, wieso die bemalten nordspanischen und südfranzösischen Höhlen, wieso Schmuck, Figuren, Musikinstrumente und Bestattungen als Indikatoren für die Existenz von Kommunikation in einem gesellschaftlichen Rahmen und für Gesellschaftsbildung angesehen werden können (Abschnitt 4.7).

1 Enthalten die in den französischen und spanischen Höhlen gefundenen Wandmalereien Hinweise auf gesellschaftliche Strukturen?

Seit der Entdeckung der während der letzten Eiszeit u.a. mit großartigen Tierdarstellungen versehenen Kalksteinhöhlen in Südwestfrankreich und Nordspanien sind viele Vermutungen darüber angestellt worden, was die unbekannten „Künstler" zu diesem Tun bewogen haben könnte. Unter den vielfältigen Vermutungen sind vor allem drei Erklärungen intensiv diskutiert worden[60]. Die erste dieser Erklärungen wurde in der ersten Hälfte des 20. Jh. favorisiert. Sie kann unter das Stichwort „Jagdmagie" gebracht werden. Wichtige Vertreter dieser Auffassung waren: Salomon Reinach (1903), Henri Breuil (1952) und Henri Begouen (1924). Sie vertraten die These, dass die Darstellungen magischen Zwecken dienten: Jagd, Fruchtbarkeit und Vernichtung. „Die Jagdmagie sollte erfolgreiche Jagdzüge herbeiführen; zu diesem Zwecke bemächtigte man sich der Darstellung des Tieres, das man erlegen wollte, und dann des Tieres selbst ...Die Vernichtungsstrategie befasste sich dagegen mit Tieren, die für den Menschen gefährlich waren: Raubkatzen und Bären. Mit dem Fruchtbarkeitszauber wollte man erreichen, dass sich die nützlichen Tierarten vermehrten; man stellte Tiere unterschiedlichen Geschlechts dar, manchmal in Szenen, die einer Paarung vorangingen, oder trächtige weibliche Tiere. In der Sichtweise dieser Theorie waren die Tiere „Bild-Realitäten". Die Zeichen verwiesen auf die Jagd ...und die Menschen waren die Magier, in Tierhäute gehüllt und mit Attributen von Tieren ausgestattet, um sich deren Fähigkeiten und Kraft besser aneignen zu können. Schließlich mochte es noch Götter geben... So hat man das Mischwesen, das in einer Höhe von 3,50 m über dem Boden im Heiligtum von Les Trois Frères angebracht ist, gleichermaßen als „Zauberer" oder als „Gott mit Hörnern" bezeichnet" (Clottes/Lewis-Williams 1997; 68f.).

Das Hauptproblem dieser These ist, dass sie nur einen geringen Teil der Bilder erklärt. Zu viele Darstellungen sind im Lichte dieser These „wenig sinnvoll". „Wenn die sympathetische ... Magie das ausschlaggebende Motiv ... gewesen wäre, dann müsste man zahlreiche gebannte Tiere vorfinden, die mit Pfeilen oder Verwundungen markiert sind, trächtige weibliche Tiere und Szenen mit offenkundig sexuellem Gehalt; auch müsste man erwarten, dass die Überreste der gejagten Tiere, die bei Grabungen ... zutage gefördert wurden, mit den Tierdarstellungen ... in etwa übereinstimmen". Weiterhin wurde kritisiert, „dass nur ein winziger Teil der Tierdarstellungen Zeichen trug, die an Waffen erinnern ... . Im Übrigen passten etliche, manchmal grundsätzliche Elemente nicht zum System der Jagdmagie, des Fruchtbarkeits- und Vernichtungszaubers" (Clottes/ Lewis-Williams 1997; 68ff.).

Die zweite wichtige Erklärung war strukturalistisch inspiriert. Sie bezieht sich vor allem auf die Tierdarstellungen aber auch auf die räumliche Anordnung der Motive in den Höhlen. Wichtige Vertreter dieser Position sind v.a. Andre Leroi-Gourhan (1958 ; 1981) und Annette Laming-Emperaire (1962).

---

60 Die nachfolgende Darstellung folgt weitgehend Clottes/Lewis-Williams 1997;66ff.

Die strukturalistische Erklärung kritisiert die Beliebigkeit ethnologischer Vergleiche und beharrt darauf, dass sich wissenschaftliche Erklärungen nur auf die zweifelsfrei erkennbaren Funde beziehen könnten, auch wenn dies die Aussichten auf gehaltvolle Hypothesen schmälern sollte. „Vom Palaeolithikum ist nur der Dekor auf uns gekommen, Spuren von Handlungen sind äußerst selten und in den meisten Fällen unverständlich. So haben wir nichts als eine leere Bühne vor uns, ganz so, als müssten wir ein Stück, das wir nie gesehen haben, aus ein paar bemalten Kulissen rekonstruieren, auf denen nichts als ein Schloss, ein See und dahinter ein Wald dargestellt wäre" (Leroi-Gourhan 1981; 166).

Leroi-Gourhan untersuchte „etwa 60 Höhlen, erstellte ein Inventar und verglich die gesammelten Fakten" zum Teil mithilfe statistischer Methoden. „Er gelangte zu dem Schluss, dass Wisente und Auerochsen, Mammuts und Pferde den Grundbestand der dargestellten Tierwelt ausmachten ... Die furchterregenden Tiere – Löwen, Bären und Nashörner – waren in die hintersten Bereiche der Höhle verbannt. Die (neben den Tierdarstellungen in den Höhlen befindlichen) Zeichen verbanden sich mit den Tieren und den topographischen Besonderheiten zu einem verschlungenen System von Verknüpfungen. Dieses System war binär ... bestimmte Tiere waren also stets mit anderen verbunden, wobei der Wisent (oder Auerochse) und das Pferd die grundlegende Einheit bildeten. Andre Leroi-Gourhan leitete wie zunächst auch Anette Laming-Emperaire daraus ab, dass hier eine sexuelle Symbolik vorlag ... Ihm zufolge waren Wisente und Auerochsen weibliche Symbole...Das Pferd war seiner Ansicht nach dagegen männlich. Die geometrischen Zeichen waren in diese Symbolik eingebunden: die langen Zeichen in Form von Geschossen gingen auf den Penis zurück, während die „vollen" Zeichen ...von der Vulva abstammten ... Eigenartigerweise gelangte Annette Laming-Emperaire zu genau entgegengesetzten Schlussfolgerungen, was die sexuelle Wertigkeit der wichtigsten Figuren anbelangte: Ihr zufolge war der Wisent männlich und das Pferd weiblich" (Clottes/Lewis-Williams 73ff.).

Über diese Erklärung der „Höhlenkunst" hinaus ist sich Leroi-Gourhan sicher, dass „die gesamte paläolithische figürliche Kunst ... der Ausdruck einer Weltsicht (ist), eine spezifische Auffassung über die natürliche und übernatürliche (was im Denken der paläolithischen Menschen ein und dasselbe ist) Beschaffenheit der lebendigen Welt" (Leroi-Gourhan 1965, zit. nach Clottes/Lewis-Williams 1997; 74). Schon für die Neandertaler glaubt er immerhin folgendes festhalten zu können: „Die Fakten sind hinreichend gewiss, um schon für die Zeit vor dem homo sapiens (sapiens) die Existenz von Praktiken zu begründen, die nicht auf Techniken des materiellen Lebens ausgerichtet waren. Wir mögen sie religiös nennen, weil sie für ein Leben zeugen, dass über das vegetative Leben hinausweist" (Leroi-Gourhan 1981; 159).

Sieht man einmal von der sich jeder Beweisführung entziehenden strukturalistischen Grundannahme ab, dass in diesem Fall die bildlichen Darstellungen Variationen einer den Akteuren unbewussten in den Zeichen selbst transportierten Grundproblematik darstellen, also keinen direkten „Sinn" haben, dann bleiben immer noch eine ganze Reihe von Unstimmigkeiten im Detail. Problematisch ist, dass die sexuelle Wertigkeit der Figuren unabhängig von ihrer Zahl und dem dargestellten Geschlecht der Tiere postuliert wird, dass kein Konsens über die Zuordnung der sexuellen Wertigkeit besteht, dass zu wenig Elemente zu grob in die statistischen Berechnungen eingehen. Der Verdacht drängt sich auf, dass die strukturalistische Interpretation zwar im Gewande wissenschaftlicher Strenge daherkommt, aber in wesentlichen Teilen subjektiv und damit beliebig bleibt.

Die dritte, immer wieder vorgebrachte Erklärung lautet: Schamanismus. Sie liegt jetzt in einer wissenschaftlich ausgearbeiteten und auf kritische Einwände bezogenen Form vor (Clottes/Lewis-Williams 1997). Ihr hauptsächlicher Vorzug ist, dass sie in der Lage ist, den größten Teil der vorliegenden Informationen in die Erklärung einzubeziehen.

Die Argumentation der Autoren ist recht einfach. Alle Darstellungen in den Höhlen, sowohl die zahlreichen großformatigen Tierdarstellungen wie auch die sogenannten Zwitterwesen, weiterhin geometrische Zeichen und Figuren, Serien von Punkten – all das könne man in den unterschiedlichen Phasen der Trance „sehen". Wichtig sei es, die Höhlen als Ensemble zu betrachten und alle Spuren in Zusammenhang zu bringen. Das haben die Autoren für zwei miteinander verbundene Höhlen versucht: Enlène und Les Trois Frères. Während in Enlène „über tausend Gegenstände der Kleinkunst" (Clottes/Lewis-Williams 1997; 83) ausgegraben wurden, wurden in Les Trois Frères fast ausschließlich Malereien und Gravierungen an den Wänden gefunden. In Enlène gibt es zahlreiche Spuren von Bearbeitung an Wänden und Boden wie in den Boden und in Wandspalten gesteckte Knochenstücke und Geschossspitzen. „Die vielleicht bemerkenswerteste Entdeckung gelang Robert Begouen in einem winzigen Seitengang ... Hierhin konnte nur eine einzige Person kriechend gelangen, und dennoch ist der Lehm ganz am Ende mit Löchern übersät, die man mit Geschossspitzen angebracht hatte, und von mit Fingern gezogenen Linien bedeckt. Ein Stein mit Spuren von Holzkohle, der sich noch immer an seinem ursprünglichen Platz befindet, war wohl mit Talg gefüllt worden und hatte einst zur Beleuchtung gedient" (ebd.; 83).

„Diese wenigen Beispiele weisen eine wichtige Gemeinsamkeit auf: sie zeigen eindeutig, dass die Wände, Gewölbe und Böden in den Höhlen eine eigenständige Bedeutung besaßen ... Diese Tatbestände fügen sich bestens in die schamanistische Vorstellung von einem abgestuften Kosmos. Wie wir bereits ... gesehen haben, war in der Vorstellung der Menschen dieser in der Tiefe gelegene Bereich ... stets von Tiergeistern und anderen mystischen Wesen bewohnt .... Es wäre deshalb nicht erstaunlich, wenn (die paläolithischen Menschen) ... geglaubt hätten, die Höhlen führten zum unterirdischen Bereich des schamanistischen Kosmos. Wände, Gewölbe und Böden waren lediglich feine Membranen, die sie von den Wesen und Ereignissen der Unterwelt trennten.... Eines der am weitesten verbreiteten Merkmale der paläolithischen Kunst besteht ... darin, dass die natürlichen Felsreliefs in die Bilder einbezogen wurden" (ebd.; 85f.). „Diese Figuren sind nicht einfach nur auf den Felsen gemalt worden; sie sind vielmehr integraler Bestandteil der Höhlenwände und **deuten** diese zugleich. Noch wichtiger ist, dass sie aus dem Innern des Felsens hervorzutreten scheinen" (ebd.; 91; Hervorhebung D.B.).

Auf ähnliche Weise werden Bilder, geometrische Zeichen, Mischwesen und Hände als Teil schamanistischer Praxis und Weltvorstellung gedeutet. „Wichtig war, dass die Hand und die benachbarten Oberflächen mit einer Farbe – oftmals Rot, manchmal aber auch Schwarz – bedeckt wurden. Auf diese Weise konnten die entsprechenden Personen ihre Hände oder die Hände von anderen Anwesenden in die Wand „einsiegeln"... Wie die Knochensplitter von Enlène drangen auch diese Hände in die Welt der Geister ein, die hinter dem Schleier von Stein verborgen lag.... Diese Interpretation der paläolithischen Handnegative versetzt uns schließlich in die Lage, die Farbflecken ... besser zu verstehen. Man hat sie nicht einfach nur „gemalt". Ihre Urheber hinterließen eine Substanz, die mit spirituellen Kräften ausgestattet war – die rituell zubereitete „Farbe" – und zwar auf Oberflächen, die sich tief im Innern der Unterwelt befanden. Was die Menschen des 20. Jahrhunderts leichthin als vernachlässigenswerte Kennzeichen ohne weitere Bedeutung abqualifizierten, war wahrscheinlich ein mit enormem geistigen und emotionalem Aufwand betriebener Versuch seitens der paläolithischen Menschen, Einfluss auf die Welt der Geister zu nehmen. Dies galt sowohl für die Urheber wie auch für die Betrachter dieser Figuren" (ebd.; 95f.).

Einem Aspekt haben Lewis-Williams und Clottes wenig Aufmerksamkeit geschenkt, der m. E. aber entscheidende Bedeutung hat. **Warum** haben die damaligen „Künstler" ihre Trance-Erfahrungen überhaupt aufgezeichnet? Die beiden Autoren haben nur zu erklären versucht, in welchen Kontext diese Darstellungen gehören. Aber **wem und warum sollten Erfahrungen im Zustand der Trance *mitgeteilt* werden?**

Manche Darstellungen könnten, so vermuten die Autoren, zusammen mit der Umgebung dazu gedient haben, dass entweder die „Künstler" selbst oder andere Menschen leichter in den Zustand der Trance gefunden haben. Andere Darstellungen wurden vielfach berührt, was auf häufige Kulthandlungen hindeutet. Andere wiederum sind an Orten angebracht, wo sie von größeren Gruppen betrachtet werden konnten. Genauere Vermutungen wären rein spekulativ.

Mit diesen Fragen beginnen die soziologisch spannenden Unklarheiten auch der verbesserten Schamanismusthese. Möglicherweise ist den Autoren gar nicht klar geworden, dass es einen erheblichen Unterschied macht, ob man behauptet, dass das ganze Ensemble der Bilderhöhlen mit Praktiken in Trance zu gelangen und mit Trance-Erfahrungen zu erklären sei oder ob man die wesentlich zugespitztere These aufstellt, dass die Bilderhöhlen dem Schamanismus dienten. Der soziologische Unterschied ist, dass Schamanismus eine ganz bestimmte, in vielen Stammesgesellschaften geläufige, spezialisierte, viele Merkmale von „Beruf" aufweisende, Tätigkeit darstellt. Sie wird von Spezialisten (Schamanen, Medizinmännern ...) ausgeübt, die dazu vor allem über ausgefeilte Techniken (vgl. Eliade 1972) verfügen müssen, den Zustand der Trance herbeizuführen und zu kontrollieren (vgl. Findeisen/Gehrts 1996). Davon kann man andere Praktiken mit ganz anderer Bedeutung unterscheiden, bei denen ebenfalls der Zustand der Trance erreicht wird. Andere soziale Kontexte für Trance waren beispielsweise für die Hippies in den 70er Jahre gegeben, die ihr „Bewusstsein" mit entsprechenden Drogen „erweitern" wollten. Ein anderes Beispiel sind als besonders „archaisch" geltende Naturvölker wie die Buschmänner oder die australischen Aboriginals, die bei gemeinsamen Ritualhandlungen ebenfalls den Trancezustand zu erreichen suchten und offenbar meistens auch erreichten.

Wichtig für die hier verfolgte Fragestellung ist nur das letztgenannte Beispiel. Es zeigt, **dass Trance-Erfahrungen offenbar nicht nur von Spezialisten (wie den Schamanen) sondern auch von ganzen Kultgemeinschaften angestrebt wurden.** Die „Schamanismusthese" ist so gefasst, dass sie in der Sache diese Praxis nicht ausschließt. Die Buschmänner werden sogar als ethnologisch erfasster Parallelfall (Bleek 1933 – 36; Lewis-Williams 1991 und in Clottes/Lewis Williams 1997; 31ff.) eingeführt. Wenn solche kollektiven Praktiken gemeint sind, dann ist das Etikett „Schamanismus" zumindest missverständlich[61]!

---

61   Für die Vermutung, dass die heute bekannten Formen des Schamanismus nicht absolut archaisch sind, spricht auch eine zumindest im nepalesischen Schamanismus tradierte Erzählung (vgl. Kap. 5, 2. Abschnitt), wonach die ersten Schamanen einzelne Weise waren, die sich auf alte, von den Menschen vergessene Praktiken besonnen haben. Das deutet darauf hin, dass ältere Praktiken allgemein verbreitet waren, bei denen nicht nur einzelne herausgehobene Personen in Trance gefallen sind. Die gängigen Formen der Rekrutierung des Nachwuchses an Schamanen (vgl. Findeisen/Gehrts 1996) ähneln den bei Weber unterschiedenen Formen der Veralltäglichung des Charisma (Weber 1972; 142ff.). Auch daraus kann man folgern, dass spezialisierte Schamanen erst später entstanden sind.
      Weber führt hierzu aus, dass es erst zu einer „Veralltäglichung" einer zuvor „außeralltäglichen" charismatischen Herrschaft kommen müsse, um eine dauerhafte Abhängigkeitsbeziehung entstehen zu lassen, auf deren Grundlage dann erst Interessen einer „Gemeinde von Glaubensgenossen" an einer „Fortdauer und steten Neubelebung" der Abhängigkeitsbeziehung entstehen (ebd. 142f.). Gegenüber den Praktiken der Buschmänner müsste es danach zunächst

Klar ist allerdings auch, dass es für eine solche Präzisierung der Schamanismusthese wohl Plausibilitätsgründe, aber keine stichhaltigen archäologischen Belege gibt. Folgende wichtige soziologische Schlussfolgerungen kann man allerdings in jedem Fall aus der Literatur über die „Bilderhöhlen" ziehen.

1. Die dort gefundenen Darstellungen, Zeichen und Veränderungen an den Höhlenwänden dienten zumindest teilweise kommunikativen Zwecken. Sie sollten anderen etwas mitteilen. Aus der Ausführung kann man zudem schließen, dass Trance-Erfahrungen für unbekannte Gruppen von Menschen eine ganz erhebliche **soziale** Bedeutung hatten. Sie dürften daher Gegenstand der Mitteilung gewesen sein.
2. Das bedeutet aber wiederum, dass sich die Kommunikation nicht ausschließlich um Dinge es alltäglichen Lebens und Überlebens gedreht hat.
3. Darüber hinaus legt die überaus ungleiche Verteilung von Benutzungsspuren in den Höhlen nahe, zu vermuten, dass hier eine Kultgemeinschaft am Werke war, die ihr Handeln an Regeln oder festen Gewohnheiten orientiert hat. Aber das ist nicht eindeutig zu beweisen.
4. Die französischen und spanischen „Bilderhöhlen" wurden in einem Zeitraum zwischen ca. 30.000 und 10.000 v.u.Z. nach dem offenbar gleichen Grundmuster mit Darstellungen und Zeichen versehen. Das legt eine enorme zeitliche Kontinuität der ungekannten Praktiken nahe[62].

Mit einiger Sicherheit kann man behaupten, dass die bildlichen Darstellungen und alle anderen Bearbeitungsspuren in den Höhlen darauf hindeuten, dass Erfahrungen, die in allen drei Phasen der Bewusstseinsveränderung[63] gemacht wurden, **irgendeine soziale Bedeutung** hatten. Ein direktes, spontanes Nachspielen einer aufwühlenden Trance-Erfahrung, wie man im Anschluss an Arnold Gehlen (1986b) vermuten könnte, kann man schon angesichts der sorgfältigen Ausführung insbesondere der Tierdarstellungen ausschließen.

Das ist nicht wenig. Wir können mit hoher Sicherheit annehmen, dass diese Erfahrungen im Zustand der Trance nicht einfach je individuell gemacht wurden. Es wurde darüber – auf welche Weise auch immer – kommuniziert. Die Komplexität der in den Höhlen angebrachten Veränderungen deutet, wie nicht nur die

---

einmal zur Ausbildung von Spezialisten gekommen sein, die anstelle der gesamten Kultgemeinschaft in Trance fallen. In einem zweiten Schritt wären dann diesen Spezialisten Daueraufgaben wie das Heilen von Krankheiten übertragen worden. Erst dann kann man von „Schamanismus" sprechen.

62 Leroi-Gourhan geht noch weiter: „Die zutage liegende Bedeutung der Bilder scheint sich zwischen 30.000 und 9.000 vor unserer Zeit nicht verändert zu haben und bleibt dieselbe in Asturien und am Don" (1981; 95).
63 Die drei Phasen der Trance werden unter 4.3 näher erläutert.

Schamanismusthese sondern alle drei Interpretationen unterstellen, darauf hin, dass ihre Bedeutung sich nur dem erschließt, der über dieselbe Weltinterpretation wie die „Künstler" verfügt. Die diversen Zeichen haben für mehrere, vermutlich alle, Gruppenmitglieder eine bestimmte Bedeutung gewonnen und über lange Zeiträume hinweg behalten. Erst auf dieser Grundlage konnten derart sorgfältige und v.a. einheitliche Darstellungen entstehen. Die bisher gefundenen Höhlenmalereien wirken zumindest auf heutige Betrachter überaus einheitlich, obwohl sie einen Zeitraum von rund 20.000 Jahren umfassen. Das lässt auf über lange Zeiträume festliegende symbolische Bedeutungen schließen, die sich nicht direkt aus den Problemen des Überlebens oder aus der biologischen Bedürfnisnatur erschließen, sondern Teil eines symbolischen Weltverständnisses waren.

Wenn diese Thesen zutreffen, dann müssen die unbekannten „Höhlenmaler" bereits in einer Sinn*welt* gelebt haben und auch eine Art von Gesellschaft entwickelt haben[64]. Wie anders wäre sonst diese große zeitliche Kontinuität zu erklären? Dass die unbekannten Höhlenmaler noch nach dem Muster der Schimpansen über Lautgesten kommuniziert haben und in lockeren Gruppen gelebt haben, kann aus mehreren Gründen ausgeschlossen werden.

Erstens: Wenn man die Schamanismus-These auf ihren harten Kern reduziert, dann muss man davon ausgehen, dass die unbekannten Höhlenmaler sich in bildlicher Form über etwas (vermutlich eine gemeinsame Erfahrung im Zustand der Trance) innerhalb einer gemeinsamen **Welt** verständigt haben. Letzteres geht aus der unbestrittenen **Ordnung** der Darstellungen hervor.

Die Darstellungen hatten direkt nichts mehr mit der Bedürfnisnatur der „Künstler" zu tun. Solange Mitglieder einer permanent existierenden Gruppe nur untereinander kommunizieren, um sich gegenseitig in irgendeiner Weise zu unterstützen, können sie nur über ihre jeweiligen Bedürfnisse und direkten Interessen im Kontext ihrer momentanen Wahrnehmungen kommunizieren. Es geht um so „selbstverständliche" Themen wie Nahrung beschaffen, Schutz vor Feinden, Konflikte innerhalb der Gruppe, Nachsuchen um emotionale Unterstützung usw.

Das Problem der Interpretation der Bilderhöhlen ist aber, dass sich der Sinn der Darstellungen und der weiteren Veränderungen ihrer natürlichen Beschaffenheit nur dann erschließt, wenn wir den unbekannten „Künstlern" ein Weltverständnis unterlegen. Alle drei Interpretationen sind davon ausgegangen, dass man die Bedeutung nur erschließen kann, wenn man die Weltinterpretation findet, die bei der Herstellung ganz unterstellt wurde. Nur in Gesellschaften beziehen Kommunikationen ihren informativen Gehalt aus einem gemeinsamen symbolischen Weltverständnis, aus einer umfassenden Weltinterpretation, die über

---

64 Daraus folgt keineswegs, dass die ersten Stammesgesellschaften in Europa entstanden sind. Ich behaupte nur, dass solche Bilderhöhlen nur von Mitgliedern von Gesellschaften geschaffen werden konnten.

einen punktuellen, in den Evidenzen der gemeinsamen Bedürfnisnatur der Beteiligten verankerten Umweltbezug deutlich hinausgeht.

Zweitens: Machen wir auf der Grundlage der Kapitel 2 und 3 die Gegenprobe. Könnte eine Gruppe von Menschen mit heutigem Gehirnvolumen, die sich durch Waffen und ausgefeilte Jagdtechniken in ihrer Umwelt gut behaupten kann, die über ein beträchtliches Repertoire am Gegenstandsbedeutungen verfügt, über die mittels Lautgesten kommuniziert werden kann, die auf emotionaler Grundlage integriert ist, Ensembles wie Enléne und Les Trois Frères geschaffen haben? Warum sollten Sie? Es ist **kein Anlass denkbar**, in dieser Weise in die Umwelt einzugreifen.

Anlässe ergeben sich auch noch nicht, wenn zumindest ein Teil der emotionalen Grundlage in konventionelle Regeln transformiert wurden. Was das bedeutet, wurde im zweiten Kapitel am Beispiel der Rangordnungsauseinandersetzungen von Schimpansen deutlich. Selbst wenn man unterstellt, dass der auf emotionaler Grundlage durch Konventionen geregelte Bereich in hominiden Schweifgruppen erheblich ausgeweitet wurde (z.B.: Geschlechtsspezifische Aufgabenteilung, arbeitsteilige Strukturen bei der Jagd, Bewachung des Lagers, der Kinderbetreuung) ist die Frage nach dem Anlass nicht positiv zu beantworten.

Positive Antworten ergeben sich erst, wenn die Stellung der Schweifgruppe gegenüber einer „Welt" in irgendeiner Weise zum Gegenstand konventioneller Regelungen wird. Das setzt die Entwicklung eines Weltverständnisses voraus und beschreibt den Punkt, an dem Gesellschaften entwickelt werden. Dann können sich aus konventionellen Regeln, die das Verhältnis der Gruppe/Gesellschaft zur „Welt" betreffen, Anlässe für gestaltende Eingriffe in die „Welt" ergeben wie auch Gesichtspunkte für die Art und Weise des Eingriffs.

Für einen derartigen Anlass spricht u.a., dass die mehrere Tausend Tierdarstellungen in den Höhlen wie auch die übrigen Bildzeichen[65] kontextfrei sind. Es ist absolut konsequent und durchgängig darauf verzichtet worden, die Tiere in ihrer Umgebung darzustellen. Selbst die natürliche Beschaffenheit der Höhlen ist immer nur zur Ergänzung der Tierdarstellung, aber nie als „Hintergrund" benutzt worden. Das war auch dann nicht nötig, wenn alle damaligen Betrachter den **Sinn**hintergrund mühelos ergänzen konnten, weil sie über ein gemeinsames Weltverständnis verfügten.

---

65 Die Bezeichnung „Bildzeichen" halte ich für wesentlich zutreffender als die Bezeichnung „Kunst". Mit heutigen Augen sind in den Höhlen zweifellos erstaunliche Kunstwerke zu sehen. Den unbekannten Herstellern kann man aber kaum künstlerische Motive unterstellen. Ihnen fehlte, nach allem was man auch sehen kann, der für „Kunst" unentbehrliche Gestaltungs- und Formwille. Wir haben es mit Zeichen zu tun – und wer würde schon eine Schreibmaschinenseite, bei der eine ästhetisch ansprechende Schriftart verwendet wurde, deswegen als „Kunstwerk" bezeichnen?

Unterschiede zwischen den Modellen des Sozialverhaltens in permanent existierenden Gruppen und Sozialverhalten und Kommunikation im gesellschaftlichen Rahmen

Kriterium	Gemeinsam: Kommunikation, als Soziales System beschreibbar	
	Modell Gruppen ("Schimpansen")	Modell Gesellschaft (Stammesgesellschaften)
Mittel der Komm.	Lautgesten	Symbole/sinnhaft geordnete Welt
Information (Fremdreferenz) Mitteilung (Selbstreferenz)	Bedürfnisnatur der Gruppenmitglieder konkretes Gruppenmitglied	Verständigung über etwas innerhalb einer gemeinsamen Welt (Thema - Horizont) sozial kategorisiertes Stammesmitglied
Zielsetzung der Kommunikation	konditionale Verknüpfung von wechselseitig auf den jeweils Anderen gerichteten kommunikativen Aufforderungen	Kommunikative Beeinflussung anderer Wesen ("Geister", "Götter") bzw. Bekräftigung einer (narrativ entwickelten) Weltordnung. Kommunikation zwischen "Arten" und Kategorien der Sozialstruktur (Klan X)

2 Was lässt sich über die „Erfindung" der Gesellschaft überhaupt noch in Erfahrung bringen?

Das Problem der Debatte um die Erklärung der urgeschichtlichen Höhlenmalerei besteht in der scheinbar weitgehend geteilten Alternative: entweder eine Erklärung des konkreten Sinns archaischer Praktiken oder gar keine. Konkrete Erklärung schließt ein, dass der Mitteilungscharakter dieser prähistorischen Darstellungen entschlüsselt werden könnte. Das ist aber nur möglich, wenn vorausgesetzt wird, dass es um Praktiken ging, die heute noch bekannt sind. Eine solche Unterstellung sprengt aber jeden Rahmen wissenschaftlicher Erklärungen[66]!

---

66 Dieses Dilemma ist auch aus der Ethnologie bekannt. Dort scheint man sich weitgehend darauf verständigt zu haben, nur noch Fallstudien auszuwerten und auf Verallgemeinerungen weitestgehend zu verzichten.

Möglich ist m.E. allerdings eine Erklärung allgemeinerer Art, die von kulturellen Besonderheiten abstrahiert. Sie kann auf Luhmanns Begriffspaar Medium und Form (vgl. Luhmann 1997; 190ff.) zurückgreifen. Eine „Form", z.B. ein konkreter Begriff, verweist von ihrer Genese her auf ein „mediales Substrat". Letzteres ist auch als Hintergrund ausgeschlossener Alternativen für das Verstehen einer Form unentbehrlich.

Auf diese Weise wurden auch die im vorangegangenen Abschnitt vorgestellten Interpretationen für den „Sinn" der spanisch-französischen Bilderhöhlen entwickelt. Alle Interpreten sind davon ausgegangen, dass es sich um „Formen" handelt, die erst verstanden werden können, wenn das dahinterliegende „Medium" zumindest in etwa benannt werden kann.

In historischer Perspektive beschreibt das prozesshafte Zusammenspiel von Medium und Form ein Verhältnis von Kontinuität und Veränderung. Variationen einer „Form" greifen auf den medialen Hintergrund zurück und verändern ihn zugleich, da auch das mediale Substrat immer nur über die kommunizierten Formen reproduziert werden kann. Für die Rekonstruktion lang andauernder Entwicklungen[67] ist es daher wichtiger, das mediale Substrat zu rekonstruieren, also das Spektrum möglicher Varianten zu erfassen.

Wenn es zutrifft, dass Sozialverhalten von Kommunikation abhängt und zumindest komplexere Formen nur über Kommunikation organisiert werden können, dann beziehen sich Medium und Form immer auf soziale Praktiken. Konkrete Formen verweisen auf konkrete Praktiken, die damit in Zusammenhang stehende mediale Ebene auf das Spektrum ausgeschlossener aber möglicher alternativer Praktiken. Die Ausdifferenzierung neuer kommunikativer Möglichkeiten verweist dann auf die Herausbildung neuer sozialer Praktiken und kann sich nur so stabilisieren. Deswegen kann man das eine als Hinweis auf das andere verstehen. Überlieferte symbolische Zeichen können mit bestimmten sozialen Praktiken in Zusammenhang gebracht werden, die aber bei schriftlosen archaischen Gesellschaften nicht mehr direkt rekonstruierbar sind.

Wenn man nun bei noch existierenden „einfachen" Stammesgesellschaften auf einen vergleichbaren Zusammenhang stößt, also auf symbolische Formen, die **auf ein vergleichbares oder identisches „mediales Substrat" verweisen**, dann kann daraus gefolgert werden, dass die zugehörigen Praktiken zwar nicht auf identische, aber doch auf ähnlich gelagerte archaische Praktiken verweisen. Auch für die Praktiken kann angenommen werden, dass sie Variationen innerhalb eines begrenzten Kreises an Möglichkeiten sind.

---

67 Die Ausrichtung historischer Untersuchungen auf „longue durée" ist mit der frz. Historikerschule der „Annales" und dem Werk von F. Braudel eng verknüpft (vgl. Burke 1990; Braudel 1985; Aries 1982).

Vor diesem Hintergrund kann man eine **indirekte Beweisführung** für die Existenz von Gesellschaft bzw. Kommunikation in einem gesellschaftlichen Rahmen entwickeln, die archäologische Funde mit noch existierenden vergleichbaren Stammesgesellschaften in Zusammenhang bringt. Der Ausgangspunkt ist dabei, dass man „einfache" Stammesgesellschaften über drei Aspekte hinreichend soziologisch beschreiben kann: **Weltverständnis, Sozialstruktur und Rituale** (vgl. Durkheim 1981 sowie Kap. 5). Zwischen diesen drei Größen besteht ein enger Zusammenhang derart, dass man Sozialstruktur und Rituale über das Weltverständnis verstehen kann, da auf diesen beiden Ebenen Konsequenzen aus dem Weltverständnis gezogen wurden. Die Sozialstruktur ordnet die Stammesmitglieder in das Weltverständnis ein (vgl. das Beispiel in Kap. 5). Die Rituale sind die Praxis der Stammesgesellschaft, über die sie Einfluss auf die relevante Umwelt ausübt, ihr Weltverständnis zu einer für die Beteiligten erfahrbaren Realität macht und es so zugleich reproduziert. Die Positionierung der Akteure der Rituale in der Sozialstruktur des Stammes ist eine Voraussetzung für die Durchführung.

Ich schließe nun von den Befunden zu den Bilderhöhlen darauf, dass die unbekannten „Maler" in Gesellschaften gelebt haben, die einen „ähnlichen" (im Sinne der vorangegangenen Erläuterungen) Zuschnitt wie die australischen Stämme oder auch Stammesgesellschaften der Buschmänner nach ethnologischen Berichten aufwiesen. In ihren Ritualen spielten Trance-Erfahrungen eine wichtige Rolle. Ihr Weltverständnis dürfte auch von der Unterscheidung zwischen Körpern und Geistern ausgegangen sein, eine mythologische Erklärung für die Entstehung des eigenen Stammes enthalten haben und magisches „Wissen" darüber umfasst haben, wie man mit Tier- und Pflanzengeistern in Kontakt zu treten habe. Aus den von Clottes und Lewis-Williams (1997) festgestellten Berührungsspuren kann man zudem darauf schließen, dass zumindest einige Rituale nicht individuelle, sondern von Kultgemeinschaften durchgeführt wurden. Das setzt irgendeine Form sozialstruktureller Ordnung voraus.

Eine ganz andere Frage ist, ob Stammesgesellschaften **diesen Zuschnitts** die ersten Gesellschaften überhaupt waren und damit den gesuchten Nullpunkt der Gesellschaftsentwicklung darstellten. Ich vermute, dass das tatsächlich der Fall war. Die Möglichkeiten, diese These zu beweisen, sind allerdings äußerst ungünstig. Mehr als Gedankenexperimente sind nicht möglich. Ob das mehr als nichts ist, muss am Ende der Leser entscheiden.

Um welche Gedankenexperimente geht es? Zunächst einmal kann man prüfen, ob andere, möglichst ältere Innovationen als Bilderhöhlen, Begräbnisse, Schmuck und figürliche Darstellungen ohne sozialstrukturelle Ordnung und sinnverwendende Kommunikation in einem gesellschaftlichen Rahmen nicht gemacht werden konnten. Wichtige Kandidaten für eine solche Überprüfung sind:

a. hinreichende Überlebensrate von als „sekundären Nesthockern" (Kap. 3) geborenen Säuglingen;
b. vorausschauende, permanente Bewaffnung und gezielte Jagd;
c. Herstellung von Werkzeugen zur Werkzeugherstellung;
d. Entwicklung von Distanzwaffen;
e. Vorhersagen von Mondphasen und dergleichen.

Bei den ersten vier Kandidaten scheint mir – ganz abgesehen vom Alter der jeweiligen Innovation – das Ergebnis ziemlich klar zu sein. Alle diese Innovationen können von Wesen mit einiger Intelligenz, guter Beobachtungsgabe und strategischem Kalkül entwickelt worden sein, die sich auf intakte **Gruppen**strukturen stützen können. Sie stehen in keinem Zusammenhang zu Symbolsprache, abstrakter gesellschaftlicher Ordnung oder einem sinnhaft geordneten Weltverständnis.

Anders fällt das Urteil im letzten Fall aus. Nach den Forschungen Alexander Marshaks (1972; 1974) ist davon auszugehen, dass der Mondzyklus mit Hilfe symbolischer Zeichen vorhergesagt werden konnte und zu der Zeit bekannt war, aus der auch die ältesten Bilderhöhlen, Figuren und Schmuckfunde stammen. Aufgrund der ausgeprägten mythologischen Bedeutung von Mond und Sonne und einigen Sternen ist jedoch davon auszugehen, dass diese Kenntnisse in das Weltbild von vornherein integriert waren. Möglich ist sicherlich, dass die astronomischen Kenntnisse dazu beigetragen haben, allen symbolischen Zeichen Macht und Einfluss zuzuschreiben. Denn man muss ja davon ausgehen, dass in magischen Weltbildern weder zwischen der sozialen und einer eigenen Gesetzmäßigkeiten gehorchenden objektiven Welt noch zwischen Prognose und kausaler Wirkung unterschieden werden konnte. Fazit: der eine Fall, der nicht ohne Symbolverwendung auskommt, passt in das als archaischer Ausgangspunkt der Gesellschaftsentwicklung unterstellte Weltverständnis. Alle anderen Innovationen konnten ohne gesellschaftlichen Hintergrund gemacht werden.

Es ist aber noch ein zweites, m. E. zwingenderes Gedankenexperiment möglich. **Man muss zeigen können, *auf welchem Weg* Menschen, die biologisch den heutigen Menschen entsprechen, die über Lautgesten kommunizieren, in permanenten Gruppen leben und die als bewaffnete Jäger- und Sammlerinnen leben (vgl. Kap. 3), ihre Kommunikation auf sinnhafte Symbole im Rahmen eines sinnhaften Weltverständnisses umgestellt haben und dabei Gesellschaften vom Typus einfacher Stammesgesellschaften entwickelt haben.** Gesellschaft impliziert ein für heutige einfache Stammesgesellschaften dokumentiertes Zusammenspiel zwischen Weltverständnis, Sozialstruktur und Ritualen.

Bei der gesuchten Erklärung liegt die besondere Schwierigkeit darin, dass man sich keinen allmählichen und langwierigen evolutionären Weg in diese Strukturen vorstellen kann. Eine auf das Medium Sinn umgestellte Kommunikation impliziert vielmehr sofort eine insgesamt sinnhafte Welt und den Monopolanspruch, dass alles, was kommuniziert wird, sinnhaft ist. Ebenso eng ist das Zusammenspiel von Weltverständnis, Sozialstruktur und Ritual. Auch hierbei kann man sich das eine ohne das andere nicht vorstellen. Dagegen ist es denkbar, dass die beiden gesuchten Innovationen sinnverwendende Kommunikation und Gesellschaft nicht zugleich erfolgt sein müssen.

Im Folgenden wird eine Erklärung entwickelt, die beide Schritte eng miteinander verzahnt. Sie geht davon aus, dass Gesellschaftsentwicklung eine direkte Konsequenz der Symbolverwendung war und die Existenz von Gesellschaft wiederum zu einer Monopolisierung sinnverwendender Kommunikation geführt hat.

An diese Erklärung müssen noch zwei weitere **Anforderungen** gestellt werden. Sie muss einmal **mit den vorhandenen archäologischen Funden kompatibel sein.** Sie sollte zweitens so beschaffen sein, **dass sie die Grundlage für die Erklärung der weiteren Entwicklung liefern kann** (vgl. Kap. 6 und 7). Diese Forderung ergibt sich aus dem Begriffskonzept Medium – Form. Danach sind neue Formen von Gesellschaft – solange soziale Kontinuität anzunehmen ist und keine Brüche durch Eroberung und dergleichen erfolgt sind – als folgenreiche, zur allmählichen Umschichtung des medialen Substrats führende, Variationen aus dem vorhandenen „Repertoire" an Möglichkeiten zu erklären!

Bevor ich den Weg erläutern werde, auf dem sich m. E. „Gesellschaft" entwickelt hat, möchte ich noch kurz darauf eingehen, **welche Merkmale eine solche „erste" Gesellschaft in etwa aufweisen sollte.** Diese Erläuterung erfolgt über die zentralen Begriffe: Weltverständnis, Sozialstruktur, Ritual.

Wie noch im Einzelnen gezeigt werden wird (Kap. 5 – 7), ist das für archaische und für heutige einfache Stammesgesellschaften charakteristische **Weltverständnis** von dem Axiom geprägt, dass derjenige, der magisch-religiöses Wissen über die Erschaffung der Welt, des eigenen Stammes und die Zusammenhänge der Welt in rituell geordneter Form kommuniziert, damit Einfluss auf die gewussten Zusammenhänge ausübt (magisches Wissen). Er kann sie beleben, reproduzieren, aber auch für partikulare Zwecke benutzen. Dieses Grundmuster kann in allen möglichen Formen auftauchen und erfährt mit der Entwicklung von Sesshaftigkeit sowie Ackerbau und Viehzucht (Kap. 6) und dann noch einmal mit der Ausbildung primärer Zivilisationen (Kap. 7) eine als Steigerung der magischen Wirksamkeit interpretierbare Veränderung.

Im Rahmen dieser Charakterisierung sind für einfache Stammesgesellschaften und damit möglicherweise auch für ein besonders frühes Stadium der Gesellschaftsentwicklung Erklärungsmuster charakteristisch, die die Entstehung des eigenen Stammes auf die Verwandlung eines Tieres, einer Pflanze, oder was auch immer, in einen mythischen Stammesgründer zurückführen. Für diese Art der Erklärung gibt es unzählige Varianten. **Jede neue Generation reproduziert** – unter den Bedingungen des Glaubens an Seelenwanderung – **diesen „Schöpfungsakt"**, da auch hier wiederum Ahnengeister in neue Körper hineinkommen. Er ist in der Sozialstruktur fixiert.

Die **Sozialstruktur** einfacher Stammesgesellschaften ist daher **nach dem gleichen Muster geformt**. Da jeder eine Reinkarnation eines Ahnengeistes darstellt, ist es nur konsequent, ihn über ausgefeilte Verwandtschaftssysteme abstrakt zu kategorisieren. Das Beispiel Totemismus (vgl. Kap. 5) zeigt, dass auch Tiere, Pflanzen, Steine und Gestirne in die Sozialstruktur als Verwandte der Clans und Phratrien eingeschlossen sind. Auch hierin drückt sich ein von Trance-Erfahrungen geprägtes Weltverständnis aus, das jedem „Bewusstsein" zutraut, seine körperliche Hülle zu wechseln. Die konkreten Formen und Zuordnungen sind variiert worden, der generelle Tenor scheint, soweit ich das beurteilen kann, aber überall der gleiche zu sein: **Verwandtschaft überschreitet die Artgrenze zwischen Mensch und Tier.** Sie *ist* insofern **eine „alles" übergreifende, universelle Ordnung**, deren Anwendung zugleich „alles" reproduziert.

Diese Anwendung des Weltverständnisses erfolgt in einfachen Stammesgesellschaften (Kap. 5) und vermutlich auch in archaischen Gesellschaften nur im Ritual. **Rituale** setzen es in einen ganz spezifischen Kommunikationsmodus um, der die allgemeinen Merkmale von Kommunikation in einem gesellschaftlichen Rahmen bereits enthält. Das im Weltverständnis formulierte und über die Sozialstruktur in den Akteuren verankerte magische Wissen bildet die Voraussetzung der Kommunikation. Es fließt in festgelegte rituelle Abläufe ein, die in vorgeschriebener Weise durchgeführt werden müssen, um das Ziel zu erreichen: **Einfluss auszuüben im Sinne der Reproduktion der „Welt"** (so wie sie im Weltverständnis beschrieben ist) oder gezielt auf bestimmte Elemente dieser Welt wie z.B. einen bestimmten Ahnengeist einzuwirken.

3 Koevolution zwischen Wahrnehmung und Kommunikation – eine zentrale Grundlage für die „Erfindung" der Gesellschaft

Der **erste Erklärungsschritt** handelt davon, **dass neuartige Wahrnehmungen in die Kommunikation der permanenten Gruppe einfließen, die aber mit den herkömmlichen Mitteln, nämlich Lautgesten, nicht kommuniziert wer-**

den können. Für diesen Erklärungsschritt ist es notwendig, etwas weiter auszuholen und mit dem Zusammenhang zwischen Wahrnehmung und Kommunikation zu beginnen. Ich teile Niklas Luhmanns These einer Koevolution zwischen psychischen und sozialen Systemen und benutze seine Ausführungen hierzu als Ausgangspunkt für die nachfolgenden Überlegungen (vgl. Luhmann 1984, 286ff.; Luhmann 1997, 92ff.; Luhmann 2002, 118ff. und 247ff.).

Zwischen psychischen und sozialen Systemen besteht nach Luhmann zunächst einmal ein spezifisches Verhältnis struktureller Kopplung. „Im Falle der strukturellen Kopplung von sozialen Systemen und psychischen Systemen lautet die vielleicht entscheidende These, dass soziale Systeme nur an Bewusstsein und an nichts anderes gekoppelt sind, dass die Kommunikation also vollständig unabhängig davon sein kann, was in der Welt passiert, wie sich Atome und Moleküle gebildet haben ... **All das spielt gar keine Rolle, sondern nur das, was über ein Bewusstsein vermittelt wird.** Und das Bewusstsein ist natürlich eines, das wahrnehmen kann. Die Kommunikation selbst, das muss man sich immer wieder klar machen, kann überhaupt nicht wahrnehmen ... Ich weiß nicht, ob das jedem so klar ist, wenn er von Kommunikation spricht. Wenn man diesen Punkt nicht erwischt, dann wird der Sinn der Trennung von psychischen und sozialen Systemen nicht klar. Dann wird insbesondere auch die Theorieentscheidung nicht klar, die **das Bewusstsein sehr stark unter dem Gesichtspunkt der Wahrnehmungsleistung sieht** ..." (Luhmann 2002; 270f. Hervorh. D.B.).

Das Zustandekommen dieser strukturellen Kopplung führt Luhmann auf die Sprache zurück. „Sprache hat offensichtlich eine Doppelseitigkeit. Sie ist sowohl psychisch als auch kommunikativ verwendbar und verhindert nicht, dass die beiden Operationsweisen – nämlich Disposition über Aufmerksamkeit und Kommunikation – separat laufen und separat bleiben" (Ebd.; 275). Daran anschließend erläutert Luhmann diese beiden Seiten der Sprache an Beispielen aus dem heutigen Leben und kommt dann zu folgendem Schluss. „Der Gesamteffekt dieser Überlegungen ist, dass man annehmen kann, dass sich Kommunikationssysteme und Bewusstseinssysteme in dem Sinne koevolutiv entwickeln, dass die Entwicklung von Sprache Bewusstsein in der uns vertrauten Form aus dem Bereich **ausdifferenziert**, den wir ... Tieren zumuten können, zumal (differenziert sie) aus den komplexen Wahrnehmungsleistungen (aus), die die Tiere erbringen. Es gibt **dann Bewusstsein im sinnorientierten Verständnis** einerseits, und es gibt andererseits **laufende Kommunikation** ..." (Ebd.; 277f. Hervorh. und Ergänzungen in Klammern: D.B.).

Wenn ich im Folgenden von dieser Koevolutionsthese ausgehe, dann nur unter folgenden Einschränkungen. Einmal erklärt der Hinweis auf die Entwicklung einer Symbolsprache die konstatierte Spezialisierung des Bewusstseins auf sinnorientiertes Verständnis nicht. Er ist nur als Hinweis auf eine wichtige Ebene zu verstehen, die möglicherweise Entwicklungen von dem einen zum anderen Typus sinnverarbeitender Systeme transportiert hat. Zum anderen kann Luhmann das Ergebnis der Koevolution nur auf der Ebene des Bewusstseins und nicht auf der der Kommunikation bezeichnen. Dort merkt er nur an, dass sie allen denkbaren Anforderungen gewachsen sei (vgl. ebd.; 278). Diese begriffliche Lücke wird hier durch die Unterscheidung zwischen Kommunikation im Kontext permanenter Gruppen und Kommunikation in einem gesellschaftlichen Rahmen (bzw. ritueller Kommunikation) gefüllt. Erklärt werden muss also folgender Übergang:

Bewusstsein	**Sprache**	**Kommunikation**
Von:		
Komplexe Wahrnehmungsleistungen im Kontext von unmittelbaren Bedürfnissen und Lautgestenvermittelter Interaktion	Lautgesten	direkte Kommunikation in permenent existirenden Gruppen
Zu:		
Wahrnehmungsleistung: Sinnorientiertes Verstehen"	Symbolsprache	Kommunikation im gesellschaftlichen Rahmen

Als Ausgangspunkt kommt nicht eine Veränderung des Bewusstseins „an sich", sondern **nur eine Veränderung der *in die kommunikative Verständigung einfließenden* Wahrnehmungsleistungen des menschlichen Bewusstseins in Frage.**

Mit dieser Formulierung spiele ich darauf an, dass nie die Wahrnehmungsleistungen des menschlichen Bewusstseins insgesamt in die kommunikative Verständigung einfließen. Lautgesten kommen bei Primaten in permanenten Gruppen z.B. erst dort ins Spiel, wo sie auf andere Gruppenmitglieder in irgendeiner Weise angewiesen sind. Menschliche Wahrnehmungen fließen nur unter bestimmten Bedingungen in sinnverwendende Kommunikation ein. Daneben gibt es Grenzen, die mit Bewusstseinszuständen zusammen hängen. So können beispielsweise Träume im Bewusstseinszustand des Schlafes allenfalls punktuell kommuniziert werden, weil im Schlaf nicht mit anderen kommuniziert werden kann und die erlebten Träume im späteren Wachzustand nur äußerst unvollständig erinnert werden können. Der „Normalfall" sind also Wahrnehmungen im Wachzustand, die direkt in die Kommunikation eingespeist werden. Dabei kann aber die Grenze direkter von den Bedürfnissen und Interessen der Akteure angetriebener Kommunikation allenfalls ganz allmählich über immer voraussetzungsvollere konditionale Verknüpfungen überwunden werden. Genau diesen Evolutionspfad hat Luhmann verfolgt.

Entgegen Luhmann deuten alle Indizien, v.a. die immer weitere Beschleunigung des Evolutionstempos (vgl. u.a. O.E. Wilson 1979) darauf hin, dass unsere Vorfahren einen direkten Weg in Richtung auf die heutige menschliche Zivilisationsentwicklung gefunden haben. Eine überraschende und zunächst unwahrscheinlich anmutende Erklärung könnte sein, **dass Wahrnehmungen im Zustand der Trance zum Gegenstand zwischenmenschlicher Kommunikation gemacht wurden. Das könnte *Konsequenzen* gehabt haben, die zur Gesellschaftsentwicklung geführt haben.** Diese These soll hier entwickelt werden.

Dieser Bewusstseinszustand kann wesentlich besser als Träume im Zustand des Schlafes in die Kommunikation eingebracht werden. Vom Wachzustand unterscheidet er sich vor allem dadurch, dass die direkten Bedürfnisse wie Hunger, Durst, Frieren etc. ebenso wie die Wahrnehmung von Feinden, potentieller Nahrung etc. ausgeklammert bleiben. **Die biologische Bedürfnisnatur, die als Grundlage der gestenvermittelten Kommunikation fungiert, scheint in diesem Bewusstseinszustand keine Rolle zu spielen.**

Lewis-Williams erklärt Trance folgendermaßen: „Das Wachbewusstsein ist ein Zustand, in dem die Personen ihrer Umgebung voll gegenwärtig sind und auf alle von außen kommenden Reize rational reagieren können. Es ist jedoch keineswegs genau eingegrenzt und exakt zu bestimmen, denn selbst im alltäglichen Leben wechseln die Menschen wiederholt zwischen mehr introvertierten und mehr extrovertierten Bewusstseinszuständen ... Wenn sich Menschen beispielsweise in einem leicht veränderten Bewusstseinszustand, dem Tagträumen, befinden, sind sie wesentlich weniger aufmerksam ... Der Traum ist ein weiterer veränderter Bewusstseinszustand, der auf unserer Skala in noch weiterer Entfernung anzusiedeln ist .... allerdings kennen wir auch das „klarsichtige Träumen", einen Zustand zwischen Wachen und Schlaf, in dem man die Hervorbringung von Bildern regulieren bzw. diese Kontrollmechanismen erlernen kann .... Am anderen Ende der Skala befinden sich die tiefen, dem Bewusstsein unzugänglichen Zustände ... In dieser Geistesverfassung glauben die Menschen Dinge wahrzunehmen, die es in der Realität gar nicht gibt: sie halluzinieren. Sinnestäuschungen dieser Art können mit Glücksgefühlen verbunden, ekstatisch oder furchteinflößend sein. Hierzu zählt auch die Trance ...

Es ist von besonderem Nutzen, sich die einzelnen Etappen der Trance näher vor Augen zu führen ... Neurophysiologische Forschungen haben ergeben, dass im Wesentlichen **drei ineinander greifende Phasen** unterschieden werden können ... **Zu Beginn der Trance ...„sieht" man geometrische Formen** wie Punkte, Zickzackstreifen, Gitter, Reihen paralleler Linien, gebündelte Kurven und Mäanderlinien. Sie haben leuchtende Farben, flimmern, vibrieren, dehnen sich aus, ziehen sich zusammen und vermischen sich miteinander ... **In der zweiten Phase unternehmen die Personen den Versuch, den wahrgenommenen geometrischen Formen einen gewissen Sinn zu verleihen** ... In die **dritte Phase** gelangt man durch eine Art Strudel oder **Tunnel**. Die beteiligten Personen fühlen sich in einen Wirbel gezogen, an dessen Ende ein helles Licht erstrahlt ... Wenn man diesen Tunnel schließlich durch sein entlegenes Ende verlässt, findet man sich in der fremdartigen Welt der Trance wieder; Ungeheuer, Menschen und die gesamte Szenerie sind von einer eindringlichen Realität... Aus dem Westen stammende Personen vergleichen diese Bilder mit „Malereien, die vor jeder Vorstellung entstanden" bzw. einem Film oder einem Dia-Vortrag ... In dieser Phase meinen die Personen fliegen zu können und sich in Vögel oder andere Tiere zu verwandeln. **Sie „sehen" nicht nur ungewöhnliche Dinge – sie werden durch ihre eigenen Halluzinationen ein Teil von ihnen** ... Am häufigsten ist in den Berichten jedoch von der Verwandlung in ein Tier die Rede ... „Ich dachte an einen Fuchs und im Handumdrehen hatte ich mich in einen Fuchs verwandelt..."" (Clottes/Lewis-Williams 1997; 14ff. Hervorh. D.B.).

Zunächst ist festzuhalten, „dass diese drei Phasen allen Menschen gemeinsam sind und ihre Grundlage in der Funktionsweise des Nervensystems haben" (ebd.; 17). Wie dieser biologische Rahmen aber ausgefüllt wird, was der Einzelne also im Zustand der Trance wahrnimmt und erlebt, ist „dagegen ausschließlich kulturspezifisch bedingt: Die Menschen halluzinieren zumindest in einem gewissen Maße das, was sie zu sehen erwarten" (Ebd.; 17).

Wahrnehmungen im Zustand der Trance können (aber müssen nicht) wie andere auch zum Gegenstand von Kommunikation gemacht werden. Wird diese strukturelle Kopplung hergestellt, dann ist es wichtig, sich klar zu machen, **welche neuen wahrnehmungsspezifischen Aspekte damit in die Kommunikation einziehen:**

- Die Wahrnehmungen sind offenbar von der biologischen Bedürfnisnatur entlastet, sie sind gewissermaßen „rein kognitive Wahrnehmungen".
- Sie sind aber dennoch in hohem Maße emotional besetzt, haben also für Wesen mit hoher „emotionaler Intelligenz" hohe Attraktivität.
- An Stelle intentionaler Aufmerksamkeit im Wachzustand scheint kulturelle Erwünschtheit die Selektivität der Wahrnehmungen zu organisieren.

- Die bemerkenswerteste Besonderheit ist zweifellos die Aufhebung der „natürlichen" Grenze des eigenen Organismus: man erfährt sich selbst als ein anderes Wesen.
- **Intersubjektivität** nicht zu anderen Gruppenmitgliedern wohl aber **zu anderen Arten kann** konkret erfahren werden. Diese Intersubjektivität scheint aber **abstrakt** zu bleiben: man erfährt „sich" nicht als ein besonderer Fuchs sondern als typisches Exemplar der Gattung Fuchs.

Auffällig ist nun, dass m. W. **alle** einfachen Stammesgesellschaften Praktiken kennen, die mit dem Zustand der Trance zu tun haben. Sowohl in totemistischen Stammesgesellschaften wie bei Stammesgesellschaften mit Schamanismus spielen solche Praktiken eine ganz zentrale Rolle im sozialen Leben (vgl. Kap. 5). **D.h. die strukturelle Kopplung zwischen diesem Bewusstseinszustand und der Kommunikation ist in allen uns bekannten einfachen Stammesgesellschaften tatsächlich hergestellt worden.**

Weiterhin bilden die für den Zustand der Trance charakteristischen Wahrnehmungen die **Grundlage** für die Kultur (also für Weltverständnis, Sozialstruktur und Rituale) dieser Stammesgesellschaften und deren Verankerung in den Stammesmitgliedern. Auffallend ist nämlich, dass die Gründungsmythen dieser Stammesgesellschaften in der Regel die *Verwandlung* **eines Tieres in einen mythischen Urahnen postulieren**, von dem dann alle anderen Stammesmitglieder abstammen (vgl. den Abschnitt zum Totemismus im 5. Kapitel). Auch wichtige Innovationen wie der Pflanzenanbau werden mit dem Aspekt Verwandlung in Zusammenhang gebracht. Auf diesen Aspekt wird im sechsten Kapitel noch näher eingegangen werden. **Auch die für archaische Gesellschaften charakteristische Methode der Magie erinnert sehr stark an Trance-Erfahrungen.** Das Bindeglied zwischen beiden Komplexen bilden die Schamanen (vgl. Kap 5), die Trancezustände zu manipulativen Zwecken wie dem Vertreiben von Krankheiten verursachenden „Geistern" aus einem Körper nutzen.

Die mythologischen Postulate sind, wenn man die oben zitierte Darstellung zugrunde legt, **im Zustand der Trance nacherlebbar** – in der dritten Phase ist man in der Lage kulturell Erwünschtes zu „sehen" und sich z.B. in die Tierart, die als mythologischer Stammesgründer angegeben wird, zu verwandeln. Auf diesem Wege können emotional hoch besetzte und mit „entsprechenden" Wahrnehmungen unterfütterte Bindungen an kulturelle Mythen erzeugt werden, deren Stärke mit biologisch fixierten Bindungen an direkte Bedürfnisse (Nahrung, Schutz vor Feinden, Sexualität) durchaus vergleichbar ist[68]. **Die struktu-**

---

68 Genau eine solche Grundlage starker kultureller Bindungen unterstellt Parsons dem Treuhandsystem und dem Medium der Wertbindung. Vgl. Parsons 1968. Kritiker wie Habermas 1981,

relle Kopplung zwischen Wahrnehmung und Kommunikation wird hierbei als Zirkel benutzt: **die emotional stark besetzten Wahrnehmungen in der Trance und die kommunizierten Mythen stützen und verstärken sich gegenseitig!**

4 Wie könnte es zur Gesellschaftsbildung gekommen sein? Ein Gedankenexperiment.

Mit diesen Überlegungen zur strukturellen Kopplung zwischen personalen und sozialen Systemen kann man sich klarmachen, **auf welchem Wege sich das Sozialverhalten von der direkten Bindung an die menschliche Bedürfnisnatur lösen konnte.** Nur so konnte das, was man menschliche Zivilisationsentwicklung nennt, überhaupt erst in die Reichweite historischer Möglichkeiten rücken. Diese Überlegungen reichen aber noch nicht aus, um konkrete Wege in diese Zivilisation zu verstehen.

Das wird am ehesten über folgendes Gedankenexperiment möglich sein. Stellen wir uns also eine Schweifgruppe des Homo sapiens sapiens vor, die die Techniken des Sozialverhaltens in permanent existierenden Gruppen voll entwickelt hat, interne Rangordnungen aufweist, sich mit zahlreichen Lautgesten untereinander verständigen kann, Verhaltensweisen vorbereiten und strategisch zu planen vermag, über Techniken der Konfliktbeilegung und der gegenseitigen emotionalen Stabilisierung verfügt. Sie befindet sich aufgrund ihrer Bewaffnung und Jagdstrategie an der Spitze der Nahrungspyramide und vermag sich auch gegen nächtliche Beutezüge großer Raubkatzen und Bären effektiv zu schützen, weil sie mit dem Feuer umgehen kann, vielleicht auch schon Wölfe gezähmt hat, in jedem Fall aber über eine Art Nachtwache verfügt. Nehmen wir – nur aus Vereinfachungsgründen – weiter an, dass diese Schweifgruppe nicht in einer engen ökologischen Nische mit unwirtlichem Klima lebt, sondern ohne größere Umstände an die tägliche Nahrung kommt. Sie führt also ein vergleichsweise entspanntes, nicht mit allzu viel „Arbeit" belastetes Leben – ganz so wie es Sahlins in „Stone Age Economics" dem Leser vorführt (Sahlins 1972).

Unter diesen Bedingungen, zu denen eben auch ausgedehnte „Siestas" gehören, haben sie halluzinogene Pflanzen zu sich genommen, die begehrt sind, weil sie interessante Halluzinationen versprechen. Sie sind Stunden später nacheinander in guter Stimmung aufgewacht, wobei sich ihre hohe emotionale Intelligenz (Turner 2000; Massey 2002) in einem entspannten Austausch von Gesten

---

Bd. 2; 410, haben angemerkt, dass der Mediencharakter von Wertbindungen eher für vormoderne als für moderne Gesellschaften zutreffe.

und Lauten äußerte. Dabei bedienen sie sich eines etwas ausgefeilteren Systems von Lautgesten, als Jane Goodall es für die Schimpansen aufgezeichnet hat. In dieser entspannten Situation möchte nun einer aus der Gruppe seine emotional hoch relevanten Wahrnehmungen aus der vorangegangenen Trance in die Kommunikation einzubringen versuchen. Wie soll er das tun? Er verfügt schließlich über keine Symbolsprache, die es ihm ermöglichen würde, einfach zu sagen: „Ich habe mich in eine Antilope verwandelt!" Er nimmt also ein am Boden liegendes Aststück und ritzt die Umrisse der Antilope in den weichen Lehm einschließlich der charakteristischen Hörner. Vielleicht deutet er noch auf seine Darstellung und drückt dabei zugleich seine Empfindungen aus, die er bei dieser Wahrnehmung hatte. Ähnlich wie die Schimpansen macht er das mit einem charakteristischen Gesichtsausdruck, der von den anderen „automatisch" verstanden wird.

Damit aus dieser Alltagsszene eine Begebenheit von unabschätzbarer historischer Tragweite werden kann, bedarf es nun nur noch dreier miteinander verketteter Zufälle.

Zufall 1: Verstehen eines Symbols.

Ein neugieriges Gruppenmitglied wendet seinen Kopf und sieht sich an, was da in den Lehm geritzt ist. Er erkennt die Antilope und bringt sie mit dem freudig erregten Gesichtsausdruck des „Zeichners" in Zusammenhang. Diese Verbindung ruft in ihm die Erinnerung an genau dasselbe Trance-Erlebnis wach. Die Chance dazu ist recht hoch, wenn die Antilope ein typisches Tier der Umgebung ist und wie heute noch bei den Buschmännern (Clottes/Lewis-Williams 1997; 17) häufig Thema der Trance ist. Das bedeutet aber bereits, dass er die Zeichnung der Antilope als **Zeichen** für die mitgeteilte Information erkannt hat, die in unserer heutigen Sprache vielleicht so formuliert werden könnte: „Ich bin eine Antilope gewesen und das war toll".

Verstehen bedeutet ausschließlich, solange eine Symbolsprache nicht existiert: eine konkrete Wahrnehmung mit ihren kognitiven wie emotionalen Komponenten im „inneren Erleben" nachvollziehen zu können (vgl. auch Mead 1968). Gehlen sieht hierin eine entscheidende zivilisatorische Entwicklung und spricht von „Umkehr des Verhaltens nach innen" (Gehlen 1986b; 260). Der Ausgangspunkt für die Kultivierung des inneren Erlebens könnten in die Kommunikation eingeführte Symbole gewesen sein, die die Erinnerung an Trance-Erlebnisse wachgerufen haben. Auf diesem Wege kann sich **gleichermaßen** „Bewusstsein", also die Möglichkeit sich „im Inneren" selbst zu beobachten, und sinnverwendende Kommunikation entwickelt haben, also die an andere adressierte Anregung, bestimmte Erinnerungen in sich selbst hervorzurufen. Epochal ist an diesem Ereignis in soziologischer Hinsicht, dass damit ein Weg entdeckt wurde, die Reichweite der Kommunikation innerhalb der Gruppe unendlich zu steigern. Mit der erfolgreichen Verwendung symbolischer Zeichen kann von nun an auch über Dinge kommuniziert werden, die nicht von allen im Kontext biologisch fixierter Bedürfnisse „gesehen" werden wie z.b. ein noch gar nicht präsentes Beutetier. Dazu muss aber ein neues Kommunikationsmedium entwickelt werden, das **symbolische Zeichen**, das die Fähigkeit hat, ganz unterschiedliche Informationen zu speichern, sie zeitlich und dann auch räumlich „zu strecken".

Zufall 2: Handlungskoordination.

Auf dieser Grundlage kann sich ein zweiter Zufall ereignen. Die Gruppe könnte damit beginnen, **über dieses Zeichen ihr Handeln zu koordinieren.**

Nehmen wir an, nicht nur zwei Gruppenmitglieder kommunizieren mit Hilfe eines symbolischen Zeichens über Trance-Erfahrungen, sondern die gesamte Gruppe lernt mit dem Zeichen umzugehen. Dann können zunächst einmal alle in der Gruppe sich an ihre „einschlägigen" Erfahrungen erinnern, sobald es in die Kommunikation eingeführt wird (strukturelle Kopplung wird hergestellt). Über weitere Zeichen könnte man herausfinden, dass es Gruppenmitgliedern beispielsweise auch möglich ist, sich im Zustand der Trance in einen Raben zu verwandeln. Dabei ist es wichtig zu beachten, dass zumindest längerfristig die Differenzierung der Wahrnehmung auf der Ebene von Zeichen auch zu einer Differenzierung der Trance-Erfahrungen führen wird. Auf dem Wege der strukturellen Kopplung kommt es also zu einer Koevolution zwischen je individuellen Wahrnehmungen und der Gruppenkommunikation. Zu dieser Ausdehnung des Zeichengebrauchs trägt auch bei, dass Zeichen zur Handlungskoordination genutzt werden. A fällt z.B. ein, dass es wieder an der Zeit wäre, einen geeigneten Platz zu suchen, ein Rauschmittel zu verzehren (oder sich auf anderem Wege gemeinsam in Stimmung zu bringen), um wiederum gemeinsame Trance-Erfahrungen zu haben. Um der Gruppe eine solche Handlung vorzuschlagen, ist es nur erforderlich, dass er das Zeichen mit einem anderen Gesichtsausdruck verbindet, damit die anderen merken, das er etwas anderes beabsichtigt, als eine Trance-Erfahrung mitzuteilen. Er **variiert** also die **Mitteilungsabsicht.**

Bei diesem 2. Schritt wird deutlich, **wie mit jedem Schritt in Richtung Symbolsprache das von der menschlichen Bedürfnisnatur unabhängige Organisationspotential der Gruppe anwächst.** Für die Realisierung neuer

Möglichkeiten dürfte entscheidend sein, inwieweit sie in die strukturelle Kopplung zwischen individueller Wahrnehmung und Gruppenkommunikation eingebaut werden können.

Zufall 3: soziale Konsequenzen der Trance-Erfahrung werden formuliert – von symbolischer Kommunikation zum sinnhaften Weltverständnis.

Der endgültige Durchbruch zur Gesellschaftsentwicklung hängt aber erst an einem die anderen beiden Zufallsschritte voraussetzenden 3. zufälligen Entwicklungsschritt. Er setzt ein, wenn die in die Kommunikation eingeflossenen Wahrnehmungen im Zustand der Trance auf ihre **sozialen Konsequenzen** hin **durchdacht** werden.

Dazu bedarf es nur des Gesichtspunkts der **Reziprozität**, der bereits zum Repertoire des Sozialverhaltens in permanenten Gruppen gehört und aus Beobachtungen und Analysen des Sozialverhaltens von Schimpansen bekannt sind. Er bildet die Grundlage konditionaler Verknüpfungen: „Wenn du tust, was ich von dir erwarte, dann tu ich auch das, was du von mir erwartest".

In dem Maße, wie eine Kommunikation über Trance-Erfahrungen möglich wird (Zufallsschritt 2), entsteht eine Möglichkeit, die Grundlage dieses 3. Zufallsschritts ist: Jemand kann auf die Frage kommen, ob der Fuchs oder die Antilope (um bei den bisherigen Beispielen zu bleiben) nicht dasselbe vermag, wie die eigene Gruppe im Zustand der Trance. Was ist, wenn der Fuchs in einen von uns „hineinkommt", so wie jeder von uns in den Fuchs, den er sieht, „hineinkommt"[69]? Gibt es mich dann noch? Habe ich mich in einen Fuchs verwandelt?

Die Bearbeitung einer derartigen Problemlage scheint zu einer gedanklichen **Differenzierung zwischen Organismus und Bewusstsein** geführt zu haben. Ich verwende im nachfolgenden Text hierfür die Formel „Unterscheidung zwischen Körper und Geist[70]", da sie direkt an das mythologische Denken und die Weltbilder von Stammesgesellschaften anschließt. Die Ergebnisse dieser Unterschei-

---

69 Ich kann den Gedanken nur in meiner Sprache entwickeln, mir aber zugleich auch vorstellen, dass er in Form von Bildern gedacht und über vergleichsweise einfache Zeichen und Gesten kommuniziert werden kann.

70 Max Weber charakterisiert den Begriff durch unmittelbaren Bezug auf das Problem des Hineinkommens in und Verlassens von Körpern auf eine Weise, die seine enge Beziehung zu Trance-Erfahrungen verdeutlicht: „Der ‚Geist' ist zunächst weder Seele, noch Dämon oder gar Gott, sondern dasjenige unbestimmt: materiell und doch unsichtbar, unpersönlich und doch mit einer Art von Wollen ausgestattet gedachte Etwas, welches dem konkreten Wesen seine spezifische Wirkungskraft erst verleiht, in dasselbe hineinfahren und aus ihm – aus dem Werkzeug, welches unbrauchbar wird, aus dem Zauberer, dessen Charisma versagt – auch irgendwie wieder hinaus, ins Nichts oder in einen anderen Menschen oder ein anderes Objekt hinein fahren kann" (Weber 1972; 246)

dung müssen nicht mehr fiktiv erzählt werden. Sie können an Beispielen aus existierenden Stammesgesellschaften exemplarisch dargestellt werden. Diese **eine** Unterscheidung eröffnet eine selbst konstruierte sinnhafte **Welt**. Damit soll ausgedrückt werden, dass jede mögliche Beobachtung unter diesem Gesichtspunkt verarbeitet werden kann. **Es gibt keine Beobachtung, die aus dieser Unterscheidung wieder herausführt.** Das impliziert auch, dass die Beobachter selbst Teil der Unterscheidung sind[71]. Diese Unterscheidung ist daher auch das Einfallstor für kulturelle Selbstbindungen, die auch die Bedürfnisbefriedigung kanalisieren wie z.B. Esstabus.

Mit dieser einen Differenzierung **kann** eine ebenso unhintergehbare **Unterscheidung der Lebensdauer** einher gehen: ein **Körper** ist **sterblich**, ein **Geist** existiert **ewig**. Ein Beispiel für die Nutzung dieser beiden Unterscheidungen ist der Wiedergeburtsglaube bei den australischen Ureinwohnern (vgl. unter 5.2.).

Im sibirischen Schamanismus (vgl. unter 5.3.) existieren dagegen beide möglichen Konzepte nebeneinander. Bei der Bärenjagd ergibt sich für die Jäger das Problem, das der Bärengeist seine „Behausung" verliert, wenn die Jäger einen Bären töten. Deswegen muss er beschwichtigt werden. Hierbei wird die Differenzierung zwischen Körper und Geist auf den Umgang mit anderen Arten angewendet. Der Umgang mit Beutetieren und anderen Elementen der Umwelt verkompliziert sich. Er gewinnt eine kulturelle Dimension. Andere Konsequenzen ergeben sich beim sogenannten Zerstückelungsritual, wo die Unterscheidung auf die eigene Art angewendet wird. Wenn jemand Schamane wird, nimmt nicht nur ein schamanischer Ahnengeist von ihm Besitz. Er erlebt zugleich seien körperlichen Tod und die Wiederbelebung seines Körpers (Zerstückelungsritual; vgl. Findeisen/Gehrts 1996; 60ff.).

Verbindlich erreicht wird mit der Differenzierung zwischen Körper und Geist also keine definitive Deutung, wohl aber, dass das Thema Leben und Tod zu einem zentralen Thema **kultureller Festlegungen** wird. Die Unterscheidungen Körper – Geist und Leben und Tod spannen **einen ersten, als Medium verstehbaren, kulturellen Kosmos** auf. Mit jeder weiteren mythischen Erzählung wird das an diese grundlegenden Dimension geknüpfte Netz von Form und Medium immer engmaschiger und als kultureller Möglichkeitsraum zugleich auch vielschichtiger.

Für ein angemessenes Verständnis dieses Netzes kultureller Möglichkeiten ist zu beachten, dass es sich bei „Körper" und „Geist" um **Kollektivbegriffe** handeln muss, wenn die hier entwickelte Erklärung zutreffen soll. Das hängt damit zusammen, dass man sich in der Trance anscheinend nicht in irgendein

---

[71] Hier interessiert nicht die damit verbundene erkenntnistheoretische Problematik, wie es unter diesen Bedingungen überhaupt zu methodisch kontrollierter Beobachtung kommen kann – vgl. z.B. Luhmann 2002, 166.

konkretes, sondern in ein „typisches" Exemplar einer Tier- oder Pflanzenart zu verwandeln scheint. Wahrscheinlich muss man aber zusätzlich annehmen, dass Gruppen von Jägern und Sammlerinnen schon vor der Gesellschaftsbildung „Arten" „gesehen" haben, denn das, was man im Zustand der Trance „sieht", scheint ja in hohem Maße kulturell vorgeformt zu sein. Diese Annahme ist insofern auch ganz plausibel, als die Eigenschaften der Pflanzen und Tiere ja immer artspezifisch sind. Noch grundlegender ist der Sachverhalt, dass zweigeschlechtliche Fortpflanzung voraussetzt, dass zwischen der eigenen und anderen Arten unterschieden werden kann. Gesichert ist jedenfalls, dass heute noch bekannte Stammesgesellschaften ihre natürliche Umwelt fast genauso differenziert nach Arten unterscheiden können, wie die Wissenschaft[72].

Das zentrale Problem bei dieser Kollektivannahme besteht darin, dass sich diejenigen, die diese Annahme treffen, erst in Kollektivwesen verwandeln müssen, damit sie stimmig werden kann! Dieses Paradox des „reentry" (vgl. Luhmann 2002; 166ff.), dass die Unterscheidung eines Beobachters auf ihn selbst zutrifft, wurde bereits angesprochen. Die Entwicklung einer **Sozialstruktur** zieht die praktische Konsequenz aus diesem Paradox.

Über die Sozialstruktur werden die Stammesmitglieder in zweifacher Weise in die Unterscheidung zwischen Körper und Geist und Leben und Tod „real eingebaut". Die innere Differenzierung integriert sie als Kollektivwesen/Artwesen in die „Welt"[73]. Zum anderen sind sie über die Verwandtschaftsordnung in die Generationenfolge integriert, also in den prozessualen Zusammenhang zwischen Körper und Geist: Geburt, Tod, Reinkarnation eingefügt.

Sowohl das kulturelle Weltverständnis wie auch die Sozialstruktur können nur mit Leben erfüllt und d.h. vor allem: in den Augen der Stammesmitglieder zur Realität werden und als solche Dauer gewinnen, wenn sie zur Grundlage für **Rituale** werden, die das Weltverständnis in bestimmten Formen durch als Kategorien der Sozialstruktur agierende Stammesmitglieder zur Aufführung bringen.

Die (möglicherweise) früheste Form der Gesellschaft existiert dann stabil, wenn ein auf der Unterscheidung zwischen Körpern und Geistern und Leben und Tod basierendes Weltverständnis entwickelt wurde, das die Grundlage der Sozialstruktur bildet und in den Ritualen zur Aufführung kommt.

---

72 „Die Einteilung der Organismen in Arten muss eine sehr lange Geschichte haben, und auch heute differenzieren Naturvölker oft ihre belebte Umwelt in so viele Arten wie es Wissenschaftler tun. Ein Beispiel bietet ein Jägerstamm auf Neuguinea, der dort 136 Vogelarten unterscheidet, gegenüber 137 der Ornithologen. Ein Stamm auf den Philippinen belegte sogar 1600 Pflanzenarten mit Namen, das entspricht 90% der wissenschaftlich beschriebenen Arten der lokalen Flora!" (Storch/Welsch 1973; 193)

73 Vgl. den australischen Totemismus – Kap. 5.2 – wo sie sich als Verwandte von Tier oder Pflanzenarten die Artmerkmale und -Eigenschaften zuschreiben oder auch Sippen, die Himmelsrichtungen entsprechen; vgl. Göttner-Abendroth 1991.

Am greifbarsten ist der Zusammenhang im australischen Totemismus (vgl. Kap. 5.2 und Durkheim 1981). Hier ist auch noch deutlich eine Lösungsvariante des dahinter stehenden Problems – wie schütze ich meine Existenz vor fremden Geistern – zu erkennen. Sie bezieht die Umwelt direkt mit ein. Im Totemismus sind die Untereinheiten eines Stammes bestimmten Tier- oder Pflanzenarten oder auch Steinen oder Himmelskörpern über ein Zeichen (Totem) zugeordnet. Über das Totem wird eine direkte Verbindung zwischen der als Stamm organisierten Gruppe und der Umwelt dadurch hergestellt, dass die Untereinheiten des Stammes, die Clans, dem kulturellen Verständnis nach direkte verwandtschaftliche Beziehungen zu Tier- und Pflanzenarten aber auch anderen Objekten der Umwelt unterhalten. Sie gelten als deren Brüder und Schwestern, versuchen sich bei rituellen Anlässen deren Aussehen zu geben und halten entsprechende Esstabus ein. Diese Verwandtschaft gilt vor allem in ritueller Hinsicht. Bei Ritualen werden in der Tradition festgelegte Verhaltensweisen („rollenartiges Verhalten") ausgeführt, um die in der Stammesmythologie festgehaltenen Beziehungen zu bekräftigen.

Wenn man in den Totems Zeichen für die „Wesen" sieht, in die sich die Stammesmitglieder zu einem denkbaren Ursprungszeitpunkt, typischerweise im Zustand der Trance verwandelt haben, dann kann man in der Gesamtstruktur **einen** Lösungsversuch des Reziprozitätsproblems sehen, dass die Geister der „Anderen" den Stamm heimsuchen könnten. Die hergestellte Verwandtschaft hebelt das Problem aus. Auch im Zustand der Trance bleibt der Stamm unter sich. Man verwandelt sich immer nur in die eigenen Verwandten!

Es ist üblich, derartige Konzepte einer mythologischen Verwandtschaft strikt von den „eigentlichen", nur Menschen einschließenden, ausgefeilten Verwandtschaftsordnungen zu trennen, die nicht nur die australischen Ureinwohner, sondern alle Stammesgesellschaften (Kohl 1994) entwickelt haben. Das mag etwas damit zu tun haben, dass „Verwandtschaft" auch für uns heute noch etwas „Reales" ist, während die Vorstellung einer Verwandtschaft mit Tier oder Pflanzenarten im besten Fall „exotisch" erscheint oder einer archaischen „Traumzeit" (Duerr) zugerechnet werden kann. Vor dem Hintergrund der Trancehypothese zeigt sich allerdings, wie eng beide Vorstellungen miteinander zusammen hängen. Wenn man bedenkt, dass unter den Bedingungen des Wiedergeburtsglaubens die Geburt eines Kindes eine Reinkarnation eines Ahnengeistes bedeutet, **dann „ordnen" Verwandtschaftsordnungen letztlich die Reinkarnationspraxis von Ahnengeistern.** Das trifft für Menschen, Tiere und Pflanzen zu. Diese Reinkarnationspraxis können aber nur solche Verwandtschaftssysteme insgesamt ordnen, die Verwandtschaftsbeziehungen zu Tieren und Pflanzen postulieren. Diese kosmologische Gesamtordnung wird durch die Totems fixiert und veranschaulicht.

Daher vermute ich, **dass es zur Gesellschaftsbildung kommt, sobald die sozialen Konsequenzen der Trance-Erfahrungen durchdacht und die dabei auftauchenden Probleme durch eine gemeinsame Praxis der Kultgemeinschaft zu lösen versucht werden.** D.h. es bilden sich im Sinne eines Zirkels aufeinander verweisender Innovationen *zugleich*

- eine kulturelle Erklärung der aus Geistern und Körpern bestehenden „Welt" einschließlich der Herausbildung des eigenen Stammes (**mythische Erzählungen**). Sie überlagert die sich aus der menschlichen Bedürfnisnatur ergebende bisherige soziale Realität.
- eine **Sozialstruktur**, die die Gruppenstrukturen formalisiert und überlagert. Sie schließt über die postulierten Verwandtschaftszusammenhänge an die Stammesmythologie an und verwandelt die Angehörigen der Schweifgruppe in Inhaber genau fixierter Positionen und Rollen.
- ein Bereich der Kommunikation des Stammes mit der ihn umgebenden Welt der Geister. Sie erfolgt in Form von **Ritualen**.

Bevor wir uns dem Problem zuwenden können, wie Menschen mit Geistern kommunizieren können, muss ich daran erinnern, dass der Schritt von der Kommunikation in permanenten Gruppen zur Kommunikation in einem gesellschaftlichen Rahmen bislang nur in Form eines Gedankenexperiments zurückgelegt wurde. Daran ändern die im letzten Teil enthaltenen Hinweise auf reale Stammesgesellschaften nichts. Es ist vor allem deshalb sinnvoll, nur von einem Gedankenexperiment zu sprechen, weil sich das Ergebnis auch über andere Details erreichen ließe. So könnte z.B. der Übergang auf die Verwendung von Symbolen genau so gut über Laute, Gesänge, Tänze oder das Modellieren kleiner Figuren erfolgen. Weil hier alle Anhaltspunkte fehlen, sind zumindest derzeit in diesem Punkt nur Gedankenexperimente möglich.

5 Wie kann mit Geistern kommuniziert werden?
Ein erster gesellschaftlicher Rahmen für menschliche Kommunikation.

Kann man mit Geistern kommunizieren? Kann man mit ihnen genauso wie mit Menschen im permanenten Gruppen kommunizieren? Diese beiden Fragen möchte ich mit Hilfe eines kleinen Beispiels klären.

Sibirische Jäger sprechen dem Bären eine Seele zu. Sie verwenden also die Unterscheidung zwischen Körper und Geist. Wenn sie einen Bären erlegen, so bedeutet das nach ihrer Vorstellung, dass sie dem im Bären hausenden „Geist" Ungelegenheiten bescheren. Sie haben ihn ja seiner Behausung beraubt. Dem

Bärengeist wird große Macht zugeschrieben, insbesondere wird befürchtet, dass er sich an den Jägern rächen und ihnen Unglück und Gefahr bei kommenden Jagden bringen wird. Deswegen versuchen sie ihn dadurch milde und evtl. ihnen sogar gewogen zu stimmen, dass sie mit dem toten Bären sehr ehrfürchtig umgehen, nur Gutes über ihn sagen und zu seinen Ehren ein Fest veranstalten (vgl. Findeisen 1996; 32ff.). Diese Verhaltensweisen sollen auch für die Zukunft Jagdglück bescheren.

Handelt es sich bei diesem Ritual um Kommunikation mit Geistern? Wenn man sich an Luhmanns Kommunikationsbegriff orientiert, dann muss die Antwort ganz klar nein lauten. Der Bärengeist kann die Kommunikation nicht ablehnen und die andere Seite vermittelt keine Informationen und hat den Mitteilungssinn standardisiert.

Die Kommunikation hat hier eine ganz ähnliche Struktur wie bei heutigen religiösen Verrichtungen. Auch in ihnen sieht Luhmann keine Kommunikation: „Beobachtungen in der Kirche von Ferrandia (Basilicata) am Samstag vor Ostern 1986: Zahlreiche Frauen gehen zügig von Altar zu Altar, berühren den Altar und dann sich selbst viermal in der Form eines Kreuzes. Die Leitdifferenz ist das Heilige und sie selbst. **Praktiziert wird Wahrnehmung und Verhalten, keine Kommunikation. Es wird keinerlei Differenz von Information und Mitteilung aktualisiert**, und wenn die Frauen beobachten, dann wohl nur den Beobachter, der sie beobachtet. Das heißt, dass das Verhalten auch nicht wie eine Kommunikation, **dem Sinnzweifel und der Ablehnung ausgesetzt sein kann** – was unvermeidlich passiert, wenn die Priesterschaft und Kirche sich selbst in der Kommunikation als sakral behaupten" (Luhmann 1987; 248, Fußnote 28. Hervorhebung D.B.).

Das für Luhmann entscheidende Argument ist, dass in diesen religiösen Ritualen kein spezifischer Mitteilungssinn enthalten ist, der von einem Adressaten als Differenz zwischen Information und Mitteilung verstanden werden muss und daher auch abgelehnt werden könnte. Die Möglichkeit von Sinnzweifel und Ablehnung und damit letztlich das Problem doppelter Kontingenz erzwingen nach Luhmanns Verständnis erst das Eingehen auf den anderen und damit die **Aushandlung von Intersubjektivität**.

Genau das aber ist weder bei der von Luhmann beobachteten religiösen Handlung, noch bei dem rituellen Umgang mit dem getöteten Bären der Fall. Ich behaupte darüber hinaus, dass es auch sinnlos wäre, in heutigen Gesellschaften existierendes **Rollenhandeln** derartigem Sinnzweifel zu unterwerfen. Wer wollte aber bestreiten, dass es sich hier um Kommunikation handelt? **Das *Kriterium des Sinnzweifels* unterscheidet daher nicht Kommunikation von Nichtkommunikation, sondern Kommunikationen im Rahmen von Aushandlungsordnungen und unter Bedingungen doppelter Kontingenz von „ritueller", auf gemeinsamer Verständigung basierender, **Kommunikation,** die Information und Mitteilungssinn in eigenartiger Weise standardisiert und festgelegt hat. Wenn wir diese **andere Art von Kommunikation** verstehen wollen, können wir zunächst die Frage stellen: Wer „ist" aber der Bärengeist und wie kann man mit ihm kommunizieren? Die Kultgemeinschaft weiß zunächst, dass er mächtig ist und ihr schaden kann. Der Bärengeist ist aber in jedem Fall ein reines Konstrukt. Man kann ihm (wie anderen Geistern oder Göttern auch) Eigenschaften oder auch nachteilige oder vorteilhafte Handlungen nur zuschreiben. Ihm fehlen aber Eigenschaften einer empirischen Person: er hat (definitionsgemäß) keinen Organismus, keine Persönlichkeit. Er **kann** nicht wahrnehmen, nicht kommunizieren, **keine Sinnzweifel äußern, keine black box sein.** Die für Kommunikation unabdingbare strukturelle Kopplung ist nicht vorhanden. Das schließt körperliche Präsens und damit sowohl die strukturelle Kopplung zwischen Wahrnehmung und Kommunikation wie auch die Nutzung von Strukturen des Organismus (Stimme, Bewegungsapparat, Wille etc.) zur Kommunikation aus[74].

Was folgt aus diesen Eigenschaften für die Kommunikation? Vor allem eines: Geister, Götter und ähnliche Konstrukte **müssen manipuliert**[75] werden. Da sie Konstrukte sind und sich in der Kommunikation als solche erweisen, ist bei dieser Kommunikation das Bestimmungsinteresse und die daraus folgende kommunikative Strategie **einseitig: nur die Menschen können ein Kontingenzproblem haben.** Anders als beim Problem doppelter Kontingenz besteht es nicht darin, dass die andere Seite die Kommunikation ablehnen könnte, sondern dass sie (z.B. der Bärengeist) der Kultgemeinschaft entweder schaden oder ihr nützen kann. Sollte nämlich die dritte Möglichkeit der Indifferenz (der Bärengeist erweist sich als schwach oder an der Kultgemeinschaft desinteressiert oder er wird entzaubert) zutreffen, würde die Kultgemeinschaft die rituelle Kommunikation abbrechen.

Rituelle Kommunikation unterscheidet sich somit **erstens** von Kommunikation unter Bedingungen doppelter Kontingenz durch eine **direkte Erfolgsorientierung und einen festliegenden Anlass zur Kommunikation.**

---

74 Es geht hier nicht vordergründig darum, „Geistern" und ähnlichen Konstrukten aus der Perspektive eines „aufgeklären" heutigen Beobachters zweiter Ordnung bestimmte Eigenschaften zuzuschreiben, sondern darum, auf **operative Besonderheiten** dieser Konstrukte hinzuweisen, die sich bei jedem Versuch **zeigen,** mit ihnen zu kommunizieren.

75 Diese Asymmetrie wurde erst spät, etwa im Gottesverständnis das asketischen Protestantismus überwunden. Danach ist Gott ein von den Menschen **nicht** beeinflussbares Konstrukt, das unabhängig über deren Schicksal im Jenseits bestimmt. Wie Weber feststellt, war diese Konstruktion „in ihrer pathetischen Unmenschlichkeit" (Weber 1988; 93) für die Gläubigen aber auf Dauer nicht aushaltbar und wurde durch Möglichkeiten ergänzt, die göttliche Gnadenwahl über – **manipulierbare** – Anzeichen festzustellen (ebd.; 104ff.).

Das zweite Merkmal ritueller Kommunikation ist, dass sie einseitig von Seiten der Kultgemeinschaft bestimmt wird. Vermutlich wird hier ein Element kultiviert, das auch im anderen Kommunikationstyp eine punktuelle Rolle spielt. Wenn unter Bedingungen doppelter Kontingenz kommuniziert wird, kann ein Startproblem darin bestehen, dass z.b. nur Ego etwas von Alter möchte aber nicht umgekehrt Alter von Ego. Dann muss Ego kurzzeitig die gesamte Kommunikation in den Griff nehmen und versuchen Alter ein Bestimmungsinteresse ihm gegenüber schmackhaft zu machen.

Was das bedeutet, kann man sich am Beispiel des Bettelns klar machen. Bettler wollen etwas von anderen Menschen haben, die „eigentlich" überhaupt keine Veranlassung haben, ihnen etwas zu geben. Was können Bettler ihren „Kunden" zurückgeben? Sie können die „milde Gabe" damit beantworten, dass sie die Haltung des Gebers anerkennen, indem sie ihm ein „gutes Gefühl" vermitteln. Ein professioneller Bettler hat aus der Logik seiner Tätigkeit strategische Konsequenzen gezogen. Er präsentiert sich so, dass er nicht übersehen werden kann und dass sein Anblick, zu dem auch averbale Gesten gehören, möglichst vielen ein Motiv verschafft, aktiv zu werden und ihm etwas in den Hut zu werfen. Wenn er sich „gekonnt" präsentiert, hat der die gesamte Kommunikation tatsächlich im Griff.

Der Bettler – und das gilt für alle kurzzeitigen empirischen Konstellationen einseitiger Kontingenz – hat im Erfolgsfall nichts anderes bewirkt als die „Normalkonstellation" wechselseitiger Bestimmungsinteressen herzustellen. Im Ritual ist dieses Ziel nicht erreichbar. Da der Bärengeist im Ritual ein soziales Konstrukt der Kultgemeinschaft bleibt, muss sich die Kultgemeinschaft darüber verständigen, **welche Eigenschaften und Verhaltensweisen sie ihrem Konstrukt zuschreiben möchte**. Darauf können sich dann kommunikative Strategien beziehen, durch die sich die Kultgemeinschaft ihr Konstrukt für sie gewogen machen will. Ebenso muss innerhalb der Kultgemeinschaft **Konsens** darüber erzielt werden, an welchen Ereignissen sie den Erfolg oder auch Misserfolg ihrer kommunikativen Handlungen erkennen kann (z.B. durch Jagdglück, in bestimmter Weise definierte „Wunder", einsetzende oder ausbleibende Naturereignisse usw.).

In ihrer Kommunikation über ihr gemeinsames Konstrukt kann die Kultgemeinschaft **nur** eine **objektivierende Einstellung** einnehmen. Während im Fall einer empirischen Kommunikation zwischen A und B unter den Bedingungen einseitiger Kontingenz (Beispiel Bettler) A an den Reaktionen von B ablesen kann, was bei ihm „ankommt" und was nicht, kann sich die Kultgemeinschaft **nur** auf **Regeln** (also auf eine Standardisierung des Mitteilungssinns) ihrer

Kommunikation mit dem Bärengeist verständigen, an die sie sich so lange hält, wie sie ihm die erwartete Reaktion auf ihre Kommunikation zuschreiben kann[76]. Diese objektivierende Einstellung teilen Rituale mit Rollenhandeln wie auch mit Wissen[77]. **Auch Wissen ist kein Resultat von Kommunikation unter Bedingungen doppelter Kontingenz.** Es setzt Einverständnis voraus und dient manipulativen Zwecken. In dem Maße, wie Menschen z.b. davon ausgehen, dass das Verhalten anderer ihnen bekannten Regeln folgt, können sie nach genau demselben Muster wie im Ritual versuchen, dieses Wissen **manipulativ** zu nutzen (wie z.b. Horkheimer/Adorno oder Foucault beklagen).

Daher kann man verallgemeinern und als **drittes Merkmal** ritueller Kommunikation festhalten: **sind die Adressaten von Kommunikation soziale Konstrukte, dann muss auch die Kommunikation konstruiert, d.h. der Informations- und der Mitteilungssinn der Kommunikation müssen standardisiert und fest miteinander verkoppelt werden. Über Wissen kann diese Technik auch auf Kommunikation mit einem empirischem Kommunikationspartner übertragen werden.**

Rituelle Kommunikation erfordert es weiterhin, dass Besonderheiten der jeweiligen Person, die ein Ritual ausführt, ausgeblendet bleiben. Die strukturelle Kopplung an Organismus und personales System soll das dargestellte Verhalten nicht beeinflussen, sondern nur Handlungs- und Kommunikationsfähigkeit bewirken, so dass die Akteure austauschbar bleiben. Wie kann es gelingen, dass empirische Menschen mit wechselnden Launen und Stimmungen, unterschiedlichen Temperamenten usw. **sich disziplinieren** und ihre Kommunikationen permanent an derartigen Regeln orientieren? Das wird durch permanente **Beobachtung der eigenen Rituale** möglich.

In dem gewählten einfachen Beispiel muss die Kultgemeinschaft sowohl mit dem Bärengeist kommunizieren, wie auch ihre eigene Kommunikation mit ihm **beobachten**. Die Beobachterperspektive ist hier keine eventuelle Möglichkeit unter anderen. Die Kultgemeinschaft muss nämlich notfalls entscheiden können, ob ihre rituelle Kommunikation den selbst entwickelten Regeln entspricht oder nicht. Das ist vor allem im Falle von Misserfolgen wichtig. Wenn nämlich die dem Bärengeist zugeschriebene Reaktion als negativ oder als Sank-

---

76 Daran ändert die Möglichkeit selbstverständlich nichts, dass ein solches Konstrukt von einem lebendigen Menschen gespielt werden kann. Seine Darstellung kann nämlich nur dann als „echt" von Zuschauern erkannt werden, wenn er die festgelegten Regeln nachspielt.
77 Die weitgehenden formalen Parallelen zwischen Magie und Wissenschaft sind schon Frazer aufgefallen, der dann allerdings noch reinlich zwischen richtigem Wissen und Aberglauben trennen zu können glaubte. Religiöses Wissen unterscheidet sich vom magischen Wissen nur dadurch, dass die eigentliche Macht nicht dem eigenen rituellen Handeln, sondern dem Gotteskonstrukt zugeschrieben wird, dessen Gunst man deswegen erringen muss. Der Magier sei daher stolz und selbstbewusst, der Priester dagegen unterwürfig und demütig (Frazer 1989; 75ff.).

tion verstanden wird (z.B. das Jagdglück stellt sich nicht ein), dann kann die Kultgemeinschaft nur durch Rückgriff auf die Selbstbeobachtung ihrer Kommunikation klären, ob der Misserfolg auf die eigene fehlerhafte Praxis zurückgeführt werden muss (Regeln wurden nicht eingehalten, Mangel an ritueller Sorgfalt, fehlende Konzentration usw.), oder ob sie den Misserfolg dem Bärengeist zuschreiben muss.

Daraus ergibt sich bereits, dass es für die Kultgemeinschaft auf sorgfältigste Beachtung der Regeln ankommt. Ein Bettler kann auch mal spontan handeln, eine Kultgemeinschaft dagegen muss immer diszipliniert agieren, sich selbst auf Regelkonformität hin beobachten, jede persönliche Note oder Variation in ihren Handlungen unterdrücken, wenn sie in einer derartigen Kommunikation Erfolg haben will. Die für direkte Kommunikation mögliche pragmatische trial-and-error-Einstellung muss einer **kontrollierten Einstellung** weichen.

Welche Konsequenzen hat diese Art von Kommunikation für die Akteure selbst? Unter den Bedingungen eines einheitlichen und in sich geschlossenen Weltverständnis und einer entsprechenden rituellen Praxis ist davon auszugehen, dass auch die Akteure selbst in die ihrer Kommunikation zugrunde liegende Unterscheidung, z.B. zwischen Bärengeist und Jägergemeinschaft, voll eintauchen. Sie müssen sich in das eigene Weltverständnis hineinbegeben, in ihm „positionieren" zumindest solange sie die entsprechenden Rituale praktizieren.

Wir können daher als **viertes Merkmal** ritueller Kommunikation festhalten, dass sich die **Akteure als Konstrukte ihrer eigenen Ordnung** verstehen. Das nötigt die Kultgemeinschaft eine Sozialstruktur zu entwickeln, die die Akteure in einer abstrakten regelhaften Ordnung positioniert (z.B. als Ältester des Kakadu-Clans). Akteure disziplinieren so ihre Bedürfnisnatur entsprechend ihrer Position im gemeinsamen Weltverständnis. Sie verstehen sich primär als soziale Kategorie und neutralisieren den Einfluss von Organismus und Persönlichkeit.

Diese Überlegungen zur Kommunikation mit sozialen Konstrukten fasse ich abschließend folgendermaßen zusammen. Intersubjektiv verbindliche Formen von Sozialität mit standardisiertem Mitteilungssinn können dann entwickelt werden, wenn in einer Gruppe interne Kommunikationsinteressen nach dem Modell doppelter Kontingenz ausgeklammert werden. Unter diesen Bedingungen kann sich eine Gruppe als Sprach- und Kultgemeinschaft konstituieren, die gemeinsame Bestimmungsinteressen in Form manipulativer Eingriffe gegenüber Aspekten der selbstgeschaffenen Welt verfolgt. Eine wichtige Folge dieser Praktiken ist, dass die Gruppenmitglieder sich in ihr eigenes Weltverständnis hineinbegeben und im Rahmen ihrer Sozialstruktur eine neue soziale Identität gewinnen.

6 Zusammenfassendes Fazit der in den Abschnitten 2 bis 5 entwickelten Thesen zur Entstehung von Gesellschaft

Der Übergang von Kommunikation in permanenten Gruppen zu Kommunikation in einem gesellschaftlichen Rahmen erfordert mehrere Schritte, die aufeinander aufbauen. Man muss sich die „Erfindung der Gesellschaft" als die Initiierung eines Zirkels vorstellen. Das Problem bei dieser Rekonstruktion ist, dass die ersten Schritte nur logisch entwickelt werden können – allenfalls wären Experimente mit Schimpansen oder Bonobos denkbar. Erst für die letzten Entwicklungsschritte gibt es archäologische und ethnologische Hinweise. Von dort aus habe ich versucht, deren Voraussetzungen logisch zu erschließen.

1.Schritt: Strukturelle Kopplung zwischen Trancewahrnehmung und Kommunikation innerhalb der Gruppe über symbolische Zeichen.

Die Entwicklung hin zu „Gesellschaft" kommt ins Rollen sobald eine Wahrnehmung in die Kommunikation eingebracht wird, die jenseits der menschlichen Bedürfnisnatur liegt. Am wahrscheinlichsten (aufgrund der Hinweise zu den weiteren Schritten) ist die Vermutung, dass Trance-Erfahrungen in die Kommunikation eingeflossen sind. Diese Wahrnehmungen können aber nur über irgendwelche Zeichen in die Kommunikation eingebracht werden. Lautgesten von der Art wie sie Jane Goodall für die Schimpansen identifiziert hat, können solche Zeichen nur ergänzen, sie aber nicht ersetzen. Das liegt neben der Überwindung der Grenze der Bedürfnisnatur auch daran, dass nicht während, sondern nur nach der Trance mit anderen Gruppenmitglieder darüber kommuniziert werden kann. Der Bezug kann deswegen nicht nur über ein Hinzeigen auf etwas, was die anderen auch sehen können, hergestellt werden. Es müssen Zeichen entwickelt werden, die die Wahrnehmung in der Trance **konservieren**.

Darüber, welche Zeichen das gewesen sein könnten, kann nur spekuliert werden. Eine Ritzzeichnung, Laute, pantomimische Darstellungen – vieles ist denkbar und könnte durch der Gruppe bekannte Lautgesten ergänzt worden sein, die die emotionale Befindlichkeit bei der Wahrnehmung im Zustand der Trance mitteilen.

2. Schritt: Umstellung der Kommunikation auf symbolische Zeichen und Sinnverwendung.

Sobald einmal ein derartiges Zeichen in die Kommunikation eingeführt ist, kann man sich vorstellen, dass die Erfindung immer weiterer Zeichen eine immer weitere strukturelle Kopplung zwischen Wahrnehmungen und Kommunikation ermöglicht: die Grenze der menschlichen Bedürfnisnatur wird immer häufiger überwunden. Ebenso auch der enge Zeithorizont des Gegenwärtigen. Dazu muss aber mit „Sinn" gearbeitet werden, weil die Informationen nicht mehr nur direkt mit den Bedürfnissen der Beteiligten zu tun haben. Diese Entwicklung führt zu einer differenzierten Symbolsprache, einer wichtigen Grundlage für Kommunikation im gesellschaftlichen Rahmen, aber noch nicht zur „Gesellschaft".

3. Schritt: Rituelle Kommunikation mit „Geistern" führt zur Gesellschaftsentwicklung.

Gesellschaft ist ein Resultat zweier Probleme und ihrer Lösung durch einen neuen Typus von Kommunikation. Das erste Problem besteht in der Verarbeitung der Erfahrung, sich in der Trance in ein anderes Wesen verwandeln zu können. Sobald es gelingt über Zeichen darüber zu kommunizieren, wird eine Systematik sichtbar, auf die die Unterscheidung zwischen Körper (stofflicher Organismus) und Geist (Bewusstsein) antwortet. Erst wenn eine derartige Unterscheidung getroffen und konsequent generalisiert wird, entsteht ein zweites Problem: was ist, wenn „fremde Geister" (also die „Bewusstseine" anderer Wesen) ebenso in der Lage sind, in die Körper der Gruppenmitglieder „einzudringen"?

Dieses Folgeproblem der Verbindung von Trancewahrnehmungen mit Reziprozitätsgesichtspunkten kann nur durch Kommunikation mit „Geistern", also dem eigenen symbolischen Konstrukt, gelöst werden. Das ist aber nur über die Entwicklung eines gesellschaftlichen Rahmens möglich, der die Entwicklung „wirksamer" Rituale ermöglicht. Erst mit der Lösung dieses zweiten Problems erfolgt die Etablierung eines Gesellschaftssystems.

Das hat mit den Besonderheiten zu tun, die beachtet werden müssen, wenn man „Geister" mit den Mitteln der Kommunikation beeinflussen will. Geister sind „abwesende abstrakte Dritte" mit denen man nur Kontakt aufnehmen kann, wenn sich eine „Kultgemeinschaft" über deren Eigenschaften und Reaktionen einigt. Weil mit „Geistern" aber nur unter der Bedingung einseitiger Kontingenz kommuniziert werden kann, muss die Kultgemeinschaft das Gesamtarrangement dieser Kommunikation organisieren: sie führt erfolgversprechende Rituale durch und legt „Zeichen" fest, an denen die Reaktion der „Geister" verstanden werden kann. Um mit „Geistern" kommunizieren zu können, muss sich die Kultgemeinschaft eine nach allgemeinen Verwandtschaftsregeln geordnete Sozialstruktur zulegen. Resultat beider Probleme und Problemlösungen ist weiterhin ein „Weltbild" (Dux): Auf der Grundlage der Unterscheidung zwischen Körpern und Geistern entwickelt sich ein mit symbolischen Mitteln geordnetes Weltverständnis. Es fungiert als Horizont, als eine Art Gesamtordnung, in die sich die Gruppe als Abstammungs- wie als Kultgemeinschaft einordnet und in die die rituelle Kommunikation als „Thema" eingebettet ist.

4. Schritt: Umstellung der Wahrnehmung auf eine symbolisch geordnete Welt.

Die rituelle Praxis schließt den Zirkel insofern, als sie „entsprechende" Wahrnehmungen produziert: „sinnorientiertes Verstehen". Die symbolischen Unterscheidungen formen auch die Wahrnehmung der Stammesmitglieder. Deswegen können sie das einmal etablierte Weltbild auch über die eigene Wahrnehmung bestätigen. Die strukturelle Kopplung zwischen den Wahrnehmungen der einzelnen Personen und der Kommunikation wird erweitert (auch Kommunikationen im gesellschaftlichen Rahmen können nicht wahrnehmen, sie können aber die „passenden" Wahrnehmungen organisieren), standardisiert (entsprechend der gemeinsamen symbolischen Bedeutungen) und von vermittelnden Elementen abhängig (Symbolsprache und darauf aufbauendes Weltverständnis; Sozialstruktur).

Der Mensch – ein soziales Wesen?

Die klassische Formel vom Menschen als einem sozialen Wesen macht, wenn überhaupt, Sinn, wenn man die Konsequenzen der Gesellschaftsbildung auf der allgemeinen Ebene der strukturellen Kopplung zwischen persönlicher Wahrnehmung und interpersonaler Kommunikation resümieren möchte. Sie beschreibt den koevolutionären Effekt der Gesellschaftsbildung. Das „soziale Wesen" wird dadurch charakterisiert, dass es sich sowohl in seinen Wahrnehmungen wie auch in seinen Kommunikationen in einer über intersubjektiv verbindliche Symbole selbst hergesellten symbolischen Ordnung bewegt.

So verstanden postuliert diese Formel **gerade nicht**, dass der Mensch alle Möglichkeiten intersubjektiver Verständigung kultiviert habe. Er hat vielmehr einen sehr spezifischen evolutionären Weg beschritten, der ihm beispielsweise nicht zu besonders hoch entwickelten Sensoren für die Emotionen anderer Gruppenmitglieder bzw. Kommunikationspartner verholfen hat.

Mit der „Erfindung" der Gesellschaft ist eine evolutionäre Weichenstellung erfolgt, die zunächst einmal dadurch charakterisiert werden kann, dass die Technik kommunikativer Verständigung über die eigene Bedürfnisnatur hinaus auf die gesamte Umwelt ausgeweitet wird. Das wird über die Einführung von Zeichen, ein diese ordnendes Weltverständnis und über Techniken ritueller Einflussnahme möglich, die zugleich die Kommunikation disziplinieren und verallgemeinern, so dass der Einfluss der **konkreten** Akteure auf die gesellschaftliche (zunächst rituelle) Kommunikation gerade **ausgeblendet** wird. Insofern wird mit der Gesellschaft das rollenhaft disziplinierte Kommunizieren und Handeln entwickelt.

Anders als die Existenz permanenter Gruppen hängt die Existenz von Gesellschaftssystemen von Operationen ab, die zugleich auch die grundlegenden Elemente des gesellschaftlichen Rahmens fortschreiben. Unter archaischen Bedingungen sorgen mündliche Erzählungen immer zugleich auch für die Fortschreibung des mythologischen Weltverständnisses. Rituale dienen nicht nur der Kommunikation mit „anderen Wesen", sondern schreiben auch das Wissen über diese rituelle Praxis fort. Die Sozialstruktur gibt nicht nur dem gesellschaftlichen Leben einen festen Rahmen, sondern sie fügt auch vergangene und kommende Generationen in diesen Rahmen ein.

Gerade weil die „Gesellschaft" ein Kunstprodukt ist, muss sie ständig außerhalb des Organismus durch Formen der Kommunikation reproduziert werden, die durch diese Ordnung strukturiert werden. In dieser Form der Kommunikation sind die menschlichen Akteure nur abstrakt über soziale Kategorisierungen enthalten.

Sie können aber auch ohne diesen gesellschaftlichen Rahmen kommunizieren. Dann bewegen sie sich „hinter der Bühne" (Goffman), kommunizieren sie „informell" (Kap. 2). Aber auch diese Kommunikation außerhalb des gesellschaftlichen Rahmens bleibt innerhalb der sinnverwendenden Kommunikation. Diesen kulturellen Rahmen können die Menschen nicht ausblenden, da es keinen Ausgang aus dem universalen Medium eines sinnhaft strukturierten Weltverständnisses gibt[78].

7 Archäologische Indikatoren für Gesellschaftsbildung

Die vorangegangenen Überlegungen zur Gesellschaftsbildung ermöglichen nun eine präzisere Bewertung der möglichen Indikatoren für Gesellschaftsbildung und Kommunikation im gesellschaftlichen Rahmen. Anders als Waffen und

---

78 Man könnte sich hier an die mythische Erzählung vom Sündenfall erinnert fühlen.

Werkzeuge erlauben die meist als „Kunst" bezeichneten Funde Rückschlüsse zumindest auf die Existenz symbolischer Zeichen, also den ersten Schritt zur Gesellschaftsbildung. Insofern darüber hinaus Rückschlüsse auf feste Verwendungsformen, etwa zur Bezeichnung sozialstruktureller Sachverhalte oder die bei Ritualen möglich sind, belegt das, dass die unbekannten Urheber in Gesellschaften gelebt haben müssen.

(A)   Wandmalereien und weitere Funde aus nordspanischen und französischen Höhlen ab ca. 31.000 v.u.Z.

Im ersten Abschnitt dieses Kapitels wurde bereits herausgearbeitet, dass die Wandmalereien eine im Einzelnen nicht bekannte kommunikative Funktion hatten. Sie haben offenbar mit dem zu tun, was man in den unterschiedlichen Phasen der Trance „sehen" kann. Darüber hinaus sind in einigen Höhlen Stellen gefunden worden, die häufig berührt wurden. Auch ist es plausibel zwischen Malereien an Plätzen zu unterscheiden, wo sich größere Gruppen aufhalten konnten und solchen, die nur Platz für eine Person bieten[79]. Das sind Hinweise darauf, dass rituelle Handlungen durchgeführt wurden, was die Bildung einer Kultgemeinschaft voraussetzt.

In dieselbe Richtung deuten auch einige vermutlich deponierte Bärenschädel, auch wenn es hier keine übereinstimmende Beurteilung gibt (Leroi-Gourhan 1981; 37ff. Eliade 1978; 25f.). Die Interpretation der Höhlen als schamanistische Kultstätten ist m.E. nur in einem sehr allgemeinen Sinn plausibel. Schamanismus würde dann nur bedeuten, dass Trancewahrnehmungen veranschaulicht wurden, weil sie vermutlich soziale Bedeutung für Kultgemeinschaften und z.T. individuell durchgeführte rituelle Praktiken gewonnen hatten. Eine mit den heute bekannten Formen des Schamanismus übereinstimmende Bedeutung ist dagegen, allein auf die hinterlassenen Funde gestützt, eher unwahrscheinlich und nicht zu belegen.

---

79   „Viele Heiligtümer wurden nur selten besucht, manche sogar nur einmal. Die offensten von ihnen zeigen jedoch die Spuren einer regen Frequentierung.... Altamira, Les Combarelles, Las Monedas, La Mouthe – nahezu zwanzig Heiligtümer tragen solche Spuren: in Lascaux überziehen Hunderte davon die Abris.... Hier haben wir auch gelernt, solche Abnutzungen als Zeichen der Frequentierung zu deuten" (Leroi-Gourhan 1981; 156f.).

(B) Schmuck

Als „Schmuck" werden Funde wie mit einem Loch versehene Tierzähne bezeichnet. Sofern derartige Dinge als Grabbeigaben gefunden wurden, kann man folgern, dass sie „getragen" wurden. Zumindest naheliegend ist die Vermutung, dass sie zur Bezeichnung der sozialen Stellung ihres Trägers benutzt wurden. Dabei ist weniger an den Rang in einer Hierarchie zu denken, sondern eher an die Bezeichnung von Verwandtschaftszusammenhängen (vgl. hierzu auch Kap. 6). „Dass aber die Sozialstruktur bereits erstaunlich komplex gewesen sein könnte und dass dabei Schmuck eine Schlüsselrolle gespielt haben dürfte, dafür spricht ein Fund in Sungir östlich von Moskau. Dort wurden vor 28.000 Jahren zwei Kinder und ein sechzigjähriger Mann beerdigt ... Ein Gürtel aus 240 Fuchszähnen war um die Hüfte des einen Kindes geschlungen; um das Haupt des anderen rankt ein Kranz schneeflockenartiger Schnitzereien. Den Mann hatten die Hinterbliebenen mit dreitausend, die Kinder gar mit fünftausend Elfenbeinperlen geschmückt. Mindestens dreizehntausend Stunden Arbeit, so berechneten die Archäologen, steckten in der Produktion dieses reichen Gepränges" (Der Spiegel 1995c; 141).

Vor allem der geschätzte Arbeitsaufwand spricht dafür, dass derartiger „Schmuck" hohe symbolische Bedeutung hatte. Ihm allein dekorative Bedeutung zuzusprechen, verkennt in grotesker Weise die traditionelle Bedeutung von Schmuck, der immer zur Bezeichnung des sozialen Status seines Trägers verwendet wurde. Der hohe Arbeitsaufwand spricht dafür, dass hier eine soziale Einheit von mehr als 10 Personen am Werk war und die Verstorbenen oder ihr Tod aus unbekannten Gründen besondere Bedeutung für diese soziale Einheit hatten.

(C) Figuren

Für den Zeitraum 15 – 35.000 v.u.Z. wurden von Spanien bis Russland eine erhebliche Zahl figürlicher Darstellungen gefunden. Sie sind ausgeführt als Ritzzeichnungen auf Knochen oder auf Felsen, als Gravuren auf Steinen, Schnitzereien aus Elfenbein oder Knochen, aus Ton geformt oder auch aus Kalkstein herausgearbeitet. Nur wenige dieser Darstellungen haben eine Höhe um 50cm (wie die bekannte Frau mit Rinderhorn; vgl. Bosinski 1994), die meisten messen nur wenige cm, vielfach zwischen 3 und 10 cm, so dass sie ohne weiteres mitgeführt oder an geeigneten Stellen deponiert werden konnten. Die derzeit vermut-

lich älteste (ca. 32.000 v.u.Z.) europäische Figur, der in Hohlenstein-Stadel gefundene Löwenmensch, erreicht dagegen knapp 30 cm [80].
Dargestellt wurden Tiere, Menschen und zwitterartige Wesen, die sowohl Merkmale einer Tierart, wie menschliche Merkmale aufweisen. Ein Vergleich der Menschendarstellungen (Bosinski 1994) zeigt sehr unterschiedliche Perspektiven, so dass mit ganz unterschiedlichen symbolischen Bedeutungen gerechnet werden muss. Zumindest zwei Bedeutungskomplexe lassen sich einigermaßen sicher erkennen: Frauendarstellungen, bei denen der Akzent eindeutig auf Geschlechtsmerkmalen und Schwangerschaft liegt, während z.b. das Gesicht überhaupt nicht oder nur andeutungsweise dargestellt ist, lassen symbolische Zusammenhänge zum Bedeutungskomplex Fruchtbarkeit/Wiedergeburt (vgl. Kap. 6) vermuten. Darstellungen, die Merkmale von Mensch und Tier verbinden, lassen an den Komplex Trance-Erfahrung im weitesten Sinne denken. Sie könnten sowohl auf Trance-Erfahrungen, entsprechende kollektive Rituale oder auf eine Sozialstruktur hinweisen, die (vgl. Totemismus, Kap. 5) Zusammenhänge zwischen sozialen Einheiten und Tierarten postuliert.

So ungesichert derartige Interpretationen auch sein mögen (vgl. exemplarisch: Hahn 1994), so ist doch kaum bestreitbar, dass die unbekannten „Künstler" mit ihren figürlichen Darstellungen einen symbolischen Sinn ausdrücken wollten: Sie haben ebenfalls unbekannten Betrachtern etwas mitteilen oder in Erinnerung rufen wollen. Ebenso ist denkbar, dass sie als Behausungen für irgendwelche Geistwesen gedacht waren. Wenn man weitere Merkmale wie die Stilisierungen der Figuren, Größe und Fundorte mit einbezieht, dann kann man darüber hinaus vermuten, dass diese Darstellungen als solche oder in Zusammenhang mit rituellen Praktiken irgendetwas **bewirken** sollten. Beim Löwenmenschen stützen z.B. der Fundort, der auf eine bewusste Deponierung hindeutet, und die an der Figur angebrachten Einkerbungen (linker Oberarm, linkes Ohr, linke Fußsohle; vgl. Wehrberger 1994; 36f.) eine solche weitgehende Interpretation. Trifft sie zu, dann kann angenommen werden, dass bereits die Hersteller dieser ältesten Figur in einer Gesellschaft gelebt haben. Wenn man nur die vorsichtigere, m.E. aber unabweisbare Interpretation unterstellt, dann muss zumindest der erste Schritt in Richtung Gesellschaftsbildung angenommen werden, die Einführung symbolischer Zeichen in die Kommunikation[81].

---

80 vgl. Wehrberger 1994; 29
81 Die alternative Deutungsrichtung, die den Herstellern anstelle von Stilisierungsabsichten Unvermögen und anstelle von symbolischen Bedeutungen Absichtslosigkeit unterstellt, ist schon deswegen nicht überzeugend, weil man immer den Zusammenhang der Indikatoren sehen muss. Dazu gehören eben auch figürliche Darstellungen, denen eine hohe künstlerische Qualität zugesprochen wird, und Aktivitäten, wie das Durchbohren von Zähnen, die mit hohem Arbeitsaufwand verbunden waren. Man müsste die damaligen Menschen also schon zu kompletten Idioten machen, um solche Deutungen aufrechterhalten zu können.

(D)   Musikinstrumente

Marija Gimbutas vermutet einen Zusammenhang zwischen der „Vogelgöttin" und Musikinstrumenten. Die Bezeichnung Vogelgöttin steht für Figuren, die Elemente des weiblichen Körpers mit charakteristischen Elementen des Vogelkörpers verbinden. Hinweise auf dieses Symbol fand man auch an Knochen, die vermutlich als Musikinstrumente benutzt wurden. „Pfeifen der Magdalenien – Kultur (12.000 – 18.000 v.u.Z. D.B.) aus hohlen Adlerknochen mit eingekerbten Blaslöchern, auf denen ein hoher Ton erzeugt werden konnte, waren auffällig verziert mit mehrfachen Sparren und Reihen winziger Winkel. Diese Motive verbinden das Instrument mit der Vogelgöttin (siehe Marshack 1972, Abbildungen 43 – 56). Dasselbe gilt für die Musikinstrumente des Jungpaläolithikums aus Osteuropa. Mehrere Schlaginstrumente, die in einem Haus ... in der Westukraine entdeckt und auf eine Zeit zwischen 18.000 und 15.000 datiert wurden, sind mit roten Sparren verziert. Das Haus war aus Mammutknochen errichtet, und man nimmt an, dass es für festliche Anlässe (d.h. Rituale unbekannter Bedeutung; D.B.) benutzt wurde. Zu den Knochen, aus denen die Instrumente hergestellt waren, gehörten ein Schulterblatt, ein Schenkelknochen, zwei Kieferknochen, der Teil eines Beckens und das Bruchstück eines Schädels, allesamt vom Mammut. Daneben gab es zwei Rasseln aus Mammutzahn und eine Art „Kastagnetten", die von drei Bändern gehalten wurden und mit eingekerbten Sparren verziert waren. Diese Instrumente bildeten vermutlich das früheste steinzeitliche „Orchester" (Bibikow 1975)" (zitiert nach Gimbutas 1995 a; 71).

Diese Darstellung bedarf keines großen Kommentars. Sie macht hinreichend deutlich, dass die steinzeitlichen Musikanten in einer über symbolische Zusammenhänge geordneten Welt gelebt haben und dass sie in diesem Rahmen agiert und eben auch musiziert haben. Insbesondere der Fund aus der Westukraine spricht deutlich dafür, dass hier nichts dem Zufall überlassen und so gut wie alles auf eine uns unbekannte Symbolwelt ausgerichtet wurde. Das ist ein sehr deutlicher Hinweis auf Kommunikation in gesellschaftlichem Rahmen und Gesellschaftsbildung.

(E)   Bestattungen und Grabbeigaben

Der vielleicht klarste Indikator für Gesellschaftsbildung sind Bestattungen. Das liegt daran, dass unter den Bedingungen von Kommunikation in permanenten Gruppen ein gestorbenes Gruppenmitglied schlicht nicht existiert, da es Kommunikationen nicht mehr beantworten kann. Die Beobachtungen von Jane Goodall über den Umgang der Schimpansen von Gombe mit verstorbenen Gruppenmitgliedern (vgl. Goodall 1991; 272f.; 281) sind aussagekräftig genug. Soziale Bedeutung können tote Körper erst im Kontext von Weltbildern gewinnen, die keinen definitiven Tod kennen, weil (wie z.b. im Totemismus) zwischen sterblichem Körper und weiter existierender Seele unterschieden wird oder von irgendeiner Form der „Wiederbelebung" (wie z.b. im Schamanismus) ausgegangen wird. Derartige Deutungen zwingen die Lebenden immer zu bestimmten Vorkehrungen: die Seele muss den Körper „ordnungsgemäß verlassen können („Seelenloch"), die zur Wiederbelebung erforderlichen Knochen müssen in vorgeschriebener Weise deponiert werden, der Ahnengeist unterstützt die Lebenden, wenn der Schädel des Toten neben dem Ofen oder unter der Schwelle deponiert wird usw.

Sehr viele Deutungen und Rituale wurden entwickelt und sind denkbar. Aufschlussreicher ist, **dass m. W. keine Stammesgesellschaft existiert, die nicht irgendeine rituelle Behandlung von Toten kennt.** Das ist ein starkes Indiz für die zunächst ziemlich abenteuerlich anmutende These, dass die Kommunikation über Trance-Erfahrungen und die Unterscheidung zwischen Körpern und Geistern zur „Erfindung" der Gesellschaft geführt habe.

Bestattungen werden, eindeutig nachgewiesen, seit etwa 100.000 Jahren praktiziert (Palästina). Umstritten ist, ob sie nicht noch erheblich älter sind und auch von Neandertalern praktiziert wurden[82]. Zumindest hat man Rötel und Samen zusammen mit Knochen von Neandertalern gefunden (vgl. Leroi-Gourhan).

Die hier aufgeführten Indikatoren[83] für Gesellschaftsbildung zeigen nur an, dass Gesellschaft und Kommunikation in einem gesellschaftlichen Rahmen bestanden haben muss. Für eine zuverlässige Datierung reichen sie nicht aus. Es kann nicht ausgeschlossen werden, dass Gesellschaften eine noch ältere Erfindung von Menschen sind, deren Zeichen aus vergänglichem Material waren, so dass sie keine entsprechend interpretierbaren Funde hinterlassen haben.

Literatur

Aries, P. (1982) : Geschichte des Todes. München.
Begouen, H. (1924): La Magie aux temps prehistoriques, in: Memoires de L'academie des Sciences, Insciptions et Belles Lettres.
Bleek, D. F. (1933a): Beliefs and Customs of the/Xam Bushmen, Part V: the Rain. In: Bantu Studies 7; 297 – 312.

---

82 Für eine ausführliche Diskussion vgl. Leroi-Gourhan 1981; 44ff. sowie Kuckenburg 1997; 331ff.
83 Die Indikatoren könnten noch ergänzt werden durch die Entwicklung von Vorhersagemethoden der Mondphasen, vgl. Marshak 1972.

Bleek, D. F. (1933b): Beliefs and Customs of the/Xam Bushmen, Part VI: Rain-making. In: Bantu Studies 7; 375 – 392.

Bleek, D. F. (1935): Beliefs and Customs of the/Xam Bushmen, Part VII: Sorcers. In: Bantu Studies 9; 1 – 47.

Bleek, D. F. (1936): Beliefs and Customs of the/Xam Bushmen, Part VIII: More about Sorcers and Charms. In: Bantu Studies 9; 131 – 162.

Bosinski, G. (1994): Menschendarstellungen der Altsteinzeit. In: Ulmer Museum (Hg.): Der Löwenmensch. Tier und Mensch in der Kunst der Eiszeit.S. 77 – 100. Sigmaringen.

Braudel, F. (1985): Sozialgeschichte des 15. – 18. Jahrhunderts. München.

Breuil, H. (1952): Quatre Cents Siècles d'art parietal: Les cavernes ornees de l'age du Renne. Montignac.

Burke, P. (1991): Offene Geschichte. Die Schule der „Annales". Berlin.

Clottes, J. (1997): Niaux. Die altsteinzeitlichen Bilderhöhlen in der Ariège und ihre neu entdeckten Malereien. Sigmaringen.

Clottes, J./Lewis-Williams, D. (1997): Schamanen. Trance und Magie in der Höhlenkunst der Eiszeit. Sigmaringen

Clottes, J./Courtin, J. (1995): Grotte Cosquer bei Marseille. Eine im Meer versunkene Bilderhöhle. Sigmaringen.

Chauvet, J.-M./Brunel-Deschamps, E./Hillaire, C. (1995): Grotte Chauvet. Altsteinzeitliche Höhlenkunst im Tal der Ardeche. Mit einem Nachwort von Jean Clottes. Sigmaringen.

Dowson, T.A. (1992): Rock Engravings of Southern Africa. Johannesburg.

Der Spiegel (1995): Siegeszug aus der Sackgasse. Neue Knochenfunde vom Urmenschen und die Entstehung des homo sapiens (III). H. 44, S. 136 – 147.

Dürr, H. P. (1978): Traumzeit. Über die Grenze zwischen Wildnis und Zivilisation. Ffm.

Durkheim, E. (1981): Die elementaren Formen des religiösen Lebens. (Frz. Orig. 1912). Ffm.

Dux, G. (1982): Die Logik der Weltbilder. Sinnstrukturen im Wandel der Geschichte. Ffm.

Eliade, M. (1978): Geschichte der religiösen Ideen. Freiburg, Basel, Wien.

Eliade, M. (1972): Schamanismus und archaische Extasetechnik. Ffm.

Findeisen, H./Gehrts, H. (1996): Die Schamanen. Jagdhelfer und Ratgeber, Seelenfahrer, Künder und Heiler. 4.Aufl. München.

Foucault, M. (1994): Warum ich die Macht untersuche: Die Frage des Subjekts. In: Hubert L. Dreyfus/Paul Rabinow: Michel Foucault. Jenseits von Strukturalismus und Hermeneutik. Weinheim.

Frazer, J. G. (1989): Der goldene Zweig. Das Geheimnis von Glauben und Sitten der Völker. Reinbek

Gehlen, A. (1986 a/13.Aufl.): Der Mensch. Seine Natur und Stellung in der Welt. (Erstauflage 1940). Wiesbaden.

Gehlen, A. (1986 b/5.Aufl.): Urmensch und Spätkultur. Philosophische Ergebnisse und Aussagen. (Erstauflage 1956). Wiesbaden.

Gimbutas, M. (1995a): Die Sprache der Göttin. Ffm.

Gimbutas, M. (1995b): Die Zivilisation der Göttin. Ffm.

Goffman, E. (1983): Wir alle spielen Theater. Die Selbstdarstellung im Alltag. Amerik. Original. 1959. München.
Goffman, E. (1980): Rahmen-Analyse. Ein Versuch über die Organisation von Alltagserfahrungen. Amerik. Orig. 1974. Ffm.
Goffman, E. (1986): Interaktionsrituale. Über Verhalten in direkter Kommunikation. Amerik. Orig. 1967. Ffm.
Goodall, J. (1971): Wilde Schimpansen. Fotos von Hugo van Lawick. 10 Jahre Verhaltensforschung am Gombe-Strom. (Eng. Orig 1971). Reinbek.
Hahn, J.: Menschtier- und Phantasiewesen in: Ulmer Museum (Hg.): Der Löwenmensch. Sigmaringen 1994, S. 100 – 115
Hayden, B. (1987): Alliances and Ritual Ecstacy: Human Responses to Resource Stress. In: Journal of the scientific Study of Religion, 26; 81 – 91.
Horkheimer, M./Adorno, Th. W. (1988): Dialektik der Aufklärung. Philosophische Fragmente. Ffm.
Horowitz, M. J. (1975): Hallucinations: an Information Processing Approach. In: R.K. Siegel/L.J. West (ed): Hallucinations: Behaviour, Experiences and the Theory. NY. S. 163 – 195.
Jensen, A. E. (1966): Die getötete Gottheit. Weltbild einer frühen Kultur. Stuttgart/Berlin/Köln/Mainz.
Kohl, K.-H. (1993): Ethnologie – die Wissenschaft vom kulturell Fremden. München.
Laming-Emperaire, A. (1962): La Signification de l'art rupeste Paleolithique. Paris.
Leroi-Gourhan, A. (1958): La fonction des signes dans les sanctuaires paleolithiques, in : Bulletin de la Societe prehistorique francaise LV, 5-6, S.307-321.
Leroi-Gourhan, A. (1981): Die Religionen der Vorgeschichte. Ffm.
Lewis-Williams, D. (1991): Wrestling with Analogy: a Problem in Upper Palaeolithic Art Research. In: Procedings of the Prehistoric Society, 57; 149 – 163.
Lorenz, K. (1964; 2. Aufl.): Das sogenannte Böse. Zur Naturgeschichte der Aggression. Wien.
Luhmann, N. (1984): Soziale Systeme. Ffm.
Luhmann, N. (1987): Die Unterscheidung Gottes. In: Ders. Soziologische Aufklärung. Band 4; 236 – 253.
Luhmann, N. (1997): Die Gesellschaft der Gesellschaft. Ffm.
Luhmann, N. (2002): Einführung in die Systemtheorie. Herausgegeben von Dirk Baecker. Heidelberg
Maringer, J. (1956): Vorgeschichtliche Religion. Einsiedeln.
Marshak, A. (1972): The Roots of Civilization. NY.
Marshak, A. (1974): The Meaander is a System. Unveröff. Ms. Canberra, Mai 1974. Zitiert bei Eliade 1978.
Massey, D. S. (2002): A Brief History of Human Society: The Origin and Role of Emotion in Social Life. In: ASR, Vol 67, Feb.; S. 1 – 29.
Mead, G. H. (1968): Geist, Identität und Gesellschaft aus der Sicht des Sozialbehaviourismus. Engl. Orig.1934. Ffm.
Mead, G. H. (1987): Gesammelte Aufsätze. Hg. von H. Joas. 2 Bde. Ffm.
Müller-Karpe, H. (1966): Handbuch der Vorgeschichte. Bd.1. Altsteinzeit. München.
Narr, K. J. (1975): Handbuch der Urgeschichte. Erster Band. Bern und München.

Narr, K. J. (1975a): Geistiges Leben in der frühen und mittleren Altsteinzeit in: Ders. 1975; S. 158 – 206
Narr, K. J. (1972): Das Individuum in der Urgeschichte. Möglichkeiten seiner Erfassung, in: Saeculum 23, 252 – 265.
Narr, K. J. (1962): Approaches to the Social Life of Earliest Man. In: Anthropos 57; 604 – 620.
Parsons, T. (1967): Sociological Theory and Modern Society. NY.
Parsons, T. (1968): On the Concept of Value Commitments. Social Inquiry, 38, 1968; S. 135ff.
Reinach, S. (1903): L'art et la magie à propos des peintures et des gravures de l'age du Renne, in: L'Anthropologie XIV, 87 – 100.
Sahlins, M. (1972): Stone Age Economics. London.
Schott, R. (1975): Lebensweise, Wirtschaft und Gesellschaft einfacher Widbeuter. In: Narr 1975; S.173 – 192.
Siegel, R. K. (1977): Hallucinations. In: Scientific American 237; 132 – 140.
Storch, V./Welsch, U. (1973): Evolution. Tatsachen und Probleme der Abstammungslehre. München
Thompson, W. I. (1987): Der Fall in die Zeit. Mythologie, Sexualität und der Ursprung der Kultur. Reinbek.
de Waal, F. (1991): Wilde Diplomaten. Versöhnung und Entspannungspolitik bei Affen und Menschen. München/Wien.
de Waal, F. (1996): Good Natured. The Origins of Right and Wrong in Humans and other Animals. Cambridge Mass.
Weber, M. (1972): Wirtschaft und Gesellschaft. 5. Auflage. Tübingen.
Wehrberger, K. (1994): Der Löwenmensch. In: Ulmer Museum (Hg.): Der Löwenmensch. S.29 – 46. Sigmaringen.
Wilson, O. E. (1979): Biologie als Schicksal. Die soziobiologischen Grundlagen menschlichen Verhaltens. Ffm./Berlin.

5 Jäger- und Sammlerinnen-Gesellschaften. Was macht den gesellschaftlichen Aspekt in diesen als besonders archaisch angesehenen Stammesgesellschaften aus?

Gliederung

Einleitung.. 172
1   Leben in Gesellschaften – tiefgreifende Veränderungen am Beispiel
      von Verpflichtungen gegenüber Toten... 174
1.1   Sinnhaftes Weltverständnis, rituelles Handeln und sozialstrukturelle
      Positionierung – essentielle Voraussetzungen für den Umgang mit
      Toten... 175
1.2   Leben und sterben in Gesellschaften.. 181
2   Kann das ethnologische Material zu Jäger/Sammlerinnen-
      Gesellschaften für einen Widerlegungsversuch der Thesen zur „Erfin-
      dung" der Gesellschaft genutzt werden?.. 181
3   Clan-Totemismus: Durkheims Studie über den australischen
      Totemismus.. 186
3.1   Was versteht man unter Totemismus?.. 187
3.2   Durkheims Erklärung der Entwicklung von Religion am Beispiel des
      Totemismus.. 188
3.3   Eine systemtheoretische Reinterpretation von Durkheims
      Totemismusstudie... 192
3.3.1 Die Verstrickung in die selbstgeschaffene Symbolwelt –
      das logische Problem des reentry leben... 192
3.3.2 „Religiöse" Rituale sind die elementaren Operationen der
      Stammesgesellschaften der australischen Ureinwohner....................... 196
3.3.3 Gesellschaftssystem und soziale Systeme im australischen
      Totemismus.. 199
3.3.4 Religion und Gesellschaft – zur Erklärung des Totemismus................ 201
3.3.5 Wiedergeburt und Entwicklung des Lebens – Zusammenhänge mit
      dem Komplex Schamanismus.. 203
4   Schamanismus.. 205
4.1   Was ist Schamanismus?... 205
4.2   Sibirischer Schamanismus... 208

4.3	Jagdmagie: Ausnutzung des Unterscheidung zwischen Körper und Geist	210
5	Fazit	213
Literatur		217

Einleitung

Wenn unter den heute existierenden Gesellschaften noch Merkmale zu finden sind, die an den Übergang auf ein Leben in Gesellschaften erinnern, dann müssen sie bei den extrem traditionalistischen Jäger- und Sammlerinnen Stammesgesellschaften wie z.B. den Buschmännern, Pygmäen, Inuit, den australischen Ureinwohnern oder den Stämmen des südostasiatischen oder südamerikanischen Regenwalds und der Tundren des Nordens gesucht werden.

Eine systematische Sichtung dieses komplexen ethnologischen Materials kann hier nicht erfolgen, sie würde ein interdisziplinäres Projekt erfordern, das bisher nicht zustande gekommen ist. Daher muss sich dieses Kapitel auf zwei Komplexe beschränken, die als einigermaßen soziologisch erforscht gelten können: Totemismus und Schamanismus. Ich vermute aber, dass die hier zutage tretenden Merkmale auch bei anderen **einfachen Stammesgesellschaften** mit aneignender Lebensweise auftreten als den hier behandelten Aboriginees und sibirischen Stämmen.

Die Bezeichnung einfache Stammesgesellschaften bedarf der Erläuterung. Jäger- und Sammlerinnen-Gesellschaften wurden früher als sog. Primitive bezeichnet. Unter soziologischen Gesichtspunkten kann man sie und darüber hinaus alle segmentär differenzierten Gesellschaften als „einfach" bezeichnen. Beides sind Attribute, gegen die Ethnologen und Kulturwissenschaftler Sturm laufen, weil sie hierin eine Diskriminierung wie auch eine Verkennung der Realität in diesen Gesellschaften sehen. Evolutionsschemata des 19. Jahrhunderts hatten Attribute wie Primitive, Stadium der Wildheit (Morgan) und dergleichen durchaus wertend verstanden. Evolution bedeutete Zivilisationsentwicklung und Zivilisationsentwicklung bedeutete Fortschritt in einem sehr universellen Sinne. Gesellschaften, die daran nicht Teil hatten, waren daher in dem Sinne defizitär, als sie ihre Mitglieder nicht in die Lage versetzten, vernünftig zu handeln. Eine Rubrizierung rezenter Stammesgesellschaften unter derartige Attribute konnte somit deren politischen und ökonomischen Diskriminierungen durch die europäischen Kolonialmächte als fortschrittlich, unvermeidlich etc. legitimieren. Entgegen solchen Attributen kann aufgezeigt werden, dass die Kultur solcher Stammesgesellschaften durchaus komplex ist und dass die Institutionen, wenn man ihre Funktionsweise erst einmal versteht, sich als durchaus leistungsfähig erweisen (z.B. Malinowski 1979). Fallen solche Etiketten daher nicht auf ihre Urheber zurück? Wenn ich im Folgenden Gesellschaften dieses Typs als „einfach" bezeichne, dann muss daher zunächst dieses Attribut erklärt werden, um Missverständnisse und Fußangeln zu vermeiden. In der Soziologie ist es seit Spencer üblich, Differenzierungsniveaus der Sozialstruktur zu unterscheiden und mit gesellschaftlicher Leistungsfähigkeit in Beziehung zu bringen (vgl. hierzu Krähnke 2002). Seit Durkheim werden diese Leistungsunterschiede auf unterschiedliche Differenzierungsmuster zurückgeführt (vgl. Schimank 1996). Die Sozialstruktur der in diesem Kapitel behandelten Gesellschaften ist segmentär differenziert. D. h. sie besteht aus gleichartigen Segmenten, da in jedem Segment alle wesentlichen gesellschaftlichen Aufgaben in identischer Weise verrichtet werden. Diese Struktur ist vergleichsweise stabil, sie hat aber den Nachteil, dass sie kaum Arbeitsteilung und Spezialisierung zulässt. Für segmentäre Differenzierung sind hohes Kollektivbewusstsein (Durkheim 1992), geringe Statusunterschiede (vgl. Kramer/Sigrist 1978) und geringere Leistungsfähigkeit (vgl. Schimank 1996) charakteristisch.

Über diese Gesichtspunkte hinausgehend sehe ich die in diesem Kapitel behandelten Typen von Stammesgesellschaften als „einfach" an, weil hier die in dem Zusammenspiel zwischen Weltverständnis, Sozialstruktur und ritualisiertem Handeln enthaltenen Möglichkeiten erst ansatzweise entfaltet werden. Das zeigt sich sowohl an der eminenten Statik dieser Gesellschaften, wie an ihrer gering ausgeprägten Tendenz die „Welt" aktiv zu verändern und umzukrempeln. Da ich in der Entfaltung der in dem Zusammenspiel von Weltverständnis, Sozialstruktur und Ritualordnung enthaltenen Möglichkeiten eher einen immanenten, in gewisser Weise zwangsläufigen Mechanismus sehe, der zugleich auch Alternativen verbaut, sind mit dem Etikett „einfach" auch nicht die altehrwürdigen Assoziationen einer alternativlosen Fortschrittlichkeit verknüpft.

Mit den Analysen zu Aspekten einfacher Stammesgesellschaften werden in diesem fünften Kapitel **mehrere Ziele** verfolgt, da es eine Scharnierfunktion erfüllen soll. Einerseits schließt es die Überlegungen zur Entwicklung von Symbolsprache und Gesellschaft ab. Andererseits vollzieht es den Einstieg in die Entwicklungsgeschichte von Gesellschaften.

In Anknüpfung an die Überlegungen zur Entwicklung von Symbolsprache und Gesellschaft soll nun **erstens** exemplarisch gezeigt werden, was genau das Leben in Gesellschaften von dem Leben ohne Gesellschaft unterscheidet. Daraus müsste an empirischem Material erkennbar werden, was die behauptete tiefgreifende Zäsur ausmacht.

Zweitens kann erwartet werden, dass die auf die „Erfindung" von Gesellschaft verweisenden Kriterien und Merkmale zumindest genau benannt werden, deren universelles Vorkommen in allen einfachen Stammesgesellschaften erwartet wird.

Drittens soll erläutert werden, was das „Einfache", den extremen Traditionalismus, die auf die Wiederholung des immer Gleichen beschränkte „Gesellschaftlichkeit" in derartigen Stammesgesellschaften ausmacht.

Die beiden erstgenannten Ziele werden in gesonderten Abschnitten dem Darstellungsteil vorangestellt (Abschnitte 5.1 und 5.2). Das letztgenannte dritte Ziel dieses Kapitels wird in den Kapiteln zu Totemismus (5.3) und Schamanismus deutlich werden und im abschließenden Resumee (5.4) explizit angesprochen.

An diesen Gesichtspunkt schließt der zweite Abschnitt direkt an. Hier wird zunächst die in soziologischer Hinsicht immer noch aussagekräftigste Studie über rezente Wildbeutergesellschaften vorgestellt, Durkheims religionssoziologisch akzentuierte Studie über den australischen Totemismus. Im Mittelpunkt dieses Abschnitts steht eine systemtheoretische Reinterpretation, die die Reproduktionsbedingungen der Aborigenees deutlicher hervortreten lässt. Abschließend werden die in der Einleitung entwickelten Kriterien für dieses Beispiel identifiziert (Abschnitt 5.5). Darüber hinaus, wird hier der nunmehr erreichte Stand zur Frage der „Erfindung" der Gesellschaft zusammengefasst.

1 Leben in Gesellschaften – tiefgreifende Veränderungen am Beispiel von Verpflichtungen gegenüber Toten

Moral und Tod hatten uns schon im zweiten Kapitel beschäftigt, da sie zu den Themen gehören, an denen die Verhaltensforschung Gemeinsamkeiten zwischen tierischem und menschlichem Verhalten aufzuzeigen sucht. Dabei hatte sich ergeben, dass man sicherlich gemeinsame biologische Wurzeln aufzeigen, aber man mit den Mitteln des Darwinismus weder die Bestattung von Toten noch die Kontrolle von Emotionen durch moralische Regeln rekonstruieren kann. Nachweise der Art „wie Tiere haben Moral" haben sich daher als Missverständnisse entpuppt.

Diese Beispiele werden hier noch einmal aufgegriffen, um zu zeigen, wie im Zusammenspiel von Symbolsprache und Gesellschaft ein ganz neuer Typus menschlichen Lebens entsteht. Moral im Sinne von Verpflichtung kennen bereits die Menschen in einfachen Stammesgesellschaften vom Typus der australischen Stämme. Da dieser Gesichtspunkt auch bei Todesfällen eine wichtige Bedeutung hat, muss er hier nicht gesondert analysiert werden.

Im zweiten Kapitel hatte sich ergeben, dass heutige Menschen wie auch Säugetiere (Beispiele: Elefanten und Schimpansen) angesichts des Todes von

Verwandten oder anderen Gruppen- bzw. Gesellschaftsmitgliedern Trauer empfinden und sich an die Toten erinnern können. Gleiches ist auch für prähistorische Menschen anzunehmen. Die Bestattung von Toten ist dagegen eine universelle Institution nur in allen bekannten Gesellschaften. Bei Tieren kommt sie nicht vor. Dass Ameisen tote Ameisen wegtransportieren, hat andere Ursachen (vgl. Hauser 2001; 284).

1.1 Sinnhaftes Weltverständnis, rituelles Handeln und sozialstrukturelle Positionierung – essentielle Voraussetzungen für den Umgang mit Toten.

Der tote Körper eines Verwandten oder Gruppenmitglieds kann nur dann eine besondere Behandlung erfahren, wenn ihm **irgendeine soziale Bedeutung** zugeschrieben wird. Schon in ihren umstrittensten archaischen Formen wie z.b bei **rituellem Kannibalismus**[84] muss eine **soziale Bedeutung des toten Körpers** vorausgesetzt werden, die jenseits seiner empirischen Verhaltensmöglichkeiten angesiedelt sein muss. Sie erschließt sich nicht in direkter Kommunikation, tot ist tot, sondern nur im Kontext eines wie auch immer gearteten **Weltverständnisses jenseits der eigenen Bedürfnisnatur**. Auch in permanenten Gruppen zusammenlebende Exemplare einer Art können toten Körpern von Artgenossen keine Bedeutung beimessen, solange die Gruppenbildung nur die Überlebenschancen erhöht. **Jegliche Form der Bestattung setzt somit die Existenz von sozialer Bedeutung Toter jenseits der biologischen Bedürfnisnatur**[85] **voraus.** Sie kann nur auf die Weise entstehen, dass für bestimmte tote Körper oder Teilaspekte von ihnen eine Bedeutung im Rahmen des Weltverständnisses theoretisch postuliert wird. Auf welche Weise sollten sonst tote Körper, die weder als Nahrungsmittel dienen noch als Rohmaterial verwendet werden, soziale Bedeutung gewinnen?

Mit „Theorie" oder „sinnhaftem Weltverständnis" meine ich ein nicht mehr durch die Evidenzen des Überlebenskampfes und der biologischen Bedürfnisnatur gedecktes Verständnis von Zusammenhängen. Es bezieht sich nicht mehr auf die unter Übelebensinteressen wahrgenommene Umwelt, sondern auf eine „Welt", die mit Hilfe sinnhafter Unterscheidungen gedanklich hergestellt wird und in der Umwelt identifiziert werden kann. So kann man z.B. von einer Welt

---

84 Ritueller Kannibalismus beruht auf Theorien der Übertragung von Eigenschaften durch Verzehr; vgl. Narr 1975; 162f.
85 Deswegen gilt die Unterstellung von nicht rituellem Kanibalismus in älteren Berichten über Schwarzafrika oder in neueren Darstellungen über Neandertaler bis hin zu Witzen mit Weißen im Kochtopf als definitiver Beweis für äußerste Unzivilisiertheit und Barbarei (vgl. auch Kuckenburg 1999, Kap. 7 und 11).

der Farben oder Geräusche sprechen, wenn man der Auffassung ist, dass man alle beobachtbaren Farben bzw. Geräusche mit einem vorhandenen Begriffsraster unterscheiden kann. Dabei spielt es keine Rolle, dass solche Begriffsraster je nach Kultur und Unterscheidungsbedarf ein höchst unterschiedliches Auflösungsvermögen haben können.

Wichtig ist einmal der Anspruch auf Vollständigkeit und Systematik, der mit dem Begriff „Welt"[86] ausgedrückt wird. Sie wird mit Hilfe von Unterscheidungen erreicht, die sich ausschließlich des Mediums Sinn bedienen und sich in ihrem Bedeutungsgehalt gegenseitig erklären. „Welten" sind somit gewissermaßen selbsttragende Konstruktionen mit Hilfe von „Sinn"[87]. In Ergänzung des gängigen Verständnisses von Sinn möchte ich hinzufügen, dass „sinnhafte Unterscheidungen" jene Vermittlungsleistungen zwischen Subjekt und Objekt (bzw. Lebewesen/System und Umwelt) überlagern (aber nicht einfach ersetzen), die bereits biologisch z.B. über Instinkte fixiert sind. Sie erfordern – und das ist der zweite wesentliche Aspekt – gedankliche Operationen (Anwendung des menschlichen Verstands: Kant; Übergang zum „Denken": Gehlen 1986a; 47), die nicht nur zwischen Wahrnehmung und Handlung liegen, sondern jeder Möglichkeit „bewusster" Wahrnehmung vorausgehen[88].

Das Weltbild der australischen Aboriginees, die hier als Beispiel benutzt werden, kennt eine universelle Unterscheidung zwischen Körpern und Geistern bzw. Seelen (Durkheim 1981; 327.). Was eine Seele theoretisch „ist", ergibt sich aus den mythischen Erzählungen über die Entstehung der Welt und des eigenen Stammes. „... alle diese Stämme hätten die Ansicht, dass es eine bestimmte Menge von Seelen gäbe, deren Umfang auch nicht um eine einzige weitere Seele

---

86 In der Enzyklopädie Philosophie und Wissenschaftstheorie wird der Begriff folgendermaßen erläutert: „Welt, im kosmologischen Zusammenhang Bezeichnung für die Gesamtheit der wirklichen und möglichen Dinge, in der Erkenntnistheorie ‚Inbegriff aller Erscheinungen', die Gesamtheit des Erlebens (Erlebniswelt), der Handlungsmaximen (moralische Welt) oder der Erfahrung überhaupt (Lebenswelt)" Mittelstraß (2004; Bd. 4, S. 647)

87 Sinn ist bei Luhmann ein zentraler, aber schwer zu präzisierender Begriff. Er wird im Anschluss die klassische neuzeitliche Philosophie (insbesondere: Descartes, Kant, Husserl; vgl. Luhmann 2002; 224f.) als ein Vermittlungsbegriff zwischen denkendem Subjekt und objektiver Welt verwendet, der sowohl die individuelle Wahrnehmung wie auch die Kommunikation strukturiert. In die Systemtheorie wird er – unter Rückgriff auf den Psychologen F. Heider 1926 - durch Differenzierung über die Begriffe Medium und Form integriert. Als Medium existiert Sinn etwa als Wortschatz in der stabilen Version loser Kopplung, die aber nur – als „Form" in konkreten Sätzen , also in fester Kopplung, reproduziert werden kann (vgl. Luhmann 2002; 228). Sinn ist das einzig mögliche und damit privilegierte und nicht hintergehbare Medium der menschlichen Wahrnehmung und der zwischenmenschlichen Verständigung.

88 Seit Kant ist klar, dass mögliche Erfahrungen von a priori verfügbaren begrifflichen Unterscheidungen in konstitutiver Weise abhängig sind. („Kant zeigt, dass synthetisch – apriorische Sätze nicht nur erfahrungsabhängig sondern auch erfahrungskonstitutiv sind"; Mittelstraß; Bd. 2; 347).

erhöht werden könne und die sich periodisch verkörpern. Wenn ein Individuum stirbt, verlässt seine Seele den Körper, in dem sie wohnte, und, nachdem die Trauerfeier abgeschlossen ist, begibt sie sich in das Land der Seelen. Aber nach einer bestimmten Zeit kommt sie wieder, um sich auf neue zu reinkarnieren. Diese Reinkarnation verursachen die Empfängnisse und die Geburten. Diese Fundamentalseelen waren es, die am Anfang der Dinge die Ahnen, die Gründer des Clans, beseelt haben. Zu einer Zeit, die vor der Vorstellung liegt und die als der Beginn der Zeiten betrachtet wird, gab es Wesen, die von keinem anderen Wesen abstammten. Die Arunta nennen sie daher die Aljiranga – mitjima; die Ungeborenen ... sie waren in Totemclans organisiert, wie eben die Menschen heute; sie verbrachten ihre Zeit mit Reisen ... . Aber es kam ein Augenblick, als dieses Erdenleben ein Ende nahm: einzeln oder in Gruppen drangen sie in die Erde ein. Ihre Körper wurden zu Bäumen und Felsen... Aber ihre Seelen leben fort; sie sind unsterblich. Sie besuchen sogar noch immer die Orte, wo die Existenz ihrer ersten Inhaber (? Reinkarnation D.B.) ihr Ende fand. Diese Orte haben einen heiligen Charakter ..." (Durkheim 1981; 336f.).

Dieses Beispiel zeigt nicht nur, auf welche Weise ein toter Körper soziale Bedeutsamkeit gewinnt. Es enthält noch ein zweites ebenso bedeutsames Element, dem wir uns nun zuwenden. Aus der Erzählung geht nämlich auch hervor, warum der tote Körper bestattet werden **muss**: Erst wenn die Trauerfeier abgeschlossen ist, kann sich die Seele in das Land der Seelen begeben. Würde keine Trauerfeier abgehalten oder würde sie nicht beendet, dann würde der Lauf der Welt empfindlich gestört! Man benötigt nicht einmal Aussagen darüber, was eine Seele in diesem Fall mit den Lebenden anstellen würde, um von der Dringlichkeit der Trauerfeier überzeugt zu sein.

Die kosmologischen Erzählungen der australischen Stämme vermitteln also kein rein kognitives Weltbild. **Sie sind so strukturiert, dass sie der Stammesgesellschaft Aufgaben zuweisen und die Verbindlichkeit dieser Aufgaben begründen.**

Sehen wir uns zunächst verbindliche Aufgaben im Falle des Todes, also die Trauerriten der australischen Stämme an. Sie bestehen aus Verboten wie aus Geboten. Verboten ist u.a. „den Namen des Verstorbenen auszusprechen; an dem Ort zu verweilen, wo der Tod eingetreten ist; die Verwandten, besonders weiblichen Geschlechts, dürfen nicht mit Fremden sprechen; die gewöhnlichen Beschäftigungen des täglichen Lebens müssen wie zu Festzeiten aufhören" (Durkheim 1981; 523). Wie man sich im Todesfall zu verhalten hat, zeigt folgendes Beispiel: „Eine Totemzeremonie war gerade gefeiert worden ... als plötzlich ein Schrei aus dem Lager erklang: ein Mann lag im Sterben. Die ganze Gruppe fing sofort ganz rasch zu laufen an; die meisten begannen im Laufen Schreie auszustoßen ... Nachdem wir den Bach überschritten hatten, fanden wir, nach dem

Brauch, das Lager zerstört. Frauen, aus allen Richtungen herbeigeeilt, lagen auf dem Körper des Sterbenden, während andere ... sich mit ihren Grabsticheln ... in den Scheitel bohrten und auf diese Weise Wunden beibrachten ... Zur gleichen Zeit stießen sie ununterbrochen Klageschreie aus. Dann kamen die Männer hinzu. Sie warfen sich ebenfalls über den Körper ... Nach ein oder zwei Minuten stürzte ein Mann der gleichen Klasse hinzu, schrie vor Schmerz und schwang sein Steinmesser. Sobald er das Lager erreicht hatte, schnitt er sich tief in die beiden Schenkel, in die Muskeln, so dass er sich nicht mehr aufrecht halten konnte ... Die beschriebene Zeremonie eröffnet eine lange Reihe von Riten, die einander wochen- und monatelang folgen. Man wiederholt sie in verschiedenen Formen an den folgenden Tagen..." (Durkheim 1981; 523ff.). Die Trauerphase endet schließlich „mit einer Schlusszeremonie, deren Erregung die Erregung der Eröffnungszermonie erreicht oder überschreitet" (ebd. 528). Auch hier fügen sie sich Beteiligten wiederum mehr oder weniger schwere Verletzungen zu. Hinzu kommt noch ein symbolischer Abschluss, der je nach Stamm variiert wird. In einem Fall wird z.B. ein von den Beteiligten angefertigter Schmuck zerbrochen und in der Erde vergraben, in einem anderen Fall wird ein Oberarmknochen des Toten zerbrochen und in der Erde vergraben.

Erinnert die Erregung der Trauernden nicht an die Reaktionen der von Cynthia Moss beobachteten Elefanten (Kap 2)? In beiden Fällen ist die Erregung groß, aber nur bei den australischen Stämmen ist sie inszeniert. Nur hier folgt sie einem Drehbuch, dass z.B. bestimmt, wer sich zu verletzen hat. In dem zitierten Fall waren das der Großvater des Verstorbenen, dessen Onkel, sowie ein Onkel des Verstorbenen mütterlicherseits, sowie der Bruder der Frau. Durkheim stellt zurecht fest: „wie gewalttätig die Kundgebungen auch waren, sie waren doch streng durch Brauch geregelt" (ebd. 524). Auch die zum Ausdruck gebrachte Trauer ist nicht spontan, sie muss unabhängig von den tatsächlich empfundenen Gefühlen zum Ausdruck gebracht werden (ebd. 532). Alle Beteiligten wissen darum, dass abweichendes Verhalten sanktioniert wird: „Man glaubt z.B., dass sich die Seele des Toten an die Schritte eines Verwandten heftet und ihn tötet, wenn er sich der Trauer nicht hingibt ...Wenn ein Schwiegersohn seinem Schwiegervater nicht die Trauerpflichten leistet, die er ihm schuldig ist, wenn er sich nicht die vorgeschriebenen Verletzungen beibringt, nehmen ihm seine Stammesschwiegerväter seine Frau weg und geben sie einem anderen" (ebd. 532f.).

Am Beispiel der Trauerriten kann man erkennen, warum das Leben in Gesellschaften eine tiefgreifende Zäsur im Sozialverhalten bedeutet. Aus dem Blickwinkel des Darwinismus betrachtet, haben sich hominide Schweifgruppen bis zu dieser Zäsur als besonders überlebenstauglich erwiesen und sich etwa durch Distanzwaffen, die Beherrschung des Feuers und ausgefeilte Jagdtechniken sowohl an die Spitze der Nahrungspyramide vorangearbeitet, wie auch ihr Verbreitungsgebiet extrem ausgeweitet. Mit dem Leben in Gesellschaften setzten nun Aktivitäten ein, die aus darwinistischer Sicht nur fatal genannt werden können: Zeit und Energie wird für das Anfertigen von Schmuck und Musikinstrumente, für graphische Darstellungen und die Herstellung kleiner Figuren verpulvert. Die geschilderten Trauerriten nehmen nicht nur Zeit in Anspruch, sie schwächen auch die Fitness der Gruppenmitglieder und haben manchmal sogar letale Folgen (Durkheim 1981; 534).

Dennoch scheinen all diese Verrichtungen für die Beteiligten vorrangige Bedeutung zu haben! Diese Bedeutung besteht darin, dass alle Beteiligten Verpflichtungen erfüllen, die sich aus ihrem Weltverständnis herleiten. Würden sie ihnen nicht nachkommen, würden sie ihre Kultur und ihre Gesellschaft zerstören. Denn das Weltverständnis kann nur solange existieren, als es aufgeführt, buchstäblich mit Leben erfüllt wird. Aber auch für den einzelnen Akteur bedeutet die Erfüllung dieser Pflichten eine Überlebensfrage, die sich aber auf andere Weise stellt als die Prinzipien der Arterhaltung. Wer er in kultureller Hinsicht „ist", ist für jeden Akteur erst durch sein reentry in das eigene Weltverständnis erklärt. Würde dieses Weltverständnis nicht mehr als Realität aufgeführt, dann würde auch er seinen Platz in dieser Welt verlieren. Dieser Fall käme einem kulturellen Todesurteil gleich. Um es am Beispiel der Trauerriten der australischen Stämme auszudrücken: Für die Verwandten des Toten ist es eine Überlebensfrage, sich tiefe Wunden beizubringen, auch wenn das mitunter lebensgefährlich sein sollte. Auf dem Spiel steht nicht das biologische, sondern das **gesellschaftliche Überleben** der Beteiligten. Es ist offensichtlich sogar wichtiger als das biologische Überleben.

Derselbe Bezug auf die gesellschaftliche Ordnung prägt auch das rituelle Handeln der Beteiligten. Es wird nicht von den momentanen körperlichen Bedürfnissen und Neigungen bestimmt, sondern es folgt den Vorgaben der Tradition. Das bedeutet nicht zuletzt, dass alle im Laufe der Evolution entstandenen Möglichkeiten komplexen Verhaltens, wie beispielsweise die Hemmung (vgl. Kap. 2), in diesem Verhaltensbereich nicht mehr direkt für den körperlichen Überlebenskampf eingesetzt werden, sondern hier Formen einer sozio-kulturellen Verhaltenskontrolle erlauben. Die Beteiligten bleiben Menschen in einem biologischen Sinne, aber sie unterwerfen ihr Verhaltensrepertoire einem sozio-kulturellen Drehbuch. Die „Erfindung" der Gesellschaft bedeutet auch deswegen eine Zäsur, weil hiermit eine neue Kontrollebene jenseits der biologischen Bedürfnisnatur entsteht.

Diese Kontrollebene funktioniert auch deshalb, weil zwischen dem die Symbolsprache tragenden Weltverständnis und der die Symbolwelt zur Realität verwandelnden Praxis ritualisierten Handelns die **Sozialstruktur** als vermittelndes Element tritt. Die Sozialstruktur **differenziert und spezifiziert** die globalen Aussagen und Annahmen des Weltverständnisses, das bei einfachen Gesellschaften vom Typus der australischen Stämme im Form kosmologischer und kosmogonischer Erzählungen existiert, indem es sie auf konkrete Personen bezieht. Dieser Bezug erfolgt so, dass die Personen in dieses Weltverständnis eingeführt werden. Bei einfachen Stammesgesellschaften geschieht dies über ein nach Regeln aufgebautes Geflecht von Verwandtschaftsbeziehungen, die nicht nur das Verhältnis der lebenden Stammesmitglieder untereinander über Rechte und Pflichten, Gebote und Verbote personunabhängig regeln. Das Verwandtschaftssystem stellt auch genealogische Beziehungen sowohl zu den Verstorbenen her bis hin zu mythologischen Stammesgründern wie auch zu den zukünftigen Generationen (vgl. Kohl 1993). Jeder, der seinen Platz in diesem System kennt, kann von dort aus, also dezentral und partikular, als Positionsinhaber Erwartungen an das Verhalten anderer Positionsinhaber hegen und sein eigenes Verhalten an den geltenden Vorschriften orientieren. Beides ergibt sich immer relational, ist also davon abhängig, welcher Positionsinhaber einem gerade gegenüber steht. Wie universell dieses System ist, zeigt vielleicht am Besten folgende vielfach kolportierte These. Wo immer sich australische Ureinwohner treffen, die sich noch nicht persönlich kennen, so werden sie zunächst festzustellen suchen, in welchem Verwandtschaftsverhältnis sie zueinander stehen. Daraus ergibt sich dann alles weitere.

Welche Schwelle mit der Entwicklung der Sozialstruktur genommen wird, verdeutlicht ein Vergleich mit Rangordnungen bei Primaten. Wie zahlreiche andere Tierarten kennen sie eine Rangordnung aber keine Sozialstruktur. Rangordnungen unter Primaten sind aber immer Arrangements, die an die Bedürfnisnatur der Beteiligten und an weitere Merkmale ihres Organismus direkt anschließen. Jede Rangordnung ohne Sozialstruktur wird ohne die Orientierung an einer gedachten Ordnung unter den Beteiligten permanent ausgehandelt. Verändern sich die Bedingungen oder Konstellationen kommt es zu neuen Aushandlungsprozessen. Dagegen besteht jede Sozialstruktur aus festliegenden Positionen und Beziehungen zwischen Positionsinhabern, die im Rahmen eines gemeinsamen Weltverständnisses begründet werden und daraus ihre Rechtfertigung beziehen. Körperliche Merkmale können keine davon unabhängige Bedeutung für eine Sozialstruktur gewinnen wohl aber daran andocken. Das gilt insbesondere für die Merkmale Alter, Geschlecht und die Mutter-Kind-Beziehung.

Im Hinblick auf das Thema Menschwerdung geht es also darum, **dass aus Gruppenmitgliedern**, deren soziale Bedeutung für die Gruppe durch bestimmte, an die momentane Beschaffenheit des Organismus gebundene Fähigkeiten und Eigenschaften charakterisiert wird, **Positionsinhaber in einer Sozialstruktur werden**. Diese sozialstrukturelle Verortung geht auch durch den Tod nicht verloren. Er stellt nur einen Übergang z.B. in die Welt der Ahnen dar. Das legte in einigen Kulturen die Deponierung des Schädels unter der Türschwelle (Jericho) oder unter dem Herd (Göttner-Abendroth 1991) nahe (vgl. Kap. 6).

Die Positionierung der Mitglieder einer Gruppe in einer Sozialstruktur ist aber nicht rein affirmativ zu verstehen. Es handelt sich hierbei um einen Vorgang, der erst neuartige, für Menschen typische Fragen der Art ermöglicht wie: Wer (was) bin ich? Welche Stellung nehmen wir als Stamm XY oder Nation Z im Rahmen des Weltgeschehens ein? Derartige Fragen werden erst dann aufgeworfen, wenn die Stellung der Gruppe und auch des einzelnen Mitglieds in der „Welt" fixiert werden muss. Das ermöglicht vor allem dann Irritationen, wenn Ereignisse eintreten, die nicht affirmativ behandelt werden können.

1.2 Leben und sterben in Gesellschaften

Am Ende dieses Abschnitts bleibt nur noch die Aufgabe, die Spezifizität des menschlichen Sozialverhaltens zusammenfassend festzuhalten.

Menschen sind vermutlich keine besonderen Virtuosen, was das Eingehen auf die emotionale Befindlichkeit anderer anbelangt. Es ist auch durchaus fraglich, ob sie die „wilden Diplomaten" (de Waal) an Geschick bei der Konfliktbeilegung unter Gruppenmitgliedern übertreffen. Das mag damit zusammenhängen, dass die Entwicklung derartiger Fähigkeiten im Verlaufe der Evolution offenbar von einer anderen Variante von Sozialität überlagert worden ist: der Verständigung über die Beschaffenheit der „Welt" und die Veränderung der „Welt". Wie der Fall der Bestattung demonstriert, betrifft diese Überlagerung auch die Lebensspanne. Die gesellschaftliche Bedeutung des Todes und die Frage, was nach dem biologischen Tod kommt, können erst entstehen, wenn Sozialverhalten und die Techniken kommunikativer Beeinflussung nicht mehr direkt an die Bedürfnisnatur der Kooperationspartner gekoppelt sind.

2 Kann das ethnologische Material zu Jäger/Sammlerinnen-Gesellschaften für einen Widerlegungsversuch der Thesen zur „Erfindung" der Gesellschaft genutzt werden?

Man kann das vorhandene ethnologische Material zu einem Widerlegungsversuch der These über die Herausbildung eines Zusammenhangs von sinnhaftem Weltverständnis und Gesellschaft nutzen. Diese Möglichkeit ergibt sich, weil im 4. Kapitel ein einheitliches Szenario für die Herausbildung von Gesellschaften entwickelt wurde. Daraus kann man einmal folgern, dass **alle** noch bekannten

Gesellschaften gemeinsame Merkmale aufweisen müssten. Darüber hinausgehend vermute ich weiterhin, dass **alle** Gesellschaften, die besonders archaische Züge aufweisen, diese Nähe noch sehr viel deutlicher ausdrücken. Nach Kriterien, die in diesem Abschnitt erläutert werden, halte ich Jäger/Sammlerinnen-Gesellschaften für besonders archaisch und das ethnologische Material über rezente Wildbeuter zwar nicht für einen Bestätigungs- wohl aber für einen Widerlegungsversuch für geeignet. Zunächst aber möchte ich einige Merkmale anführen, die Gegenstand eines solchen Widerlegungsversuches sein könnten.

(1) Einen ziemlich direkten Hinweis, wie man sich die „plötzliche" Einführung eines sinnhaften Weltverständnisses vorstellen kann, enthalten die in Stammesgesellschaften häufigen **Kosmogonien**. Das sind mythische Erzählungen über die Verwandlung eines bestimmten Tieres (oder eines anderen Wesens) in den legendären Urahn des Stammes[89]. Diese Erzählungen führen nicht einzelne Menschen sondern die soziale Einheit in eine sinnhafte Welt ein. Das reentry wird also direkt als „entry" thematisiert. Der sozialen Einheit obliegt es, über festliegende Rituale diesen legendären Schöpfungsakt zur Realität werden zu lassen und auf diesem Wege als **lebendige Überlieferung** zu reproduzieren. Das ist aber nur möglich, wenn diese Einheit sich als „Gesellschaft" verhält, also keinerlei Zweifel an der Wahrheit der Erzählung aufkommen lässt, sich in diese sinnhafte Welt hineinbegibt, Individualinteressen, momentane Befindlichkeiten etc. ausklammert und die in der rituellen Ordnung vorgesehenen Rollen mit Leben erfüllt.

(2) Im (als erste Form gesellschaftlichen Verhaltens vermuteten) **Ritual** werden genau jene Verhaltensmuster praktiziert, die als grundlegend für jegliche zivilisatorische Entwicklung angesehen werden: die Überwindung der Grenze der eigenen Bedürfnisnatur und die Selbstdisziplinierung des Verhaltens.

(3) In den Ritualen von Jäger/Sammlerinnen-Stammesgesellschaften spielen meiner Vermutung nach **Trance-Erfahrungen** eine tragende Rolle. Darin drückt sich der vermutete Ursprung dieser zentralen zivilisatorischen Verhaltenstechnik aus.

(4/5/6) In den magisch – religiösen Ritualen werden aber noch weitere Aspekte einer **spezifisch gesellschaftlichen Praxis** sichtbar: Mit den Methoden kommunikativer Einflussnahme versuchen Menschen sich als Kollektivwesen in eine selbst erfundene magische Welt hineinzubegeben und in dieser Welt Einfluss auszuüben. In diesen Bezügen auf eine selbst entwickelte sinnhafte Welt verbinden sich Praxis und Poiesis (handeln und machen) – insofern kann man auch von **urproduktiven Gesellschaften** (Bargatzki) sprechen. Damit ist neben der (4. Kriterium) **Unterwerfung des Sozialverhaltens unter selbstgeschaffene**

---

[89] Noch in der griechischen Philosophie (Heraklit, Platon) wird die Welt als beseeltes Wesen gedeutet (vgl. Gethmann-Siefert 2004).

Regeln auch ein Ausgangspunkt für (5. Kriterium) die **aktive Veränderung der Welt nach den durch eine Kultgemeinschaft festgelegten gemeinsamen Zwecken** gegeben (angefangen von magisch-religiösen Symbolen wie z.b. Totems – perspektivisch: materielle Kultur, Arbeit, Wissenschaft und Technik). Zugleich kann diese **selbstgeschaffene Welt im Ritual als Realität erfahrbar** werden und damit eine (6.) **vorsoziale Verankerung in der menschlichen Wahrnehmung** gewinnen.

(7) Jäger/Sammlerinnen-Stammesgesellschaften weisen, so eine weitere Hypothese, eine materielle Kultur auf, die Parallelen zu jenen Stammesgesellschaften zeigt, auf deren Existenz die im 3. und 8. Kapitel erwähnten archäologischen Indikatoren schließen lassen. Das bedeutet, dass jede dieser Stammesgesellschaften zwar nicht alle dieser Indikatoren[90], aber doch einige davon aufweist und dass sie in Zusammenhang mit wichtigen Ritualen stehen oder aus anderen Gründen eine erhebliche soziale Bedeutung haben müssen.

Aus diesen Gesichtspunkten können Hypothesen entwickelt werden, die dann als widerlegt gelten müssen, wenn sie auch nur in **einem** als authentisch eingestuften Fall widerlegt werden. Dabei geht es um mehrere Ebenen:

* Auf einer allgemeinen sozialtheoretischen Ebene können die Thesen über das Zusammenspiel von Kosmogonie/Weltverständnis, Ritual und Sozialstruktur überprüft werden.

* Weiterhin kann eine ganze Reihe der in der Argumentation enthaltenen Thesen zu falsifizieren versucht werden. Z.B. die These, dass magisch-religiöse Kommunikation mit anderen als Arten aufgefassten „Wesen" zentrale Bedeutung in den Mythen und Ritualen hat. Sie wäre widerlegt, wenn in einem in dieser Hinsicht authentischen Fall derartige magisch-religiöse Kommunikationen überhaupt nicht oder nur am Rande vorkommen.

* Das Szenario der Menschwerdung kann darüber hinaus über die archäologischen Indikatoren und die Rolle von Trance-Erfahrungen in der Ritualordnung überprüft werden.

Die Schwierigkeiten eines derartigen Widerlegungsversuchs liegen einmal darin, dass er nur in Kooperation mit ethnologischen Experten durchgeführt werden kann. In der Ethnologie scheint aber ein Konsens darüber zu bestehen, dass „rezente (d.h. heutige, im weiteren Sinn: von Ethnologen erfasste) Jäger/Sammlerinnen-Kulturen" weder als „primitiv" (wie noch im 19. Jh. üblich) noch als besonders „archaisch" angesehen werden können. Dieses Vergleichsverbot kann einmal empiristisch begründet werden: alle heutigen Gesellschaften seien schließlich in zeitlicher Hinsicht gleich weit entfernt von allen historischen Ereignissen, folglich seien alle (bzw. keine) Gesellschaften gleichermaßen für

---

90 Das kann nämlich auch für mögliche Stammesgesellschaften vor 30.000 Jahren nicht behauptet werden.

historische Vergleiche geeignet. Attributen wie „primitiv", „einfach" und dergleichen kann immer mit dem Hinweis auf kulturelle Komplexität, generell mit dem Hinweis auf die prinzipielle Gleichartigkeit aller Sprachen[91] begegnet werden. Als Argumente gegen einen Gesellschaftsvergleich (um einen Kulturvergleich geht es hier nicht) sind derartige Einwände erkennbar falsch. Kulturelle Komplexität spielt in Überlegungen zu Fragen gesellschaftlicher Leistungsfähigkeit, Effizienz oder „Modernität" **keine** direkte Rolle. Bekanntlich hängen derartige Eigenschaften von Gesellschaften zunächst von dem dominanten **Differenzierungsmuster**[92] ab. In kultureller Hinsicht ist **Variabilität** und nicht Komplexität das zentrale Leistungs- und Modernitätsmerkmal[93]. Schließlich lebt keine Gesellschaft ausschließlich im Heute: Aufgrund unseres Weltverständnisses benutzen wir universell einen überlieferten Begriffsvorrat und Wissensstand als Hintergrund für unsere gegenwärtige Kommunikation[94]. Vor diesem Hintergrund geht es aber darum, ob Gesellschaften ähnlich der heutigen Wissenschaftskultur ein hohes Potential (ggfs. sogar Institutionen wie die moderne Wissenschaft) für die permanente Entwertung überlieferten kulturellen Wissens aufweisen (hohe Variabilität) oder ob sie umgekehrt die identische Reproduktion ihres kulturellen Wissens (also Traditionserhalt; minimale Variabilität) zur obersten Maxime erhoben haben. Wenn man dieses Kriterium mit dem weiteren Kriterium der **Irreversibilität leistungsrelevanter Innovationen** kombiniert, dann ist es ziemlich klar, warum Jäger/Sammlerinnen-Gesellschaften für den beabsichtigen Vergleich sehr viel besser geeignet sind als ein Sample der Bevölkerung von New York oder Tokyo. Das Irreversibilitätskriterium besagt, dass Innovationen wie z.B. Ackerbau, die (unabhängig davon, ob das beabsichtigt war) faktische Leistungsvorteile zur Folge haben, nur um den Preis von Leistungseinbussen wieder zurückgenommen werden können (vgl. Parsons 1969). Daraus folgt, dass solche Zurücknahmen selten vorkommen und, falls sie sich dennoch ereignen, selten definitiven Charakter[95] haben.

---

91 „Soweit es die sprachliche Form betrifft, hat Platon einem makedonischen Schweinehirten und Konfuzius den wilden Kopfjägern von Assam nichts voraus" (Sapir 1921; 234)
92 In der Regel werden 4 Differenzierungsmuster unterschieden: segmentäre, stratifikatorische und funktionale Differenzierung sowie Zentrum/Peripherie. Die 3 erstgenannten können im Hinblick auf gesellschaftliche Leistungsfähigkeit hierarchisiert werden (näheres siehe z.B. Schimank 1996)
93 Vgl. hierzu Luhmanns Analyse zur Herausbildung einer „Zurückweisungskultur" im frühmodernen Europa – Luhmann 1980.
94 Vgl. die Erläuterungen zu Medium – Form und Horizont – Thema bei Luhmann 1997.
95 Illustrative Beispiele für solche nicht definitiven Revisionen sind die Rücknahme von Formen der Arbeitsteilung in der chinesischen Kulturrevolution oder die Restauration der Feudalgesellschaft im Japan der Tokugawa-Zeit. Vor allem Gesellschaften, die Kontakte mit anderen Gesellschaften haben, überleben solche Revisionen selten bzw. nehmen sie schnell zurück.

Daraus ergeben sich für Jäger/Sammlerinnen-Gesellschaften folgende soziologischen Besonderheiten:

(8) Aufgrund des Irreversibilitätskriteriums ist die **Wirtschaftsweise ein Indikator für ein geringes Maß an sozialen Veränderungen im Laufe der Gesellschaftsgeschichte.**

(9) Es kann daher auch ein **hohes Maß an Traditionalismus** im Sinne des Variabilitätskriteriums vermutet werden. Dieser Aspekt muss aber in jedem konkreten Fall überprüft werden.

(10) Diese Wirtschaftsweise konserviert in der Regel die als am wenigsten leistungsfähig geltenden Strukturen **segmentärer Differenzierung** als dominantes Merkmal der Sozialstruktur.

Vor einem Widerlegungsversuch am ethnologischen Material ist aber die Eignung jeder Fallstudie vor allem unter folgenden drei Aspekten zu überprüfen. Einmal muss für jeden Fall untersucht werden, ob (und falls das zu klären ist: wann) die betreffende Stammesgesellschaft von größeren und militärisch überlegenen Stämmen in ungünstige Territorien verdrängt wurde. Die Verdrängung vom ursprünglichen Territorium könnte ähnlich wie in einigen bekannten Fällen (vgl. bereits Darwin 1871; 205) zumindest partiell mit einem Niedergang (Vergessen) der alten Traditionen verbunden gewesen sein. Zum anderen müssen die Einflüsse der Kulturkontakte der letzten Jahrhunderte in Rechnung gestellt werden. Schließlich ergeben sich Grenzen der Aussagekraft des vorliegenden Materials aus den meist anders gelagerten Interessen der Forscher. Mangels Alternativen kann man daher nur versuchen, das vorhandene Material unter evolutionstheoretischen Fragestellungen gewissermaßen gegen den Strich zu bürsten[96].

In diesem fünften Kapitel kann leider kein derartiger Widerlegungsversuch vorgestellt werden, da ein entsprechendes interdisziplinäres Projekt bis heute nicht zustande gekommen ist. Ich kann vielmehr nur die hier skizzierten 10 Kriterien exemplarisch erläutern.

---

96 In ähnlicher Weise ist z.B. der Historiker Michael Stahl bei der Rekonstruktion der Sozialstruktur Griechenlands in der archaischen Periode vorgegangen (Stahl 2003)

Übersicht: Soziologische Kriterien für besonders archaische Stammesgesellschaften:

---

1. Vorhandensein von Kosmogonien
2. Vorhandensein von Ritualen
3. Trance-Erfahrungen spielen eine gesellschaftliche Rolle
4. Unterwerfung des rituellen Sozialverhaltens unter selbstgeschaffene Regeln
5. "Sinn" der Rituale besteht in einem aktiven Weltbezug: kommunikative Beeinflussung von Aspekten der "Welt"
6. vorsoziale Verankerung des Weltverständnisses in den Wahrnehmungen
7. Parallelen in der materiellen Kultur zu den archäologischen Indikatoren für Gesellschaftsentwicklung
8. Wirtschaftsweise: jagen und sammeln
9. hohes Maß an Traditionalismus
10. segmentäre Differenzierung als vorrangiges Bauprinzip der Sozialstruktur

---

3 Clan-Totemismus: Durkheims Studie über den australischen Totemismus

„Les formes elementaires de la vie religieuse" (Die elementaren Formen des religiösen Lebens) ist der Titel des letzten großen Werks von Emile Durkheim aus dem Jahre 1912. Er sagt bereits aus, dass Durkheim den elementarsten Fall religiöser Praxis studieren und die Ursache für Religion klären wollte. Diesen elementarsten Fall hat er in der Literatur über die australischen Ureinwohner gefunden. Ich stelle in diesem Abschnitt Durkheims Studie vor, weil es sich bei ihr nach wie vor um die unter soziologischen Gesichtspunkten ertragreichste Studie über den Gesellschaftsaspekt in einfachen Stammesgesellschaften handelt.

Ich gebe zunächst eine Einführung in diese Studie. In einem zweiten Schritt unternehme ich eine systemtheoretische Reinterpretation des von Durkheim ausgewählten Materials und komme im Schlussteil auf die Frage des Zusammenhangs von Gesellschaft und Religion zurück.

3.1 Was versteht man unter Totemismus?

Totems sind Symbole, die als heilig angesehen werden und die die Zusammengehörigkeit des Clans mit einer Tierart, einer Pflanzengattung oder anderen Elementen der Umwelt ausdrücken. Diese Zusammengehörigkeit wird auf eine gemeinsame Herkunft und auf die Gründung eines Clans durch einen mythischen Urahn zurückgeführt, der sich von dem den Clan bezeichnenden Tier oder der entsprechenden Pflanze in den ersten Menschen dieses Clans verwandelt habe. Solche totemistischen Vorstellungen finden sich insbesondere bei den nordamerikanischen Indianern und den australischen Ureinwohnern. Ebenso wie Durkheim beschränken wir unsere Ausführungen auf den australischen Totemismus, da er als einfacher und ursprünglicher angesehen wird.

Zwischen dem Clan und seinem Totemtier werden besondere Beziehungen angenommen. Es soll seine „menschlichen Verwandten" beschützen und wird umgekehrt verehrt. Insbesondere ist es verboten, dass die Clanangehörigen die entsprechenden Tiere oder Pflanzen essen. Darüber hinaus wird im Totemismus eine Kosmologie entwickelt, die die gesamte Umwelt auf die Clanstruktur verteilt. „Alle bekannten Wesen sind ... auf einer Art Tafel systematisch aufgeteilt, die die ganze Natur umfasst" (Durkheim; 1981; 197). Die meisten der von Ethnologen oder Missionaren analysierten australischen Stämme weisen zwei sich einander überlagernde soziale Einheiten auf: Clans und Phratrien. Durkheim hält die Phratrien, von denen jeder Stamm immer nur zwei aufweist, für die ursprüngliche Differenzierungsform. Die Zuordnung der Stammesmitglieder zu Phratrien ist besonders bei religiösen Ritualen wichtig, wo eine Phratrie das Ritual darstellt und die andere der Beobachterposition einnimmt.

Ein wichtiges Element totemistischer Überzeugungen ist der Wiedergeburtsglaube. Die Gläubigen gehen davon aus, dass die Seele nach dem Tode den Körper verlässt und sich wiederum einen neuen sucht.

Die rituellen Praktiken gliedert Durkheim in zwei Bereiche auf: Den negativen und den positiven Kult. Der negative Kult umfasst Verbotssysteme, die insbesondere einen Bereich des Heiligen aus dem des Profanen abgrenzen. Verbotssysteme sind auch die Wurzel asketischer Riten. Der positive Kult geht dagegen auf magische Vorstellungen zurück. Er umfasst unterschiedlichste Opferzeremonien, nachahmende Riten zur Sicherung der Fruchtbarkeit, Gedenkriten und Sühneriten. Schon diese Aufzählung zeigt, dass die australischen Ureinwohner ein relativ komplexes System asketischer und magischer Praktiken entwickelt haben.

3.2 Durkheims Erklärung der Entstehung von Religion am Beispiel des Totemismus

Durkheim hat den australischen Totemismus als die elementarste Form unter den zugänglichen Religionen analysiert. An ihrem Beispiel versucht er die Entstehung von Religionen zu verstehen. Entsprechend seiner methodischen Vorstellungen entwickelt er nicht eine, sondern drei grundlegende Hypothesen oder Hypothesenbündel[97].

Durkheims **kausale Hypothese,** mit der er die Entstehung von Religionen erklärt, richtet sich auf den Zusammenhang zwischen Gesellschaft und Religion. Wenn es in der Religion um geheimnisvolle Kräfte geht, dann sind sie nichts anderes als die Kraft des gesellschaftlichen, des kollektiven Zusammenhalts. In solchen Erfahrungen gesellschaftlicher Zusammengehörigkeit liegt für Durkheim die Ursache für die Religionsentwicklung[98]. Aus dieser Generalhypothese ergibt sich dann auch die Vermutung kausaler Zusammenhänge zwischen der Beschaffenheit der Sozialstruktur und bestimmten religiösen Inhalten. So begründet Durkheim etwa die in Australien fehlende Generalisierung des Totemprinzips zu Vorstellungen ähnlich des „Manna" bei den Melanesiern oder des „Wakan" bei den Sioux damit, dass bei den australischen Stämmen die Autonomie der Clans noch wesentlich höher sei und dementsprechend die Bedeutung des Stammes als soziale Einheit geringer.

Vor diesem Hintergrund entwickelt Durkheim zweitens ein **interpretatives Hypothesenbündel** darüber, dass Religion eine bestimmte Art und Weise der Darstellung sozialer Realitäten betreibt. Dabei geht es sowohl um eine kognitive wie auch um eine expressive Ebene. Die Glaubensinhalte und die religiösen Praktiken sind einmal Schlüssel zum Verständnis der entsprechenden Gesellschaft und ihrer spezifischen sozialen Beziehungen. Zum anderen heben sie diese auf eine expressive und zum Teil auch dramatische Ebene. Sie drücken sie in einer besonderen symbolischen Form aus. Auf dieser wissenssoziologischen Ebene fungiert Religion als Schlüssel zum Verständnis sozialer Realität, die zugleich aber in bestimmter Weise „aufbereitet" wird. In dieser Analyseperspektive fungiert Religion als eine Art „mythologische Soziologie" (Lukes). Religion bietet eine erste Erklärung der Welt, die sich von der Wissenschaft nur durch die

---

97 Meine Darstellung orientiert sich im Folgenden an Steven Lukes 1973; 462ff.
98 Durkheim folgt hier offensichtlich nicht nur den religionssoziologischen Arbeiten von Robertson Smith (insbesondere: Lectures on the religion of the semites; Edinburgh 1889) sondern auch der Religionskritik der französischen Aufklärung (Matthes 1967; 32ff.). Von letzterer übernimmt er zwar nicht deren Entlarvungsabsichten, wohl aber das Erklärungsmodell einer Verdoppelung und Überhöhung der Gesellschaft in Form der Religion. Auch für Durkheim schaffen sich die Menschen in Form der Religion eine ideale Welt, die mit hoher moralischer Autorität versehen wird und die profane Welt normativ strukturiert.

noch fehlende methodisch disziplinierte Einstellung unterscheidet. Das Totem fungiert aber auch als Symbol der gesellschaftlichen Zusammengehörigkeit. In dieser Hinsicht gewinnt es ein Eigenleben nicht nur als Heiligtum, sondern auch als manifester Ausdruck sozialer Zusammengehörigkeit.

Es ist nun gerade diese wissenssoziologische Perspektive in Durkheims Analyse des Totemismus, die seine bereits viel früher entwickelte dualistische Konzeption des Verhältnisses von Individuum und Gesellschaft, von Körper und Seele (vgl. Durkheim 1981a) auf eine Weise illustriert, die ihren Grundlagencharakter zu bestätigen scheint. Denn der Totemismus gilt Durkheim ja als elementare Form der Religion. Die dualistische Konzeption vom Individuum, dessen selbstsüchtige Triebe durch eine übergeordnete gesellschaftliche Moral kanalisiert werden, scheint sich in dem Wiedergeburtsglauben der australischen Aboriginees am Material zu bestätigen. Die Seelen gelten als das Bleibende, das sich immer wieder einen neuen physischen Körper aussuchen muss. Die kausale Hypothese hat aber bereits ergeben, dass sie nur ein mythologischer Ausdruck der Gesellschaft sein können. Wenn man diese beiden Elemente miteinander verbindet, dann ergibt sich folgerichtig, dass die Gesellschaft das bleibende, dauerhafte und übergeordnete Element ist.

Die dualistische Konzeption materialisiert sich weiterhin in der strengen Unterscheidung zwischen einem moralisch übergeordneten und streng abgeschirmten sakralen Bereich auf der einen und der profanen, materiellen Welt auf der anderen Seite. Wie die kausale Hypothese bereits ergeben hat, ist der sakrale Bereich für Durkheim aber nichts anderes als **eine mythologisch überhöhte und dramatisierte Darstellung der moralischen Ordnung** einer Gesellschaft. Die Unterscheidung zwischen einem profanen und einem sakralen Bereich ist für Durkheims Verständnis von Religion essentiell[99].

Durkheims drittes Hypothesenbündel zielt auf die **funktionale Bedeutung von Religion**, auf ihre Effekte für die Gesellschaft und die sozialen Beziehungen, aber auch für die Individuen, die in dieser Gesellschaft leben. Diese funktionale Bedeutung sieht Durkheim ganz allgemein darin, dass Religion die gesellschaftlichen Bindungen stärkt und das Selbstwertgefühl hebt.

Dies teilt sich einmal dem einzelnen Gesellschaftsmitglied mit. Für jeden Einzelnen beweist sich der Glaube in positiven Gefühlen. Er verleiht Zuversicht und schützt zugleich vor dem Bösen und Schlechten. Die gemeinsam gefeierten Riten rufen kollektive Gefühle und kollektive Erfahrungen hervor. So stellen

---

99 „Alle bekannten religiösen Überzeugungen ... haben den gleichen Zug: sie setzen eine Klassifizierung der realen oder idealen Dinge ... in zwei Klassen ... voraus, die man im allgemeinen durch zwei unterschiedliche Ausdrücke bezeichnet hat, nämlich durch *profan* und *heilig*. Die Aufteilung der Welt in zwei Bereiche ... ist das Unterscheidungsmerkmal des religiösen Denkens..." (Durkheim 1981; 62).

insbesondere religiöse Opfer nichts anderes als Esskommunionen dar, die so eine enge Verbundenheit zwischen Menschen und Göttern stiften sollen. Für Durkheim bedeutet das nichts anderes, als dass auf diese Weise die soziale Integration, die Verbundenheit mit der moralischen Instanz der Gesellschaft zelebriert und bekräftigt wird. Wichtig sind für Durkheim auch asketische Riten, z.B. Initiationsriten, da sie Charakterfestigkeit und Standhaftigkeit bewirken.

Durkheims Studie ist sehr ambivalent aufgenommen worden. Nicht nur Raymond Aron hält sie für das „bedeutsamste, profundeste, originellste und anregendste Werk Durkheims". Die Fülle soziologischer Einsichten, aber auch die überaus ausgefeilte Anlage des gesamten Textes und die systematische Gedankenführung wirken auf den heutigen Leser noch überaus beeindruckend. Aber dennoch muss sein Versuch einer soziologischen Rekonstruktion der „elementaren Formen des religiösen Lebens" als gescheitert angesehen werden. Obwohl einige Ethnologen an Durkheim anzuknüpfen versuchten (insbesondere Radcliffe-Brown 1952), wurde seine Studie gerade von dieser Seite heftig kritisiert (vgl. insbesondere van Gennep 1920). Lukes (1973; 477ff.) hat diese ethnologische Kritik folgendermaßen zusammengefasst: Clans seien bei den von Durkheim herausgegriffenen Stämmen nicht die relevante Organisationseinheit. Zudem seien die herausgegriffenen Stämme atypisch. Es sei sehr fraglich, ob Totemismus als die früheste Form von Religion angesehen werden könne. Insbesondere sei der Totemismus bei den Aboriginals eher hoch entwickelt. Ebenfalls wird ein Zusammenhang zwischen Totemismus und den einfachsten Formen sozialer Organisation und Technologie bestritten. Ein Zusammenhang zwischen Totemismus und Clanorganisation sei nicht zwingend. Es gäbe Clans ohne Totems und umgekehrt. Das von Durkheim hervorgehobene Merkmal figürlicher Repräsentation der Totems fehle meistens[100]. Weiterhin sei zweifelhaft, ob Götter wirklich als Synthesen aus Totems zu verstehen seien. Zweifelhaft sei auch, ob ein generalisiertes Verständnis übernatürlicher Fähigkeiten, wie es etwa in den Begriffen „Manna" oder „Wakan" fixiert ist, totemistischen Ursprungs sei. Vor allem aber sei die für Durkheim zentrale Aufspaltung der Lebenswelt in einen sakralen und einen profanen Bereich nicht beobachtet worden.

Diese Kritik trifft sowohl die kausale Hypothese Durkheims, dass die Gesellschaft der eigentliche Gegenstand der Religion sei, wie auch seine interpretative, die inhaltliche Zusammenhänge zwischen Riten und Glaubensinhalten auf der einen und der Sozialorganisation der Stämme auf der anderen Seite vermutet.

Wenn man diese Kritik aus heutiger Sicht zu bewerten versucht, dann muss zunächst beachtet werden, dass Durkheim in den Augen seiner Kritiker etwas

---

100 Meines Erachtens trifft dieser Einwand Durkheims Argumentation nicht, da er explizit davon ausgeht, dass auch ein Stein oder ein Ort, ohne dass hier gestalterische Eingriffe vorgenommen wurden, ein Totem symbolisieren könne.

getan hat, von dem sich die Ethnologie gerade erfolgreich zu emanzipieren versucht hatte. Durkheim hatte nämlich, ähnlich wie die bekannten Ethnologen im 19. Jahrhundert (man denke nur an Sir James Frazer) Lehnstuhl-Ethnologie betrieben. Er ist zu seinen Folgerungen nicht aufgrund eigener Empirie, sondern aufgrund der Lektüre sehr heterogener Berichte gekommen, die überwiegend von Personen verfasst wurden, die zwar ethnologisch interessiert waren, aber keine systematische Ausbildung durchlaufen hatten. In den Augen der geschulten ethnologischen Feldforscher kann dieses Material die empirische Realität nur defizitär aufschlüsseln. Darüber hinaus muss man auch annehmen, dass die ethnologischen Kritiker ganz andere Vorstellungen gesellschaftlicher Komplexität entwickelt haben als Durkheim. Unter diesen Bedingungen sind die Gefahren des Aneinandervorbeiredens ziemlich groß[101]. Deshalb ist eine Bewertung dieser Kritik ohne eingehende Studien nicht möglich.

Neben dieser inhaltlichen gibt es auch eine methodische Kritik an Durkheims Studie. Sie überschneidet sich teilweise mit der inhaltlichen Kritik. In methodischer Hinsicht wird einmal bezweifelt, ob der Totemismus wirklich Durkheims eigener methodischer Forderung entspreche und der einfachste Fall religiösen Lebens darstelle. Zweitens wird seine zu kleine empirische Basis kritisiert, die zudem nicht den ethnologischen Standards genüge. Drittens habe Durkheim sowohl religiöse Eliten wie auch herausgehobene Individuen (Führer, Propheten, Magier) ausgeklammert. Hinsichtlich der Folgen von Religion habe er die Möglichkeit dadurch hervorgerufener Konflikte vernachlässigt. Weiterhin wird Durkheims methodisches Postulat kritisiert, wonach umstandslos von dem Einfachsten auf die komplexeren Fälle geschlossen werden könne. Es sei vielmehr erforderlich, neben dem Totemismus auch andere Formen von Religion zu betrachten. Schließlich sei es – gemessen an Durkheims eigenen methodischen Standards – sehr unsauber, wenn die amerikanischen Daten (also komplexere Fälle) dort ins Spiel kämen, wo australische Daten fehlen. Diese Kritik lässt sich dahingehend zusammenfassen, dass ein Missverhältnis zwischen empirischer Basis und theoretischem Anspruch kritisiert wird.

In theoretischer Hinsicht wird Durkheim vor allem eine soziozentrische Fixierung und ein zu rigoroser Umgang mit alternativen Theorieansätzen vorgeworfen. Es gibt in der Tat wenig Zweifel an der Vermutung, dass Durkheim sein empirisches Material wie auch die theoretische Literatur nur im Hinblick auf sein eigenes soziologietheoretisches Raster zur Kenntnis genommen hat. „Van Gen-

---

101 In der neueren ethnologischen Literatur deutet sich eine gewisse Neubewertung von Durkheims Quellen an. Vgl. Kohl 1993; 108. Dies ändert jedoch nichts daran, dass Durkheim etwas in den Augen der neueren Ethnologie Fatales versucht hat, nämlich Grundmuster des religiösen Lebens aus der Sichtung heterogener Materialien über eine Reihe von Stämmen zu extrapolieren.

nep was only repeating what countless other critics have said when he observed that Durkheim made of the totem a sort of social LOGOS." (Lukes ebenda; 482)

3.3 Eine systemtheoretische Reinterpretation von Durkheims Totemismusstudie

Einleitung

Die systemtheoretische Reinterpretation geht von der im vierten Kapitel entwickelten These aus, dass die Einführung von Symbolen und damit von „Verwendungssinn" über die strukturelle Kopplung zwischen psychischen und sozialen Systemen erklärt werden kann.

Wahrnehmungen im Zustand der Trance können nicht direkt kommuniziert werden, so dass die Möglichkeiten gestenvermittelter Kommunikation versagen. Über sie kann erst gesprochen werden, wenn Symbole (sie implizieren Verwendungssinn) in die Kommunikation eingeführt werden. Aufgrund der Besonderheiten von Trance-Erfahrungen, so wurde weiter vermutet, muss es sich dabei zunächst um irgendeine Form der Unterscheidung zwischen „Körpern" und „Geistern" gehandelt haben. Diese These ist aber nur dann plausibel, wenn diese Unterscheidung im Weltverständnis einfacher Stammesgesellschaften, denen archaische Wurzeln zugeschrieben werden, zentrale Bedeutung hat.

Dass das tatsächlich der Fall ist, hat Durkheims Darstellung der „Religion" der australischen Ureinwohner schon deutlich gemacht. Eine systemtheoretische Analyse kann aber darüber hinaus zeigen, wie direkt sie **von den Konsequenzen der Einführung dieser Unterscheidung geprägt wurde**. Dies soll nun aufgezeigt werden. Die Leitfrage wird dabei lauten: Was bedeutet die Einführung einer Unterscheidung zwischen Körpern und Geistern als soziale Praxis?

3.3.1 Die Verstrickung in die selbstgeschaffene Symbolwelt – das logische Problem des reentry leben

Erstes Merkmal: Die Unterscheidung zwischen Körpern und Geistern beschränkt sich nicht auf Trance-Erfahrungen. Wenn sie einmal in die Kommunikation eingeführt ist, kann sie auf alles, was als Lebewesen angesehen wird, angewendet werden. Aufgrund dieser **Allgemeinheit** kann diese **eine** Unterscheidung **ein über Sinnzuschreibung operierendes Weltverständnis** begründen. Jede erstmals in die Kommunikation eingeführte Unterscheidung dieser Art bietet einen Ausgangspunkt für Variationen der konkreten Form, stellt also einen

Einstieg in das Zusammenspiel von Medium und Form dar (vgl. die Erläuterung dieser Begriffe bei Luhmann 1997). **Zweites Merkmal**: Diese Unterscheidung enthält eine **erkenntnistheoretische Paradoxie**, das reentry (Spencer Brown 1979; 56ff.), auf deren **praktische Folgen** es hier ankommt.

Damit ist Folgendes gemeint. Führen Sprecher die Unterscheidung zwischen Körper und Geistern in die Kommunikation ein, dann sind sie selbst Teil ihrer Unterscheidung. Das bedeutet zunächst, dass sie sich selbst entsprechend ihrer Unterscheidung „sehen" und den für Körper und Geister aufgestellten Regeln folgen müssen. Wenn sie das tun, dann existiert die Unterscheidung zugleich als von einer Kommunikationsgemeinschaft hervorgebrachte **kulturelle Praxis** *und* als ein von der Kommunikationsgemeinschaft beobachteter **Unterschied**.

Das totemistische Weltverständnis drückt diesen Sachverhalt (noch) direkt aus. Nach Durkheim bezeichnet das Totem eines Clans sowohl die Verwandtschaft der Clanangehörigen untereinander (unabhängig von biologischer Verwandtschaft), wie auch die Verwandtschaft der menschlichen Clanangehörigen mit der Tier- oder Pflanzenart, dem Stein oder was es sonst in der Umwelt bezeichnet[102]. „Trotzdem sind sie (die Clanangehörigen) der Meinung, eine einzige Familie zu bilden ... weil sie kollektiv mit dem gleichen Wort bezeichnet sind" (ebd. 144). Weiterhin hebt er hervor, „dass das Totem im Regelfall kein Individuum ist, sondern eine Gattung oder eine Art: nicht dieses Känguru oder jener Rabe, sondern das Känguru oder das Emu im Allgemeinen" (ebd. 147).

Diese Verwandtschaft beschränkt sich nicht auf ein gemeinsames Zeichen. Sie muss zu rituellen Anlässen **praktisch hergestellt** werden. „Bei bestimmten religiösen Festen trägt bei den Tlinkit der Mann, der die Zeremonien leitet, ein Kleid, das zur Gänze oder zum Teil den Körper des Tieres darstellt, dessen Name der Clan hat. Besondere Masken werden dazu verwendet ... Wenn das Totem ein Vogel ist, tragen die Individuen die Federn dieses Vogels auf dem Kopf ... Im Schildkrötenclan zum Beispiel werden die Haare bis auf sechs Locken rasiert, zwei auf den Seiten, je eine hinten und vorne, um die Beine, den Schwanz und den Kopf des Tieres zu imitieren. Meistens aber trägt man das Totemzeichen auf dem Körper selbst ... Allerdings trägt sie der Eingeborene nicht täglich. Wenn er rein ökonomischen Beschäftigungen nachgeht, wenn kleine Familiengruppen jagen oder fischen gehen, dann verschwendet er keine Zeit mit diesen immerhin komplizierten Bemalungen. Aber wenn die Clane zusammenkommen, um ge-

---

102 Diese Totemordnung vollzieht die Kosmogonie der australischen Stämme nach, wonach die Erde zunächst von unsterblichen Wesen bevölkert war, die sich in Bäume, Steine etc. verwandelt hätten. Vgl. unter 5.1.

meinsam zu leben und religiöse Feste zu feiern, dann ist er dazu verpflichtet" (ebd. 162ff).

Die (menschlichen) Stammesmitglieder verstehen sich also als Verwandte dieser Arten und stellen diese Verwandtschaft auch praktisch her. Die Rituale schließlich sind so organisiert, dass bestimmte Akteure das eigene Weltverständnis darstellen und andere sie dabei beobachten. Zum Ritual gehört auch der rituell festgelegte Wechsel von Teilnehmer- und Beobachterperspektive! Nach Durkheim wird die Macht des Totemsymbols als größer angesehen als die der erfassten Art(en) und die des entsprechenden Clans. Wie könnten die mit der Einführung einer umfassenden symbolischen Unterscheidung verbundenen Konsequenzen anschaulicher und zusammenhängender dargestellt werden?

Diese Beobachtung kann auch für einen anderen Aspekt des reentry gemacht werden, für das Problem der Unkalkulierbarkeit. Nach Spencer Brown markiert der Sachverhalt des reentry Grenzen eines mit den Mitteln der Mathematik darstellbaren Kalküls. Daraus folgert Luhmann für soziale Systeme: „Das System wird für sich selbst unkalkulierbar. Es erreicht einen Zustand von Unbestimmtheit, der nicht auf die Unvorhersehbarkeit von Außeneinwirkungen (unabhängige Variable) zurückzuführen ist, sondern auf das System selbst. Es braucht deshalb ein Gedächtnis, eine „memory function", die ihm die Resultate vergangener Selektionen als gegenwärtigen Zustand verfügbar machen ... Kybernetiker würden hier von Wiedereinführung des Output als Input in dasselbe System sprechen" (Luhmann 1997; 45f.).

Die totemistische Kultur (und vermutlich auch andere als besonders archaisch geltende Kulturen) hat eine genau diese Funktion erfüllende **Vorkehrung gegen die Gefahr der Unbestimmbarkeit** getroffen: die **Tradition**. Das bedeutet einmal die Entwicklung einer Kosmogonie, die zumindest die Entstehung des Stammes durch Verwandlung eines Wesens in einen mythischen Urahn „erklärt" und eine ununterbrochene Generationenfolge postuliert. Weiterhin wird Invarianz durch eine genaue Regelung der Generationenfolge (Geburt, Heirat, Tod) erzeugt, sowie durch die Vorschrift ritueller Sorgfalt bei der Darstellung von Ritualen.

An dieser Stelle kommt zusätzlich die strukturelle Kopplung zwischen Wahrnehmung und Kommunikation (also zwischen den Operationen psychischer und sozialer Systeme) ins Spiel. Rituale reproduzieren nicht nur das überlieferte Weltverständnis eines Stammes, sie produzieren und reproduzieren auch die entsprechende Welterfahrung jedes einzelnen Stammesmitglieds.

Die Paradoxie des reentry ist durch Unterscheidungen beherrschbar. Das gilt aber nicht für Stammesgesellschaften vom Typus der australischen Ureinwohner. So hat etwa Levi-Bruhl gezeigt, dass Angehörige sogenannter primitiver Kulturen nicht zwischen sich und ihren zugeschriebenen symbolischen Bezeichnungen wie Namen, Stammesangehörigkeit usw. unterscheiden können. **Sie „sind" ihrem Verständnis nach das, als was sie bezeichnet werden.** Daher haben australische Farmer, die ihren eingeborenen Helfern der Einfachheit halber für sie besser aussprechbare Namen gegeben haben, ungewollt große Dramen hervorgerufen. Für die Eingeborenen war der Verlust ihres Namens gleichbedeutend mit dem Tod. Man kann aus diesen Beobachtungen schließen, dass der Versuch, die Paradoxien symbolischer Ordnung nicht durch Unterscheidung zu entschärfen, sondern sie zum Gegenstand des sozialen Lebens und der individuellen Wahrnehmung zu machen, dazu geführt hat, dass Kultur zu einer Art zweiten Natur geworden ist und Zwänge und Verbindlichkeiten eigener Art geschaffen hat.

Drittes Merkmal: Gerade wenn **die Paradoxien der Symbolverwendung so direkt gelebt werden**, wie das im australischen Totemismus der Fall war, dann erfordert der ambivalente Sachverhalt, dass die Verbindlichkeiten der neuen kulturellen Welt über symbolische Unterscheidungen selbst geschaffen wurden, **besondere legitimatorische Vorkehrungen.**

In systemtheoretischer Perspektive muss dieser Umstand vorausgesetzt und daher als Thema von Erklärungen ausgeklammert bzw. tabuisiert werden[103]. Definitionsgemäß kann nur das Operieren sozialer Systeme beobachtet werden. Dabei müssen ihre zentralen Elemente, wie mit Sinn operierende Kommunikation, vorausgesetzt werden.

Aus den von Durkheim gegebenen Beispielen, aber auch aus anderen ethnologischen Quellen (vgl. A.E. Jensen und Eliade 1978) kann man entnehmen, **dass das jeweilige Zivilisationsniveau auf Mythen nach Art von Schöpfungsmythen zurückgeführt wird.** Die Einführung eines sinnhaften Weltverständnisses und die damit einhergehenden Verbindlichkeiten werden auf diesem Wege **legitimiert und scheinbar der Reichweite menschlicher Gestaltung entzogen.** In entwickelteren Gesellschaften (vgl. Kap. 7) wird die Einführung derartiger Ordnungen dagegen Göttern zugeschrieben.

Viertes Merkmal: Weiterhin ist zu klären, wie es denjenigen gelingt, die die Unterscheidung zwischen Körpern und Geistern in die Kommunikation einführen, das reentry zu praktizieren, also sich selbst in eine nach Arten klassifizierte[104] Welt einzuführen. Diesen Zweck erfüllt die **Sozialstruktur** der Stammesgesellschaften. Sie regelt die Positionierung der Stammesmitglieder in dem eigenen Weltverständnis, ordnet die Generationenfolge und die Zuständigkeit für rituelle Handlungen. Die Sozialstruktur ordnet die Stammesmitglieder unter Verwandtschaftsgesichtspunkten Totemsymbolen zu.

---

103 Hierzu empfehle ich eine Beobachtung der Behandlung entsprechender Fragen bei Luhmann.
104 Zumindest Geister sind Artwesen.

3.3.2 „Religiöse" Rituale sind die elementaren Operationen der Stammesgesellschaften der australischen Ureinwohner

Kommunikation auf die nur mit Kommunikation geantwortet werden kann, ist der „Typ von Operation" (Luhmann 2002; 78), über den soziale Systeme als autopoietische, also sich selbst herstellende und reproduzierende soziale Systeme beschrieben werden können. Bei den in einfachen Stammesgesellschaften lebenden australischen Ureinwohnern ist nun eine **weitere Spezifizierung** (Erläuterung unten unter a) jener Kommunikationen zu erkennen, der die Reproduktion des Gesellschaftssystems zugeschrieben werden kann. **Reproduktiv ist nur jene Kommunikation, die das bestehende Weltverständnis in soziale Realität umsetzt.** Sie ist **rituell**[105] (Erläuterung unter b) **geordnet und findet nur im sakralen Lebensbereich statt.** Sie reproduziert daher auch die **Abgrenzung des Gesellschaftssystems** (Erläuterung unter c) wie auch das Verständnis der gesamten Umwelt (Erläuterung unter e). Anders als bei ausgehandelten Ordnungen besteht der „Sinn" ritueller Handlungen nicht in der kommunikativen Verständigung über „offene Sachverhalte" mit kontingentem Ergebnis sondern er besteht in der **Inszenierung von etwas, was als mythische Erzählung bereits im Konsens festgelegt ist** (Erläuterung unter b) und als Teil eines symbolisch geordneten Weltverständnisses bereits existiert. Zugleich dienen Rituale der Kontaktaufnahme und Beeinflussung von abwesenden Dritten, die im Rahmen des Weltverständnisses konstruiert wurden („Geister", „Ahnen"...). Als nicht empirische Wesen können sie nur als Art- oder Gattungswesen mit entsprechend verallgemeinerten Eigenschaften konstruiert werden (Erläuterung unter d). Deswegen müssen sie in entsprechend gleichförmiger Weise angesprochen und u.U. auch dargestellt werden (Erläuterung unter d).

Die in dieser zusammenfassenden Darstellung der Bedeutung von Ritualen enthaltenen Thesen werden nun nacheinander erläutert.

(These a:) Die These einer Spezifizierung der kommunikativen Operationen ist keine rein analytische Feststellung. Sie ist vielmehr zentrales Element der Kultur der australischen Stämme. Durkheim hat diesen Gesichtspunkt in Zusammenhang mit der Darstellung der Funktionen des negativen Kults herausgearbeitet (Durkheim 1981; 405ff.). Er zeigt dort, dass ein „System magischer und religiöser Verbote" zu einer strikten Trennung zwischen einem dezentralisierten von Jagen, Sammeln und Ausruhen geprägten profanen Lebensbereich und einem, den rituellen Handlungen vorbehaltenen „heiligen Bereich" führt. Nach

---

105 Ritual (lat.) bedeutet „vorgeschriebene Regel", über die weitgehendste Gleichförmigkeit im Verhalten von Akteuren erreicht werden soll, die zur Durchführung ritueller Handlungen befugt oder verpflichtet sind. Eine rituelle Ordnung wird also durch die verbindliche Regelung von Handlungen hergestellt.

Durkheim bezwecken „alle Verbote" (ebd. 416) zweierlei: eine räumliche wie zeitliche Trennung beider Lebensbereiche voneinander (ebd. 417f.).
Die Grenzziehung selbst ist noch Teil des sakralen Bereichs. „Die Vorstellung des Heiligen duldet diese Nachbarschaft nicht. Aber dieser psychische Antagonismus, dieser gegenseitige Ausschluss der Ideen muss natürlich zum Ausschluss der entsprechenden Dinge führen. Damit diese Ideen nicht zusammen auftreten, dürfen sich die Dinge nicht berühren und auf keine Weise in Beziehung treten. Das ist das eigentliche Prinzip des Verbots. Außerdem ist die Welt des Heiligen eine besondere Welt. Da sie sich in allen Zügen ... der profanen Welt widersetzt, muss sie in einer ihr angemessenen Weise behandelt werden ... Alles was wir im gewöhnlichen Verkehr mit den einen benützen, muss im Umgang mit den anderen (heiligen Dingen) ausgeschlossen sein (ebd. 430; Ergänzung in Klammer: D.B.).

„Diese beiden Phasen unterscheiden sich auf das Deutlichste. In der ersten herrscht die ökonomische Tätigkeit vor, die im allgemeinen sehr wenig intensiv ist ... Die Zerstreuung, in der die Gesellschaft lebt, macht das Leben vollends gleichförmig, schleppend und farblos. Aber wenn ein *corrobori* stattfindet, dann ist alles anders. ... Sind die Individuen einmal versammelt, so entlädt sich auf Grund dieses Tatbestands eine Art Elektrizität, die sie rasch in den Zustand außerordentlicher Erregung versetzt. ... Die entfesselten Leidenschaften sind so heftig, dass sie durch nichts mehr aufgehalten werden können. ... Das führt zu einer so heftigen Überreizung des physischen und geistigen Lebens, dass es nicht lange ertragen werden kann: Der Akteur, der die Hauptrolle spielt, fällt schließlich erschöpft zu Boden" (ebd.; 296ff. Hervorhebung im Original).

Bei dieser Charakterisierung des sakralen Bereichs darf nicht übersehen werden, dass die „Entfesselung der Leidenschaften" weder zufällig noch spontan erfolgt, sondern systematisch herbeigeführt wird. Sie dient ganz gezielt dazu, **die im eigenen Weltverständnis behaupteten Zusammenhänge zu Geistern, Tieren und Pflanzen zur Darstellung zu bringen.** Mit anderen Worten: über Rituale herbeigeführte Trance-Erfahrungen dienen dazu, das darauf gegründete **Weltverständnis zu reproduzieren.**

(These b:) Dass Rituale die reproduktiven Operationen einer Kultgemeinschaft sind, wird vor allem daran deutlich, dass sie *Inszenierungen* eines von den Mitgliedern einer Kultgemeinschaft geteilten gemeinsamen Weltverständnisses sind. Ähnlich einem Theaterstück gewinnt dieses Weltverständnis einschließlich der es tragenden Rollen nur durch seine Aufführung anschauliche Realität. Nur so wird es mit Leben erfüllt und Bestandteil der Wahrnehmungen und Erinnerungen der Beobachter und Akteure. Das Weltverständnis und die daran anknüpfende Sozialstruktur existieren so lange, wie die entsprechenden Rituale durchgeführt werden. Ohne sie geraten beide in Vergessenheit, sterben sie aus. Viele

Beispiele zeigen, dass auch eine Wiederbelebung alter Traditionen nur über eine Wiederaufführung der zugehörigen Rituale möglich ist.

(These c:) Aus der Unterscheidung zwischen einem sakralen, den Ritualen vorbehaltenen Bereich von einem profanen Bereich ergibt sich bereits die **Abgrenzung des Gesellschaftssystems** der Aboriginals: sie kennen eine **auf den Sakralbereich konzentrierte Gesellschaftsbildung**. Die Grenze des Gesellschaftssystems geht quer durch das Alltagsleben der Gesellschaftsmitglieder hindurch. Jenseits des Sakralbereichs scheinen sie in locker strukturierten permanenten Gruppen zu leben, deren Aktivitäten nur punktuell dem Gesellschaftssystem zuzurechnen sind (näheres unter e und f). Diese Gesellschaftsbildung schließt – so merkwürdig dies auch klingen mag – die Umwelt mit ein. Das zeigen die Totems. Sie sind symbolische Zeichen, die die Verwandtschaft zwischen den Clans eines Stammes und einer Tier- oder Pflanzenart oder auch einem Stein oder Gestirn bezeichnen. Genauso verhält es sich auch bei der dem Clan übergeordneten binären Untergliederung, den beiden Phratrien, in die sich die Clans eines Stammes untergliedern.

Die These, dass die „relevante" Umwelt in die Gesellschaftsbildung mit eingeschlossen ist, könnte u.a. helfen, die desaströsen Erfahrungen der Kolonialmächte mit der Umsiedlung von Restpopulationen einfacher Stammesgesellschaften zu erklären. Umsiedlung bedeutet nicht nur den Verlust heiliger Orte, sondern auch des Kontakts zu den „nichtmenschlichen" Verwandten. Darwin (1871; 205ff.) sah die primäre Ursache in einem – unerklärlichen – drastischen Einbruch der Geburtenzahlen. So wurde auch die tasmanische Urbevölkerung, die nach Jagden der weißen Kolonisten auf 120 Personen zusammengeschrumpft war, 1832 nach Flinders Island umgesiedelt. 1964 waren nur noch 4 Personen übrig. „Die Unfruchtbarkeit der Frauen ist eine selbst noch merkwürdigere Thatsache, als die Neigung zu Krankheit und Tod. In der Zeit als ... nur neun Frauen übrig waren, sagten sie Mr. Bonwick ..., daß nur zwei jemals Kinder geboren hätten; und diese zwei hatten zusammen nur drei Kinder gehabt! ... Ein anderer sorgfältiger Beobachter der Eingeborenen ... bemerkt: „Geburten gab es nur wenige und Todesfälle waren zahlreich. Dies mag in großem Maßstabe Folge der Änderung ihrer Lebens- und Nahrungsweise gewesen sein; aber noch mehr Folge ihrer Verbannung von der Hauptinsel von Van Diemens Land und der **daher rührenden Niedergeschlagenheit ihrer Gemüther**" (ebd., 205f. Hervorhebung D.B.).

(These d:) Die in das eigene Gesellschaftssystem einbezogenen Geister, pflanzlichen und tierischen Wesen **können nur als abstrakte, vorgestellte Gattungswesen einbezogen werden**. Dieser Aspekt verweist ganz direkt auf Trance-Erfahrungen (vgl. Kap. 4)! Für die rituelle Kommunikation folgt daraus, dass immer nur abstrakte, allgemeine Eigenschaften angesprochen werden können.

Genau dieser Umstand verleiht den Ritualen einen regelgeleiteten, abstrakten, von den konkreten Umständen abgekoppelten Charakter.

(These e:) **Die innere Struktur des Gesellschaftssystems der australischen Stämme** zeigt sich, wenn man danach fragt, welche Voraussetzungen zur Durchführung der Rituale geschaffen werden müssen, welche flankierenden Handlungen erforderlich sind und welche Konsequenzen sich aus der Durchführung der Rituale ergeben. Diese Fragen zielen bei den australischen Ureinwohnern weniger auf Formen der Aufgabendifferenzierung, sondern mehr auf Handlungsketten, die dem rituellen Bereich vor- und nachgelagert sind.

Bei der Durchführung der Rituale gibt es nur eine Differenzierung zwischen Akteuren, die die Rituale durchführen, und Beobachtern. Wichtiger ist, dass ein System von Tabus auch außerhalb der Rituale von den Stammesmitgliedern eingehalten werden muss, um das Weltverständnis und die Wirksamkeit der Rituale zu sichern: heilige Orte müssen gemieden werden, beim Jagen und Sammeln muss genau darauf geachtet werden, dass je nach Clanzugehörigkeit bestimmte Pflanzen und Tiere nicht getötet und gegessen werden. Die gesamte Umwelt ist kein reines Ernährungsreservoir. Sie muss immer zugleich auf magische Zeichen und Signale hin beobachtet werden. Auch der von Durkheim als profan bezeichnete, nicht der rituellen Kommunikation dienende Lebensbereich wird durch ein komplexes System von Tabus normativ durchstrukturiert, um hinreichend günstige Voraussetzungen zu schaffen für die eigentlichen Rituale.

Eine wichtige Konsequenz der ja immer mit gemeinsamen Essen zusammenhängenden Rituale besteht darin, dass sie zur Sammlung von Vorräten während der übrigen Zeit zwingen. So entsteht ein gewisser Druck auf die wildbeuterische Lebensweise, der aber vom Ausmaß der rituellen Aktivitäten abhängt.

3.3.3 Gesellschaftssystem und soziale Systeme im australischen Totemismus

Die Unterscheidung eines als Gesellschaft bezeichneten sozialen Systems von anderen sozialen Systemen ist durch den Zuschnitt der Gesellschaft reproduzierender Kommunikationen auf rituelle Kommunikationen möglich. Bereits im zweiten Kapitel wurde gezeigt, dass rituelle Kommunikation weitgehend standardisiert ist. Die Akteure teilen sich keine Informationen mit. „Informativ" ist die identische Widerholung festliegender Handlungsabläufe[106]. Ebenso wenig

---

106 Nach Luhmann 2002; ... ist Information die Mitteilung von etwas für den Adressaten Neuem. Der Satz „diese Rose ist rot" enthält nur beim ersten Mal eine Information. Wird derselbe Satz demselben Adressaten ein zweites Mal mitgeteilt, dann enthält er keine Information mehr. Genau umgekehrt verhält es sich mit dem Informationsaspekt beim Ritual. Für die Beteiligten ist

weist die rituelle Kommunikation einen an bestimmte Akteure adressierten Mitteilungssinn auf. Der für alle an der Kultgemeinschaft Beteiligten identische und nicht variierbare Mitteilungssinn besteht in der identischen Wiederholung einer überlieferten Weltvorstellung als wahrnehmbare Realität. Verstanden werden kann beim Ritual auch nicht die Differenz von Information und Mitteilung, sondern die Identität beider Aspekte. Selbst- und Fremdreferenz der Kommunikation fallen zusammen, weil sich die Kommunikation noch nicht selektiv auf ein als gegeben unterstelltes Weltverständnis bezieht, sondern das Ritual dieses Weltverständnis in sachlicher Hinsicht reproduziert und in sozialer Hinsicht die Kultgemeinschaft in diese Realität hineinführt.

Die von Durkheim festgestellte Trennung zwischen einem profanen und einem sakralen Bereich[107] besagt, dass nur im sakralen Bereich die Operationen stattfinden, über die das Gesellschaftssystem reproduziert wird. Nur hier entscheidet sich daher das Weiterleben des Weltverständnisses, der Sozialstruktur und der rituellen Aufführungen selbst.

Im profanen Bereich bleibt das Weltverständnis in Kraft, gelten die entsprechenden Tabus, können das Weltverständnis bestätigende Wahrnehmungen gemacht werden usw.

Welche Rolle spielt nun das, was Durkheim den profanen Bereich nennt, für das Gesellschaftssystem einfacher, archaischer, Stammesgesellschaften? Für sich genommen kann er als ein Bereich aufgefasst werden, der sozial und kulturell durch das Gesellschaftssystem „gerahmt" ist, also Regeln der Ritualordnung unterliegt. Innerhalb dieses Rahmens können sich soziale Systeme bilden, die sich unter Gesichtspunkten der Bedürfnisbefriedigung mit den „üblichen" Mitteln nichtritueller, offener Kommunikation ordnen können. Innerhalb eines vorausgesetzten Rahmens ausgeschlossener Möglichkeiten (Tabus, heilige Orte, etc.) gelten Modalitäten, wie sie Luhmanns Begriffe von Kommunikation, Sinn und doppelter Kontingenz fixieren.

Der Verweisungskontext einer durchgängig sinnhaft strukturierten Welt gehört zwar zum Gesellschaftssystem, er steht durch andere Operationen reproduzierten Sozialsystemen auf dem Wege der Interpenetration zur Verfügung. Das wird darüber erreicht, dass die Stammesmitglieder auf dem Wege struktureller Kopplung sowohl Mitglieder der Kultgemeinschaft wie auch mögliche Adressaten für die Ausbildung weiterer sozialer Systeme (z.B. Schweifgruppen) sind. Sie

---

es informativ, ob das Ritual korrekt aufgeführt, also identisch wiederholt wurde. Vgl. hierzu auch Benedict 1950.
107 Ich gehe hier trotz entsprechender Kritik davon aus, dass diese Unterscheidung vom empirischen Material gedeckt wird. Man muss aber in jedem Fall sehen, dass sie nur relativ ist, da auch im profanen Bereich Regeln gelten, die sich aus der Ritualordnung erklären, die im sakralen Bereich reproduziert wird.

bringen auf dem Wege der Sozialisation erworbenes Wissen über das Weltverständnis des Stammes aus Hintergrundwissen („Horizont") auch in die „profanen" Kommunikationen ein. Begrenzt wird die Verfügung über das Weltverständnis nur durch „Geheimwissen" und Initiationsriten. Beides hat die Bedeutung, den Nichtinitiierten bestimmte Teile dieses gemeinsamen Horizonts vorzuenthalten.

Der aus Information (Fremdreferenz), Mitteilung (Selbstreferenz) und dem Verstehen der Differenz zwischen Information und Mitteilung bestehende **Kommunikation**sbegriff setzt diese historisch entstandenen Gegebenheiten voraus. Verglichen mit dem Sozialverhalten in permanenten Gruppen wird der Hintergrund biologischer Antriebe und Sachverhalte (Hunger, Durst, Angst, Freunde, etc.) nun sinnhaft überformt und muss in ein sinnhaftes Weltverständnis eingebaut werden.

Es muss allerdings beachtet werden, dass er nur Kommunikation im Bereich sozialer Systeme und nicht die rituelle Kommunikation des Gesellschaftssystems erfasst (vgl. die Frage, ob Religion Kommunikation ist – Kap. 4)!

3.3.4 „Religion" und Gesellschaft – zur Erklärung des Totemismus.

Nach Durkheim können die Glaubensvorstellungen totemistischer Stammesgesellschaften auf ein generelles Prinzip hin zusammengefasst werden. „Der Totemismus ist keine Religion dieser oder jener Tiere, dieser oder jener Menschen oder dieser oder jener Bilder, sondern eine Art anonymer und unpersönlicher Kraft, die sich in jedem dieser Wesen befindet, ohne ganz mit ihnen zusammenzufallen ... Sie ist von den einzelnen Trägern, in denen sie sich inkarniert, derart unabhängig, dass sie ihnen vorangeht und sie überlebt. Die Individuen sterben; die Generationen gehen vorbei ... aber diese Kraft ist immer aktuell, lebendig und sich selber gleich" (ebd., 261). „Aber der Australier stellt sich diese unpersönlichen Kräfte nicht in ihrer abstrakten Form vor. Unter dem Einfluss von Ursachen ... war er dazu gekommen, sie sich unter den **Gattungen** eines Tieres oder einer Pflanze ... vorzustellen. Das Totem besteht also in Wirklichkeit aus einer materiellen Form, unter der man sich diese immaterielle Substanz, diese Energie, ... vorstellt ... So ist das Weltall, wie es der Totemismus begreift, durchdrungen und beseelt von einer gewissen Anzahl von Kräften, die man sich unter Figuren vorstellt, die, bis auf einige Ausnahmen, aus dem Tier- oder Pflanzenreich stammen: Eben so viele, wie es Clans im Stamm gibt ...

Wenn wir ... behaupten, dass es sich um Kräfte handelt, dann sprechen wir nicht nur bildlich: Sie wirken wie wirkliche Kräfte. Wenn ein Individuum ohne die nötigen Vorkehrungen mit ihnen in Kontakt gerät, so erhält es einen Schlag

... Wenn sie in einen Organismus eindringen, der nicht auf sie vorbereitet ist, so bringen sie durch eine rein automatische Reaktion Krankheit oder Tod. Außerhalb des Menschen spielen sie die Rolle des Lebensprinzips. Wenn man auf sie einwirkt, sichert man sich ... die Fortpflanzung der Gattung.

... Wenn man einen Eingeborenen fragt, warum er die Riten einhält, antwortet er, dass die Ahnen sie eingehalten haben und dass er ihrem Beispiel folgen muss" (ebd., 262f.; Hervorhebung D.B.).

Durkheim erklärt diese Vorstellung von Kräften zu einem Kernelement jeder Gottesvorstellung. Die Ursache derartiger „Gefühle des Heiligen und des Göttlichen" sieht Durkheim in der Existenz des gesellschaftlichen Zusammenlebens (ebd. 285ff.). Da die Gesellschaft den Menschen als „zwingende moralische Macht" erscheine und zudem „nur in den individuellen Bewußtseinen und durch sie existieren kann" (ebd. 289) erweckt sie in uns den Gedanken einer physischen und moralischen Kraft. Dieser existiert nach Durkheim solange in Form von Glaubensvorstellungen als die Menschen noch nicht über die Existenz der Gesellschaft aufgeklärt sind. „Hätte der Mensch gleich gesehen, dass diese Einflüsse ... von der Gesellschaft kommen, so wäre das System der mythologischen Interpretationen zweifelsohne nicht entstanden" (ebd. 288).

Das Problem dieser Erklärung ist, dass Durkheim bei seiner Analyse ein festes Konzept der Gesellschaft als einer moralischen Autorität bereits voraussetzt. Auch wenn man akzeptieren kann, dass er die Entstehung einer derartigen Gesellschaft und ihrer Eigenschaften nicht erklären möchte, so müsste er jedoch zumindest zeigen können, worin die Gesellschaft als Realität eigener Art bei den totemistischen Stämmen jenseits ihrer Rituale existiert. Nur dann wäre es möglich, dass das Prinzip einer physischen und moralischen Kraft vorab aller Rituale entstanden sein könnte.

Aus Durkheims eigener Darstellung geht aber schlüssig hervor, **dass gesellschaftliche Autorität bei den australischen Stämmen nur in Form ihrer totemistischen Rituale existiert.** Sie sind die Operationen, die das Gesellschaftssystem fortschreiben. Auch das weiter ausgreifende System von Tabus bezieht seinen Sinn aus diesem Kontext.

Dagegen verweisen alle von Durkheim erwähnten Elemente totemistischer Glaubensvorstellungen auf die im vierten Kapitel entwickelte Erklärung, dass „Gesellschaft" über die Einführung von Trance-Erfahrungen in die Kommunikation entstanden ist.

- Trance-Erfahrungen legen es nahe, Verwandtschaftsbeziehungen zu Art- und Gattungswesen der Umwelt zu vermuten.

- Auch die mythischen Erklärungen der Entstehung des Stammes durch die Verwandlung eines Tieres in einen mythischen Stammesgründer knüpfen eng an solche Erfahrungen an.
- Weiterhin deutet der Umstand auf Trance-Erfahrungen hin, dass es in den Ritualen immer darum geht, Beziehungen zu Art- und Gattungswesen und nicht zu konkreten Individuen einer Art aufzunehmen.
- Tabus und andere Formen moralischer Selbstbindung gelten nur für die menschlichen Mitglieder der Kultgemeinschaft. Das deutet darauf hin, dass diese nicht direkt mit dem Weltverständnis konzipiert wurden, sondern erst als eine praktische Folge der rituellen Praxis entstanden sind. Denn nur Selbstbindungen der Kultgemeinschaft ermöglichen die Inszenierung der Kommunikation mit imaginären Gattungswesen (vgl. Kap. 4).
- Ein zentrales Ziel der Rituale scheint zu sein, dass die Beteiligten zumindest teilweise in den Zustand der Trance kommen und dann vermutlich das eigene Weltverständnis erleben können. Das andere zentrale Element der Rituale, die „Esskommunion" (Durkheim), knüpft dagegen eher an Stabilisierungstechniken in permanenten Gruppen an, die auch bei Primaten anzutreffen sind.
- In besonderer Weise wird die soziale Verarbeitung von Trance-Erfahrungen in den Vorstellungen einer Seelenwanderung und daran anknüpfenden Erzählungen über die Entwicklung des Lebens sichtbar. Sie sollen abschließend dargestellt werden.

3.3.5 Wiedergeburt und Entwicklung des Lebens – Zusammenhänge mit dem Komplex „Schamanismus"

Genealogisches Denken und zugleich mythische Theorien über die Entwicklung des Lebens auf diesem Planeten werden in totemistischen Religionen über Vorstellungen einer Seelenwanderung entwickelt. „Nach Spencer und Gillen sind die Seelen, die bei jeder Generation die Körper der Neugeborenen beleben, nicht das Ergebnis besonderer und eigenständiger Schöpfungen; alle diese Stämme hätten die Ansicht, dass es eine bestimmte Menge von Seelen gäbe, deren Umfang auch nicht um eine einzige weitere Seele erhöht werden könne und die sich periodisch verkörpern. Wenn ein Individuum stirbt, dann verlässt seine Seele den Körper, in dem sie wohnte, und nachdem die Trauerfeier abgeschlossen ist, begibt sie sich in das Land der Seelen. Aber nach einer bestimmten Zeit kommt sie wieder, um sich aufs neue zu reinkarnieren. Diese Reinkarnation verursachen die Empfängnisse und die Geburten. Diese Fundamentalseelen waren es, die am Anfang der Dinge die Ahnen, die Gründer des Clans, beseelt haben. Zu einer Zeit, die vor der Vorstellung liegt und die als der Beginn der Zeiten betrachtet wird, gab es Wesen, die von keinem anderen Wesen abstammten. Die Arunta nennen sie daher die ... Ungeborenen ... Sie waren in Totemclans organisiert, wie eben alle Menschen heute; verbrachten ihre Zeit mit Reisen, auf denen sie allerlei Wundertaten vollbrachten, die die Mythen verewigen. Aber es kam ein Augenblick, als dieses Erdenleben ein Ende nahm: einzeln oder in Gruppen **drangen sie in die Erde ein**. Ihre Körper wurden zu Bäumen und Felsen, die man noch an den Orten sieht, wo sie in der Erde verschwunden sein sollen. Aber ihre Seelen leben fort; sie sind unsterblich. Sie besuchen sogar noch immer die Orte, wo die Existenz ihrer ersten Inhaber ihr Ende fand. **Diese Orte haben ... einen heiligen Charakter** ... Wenn eine Seele, an einem dieser Heiligtümer umherirrt, in den Körper einer Frau fährt, dann entsteht daraus eine Empfängnis und später eine Geburt. Jedes Individuum wird daher als die Wiedergeburt eines bestimmten Ahnen angesehen: es ist der Ahne selber, der in einem neuen Körper und unter neuen Zügen erschienen ist. Was waren nun diese Ahnen? Zunächst waren sie mit einer unendlich höheren Macht begabt als die Menschen von heute ... Sie besaßen Tugenden, die ans Wunderbare grenzten: „Sie können auf dem Boden, unter dem Boden und in den Lüften reisen; wenn sie sich eine Vene öffneten, konnten sie eine ganze Region überschwemmen oder umgekehrt, neue Ländereien auftauchen lassen; in einer Felsenregion konnten sie einen See hervorzaubern oder eine Schlucht schlagen, die ihnen als Durchgang diente; wo sie ihren Nurtunja aufpflanzten, schossen Felsen oder Bäume aus der Erde hervor." (Spencer und Gillen) Sie haben der Erde die Form gegeben, die sie jetzt hat. Sie haben alle Arten von Wesen, Menschen und Tiere erschaffen" (Durkheim ebd.; 336ff. Hervorhebung D.B.).

Interessant ist dieses Verständnis der Entwicklung des Lebens insofern, als man auch damit die in den französischen und spanischen Höhlen beobachteten „Übergänge" zwischen figürlicher Darstellung und Beschaffenheit der Höhle erklären könnte. Aber es macht keinen Sinn, eine Debatte zu beginnen, ob die unbekannten „Künstler" nicht schamanistische sondern totemistische Vorstellungen umzusetzen versucht haben. **Man kann nur behaupten, dass es um Vorstellungen ging, die mit der Deutung von Trance-Erfahrungen zu tun haben** und sich vermutlich genau daraus entwickelt haben. Totemismus und Schamanismus sind zwei heute noch bekannte Vorstellungen, die in diesen Kreis gehören. Welche anderen Varianten es darüber hinaus gegeben haben mag, kann vermutlich nicht mehr rekonstruiert werden.

4 Schamanismus

4.1 Was ist am Schamanismus archaisch?

Die folgende mythische Erzählung gibt eine erste Antwort auf diese Frage.

„Über der Menschen weitverbreitete Stämme herrschte vor Zeiten ein eisernes Schicksal mit stummer Gewalt. Die besseren Zeiten waren verloschen. Das gegenwärtige Finstere hatte begonnen.

Im ersten goldenen Zeitalter waren die Früchte der Erde ihren Bewohnern ohne ihr Bemühen zugefallen. Man hatte nicht seine tägliche Mahlzeit mit schwerer Arbeit verdienen müssen. Krankheit und das Nachlassen der Sinne im Alter waren unbekannt gewesen. Es hatte keine Arglist, kein Hader, keinen Stolz, keinen Betrug und keinen Kummer gegeben, kein Haß, keine Eifersucht, keinen Neid.

Im zweiten Zeitalter waren die Opfer, die heiligen Künste und mannigfache Riten entstanden. Die Menschen dieses Zeitalters hatten sich große Aufgaben mit strengen Regeln gesetzt, darauf bedacht alle Erfolge an den Maßstäben der Religion zu messen.

Im dritten Zeitalter dann hatte das Wissen sich in viele Bereiche verzweigt, Lehrmeinungen mit widersprüchlichen Auslegungen fördernd. Die Leidenschaften waren entfacht und man hatte gelernt, sich mit Geschenken die Geneigtheit des Nächsten zu verschaffen. Unheil, Seuchen und Sehnsucht hatten sich allmählich ausgebreitet. Eine Epoche allgemeiner Einschränkungen hatte begonnen.

Über dem vierten Zeitalter schließlich standen die finsteren Zeichen eines jähen Verfalls. Die Herrscher waren von ungehobeltem Geist und hinter ihrer Stirn lauerte die Gewalt. Die Bevölkerung, aus Furcht vor der unberechenbaren Habgier der Herren duckte sich in die Knechtschaft oder floh in abgelegene Täler, nur mit Rinden bekleidet, den Elementen ausgesetzt, und froh, wenn sie mit wildem Honig, mit Gräsern oder Blättern ihr Dasein zu fristen vermochte. Güter verschafften nun Rang, Reichtum Verehrung, schöne Kleider Würde und Lüsternheit knüpfte das einzige Band der Geschlechter. Drohung und Mutmaßung ersetzten das Wissen. Argwohn und List hockte in den Gesichtern. Eine Stimmung der Bosheit umwölkte das Land. In diesem eisernen Zeitalter wurden die Menschen nicht alt. Unerkannte Krankheiten bemächtigten sich der geschundenen Körper und rafften binnen kurzem ganze Völkerschaften dahin. So wurde die Furcht vor der Unterdrückung noch überschattet von der Gefahr eines vorzeitigen Todes.

In jener Zeit trat ein Mann aus dem Norden auf, ein Selbstgeborener, sein Name war Ramapuran San. Er bestieg einen Baum und beobachtete von dort aus das Treiben der Welt. Da sah er, wie viele der irdischen Krankheiten von Geistern, Göttern und Hexen verursacht wurden, dadurch, dass sie ihren Opfern die Seelen raubten. Zugleich erkannte er von seinem höheren Standpunkt aus, wonach es die Übernatürlichen in Wahrheit gedürstete: Sie wollten Blut. Und er bot sich ihnen als Mittler an, gegen Blutopfer die Seele seiner künftigen Kunden zu tauschen. Seiner Einsicht in die Ursachen des Unheils fügte er Kenntnisse hinzu in den geheimen Praktiken der Zauberkunst, in der heilenden Wirkung himalaiischer Kräuter und in den wechselnden Schlägen von Puls und Gemüt. Ramapuran San wurde der erste Schamane."

Dann folgt eine Erzählung über die Heilung eines Königssohns, die jedoch mit Undank belohnt wird, da Schwarzmagier und Sterndeuter auf seinen Erfolg neidisch sind. Daraufhin geht er 12 Jahre als Schmied in die Unterwelt. Nachdem der König sein Unrecht bereut und seine Ehre wiederhergestellt wird, kommt er die 9 Stufen zur Oberwelt hinauf und heilt den Königssohn erneut. Dabei nennt er die 9 Hexenschwestern als Verursacher der Krankheit. Daraufhin wird er von diesen heimgesucht. Er besteht den Kampf. „Bei den abwechselnden Fehden lernen stattdessen die Widersacher einander schätzen und das Gleichgewicht zwischen den Gegnern wird am Ende mit einem blutigen Pakt bestätigt. Fortan würden die Hexen den Menschen Krankheiten bringen, die er, der Schamane, dann gegen Geld oder Korn in erschwinglicher Menge wieder heilen könne. Dafür würde den Hexen durch ihn jedes Mal ein Blutopfer zuteil, dass den Handel sichtbar besiegeln solle. Und dabei bleib es bis zum heutigen Tag." (Aus dem Prolog von Michael Oppitz: Schamanen im Blinden Land. Gesendet im BR – TV am 20.2. 1992)

An dieser mythischen Erzählung ist interessant, dass der nepalesische Schamanismus als Rückgriff auf wesentlich älteres magisch-religiöse Wissen „erklärt" wird. Der Schamane ist ein als auserwählt anzusehender Mensch („Selbstgeborener"), der noch Zugang zur „später" nicht mehr als wichtig angesehenen Welt der Geister hat. Er vermag dieses privilegierte Wissen für den eigenen Lebensunterhalt auszunutzen, da die nicht mehr Gläubigen von Geistern heimgesucht und krank gemacht werden.

Auf welches ältere „Wissen" können heutige bzw. rekonstruierte Formen des Schamanismus verweisen? Eliade (1978; 24ff.) nennt vor allem folgende Aspekte:

1. „Wie wir aber bereits feststellten, scheint die schamanische Ekstase auch für das Paläolithikum belegt zu sein. Dies impliziert einerseits den **Glauben an eine „Seele", die den Leib verlassen und sich frei in der Welt bewegen kann**, und andererseits die Überzeugung, dass die Seele im Verlauf einer solchen Reise bestimmten **übermenschlichen Wesen begegnen** und von ihnen **Hilfe und Segnung erbitten** kann. Die Schamanistische Ekstase imp-

liziert daneben auch die Möglichkeit, zu „besitzen", d.h. in den Leib menschlicher Wesen einzugehen, sowie **von der Seele eines Toten oder eines Tieres oder auch von einem Geist oder einem Gott „besessen" zu sein**" (ebd., 34; Hervorhebung D.B.).

2. „Was den „Rundtanz" von Montespan (wie immer man die im Lehmboden der Grotte von den Füßen junger Menschen hinterlassenen Spuren auch deuten mag), betrifft, so bezweifelt Curt Sachs nicht, dass diese rituelle Choreographie dem Altsteinzeitmenschen wohlbekannt war. Der Rundtanz ist aber weit verbreitet... Er wird überall von den Jägern praktiziert, sei es, **um die Seele des erlegten Tieres zu versöhnen**, sei es, **um die Vermehrung des Wildes zu sichern**. In beiden Fällen ist die Kontinuität mit der religiösen Vorstellungswelt der Altsteinzeitjäger evident" (ebd., 35; Hervorhebung D.B.). Ein solcher Rundtanz ist eine Möglichkeit in den Zustand der Trance zu gelangen.

3. „Es ist ... sehr wahrscheinlich, dass die paläolithischen Völker bereits eine Anzahl von Mythen, und zwar in erster Linie **kosmogonische und Ursprungs-Mythen**, kannten (Ursprung des Menschen, des Wildes, des Todes, usw.) ... Die äußerst starke Verbreitung dieser Kosmogonie und ihre archaische Struktur verweisen auf eine, aus der frühesten Vorgeschichte ererbte Tradition. Ebenso sind auch die Mythen, Legenden und Riten im Zusammenhang mit **Himmelfahrt und „magischem Flug**" ... auf allen Kontinenten ... bezeugt. Diese Mythen entsprechen den Traum- und Ekstaseerfahrungen, die gerade für den Schamanismus spezifisch sind; ihr hohes Alter steht außer Zweifel" (ebd., 35f.; Hervorhebung D.B.).

4. „So findet sich ... der **Glaube an eine Wiedergeburt des Tieres aus seinen Knochen** in sehr vielen Kulturen. Das ist der Grund, warum die Knochen der Tiere, deren Fleisch man verzehrt hat, nicht zerbrochen werden dürfen. Diese den Jäger- und Hirtenkulturen eigene Vorstellung ..." (ebd., 26; Hervorhebung D.B.). In einigen Höhlen wurden aus der Altsteinzeit stammende beieinanderliegende Schädel und Langknochen von Tieren gefunden. Ob sie aber von Menschen gezielt so angeordnet wurden, ist umstritten (vgl. hierzu kritisch: Leroi-Gourhan 1981; 37ff.).

Ich verstehe die im ersten Abschnitt des vierten Kapitel zitierte Behauptung von Clottes und Lewis-Williams, die mit Malereien versehenen französischen und spanischen Höhlen deuteten auf Schamanismus hin, als Hinweis auf schamanistische Praktiken, die einem Weltbild entstammen, das über diese vier Aspekte charakterisiert werden könnte. Für weiter gehende, an den Realitäten des heute existierenden Schamanismus orientierte Folgerungen in Richtung auf eine stellvertretende Durchführung von Ritualen, berufliche Spezialisierung und Machtdifferenzierung gibt es m.e. dagegen keine Anhaltspunkte.

Die Komplexe Schamanismus und Totemismus sind m.e. nicht klar voneinander zu trennen. Die Aspekte 1 (Glaube an eine Seele, die den Körper verlassen kann) und 3 (Ursprungsmythen) sind auch für das „totemistische" Weltverständnis der australischen Stämme charakteristisch. Die nordamerikanischen Indianerstämme waren überwiegend totemistisch und kannten Schamanen. Der schamanistische Bedeutungskomplex weist jedoch eine erheblich stärkere Beschäftigung mit Leben und Tod von Tieren auf (Merkmale 2 und 4).

Von der Sozialstruktur und den Praktiken heutiger oder noch wissenschaftlich erfasster Stammesgesellschaften mit Schamanen sind daher keine Ergebnisse für die zentrale Frage dieses Kapitels zu erwarten, über welche Rituale die Reproduktion des Weltverständnisses und der Sozialstruktur „erster" Gesellschaftssysteme erfolgt sein könnte. Der nachfolgende Exkurs zum sibirischen Schamanismus verfolgt daher wesentlich bescheidenere Ziele. **Es geht hier nur um das Weltverständnis, da man annehmen kann, dass Schamanen in ihren Praktiken auf ein Weltverständnis zurückgreifen, das zumindest Ähnlichkeiten zu dem der eiszeitlichen Höhlenmaler, Schmuck- und Figurenhersteller aufweist**, auf deren Relikte die Archäologie gestoßen ist. Das gilt vor allem dann, wenn alle vier oben genannten Aspekte in ihm eine wesentliche Rolle spielen.

Für die Konzentration auf den sibirischen Schamanismus sprechen drei Gründe. Er gilt als besonders „archaisch". Weiterhin kommen die Lebensweise und die klimatischen Bedingungen der west- und mittelsibirischen Stämme denen der eiszeitlichen Jäger West- und Mitteleuropas sehr nahe. Drittens besagt eine Hypothese, die das deutliche Nachlassen der Zahl und Qualität der Funde um 9.000 v.u.Z. (vgl. Eliade und Gimbutas) erklären soll, dass die eiszeitlichen Jäger ihren von der Klimaerwärmung nach NO abgedrängten Beutetieren gefolgt seien. Es könnte sich daher tatsächlich um Nachfahren der unbekannten Höhlenmaler handeln.

4.2 Sibirischer Schamanismus

Ich greife auf eine Darstellung des sibirischen Schamanismus zurück, die Hans Findeisen (Findeisen/Geerts 1996) gegeben hat.

Was tun Schamanen? Was ist Schamanismus? Schamanen sind in erster Linie Menschen, die von den Stammesmitgliedern gerufen werden, wenn jemand in der Familie schwer krank ist, aber auch, wenn es andere Formen von Unglück gibt: Viehsterben, Jagdunfälle, Pech bei der Jagd usw. Solche Unglücksfälle führt der Schamane darauf zurück, dass die Betroffenen von bösen Geistern besessen sind. Daher ist die Krankheit nur auf dem Wege zu beenden, dass sich der Schamane in Trance begibt und mit den bösen Geistern Kontakt aufnimmt, um sie zu veranlassen, das Weite zu suchen.

Das Besondere am nordasiatischen Schamanismus ist nun, dass die Schamanen sich während ihrer Trance in Tiere verwandeln und gegen tiergestaltig gedachte Krankheitsgeister kämpfen. Auch ansonsten ist der Bezug zum Tier hier besonders intensiv. Die Schamanen verfügen über tiergestaltige Hilfsgeister. Sie „haben Tiermütter und auch das Schamanengewand stellt einen tiergestaltigen Geist dar" (ebd.; 46).

Ein zweites Grundelement ist der „Glaube an die Macht der Ahnengeister. Es kann nämlich im Allgemeinen nur jemand Schamane werden, in dessen Sippe bereits ein Schamane vorhanden gewesen ist. Dabei empfinden diejenigen, die von den schamanischen Ahnengeistern besetzt werden, diesen Vorgang keineswegs als eine Auszeichnung, sondern sie versuchen fast immer, sich diesem Zwang gegenüber zur Wehr zu setzen ... Der Grund für diese ausgesprochen pessimistische Betrachtungsweise ... kann gewiss nur darin gesehen werden, dass der Schamane sich eigentlich immer nur als Werkzeug dieses Ahnengeistes betrachtet" (ebd.; 46f.).

Dass jemand von den Ahnengeistern zum Schamanen erwählt wurde, erkennen die Mitmenschen an einer initiatorischen Krankheit, der Schamanenkrankheit, die mit Symptomen wie Halluzinationen, Appetitlosigkeit und Gereiztheit umschrieben werden kann. Findeisen sieht in der Schamanenkrankheit das mystische Selbstopfer des Schamanen für seine Sippengenossen (ebd.; 62). Der zum Schamanen Berufene erfährt im Verlauf dieser Krankheit, dass die Geister seinen Körper zerstückeln, das Fleisch verzehren und danach seinen Körper wieder zusammensetzen. „Nach einer burjatischen Aussage wird das Fleisch gekocht, bei den Tungusen der Unteren Tunguska stellen die Ahnengeister den Kandidaten auf einen Klotz und schießen mit Pfeilen auf ihn, bis er das Bewusstsein verliert, woraufhin das Fleisch roh verzehrt wird. Aber auch bei den Tungusen kann das Fleisch auf spitze Stangen gestückt werden. Das Fleisch eines guten Schamanen reicht dabei für vier Stangen aus ... Als letzte Phase dieses schauerlichen Traumrituals kommt es dann zu der Wiederbelebung des Schamanen durch die Geister. Alle Knochen werden wieder an Ort und Stelle gebracht, wobei Gelenk an Gelenk am richtigen Platz eingesetzt wird; der Kopf kommt wieder an seine ursprüngliche Stelle, und die Knochen werden wieder mit neuem Fleisch bekleidet, ja sogar mit Eisenfäden zusammengenäht. Dabei wird die Ansicht ausgesprochen, dass diejenigen Menschen und Haustiere, von denen die Geister das Fleisch für die Bildung eines neuen Körpers des Schamanen nehmen, sterben müssen. Im Allgemeinen scheinen aber nur die Verwandten des Schamanen von diesem Schicksal betroffen zu werden, gelegentlich allerdings in weitestem Ausmaß, indem bei der Entstehung eines großen Schamanen die ganze Sippe aussterben kann, denn das Leben des Schamanen wird durch seine Verwandten gestellt" (ebd.; 65f.). Den Sinn dieser Vorstellung sieht Findeisen darin, „dass der Schamane nur solche Krankheiten heilen kann, die von Geistern verursacht worden sind, welche bei jenem furchtbaren Zerstückeltwerden ihren Anteil von seinem Körper erhalten haben" (ebd.; 62).

Die enge Beziehung zum Tier wird auch durch die Tracht der Schamanen ausgedrückt. Sie stellt entweder ein hirschartiges Tier oder einen Vogel dar. Man nimmt an, dass die Tracht eine Art Beschützergeist symbolisiert, der die Reise des Schamanen in die außerirdischen Welten unterstützen soll. Man ist aber auch auf Überlieferungen gestoßen, die totemistischen Vorstellungen entsprechen. Danach symbolisiert sie die Tiermutter des Schamanen. Daneben ist der Schamane auch mit den Pflanzen verbunden. Dies wird in der vielfach variierten Vorstellung des Schamanenbaums deutlich, der eine Art Weltenbaum darstellt.

Die ganze Symbolik des Schamanismus, die ich hier nicht weiter ausbreiten möchte, wird nach Findeisen verständlicher, wenn man sie mit ganz offenbar älteren Vorstellungen von Jägervölkern über Tod und Weiterleben der Tiere in Verbindung bringt, die eine Art Jagdmagie begründen.

4.3 Jagdmagie: Ausnutzung des Unterschiedes zwischen Körper und Geist.

Wie für andere sogenannte Naturvölker, so ist auch für viele sibirische Stämme eine weitreichende und zum Teil ausgefeilte Jagdmagie dokumentiert.[108]

Für Jagdmagie gibt es zwei Anlässe: Einmal fehlendes Jagdglück, zum anderen regelt sie den Umgang mit dem getöteten Tier. Die magischen Praktiken in beiden Bereichen gehen von einer Doppelnatur der Tiere aus. Sie gelten einmal als körperliche Wesen, zum anderen ist der Tierkörper die Behausung eines spirituellen Wesens. Der Einfachheit halber spreche ich von „Geist" (das Wort Seele würde nur allzu viele Missverständnisse auslösen). Die Welt der Geister gilt als hierarchisch wie auch kooperativ strukturiert: Es gibt Herren- und Schutzgeister, die sich auf eine Tierart bzw. ein einzelnes Exemplar beziehen können. Dieses Konzept spielt vor allem dann eine Rolle, wenn man durch Opfer oder das Anbringen von Idolen den Erfolg bei der Jagd sichern möchte. Für das Verständnis der geistigen Grundlagen des Schamanismus sind jedoch die Praktiken wesent-

---

108 Von den Ethnologen wird sie nahezu durchgängig als ein Versuch der Jäger interpretiert, den Tod des erlegten Tieres quasi ungeschehen machen zu wollen. In der Ethnologie gilt die Faustregel, dass Jägervölker ungern töten, während Hackbau- und Ackerbaustämme nicht genug töten können (vgl. z.B. Narr 1975).

lich wichtiger, die den Umgang mit dem getöteten Tier betreffen. Zum einen ist die magische Praxis der „Wiederbelebung" des getöteten Tieres zentral, da sie genau dem Zerstückelungsmythos bei der Initiation des Schamanen entspricht. Nach Findeisen findet das Wiederbelebungsritual folgendermaßen statt: Die Schädel aller getöteten Jagdtiere sowie weitere Reste wie z.B. die Schwanzspitze von Fischen, einige Gräten, einige Federn von Vögeln müssen aufbewahrt werden. Die durch diese Relikte repräsentierten Tiere werden als Gäste angesehen. „Nach einer Bewirtung und der Aufforderung, auch die anderen Tiere sollten kommen, um sich ebenso großzügig bewirten zu lassen, kommt es zu der magischen Wiederbelebung, wobei die Knochen der Landtiere weiter weg vom Zelt auf der Erde niedergelegt werden, während die Vogelknochen in die Luft geworfen werden und die Knochen von Walen, Seehunden sowie die Fischgräten ins Wasser geworfen werden, wobei ständig gerufen wird: „Die Rentiere sind in die Tundra gelaufen!" – „Die Seehunde haben sich ins Meer begeben!" usw.

Schädelknochen, Gräten und Fellstückchen bilden also als Reste des einstigen Tieres eine Art magischen Kristallisationspunkt, aus dem es sich wieder vollständig regenerieren kann, eine Fähigkeit, die den höheren Tieren ja leider abhanden gekommen ist, während die niederen sie tatsächlich noch weitgehend besitzen ... Ähnlich wie hier aus Nordostasien angeführt, begruben die Lappen einst die Knochen von Bären, Hasen und Luchsen in trockenen Sandhügeln oder versteckten sie in Bergesklüften; die Knochen von Wassertieren wurden dagegen in Quellen versteckt. In anderen Fällen sind es ... überhaupt nur die Knochen allein, denen man die Fähigkeit zuschreibt, wieder das ganze Tier vervollständigen zu können" (ebd.; 37f.).

Wir haben bereits gesehen, dass bei der Initiation eines Schamanen die traumartig erlebte Zerstückelung und Wiederbelebung nach genau demselben Muster vor sich geht. **Nur sind hier die Schamanengeister in der Rolle der Jäger.**

Über das Wiederbelebungsritual hinaus wird die in der Tiermagie enthaltene Vorstellung einer engen Beziehung zwischen Mensch und Tier in besonderer Weise beim Bärenkult greifbar (vgl. Hallowell 1926). Findeisen berichtet hierzu folgendes: „Der Bär ist ... kein Tier wie alle anderen. Auch das Tierfell stellt bei ihm, wie auch sonst häufig berichtet, nur eine Art Verkleidung dar, unter welcher er eine menschliche Gestalt nebst einer göttlichen Kraft und Weisheit verbirgt. Überall im nordeurasiatischen Bereich weiß man von ganz besonderen Fähigkeiten des Bären: nicht etwa nur auf weite Entfernungen hin zu hören, was man über ihn spricht, sondern sogar die Gedanken der Menschen über ihn zu kennen. So lauert der Bär denjenigen, die Böses über ihn denken und ihn etwa töten wollen, selbst auf, richtet sie übel zu oder bringt sie zu Tode ... Ist die Jagd glücklich zu Ende, so bewerfen sich die Jäger gegenseitig mit Schnee, im Sommer mit

Erde, oder sie bespritzen sich mit Wasser, in welchen Handlungen ich bereits einen Reinigungsritus erblicken möchte. Dem Körper des Bären wird dabei die größte Achtung erwiesen, weil sein Schatten eine solche fordert. So darf man weder ein spöttisches Wort sprechen noch eine unehrerbietige Bewegung machen ... Dagegen rechnet er den Menschen seinen körperlichen Tod ... weniger streng an, zumal die nordeurasiatische Lebenstheorie so ausgesprochen spiritualistisch ist wie sonst wohl kaum wieder auf der Erde. Wirklich wesentlich bei allen Lebewesen ist nur die „Seele", die ja durch die Trennung vom Körper in keiner Weise in Mitleidenschaft gezogen wird.

Das Abziehen des Bärenfells gilt als Abnahme eines Pelzrockes, und der Jäger, der diese Arbeit verrichtet, unterbricht sie fast bei jedem Schnitte, zumindest aber nicht weniger als siebenmal mit dem Ausrufe, er knöpfe den ersten, zweiten, dritten usw. Knopf auf ... In keinem Fall darf der Körper oder ein Glied des Bären im Walde liegen bleiben, wo sie von anderen Tieren gefressen werden könnten. Auch darf man die Überreste des Bären nicht verbrennen, sondern sie müssen wie ein Mensch bestattet werden.

Der Bärenpelz wird mit Ehrenbezeugungen in das Dorf gebracht ... Beim Einzug in das Dorf wird eine Ode gesungen, die als Gesang des Bären selbst gilt und die sein Schicksal, beginnend mit seinem Herabsteigen auf die Erde, sein Leben im Walde ... bis zu seinem Tode schildert, und, was das Wichtigste ist, auch das ihm zu Ehren abgehaltene heilige Gastmahl und sein Wiederaufsteigen in den Himmel, zu seinem Vater, ausführlich beschreibt.

Nachdem das Bärenfell in das Haus eines Jägers gebracht worden ist, wobei nicht die Tür, sondern das Fenster oder eine andere Öffnung benutzt wird, gibt man dem Bären den Ehrenplatz ... Das jetzt beginnende Eß- und Trinkfest dauert einige Tage, und da der Hausherr verpflichtet ist, alle Gäste zu bewirten, strömen von fern und nah alle herbei, die von dem Begebnis gehört haben. Jeder Gast, der die Stube betritt, küßt die Schnauze des Bären und verbeugt sich vor ihm. Ein weiteres wichtiges Element der Feierlichkeit sind die zu Ehren des Bären gesungenen Lieder. Diese wieder werden durch den Bärentanz unterbrochen ... Mit diesem Fest meint man nun die Seele des getöteten Bären vollkommen versöhnt zu haben und der Besitzer des Fells kann es nun verkaufen, den Göttern opfern usw." (ebd.; 33ff.).

Schamanen spielen bei diesen Ritualen keine Rolle. Findeisen leitet daraus, meines Erachtens völlig zurecht, die These ab, dass dies zeige, **dass das Schamanentum aus der Tiermagie entstanden sei und keinesfalls umgekehrt**. So ist zu beachten, dass Schamane zu sein zwar noch kein Beruf, aber doch eine stellvertretend für die Gemeinschaft ausgeübte magische Handlung ist. Auch dies ist ein starkes Indiz dafür, dass sich der Schamanismus aus älteren Vorstellungen entwickelt hat. Zumindest stoßen wir in späteren, besser dokumentierten

Entwicklungsphasen (vgl. Kap. 7) immer wieder auf Tendenzen, wonach Spezialisten die zunächst von der gesamten Gemeinschaft ausgeübten Funktionen stellvertretend übernehmen und dafür mit einem höheren Status honoriert werden.

5 Fazit zu Merkmalen der frühesten Formen der Gesellschaftsbildung.

In diesem Fazit möchte ich die grundlegenden Ergebnisse dieses Kapitels resumieren und vor diesem Hintergrund die noch offene Frage nach dem besonderen Traditionalismus der hier behandelten Gesellschaften klären.

Gesellschaft bezeichnet das Zusammenspiel von gemeinsamem Weltverständnis, Sozialstruktur und Kommunikation in einem gesellschaftlichen Rahmen (zunächst in Form einer Ritualordnung). Der **Einstieg in diesen Zirkel** von sinnhaftem Weltverständnis, Sozialstruktur und Ritualordnung wurde im 4. Kapitel über den Versuch erklärt, über Trance-Erfahrungen zu kommunizieren. Wenn diese Erklärung zutreffen sollte und Totemismus und Schamanismus als besonders archaische Versionen dieses Zirkels angesehen werden können, dann müssten **Trance-Erfahrungen eine besonders zentrale Rolle spielen.** Das ist tatsächlich der Fall.

(a) Wenn man davon ausgeht, dass Artmerkmale schon bei der Fortpflanzung zweigeschlechtlicher Arten unterschieden werden (vgl. Rieppel 1992) und dass derartige Unterscheidungen auch das Erkennen von Feinden und potentiellen Beutetieren vereinfachen, dann muss das totemistische Weltverständnis, das einen Kosmos aus Arten aufspannt, als besonders archaisch angesehen werden, da es nur in drei Punkten über die Unterscheidung von Arten hinausgeht. Es strebt (1) Vollständigkeit an, sieht (2) die „Verwandlung" von Clans bzw. Phratrien der Sozialstruktur in die über das Totemsymbol bezeichneten zugehörigen Arten vor und kennt (3) die Unterscheidung zwischen Körper und Seele. Der 2. und 3. zusätzliche Aspekt verweisen direkt auf die Kommunikation von Trance-Erfahrungen, der erste könnte damit erklärt werden, dass im Zustand der Trance eine in sich geschlossene Welt erfahren werden kann.

(b) Als Realität kann das Kernelement dieses totemistischen Weltverständnisses, die „Verwandtschaft" zwischen Clan und über das Totem bezeichneten Tier- bzw. Pflanzenarten bzw. Steinen oder Himmelskörpern vor allem im Zustand der Trance erfahren werden.

(c) Die von Durkheim erwähnten Kosmogonien der australischen Stämme sind direkt komplementär zur Trance-Erfahrung von Stammesmitgliedern, die sich im Zustand der Trance in ihre nichtmenschlichen Verwandten verwan-

deln können. In den Kosmogonien verwandelt sich ein nichtmenschliches Wesen in den mythischen Urahn des Stammes.
(d) Der Einstieg der Stammesmitglieder in ihr eigenes Weltverständnis via Sozialstruktur (reentry) verweist direkt auf Trance-Erfahrungen.
(e) Dennoch lassen sich die Praktiken totemistischer Kultgemeinschaften nicht vollständig auf das Herbeiführen von bestätigenden Trance-Erfahrungen reduzieren. Sie stellen Totems her, verständigen sich auf heilige Orte, kontrollieren die Einhaltung von Tabus etc.
(f) Der Komplex Schamanismus zeigt, dass Trance auch zu Formen der kommunikativen Einflussnahme auf im Rahmen des Weltverständnisses identifizierte nichtmenschliche Wesen genutzt werden kann.
(g) Archaische Elemente im Schamanismus wie Jagdrituale oder auch die Tabus im Totemismus zeigen basale Formen der Verstrickung der Kultgemeinschaft in ihr eigenes Weltverständnis. Das Töten eines Tieres oder das Fällen eines Baumes mutieren von reinen Überlebenstechniken zu Eingriffen in die „Welt", deren Risiken über geeignete Rituale entschärft werden müssen. Die Risiken basieren noch ausschließlich auf der Unterscheidung zwischen Körper und Geist bzw. auf unterstellten Verwandtschaftszusammenhängen, die beide ziemlich direkt in der Kommunikation über Trance-Erfahrungen entwickelt werden können.

Zumindest auf der Grundlage von Durkheims Analyse des Totemismus kann man einige soziologische Aspekte benennen, die dafür sprechen, **dass diese Stammesgesellschaften keine erkennbaren tiefgreifenden Veränderungen[109] durchlaufen haben.**

a. Schon Kosmogonien von Stammesgesellschaften mit einfachem Bodenbau behandeln (in mythologischer Form) die Frage einer Veränderung der Menschen durch den Anbau von Pflanzen (vgl. z.B. Jensen 1966). In den Kosmogonien der australischen Stämme wird dagegen immer nur die Stammesgründung mythologisch erklärt. Die Grundaussage scheint also nicht revidiert worden zu sein. Dies hat insofern Gewicht als einiges im Wissen dieser Stämme auf eine lange Kontinuität mündlicher Überlieferung hindeutet.
b. Die Rituale werden gemeinsam durchgeführt. Es existiert nur die Mindestdifferenzierung zwischen Akteuren und Beobachtern. Wir werden in den beiden nächsten Kapiteln sehen, dass rituelle oder religiöse Spezialisierung

---

109 Durkheim vermutet, dass die Sozialstruktur zunächst nur binär in zwei Phratrien gegliedert gewesen sei und die Differenzierung in Clans eine spätere Entwicklung sei. Da dies von den Ethnologen mit empirischen Argumenten bestritten wird, spare ich diesen unklaren Punkt hier aus.

mit Aspekten der Steigerung der Wirkung von Ritualen verknüpft ist. Das setzt Zweifel und Variation voraus.
c. Ebenso scheinen der Aufwand für rituelle Aktivitäten gering und eine zeitliche Differenzierung der Rituale den Beobachtern zumindest nicht aufgefallen zu sein. Beides deutet darauf hin, **dass die Verstrickung in die eigene Welt noch nicht zu Irritationen geführt hat, auf die durch eine Intensivierung oder eine Differenzierung der Rituale reagiert worden ist.**

Diese Aspekte deuten darauf hin, dass zumindest die australischen Stämme weder ihr Weltverständnis grundlegend umstrukturiert, noch versucht haben, die Wirkung ihrer Rituale zu steigern oder ihre Sozialstruktur nennenswert zu verändern. Bis zum Auftreten der Europäer scheinen sie über sehr lange Zeiträume **keinen Anlass** gehabt zu haben, an den überlieferten Erzählungen, Ritualen und sozialen Strukturen zu zweifeln.

Das erklärt auch die für alle einfachen Stammesgesellschaften charakteristische Statik. In diesen Gesellschaften scheinen keine tiefgreifenden Irritationen an der eigenen Rolle in dem gemeinsamen Weltverständnis dominant geworden zu sein, die mit einer Verstärkung der aktiven Eingriffe in diese Welt (vgl. Kapitel 6) oder mit der Idee religiöser Stellvertretung (Kapitel 7) wurden.

Diese Statik schließt aber nicht aus, das bereits das Gesellschaftssystem der australischen wie auch der sibirischen Stämme **alle** grundlegenden Merkmale gesellschaftlicher Kommunikation aufweist. Der Einschluss imaginärer Akteure in die Kommunikation erfordert eine regelartige Festlegung der Kommunikation – einschließlich einer damit fixierten Selbstbindung – durch die empirischen Akteure der Sprach- und Kultgemeinschaft. Rituale schließen jegliche Offenheit aus. Nicht nur **der Ablauf der rituellen Kommunikation sondern auch ihre Ergebnisse stehen ex ante fest.** Bei ritueller Kommunikation wird ein narrativ als „ursprünglich" und „erstmalig" behaupteter Sachverhalt **durch Inszenierung wiederholt und „belebt".** Der „Sinn" ritueller Kommunikation besteht in genau dieser Wiederholung und Belebung des Weltverständnisses und der Sozialstruktur der jeweiligen Stammesgesellschaft einschließlich der behaupteten Verwandtschaft zur Umwelt.

Von dort aus erschließt sich auch der vermutlich ursprüngliche „Sinn" von Tradition. Sie wiederholt **einen nicht verbesserbaren „Urzustand",** von dem abzuweichen eine gleichermaßen verlockende wie verhängnisvolle Versuchung darstellt. Das ist das Thema aller Varianten der Erzählung vom „goldenen Zeitalter" einschließlich der Bibelversion von der Erbsünde.

„Als ein menschliches Wesen zu leben war in den ältesten Kulturen schon an sich ein religiöser Akt, denn Nahrung, Sexualität und Arbeit hatten eine sakramentale Bedeutung". Mit anderen Worten. Mensch ... werden heißt „religiös" zu sein." (Eliade; ebd.; 7).

Diese These von Mircea Eliade spielt unter anderem auf die strukturelle Kopplung zwischen Gesellschaftssystem und psychischem System an. **Erst mit der Entwicklung eines Gesellschaftssystems wird die personelle Wahrnehmung auf durchgängig sinnhafte Wahrnehmung umgestellt.** Die Emotionen regieren nicht mehr direkt die menschliche Aufmerksamkeit. Sie werden überlagert durch ein sinnhaftes Weltverständnis, in das auch die eigenen Stimmungen „übersetzt werden müssen. Es lenkt die Aufmerksamkeit darüber hinaus auch auf alles das, was im Rahmen des Weltverständnis als „kritisches Ereignis" gelten kann. Zugleich gewinnen menschliche Handlungen vor diesem Hintergrund spezifischen „Sinn". Dieser innere Zusammenhang zwischen durchgängig sinnhafter Wahrnehmung und der Inszenierung eines von einer Stammesgesellschaft geteilten Weltverständnisses ist genau das, was mit „Menschentum" in Zusammenhang gebracht wird.

Man kann an dieser Stelle die Frage nach dem „warum" stellen. Warum haben die Menschen in der Altsteinzeit begonnen, die wesentlich verbindlichere Lebensform des gesellschaftlichen Zusammenlebens zu entwickeln?

Der Ausgangspunkt war vermutlich die irritierende Wahrnehmung, im Zustand der Trance den eigenen Körper verlassen zu können und ein anderes Lebewesen zu werden. **Eine derartige Erfahrung von unterschiedliche Arten verbindenden Gemeinsamkeiten *jenseits* des Fressens und gefressen Werdens steht im Mittelpunkt des Weltverständnisses, der Rituale und Tabus der australischen wie auch der sibirischen Stämme.**

Nachdem der homo sapiens sapiens die Bedrohungen durch Raubtiere über Waffen, Schutz- und Jagdtechniken in den Griff bekommen hat, galt es, die „geistige Bedrohung" artübergreifender Gemeinsamkeiten mit Nahrungsobjekten durch geeignete Vorkehrungen zu meistern. Wenn Totemismus und das vermutlich archaische Gedankengut des Schamanismus über derartige Vorkehrungen noch Auskunft geben können, dann lässt sich Folgendes sagen. Nachteilige Folgen des Tötens von Tieren und des Verzehrens von Pflanzen oder auch des Abholzens von Bäumen sollten vermieden werden, indem man ein listiges System verwandtschaftlicher Beziehungen zur Umwelt aufzubauen suchte bzw. die „betroffenen" Geister besänftigte und durch Sozialtechniken für sich einzunehmen suchte. Zu letzterem gehört nicht zuletzt eine Technik der „Wiederbelebung" von Tieren aus den unzerbrochenen Hauptknochen.

Dieses „listige" System wirkt aber nur dann überzeugend, wenn man sich selbst seinen Konsequenzen unterwirft (**Konsequenz der Selbstbindung**). Dieser Aspekt wird vor allem durch eine Sozialstruktur illustriert, wie sie die totemistischen australischen Stämme aufwiesen. Der Stamm wird als eine Art Kosmos gebildet. Er setzt sich aus Untereinheiten zusammen, die sich wie Arten nach Eigenschaften und Verhaltensweisen unterscheiden und zugleich vor allem im System der Tabus wie in den Ritualen kooperieren. **In diesem Kontext besteht der „Sinn" der Rituale darin, dass sie eine aktiv strukturierende und kontrollierende Teilhabe an dem Reproduktionsprozess des Lebens herbeiführen.** Das schließt zum Teil auch punktuelle Manipulation mit ein.

Wenn man diese Bedeutung der Rituale im Auge behält und die darauf bezogene Sozialstruktur sowie das erstmals sinnhaft geordnete Weltverständnis hinzuzieht, dann wird die Intention der frühesten Gesellschaftsbildung deutlicher. **Gesellschaft scheint als Arrangement entstanden zu sein, um die Kontinuität des Lebens auf einer symbolischen Metaebene zur biologischen Reproduktion zu organisieren und zu sichern.**

Literatur

Bargatzky, T. (1999): Die Ethnologie und die urproduktive Gesellschaft. In: Sociologia Internationalis; 37; H.1; S. 91 – 113.

Bargatzky, T. (2003): Orare et laborare – Das religiöse Vermächtnis der Urproduktiven Gesellschaft. In: Erwägen – Wissen – Ethik; 14; H.1; S. 3 – 16.

Benedict, R. (1955): Urformen der Kultur. (Amerikanisches Original. 1934) Reinbek.

Darwin, C. (1996): Die Abstammung des Menschen, 3. Aufl. Wiesbaden; (engl. Orig. 1871).

Dawkins, D. (1996): Das egoistische Gen. Reinbek 1996 (engl. Original 1976).

Durkheim, E. (1981): Die elementaren Formen des religiösen Lebens. Frz. Orig. 1912. Ffm.

Durkheim, E.(1981a): Der Dualismus der menschlichen Natur und seine sozialen Bedingungen. In: F. Jonas: Geschichte der Soziologie 2, S. 368 – 380. Opladen (Le dualisme de la nature humaine et ses conditions sociales, in: Scientia, XV, 1914, s. 206 – 221. Übersetzt von F. Jonas)

Durkheim, E. (1992): Über soziale Arbeitsteilung. Studie über die Organisation höherer Gesellschaften. Ffm.

Eliade, M. (1978): Geschichte der religiösen Ideen. Band 1: Von der Steinzeit bis zu den Mysterien von Eleusis. Freiburg 1978 (Amerikanische Erstausgabe 1975)

Evans-Pritchard, E. E. (1981): Theorien über primitive Religionen. Mit einer Vorlesung über „Sozialanthropologie gestern und heute" als Einleitung. (Engl. Original 1965). Ffm.

Fouts, R./Mills, S. T. (1998): Unsere nächsten Verwandten. Von Schimpansen lernen, was es heißt, ein Mensch zu sein. München

Frazer, J. G. (1977): Der goldene Zweig. Das Geheimnis von Glauben und Sitten der Völker. Ffm.

Gehlen, A. (1986): Der Mensch. Seine Natur und seine Stellung in der Welt. Wiesbaden. Dt. Erstausg. 1940.

Gehlen, A. (1964): Urmensch und Spätkultur. 2. neubearbeitete Auflage. Ffm./Bonn.
van Gennep, A. (1920): L´ Ètat actuel du problème totémique. Paris.
Gimbutas, M. (1995a): Die Sprache der Göttin. Ffm.
Gimbutas, M. (1995b): Die Zivilisation der Göttin. Ffm.
Göttner-Abendroth, H. (1991): Das Matriarchat II,1. Stammesgesellschaften in Ostasien, Ozeanien, Amerika. Stuttgart/Berlin/Köln.
Findeisen, H./Geerts, H. (1996): Die Schamanen. Jagdhelfer und Ratgeber, Seelenfahrer, Künder und Heiler. München.
Gethmann-Siefert, A. (1996): Artikel „Welt" in: Mittelstraß: Enzyplopädie Philosophie und Wissenschaftstheorie. Stuttgart/Weimar
Goffman, E. (1983): Wir alle spielen Theater. Die Selbstdarstellung im Alltag. (Amerikanische Erstausgabe 1959). München.
Goffman, E. (1971): Interaktionsrituale. Über Verhalten in direkter Kommunikation. Ffm.
Goodall, J. (1991): Wilde Schimpansen. Verhaltensforschung am Gombe-Strom. Reinbek.
Haeckel, J. (1975): Geistiges Leben einfacher Wildbeuter. In: Narr (1975).
Hallowell, I. (1926): Bear ceremonalism in the northern hemisphere – american anthropologist. Band 28, Nr. 1, S. 1 – 175.
Hauser, M. D. (2001): Wilde Intelligenz. Was Tiere wirklich denken. München.
Jensen, A. E. (1966): Die getötete Gottheit. Weltbild einer frühen Kultur. Stuttgart/Berlin/Köln/Mainz.
Krähnke, U. (2002): Herbert Spencer in: Brock, D. et. al.: Soziologische Theorien von Auguste Comte bis Talcott Parsons. Wien/München.
Kramer, F./Sigrist, C. (Hg.) (1978): Gesellschaften ohne Staat. 2 Bände. Ffm.
Kuckenburg, M. (1999): Lag Eden im Neandertal? Auf der Suche nach dem frühen Menschen. Düsseldorf und München.
Leroi-Gourhan, A. (1981): Die Religionen der Vorgeschichte. Ffm.
Lévy-Bruhl, L. (1966): Die geistige Welt der Primitiven. Darmstadt.
Luhmann, N. (1980): Gesellschaftsstruktur und Semantik. Studien zur Wissenssoziologie der modernen Gesellschaft. Band 1. Ffm.
Luhmann, N. (1997): Die Gesellschaft der Gesellschaft. Ffm.
Luhmann, N. (2002): Einführung in die Systemtheorie. Herausgegeben von Dirk Baecker. Heidelberg.
Lukes, S. (1973): Émile Durkheim. His Life and Work. A Historical and Critical Study. London/New York
Malinowski, B. (1979): Argonauten des westlichen Pazifik. Ein Bericht über Unternehmungen und Abenteuer der Eingeborenen in den Inselwelten von Melanesisch-Neuguinea, Schriften Bd. 1 hrsg. Von F. Kramer. Ffm.
Matthes, J. (1967): Religion und Gesellschaft. Einführung in die Religionssoziologie I. Reinbek.
Mittelstraß, J. (Hg.) (2004): Enzykopädie Philosophie und Wissenschaftstheorie. 4 Bände. Stuttgart/Weimar.
Morgan, L. H. (1877): The Ancient Society. Rochester/New York.
Narr, K. J. (1975): Handbuch der Urgeschichte. Erster Band: Ältere und mittlere Steinzeit; Jäger und Sammlerkulturen. Bern und München.

Parsons, T. (1969): Evolutionäre Universalien der Gesellschaft. In: W. Zapf (Hg.): Theorien des sozialen Wandels. Köln/Berlin.

Radcliffe-Brown, A. R. (1952): Structure and Function in Primitive Society. London.

Rieppel, O. (1992): Unterwegs zum Anfang. Geschichte und Konsequenzen der Evolutionstheorie. München.

Sapir, E. (1921): Language: An Introduction to the Study of Speech. New York.

Schimank, U. (1996). Theorien gesellschaftlicher Differenzierung. Opladen.

Schott, R. (1975): Lebensweise, Wirtschaft und Gesellschaft einfacher Wildbeuter. In: Narr 1975.

Smith, R. (1889): Lectures of the religion of the semites. Edinburgh.

Spencer, B./Gillen, F. J. (1904): The Northern Tribes of Central Australia. London.

Spencer, B./Gillen, F. J. (1938): The Native Tribes of Central Australia (Original 1899). London.

Spencer Brown, G. (1972): Laws of Form. New York.

Stahl, M. (2003): Gesellschaft und Staat bei den Griechen: Archaische Zeit. Paderborn

de Waal, F. (1991): Wilde Diplomaten. Versöhnung und Entspannungspolitik bei Affen und Menschen. München/Wien

6 Wege in die „Neolithische Revolution"

Gliederung

Einleitung 221
1 Grundlegende Befunde zur „Neolithischen Revolution" 226
2 Kritische Ereignisse und „Kult der Göttin" 228
3 Der als System symbolischer Zeichen konservierte Glaube an den
   Prozess von Tod und Wiedergeburt 230
3.1 Zum Alter des Zeichensystems 235
3.2 Allgemeine Merkmale des auf Magie gegründeten
   Gesellschaftssystems dieser Stammesgesellschaften 236
4 Die magischen Eigenschaften des Ackerbaus 240
5 Materielle Kultur: Sesshaftigkeit, Kultstätten, Häuser, Keramik und
   Modelle 246
6 Institutionelle Gesamtordnungen in Ackerbaugesellschaften ohne
   Staat 251
7 Ethnologisch belegte Übergänge zum Ackerbau 254
8 Zusammenfassung 260
9 Fazit zur Gesellschaftsentwicklung – soziologisch relevante
   Unterschiede zwischen Jäger/Sammlerinnen- und Ackerbau
   betreibenden-Stammesgesellschaften 262
Literatur 265

Einleitung

Es besteht kein Zweifel, dass der parallele Übergang vom Jagen und Sammeln zu Viehzucht und Ackerbau sowie von einer nomadischen zu einer sesshaften Lebensweise eine entscheidende Etappe auf dem Weg zu heutigen Gesellschafts- und Lebensformen markiert[110]. Die vielfach verwendete Bezeichnung „Neolithische Revolution" (Childe) für diese einschneidende Veränderung ist also durchaus angemessen.

---

110 In diesem Kapitel bleiben Nomaden ausgeklammert, da sie eine nicht zu heutigen Gesellschaften führende Sonderentwicklung aufweisen. Sie betreiben Viehzucht ohne Ackerbau und ohne sesshaft zu werden. Vgl. die Ausführungen von Braudel (1985; 94ff.) zur historischen Rolle von Nomadenvölkern.

Was hat die Menschen dazu veranlasst auf Ackerbau und Viehzucht überzugehen und feste Wohnsitze zu benutzen? Aus heutiger Sicht erscheint uns dieser Schritt als ein Gebot der Zweckmäßigkeit und der Effizienz. Während Jäger und Sammler einen hohen Flächenbedarf haben, können Bauern auf einer wesentlich kleineren Fläche überleben. Wenn man aber eine bestimmte Fläche als gegeben unterstellt, dann ermöglicht die Umstellung auf Landwirtschaft eine eminente Steigerung der auf dieser Fläche lebenden Bevölkerungszahl. Ähnlich gelagerte Effizienzgründe sprechen auch für eine sesshafte Lebensweise. Ein festes Dach über dem Kopf schützt vor Regen, Mauern halten die Kälte sowie gefährliche Tiere ab.

Diese Sichtweise dominiert auch die wissenschaftliche Diskussion, insofern nicht einfach in marxistischer Manier ein in der Entwicklung der Produktivität menschlicher Arbeit bestehender „naturgegebener" Entwicklungspfad angenommen wird, dessen erste Etappe eben die neolithische Revolution gewesen sei. Ein solcher Entwicklungsautomatismus krankt an zumindest zwei unhaltbaren Unterstellungen: Erstens muss ein Bedürfnis nach kooperativer Arbeit anthropologisch unterstellt werden, zweitens muss der Arbeitsbegriff so gefasst werden, dass Arbeitsleistungen quantifiziert werden können. Die erste Annahme ist rein spekulativ. Sie ist auch nur schwer damit in Einklang zu bringen, dass unsere Vorfahren über 99% des ca. 7 Mio. Jahre umfassenden Evolutionswegs sehr erfolgreich ohne arbeitsförmige Aktivitäten zurückgelegt haben. Die zweite Annahme ist zu voraussetzungsvoll. Ein in der marxistischen Tradition stehender Arbeitsbegriff kann, wie bereits Hans Freyer (1955; 15ff.) sehr instruktiv gezeigt hat, auf landwirtschaftliche Tätigkeit schon deswegen nicht angewendet werden, da hier der Erfolg immer von Prozessen abhängt, die der Mensch nicht steuern oder auch nur nennenswert beeinflussen kann. Daher besteht hier kein unmittelbarer Zusammenhang zwischen dem Ausmaß an menschlicher Arbeit und ihrem Erfolg.

Aber auch jene Wissenschaftler, die jenseits solcher fertigen Entwicklungsschemata nach Gründen für die neolithische Revolution suchen, blicken ganz überwiegend von heutigen Gesellschaften auf die neolithische Revolution zurück[111]. Wie bereits angedeutet (ver-)führt dieser Blickwinkel dazu, zu fragen, wie Merkmale heutiger Gesellschaften allmählich entstanden sind. Das legt es überaus nahe, in der „neolithischen Revolution" den ersten großen Schritt zu einer effektiveren und rationaleren Wirtschaftsweise zu sehen[112]. Die Frage der

---

111 Dieses Problem wird im achten Kapitel eingehend behandelt. Einen anderen Blickwinkel nimmt dagegen W. I. Thompson (1985) ein.
112 Aus diesem Blickwinkel werden üblicherweise dann auch soziologische Evolutionsszenarien entwickelt. Der Grundgedanke ist dabei, dass die Vorteile einer effektiveren Wirtschaftsweise nur über Kooperation und Austausch (Adam Smith) zu erreichen sind. Umstritten ist, ob dies

Neolithischen Revolution ist dann nur noch eine nach den Bedingungen, die zu diesem „Durchbruch" geführt haben. Hat die „Herausforderung" des Bevölkerungsdrucks diese „Antwort" provoziert (A. Toynbee) oder eher die Muße besonders günstiger Ernährungsbedingungen (C. O. Sauer)? Man kann solche „Erklärungen" als funktionalistische Thesen verstehen. Dann sind sie zumindest unvollständig, da damit immer eine Art „List" der Geschichte postuliert werden muss, die sich durch anders motivierte Handlungen von Menschen hindurch durchgesetzt habe. Es bleibt also immer noch die entscheidende Frage nach dem „warum", also den menschlichen Handlungen und den ihnen zu Grunde liegenden Motiven, aber auch nach den konkreten Anlässen: Warum ausgerechnet zu dem damaligen Zeitpunkt?

Wenn man derartige Erklärungen aber als Kausalerklärungen auffasst, dann müsste irgendeine Art von Effektivitätsmotiv diese zweifache Umstellung der Lebensweise bestimmt haben. Solche Annahmen passen aber aus mehreren Gründen nicht zu den Befunden.

Erstens zeichnen Studien über die Lebensweise von Jägern und Sammlerinnen, insofern sie nicht, wie die meisten heutigen einfachen Stammesgesellschaften, in ungünstige Klimazonen abgedrängt wurden, das Bild eines ziemlich stressfreien Lebens, dessen materielle Basis zudem möglicherweise durch Verhütungspraktiken gegen den Populationsdruck weitgehend abgesichert ist[113]. Welche Effektivitätsgründe sollten derartige Stammesgesellschaften zu einem derart drastischen Umbau ihrer Lebensweise veranlassen? Der einzig denkbare Grund wäre Bevölkerungsvermehrung auf konstantem Territorium. Es gibt m. E. aber keine überzeugenden Hinweise auf irgendeine Form des demographischen Drucks. Aber selbst wenn es den gegeben haben sollte, dann müsste er gerade zu dem entsprechenden Zeitpunkt bestanden haben und zu anderen nicht.

Ähnliche Probleme ergeben sich auch für die Sesshaftigkeit. Welches Interesse sollten Nomaden an häuslichem Komfort haben? Derartige Motive könnten vermutlich nur Menschen entwickeln, die mit den Gegebenheiten der neuen Lebensweise bereits hinreichend vertraut sind oder sich an irgendwelchen Vorbildern orientieren. Selbst unter diesen Bedingungen fällt der Übergang auf die Sesshaftigkeit vielfach schwer. Das zeigen z.B. die sibirischen Jägerstämme, die

---

zwangshäufig zu Machtbeziehungen und sozialer Ungleichheit führen muss. Dies bejahen z.B. Mann 1990 und Popitz 1989, während im Marxismus die Eigentumsverhältnisse an den Produktionsmitteln als ursächlich angesehen werden.

113 Ich orientiere mich hier an der Studie von Sahlins (1972), der die Lebensweise australischer Aboriginals untersucht hat. Diese Studie ist deswegen aufschlussreich, weil die australischen Ureinwohner im Unterschied zu anderen heutigen Jäger- und Sammlerstämmen nicht schon vor Jahrtausenden durch weiter entwickelte und kriegerischere Stämme in ungünstige ökologische Nischen abgedrängt wurden. Die Rolle von Verhütungspraktiken ist in der Literatur allerdings umstritten. Dieser Punkt ist aber nicht entscheidend.

unter der Sowjetherrschaft zur Sesshaftigkeit gedrängt wurden und heute zumindest teilweise wieder zur altvertauten Lebensweise zurückkehren.

Nur wenig plausibler sind Thesen, die darauf abstellen, dass unsere Vorfahren Wege entwickelt oder zufällig gefunden haben, eine unbequeme und risikoreiche Lebensweise allmählich zu verbessern. So vermutet z.B. Thompson, dass Sammlerinnen auf dem Wege zum Lager unfreiwillig Körner von Wildgetreide verloren und so durch Zufall eine Konzentration von Getreide auf kleinen Flächen bewirkt haben (Thompson 1985; 172f.). Sieht man einmal davon ab, dass Jäger/Sammlerinnen-Gesellschaften kein festes Lager haben, sondern allenfalls bestimmte Plätze mit gewisser Regelmäßigkeit aufsuchen, dann ist es immer noch erklärungsbedürftig, warum Menschen, die den Vorteil einer künstlich herbeigeführten Konzentration von Getreide auf einer kleinen Fläche erkannt haben, diesen Vorteil nicht systematischer ausgenutzt haben.

Wenn man alle wichtigen Kristallisationszentren des Bodenbaus berücksichtigt, dann fällt auf, dass von wenigen Ausnahmen abgesehen die dortigen Bewohner mit hoher Wahrscheinlichkeit über lange Zeiträume hinweg sowohl Jäger und Sammlerinnen wie auch Bauern waren (vgl. Narr 1975; Bd. 2, insbes. 85[114])[115]. Wenn wir nicht an der Intelligenz unserer Vorfahren zweifeln wollen, und dazu gibt es keinen Anlass, dann haben **Effektivitätsgesichtspunkte bei der *Entwicklung* des Getreideanbaus offenbar *keine entscheidende Rolle gespielt.***

Derartige Erklärungen haben noch eine weitere Schwäche: Sie unterstellen, dass Sesshaftigkeit eine Folge des Getreideanbaus ist und nicht umgekehrt. Wenn man Getreide anbaut, so die Implikation, dann sprechen Effektivitätsgrün-

---

114 „Bei einem Vergleich von Vorder- und Kleinasien einerseits mit Südostasien und Amerika andererseits treten auf den ersten Blick wichtige Unterschiede hervor. Bei den letzteren ... (stehen) **am Anfang ... als Kulturpflanzen Leguminosen, Kürbisse, und einige andere Pflanzen, doch nicht die Getreide bzw. der Reis**, und es erhebt sich die Frage, ob das auch in Klein- und Vorderasien ... der Fall gewesen sein könnte. Zudem scheint der Pflanzenanbau in Südostasien und ... Amerika offensichtlich **für längere Zeit nur eine zusätzliche Rolle** gespielt zu haben, und es kam erst spät zu einer effektiven und stabilen Siedlungsweise ... Haben wir es in Klein- und Vorderasien mit einer ganz anderen, d.h. wesentlich schnelleren Entfaltung zu tun oder gab es dort oder eher in unmittelbarer Nachbarschaft noch unbekannte Anfangsphasen von ähnlicher Art" (Narr 1975; Bd. 2 ; 85; Hervorh. im Original)? In den letzten Jahren wurden vor allem in Ostanatolien wesentlich ältere Siedungen mit frühem Bodenbau ausgegraben. Eine zusammenfassende Darstellung und Bewertung der neueren Funde steht aber m. W. noch aus.

115 Gleiches trifft auch auf die frühen europäischen Ackerbaukulturen zu. So stellt Gimbutas zur Dnjestr-Bug-Kultur fest: „Während der gesamten Dnjestr-Bug-Kultur hatte die Landwirtschaft sekundäre Bedeutung in einer Wirtschaft, die auf Fischerei und Jagd ... beruhte" (Gimbutas 1995; 47). Zu Ostmitteleuropa stellt sie u.a. fest, dass „rund 40% der in den Siedlungen gefundenen Tierknochen von wildlebenden Arten" stammten (ebd. 52) und dass zahlreiche Wildfrüchte gesammelt wurden. Zu Nordeuropa: „eine Reihe von Siedlungen zeigte, dass wildwachsende Früchte und Beeren stark genutzt wurden..." (ebd. 131).

de dafür, am Anbauort zu wohnen und die nomadische Lebensweise aufzugeben. Die Ausgrabungsbefunde dementieren aber auch diese Reihenfolge. Die Siedlungen, ja sogar die Städte kommen vor dem Ackerbau[116]. Das könnte damit zusammenhängen, dass sie um Kultanlagen und/oder Begräbnisstätten herum entstanden sind. Heilige Orte wie Gräber waren schon vor dem Übergang zum Ackerbau ortsgebunden. Daneben bilden geschützte Rast- und Schlafplätze, die gewechselt werden können, also nicht unbedingt mit Sesshaftigkeit gleichgesetzt werden dürfen, einen zweiten Kristallisationspunkt.

Diese Ungereimtheiten sollen in diesem Kapitel durch eine Erklärung vermieden werden, die **kulturelle Gründe** sowohl für die Sesshaftigkeit wie für Ackerbau und Viehzucht annimmt. Die hier vorgeschlagene Erklärung hat nicht zuletzt den Vorzug, dass sie auch dem Umstand Rechnung trägt, dass über Jahrtausende hinweg vermutlich beides nebeneinander praktiziert wurde: Jagen und Sammeln sowie Ackerbau und Haustierhaltung.

Kulturellen Erklärungsversuchen steht zunächst der Eindruck großer kultureller Kontinuität entgegen, die die frühen Ackerbaugemeinschaften mit den späteiszeitlichen Höhlenmalern und Schmuckproduzenten direkt zu verbinden scheinen. In diesem Kapitel wird aber ein Erklärungsversuch vorgeschlagen, der gerade an dieser vielfach bemerkten (z.B. W. I. Thompson 1985; Gimbutas 1995 und 1996) kulturellen Kontinuität ansetzt, die bis in die primären Zivilisationen (vgl. Kapitel 7) hinein anzudauern scheint. Sie wird besonders eindrucksvoll in der zusammenfassenden Darstellung europäischer und kleinasiatischer Funde bei M. Gimbutas deutlich. In Anknüpfung an diese Arbeit möchte ich in diesem Kapitel zeigen, dass Sesshaftigkeit wie dann auch Ackerbau und Viehzucht aus dem Bemühen heraus entstanden sein dürften, das in der vorneolithischen Kultur bereits entwickelte Kontrollpotential erheblich zu erweitern und zu aktivieren, um damit auf als äußerst bedrohlich verstandene Veränderungen in der vertrauten Umgebung zu reagieren, die sich in Folge von Klimaveränderungen ergeben haben. Nach diesem Verständnis sind Ackerbau und Viehzucht zunächst eher defensive Reaktionen gewesen, die ein bereits etabliertes Gesellschaftssystem (= Weltverständnis + Sozialstruktur + Ritualordnung) trotz Klimaveränderung konservieren wollten.

Im ersten Abschnitt wird zunächst ein Überblick über grundlegende Erklärungsprobleme und Befunde zur Neolithischen Revolution gegeben. Daran schließt sich ein zweiter Abschnitt an, in dem ein Zusammenhang hergestellt wird zwischen Klimaveränderungen und der allmählichen Herausbildung eines „Kults der Göttin". Letzterer beruht auf Rekonstruktionen, die Marija Gimbutas anhand von Ausgrabungsfunden vorgenommen hat. Diese Rekonstruktion wird

---

116 Vgl.: Jacobs 1970; Thompson 1985.

im dritten Abschnitt erläutert. Der vierte Abschnitt ist auf die Frage konzentriert, wieso man den Übergang zum Ackerbau nicht als intendierte Innovation sondern als Bemühen um Erhaltung eines alten Weltverständnisses durch Intensivierung der magischen Praktiken erklären kann. Daran schließt sich ein Überblick über weitere zivilisatorische Innovationen an, die vermutlich Resultat dieser Intensivierung waren (Abschnitt 6.5). Aus diesen Informationen ergeben sich Rückschlüsse auf das Gesellschaftssystem, die im 6. Abschnitt erläutert und durch einen Exkurs auf eine heute noch existierende Stammesgesellschaft diesen Typs ergänzt werden. Unter 6.7 wird die Frage des Übergangs vom Wildbeutertum zum Ackerbau aufgrund ethnologischer Quellen beleuchtet. Die Abschnitte 8 und 9 enthalten eine allgemeine Zusammenfassung sowie eine zusammenfassende Darstellung der Entwicklungsschritte, die über das Gesellschaftsmodell der „einfachen" Stammesgesellschaften (Kapitel 5) hinausgehen.

1 Grundlegende Probleme und Befunde zur „Neolithischen Revolution"

Zunächst möchte ich einige grundlegende Probleme anführen und Befunde vorstellen, die jede Erklärung der „neolithischen Revolution" beachten muss.

(a) Bei genauerem Hinsehen sind die Praktiken des Sammelns vom Bodenbau und die des Jagens von der Viehhaltung nur unscharf voneinander zu trennen. Zudem spielen für die Unterscheidung jeweils mehrere Gesichtspunkte eine Rolle. Bodenbau liegt im Sinne der Bezeichnung bereits dann vor, wenn Samen vom Menschen in den Boden gebracht werden. Unter dem Gesichtspunkt der Vorteilhaftigkeit kommt es aber auch auf Züchtung möglichst ertragreicher Sorten sowie auf Anbautechniken und Geräte zur Bodenbestellung wie Weiterverarbeitung an. Mit dem Übergang auf den Ackerbau werden üblicherweise alle diese zusätzlichen Merkmale verbunden.

Grenzfälle bzw. Zwischenformen beginnen nicht erst dort, wo Wildsorten von Menschen angebaut werden, sondern sie setzen bereits ein, wenn Menschen durch Eingriffe in natürliche Kreisläufe (z.B. Begünstigung von Mutationen durch Bewässerung, Brandrodung, Beseitigung konkurrierender Arten usw.) das Vorkommen bestimmter Arten verstärken. Gleiches gilt sinngemäß für die Unterscheidung von Jagd und Nutztierhaltung. Diese Unschärfen haben damit zu tun, dass der Übergang vom Jagen und Sammeln auf Ackerbau und Viehzucht sinngemäß so zu verstehen ist, dass die Menschen ihre eigenen Reproduktionsbedingungen durch Kontrolle der Reproduktionsbedingungen von Arten, die als Ernährungsgrundlage benutzt werden, auf eine neuartige und wesentlich ergiebigere Grundlage stellen. Dieser **Effekt** ist unstrittig, er muss nur klar von Ursachen und menschlichen Motiven unterschieden werden, die diese Entwicklung hervorgebracht haben.

(b) **Dieses Abgrenzungsproblem spielt auch für die Interpretation von Ausgrabungsfunden eine große Rolle** (vgl. Narr 1975; Bd.2; 33ff. sowie 65ff.). Ackerbau und Viehzucht lässt sich in schriftlosen vorkeramischen Kulturen zweifelsfrei nur über Knochen- bzw. Körnerfunde von **gezüchteten** Arten identifizieren. Fehlende Geräte zur Bodenbearbeitung wie auch zur Weiterverarbeitung von Körnern alleine sind nicht aussagekräftig. Im ersteren Fall könnten z.b. hölzerne Grabstöcke und dergleichen verwendet worden sein, die nicht erhalten geblieben sind. Im letzteren Fall könnten auch gesammelte Wildsorten weiter verarbeitet worden sein. Interpretationen, die von der Siedlungsgröße auf Bodenbau rückschließen sind unsicher – so differieren z.B. die Schätzungen der Bevölkerung von Jericho, eine der zentralen Fundstätten, für die entscheidenden Schichten (Neolithic A und B) ganz erheblich. Selbst wenn solche Schätzungen zuverlässig wären, können sie besonders interessante Fälle wie wenig effektive Bodenbearbeitung mit Wildsorten gerade nicht erfassen.

(c) Für die hier vorgeschlagene Erklärung können allerdings **Bestattungsformen** als Kriterium herangezogen werden. Alle Bestattungsformen, die zuverlässige Hinweise auf die **Behandlung Toter analog zum Samen enthalten**, können danach als sicherer Hinweis auf Bodenbau angesehen werden (z.B.: eiförmige Gruben, Deponierung der Toten in Eiform, Kollektivgräber in entsprechenden Gruben, Setzung von Schädeln ohne Unterkiefer mit oder ohne plastische Ausgestaltung). Eine weitgehende Übersicht über derartige Bestattungsformen gibt Gimbutas 1995.

(d) Nach klassischer Annahme haben sich Siedlungen und Ackerbau zunächst im Bereich des sogenannten **fruchtbaren Halbmonds** entwickelt. Damit wird ein Gebiet in Vorderasien bezeichnet, das im Südwesten die Gebiete Israels und Palästinas, des Libanon, Teile Syriens sowie im Norden und Osten Gebiete am südlichen Rand des Taurus und des Zagros Gebirges umfasst (Südosttürkei, der Nordostrand Iraks sowie Gebiete im Südwest Iran). Es handelte sich im fraglichen Zeitraum (ca. 12.000 bis 8.000 v.u.Z.) um Gebiete an der Grenze zwischen Waldland und Savanne mit einem optimalen Nahrungsangebot für Jäger und Sammler. Neben reichen Wildbeständen waren Eichen, Pistazien, Walnuss, Mandel, Feige sowie Wildgräser (im gesamten Gebiet Wildformen der Gerste, in Teilen Emmer und Einkorn; vgl. Narr 1975; Bd. 2; 65ff.) vorhanden.

(e) In **allen** frühen Ackerbaukulturen Vorderasiens und Europas, aber auch bei indianischen Ackerbaukulturen sowie in Südostasien spielen **ganz ähnliche Symbole und Zusammenhänge** eine Rolle: der Gesichtspunkt der Fruchtbarkeit, der Zyklus von Leben, Tod und Wiedergeburt, der Zusammenhang zwischen Menschen bzw. Tieropfer und Wachstum/Fruchtbarkeit der hauptsächlich angebauten Pflanzen. Ob diese Homogenität über die Verbreitung einer einmaligen kulturellen Innovation zu erklären ist (Diffusionismus; vgl. Kohl 1993) oder ob es ganz ähnliche voneinander unabhängige Entwicklungen an unterschiedlichen Orten und zu unterschiedlichen Zeiten gegeben hat, ist umstritten. Ich gehe im folgenden von der zweiten Variante aus.

(f) Die insbesondere bei Gimbutas zusammengetragenen Funde sprechen für eine **hohe kulturelle Kontinuität** dieser magisch – religiöse Symbolwelt der Ackerbau treibenden Stammesgesellschaften. Sie hat sich offensichtlich bereits **vor dem Ackerbau entwickelt** und über einen Zeitraum von ca. 30.000 bis 3.000 v. u.Z. anscheinend unverändert bestanden, danach hat sie – modifiziert – das Weltverständnis der alten Hochkulturen (vgl. Kap. 7) stark beeinflusst (vgl. auch Frazer 1989). Aufgrund des erheblichen zeitlichen Abstands spricht dieser Umstand aber **keineswegs für einen kulturellen Vorlauf** ähnlich der „protestantischen Ethik" als kultureller Voraussetzung für die Entwicklung des modernen Kapitalismus (Weber 1988).

(g) In nahezu allen Darstellungen zur Vor- und Frühgeschichte wird sehr klar zwischen den **unterschiedlichen Kulturmustern von Jäger- Sammlerinnen und Ackerbau/Viehzucht treibenden Stämmen unterschieden**. Ob – und wenn ja wie – sich das eine aus dem anderen Muster entwickelt hat, ist unklar. Narr beispielsweise vermutet **keinen Übergang** von *hochentwickelten* Jäger-Sammlerinnen-Kulturen zu Ackerbau/Viehzucht (vgl. Narr 1975;Bd.2; 33). Diese Fragestellung wird im Folgenden ausgeblendet.

2 „Kritische Ereignisse" und der „Kult der Göttin"

Für Menschen, die direkt von der Natur leben und die in ihrem Leben wie in ihren rituellen Praktiken zu ihrer Umwelt auch soziale Verbindungen aufgebaut haben (vgl. Kap. 5), sind drastische Veränderungen in Flora, Fauna und Klima doppelt bedrohlich. Sie stellen nicht nur die bisherige Nahrungsgrundlage in Frage, sondern auch die Wirksamkeit der rituellen Kommunikation und die Stimmigkeit des dahinterstehenden Weltbildes. **Während man annehmen kann, dass derartige Stammesgesellschaften sich durchaus an Veränderungen der Nahrungsgrundlagen anpassen konnten, beruhen Sozialstruktur, Ritualordnung und Weltverständnis einfacher Stammesgesellschaften auf harten Stabilitätsprämissen:** es geht in den Ritualen darum, mythische Erzählungen von der Entstehung der Welt und des eigenen Stammes immer wieder **unverändert** in Ritualen zu wiederholen (vgl. Kap. 5).

Veränderungen, die gar als Verschwinden von „verwandter" Umwelt oder wichtigen Geistern verstanden werden müssen, bedrohen dieses statische Weltverständnis wie auch den sozialen Zusammenhalt der Kultgemeinschaften. Genau solche Veränderungen haben sowohl in Europa, wie auch in Nordafrika und weiten Gebieten Asiens in dem für dieses Kapitel relevanten Zeitraum von 35.000 bis 3.000 v.u.Z. stattgefunden.

Ab etwa 16.000 Jahren v.u.Z. geht in Europa die Würm-Eiszeit allmählich zu Ende, deren Höhepunkt auf ca. 37.000 v.u.Z. datiert wird. Das Klima erwärmt sich bis zu einem Höhepunkt[117] um 6.000 bis 4.000 v.u.Z. um mehr als zehn Grad (Mitteleuropa 11 bis 13 Grad; Küster 1995, 49). Diese Erwärmung erfolgt nicht kontinuierlich sondern in Schüben, auf die jeweils wieder kurze Abkühlungsphasen folgen. Klimaanalysen mit Hilfe des Grönlandeises haben zudem ergeben, dass diese Veränderungen zum Teil sehr schnell, in einem Zeitraum von etwa 30 Jahren, erfolgt sind. Zu Beginn dieses Prozesses waren weite Teile Europas vergletschert. Die skandinavischen Gletscher erreichten maximal die Linie London – Prag – Kiew. Der Alpengletscher reichte im Norden bis fast an die Donau, im Süden bis fast an die heutige Adriaküste. Der verbleibende, nicht vereiste Teil war eine Trockentundra (vgl. Küster 1995; 39; Küster 1998; 31).

Auch auf dem Höhepunkt der Würm-Eiszeit war dieser Tundrengürtel von Menschen bewohnt, wovon die französischen Höhlenmalereien, Funde von Figuren und Schmuck aus Süddeutschland und Böhmen sowie Funde aus der Ukraine künden. Man nimmt an, dass sich die damaligen Menschen überwiegend von der Jagd ernährt haben, da die Vegetation für Menschen nicht sehr viel hergegeben haben dürfte (Küster 1995; 56). Im Zuge der schubartig verlaufenden Erwärmung bewaldete sich Europa von Süden her (in Mitteleuropa um die Alpen herum über die Flusstäler von Rhone und Donau, Küster 1998; 33). Dabei verschob sich der Tundrengürtel nicht einfach nach Norden, weil das Gletschereis nur vergleichsweise langsam schmolz. Hinzu kommen weitere Ereignisse, die in diesen Zeitraum fallen, wie eine plötzliche Verschiebung der Pole (zugunsten einer Erwärmung Europas; zuungunsten Sibiriens) und der immer wieder unterbrochene Golfstrom, der für das heute vergleichsweise günstige Klima Europas von entscheidender Bedeutung ist.

Das alles zeigt deutlich, **dass diese Periode durch starke klimatische Veränderungen geprägt wird**, die jedoch keineswegs linear verlaufen sind, sondern in einem ständigen Hin und Her (vgl. Küster 1995; 49). Aufgrund dieser Schwankungen muss man davon ausgehen, dass sich diese Veränderungen ziemlich direkt auf die Umwelt ausgewirkt haben und von den Menschen als „kritische Ereignisse" wahrgenommen wurden[118].

---

117 Damals lagen die Durchschnittstemperaturen um einige Grade höher als heute (vgl. Küster 1995; 49, Tab. 30).
118 Dabei kann die Frage ausgeklammert bleiben, ob und inwieweit solche Veränderungen in der mündlichen Überlieferung festgehalten wurden. Klar ist jedoch, dass auch schriftlose Kulturen

Welche Weltbilder und Rituale die Höhlenmaler der Grotte Chauvet oder die Schmuckhersteller in den Höhlen der Schwäbischen Alb hatten, wird vermutlich nie mehr zu klären sein. Einigermaßen sicher ist nur, **dass** sie magische Vorstellungen entwickelt hatten. Möglicherweise orientierten sie sich an ähnlichen statischen Weltbildern wie die sibirischen Jägervölker oder die australischen Ureinwohner (vgl. Kap. 5). Wenn das zutrifft, dann haben sie das Verschwinden der gewohnten Umwelt als den Verlust der tierischen oder pflanzlichen Angehörigen des eigenen Clans bzw. magisch wertvoller Tiere und Pflanzen erlebt. In jedem Falle können derartige Weltbilder **keine positive Antwort auf derart dramatische ökologische Veränderungen der Umwelt** liefern.

Wie die damaligen Tundrenbewohner in ihrer Lebensweise auf diese Veränderungen reagiert haben, ist ebenfalls unbekannt. Sie könnten ihren tierischen und pflanzlichen Verwandten nach Nordosten gefolgt sein oder sich mit den neuen Gegebenheiten arrangiert haben.

Einigermaßen sicher ist dagegen, dass sich ab etwa 18.000 v.u.Z. die Zahl archäologischer Funde stark vermehrt. Nach Marija Gimbutas können die europäischen Funde zu einem einzigen in sich konsistenten Weltbild zusammengesetzt werden, dem Kult der Großen Göttin. **In diesem Weltbild spielt** *ein* **Sachverhalt eine** *zentrale* **Rolle, der genau auf den Wandel in den Lebensbedingungen und die davon ausgehende Unsicherheit antwortet: Fruchtbarkeit und Vermehrung.** Wenn eine Kultgemeinschaft über entsprechende Rituale auf diese entscheidenden Vorgänge Einfluss gewinnen kann, dann wäre dies ein Weg, die Verhältnisse wieder zu stabilisieren oder sogar zu Gunsten der eigenen pflanzlichen und tierischen Verwandten zu beeinflussen und damit nicht zuletzt auch das eigene Überleben in den Griff zu bekommen. Auch wenn die Bezeichnung „Fruchtbarkeitskult" unzutreffend ist und die Befunde zu sehr vereinfacht, handelt es sich bei dem Kult der Großen Göttin in jedem Fall um **magisches Kontrollwissen,** dass sich auf den gesamten Lebenszyklus, auf **Geburt, Tod und Wiedergeburt,** bezieht.

3 Der als System symbolischer Zeichen konservierte Glaube an den Prozess von Tod und Wiedergeburt.

Das fünfte Kapitel hat ergeben, dass das Weltverständnis einfacher Jäger- und Sammlerinnengesellschaften Mustern folgt, die unter den Etiketten Totemismus

---

auf dem Wege mündlicher Überlieferung derartige Dinge in ihrem „kollektiven Gedächtnis" speichern können. So wissen beispielsweise noch die heutigen australischen Ureinwohner, dass ihre Vorfahren im Norden Australiens weite Landstriche besiedelt hatten, die in Folge der Erderwärmung bereits vor einigen tausend Jahren vom Meer überflutet wurden.

und Schamanismus bekannt geworden sind. Die europäischen Funde ab etwa 35.000 v.u.Z. (Bilderhöhlen, Figuren, Musikinstrumente; vgl. Kap. 3) lassen auf eine Nähe der europäischen Stammesgesellschaften insbesondere zum Komplex Schamanismus schließen.

Totems sind Zeichen, die die Verwandtschaft zwischen Untereinheiten des Stammes und Tier oder Pflanzenarten, Steinen oder auch Himmelskörpern zum Ausdruck bringen. Schamanismus ist eine Technik, im Zustand der Trance „entsprechende" Erfahrungen zu machen, sich in andere Wesen zu verwandeln aber auch Kontakte mit Geistern unterschiedlicher Art aufzunehmen. Zwischen beidem besteht ein erhebliches Maß an Übereinstimmung, auch wenn beim Schamanismus der Akzent stärker auf aktive Einflussnahme ausgerichtet ist.

Zu einem derartigen Weltverständnis gehören auch **symbolische Zeichen**. Vom Totemismus her ist bekannt, dass den Zeichen selbst die Eigenschaften, die sie bezeichnen, zugeschrieben werden. Das Totemsymbol weist also selbst die Eigenschaften der Totemmitglieder auf, nur stärker oder konzentrierter (Durkheim 1981; 158ff.). Deshalb können sie auch dazu benutzt werden, die **Wirkung der Rituale zu verstärken**. Diese Bedeutung haben z.B. die Symbole an der Kleidung und im Umfeld des Schamanen.

In dieser **den symbolischen Zeichen zugeschriebenen Eigenschaft, das Symbolisierte zu konservieren und zu konzentrieren**, liegt der **Ansatzpunkt** für ein ganzes **System aufeinander verweisender symbolischer Zeichen**, die nach Marija Gimbutas auf einen im alten Europa wie auch in Vorderasien verbreiteten „Kult der Göttin" hinweisen. Er hat nach Gimbutas von etwa 30.000 bis 4.000 bzw. 3.000 v.u.Z., im Mittelmeerraum z.T. noch länger, unverändert bestanden. In besonderem Maße hat er jedoch die ersten jungsteinzeitlichen Ackerbaukulturen geprägt. Wenn die französischen und nordspanischen Höhlen ein repräsentatives Bild des damaligen Weltverständnisses dokumentieren, dann war dieses Symbolsystem zunächst vermutlich nur ein Aspekt eines weiter gefassten oder auch heterogeneren Weltverständnisses.

Das Thema dieses Systems symbolischer Zeichen war der Zusammenhang von Geburt, Tod und Widergeburt und seine symbolische wie vermutlich auch rituelle Unterstützung und Kontrolle. Wenn man sich an der umfangreichsten Einzelinformation über dieses Weltverständnis orientiert, den Grabungsbefunden und v.a. den Rekonstruktionen von Gebäuden und Wandbildern von Catal Hüyük (Melaart 1967; 67ff.; 95ff. und 157ff.), dann gewinnt man den Eindruck, dass es sich bei diesem Kult nicht um eine kontemplative Naturreligion gehandelt hat, sondern um eine zumindest in der späteren Phase hochdramatische Angelegenheit, die die Gesellschaftsmitglieder wesentlich stärker und intensiver in Anspruch genommen hat als Totemismus oder schamanistische Jägerrituale.

Das könnte mit den als „kritische Ereignisse" verstandenen Klimaveränderungen zu tun haben. Sie sind vor allem dann kulturell hoch problematisch, wenn „Verwandtschaftsbeziehungen" zur Umwelt nach Art des Totemismus angenommen wurden. Im Rahmen eines schamanistischen Weltbilds könnten sie als Abhängigkeitsbeziehungen gedeutet worden sein. In jedem Fall aber dürften drastische Populationsschwankungen „verwandter Arten" jedes derartige statische Weltverständnis dementiert und ausgehöhlt haben. Vor einem derartigen Hintergrund wäre es naheliegend, wenn man sich immer stärker solcher magischer Symbole bedient hätte, mit deren Hilfe man die „Erneuerung des Lebens" in irgendeiner Weise unterstützen, fördern oder sogar auf magischem Wege zu beherrschen glaubte. Es ist denkbar, dass sie zunächst nur ein vielleicht sogar wenig bedeutsamer Teil des Weltverständnisses waren, sich aber aufgrund der Umweltveränderungen immer stärker in den Vordergrund geschoben haben. Nach Eliade ist das Verblassen alter Hauptgötter und ihre allmähliche Überlagerung durch neue Götter eine durchaus charakteristische Form des religiösen und damit auch des gesellschaftlichen Wandels (Eliade 1978, z.B. 73).

Auf diese Weise könnte sich der „Kult der Göttin" allmählich immer stärker in den Vordergrund geschoben haben, was auch die Zunahme entsprechend interpretierbarer Funde beginnend ab etwa 18.000 v.u.Z., deutlicher ab 6.500 v.u.Z. erklären würde[119].

Es spricht viel für die These, dass Gimbutas nicht nur symbolische Zeichen mit ähnlicher Bedeutung rekonstruiert hat, sondern ein ganzes **System** zusammenhängender symbolischer Zeichen[120]. Was ist damit gemeint?

Diese These wird am Besten anhand eines Beispiels verständlich. Ein sehr altes Zeichen ist die Vulva. „In den frühesten Abbildungen der weiblichen Gottheit ... um 30.000 war die Vulva als pars pro toto in Felsen eingeritzt ... Seit dem Jungpaläolithikum erscheint die Vulva als Dreieck in Verbindung mit Wassersymbolen, als Samen und Pflanzenschössling, oder sie ist naturalistisch und prall in Erwartung einer bevorstehenden Geburt widergegeben. Jedes der drei Bilder hat seine eigene Bedeutung: Das erste ist der kosmische Schoß der Göttin, aus

---

119 Gimbutas 1995 stellt in der Einleitung fest, dass „die meisten der hier wiedergegebenen Abbildungen ... aus der Zeit um 6.500 bis 3.500 für den südosteuropäischen Raum und um 4.500 bis 2 500, soweit es um Westeuropa geht ....(datieren). Die angeführten Beispiele aus dem Jungpaläolithikum sollen die erstaunliche Langlebigkeit bestimmter Bilder und Muster demonstrieren..." (Gimbutas 1995; XVII)

120 Gimbutas charakterisiert dies als ihre Grundhypothese: „die vorliegende Arbeit entspringt der gewaltigen Fülle von Symbolen ... Meine Grundhypothese lautet, dass sie sich am Besten auf ihren eigenen Bezugsebenen verstehen lassen, wenn man sie nach ihrem inneren Zusammenhang gruppiert. Sie bilden ein komplexes System, in dem jede Einheit mit jeder anderen in spezifischen Kategorien verzahnt ist. Kein Symbol kann für sich allein untersucht werden; die Erkenntnis der Teile führt zur Erkenntnis des Ganzen, das uns seinerseits die Teile besser verstehen lässt" (Gimbutas 1995; XV)

dem die Wasser des Lebens entspringen; das zweite steht für das keimende Leben, das dritte für den Akt des Gebärens" (Gimbutas 1995; 99).
Wenn diese Analyse zutreffend ist, dann verbindet das Zeichen für Vulva fünf (drei direkte und zwei indirekte) Eigenschaften miteinander:

1. Je nach Variante bezeichnet es mehrere Sachverhalte.
2. Diese Variationsmöglichkeit des Zeichens bezeichnet einen **inneren Zusammenhang** zwischen Wasser, Samenkorn und Geburt: in jedem dieser Fälle geht es um die Hervorbringung von Leben.
3. Das Zeichen stellt darüber hinaus eine eigene Realität dar. In dieser Hinsicht steht es für die Fähigkeit des Hervorbringens von Leben. Sie kann von „in Erinnerung rufen" und „fixieren" bis hin zu einer **magischen Fähigkeit** reichen, **das Bezeichnete tatsächlich auch zu bewirken**[121].

Das Zeichen „Vulva" ist aber nur eines unter vielen miteinander in Zusammenhang stehenden Zeichen. Einmal hängt es mit 13 weiteren Zeichen mit denselben Eigenschaften zusammen, die ebenso mit „ständigem Hervorbringen von Leben" zu tun haben. Vermutlich soll mit dieser Vernetzung zu einem ganzen Zeichenkomplex der Gesichtspunkt „Hervorbringen von Leben" weiter verstärkt werden. **Eine mögliche magische Bedeutung würde damit ebenso verstärkt und vervielfacht (4).**

Darüber hinaus stellt nach Gimbutas das Vulva – Zeichen „die Vulva und den Schoß der Göttin" (Gimbutas, ebd.) dar. Da die Göttin noch weitere – magische – Eigenschaften aufweist, wird ein ebenfalls kognitiver wie magischer Zusammenhang zu anderen Elementen des Gesamtzyklus von Geburt, Tod und erneutem Leben hergestellt. In dem **Symbol der Göttin konzentrieren sich daher alle Bedeutungselemente und die Zusammenhänge zwischen ihnen** (5).

In derselben Weise kann auch das Bedeutungsspektrum der anderen symbolischen Zeichen behandelt werden. Ein Vergleich macht weiterhin deutlich, dass offenbar wichtige Erscheinungen zu symbolischen Zeichen abstrahiert wurden. Man kann nur vermuten, dass auf diesem Wege auch die damit verbundene **Bedeutung „transportabel" und „handhabbar"** gemacht werden sollte. Auf diesem Wege können Zeichen dann auch dazu dienen, **magische Fähigkeiten zu**

---

[121] Eine solche magische Bedeutungskomponente von Zeichen ist keineswegs auf Ackerbaukulturen beschränkt. Für Jäger/Sammlerinnen vgl. Durkheims Ausführungen zu den Bedeutungskomponenten des Totem (Durkheim 1981; 144ff.). Für die primären Zivilisationen stellt Eliade für Sumer folgendes fest: „Indem man das Jahr ‚festlegte', wurde es rituell *erschaffen*, d.h., man sicherte Gedeihen, Fruchtbarkeit und Reichtum der neuen Welt, die soeben erstanden war" (Eliade 1978; Bd. 1; 78; Hervorhebung im Original).

verstärken und zu übertragen. So galt z.B. nach Gimbutas ein V-artiges Zeichen als Symbol der Vogelgöttin. Zwei V können auch parallel untereinander angeordnet werden (vermutlich eine Bedeutungsverstärkung). Solche V-Zeichen wurden an Gegenständen gefunden, die demselben Bedeutungskomplex zugehören – z.b. an Darstellungen der Vogelgöttin, an Darstellungen von Wasservögeln, an Kannen und Krügen, die vermutlich zum Transport oder Ausgießen von Wasser benutzt wurden (Gimbutas 1995, 6, Abb.6) wie auch an Werkzeugen (ebd. S.5, Abb.3) oder Stempelsiegeln (ebd. 13, Abb.19). Sie finden sich aber auch auf Tierdarstellungen (ebd. 15, Abb. 24) und wurden durch starke Stilisierung der Gliedmaßen an figürlichen Darstellungen (ebd., 16, Abb. 26 und 27) „hervorgerufen".

Diese Erläuterungen sollten ausreichen, um zu erkennen, dass die von Gimbutas analysierten Zeichen ein in sich geschlossenes System von Bedeutungsgehalten darstellen, die sowohl unter dem Gesichtspunkt der Parallelität wie auch dem des inneren Zusammenhanges aufeinander verweisen. Wenn man unterstellt, dass sie mit magischen Ritualen verbunden waren[122], die genau diesen Bedeutungselementen und ihren Zusammenhängen galten, dann kann man aus den Analysen von Gimbutas auf die Konturen der damaligen Gesellschaftssysteme schließen. Sie fixieren zugleich die mögliche Information, die diese Gesellschaftssysteme aus der Umwelt gewinnen konnten. Auch wenn die zugehörigen Rituale unbekannt bleiben werden, kann man zumindest vermuten, dass die Gesellschaftssysteme den Zusammenhang von Geburt, Tod und Wiedergeburt bzw. von Leben, Tod und erneutem Leben mit den Mitteln der Magie beeinflussen oder sogar in den Griff nehmen wollten.

Diese These gewinnt weitere Plausibilität aus dem Umstand, dass Magie genau so aufgebaut ist wie das System symbolischer Zeichen. Jedenfalls unterscheidet Frazer zwei grundlegende Formen der Magie: nachahmende und Übertragungsmagie. Das Grundprinzip der nachahmenden Magie ist, dass „Gleiches wieder Gleiches erzeugt, mit anderen Worten, dass eine Wirkung ihrer Ursache gleicht. Der andere große Zweig ... den ich Übertragungsmagie genannt habe, geht über zu dem Gedanken, dass Dinge, die einmal verbunden waren, für alle Zeiten, selbst, wenn sie völlig voneinander getrennt sind, in solch einer sympathetischen Beziehung zueinander bleiben müssen, dass, was auch immer dem einen Teil geschieht, den anderen beeinflussen muss" (Frazer 1989; 53f.).

Diese beiden grundlegenden Formen der Magie entsprechen genau der Systematik der symbolischen Zeichen. In beiden Fällen scheint es darauf anzukommen, Symbole mit derselben Bedeutung in Zusammenhang zu bringen, wie auch den nicht unmittelbar evidenten Zusammenhang der Bestandteile eines Prozesses

---

122 Vgl. z.B. die Ausstattung eines Schamanen mit „hilfreichen" Symbolen; Findeisen/Geehrts 1996; 88ff. Von Funden „einschlägiger" Symbole wird auf Schamanismus geschlossen.

wieder herzustellen. **Magie ist** in diesem Zusammenhang **eine aktive Methode, um einen Vorgang** durch parallele Bedeutungselemente **zu befördern oder hervorzurufen** bzw. den Zusammenhang, in dem ein Teilprozess steht, zu beschwören und damit zu **sichern.**

Letzteres gilt vor allem für den Tod. Bestattungen, die mit Symbolen der (erneuten) Geburt versehen werden, wie z.b. einem Ei-förmigen Grab, sollen nach magischem Denken die Wiedergeburt des Verstorbenen bzw. seiner Seele sichern[123].

Aus der Analyse von Gimbutas kann man folgern, dass die symbolische Figur der (großen) Göttin alle Teile des Zusammenhangs von Leben, Tod und Wiedergeburt in sich vereinigt. Das bedeutet auch, dass dieses Zeichen samt der dazugehörigen Rituale eine universelle magische Bedeutung besitzt, die durch entsprechende symbolische Zusätze noch gesteigert werden kann. Es muss deswegen als das Zentralelement des Systems magischer Zeichen angesehen werden.

Für eine systemtheoretische Beschreibung der Stammesgesellschaften, die diese Zeichen entwickelt und benutzt haben, ist der Gesichtspunkt zentral, dass **alle** Zeichen in dem bereits erläuterten inneren Zusammenhang zueinander stehen. Das deutet auf ein hohes Maß an operativer Geschlossenheit hin. Alle Vorgänge in der natürlichen Umwelt konnten mit Hilfe dieser symbolischen Zeichen interpretiert und im Rahmen dieses Weltverständnisses als sinnvolle Informationen behandelt werden. Zugleich können sie in Zusammenhang zu den anderen vergangenen wie zukünftigen Elementen des Gesamtprozesses gebracht werden, der als ein sich ständig wiederholender Prozess von Leben, Tod und Wiedergeburt verstanden wurde.

3.1 Zum Alter dieses Zeichensystems

Dieses Zeichensystem hat sich nicht als Folge des Ackerbaus oder parallel dazu entwickelt. Das kann an dem Symbolkomplex Vulva nachvollzogen werden. „Schon lange vor der Entwicklung des Ackerbaus stellten die Menschen in der Kunst Vulvae, Samenkörner und Schösslinge dar. In den frühesten Abbildungen der weiblichen Gottheit aus dem Aurignacien um 30.000 war die Vulva pars pro toto in Felsen eingeritzt ... Seit dem Jungpaläolithikum erscheint die Vulva als Dreieck in Verbindung mit Wassersymbolen, als Samen und Pflanzschössling,

---

123 Diesen Zusammenhang lassen **alle** bei Gimbutas 1996 dokumentierten Bestattungsformen auf freilich ganz unterschiedliche Weise erkennen. Für die gekanntesten Fundorte Catal Hüyük und die untersten Fundschichten (Neolithic A und B) von Jericho ist derselbe Zusammenhang nachgewiesen (Mellaart 1967; 241ff. Narr 1975; Bd.2; 45).

oder sie ist naturalistisch und prall in Erwartung einer bevorstehenden Geburt wiedergegeben" (Gimbutas 1995; 99).

Zu einem ähnlichen Ergebnis kann man auch bei der Lektüre der von Frazer wiedergegebenen Jahreszeitenrituale kommen (vgl. Frazer 1989; 154ff.). Zumindest Vegetationsgottheiten muss es schon vor dem Einsetzen des Ackerbaus gegeben haben. Dies alles spricht für eine Hypothese, die man folgendermaßen formulieren könnte: **Der gezielte Anbau von Pflanzen ist nicht die Ursache, sondern die *Folge* ihrer magisch-religiösen Bedeutung. Der Anbau selbst ist zunächst Teil der magischen Praxis.**

Diese These gewinnt an Plausibilität, wenn man bedenkt, dass zwischen dem Abschneiden einer wildwachsenden Getreidesorte wie dem Emmer und dem Abschneiden gezüchteten und angepflanzten Getreides ja zunächst kein Unterschied in der Qualität der magischen Handlung besteht. In beiden Fällen wird die Pflanze getötet und der Geist entweicht. Der einzige Unterschied besteht darin, dass im ersten Fall die **Kontinuität des Kreislaufes** zwischen Tod und Wiedergeburt allenfalls beobachtet werden kann. Im zweiten Fall wird sie praktisch hergestellt. **Nur der Ackerbau ist somit *aktive* magische Praxis.** Er kann ebenso wie auch alle übrigen archäologischen Funde von Keramik, Bauwerken etc. **als aktiver Beitrag zur Herbeiführung bzw. Förderung des Zyklus von Leben, Tod und Wiedergeburt** verstanden werden.

Sobald allerdings das Getreide wie bei heute noch existierenden Ackerbau betreibenden Stammesgesellschaften zu einer **dominierenden Nahrungsgrundlage** geworden ist und der Getreideanbau damit auch als **landwirtschaftliche Praxis** zentrale Bedeutung gewonnen hat, kann man sich einen allmählichen Umschlag in der Ausrichtung der magischen Praxis vorstellen. Während man also zunächst Getreide angebaut hat, um auf magischem Wege die Wiedergeburt von (durch die Klimaverschiebungen bedrohten oder auch anderen) Tier- und Pflanzenarten zu bewirken, bekommt nun die magische Praxis einen stärkeren Akzent in die umgekehrte Richtung. **Mit der Angewiesenheit auf die Ernte als Nahrungsmittel entstehen neue Abhängigkeitsbeziehungen**, denen nun Rechnung getragen werden muss.

3.2 Allgemeine Merkmale des auf Magie gegründeten Gesellschaftssystems dieser Stammesgesellschaften

Welche Veränderungen zieht ein System symbolischer Zeichen von der Art des von Gimbutas rekonstruierten Kults der Göttin für das Gesellschaftssystem nach sich?

Operative Schließung ist der Mechanismus, durch den sich auch ein sinnverarbeitendes soziales System gegen eine nicht zugehörige Umwelt abgrenzt. Dieses Zeichensystem und die zugehörigen Rituale haben für die Sozialsysteme genau dies ermöglicht. Verglichen mit den im 5. Kapitel behandelten Jäger/Sammlerinnen-Gesellschaften sind damit vor allem zwei Veränderungen verbunden.

(a) **Die Tier- und Pflanzenarten und die gesamte Umwelt werden nun zur *Umwelt des Gesellschaftssystems*.** Das impliziert keineswegs einen Bedeutungsverlust der Umwelt, denn: „Die Ackerbaukulturen entwickeln eine Religion, die als kosmisch bezeichnet werden kann, denn ihre religiöse Aktivität kreist um das Geheimnis der periodischen Erneuerung der Welt" (Eliade 1978, Bd.1; 49). Diese Erneuerung soll nur durch die Aktivitäten des Gesellschaftssystems bewirkt werden und gerade dieser aktive Umweltbezug führt zu einer operativen Ausgrenzung der Umwelt aus der Gesellschaft, wie sie auch heute, allerdings unter anderen Beweggründen, noch besteht. Hier liegt die theoretische Begründung für die Möglichkeit von Ackerbau und Viehzucht.

(b) Das von Gimbutas analysierte Symbolsystem markiert den **Einstieg in die Verbreitungsmedien**, also in die Entkopplung der Kommunikation von „Sinn" von direkter Kommunikation (vgl. hierzu: Luhmann 1997; 202ff.). Wir bewegen uns hier in einer zur Schrift (vgl. Kap. 7) tendierenden Entwicklungslinie, da „Sinn" zeitlich und teilweise auch räumlich gespeichert und für „spätere" oder auch „andere" Adressaten konserviert wird. Das eröffnet selbstverständlich auch der historischen Rekonstruktion neue Möglichkeiten, die Gimbutas (1995, 1996) und Marshak (1972; 1974) genutzt haben.

Vor allem aufgrund der Gräberfunde kann angenommen werden, dass die Stammesgesellschaften, die den „Kult der Göttin" praktiziert haben, eine ziemlich egalitäre Sozialstruktur aufwiesen (Gimbutas 1995; 1996; Narr 1975). Es überwiegen Kollektivbestattungen, evtl. Sippengräber. Daneben fanden sich nur wenige herausgehobene Einzelbestattungen von Frauen, die aber auch nicht den Prunk von Häuptlings- oder Königsgräbern aufwiesen (Gimbutas 1976; 331ff.). Daraus schließe ich, dass ähnlich wie in totemistischen Stammesgesellschaften das Gesellschaftssystem aus einer **egalitären Kultgemeinschaft** bestand. Die Rituale dürften also überwiegend (a) von einer aus „Initiierten" bestehenden Kultgemeinschaft bzw. (b) von kleinen Einheiten durchgeführt worden sein.[124]

---

124 Diese Interpretation wird nur durch die auf Malta gefundenen monumentalen Tempelanlagen irritiert. Hier könnte man vermuten, dass sich hier religiöse SpezialistInnen permanent aufgehalten haben und Rituale möglicherweise stellvertretend durchgeführt haben. Allerdings ist auch an eine Nutzung ähnlich der englischen und kontinentaleuropäischen Hengeanlagen (Stonehenge, Avebury...) zu denken. Diese Kultanlagen wurden nach allgemeiner Vermutung nur zu wenigen zentralen Anlässen von großen Gruppen genutzt.

Der „Kult der großen Göttin" unterscheidet sich von totemistischen oder schamanistischen Ritualen vor allem durch seine höhere operative Dynamik. Damit ist gemeint, dass es nicht mehr ausschließlich darum geht, die mythologische Stammesgründung rituell zu wiederholen und dadurch zu erneuern. Die reproduktive Operation fordert vielmehr zunächst eine intensive Beobachtung der Umwelt im Hinblick auf den jeweiligen Stand im Prozess des Lebens und Sterbens. Nur so können die jeweils „passenden" Symbole an den „geeigneten" Stellen angebracht und die jeweils geeigneten Rituale und magischen Praktiken initiiert werden können. Diese **Umweltabhängigkeit der Rituale und der Zeichenverwendung** schließt auch die Suche nach Steigerungsmöglichkeiten mit ein – z.B. um auf besonders irritierende Informationen angemessen reagieren zu können. Die „neolithische Revolution" hat sich vermutlich genau daraus entwickelt.

Nach heutigem Wissensstand hat diese höhere Dynamik zu einer ganzen Reihe von Erfindungen der Kultgemeinschaften geführt, die vermutlich alle ausschließlich dem Zweck gedient haben dürften, ihr magisches Potential zu verstärken. Mit anderen Worten: der Einfluss der Kultgemeinschaft, die Wirkung ihrer Operationen auf den Prozess von Leben, Tod und Wiedergeburt sollte gesteigert werden. **Ackerbau, Viehzucht, Sesshaftigkeit** sind vermutlich nur Glieder in einer längeren Kette von Innovationen gewesen.

Das könnte auch der „Sinn" von Praktiken gewesen sein, die aus heutiger Sicht als **„Erfindung des Kalenders"** bezeichnet werden können. Das damaliger Sicht ging es vermutlich darum, den Mondzyklus, wahrscheinlich auch wichtige Wendepunkte des Jahreszyklus der Sonne wie Winter- und Sommersonnenwende vorhersagen zu können. Der Mondzyklus kann als Zyklus von Tod/Geburt (Interpretation des Neumonds), Wachsen (Interpretation für zunehmenden Mond), Höhepunkt (Interpretation für Vollmond), nachlassender Kraft (Interpretation für abnehmenden Mond), Tod und Wiedergeburt (Neumond) verstanden werden. „Die Dreiergruppe – links eine Mondsichel, in der Mitte ein Vollmond und rechts eine weitere Mondsichel ist ein verbreitetes Motiv ... Der Mondzyklus wird manchmal auch durch vier Kreise versinnbildlicht: linke Mondsichel, Vollmond, rechte Mondsichel und ein kleiner Kreis, der offenbar den Neumond darstellen soll ... Die Assoziation von Mondbildern und Darstellungen der Göttin in Ganggräbern[125] und Hypogäen[126] deutet darauf hin, dass die Menschen sehr

---

125 Bei Ganggräbern führt ein Gang zur Grabkammer. Beispielsweise wurden in der Bretagne zahllose Ganggräber gefunden. Es kann sich dabei um Großanlagen wie den Tumulus von Barnenez bis hin zu Dolmen à couloir handeln (Briard 2000).
126 Hypogäen sind unterirdische Grabanlagen, die z.T. mehrgeschossig in die Tiefe gehen. Das größte Hypogäum wurde in Malta (Hal Saflieni) gefunden. Die meisten Hypogäen befinden sich in Sardinien, aber auch unter Pyramiden wurden in die Erde gehende Grabanlagen gefun-

früh das philosophische Konzept eines Sinnzusammenhanges zwischen dem Mondzyklus und der Leben erneuernden Funktion der Göttin im Kreislauf von Geburt, Tod und Wiedergeburt entwickelten" (Gimbutas 1995a; 285).

Mehrere Autoren haben darauf aufmerksam gemacht, dass bei Naturvölkern der weibliche Zyklus mit dem Mondzyklus zusammenfällt. „Die Vorstellung, dass Menstruation vom Neumond **verursacht** wird, ist universeller Natur ... Ein Maori behauptete: „Der Mond ist der lebenslange, wahre Ehemann aller Frauen, denn sie menstruieren, wenn der Mond erscheint ..." (Briffault 1977; 252, zit. nach Thompson 1985; 128. Hervorh. i. Orig.).

Alexander Marshack hat herausgefunden, dass bereits die altsteinzeitlichen Jäger und Sammlerinnen auf Tierknochen Monde eingeritzt hatten (Marshack 1972; 90). Sie konnten diese Knochen als „Kalender" mit sich führen. Er erwägt sowohl praktische wie rituelle Funktionen dieser „Zählknochen". Rituell attraktiv wäre v.a. die Vorhersage des Neumonds, da bei magischem Denken nicht zwischen „Vorhersagen" und „Herbeiführen" unterschieden wird. Wer etwas genau vorhersagen kann, kann es **damit** auch herbeiführen.

Auch die Sonne galt nach Gimbutas als „Symbol der jahreszeitlichen Erneuerung". Sie wurde „assoziiert mit der Göttin des Todes und der Lebenserneuerung". Das Sonnensymbol war „austauschbar mit den Augen der Göttin, der Schlangenspirale und spiralförmigen Widderhörnern" (Gimbutas 1995a, 324). Auch hier ist der magisch rituelle Ertrag hoch, wenn es durch Beobachtung (vgl. Calvin 1998) gelingt, vor allem den Zykluswechsel, also Winter- und Sommersonnenwende **vorherzusagen**.

Ebenso könnte das Wohnen in Häusern zunächst magische Bedeutung gehabt haben. Die symbolische Bedeutung von Höhlen war, dass sie den „lebenserneuernden Schoß der Göttin" (Gimbutas, ebd. 323) verkörpert haben. Die Rekonstruktion von Catal Hüyük, der vermutlich größten diesem Kulturkreis zurechenbaren Siedlung, zeigt wabenförmig aneinandergebaute Gebäude, in die man nur über einen Einstieg über das flache Dach hinein gelangte[127]. Wenn man nun noch unterstellt, dass die Außenmauern in ähnlicher Weise wie die maltesischen Tempel mit Erde oder Steinen angeschüttet waren, dann könnte „wohnen" bedeutet haben, sich in den Schoß der Göttin zu begeben. Die Ausstattung der Gebäude, die zu etwa 30% als Tempel, 70% als Wohngebäude identifiziert wur-

---

den. Der Sinn dieser Bestattungsform besteht in engerer Verbindung der Toten zur „Mutter Erde".

127 Mellart interpretiert diese Bauweise als effiziente Verteidigungsstrategie im Kriegsfall (Mellart 1968; 84f). Er hat aber keinerlei Spuren kriegerischer Verwüstung gefunden (85). Vielmehr stellt er fest, dass nur „Wohnhäuser" und „Tempel" über das Dach erreichbar waren, Lager- und Nebenräume dagegen über Mauernischen (71)! Dieser Unterschied könnte darauf hindeuten, dass „wohnen" eine spezielle Bedeutung hatte.

den, mit Wandbildern und vielen Symbolen erlaubt zumindest eine solche Deutung[128].

4 Die magischen Eigenschaften des Ackerbaus

Ich möchte nun Gesichtspunkte vorbringen, die dafür sprechen, dass die aus heutiger Sicht entscheidende Revolutionierung der menschlichen Lebensweise, Ackerbau und Viehzucht, vermutlich ebenfalls nur ein Nebenprodukt des Bemühens unserer Vorfahren war, über eine Steigerung und Perfektionierung ihrer magischen Praktiken irritierende Umweltbedingungen zu bewältigen.

Auf den ersten Blick klingt diese These paradox. Bei genauerem Hinsehen zeigt sich allerdings, dass die „Neolithische Revolution" mit einiger Wahrscheinlichkeit ein frühes Beispiel für die These war, dass die Menschen oft anderes bewirken, als das, was sie intendieren (vgl. auch Giddens 1988; 347ff.). Ich behaupte also, dass die „neolithische Revolution" als eine unbeabsichtigte Nebenfolge von Aktivitäten entstanden ist, mit denen unsere Vorfahren vermutlich etwas ganz anderes, nämlich die Bewahrung ihrer altvertrauten Kultur und Umwelt, erreichen wollten!

Lassen wir uns also auf die Sichtweise von Menschen ein, die zwischen Geistern und Körpern unterscheiden und darum glauben, dass Geister (Seelen) tote Körper verlassen und in anderen Körpern wiedergeboren werden[129]. Vor dem Hintergrund eines derartigen Weltverständnisses **hat eine Tätigkeit wie der Ackerbau eminente magisch-religiöse Bedeutung**. Schließlich wird beim Ackerbau ein **Samen eingepflanzt**.

Ähnlich wie die Vulva hat auch der **Samen die magische Bedeutung Leben hervorzubringen**. „Die Vulva wird auch mit dem Samen von Wildfrüchten assoziiert; dieses alte Fruchtbarkeitssymbol ... begegnet uns im Verlauf der vorgeschichtlichen Zeit immer wieder. Es erscheint beispielsweise ... auf gefurchten Pebble – Objekten des Natufien (Mallaha, Israel 10.000), auf einem zentralanato-

---

128 Allerdings ist zu beachten, dass nur ein sehr kleiner Teil von Catal Hüyük bisher ausgegraben wurde. James Mellaart vermutet, dass es sich hierbei um „das Wohn-, wenn nicht gar das Priesterviertel" (Mellaart 1967; 87) handele. In den nicht ausgegrabenen Teilen vermutet er „Werkstätten" und „öffentliche Gebäude" (ebd.). Diese Erwartungen könnten aber nur eingelöst werden, wenn der Ort in den mittleren Ausgrabungsschichten (VI und VII), auf die sich Mellaart überwiegende bezieht, bereits die Schwelle zur Staatenbildung genommen hätte. Das wären über 3.000 Jahre bevor diese Schwelle in Mesopotamien und Ägypten genommen wurde! Für die Schichten VI und VII gibt Mellaart das Verhältnis von Wohnhäusern zu Kultstätten mit 2:1 an (Mellaart 1967; 87), wobei er genau genommen Wohn*räume* von Kult*räumen* unterschieden hat (vgl. ebd.).
129 Vgl. Kap. 5.: Wiedergeburtsglaube, Reinkarnation.

lischen Tonsiegel (Catal Hüyük; Mitte 7. Jahrtausend); in Felsgravierungen des Jungpaläolithikums (Südfrankreich, verschiedene Fundorte)" (Gimbutas 1995a; 100, Text zu Abb. 163).

Das **Einpflanzen** eines Samens bedeutet also nichts weniger als diesen magisch bedeutsamen Lebensspender unterhalb der Oberfläche, also in einem zur Unterwelt, einer **Sphäre des Todes**, gehörenden Bereich zu deponieren.

Aus dieser **durch menschliche Tätigkeit** herbeigeführten **Verbindung eines Lebensspenders mit der Sphäre des Todes** erwächst eine Pflanze, also neues Leben. Sie zu ernten bedeutet nichts anderes, als sie erneut zu töten. Wird der Samen dann z.B. in einem runden, den Schoß der Göttin symbolisierenden Gefäß deponiert, dann **wird der lebensspendende Samen wiederum in eine dem Tod zugerechnete Sphäre gebracht**. Vermutlich garantiert nach magischem Denken dieser erneute Zusammenhang die Keimfähigkeit des Samens. Wird der Samen im nächsten Jahr wieder ausgesät, so wird der prozesshafte Zusammenhang von Leben und Tod erneut „bewirkt".

Es ist überaus naheliegend zu unterstellen, **dass unsere Vorfahren diesen Vorgang zumindest zunächst nicht von seiner Zweckmäßigkeit für die Ernährung her betrachtet haben, sondern ihm magische Bedeutung im Kontext von Leben, Tod und Wiedergeburt beigemessen haben.**

Welche magische Bedeutung könnte nun aber die zum Aussäen **alternative Verwendung des Samens als Nahrung** gehabt haben? Anhaltspunkte geben Rekonstruktionen der Öfen, in denen das Getreide gebacken wurde. Sie zeigen höhlenförmige Lehmöfen mit runder Öffnung. Diese Form ist besonders betont bei einem Zufallsfund (Ungarn, um 5.000 v.u.Z.), wo der Brotofen „dem schwangeren Bauch der Göttin nachgebildet ist" (Gimbutas 1995a; 148). Ein Ofenmodell „mit anthropomorphen Zügen" zeigt laut Gimbutas „dass der Brotofen die Göttin selbst darstellt" (Ebd. Text zu Abb. 229). Auffällig ist weiterhin, dass auch Gebäude, die von den Archäologen als „Tempel" identifiziert wurden, solche Öfen aufweisen. Bei Rekonstruktionen von „Privathäusern" fällt auf, dass in der Nähe der Öfen kleine Figuren, andere Keramik, Emporen und dergleichen gefunden wurden. Der Ofen war also wohl das architektonische wie soziale Zentrum sehr vieler Räume.

Eine denkbare Folgerung aus solchen Befunden ist, dass der Verzehr von Körnern oder Getreide nicht als definitive Beendigung des Kreislaufes von Tod und Wiedergeburt angesehen wurde, sondern vielmehr als seine **Transformation in einen weiteren Zusammenhang**: das Samenkorn gelangt mit dem Backen oder auch durch Verzehr in einen allgemeineren Kreislauf hinein, der die einzelnen „Arten" zu einem gemeinsamen Reproduktionskreislauf verbindet. Er schließt auch den Menschen mit seinen entsprechenden Eigenschaften mit ein[130]. Der für alle Ackerbaukulturen und die auf ihren Traditionen entwickelten Hochkulturen charakteristische **Glaube an eine Wiedergeburt nach dem Tode ist eine direkte gedankliche Konsequenz dieser Verschränkung der Reproduktionskreisläufe von Menschen, Pflanzen und Tieren.**

Als Anknüpfungspunkt kamen hierbei die „magischen" Eigenschaften der Frauen zumindest direkter in Frage, wahrscheinlich wurden sie aber auch als umfassender angesehen. Frauen können gebären und sterben. Solange dem Zeugungsakt keine magische Bedeutung zugemessen wird, können Männer dagegen nur sterben.

In magischer Hinsicht wird die Verschränkung zwischen den artspezifischen Zyklen von Tod und Wiedergeburt zu einem *artübergreifenden Gesamtzyklus* durch das Symbol der Göttin geleistet, da sie die magischen Eigenschaften in großer, artübergreifender Bandbreite verkörpert. Die Kultgemeinschaft ist mit „geeigneten" Ritualen in der Lage, diese Verschränkung zu aktualisieren (und in diesem Sinne auch zu bewirken). Durch Ackerbau im Sinne des Deponierens von Körnern im Boden wird das Bewirken jedoch eindeutig!

Was Ackerbau genau bedeutet haben könnte und in welcher Weise die Menschen ihrem Verständnis nach in den Reproduktionskreislauf anderer Arten eingeschlossen waren, lässt sich aus einschlägigen Mythen und Erntebräuchen extrapolieren, die vor allem von J. G. Frazer zusammengetragen wurden. Der Religionsethnologe Frazer findet gerade für den hier interessierenden Komplex sehr starke Übereinstimmungen zwischen der ägyptischen, griechischen und römischen Mythologie mit den Vorstellungen noch existierender Ackerbaugesellschaften, deren Relikte er in Erntebräuchen aufspürt, die im Europa des 18. und 19. Jahrhunderts noch lebendig waren.

Man kann das Ergebnis dieser umfangreichen Recherchen von Frazer folgendermaßen zusammenfassen: Das **Abschneiden des reifen Kornes** wurde als **Tötung der Pflanze** verstanden. Das problematische an diesem Vorgang war, dass nun der Korngeist das Korn verlassen musste. Erntebräuche belegen nun, dass Menschen, die in die erste bzw. letzte Garbe gewickelt und nach Hause getragen, zum Dreschen gebracht etc. wurden, den Korngeist verkörpern sollten, der im bäuerlichen Gehöft bis zur Aussaat an hervorgehobener Stelle deponiert wurde (natürlich nur in Form der Garben).

Andere Bräuche deuten darauf hin, dass derjenige, der als erster bzw. letzter (einschließlich zufällig vorbeikommender Personen) mit dem geernteten Korn in Berührung kommt, als **Verkörperung des Korngeistes** gilt (Frazer 1989;

---

130 Verglichen mit dem Totemismus (Kap. 5) besteht hier eine ebenso große Affinität zwischen Menschen, Tieren und Pflanzen. Der Unterschied ist, dass der Zusammenhang nicht mehr rituell beschworen sondern aktiv „gemacht" wird.

610ff.). „Als solche (wurden sie) von den Schnittern ergriffen, in Garben eingehüllt, enthauptet, und ihre Leiber späterhin in Kornhalme gewickelt und als Regenzauber ins Wasser geworfen" (ebd.; 620). Da die symbolische Bedeutung des Wassers darin besteht, Leben hervorzubringen, bedeutete dieser Brauch nichts anderes als Tod und Wiedergeburt des Korngeistes zu sichern. Die auch dem Korngeist zugeschriebene Fähigkeit, Leben hervorzubringen wurde aber auch so genutzt „dass etwas von dem Korn der letzten Garbe (in der sich der Korngeist stets befinden soll) genommen wird und unter das junge Korn gestreut oder mit dem Saatkorn vermischt wird.

Sein Einfluss auf Tiere zeigt sich darin, dass man einer fohlenden Stute, einer kalbenden Kuh und Pferden beim ersten Pflügen die letzte Garbe gibt. Dass sie auch auf schwangere Frauen wirken soll, kommt darin zum Ausdruck, dass man die Muttergarbe, die einer schwangeren Frau ähnlich gemacht wird, der Bäuerin überreicht ..." (ebd. 598).

Im Zentrum der Bräuche, die die Aussaat begleiteten, scheinen ursprünglich Menschenopfer gestanden zu haben, die das Wachstum des Getreides fördern oder sichern sollten. Frazer berichtet über Fälle aus Bengalen Mitte des 19. Jhs. (ebd. 632ff.). Er vermutet ähnliche Praktiken aber auch für das vorgeschichtliche Europa (ebd. 637ff.). Bei den die Aussaat und das Wachstum der Pflanzen begleitenden Opfern ging es darum, durch auf den Feldern deponierte Fleischstücke des Opfers das Wachstum des Getreides bzw. anderer Hauptanbaukulturen wie Reis oder Mais zu stimulieren. „Die periodischen Opfer waren meistens von den Stämmen und ihren Unterabteilungen derart eingerichtet, dass jedes Familienoberhaupt wenigstens einmal im Jahr ein Stückchen Fleisch für seine Felder erhalten konnte, und zwar geschah dies hauptsächlich um die Zeit, da seine Haupternte gesät war" (ebd.; 633). „Mit anderen Worten: man nahm an, Fleisch und Asche des Opfers seien mit einer magischen oder physischen Kraft begabt, die das Land befruchtete. Dieselbe innewohnende Kraft wurde dem Blute und den Tränen (des geopferten Menschen) ... zugeschrieben" (ebd.; 636).

Das Opfer beruhte also auf einer Analogie zum Vorgang der Aussaat. Ein Teil des geernteten Korns wird ja im nächsten Frühjahr wieder ausgesät werden und soll möglichst reiche Ernte bringen. Wenn nun aber der Korngeist von einer Person Besitz ergriffen hat, **dann muss diese analog zum Samen behandelt werden**. Samen erhält man aber, wenn man das Getreide abtötet[131]. In ähnlicher Weise wird mit dem Opfer verfahren, so dass auch die Leichenteile analog zum

---

131 An diesen Gesichtspunkt knüpfen auch die bereits erwähnten Bestattungspraktiken an, bei denen der menschliche Schädel ohne Unterkiefer gesondert z.B. unter der Türschwelle deponiert ist. Da seine Form dem Samenkorn ähnelt, „sitzen" nach magischem Denken auch hier die Fähigkeiten zur Wiedergeburt.

Samen zu behandeln sind, um dann neues Leben auf den Äckern sowie bei den Menschen und Tieren hervorzurufen[132].

Die **Analogie zwischen menschlicher und pflanzlicher Fruchtbarkeit** ist auch für die anderen wichtigen Phasen des Ackerbaus zentral. Sie hat Menschenopfer sowohl für den Zeitpunkt der Aussaat wie für die Wachstumsphase des ausgesäten Kornes nahegelegt, die zum Teil auch dem Entwicklungsstand der Saat angepasst wurden.

Zur Sicherung des Gesamtzyklus wurden aber auch noch andere Analogien benutzt. Besonders wichtig war offensichtlich die Analogie zur menschlichen Geburt. Zwischen dem den Mutterleib verlassenden Säugling und dem aus der Erde sprießenden neuen Getreide wurde eine Beziehung gesehen. Dies drückt sich in der doppelten Verkörperung des Korns als Mutter und Tochter aus: „So mag die Geschichte, dass Iason ein Kind des Plutos (Reichtum, Überfluss) mit Demeter auf einem dreimal gepflügten Feld zeugte, mit der westpreußischen Sitte der Scheingeburt auf einem Erntefeld verglichen werden. Bei diesem preußischen Brauch vertritt die angebliche Mutter die Kornmutter, das angebliche Kind vertritt das Kornkind, und die ganze Zeremonie ist ein Zauber, um im kommenden Jahre eine gute Ernte zu erzielen ... In der bretonischen Sitte vertritt die Muttergarbe, eine große, aus der letzten Garbe gefertigte Figur mit einer kleinen Kornpuppe darin – augenscheinlich die Kornmutter als auch die Korntochter, letztere noch ungeboren" (Frazer; 613).

Maskentragende Figuren in Gebärstellung oder auch einen hochschwangeren Zustand symbolisierend sind bei einer ganzen Reihe von Ausgrabungen in frühen Ackerbausiedlungen gefunden worden (vgl. auch Gimbutas 1996; 224 sowie 1995; Kapitel 12)[133].

Für das Verständnis des Zuschnitts des Gesellschaftssystems früher Ackerbaugesellschaften ist es wichtig zu erkennen, dass der Verzehr von Leben hervorbringenden Samen nach magischem Denken dann keine Schwächung des Leben hervorbringenden Potentials bedeutet, wenn angenommen werden kann,

---

132 Nach dem selben Muster erfolgt im Übrigen auch die Initiation eines sibirischen Schamanen. Der Vorgang wird so verstanden, dass der Ahnengeist eines früheren Schamanen Besitz vom Körper ergreift. Der Schamanen Berufene durchlebt dann eine schwere Krankheit, in der er seine bisherige Persönlichkeit abstreift und träumt, dass er zerstückelt und aus den acht Knochen und dem Schädel wieder zusammengesetzt und ins Leben zurückgebracht wird (vgl. Findeisen/Gehrts 1996; 60ff.).

133 Möglicherweise können auch die wesentlich älteren (ca. 28.000 – 22.000) sogenannten Venusfiguren (vgl. Bosinski 1994; 79ff.) als maskentragende Figuren angesehen werden. Auffällig ist dass diese Figuren kein Gesicht zeigen sondern überwiegend runde mit einer Art Lockenfrisur versehene Köpfe. Das ist deswegen bemerkenswert, weil es aus diesem Zeitraum auch Figuren mit ausgearbeiteten Gesichtszügen gibt (Bosinski, ebd.; 84ff.). Auch das ist ein Hinweis auf das weit hinter den Beginn des Ackerbaus zurückreichende Alter der hier skizzierten magischen Konzepte.

dass der Prozess von Tod und Wiedergeburt damit nur Artgrenzen überschreitet. Wenn von einer wie auch immer gearteten Verschränkung zwischen dem Lebenszyklus von Menschen mit dem von Getreide bzw. Tieren ausgegangen wird, dann geraten die Menschen, evtl. nur die Frauen (z.b. sowohl durch die Berührung mit, wie auch durch den Verzehr von Samenkörnern) in Kontakt mit Leben hervorbringenden Fähigkeiten. Möglicherweise gewinnen oder sichern sie diese Fähigkeit auch durch diesen Kontakt. Ähnliches muss dann aber auch reziprok gelten. Menschen müssen die in ihnen steckende lebensgenerierende Kraft auch wieder auf das Getreide übertragen. Genau das scheint der Sinn sowohl von symbolischen Übertragungsritualen wie z.b. dem Gebären auf dem Kornfeld wie auch von materiellen Übertragungsritualen wie z.b. dem Deponieren von Fleischstücken eines Menschenopfers auf dem Feld zu sein.

Wir haben bereits gesehen, dass der Kult der Göttin als ein System aufeinander verweisender symbolischer Zeichen verstanden werden kann. **Dieser Systemcharakter hängt mit der Notwendigkeit der Verschränkung artspezifischer regenerativer Kräfte zusammen.** Das Symbolsystem veranschaulicht und verstärkt aber umgekehrt auch die Einheitlichkeit und Geschlossenheit des Weltverständnisses.

Im Anschluss an diese Überlegungen macht es Sinn, noch einmal die Frage nach der mit der „neolithischen Revolution" verbundenen Zäsur aufzugreifen. Um welche Art von Zäsur kann es sich dabei handeln, wenn man von einer weitgehenden Konstanz des Weltverständnisses und grundlegender Rituale ausgehen muss?

Der entscheidende Unterschied liegt darin, dass die Ackerbauern den Zyklus von Leben, Tod und Wiedergeburt nicht nur beobachten und mit geeigneten Ritualen begleiten und befördern, sie machen ihn vielmehr im Sinne von „herstellen" und dies mit aller Konsequenz! Das ist der magische Sinnzusammenhang von Aussaat, Wachstum, Ernte, Lagern bzw. Verzehren der Ernte und erneuter Aussaat. Die immer intensivere Verschränkung zwischen diesem Prozess und dem Zyklus von Leben, Tod und Wiedergeburt der Menschen, die durch den zunehmenden Anteil „landwirtschaftlicher Produkte" an der Ernährung herbeigeführt wird, ist sicherlich eine Konsequenz und keine Prämisse des Getreideanbaus und der Viehhaltung. Zu diesen aktiv bewirkenden Operationen des Gesellschaftssystems gehören zweifellos auch die Menschen- , später dann Tieropfer, die bei Jägern und Sammlerinnen unbekannt sind (vgl. Narr 1975; Bd.1).

Die in der Literatur immer wieder hervorgehobene Umwertung des Tötens in Zusammenhang mit aufkommendem Ackerbau spricht eine nachdrückliche

Sprache. Während Jäger und Sammlerinnen „ungern töten"[134], scheint es für archaische Bauern- oder auch Hackbaukulturen ein überaus attraktives Tun zu sein (vgl. auch: Herrmann 1975; 105)[135]. Das hängt eben damit zusammen, dass sie dazu übergegangen sind, den reproduktiven Zyklus aktiv herbeizuführen. Dann ist jeder herbeigeführte Tod eben die unabdingbare Voraussetzung dafür, dass erneutes Leben bewirkt werden kann.

Zu den Konsequenzen der **Erweiterung aktiver Operationen über Rituale im engeren Sinne hinaus** gehört auch eine erstaunlich reichhaltige **materielle Kultur**, der ich mich nun zuwenden möchte.

5 Materielle Kultur: Sesshaftigkeit, Kultstätten, Häuser, Keramik und Modelle

Bereits die australischen Ureinwohner kennen heilige Orte oder Bezirke, die für den Uneingeweihten kaum erkennbar sind, da sie meist nur durch Steine und ähnliche Dinge gekennzeichnet werden (vgl. Kapitel 5). Heilige Orte sind Orte, denen eine magische Bedeutung im Rahmen der jeweiligen Stammeskosmologie zugeschrieben wird. Im Sinne negativer Magie stellen sie meist Orte da, die von bestimmten Gruppen von Menschen nicht betreten werden dürfen. Im Sinne positiver Magie stellen sie Orte dar, die bestimmte magische Handlungen wirksamer machen können. Dieser Gesichtspunkt bietet ebenso wie der Ackerbau (unabhängig oder auch damit verbunden) Ansatzpunkte für eine Steigerung und Intensivierung praktischer Magie. Einmal können die Rituale zahlenmäßig gesteigert werden, um durch Wiederholung oder Periodisierung (siehe unten) als wirksamer zu gelten. Zum anderen bietet es sich an, heilige Orte so umzugestalten, dass sie bestimmten magischen Bedürfnissen besser entsprechen. Sie werden dann zu Kultanlagen. Während die altsteinzeitlichen Höhlen nur geringe Anzeichen menschlicher Bearbeitung aufweisen (vgl. hierzu Clottes/Lewis-Williams 1997; 82ff.), sondern wohl eher aufgrund natürlicher Eigenschaften für bestimm-

---

134 So stellt z.B. Jensen fest, das „ein wesentlicher Teil des Zeremoniallebens der Jäger gerade darauf gerichtet ist, ... dieses unvermeidliche Tun sozusagen null und nichtig zu machen" (Jensen 1991; 226)

135 „Betrachtet man etwa das Verhältnis der echten Jägervölker zum Töten, so tritt uns eine ganz andere Grundhaltung entgegen. Es will so scheinen, als ob die Jäger in ihren Jagdzeremonien in der Hauptsache darauf gerichtet sind, „eigentlich" nicht zu töten. So sehr sie einerseits bemüht sind, den gewünschten Jagderfolg zu sichern, so sehr sind sie andererseits bestrebt, dem getöteten Tier, sich selbst und aller Welt vorzumachen, dass sie nicht getötet hätten. Dem gegenüber können die Feldbauern offenbar kein gottgefälligeres Werk tun, als zu töten und als Folge davon gehört es zu den stolzesten Taten des Mannes, die durch allerlei Abzeichen zum Ausdruck gebracht werden, Abzeichen, die vor allem für die Totenreise von Wichtigkeit sind und der Totengottheit als Ausweis vorgewiesen werden müssen." (Jensen ebd.; 121).

te Rituale verwendet wurden, haben mittel- und jungsteinzeitliche Ackerbaugesellschaften Kultanlagen errichtet. Die Attraktivität einer materiellen Kultur, aller aus heutiger Sicht als „Kunst" bezeichneten Aktivitäten, für eine Stammesgesellschaft mit magischem Weltverständnis wird aus folgendem Auszug aus einer in Memphis verfassten theologischen Schrift deutlich: Der Schöpfer eines Kultbilds „gebar die Götter und machte ihren Leib ihnen ähnlich, wie sie es wünschen. So traten die Götter ein in ihren Leib aus allerlei Holz, allerlei Mineral, allerlei Ton und jeglichen Dingen ... in denen sie Gestalt angenommen haben" (Die Zeit 2006; 1; 484).

Das bekannteste und am besten erforschte Beispiel sind die auf Malta gefundenen Tempelanlagen (von Reden 1978; 71ff.; Gimbutas 1996; 174ff.). Hier kann man auch recht gut erkennen, wie bestimmte magische Bedürfnisse die Bauweise geprägt haben.

Die Tempel auf Malta weisen entweder einen kleeblattartigen Grundriss auf oder sie bestehen aus vier bzw. fünf Apsiden. „Wie die eiförmigen Felsengräber ..., von denen sie abgeleitet waren, symbolisieren die maltesischen Tempel den Körper der Göttin selbst, unter Betonung der Gesäßbacken als Zeichen der Lebenserneuerung" (Gimbutas 1996; 174). Das Ei und damit auch die Eiform gilt als Symbol für Wiedergeburt. Deswegen liegt die Vermutung nahe, dass zumindest eine Funktion dieser Tempel in der rituellen Behandlung von Geburt und Wiedergeburt bestand, wobei diese Kultanlagen gegenüber Einzelgräbern eine erhebliche Intensivierung der rituellen Handlungen ermöglicht haben. Da man in ihnen Kultzentren vermutet, wurden die Rituale möglicherweise bereits von Priesterinnen oder Priestern durchgeführt.

An einigen Orten hat man Tempel dieses Typs in zweifacher Ausführung gefunden, die in Ost-West-Richtung nebeneinander lagen. Osten ist der Ort des Sonnen- und Mondaufgangs, Westen der des Sonnen- und Monduntergangs, so dass man dem östlichen Tempel die symbolische Bedeutung von Geburt, dem westlichen die von Tod zugeordnet haben dürfte (Gimbutas 1996; 176). Vor diesem Hintergrund kann man vermuten, dass der Bau einer zweiten Kultanlage eine Differenzierung der Rituale ermöglichen sollte. Auffallend an den maltesischen Tempeln ist weiterhin, dass sie aus großen, zum Teil sehr großen, nur punktuell bearbeiteten Steinblöcken gebaut sind. Man nimmt an, dass sie am Eingangsbereich eine mehr oder weniger hohe Steinfassade aufwiesen, während der übrige Bereich zugeschüttet wurde (von Reden 1978; 78). Auch dies erinnert an die Symbolik einer Höhle mit Öffnung, ähnlich dem Mutterleib, den der Säugling bei der Geburt verlässt (von Reden ebd. 79). Entsprechende Wandmalereien aus Catal Hüyük (vgl. Mellaart 1967; Tafeln 67 – 72; 77 – 79; 83; IX) und viele andere Funde deuten darauf hin, dass der Geburt eine hohe symbolisch-mythologische Bedeutung zukam. Hierauf nimmt ganz offensichtlich die äußere Beschaffenheit dieser Tempel, vermutlich aus Gründen imitativer Magie, Bezug.

Alle weiteren baulichen Details, die Ausschmückung mit Spiralen, Symbolen und Näpfchen, Reste einer monumentalen, aus Stein gefertigten Statue der großen Göttin, deuten darauf hin, dass vermutlich eher kleine soziale Einheiten durch immense, über Jahrzehnte und möglicherweise auch Jahrhunderte dauernde Bauleistungen offenbar intensivste magisch-religiöse Erfordernisse realisiert haben.

Eines der ungelösten Rätsel dieser maltesischen Tempel besteht darin, dass kaum Häuser oder Siedlungsspuren in ihrer Nähe gefunden wurden. Das deutet darauf hin, dass hier (wie auch in Ägypten) die räumliche Fixierung von Gottheiten und Kultorten der Sesshaftigkeit der Menschen vorausgegangen ist. Dagegen zeigen die Ausgrabungen früher europäischer Ackerbaukulturen durchweg eine enge Beziehung zwischen Wohnhäusern und Kultstätten (ähnlich auch Catal Hüyük).

Möglicherweise handelt es sich hier nicht um komplementäre, sondern um alternative Strategien, die Wirksamkeit magisch-religiöser Praktiken zu steigern. Die eine setzt auf Zentralisierung, die andere auf dezentrale, durch Verwandtschaft und Ahnenkult fixierte Einheiten. Bei dieser zweiten Strategie geht es darum, an möglichst vielen Kultorten möglichst viele Praktiken von hoher magisch-religiöser Bedeutung durchzuführen. Sie ist offenbar für die frühen europäisch-kleinasiatischen Ackerbaukulturen charakteristisch.

Die von Gimbutas analysierten Funde lassen es ziemlich plausibel erscheinen, dass die Sesshaftigkeit, also die neben dem Ackerbau mindestens ebenso fundamentale Veränderung der menschlichen Lebensweise, die sich in der Mittel- und Jungsteinzeit herauskristallisiert hat, auf intensivere magisch-religiöse Praktiken und ihre Erfordernisse zurückgeführt werden kann. Bei den ausgegrabenen Wohnsiedlungen ist insbesondere die **enge Verbindung zwischen Feuerstelle und religiösen Praktiken** instruktiv.

In der Sesklo-Kultur beispielsweise fand man neben Holzpfostenhäusern verputzte runde Feuerstellen in Verbindung mit Kuppelöfen mit Lehmplattformen (dritte Stufe; 6.200 v.u.Z.; Gimbutas 1996; 15). Die Brotöfen hatten zumindest auch kultische Bedeutung. „Die schwangere Göttin wurde am Brotofen im Hof verehrt, in Archillaion (einem wichtigen Fundort der Sesklo-Kultur; D. B.) fand man etwa 100 aus verschiedenen Siedlungsphasen stammende Figuren, die sie darstellen. Einige zeigen die Göttin, auf einem Thron sitzend, andere auf wuchtigem Gesäß ruhend, wieder andere auf glatter Fläche stehend ... Die Brotöfen hatten vorn oder seitlich eine Plattform, die einer Bank ähnelte und auf der die Idole abgestellt wurden. Aus Achillaion III (6.100 bis 6.000 v.u.Z.) stammt eine schräg geneigte, mit Kieselsteinen gepflasterte und mit Ton befestigte Plattform, an deren vier Ecken sich je eine Vertiefung befindet. Spuren von Kohle verraten, dass in ihnen, möglicherweise zur Zeit der Aussaat oder der Ernte, Opferfeuer entfacht wurden" (ebd.; 253).

Auch bei den von Ethnologen erforschten Ainu, den in Nordjapan und den angrenzenden Inseln lebenden Ureinwohnern, hat die Feuerstelle hohe rituelle Bedeutung. „Der Ort der Ahnenverehrung ist der offene Feuerherd in der Mitte des Hauses, denn nach dem uralten Glauben der Ainu wohnen unter ihm die Seelen der Ahnen, der ist das Tor zur Unterwelt. Vermutlich wurden die Toten früher im Boden unter dem Herd bestattet" (Göttner-Abendroth 1991; 135).

„Zugleich ist die Feuerstelle mit den vier Ecken nach den Himmelsrichtungen gebaut und damit ein Abbild der Welt. So ist im völlig ritualisierten Leben der Ainu das Haus das Zentrum des Glaubens, und im Haus ist es der Herd, und am Herd ist es die Frau, der das Haus gehört ... Auch im Alltag wird die Feuergöttin, die im Mittelpunkt der Ainu-Welt wohnt, sorgsam gehütet, am Abend wird sie mit Asche bedeckt, „dann geht sie schlafen", und am Morgen wird sie durch Blasen wieder aufgeweckt" (ebd.; 2).

Die Ainu gelten schon deshalb als besonders archaische Kultur, weil sie Jäger und Sammlerinnen geblieben sind, also keinen Ackerbau betreiben. Ob man bereits daraus schließen darf, dass der Übergang zur Sesshaftigkeit vor oder auch unabhängig vom Ackerbau entwickelt wurde, ist fraglich. Deutlich wird jedoch, dass das Wohnhaus hohe magisch-religiöse Bedeutung verkörpert und, eventuell in Zusammenhang mit dem Ahnenkult, ein kulturelles Zentrum für die einzelne Sippe dargestellt hat.

Möglicherweise drücken Siedlungen mit vielen dezentralen häuslichen Kultstätten eine dezentralere Sozialstruktur aus, als sie die Erbauer der maltesischen Tempel gekannt haben mögen. Sie könnte sich in Verbindung mit einer stärkeren Betonung des Ahnenkults herausgebildet haben, so dass dann das Haus als kulturelle, religiöse und soziale Einrichtung der Sippe in ihrer gesamten Generationenfolge, also einschließlich der Toten und der zukünftigen Generationen, gilt. Dies würde auch erklären, dass in der sehr alten und nur zu einem geringen Teil ausgegrabenen Großsiedlung Catal Hüyük „auf je zwei Häuser eine Kultstätte kommt" (Mellaart 1967; 99) .

Gimbutas kommt zu folgender Bewertung dieser Siedlung: „Die ausgegrabenen Gebäude sind keine gewöhnlichen Behausungen, sondern Tempel, die Tod und Wiedergeburt zum Thema haben. In den Wandmalereien und -reliefs, die sich in den Räumen oberhalb der unter dem Fußboden liegenden Bestattungen fanden, ist die Göttin in zwei ihrer Erscheinungsformen abgebildet: in der Gestalt des Geiers repräsentiert sie den Tod, in der Gestalt des Frosches oder als Gebärende die Lebenserneuerung ... Aus den Wandmalereien von Catal Hüyük kann man nicht nur auf den Bestattungsbrauch der Exkarnation schließen ...

sondern auch auf die Überzeugung, dass die Toten durch diese Art des aufgezehrt werdens von der Göttin aufgenommen wurden, mit ihr verschmolzen. Überdies fanden in den Tempeln, wie aus den in Reliefs und Bildern dargestellten gebärenden Göttinnen und Stierköpfen hervorgeht, Zeremonien der Wiedergeburt statt ... In der Vielzahl der Tempel und in den Malereien und Reliefs darin drückt sich eine permanente Beschäftigung mit der Kontinuität des Lebens aus" (Gimbutas 1995; 255f.).

Nicht nur die gestalterischen Details in den ausgegrabenen Behausungen der frühen Ackerbaukulturen vermitteln den für heutige Menschen merkwürdigen Eindruck, dass es den damaligen Erbauern offensichtlich gar nicht so sehr darum ging, ein Dach über dem Kopf zu haben oder die Bereitung warmer Mahlzeiten zu vereinfachen, sondern vielmehr darum, Rituale von großer magischer Bedeutung abzuhalten, denen eine wahrhaft existentielle Bedeutung zugetraut wurde. Tatsächlich erreichte Verbesserungen des Lebens mögen dabei wohl eher als Bestätigung eines gelungenen Zeremoniallebens angesehen worden sein.

Betrachtet man nun die ausgegrabene Keramik, die durchaus auch praktische Bedeutung hatte und etwa als Vorratsgefäß diente, dann scheint es auch hier vor allem um die adäquate Formgebung und die Benutzung der adäquaten Symbole gegangen zu sein. Ausgrabungen aus der Lengyel- und der Theiß-Kultur zeigen jedenfalls besonders markant, **wie nahe Tempel und Werkstatt in räumlicher wie in geistiger Hinsicht beieinander waren** (Gimbutas 1996; 72f.). Funde von Hausmodellen (Achillaion) zeigen, dass hier auf zwei Stockwerken Töpferei betrieben und religiöse Riten durchgeführt worden sind (Gimbutas 1996; 251f.). Ornamente wie Formen der rekonstruierten Gefäße und Hausmodelle haben durchgängig religiöse Bedeutung.

Ich schließe daraus, dass (nach heutigem Verständnis alltägliche) hauswirtschaftliche Verrichtungen durchaus Teil des magisch-religiösen Lebens waren[136]. Gängige Unterscheidungen wie die zwischen einem profanen und einem heiligen Bereich (Durkheim), von denen auch Mellaart ausgeht (1967; 87ff.), könnten möglicherweise an der Lebensrealität dieser Menschen vorbeigehen. Für eine hohe religiöse Bedeutsamkeit **aller(!)** mit dem Komplex Sesshaftigkeit zusammenhängenden Dinge spricht auch die Tatsache, dass neben Figuren der Göttin auch Modelle von Häusern und Tempeln als Grabbeigabe verwendet wurden (Gimbutas).

---

136 Zum Prozess der Veralltäglichung vgl. Weber 1972; 283f. Veralltäglichung kann Bedeutungsverlust „bis zu völliger Wirkungslosigkeit auf die Lebensführung" (ebd.; 283) nach sich ziehen.

6 Institutionelle Gesamtordnungen in Ackerbaugesellschaften ohne Staat

Der Schritt von einzelnen Ritualen, die bereits Bestandteil eines Weltbildes sind und eine nach Abstammung geordnete Sozialstruktur voraussetzen, zu einer **institutionellen Gesamtordnung** scheint vor allem als Reaktion auf Veränderungen und Gefährdungen der natürlichen Umwelt vollzogen worden zu sein.

Da man mit den Geistern von Flora und Fauna rituell geregelte soziale Beziehungen unterhalten hat, erfolgte die Reaktion auf dieser Ebene. Über magische Praktiken versuchten unsere Vorfahren eine im Weltbild vieler einfacher Stammesgesellschaften (vgl. Durkheim) verankerte grundlegende Reproduktionsbedingung zu kontrollieren: Den Kreislauf von Geburt, Tod und Wiedergeburt. Rituelle Bedürfnisse legen es dabei nahe, die Einflussnahme auf diesen Kreislauf durch in magischer Hinsicht als besonders wirkungsvoll (s.o.) angesehene Praktiken des Ackerbaus zu intensivieren. Der Ackerbau wiederum legt es nahe, die Rituale auf den gesamten Vegetationszyklus auszudehnen. Die nächste Steigerungsmöglichkeit besteht in der Einflussnahme auf strategische Bedingungen des Vegetationszyklus (wie Sonnenstand, Gestirne, Erde, Wasser usw.). Sie charakterisiert Gesellschaften an der Schwelle zur Staatenbildung.

Der Schritt zu einer institutionellen Gesamtordnung[137] erfolgt aber bereits mit der **kontinuierlichen Begleitung des Vegetationszyklus durch einen Zeremonialkalender** (zweite Steigerungsmöglichkeit), der Rituale in Verbindung mit dem Ahnenkult zeitlich fixiert.

In den Kapiteln 4 und 5 wurde herausgearbeitet, dass Gesellschaft vermutlich über magisch-religiöse Rituale entwickelt wurde. Wenn ich hier die Bezeichnung institutionelle Gesamtordnung verwende, dann beziehe ich mich auf die Operationen eines Gesellschaftssystems, die Weltverständnis, Sozialstruktur, Ritualordnung miteinander verschränken und damit – über strukturelle Kopplung mit psychischen Systemen – auch eine Wahrnehmung des Weltverständnisses als „Realität" reproduzieren.

---

137 Wenn in der Soziologie von „Institutionen" (vgl. auch Kap. 1) gesprochen wird, dann werden in der Regel die folgenden Merkmale betont:
- Menschliches Verhalten wird aufgabenbezogen geordnet und geregelt. Institutionen bestimmen, wie bestimmte Dinge getan werden müssen.
- Institutionen regeln menschliches Handeln nicht punktuell, sondern übergreifend für ein bestimmtes Themengebiet.
- Institutionelle Regelungen sind verbindlich, sie haben Zwangscharakter.
- Institutionen beruhen nicht auf freiwilliger Mitgliedschaft, sondern auf Unterwerfung. „Einer Institution kann man nicht angehören, man ist ihr vielmehr unterworfen ... Das heißt auch, dass wir Institutionen nicht „machen" können, sondern ihnen „folgen" müssen" (König 1967; 146).

Anders als bei den im 5. Kapitel behandelten nomadischen Jäger- und Sammlerinnen-Stammesgesellschaften geht es in diesem Kapitel um Stammesgesellschaften, die (a) **ihre rituelle Praxis auf materielle Vorgänge wie Ackerbau und den Bereich der „materiellen Kultur" wie Tempel, Wohngebäude, Keramik, etc. ausgeweitet haben und die (b) ihre Rituale nach einem Ritualkalender permanent durchführen.** Sobald Rituale auf besondere mit der Jahreszeit variierende „Informationen" der natürlichen Umwelt reagieren, **trennt sich ein ausschließlich aus menschlichen Gesellschaftsmitgliedern bestehendes soziales System von der aus Tieren, Pflanzen, etc., bestehenden Umwelt.**

Die von Gimbutas zusammengestellten Funde lassen nun darauf schließen, dass eine auf diesen beiden Merkmalen beruhende institutionelle Gesamtordnung bereits in den frühen europäischen Ackerbaukulturen entwickelt wurde. Damit der Leser eine bessere Vorstellung von dieser Stufe der Ausweitung von „Gesellschaft" entwickeln kann, möchte ich nun aus einer Studie von Ruth Benedict über die Zuni, einen Stamm der Pueblo-Indianer, zitieren, die ebenfalls eine derartige institutionelle Gesamtordnung aufweisen.

Benedicts Befunde sind für dieses Kapitel deshalb von ganz besonderer Bedeutung, weil die Pueblo-Indianer eine ganze Reihe von Parallelen zu den frühen europäischen Ackerbaukulturen aufweisen: Die eng verschachtelte Bauweise der Dörfer und eine große Anzahl von Kultstätten innerhalb der Siedlung erinnert stark an die Ausgrabungsbefunde und Mellaarts Rekonstruktion der Siedlung Catal Hüyük. Die Abhängigkeit von unsicheren Naturbedingungen ist hier genauso ausgeprägt wie im Europa in der Phase der nacheiszeitlichen Erwärmung.

Ein wichtiger Unterschied besteht aber: Schon aufgrund der hauswirtschaftlichen Keramik und der engen Verbindung von Backofen und Kultplatz sowie der rituellen Bedeutung des Getreideanbaus wie der Getreideverarbeitung ist für die frühen europäischen Ackerbaukulturen ein enger Zusammenhang zwischen alltäglichen Verrichtungen und kultischen Handlungen anzunehmen. Bei den Zuni sind diese beiden Bereiche dagegen klar voneinander getrennt. Wahrscheinlich muss man sich deswegen die institutionelle Gesamtordnung der früheuropäischen Ackerbaukulturen als noch geschlossener vorstellen als die der Zuni. Das ändert aber nichts daran, dass Benedicts Befunde über diese noch existierende Ackerbaugesellschaft die Folgerungen aus dem archäologischen Material sinnvoll ergänzen können.

„Die Zuni sind zeremoniös veranlagt, ein Volk, dem Besonnenheit und Verträglichkeit als die höchsten Tugenden gelten. Ihr Interesse konzentriert sich auf ihr formenreiches, verwickeltes kultisches Leben ... Kein anderer Wirkungskreis kann dem des Rituals den ersten Platz im Leben der Zuni streitig machen. Wahrscheinlich verwenden die meisten Männer der westlichen Pueblo-Indianer den größten Teil der nicht mit Schlafen verbrachten Zeit ihres Lebens in seinem

Dienst. Er fordert das Auswendiglernen eines umfangreichen, bis auf das einzelne Wort festgelegten Rituals ... und die Ausführung genauest vorgeschriebener Zeremonien, welche kalendarisch fixiert sind und in verwirrender Fülle all die verschiedenen Kulthandlungen mit dem Verwaltungskörper des Dorfes in endlosem, in starrste Formen gepresstem Zeremoniell unlösbar miteinander verschränken.

Das Zeremonialleben erfordert aber nicht nur Zeit – es nimmt auch das ganze Geistesleben restlos für sich in Anspruch. Nicht nur bei den für die Ausführung der Riten Verantwortlichen und bei den daran Teilnehmenden dreht sich die ganze Unterhaltung darum, sondern auch bei allen anderen Pueblo-Bewohnern, bei den Frauen und denjenigen Sippen, welche „nichts", das heißt keine „geistlichen" Funktionen haben. Bei der Ausführung selbst ist alles anwesend und sei es nur als Zuschauer. Ist ein Priester krank oder bleibt der Regen während der Zeit seiner kultischen Absonderung aus, so bilden die Fehler, die ihm vielleicht bei der Ausführung seiner Riten unterlaufen sind, und die dadurch entstandenen Komplikationen das Gesprächsthema der Pueblo. Ob der Priester der maskierten Götter wohl eines der übernatürlichen Wesen beleidigt hat? Ob er wohl seine Meditation vorzeitig abgebrochen hat und zu seiner Frau heimgegangen ist, bevor die festgesetzte Zeit um war? So etwas verschafft dem Dorf für vierzehn Tage genügend Gesprächsstoff. Trägt einer der Götterdarsteller eine neue Feder in seiner Maske, so verdunkelt dieser Tatbestand alle anderen Gesprächsthemen, sei es nun Schafzucht, Neuanlage eines Gartens, Heirat oder Scheidung" (Benedict 1955; 49f.).

„Den Grundsätzen ihrer Religion entsprechend ist es von großer Bedeutung, ob eine bestimmte der Adlerfedern einer bestimmten Maske von der Schulter oder von der Brust des Vogels stammt. Jede Einzelheit hat ihre bestimmte magische Wirksamkeit. Der Zuni verlässt sich in hohem Maße auf imitative Magie" (ebd.; 50) und dazu gehört eben auch die peinliche genaue Ausführung des Rollenspiels. Hierfür und für nichts anderes soll die Konzentrationsfähigkeit und die geistige Energie reserviert bleiben. Deswegen soll das Leben im profanen Bereich möglichst wenig Aufregung verursachen. Hierfür gilt die Norm, sich möglichst gleichmütig zu verhalten und keine Emotionen zu zeigen[138]. Darüber

---

138 „Eines Sommers hatte mir eine Familie, mit der ich gut bekannt war, ein Haus zur Verfügung gestellt, über das aufgrund irgendwelcher verwickelter Besitzverhältnisse eine andere Familie das Verfügungsrecht beanspruchte. Als ich nun aufs höchste gespannt war, wie die Sache ausgehen würde, hielten sich gerade Quatsia, die Besitzerin des Hauses und ihr Mann bei mir im Wohnraum auf. Da erschien plötzlich ein mir unbekannter Mann auf dem Hofe und begann das dort wuchernde Unkraut ... auszujäten. Das Freihalten des Hofes von Pflanzenwuchs ist ein ausschließliches Vorrecht des Hausbesitzers und der Mann, der das Verfügungsrecht über das Haus beanspruchte, nahm die Gelegenheit wahr, um so seinen Anspruch darauf öffentlich kundzutun. Daß er das Haus betrat und mit Quatsia und Leo, die sich ja darin aufhielten, zu

hinaus bereiten sich diejenigen, die gerade ein Priesteramt ausüben, durch Meditation auf wichtige Zeremonien vor. Persönliche Autorität kann man bei den Zuni nur durch die Ausübung religiöser Funktionen gewinnen (ebd.; 78). Die Zuni stellen also eine Gesellschaft dar, bei der das disziplinierte Sozialverhalten eindeutig im Vordergrund steht.

Benedicts Studie demonstriert sehr instruktiv die These, **dass in derartigen Gesellschaften das Ritual- und Zeremonialleben bis zu einem Extrempunkt ausgeweitet wurde, der keine weitere Steigerung mehr zulässt.** Im nächsten Kapitel wird gezeigt werden, dass diese Grenze nur durch eine höchst folgenreiche Idee, die Idee der religiösen Stellvertretung überwunden werden konnte.

Eine andere These scheint die Stammesgesellschaft der Zuni dagegen zu widerlegen: die des **magischen** Charakters des Ackerbaus. Die Rituale der Zuni sollen den Regen herbeiführen, ohne den ihr Mais nicht gedeihen würde. Auch andere ethnologische Studien bestätigen ein solches Verständnis der Rituale: Insoweit die alten Rituale nur noch in abgeschwächter oder routinisierter Form praktiziert werden, dienen sie ganz dezidiert dazu, den Ernteerfolg zu sichern.

Das schließt aber keineswegs aus, dass der Ackerbau aus anderen Gründen **entstanden** ist. Derartige Bedeutungsverschiebungen im Laufe der Zeit sind nicht ungewöhnlich (vgl. Jensen 1991; 283ff.). Die These, dass Ackerbau als rituelle Praxis und nicht zum Zweck der Ernährung aufgekommen sei, kann sich somit nicht auf ethnologische Studien heute existierender Gesellschaften sondern nur auf archäologische und andere historische Quellen stützen.

7 Ethnologisch belegte Übergänge zum Ackerbau

Ethnologische Quellen können zur Überprüfung dieser These nur insoweit herangezogen werden, als sie von der Seite der Wirtschaftsform her Aufschlüsse über denkbare historische Übergange zum Ackerbau geben. Im Hinblick auf Rituale und Weltverständnis ist nur zu fordern, dass auch hier magische Praktiken existieren, die irgendeine Form der Verschränkung zwischen den Reproduk-

---

streiten anfing, kam nicht in Frage: Er hackte gemächlich unter dem Unkraut herum. Leo hockte währenddessen unbeweglich an der Wand des Zimmers und kaute friedlich an einem Blatte. Quatsia allerdings gestattete sich, zu erröten: „Das ist eine glatte Beleidigung", meinte sie zu mir. „Der Mann da draußen weiß genau, daß Leo heuer als Priester amtiert und sich daher nicht ärgern darf. Wenn er unseren Hof saubermacht, so ist dies eine Schande für uns vor dem ganzen Dorfe." Der Eindringling harkte endlich das dürre Unkraut zusammen, besah sich voller Stolz den sauberen Hof und ging nach Hause, ohne daß ein einziges Wort zwischen den beiden Parteien gefallen wäre. Für Zuni war dies eine Beleidigung, wie sie im Buche steht und der Gegner hatte durch seine Morgenarbeit auf dem Hofe seinem Protest in durchaus genügender Weise Ausdruck verliehen, womit die Sache für ihn erledigt war." (Benedict ebd; 86).

tionsbedingungen der angebauten Pflanzen bzw. gehaltenen Haustiere und den Reproduktionsbedingungen der Stammesangehörigen aufweisen.

Ich gehe zunächst auf Übergänge der Wirtschaftsweise ein. Besonders interessant sind sogenannte Jäger-Pflanzer-Kulturen (Herrmann 1975; K. Dittmer 1954), „bei denen der Pflanzen-Anbau der Frauen und die Jagd der Männer einander ergänzen" (Herrmann 1975; 98). Sie sind unter rezenten Stammesgesellschaften noch ziemlich verbreitet (ebd.). Da bei ihnen meist der Schwerpunkt auf der Jagd liege und ihr Weltverständnis als totemistisch angesehen wird (Graebner 1924; W. Schmidt 1926 – 1949) werden sie überwiegend den Jägerkulturen zugerechnet (Herrmann 1975; 98). Überall dort allerdings, wo es zum Anbau von Knollenfrüchten (wie Yams, Taro, Maniok, Batate) kommt, verschiebt sich der Schwerpunkt der Ernährung wie auch des Weltverständnisses in Richtung auf diese Pflanzen. Hinzu kommt das Anpflanzen und Pflegen von Fruchtbäumen (Banane, Sago, Kokospalme ...).

Besondere Nähe zu Praktiken von Wildbeutern weisen Pflanzerinnen dann auf, wenn sie wie Wildbeuter den Grabstock (teilweise in Verbindung mit dem Setzholz) benutzen. „Als Grabstock dienen im allgemeinen naturgewachsene Stäbe oder Knüppel, die man unten zuspitzt. Es wird damit nicht nur der Boden aufgelockert, sondern auch das Pflanzloch gebohrt" (Herrmann 1975; 98). Der Grabstock gehört auch zum Arsenal von Sammlerinnen.

Von Hackbau im engeren Sinne kann man dann sprechen, wenn Hacken anstelle des Grabstocks zum Lockern des Bodens gebraucht werden. Die Hacke gilt als Weiterentwicklung des Grabstocks. Ob sie jedoch auch als Vorläufer des Pfluges anzusehen ist, ist umstritten (Narr 1975; Bd.2; 87). Unter tropischen Bedingungen ist Hackbau eine ziemlich einfache Tätigkeit. Sie beschränkt sich auf das Setzen der Knollen, die Ernte sowie die Vorratshaltung. Die Knollen wachsen unter tropischen Bedingungen mehr oder weniger von selbst. Diese günstigen Umweltbedingungen machen eine genaue Beobachtung und Förderung des Wachstums durch Rituale überflüssig. Deswegen scheint sich die institutionelle Ordnung auch auf die Zeitpunkte der Auspflanzung und der Ernte (vgl. z.B. Malinowski 1981) zu konzentrieren. Alles in allem beschränken diese Bedingungen die Entwicklung ausgefeilter und kontinuierlich disziplinierender institutioneller Gesamtordnungen. Auch dies mag ein Grund dafür sein, dass sich die primären Zivilisationen nicht aus Hackbaukulturen sondern ausschließlich aus Gesellschaften heraus entwickelt haben, die Getreideanbau (und in der alten Welt auch Viehzucht) betrieben haben (vgl. Kapitel 7).

Ich komme nun zur Frage, ob Weltverständnis und Rituale von Stammesgesellschaften, die Pflanzertum bzw. Hackbau betreiben, ähnlichen Mustern folgen wie Ackerbau treibende Stammesgesellschaften. Steht auch bei ihnen das Bewirken von Tod und Wiedergeburt im Mittelpunkt? Werden dabei Zusammenhänge zwischen menschlichen und pflanzlichen Reproduktionskreisläufen hergestellt? Spielen Menschen- und Tieropfer für das Bewirken von Fruchtbarkeit bei den Pflanzen eine zentrale Rolle?

Alle drei Fragen können bejaht werden. Diese Antwort kann sich vor allem auf eine im frühen 20. Jh. geführte religionswissenschaftliche Debatte um „Religion" und Magie in sogenannten primitiven oder archaischen Stammesgesellschaften stützen. Die Debatte selbst kann dabei aber ausgespart bleiben, weil sie von der z.T. auch noch normativ verstandenen Frage nach der „Nähe" des Glaubens dieser Stammesgesellschaften zu heutigen Religionen geprägt war[139]. Als Beleg reicht der Bezug auf eine mit breitem ethnologischem Material unterlegte These von Jensen aus.

Der Ethnologe A. E. Jensen hat die These aufgestellt, dass es einen zentralen Mythos gibt, der Hackbaustämmen sowohl in Südostasien wie auch in Afrika und Amerika gemeinsam ist. Ihr Weltbild zeige überraschende Übereinstimmungen[140]. Vor allem wird es von der ganz offensichtlich zentralen Idee einer getöteten Gottheit[141] geprägt, die sich in die jeweils angebauten Nahrungspflanzen verwandelt. Thema dieses Mythos ist der dem Leser bereits bekannte untrennbare Zusammenhang von Tod, Töten, Zeugung und Fortpflanzung, Mond, Pflanze und Fruchtbarkeit. Von diesem Weltbild her gesehen, erschließt sich auch der Sinn und der innere Zusammenhang so unterschiedlicher Elemente wie: Menschen- und Tieropfer, Vorstellungen vom Tod, von der Totenreise und dem Totenreich, bestimmte Fruchtbarkeitsriten, Kopfjagd und Kannibalismus, Geheimbund und Reifeweihen. Sie lassen sich relativ direkt aus jenen, mit der getöteten Gottheit verbundenen Vorstellungen ableiten.

Schon aus Gründen der Anschaulichkeit möchte ich aus der Darstellung einer Variante dieses Mythos etwas ausführlicher zitieren. „Als die neun Familien

---

139 Mit dieser Fragestellung fiel diese Debatte weit hinter den wesentlich analytischeren Religionsbegriff Durkheims zurück. Die Debatte drehte sich vor allem um die Frage der „Ähnlichkeit" zu heutigen Glaubensformen und Gottesverständnissen, was auch eine Kontroverse um das „Wesen" der Magie einschloss. Vgl. z.B.: Beth 1914; Breysig 1905; Hellpach 1947; Jensen 1991(1951); Kock 1956; Marrett 1900; Otto 1917; Preuß 1904/5 und 1926; Radin 1938; Schmidt 1926 – 49; Vierkandt 1907.

140 Ich werde im Weiteren den Ausführungen von Adolf Ellegard Jensen folgen, obwohl er sich in der heutigen Ethnologie keiner großen Wertschätzung mehr erfreut. Dies liegt daran, dass Jensen dort unter dem Etikett des Diffusionismus verbucht wird, also einer Theorierichtung, die die Verbreitung kultureller Kristallisationskerne zu belegen sucht. Und hier haben sich ganz offensichtlich unüberwindbare Schwierigkeiten ergeben (vgl. Kohl 1993; 132ff.). Für die hier verfolgte Fragestellung ist allerdings Jensens diffusionistisches Erkenntnisinteresse ohne Bedeutung. Wichtig ist allein die ganz offensichtliche Korrespondenz zwischen Mythologie und Wirtschaftsweise.

141 Ob dieser Begriff angemessen ist und ob er in irgendeinem Zusammenhang zu heutigen Gottesbegriffen gebracht werden kann, muss hier nicht entschieden werden, da diese Frage für den Zusammenhang zwischen Weltverständnis und Wirtschaftsweise unerheblich ist.

(im Sinne von Sippen bzw. Clans; D. B.) der Menschen vom Nunusaku (dem Berg der mythischen Menschen-Entstehung) auswanderten, ... kamen (sie schließlich) auf den heiligen Platz Tamene siwa (Tamene ist ... der Name kultischer Tanzplätze, siwa gleich neun) ... Unter den Menschen lebte damals ein Mann mit Namen Ameta (... Bedeutungsgehalt dunkel, schwarz, Nacht), der nicht verheiratet war und keine Kinder hatte. Ameta ging eines Tages mit seinem Hunde auf die Jagd. Nach einiger Zeit spürte der Hund im Wald ein Schwein auf und verfolgte es bis zu einem Teiche ... Bald konnte das Schwein nicht mehr schwimmen und ertrank. Der Mann Ameta war inzwischen herangekommen und fischte das tote Schwein heraus. Er fand in dem Hauer des Schweines eine Kokosnuss. Damals aber gab es noch keine Kokospalmen auf der Erde.

Die Kokosnuss legte Ameta in seinem Hause auf ein Gestell. Dort deckte er sie mit seinem Sarong Patola (Patola ist eine Schlangenart, und der Name deutet auf ein schlangen-gemustertes Tuch). Dann legte er sich ... schlafen und hatte einen Traum. Es kam ein Mann zu ihm, der sagte: „Die Kokosnuss, die du dort auf dem Gestell mit dem Sarong zugedeckt hast, musst du in die Erde pflanzen, denn sie keimt schon." Da nahm Ameta am anderen Morgen die Kokosnuss und pflanzte sie. Nach drei Tagen war die Palme schon hoch gewachsen und nach drei weiteren Tagen trug sie Blüten. Er kletterte in die Palme, um die Blüten zu schneiden, aus denen er sich ein Getränk bereiten wollte. Als er damit beschäftigt war, schnitt er sich in den Finger, und es tropfte Blut auf die Palmenblüte ... Als er nach drei Tagen wiederkam, sah er, dass sich das Blut auf dem Palmenblatt mit dem Saft der Blüten vermengt hatte und dass daraus ein Mensch wurde. Das Gesicht des Menschen war schon geformt. Als er nach drei Tagen wiederkam, war auch der Rumpf des Menschen da, und als er nach drei weiteren Tagen kam, war aus dem Blutstropfen ein kleines Mädchen geworden. In der Nacht kam im Traum derselbe Mann zu ihm und sagte: Nimm den Sarong Patola und wickle das Mädchen aus der Kokospalme sorgfältig hinein und bringe es nach Hause.

(Das tat er. D. B.) Er nannte es Heinuwele (das heißt Kokospalmenzweig). Sie wuchs sehr schnell auf und schon nach drei Tagen war sie ein heiratsfähiges junges Mädchen (Mulua). Sie war aber nicht wie die gewöhnlichen Menschen. Wenn sie ihre Notdurft verrichtete, so bestand der Kot aus wertvollen Gegenständen, wie chinesischen Tellern und Gongs und ihr Vater Ameta wurde sehr reich[142].

---

142 Jawanische Gongs, chinesisches Porzellan, Schmuckstücke und andere hochkulturelle Erzeugnisse haben sich schon seit langen Zeiten zu den Primitivstämmen Ost-Indonesiens verirrt, die ihnen in Unkenntnis ihrer Herkunft und ihres Verwendungszweckes mythischen Ursprung zuschreiben. Sie gelten als Kostbarkeiten von höchstem Wert, als sogenannte Pusaka-Stücke, die im Heiligtum des Clans aufbewahrt werden. (Fußnote Jensen).

Zu jener Zeit fand in Tamene siwa (dem Tanzplatz D. B.) ein großer Maro-Tanz statt, der neun Nächte hindurch dauerte. Die neun Familien der Menschen nahmen daran teil. Sie bildeten beim Tanze eine große neunfache Spirale (wenn die Menschen in der Nacht Maro tanzen, so sitzen in der Mitte die Frauen, die nicht mittanzen, und reichen den Tänzern ... (zubereitete Betelnüsse D. B.) zum Kauen). Bei jenem großen Tanz stand das Mädchen Heinuwele in der Mitte und reichte den Tänzern ... (Betelnüsse). Dies wiederholte sich in den folgenden Nächten, nur verteilte Heinuwele wertvolle Gegenstände an die Tänzer, (deren Wert von Nacht zu Nacht wuchs: D. B.) ... und den Menschen wurde diese Sache unheimlich. Sie kamen zusammen und berieten miteinander. Sie waren sehr eifersüchtig, dass Heinuwele solche Reichtümer verteilen konnte und beschlossen, sie zu töten.

In der neunten Nacht des großen Marotanzes wurde Heinuwele wieder in die Mitte des Platzes gestellt, um (Betelnüsse) zu verteilen. Die Männer aber gruben ein tiefes Loch auf dem Platze. In dem innersten Kreis der großen neunfachen Spirale, die die Tänzer bildeten, tanzte in jener Nacht die Familie Lisiela. In der langsam kreisenden Tanzbewegung der Spirale drängten sie das Mädchen Heinuwele auf die Grube zu und warfen sie hinein ... Man schüttete Erde auf sie und die Tänzer stampften mit ihren Tanzbewegungen die Erde über der Grube fest. Beim Morgengrauen war der Maro-Tanz beendet und die Menschen gingen nach Hause.

Als der Maro-Tanz zu Ende war und Heinuwele nicht nach Hause kam, wusste ihr Vater Ameta, dass sie ermordet war. Er nahm neun Uli-Stäbe (buschartige Pflanze, deren Holz zu Orakelzwecken diente) und baute bei ihm zu Hause die neun Kreise der Maro-Tänze auf. Er wusste nun, dass Heinuwele auf dem Maro-Platz ermordet worden war. Da nahm er neun Blattrippen von der Kokospalme und ging mit ihnen auf den Tanzplatz. Er steckte die neun Blattrippen nacheinander in die Erde. Mit der neunten traf er den innersten Kreis der Maro-Tänzer und als er sie wieder herauszog, waren Kopfhaare und Blut von Heinuwele daran. Da grub er ihren Leichnam aus und zerschnitt ihn in viele Stücke. Die einzelnen Teile des Körpers vergrub er in dem ganzen Gebiet um den Tanzplatz herum. Nur die beiden Arme vergrub er nicht, sondern brachte sie zur Mulua-Satene, jener Frau, die bei der Schöpfung der Menschen aus der einen unreifen Banane entstanden war (diesen Mythos habe ich weggelassen D. B.), und die damals noch über die Menschen herrschte. Die vergrabenen Leichenteile ... aber verwandelten sich in Dinge, die es damals auf der Erde nicht gab – vor allem in die Knollenfrüchte, von denen die Menschen seit dem hauptsächlich leben.

... Mulua-Satene war böse über sie, weil sie getötet hatten. Sie baute an einem Platz in Tamene siwa ein großes Tor. Es bestand aus einer neunfachen Spirale, so wie die Menschen beim Maro-Tanz aufgestellt gewesen waren. Mulua-

Satene selbst stellte sich auf einen großen Baumstamm auf der einen Seite des Tores auf und hatte die abgeschnittenen Arme von Heinuwele in ihren beiden Händen. Dann versammelte sie alle Menschen auf der anderen Seite des großen Toren und sagte zu ihnen: „Ich will nicht mehr hier leben, weil ihr getötet habt. Ich werde von euch gehen. Jetzt müsst ihr alle durch das Tor hindurch zu mir kommen. Wer durch das Tor kommt, der bleibt Mensch, wer nicht hindurchgeht, mit dem wird es anders geschehen ... Die Menschen versuchten nun alle durch das spiralige Tor zu gehen, aber nicht alle kamen hindurch. Wer nicht durch das Tor ... kam, der wurde damals zu einem Tier oder einem Geist. So entstanden die Schweine, die Hirsche, Vögel und Fische und die vielen Geister, die auf der Erde leben ... (Die Angekommenen werden danach, ob sie links oder rechts am Baumstamm der Göttin vorbeigingen, in Fünfer- und Neunermenschen unterschieden, Kategorien, denen sich die Stämme in Ceram zuordnen D. B.) ... Damals verschwand Mulua-Satene von der Erde und wohnt seit dem auf ... dem Toten Berge im südlichen West-Ceram. Wer zu ihr gelangen will, muss erst sterben. Der Weg ... führt über acht Berge, auf denen acht andere Nitu-Geister wohnen" (Jensen 1966; 47ff.).

In anderen Varianten dieses Mythos wird die rituelle Schlachtung von Schweinen begründet und die Verwandlung von Heinuwele in den Vollmond postuliert.

Man kann Mythen dieser Art auch als statische Evolutions*geschichten* verstehen. Ein Evolutionsschritt, hier die Kultivierung von Baumfrüchten und Wurzelgemüse und die Haltung von Schweinen als Haustier wird zu einem dramatischen Geschehen, das eine neue Art von Menschen und die definitive Trennung von Menschen auf der einen, Tieren und Pflanzen auf der anderen Seite hervorbringt. Der auf diese Weise zu einem Weltverständnis verarbeitete Evolutionsschritt kann in der Folge immer nur in rituellen Handlungen wiederholt werden. In den Riten, vor allem in den Initiationsriten, kann diese mythische Erzählung immer wieder als Realität erlebt werden.

Wie auch in der ähnlich angelegten Geschichte vom Sündenfall in der christlichen Tradition „erklärt" dieser Mythos die Sterblichkeit des Menschen als Evolutionsschritt. Sie wird durch sein Tun aktiv herbeigeführt (hier immer in der drastischen Version eines Mordes) und zieht Fruchtbarkeit, aber auch Entfremdung von der eigenen Herkunft nach sich. Ähnlich wie beim Kult der Göttin besteht auch hier wiederum ein enger und miteinander verschränkter Zusammenhang zwischen den Aktivitäten des Pflanzens und des Tötens. Dagegen vollziehen sich das Wachstum und die Fruchtbarkeit der neu entstandenen Nutzpflanze eigendynamisch. Sie werden im Mythos aber immer durch den Tod von Menschen bzw. Tieren, die Zerteilung des Leichnams und das Vergraben einiger Teile stimuliert.

Die magischen Konsequenzen der Ähnlichkeit in der äußeren Form zwischen menschlichem Kopf, Kokosnuss, Getreidesamen und Mond wurden bereits beim Ackerbau behandelt. Auch das Phänomen des Kannibalismus gehört in den selben mythologischen Kontext. Denn wenn das Fleisch und die Knochen von Getöteten Fruchtbarkeit und Wachstum bei den Pflanzen bewirken sollen, dann können dem Verzehr leicht ähnliche Wirkungen zugeschrieben werden.

Weitere Vergleiche zwischen dem Weltverständnis, wie es in dem von Gimbutas rekonstruierten Kult der Göttin zum Ausdruck kommt, und dem im Heinuwele Mythos artikulierten Weltverständnis sind rein spekulativ. Daher möchte ich nur auf zwei Aspekte hinweisen.

Der im Heinuwele Mythos zentrale Gesichtspunkt, dass erst der Tod eines Menschen ihm wieder mit dem als Prinzip oder als Figur gedachten Gott vereinigt, könnte auch zum Kult der Göttin gehört haben. Jedenfalls geben die Bestattungsformen solchen Interpretationen durchaus Raum.

Dagegen scheint ein wichtiger Unterschied zwischen beiden Konzepten darin zu bestehen, dass nur im Heinuwele Mythos die Menschen ein gespaltenes Verhältnis zu ihren Praktiken haben. Das könnte auf kulturelle Blockaden für wirtschaftliche Innovationen hindeuten, wenn man einen freilich gewagten Vergleich zu den großen Weltreligionen vornimmt, wo auch das Verhältnis der Gläubigen zur Welt (Weltverneinung versus Weltbejahung) eine Größe ist, die über die wirtschaftsethischen Konsequenzen der Weltreligionen entscheidet (vgl. Weber 1988).

8 Zusammenfassung

Die sogenannte Neolithische Revolution, der Übergang zu Sesshaftigkeit, Ackerbau und Viehzucht und die Entwicklung einer bereits erstaunlich reichhaltigen und umfassenden materiellen Kultur wurde in diesem Kapitel anhand europäischer Funde besprochen. Sie hat sich aber auch in anderen Gegenden vermutlich in ähnlicher Weise ereignet. Sie ist, so wurde in diesem Kapitel behauptet, als eine Konsequenz des magisch-religiösen Weltverständnisses entstanden, das der Kultgemeinschaft eine aktive Rolle bei der Reproduktion des Zyklus von Leben, Tod und Wiedergeburt zuerkannt hat.

Dieses neue Weltbild steht einerseits in der Kontinuität eines älteren Weltverständnisses, dass im vorangegangenen Kapitel am Beispiel des Totemismus und von Vorformen des Schamanismus behandelt wurde. Dieses ältere Weltbild zielte darauf, das Stammesleben durch ein Geflecht ritueller, teilweise magischer Beziehungen zu den Geistern der umgebenden Flora und Fauna abzusichern. Daraus hat sich offensichtlich ein Weltbild entwickelt, dass sich auf die grundlegenden Bedingungen dieses Zusammenhangs konzentriert: Die erneute **Hervorbringung** von Leben aus dem Tod. Diese **Themenverschiebung** wurde vermutlich durch die ständigen Klimaveränderungen nach der letzten Eiszeit nahegelegt. Da die Klimaveränderungen nicht linear, sondern schubweise erfolgt sind und sich Phasen der Erwärmung und der Abkühlung immer wieder abgelöst haben, ist davon auszugehen, dass die Tier- und Pflanzenarten, zu denen rituelle Beziehungen bestanden, starken Populationsschwankungen unterworfen waren. Dies könnte das Bedürfnis geweckt haben, durch magische Rituale den Fortbestand dieser Tier- und Pflanzenarten aktiv zu sichern, um so sowohl die eigene Nahrungsgrundlage wie auch die sozialen Beziehungen zur Umwelt zu stabilisieren.

Mit dieser Konzentration des magisch-religiösen Weltverständnisses auf den Zyklus von Leben – Tod – Wiedergeburt rückten zunächst Tiere bzw. Sachverhalte in den Mittelpunkt des magisch-religiösen Interesses, die mit dem Zyklus von Leben, Tod und Wiedergeburt in direkten Zusammenhang gebracht werden konnten: Die sich häutende (und damit gewissermaßen immer wieder selbst erneuernde) Schlange, die im Winter neue Geweihe aufbauende Cerviden (Hirscharten), die Zyklen der Sonne und des Mondes, der Vegetation, Ackerbau (ebenso vermutlich auch Viehzucht – dieser Komplex wurde ausgeklammert) haben im Kontext eines derartigen Weltbildes deswegen besondere Bedeutung gewonnen, weil die Kultgemeinschaft hiermit den Zyklus mit Mitteln der Magie selbst aktiv zu befördern oder gar zu bewirken suchte. Dazu gehörten auch Menschenopfer zur Beförderung des Vegetationszyklus. Wie vor allem an der Formgebung zu erkennen ist, stand die sich mit dem Ackerbau entwickelnde materielle Kultur, insbesondere Bauwerke, Keramik, bildliche Darstellungen, Symbole und Zeichen ganz im Dienste dieses magisch-religiösen Weltverständnisses.

Unter soziologischen Gesichtspunkten ist vor allem eine Konsequenz dieser Entwicklung wichtig: Unter diesem Weltverständnis bildet sich eine institutionelle Gesamtordnung heraus, die die Menschen integriert und ihr Verhalten strikt normiert. Auf eine Gesellschaft wie die Zuni, die große Parallelen zu den frühen Ackerbaugesellschaften Europas und Kleinasiens aufweist, trifft Durkheims Vergesellschaftungskonzept voll zu, wonach Individualinteressen einer als übergeordnet angesehenen gesellschaftlichen Gesamtordnung untergeordnet werden.

Allerdings ist die Gesamtordnung der Zuni weniger eine Moralordnung als eine auf instrumentellen Erfolg gegründete Wissensordnung. Diese Charakterisierung zeigt auch an, dass sowohl in den alten wie auch den heute noch existierenden Ackerbaugesellschaften ohne Staatenbildung die Einzelperson keine besondere Rolle spielt – es sei denn, dass sie sich bei der Verfolgung der gemeinsamen Rituale irgendwie hervortut. Persönliche Autorität und die Position in der jeweiligen Abstammungslinie spielen allerdings zweifellos eine Rolle.

Schon aufgrund der von den Archäologen analysierten Gräber nimmt man an, dass frühe Ackerbaugesellschaften weder herausgehobene Einzelindividuen noch große Unterschiede in den individuell verfügbaren Ressourcen kannten. Man hat Kollektivgräber, vermutlich Sippengräber gefunden, bei denen die Grabbeigaben nicht sehr stark divergierten.

Allerdings kann man auf eine etwas herausgehobene Stellung einzelner Frauen schließen. Auch von den mythologischen Vorstellungen her ist es naheliegend, dass Frauen in diesen Zivilisationen größeres Gewicht hatten als Männer, da dem Vorgang der Geburt, nicht aber dem der Zeugung hohe magische Bedeutsamkeit zugewiesen wurde.

Ob man diese Gesellschaften eher egalitär mit gewisser kultureller Dominanz der Frauen (Matrilinearität und Matrifugalität) oder aber als „Matriarchate" ansehen soll, ist umstritten (vgl. hierzu Gimbutas 1987; 1995, 1996; Göttner-Abendroth 1991; Wesel 1980). In jedem Fall spricht vieles für die These, dass sich eindeutig patriarchale Gesellschaften erst später herausgebildet haben. Im Rahmen des hier behandelten Weltbildes kam insbesondere verwandtschaftlich strukturierten Sozialverbänden wie der Sippe größeres Gewicht zu als dem Einzelindividuum. Das Konzept einer individualistischen Persönlichkeit im heutigen Sinne schloss vermutlich bereits der Wiedergeburtsglaube aus.

9 Fazit zur Gesellschaftsentwicklung – soziologisch relevante Unterschiede zwischen Jäger/Sammlerinnen- und Ackerbau betreibenden-Stammesgesellschaften

Wenn man versucht, die zentralen soziologischen Unterschiede gegenüber den im 5. Kapitel behandelten Wildbeutern zu benennen, dann fällt zunächst auf, dass das Gesellschaftssystem mit dem Getreideanbau eine wesentlich umfassendere Bedeutung gewinnt. Die Menschen leben am Ende einer längeren Umbruchsphase nun auch materiell von dem Ertrag ihrer Aktivitäten. Zunächst vor allem magisch bedeutsame, später alltäglich gewordene Aktivitäten haben das Alltagsleben umfassend verändert: man lebt in Häusern, ernährt sich zunehmend aus den landwirtschaftlichen Erträgen; magisches Kalkül hat eine erstaunlich reichhaltige materielle Kultur hervorgebracht (siehe Catal Hüyük). Das bedeutet aber auch, dass Durkheims Unterscheidung zwischen einem sakralen und einem profanen Lebensbereich hier nicht mehr greift. Die Vergesellschaftung über Ritualordnung, Sozialstruktur und Weltverständnis hat umfassende Züge angenommen (siehe Stammesgesellschaft der Zuni). Wenn man aus der Darstellung des Lebens der Zuni auf frühe Ackerbaukulturen rückschließen kann, dann scheinen sowohl das gesamte Leben gesellschaftlich überformt wie auch die strukturelle Kopplung zwischen psychischen und sozialen Systemen äußerst eng gewesen zu sein.

Das hängt damit zusammen, dass Ackerbau treibende Gesellschaftssysteme eine operative Grenze zwischen Gesellschaftssystem und Umwelt ausgebildet haben. Während das Weltverständnis in der Kontinuität der Vorstellungen einer verwandtschaftlichen Verbindung zwischen Menschen und tierischen wie pflanzlichen Lebewesen bleibt, grenzen sich die Gesellschaftssysteme in operativer Hinsicht von Tieren und Pflanzen ab: nur sie haben sich die **Aufgabe** gestellt, den Kreislauf von Leben, Tod und Wiedergeburt zu bewirken. Das System symbolischer Zeichen markiert diese operative Grenze zur Umwelt. Die Zeichen legen die informative Bedeutung von Umweltaspekten im Hinblick auf diese Aufgabe der Stammesgesellschaft fest. Solche Bedeutungsaspekte können ebenso durch **gezielte Eingriffe der Gesellschaftssysteme in die Beschaffenheit der Welt hervorgerufen werden**: Ackerbau, Hauswirtschaft, Töpfern, Weben oder der Bau von Kultanlagen, Gebäuden oder Öfen können auf solche magischen Zwecke zurückgeführt werden.

Mit dieser operativen Grenze zwischen Gesellschaftssystem und Umwelt verändert sich auch der Charakter der Rituale. Rituelle Handlungen gehen nun über das reine Nachspielen von im Weltverständnis fixierten Zusammenhängen hinaus und gewinnen zunehmend aktive, **arbeits**förmige Konturen. Der Zusammenhang von Leben, Tod und Wiedergeburt wird durch Pflanzenanbau aktiv bewirkt, und durch handwerkliche Tätigkeiten wie Gebäude errichten, Töpfern, Weben, das Einritzen symbolischer Zeichen etc. verstärkt. Damit verändert sich auch der Charakter der Stammesgesellschaften. Wie am Beispiel der Zuni deutlich wurde, **besteht das gesellschaftliche Leben** nicht mehr aus „wilden Festen", „Ausschweifungen", einem kollektiven Herbeiführen von Trancezuständen sondern **aus Aufgaben, Pflichten, dem peinlich genauen Ausführen festliegender Rituale.**

Das Verhältnis zur nichtmenschlichen Umwelt nähert sich dem heutzutage geläufigen an. In dem Maße, wie die Umwelt als durch eigene rituelle Aktivitäten bewirkt verstanden wird, fällt sie aus dem Gesellschaftssystem heraus und wird zur Umwelt des Gesellschaftssystems, die im Hinblick auf benötigte Information beobachtet werden muss, die aber auch als Quelle für Ressourcen und Rohstoffe bedeutsam wird.

Dennoch bestehen Ackerbau betreibende Stammesgesellschaften keineswegs nur aus menschlichen Mitgliedern mit menschlichen Eigenschaften. Sie kennen auch Geister und Gottheiten. Im fünften Kapitel hatte sich gezeigt, dass sich genau daraus der spezifisch gesellschaftliche Kommunikationsmodus erklären lässt. In Jäger und Sammlerinnen-Gesellschaften wurden sowohl Konstrukte wie Geister als auch andere Arten als Bestandteile der Sprach- und Kultgemeinschaften angesehen. Das hatte Schwierigkeiten nach sich gezogen, die zu einem **spezifisch gesellschaftlichen Kommunikationsmodus** geführt haben, der rituellen Kommunikation[143]. Sie verschärfen sich nun.

Unser Wissen über Stammesgesellschaften und alte Hochkulturen zeigt nun, dass – unter Beibehaltung ritueller Kommunikation als Grundlage – zwei Lösungsmöglichkeiten eine Rolle gespielt haben. Anknüpfend an die hohe Bewertung symbolischer Zeichen **spielte einmal die Methode der Magie eine Rolle**. Zum anderen die Steigerung der dem symbolischen Konstrukt zugetrauten Macht – an die Stelle von Geistern treten Götter – in Zusammenhang mit der Ausführung göttlicher Aufträge durch Priester. Diese beiden Möglichkeiten sind als Konstruktionen alternativ, historisch wurden sie dennoch – bis heute – miteinander verbunden[144]. Sie haben nur deswegen eine derart zentrale Rolle gespielt, weil die Menschen, wie in diesem Kapitel eingehend erläutert wurde, die „neolithische Revolution" nicht unter Gesichtspunkten der Zweckmäßigkeit explizit betrieben haben, sondern weil magische Erfordernisse im Vordergrund standen.

Magie lebt von der Zuschreibung symbolischer Eigenschaften. Sie unterscheiden sich von empirischen Verhaltensweisen und damit zusammenhängenden Eigenschaften dadurch, dass sie nicht offensichtlich gegeben sind sondern sich erst einem analytischen Verstand erschließen. So kann z.B. der bei Schlangen übliche Vorgang der Häutung nach dem Winterschlaf als besondere Fähigkeit der Schlangen zur Herbeiführung erneuten Lebens gedeutet werden. Diese Interpretation kann auch auf die Eigenschaft von Hirschen angewendet werden, die mitten im Winter, also in einer Periode „erlahmten" Wachstums, beginnen, ein neues Geweih auszubilden. Zu den Fähigkeiten des menschlichen Geistes gehört es weiterhin, diese isolierten Beobachtungen zu Eigenschaften der „Welt" zu verbinden und sie in Form von bildlichen Darstellungen, symbolischen Zeichen, Modellen oder auch von „entsprechend" geformten Gebrauchsgegenständen festzuhalten. Wenn man diese Artefakte mit den selben Augen betrachtet wie magische Eigenschaften von Lebewesen, dann bemerkt man auch, dass z.B. ein

---

143 Diese These wurde im 4. Kapitel folgendermaßen erklärt: Konstrukte wie Geister sind noch weniger in der Lage aktive Eingriffe in die materielle Welt auszuführen als zu kommunizieren. Dennoch spielen sie eine zentrale Rolle im (als Kult der Göttin identifizierten) Weltverständnis. Die Frage ist also, wie kann man mit solchen Konstrukten kommunizieren? Durch welchen gesellschaftlichen Kommunikationsmodus kann diese nun noch deutlichere Diskrepanz zwischen der gewachsenen gesellschaftlichen Bedeutung des symbolischen Konstrukts einerseits und seinen – verglichen mit anderen Menschen – **operativen Defiziten** (fehlende strukturelle Kopplung an Organismus und Wahrnehmungsfähigkeit) aufgefangen werden? Diese Probleme können nur durch regelgeleitete, vorab festegelegte, rituelle Kommunikation gelöst werden, in der Menschen nicht ihre konkrete Subjektivität verkörpern sondern Rollen, also konstruierte Akteursmuster. Genau dies ist der Ansatzpunkt für die Entwicklung von Gesellschaft.

144 Das hängt auch damit zusammen, dass man Magie und Religion nicht zu grundsätzlich polarisieren kann (vgl. Jensen 1991; 283ff.).

Erneuerung bedeutendes Zeichen wesentlich länger existiert als die Häutung einer Schlange oder das „Schieben" eines Geweihs. Nach magischem Denken können diese Fähigkeiten in einer alle Aspekte von Tod und Wiedergeburt synthetisierenden Figur wie der „Göttin" weiter konzentriert werden. Am Ende einer Stufenleiter von Steigerungsmöglichkeiten magischer Eigenschaften stehen vermutlich Kultgemeinschaften, die derartige Symbole über Jahrzehntausende hinweg reproduziert haben. Dies legt die Deutung nahe, dass den immer wieder praktizierten Ritualen, ebenso den immer wieder verwendeten symbolischen Zeichen und Formeln magische Kräfte zugeschrieben werden. Wer sich ihrer bedienen kann, übt diese Kraft aus (Kultgemeinschaft, Magier), ist damit aber auch für Fehlschläge verantwortlich. Auch dort wo Menschen (z.b. als Vegetationskönige) selbst Teil magischer Zusammenhänge werden, werden sie von der Kultgemeinschaft erfolgsabhängig behandelt.

Diese Risiken magischer Praktiken können über eine **zweite Methode, die Konstruktion mächtiger Götter in Verbindung mit menschlichen Vermittlern**, weitgehend vermieden werden. Aus Symbolen, die magische Eigenschaften in sich konzentrieren, werden Götter, die magische Fähigkeiten **ausüben**. Götter sind symbolische Konstrukte, die zumindest vor der Entwicklung der großen Weltreligionen durch die **Zuschreibung operativer Fähigkeiten** charakterisiert wurden. Die Kultgemeinschaft (bzw. Priester als Repräsentanten der Kultgemeinschaft) hat dann eine zweifache Aufgabe: Sie muss die Gunst der Götter stabil gewinnen und sicherstellen und sie kann **im Auftrag der Götter** Rituale und andere die Macht der Götter veranschaulichende oder fördernde Aktivitäten ausführen. Diese Überlegungen zeigen, **dass Götter** nicht nur die Risiken tragen sondern vor allem **Konstruktionen sind, die mit aktiven Praktiken der Kultgemeinschaft gut in Einklang zu bringen sind.**

Literatur

Benedict, R. (1955): Urformen der Kultur (amerik. Original 1934). Reinbek.
Bosinski, G. (1994): Menschendarstellungen der Altsteinzeit. In: Wehrberger (Hg.) 1994: Der Löwenmensch. Sigmaringen.
Beth, K. (1914): Religion und Magie bei den Naturvölkern. Berlin.
Braudel, F. (1985): Sozialgeschichte des 15. – 18. Jahrhunderts. Der Alltag. München.
Breysig, K. (1905): Die Entstehung des Gottesgedankens und der Heilsbringer. Berlin.
Briard, J. (2000): Die Megalithen der Bretagne. Deutsche Ausgabe. Lucon.
Calvin, W. H. (1998): Wie der Schamane den Mond stahl. Auf des Suche nach dem Wissen der Steinzeit. München.
Childe, G. V. (1950): „The Urban Revolution" in: Town Planning Review 21.

Clottes, J./Lewis-Williams, D. (1997): Schamanen. Trance und Magie in der Höhlenkunst der Eiszeit. Sigmaringen

Dittmer, K. (1954): Allgemeine Völkerkunde. Braunschweig.

Durkheim, E. (1981): Die elementaren Formen des religiösen Lebens (frz. Original 1912). Ffm.

Eliade, M. (1978): Geschichte der religiösen Ideen. Band 1: Von der Steinzeit bis zu den Mysterien von Eleusis. Freiburg, Basel, Wien.

Evans-Pritchard, E. E. (1981): Theorien über primitive Religionen. Mit einer Vorlesung „Sozialanthropologie gestern und heute" als Einleitung. (engl. Original 1965). Ffm.

Findeisen, H./Geerts, H. (1996): Die Schamanen. Jagdhelfer und Ratgeber, Seelenfahrer, Künder und Heiler. 4. Auflage. München.

Frazer, J. G. (1989) : Der goldene Zweig. Das Geheimnis von Glauben und Sitten der Völker. (Engl. Original 1922). Reinbek.

Freyer, H.(1955): Theorie des gegenwärtigen Zeitalters. Stuttgart.

Giddens, A. (1988): Die Konstitution der Gesellschaft. Ffm./N. Y.

Gimbutas, M. (1987): Megalitic Religion: Prehistoric Evidence. In: M. Eliade: Enzyclopedia of Religion. Bd. 9. S. 336ff. N.Y.

Gimbutas, M. (1996): Die Zivilisation der Göttin. Die Welt des Alten Europa. (Amerik. Original 1991). Ffm.

Gimbutas, M. (1995): Die Sprache der Göttin. Das verschüttete Symbolsystem der westlichen Zivilisation. (Amerik. Orig. 1989). Ffm.

Göttner-Abendroth, H. (1991): Das Matriarchat II.1. Stammesgesellschaften in Ostasien, Indonesien, Ozeanien. Stuttgart.

Graebner, F. (1924): Das Weltbild der Primitiven.

Hellpach, W. (1947): Das Magethos. In: Schriftenreihe zur Völkerpsychologie. Stuttgart.

Herrmann, F. (1975): Das einfache Pflanzertum nach völkerkundlichen Quellen. In: Narr 1975, Bd.2. Bern.

Isaac, E. (1971): On the Domestication of Cattle. In: Sturat Struever (Hg.): Prehistoric Agriculture. N. Y.

Jacobs, J. (1970): Stadt im Untergang. Berlin.

Jensen, A. E. (1966): Die getötete Gottheit. Weltbild einer frühen Kultur. Stuttgart/Berlin/Köln/Mainz.

Jensen, A. E. (1991): Mythos und Kult bei Naturvölkern. (Erstauflage 1951). München.

Kock, G. (1956): Der Heilsbringer. In: Ethnos, 21. Lund.

Kohl, K.H. (1993): Ethnologie – die Wissenschaft vom kulturell Fremden. München.

König, R. (1967): Artikel Institution. In: König (Hg.): Fischer-Lexikon Soziologie. Ffm.

Kramer, F./Sigrist, C. (Hg.) (1978): Gesellschaften ohne Staat. Bd. 1: Gleichheit und Gegenseitigkeit. Ffm.

Kramer, F./Sigrist, C. (Hg.) (1983): Gesellschaften ohne Staat II. Genealogie und Solidarität. Ffm.

Küster, H. (1995): Geschichte der Landschaft in Mitteleuropa. Von der Eiszeit bis zur Gegenwart. München.

Küster, H. (1998): Geschichte des Waldes. Von der Urzeit bis zur Gegenwart. München.

Luhmann, N. (1997): Die Gesellschaft der Gesellschaft. Ffm.

Malinowski, B. (1981): Korallengärten und ihre Magie. Bodenbestellung und bäuerliche Riten auf den Trobriand-Inseln. Herausgegeben mit einer Einleitung von Fritz Kramer. Ffm.

Malinowski, B. (2001): Argonauten des westlichen Pazifik: ein Bericht über Unternehmungen und Abenteuer der Eingeborenen in den Inselwelten von Melanesisch-Neuguinea. (Engl. Original 1922). Eschborn.

Mann, M. (1990): Geschichte der Macht. Von den Anfängen bis zur Griechischen Antike. Ffm./N.Y.

Marrett, R.R. (1900): Preanimistic Religion. London

Marshak, A. (1972): The Roots of Civilization. N.Y.

Marx, K./Engels, F. (1972): Manifest der kommunistischen Partei. In: Marx – Engels – Werke, Bd.4 (dt. Original 1848). Berlin.

Mauss, M. (1989): Die Gabe. Form und Funktion des Austauschs in archaischen Gesellschaften. In: Ders.: Soziologie und Anthropologie. Bd. 2 S. 9 – 148. (Frz. Original 1923). Ffm.

Mellaart, J. (1967): Catal Hüyük. A Neolithic Town in Anatolia. London.

Narr, K. J. (1961): Urgeschichte der Kultur. Stuttgart.

Narr, K. J. (Hg.) (1975): Handbuch der Urgeschichte. Band 1: Ältere und mittlere Steinzeit. Band 2: Jüngere Steinzeit und Steinkupferzeit. Bern und München.

Otto, R. (1917): Das Heilige. Breslau 1917

Popitz, H. (1992): Phänomene der Macht. 2. stark erweiterte Auflage. Tübingen.

Popitz, H. (1989): Prozesse der Machtbildung. Tübingen.

Preuß, K. Th. (1904/5): Der Ursprung der Religion und der Kunst. In: Globus, 86. Braunschweig.

Preuß, K. Th. (1926): Glauben und Mystik im Schatten des Höchsten Wesens. Leipzig.

Reden, S. von: Die Megalith-Kulturen. Zeugnisse einer verschollenen Urreligion. Köln.

Radin, P. (1938): Primitive Religion. Its Nature and Origin. London

Sahlins, M. (1972): Stone Age Economics. London.

Sauer, C. O. (1952): Agricultural Origins and Dispersals. The Domestication of Animals and Foodstuffs. Cambridge Mass.

Schmidt, W. (1926 – 1949): Der Ursprung der Gottesidee. Bd. 1 – 12. Münster.

Smith, A. (1978): Der Wohlstand der Nationen. Eine Untersuchung seiner Natur und seiner Ursachen. (Engl. Original 1776). München.

Thompson, W. I. (1985): Der Fall in die Zeit. Mythologie, Sexualität und der Ursprung der Kultur. Reinbek.

Toynbee, A. J. (1934 – 1954): A Study of History.

Vierkandt, A. (1907): Die Anfänge der Religion und Zauberei. In: Globus, 92, Braunschweig.

Weber, M. (1972): Wirtschaft und Gesellschaft. 5. Auflage. Tübingen.

Weber, M. (1988): Wirtschaftsethik der Weltreligionen. In: Ders. Gesammelte Aufsätze zur Religionssoziologie. Bd. 1 –3. Tübingen.

Wesel, U. 1980: Der Mythos vom Matriarchat. Ffm.

7 Staaten und Zivilisationen

Gliederung

Einleitung 270
1   Was sind die grundlegenden Merkmale der alten Hochkulturen? 270
1.1 Die Erfindung der Schrift 272
2   Formative Phase: Von der Stammesgesellschaft zum Stadtstaat –
     die Institutionalisierung von Machtpositionen in der Gesellschaft.
     Einleitung 274
2.1 Wie kann man die Entwicklung zu Stadtstaaten erklären?
     Überblick über den Diskussionsstand 275
2.2 Die religiöse Sackgasse egalitärer Stammesgesellschaften und
     die Idee religiöser Stellvertretung 279
2.3 Auswahl von „religiösen Virtuosen" und Voraussetzungen für
     die Stabilisierung religiöser Stellvertretung 280
2.4 Entstehung und Stabilisierung vererbbarer Machtpositionen
     innerhalb des jeweiligen Clans 286
2.5 Rangbeziehungen zwischen den Clans 287
2.6 Das Königtum: Die dritte Phase der Institutionalisierung von Macht ... 289
2.6.1 Das Spektrum ritueller Aufgaben des Königs und die Anpassung
     der rituellen Praxis an die neuen Gegebenheiten 290
3   Von der Theokratie zum weltlichen Königtum –
     die Trennung zwischen Tempel und Palast (2.Phase) 295
3.1 Redistributiver Staat und Arbeitsgesellschaft 296
3.2 Haushalt und Staatswirtschaft 301
3.3 Das redistributive Wirtschaftssystem in Ägypten und Mesopotamien .. 303
4   Kriegerische Expansion – Vom Stadtstaat zum Imperium 308
4.1 Könige als Götter oder als religiöse Vermittler 309
4.2 Zusammenhänge zwischen wirtschaftlichem und
     militärischem Potential 312
4.3 Militärischer Wettbewerb zwischen Gesellschaften 314
5   Fazit: Soziologische Grundlagen der alten Hochkulturen 315
5.1 Von religiöser Stellvertretung zu innergesellschaftlicher
     Aufgabendifferenzierung 315
6   Nachbemerkung: Mechanismen der Stagnation 322
Literatur 324

Einleitung

Dieses Kapitel beschäftigt sich mit der Entwicklung von Stammesgesellschaften zu Hochkulturen. Während Stammesgesellschaften von den Realitäten des modernen Lebens bereits sehr weit entfernt sind, weist die Sozialstruktur der alten Hochkulturen Merkmale auf, die unser heutiges Leben immer noch prägen: Staaten, Städte, Steuern, Wirtschaft, Arbeitsteilung und abhängige Erwerbsarbeit. Im Zentrum dieses Kapitels stehen daher folgende Fragen:

1. Auf welchem Wege haben sich aus Stammesgesellschaften Hochkulturen entwickelt?
2. Auf welchen kulturellen oder auch sozialen Grundlagen wurde diese neue Form des gesellschaftlichen Zusammenlebens geschaffen?
3. Was macht die Überlegenheit der gesellschaftlichen Institutionen der Hochkulturen gegenüber jenen von Stammesgesellschaften aus?
4. Nicht erst moderne Gesellschaften, sondern bereits die alten Hochkulturen wiesen eine erhebliche soziale Dynamik auf. Auch das unterscheidet sie von Stammesgesellschaften. Wie ist diese Dynamik zu erklären? Welche sozialen Konsequenzen ergeben sich aus ihr?

1 Was sind die grundlegenden Merkmale der alten Hochkulturen?

Der amerikanische Anthropologe Elman Service hat die These aufgestellt, dass es mindestens zwei, aller Wahrscheinlichkeit nach aber sechs primäre Zivilisationen gegeben habe. Er versteht hierunter die alten Hochkulturen im Zweistromland, in Ägypten, im Industal (Harappa und Mohenjo-Daro), in China (Longschan und weitere Vorläuferkulturen der Shandynastie), die präkolumbianischen Zivilisationen Mittel- (Olmeken/Teotihuacan) und Südamerikas (Chavinkultur auf der Grundlage peruanischer Lokalkulturen). Da ihre Entwicklung nicht auf einen Fall reduzierbar sei, könne es sich hier nicht um eine kontingente historische Entwicklung handeln. Vielmehr müsse vermutet werden, dass hier Evolutionsprozesse am Werk waren, denen eine gewisse innere Logik innewohnen müsse. „Aber nicht nur haben sich einige der archaischen Zivilisationen wahrscheinlich unabhängig voneinander entwickelt; sie entwickelten auch **erstaunlich ähnliche kulturelle Neuschöpfungen**, von denen manche als Indikator der Zivilisation angesehen werden." (Service 1977; 29; Hervorh. D.B.).

Weiterhin ist für alle primären Zivilisationen ein im Einzelnen zwar unterschiedlicher, in seinen allgemeinen Merkmalen aber **durchaus vergleichbarer Ablauf der Entwicklung zur „Zivilisation"** dokumentiert. Am Beginn steht eine „formative Phase", in der sich ein **städtisches Zentrum** und ein Redistributionssystem herausbilden, die eine Entwicklung stabiler Arbeitsteilung erlaubt. Die landwirtschaftlichen Erträge steigen und die Bevölkerung wächst stark an. In einer zweiten Phase verfestigt sich dann eine **zentrale Herrschaftsinstanz**, deren Charakter sich allmählich von der Theokratie zur **weltlichen Herrschaft** verändert. Schließlich sind für alle primären Zivilisationen **Phasen der Ausdehnung** der zunächst nur lokalen Herrschaft über Krieg und Eroberung hin zu „Weltreichen" dokumentiert. Die Entwicklung der alten Hochkulturen folgt also einem **Drei-Phasen-Modell**, das auch dieser Darstellung zugrunde liegt.

Diese Kriterien suggerieren allerdings, dass die Geschichte der alten Hochkulturen ausschließlich eine Erfolgsgeschichte gewesen sei. In allen primären Zivilisationen stoßen wir jedoch auf Krisen, Wirren, Phasen des Niedergangs usw. Dieser Gesichtspunkt kann in diesem Kapitel allerdings nicht behandelt werden. Er bleibt einem zweiten Band vorbehalten.

Seit Platon und Aristoteles hat es Tradition, den auch heute noch höchst bedeutsamen Unterschied zwischen zivilisierten und nichtzivilisierten Gesellschaften mit den alten Hochkulturen beginnen zu lassen. Weitgehende Übereinstimmung herrscht bei der Beschreibung der Phänomene dieses Wandlungsprozesses. Childe 1950 nennt folgende Merkmale: (1) **Städte** als gesellschaftliche Zentren, indirekt: (2) **Bevölkerungsverdichtung**, (3) **hauptberufliche Spezialisten**, (4) ein „**soziales Surplus**" aus der landwirtschaftlichen Nahrungsmittelproduktion, (5) **Aneignung dieses „Surplus" durch den Staat**, (6) **monumentale öffentliche Bauten**, (7) eine „**herrschende Klasse**" von Priestern, militärischen und zivilen Führern sowie Beamten, (8) **numerisches Zahlensystem und Schrift, Astronomie und Mathematik**, (9) **Fernhandel**, verfeinerte Kunststile, (10) **Staat**. Zu ergänzen ist diese Beschreibung noch um drei Punkte, denen in den letzten Jahren erhöhte Aufmerksamkeit gewidmet wurde. Alle primären Zivilisationen haben sich an (11) **Flusssystemen** entwickelt, die **hochergiebige landwirtschaftliche Produktion** ermöglichen (vgl. z.B. Service 1977). Alle alten Hochkulturen haben ihr (12) **Territorium** genau definiert und gegen eine nicht zugehörige Umwelt abgegrenzt (Nissen 1990). Weiterhin muss die Entstehung einer (13) **organisierten Kriegsführung**, von Verteidigungsanlagen usw. mit im Auge behalten werden.

Wesentlich schwieriger zu beantworten ist dagegen die Frage, was denn die eigentlich ausschlaggebende Innovation sei, die Zivilisationen von unzivilisierten oder „barbarischen" (Morgan 1877) Gesellschaften trennt. Die Antwort auf diese Frage ist bis heute umstritten. Einer der wichtigsten Evolutionstheoretiker des 19. Jahrhunderts, Lewis H. Morgan, macht diese „Wasserscheide der kulturellen Evolution des Menschen" (Service) an der Erfindung der Schrift fest. Hierauf werde ich (unter 7.1.1) gesondert eingehen. Childe 1950 prägte dagegen den Begriff der urbanen Revolution, um damit, der marxistischen Tradition folgend, die Herausbildung von Klassenverhältnissen in Verbindung mit städtischen Lebensformen in den Mittelpunkt zu rücken. Genau so wie die durch andere Theoretiker des 19. Jahrhunderts betonten Aspekte der Bevölkerungsentwicklung des Militarismus und der Eroberung, hat auch dieser Aspekt einige Evidenz für sich. In der neueren Diskussion hat sich dagegen, den Argumenten von Service folgend, der Akzent ganz eindeutig auf den **innergesellschaftlichen Aspekt der Institutionalisierung von Macht** verschoben (vgl.: Service 1977; Breuer 1981; Mann 1990; Friedman/Rowlands 1977). Dem ist sicherlich zuzustimmen. Man muss jedoch sehen, dass die Institutionalisierung von Macht nur Teil eines weiter ausgreifenden und vielschichtigeren gesellschaftlichen Umbruchs ist – gewissermaßen die weithin sichtbare Spitze des Eisberges.

1.1 Die Erfindung der Schrift

Nach Parsons sind die alten Hochkulturen, die er als „intermediäre Stufe", als zweite Stufe einer dreistufigen gesellschaftlichen Entwicklung, bezeichnet, „durch die Entwicklung der geschriebenen Sprache gekennzeichnet" (Parsons 1975; 85). Er schließt sich damit dem Urteil seines Landsmanns Lewis H. Morgan an, der bereits 1877 folgendermaßen argumentiert hatte: „Der Gebrauch der Schrift oder ihres Äquivalents, der Hieroglyphen auf Stein, liefert einen richtigen Prüfstein für den Beginn der Zivilisation. Ohne literarische Aufzeichnungen wäre füglich weder Geschichte noch Zivilisation vorhanden" (Morgan 1908; 26).

Wohl am eingehendsten hat sich Niklas Luhmann mit der Bedeutung der Schrift für das menschliche Sozialverhalten befasst. Da er „soziale Systeme" durch die Operation der Kommunikation erfasst, macht er fundamentale Unterschiede aus, wenn Kommunikation anstatt über das Medium mündliche Sprache in Schriftform erfolgt. Seiner Auffassung nach kann sich die Schrift „relativ rasch in nur wenigen Jahrtausenden durchsetzen. Sie führt im Laufe der Zeit zu einer tiefgreifenden Transformation der Kommunikationsmöglichkeiten und damit zu einer grundlegenden Neustrukturierung des Gesellschaftssystems" (Luhmann 1997; 264). „Die Effekte der Schrift lassen sich nicht aus der bloßen Vermehrung der Adressaten erklären, so wichtig dieser Aspekt ist. Sie liegen in einer Neuordnung von Zeit und Kultur" (ebd. 269). „Die Erfindung der Schrift gibt ... einsamem sozialen Handeln die Chance, gleichwohl gesellschaftliches Handeln zu sein" (Luhmann 1984; 581).

Es kann wenig Zweifel daran geben, dass das Medium Schrift und weitere Medien, die die symbolsprachliche Verständigung von den zeitlichen, räumlichen und sozialen Grenzen der Kopräsenz befreit haben, einen tiefgreifenden

Einschnitt für das menschliche Sozialverhalten markieren. Eine ganz andere Frage ist aber, ob wir diese Zäsur einfach den primären Zivilisationen zurechnen können, weil hier ja angeblich die Schrift erfunden wurde.

Eine etwas genauere Betrachtung zeigt, dass die Schrift sich ganz allmählich, in einem vielstufigen Prozess entwickelt hat, so dass eine derartige Zurechnung an der Sache vorbei geht. Weiterhin muss zwischen Innovation und Praxis unterschieden werden. Denn die soziale Bedeutung der Schrift entfaltet sich nur in dem Maße, wie sie ganz real im Alltag benutzt wird. Die soziologische Relevanz der Schrift ist also ganz eng mit der Frage der Alphabetisierung verknüpft. Daher wird uns die Schrift sowie noch weitere Verbreitungsmedien noch wesentlich ausgiebiger als in diesem Kapitel in den weiteren Bänden zum Thema Gesellschaftsentwicklung beschäftigen. An dieser Stelle behandle ich nur die Frage der „Erfindung" der Schrift.

In einem etwas grobmaschigen Verfahren möchte ich im Anschluss an Kuckenburg 2004 sechs Phasen bzw. Aspekte der Entwicklung der Schrift unterscheiden. Sie zeigen, dass es sich hier um eine Entwicklung handelte, die Jahrzehntausende in Anspruch genommen hat und möglicherweise schon mit dem Übergang auf die Symbolsprache einsetzte.

1. Am Beginn standen magische Zeichen, die, genauso wie die Symbolsprache auch, etwas bewirken sollten und an nicht Präsentes erinnern konnten (vgl. Kap. 6). Ritzzeichen sind so alt wie andere kulturelle Artefakte. Sie gehören daher bereits in den Kontext des Übergangs auf Symbolsprache und Gesellschaft.
2. Gleiches gilt vermutlich auch für die Entwicklung bildlicher Aufzeichnungssysteme, die etwa für die nordamerikanischen Indianer dokumentiert sind (Kuckenburg 2004; 118ff.).
3. In engem Zusammenhang damit stehen Zählmarken, die auch den Ausgangspunkt für die Entwicklung der Keilschrift und der Hieroglyphenschrift bilden. Es hat sich aber gezeigt, dass es sich hierbei um wesentlich ältere Hilfsmittel handelt. Sogenannte Kerbhölzer sind vermutlich sehr alt, Zählschnüre waren weit verbreitet, also nicht nur das organisatorische Rückgrat des auch flächenmäßig sehr umfangreichen Inkastaates. Sogenannte Tokens, in Behältern geordnete und aufbewahrte tönerne Zählmarken, waren im gesamten vorderasiatischen Raum bereits lange vor, aber auch noch parallel zur Keilschrift in Gebrauch (ab 8.000 v.u.Z.; vgl. Schmandt-Bessarat 1985).
4. Bei diesen Zählmarken musste ja immer auch unterschieden werden, was genau gezählt werden sollte. Daraus entwickelten sich standardisierte Zeichen für Zählobjekte, die in Kombination mit standardisierten Zeichen für Zahlen, den Einstieg etwa in die Entwicklung der Keilschrift markierten.

Wichtig ist, dass es sich dabei um eine rein ideographische Schrift handelte, die sich also nicht an die phonetische Aussprache der jeweiligen Begriffe anlehnte.
5. Von einer Art Schrift kann die Rede sein, wenn es auf dieser Grundlage möglich wird, qualitative von quantitativen Informationen zu trennen. Das erfordert u.a. die Entwicklung sekundärer Symbole (also z.b. die schriftliche Darstellung einer bestimmten Tonmarke).
6. Eine über die Weitergabe von Bestandslisten hinausgehende Verwendung von Schrift wird erst mit ihrer Phonetisierung systematisch möglich (Sumer, ab ca. 2.500 v.u.Z.).
7. Der Weg von der Silben zu Buchstabenschrift setzt erst um ca. 1.500 v.u.Z. ein. Die Phönizier waren nicht die Erfinder der Buchstabenschrift. Sie haben aber mit ihrer Buchstabenschrift den Einstieg in die Aphabetisierung gefunden. Phönizische Kaufleute kamen wohl als erste ohne Schreiber aus, wenn sie eine schriftliche Nachricht übermitteln wollten (ca. 800 v.u.Z.)
8. Zu einem wirklich universellen Medium wird die Buchstabenschrift aber erst mit der Alphabetisierung der gesamten Bevölkerung im Europa des 19. Jahrhunderts.

Diese komplexe Entwicklung schließt es m.E. aus, die Entwicklung der primären Zivilisationen vorrangig über die Erfindung der Schrift begreifen zu wollen.

2 Formative Phase: Von der Stammesgesellschaft zum Stadtstaat – die Institutionalisierung von Machtpositionen in der Gesellschaft

In diesem zweiten Teil des siebten Kapitels stehen die Prozesse im Mittelpunkt, die von Stammesgesellschaften zu Stadtstaaten führen. Eine derartige **formative Phase** kann für alle sechs vermutlich voneinander unabhängigen primären Zivilisationen angenommen werden. Aus Gründen der Übersichtlichkeit greife ich in diesem Kapitel aber nur auf die beiden am besten erforschten Fälle, Mesopotamien und Ägypten, zurück. Die formative Phase ist in Mesopotamien etwa um 3.100 v.u.Z., in Ägypten spätestens 2.900 v.u.Z[145]. abgeschlossen.

---

145 Für Ägypten ist eine Datierung äußerst schwierig, da wir auch heute die ägyptische Geschichte einigermaßen präzise erst ab der 3. Dynastie kennen. Der Beginn des ägyptischen Staates wird heute auf ca. 150 Jahre vor der Dynastie 0 datiert, also auf ca. 3.200 v.u..Z. (Zibelius-Chen 2006; 280), den Beginn der Negade II - Zeit. Das würde dafür sprechen, die formative Phase auf die Negade II – Zeit zu datieren, also auf 3.500 – 3.200 v.u.Z. aus dieser Phase wurden Hinweise auf Spezialisierung (ebd. 279) sowie „Fürstengräber" gefunden. 2.900 v.u.Z., die Regierungszeit von Narmer, des letzten protodynastischen Königs, und der Zeitpunkt der Gründung von Memphis, ist sicherlich der spätestmögliche Zeitpunkt.

2.1 Wie kann man die Entwicklung zu Stadtstaaten erklären? Überblick über den Diskussionsstand

Wenn wir uns zunächst auf den Prozess konzentrieren, in dem aus Stammesgesellschaften kleine Stadtstaaten wurden, die ein begrenztes Umland beherrschten, dann können wir die umfangreiche ältere Diskussion zu diesem Thema aussparen (vgl. zusammenfassend Mann 1990, Kap. 2), weil sie in der neueren Diskussion mitreflektiert wird und die Folie für neuere Erklärungsversuche abgibt. Die neuere Diskussion unterscheidet sich von der älteren vor allem durch zwei von der Ethnologie übernommene Prämissen bzw. Thesen, die die Aufmerksamkeit auf den Prozess der **Institutionalisierung von Macht** lenken.

Die erste Prämisse ist die Charakterisierung der untersuchten Stammesgesellschaften als egalitär. Vor diesem Hintergrund stellt sich sofort die Frage, wieso es im Verlaufe der Evolution zu ausgeprägten Hierarchien gekommen ist (vgl. z.B. Service 1977; 25). Wo sie bei ihren Untersuchungen in Stammesgesellschaften auf Ungleichheit gestoßen sind, haben die Ethnologen betont, dass solche Ungleichheitsbeziehungen nicht von der konkreten Person und ihrem Ansehen ablösbar seien. Diese These wiederum **konzentriert das Interesse auf** die Verfestigung, auf **die Institutionalisierung von Macht**, auf von der konkreten Person abgelöste, selbständig existierende, gesellschaftliche Ungleichheits- und Machtbeziehungen. In diesem Zusammenhang wird die begriffliche Unterscheidung zwischen Autorität und Macht wichtig.

Besonders prägnant hat Hannah Arendt die Unterschiede zwischen diesen beiden Formen von Ungleichheit herausgearbeitet: „Da Autorität stets Gehorsam fordert, wird sie für gewöhnlich für eine Form von Macht oder Gewalt gehalten. Echte Autorität schließt aber gerade den Gebrauch äußerer Zwangsmittel aus; sobald sie sich der Gewalt bedient, hat Autorität versagt. Andererseits ist Autorität unvereinbar mit dem Überzeugen des anderen, das Gleichheit voraussetzt und durch einen Prozess des Argumentierens zustande kommt." (Arendt 1961; 92) Diese Unterscheidung macht sehr deutlich, wie schwierig und wie riskant der Übergang von Autoritäts- auf Machtbeziehungen ist. Wer seine Autorität dazu nutzt, Machtbeziehungen aufzubauen, verspielt ja genau jenen Kredit, auf dem die eigene Autorität basiert[146]. Diesen Gesichtspunkt gilt es im Auge zu behalten.

---

146 Vor diesem Hintergrund verwundert es auch nicht, dass die meisten Stammesgesellschaften die uns hier interessierende Entwicklung **nicht** durchlaufen haben, weil sich ihr Sozialsystem an irgendeinem Punkt dieses risikoreichen Prozesses stabilisiert hat. Stabilisierung bedeutet hier teilweise ein Stehen bleiben auf einem bestimmten Niveau, teilweise aber auch ein Zurückgehen auf stabile und historisch bewährte Muster (vgl. z.B.: Göttner-Abendroth 1991). Mit der religiösen und zugleich gesellschaftsorganisatorischen Stabilisierung geht auch eine weitgehende Stagnation, neutraler formuliert: ein Stillstellen der Entwicklung der Wirtschaftsweise, einher.

Eine vielbeachtete Analyse der Entstehung primärer Zivilisationen und der Institutionalisierung von Macht hat Michael Mann vorgelegt. Er unternimmt den Versuch „eine Geschichte und Theorie der Machtbeziehung in menschlichen Gesellschaften" zu präsentieren, mit dem Anspruch, damit zugleich eine „Geschichte und Theorie der menschlichen Gesellschaft selbst" vorzulegen (Mann 1990; 13). In diesem weit gesteckten Rahmen entwickelt er auch „eine Theorie der Entstehung von Zivilisation" (ebenda; 207), die sowohl die Entstehung der Stadtstaaten wie auch den Übergang von Stadtstaaten zu Imperien umfasst. An dieser Stelle interessiert uns nur der erste Teil seiner Erklärung. Mann geht von der in höchstem Maße problematischen Prämisse aus, dass „die Menschen während des größten Teils ihres Erdendaseins **bemüht** waren ... den Staat und die soziale Schichtung ... **zu vermeiden**" (Mann 1990; 207, Hervorh. D. B.).

Deswegen läuft Geschichte nach dem Muster des Räuber und Gendarm Spieles ab: Die Menschen müssen wider ihren Willen in einen „sozialen Käfig" (Mann) eingesperrt werden, um sich dann allmählich an die neuen Verhältnisse zu gewöhnen[147].

Am Beispiel der Entwicklung in Mesopotamien und der anderen primären Zivilisationen kommt Mann zu dem Schluss, dass es die alluviale Landwirtschaft[148] war, „die dieses Vermeidungsverhalten" der Menschen gebrochen habe. „Die gewichtigste Implikation der alluvialen Landwirtschaft, die in allen „urtümlichen" Zivilisationen präsent war, bestand in dem territorialen Zwang, den sie sozusagen als Paketangebot zusammen mit einem großen wirtschaftlichen Surplus offerierte. Wenn daraus eine Bewässerungswirtschaft erwuchs, wie es gewöhnlich der Fall war, dann nahm auch der soziale Zwang zu. Die Bevölkerung wurde in den Käfig spezieller Autoritätsbeziehungen gesperrt" (Mann 1990; 207).

Innerhalb dieses „Käfigs" entwickelt sich nun eine „Logistik wirtschaftlicher Vorteilsnahme" (D. B.). „Das mesopotamische (aber von Mann als allgemeingültig aufgefasst D. B.) Entwicklungsmuster weist fünf wichtige Elemente auf. (1) Die Verfügung einer Familie bzw. einer sesshaften Gruppe über Boden

---

147 Mann kritisiert die Evolutionstheorie als Mythos, um dann eine eigene Mythologie einzuführen. Sein Ausgangspunkt liegt in der marxistischen (und anarchistischen) Denktradition, nur fällt er hinter seine Vorläufer zurück. Marx beispielsweise hat nicht einfach unterstellt, dass die Menschen in der Lage sind, Geschichte bewusst zu machen und die Konsequenzen ihres Handelns voll zu überblicken. Um aber an genau diesem Anspruch festhalten zu können, hat er eine nach damaligen Verhältnissen sehr aufwendige Entfremdungstheorie entwickelt. Nur auf diesem Wege konnte Marx an der Vorstellung festhalten, dass die Menschen, aber erst nach einem Akt politischer und gesellschaftlicher Emanzipation, in der Lage sein werden, ihre Geschicke in die eigene Hand zu nehmen.

148 Hierunter wird Landwirtschaft auf Schwemmland, in der Regel am Ufer großer Flüsse, verstanden.

im Herzland oder über außergewöhnlich gute Möglichkeiten der Bewässerung, sei's durch natürliche Überflutung, sei's auf künstlichem Wege, ließ diese nicht nur einen größeren ökonomischen Überschuss erzielen, als ihre alluvialen bzw. künstlich bewässernden Nachbarn an der Peripherie ihn erwirtschafteten, sondern bot der überschüssigen Bevölkerung auf Seiten der letzteren zugleich Arbeitsmöglichkeiten. (2) Alle diejenigen, die alluviale bzw. künstlich bewässerte Böden bestellten, befanden sich in der selben Weise im Vorteil gegenüber den an der Peripherie lebenden Hirten, Jägern, Sammlern und Bauern, die sich zur Bewässerung ihres Bodens auf Regenfälle verlassen mussten. (3) Die Handelsbeziehungen zwischen diesen Gruppen konzentrierten sich auf spezielle Verkehrswege; vor allem auf schiffbare Flüsse sowie auf Marktplätze und Lagerhäuser an deren Ufern. Wer diese Fixpunkte in seiner Hand hatte, dem wuchsen weitere Vorteile zu – in der Regel war es wiederum die alluviale bzw. bewässernde Gruppe im Zentrum, die in ihren Genuss kam. (4) Die ökonomische Führungsrolle des alluvialen/bewässernden Kerns dokumentierte sich auch in der Ausweitung der Fertigung von Gütern, des handwerklichen Gewerbes und des Reexportgeschäftes, die allesamt an den selben Orten konzentriert waren. (5) Der Handel weitete sich aus in einen Tausch, bei dem das Zentrum seine landwirtschaftlichen und handwerklichen Erzeugnisse dem ferneren Umland gegen Edelmetalle aus den Bergen überließ. Damit erlangte das Zentrum eine sehr weitgehende Kontrolle über ein relativ allgemeines Tauschmittel, über „Prestigegüter" zur Zurschaustellung von Status und über die Herstellung von Werkzeugen und Waffen.

Die fünf Elemente verstärkten einander ... **Der Staat**, dessen Organisation zentralistisch und territorial war, **erwies sich** – auf eine Weise, die von den Lebensmustern der Vorgeschichte abwich – **für das soziale Leben und die beherrschenden Gruppen als dauerhaft nützlich. Die Verfügung über den Staat wurde zur einer ausnutzbaren Machtquelle**, wie es sie bis dahin nicht gegeben hatte" (Mann 1990; 208f.; Hervorh. D. B.).

So könnte es tatsächlich gewesen sein – wenn sich die **heutigen** Menschen durch einen Zeittunnel fünfeinhalbtausend Jahre in die Vergangenheit begeben hätten und zufällig im Schwemmland von Euphrat und Tigris angekommen wären. Abgesehen von kleineren Ungereimtheiten[149], liegt das Hauptproblem dieser Erklärung darin, dass das, was eigentlich erklärt werden müsste, bereits vorausgesetzt wird: Der Mensch als ein seine strategische, wirtschaftliche und politische Macht voll ausspielender Machtmensch und Abhängige, die ihre Ketten nicht sprengen können, weil sie ansonsten bestimmte Vorteile verlieren würden.

---

149 Z.B. der ungelösten Frage, wie denn militärisch noch kaum organisierte Stadtstaaten mit ausgeprägten Beziehungen zu einem nicht kontrollierten Umland in der Lage gewesen sein sollten, „Bevölkerung im Zentrum festzuhalten"(Mann 1990).

Es ist schon fraglich, ob und inwieweit sich Verhaltensmuster in modernen Gesellschaften auf eine kalkulierbare Rationalität erfolgsorientierten Handelns zurückführen lassen, wie es in Theorien rationaler Wahl modelliert wird (vgl. z.B. Coleman 1995; Esser 1993). Ungleich gravierender sind die Probleme, die eine Anwendung dieses Paradigmas auf die formative Phase aufwirft. Nicht nur die Menschen in den Stammesgesellschaften, sondern auch noch die Stadtbewohner in den alten Hochkulturen waren allenfalls indirekt oder nur in zweiter Linie auf handfeste Vorteile im Lebensstandard aus. Sie waren primär am Erfolg magisch-religiöser Praktiken der Kultgemeinschaft interessiert, aus dem sich allenfalls als Nebenprodukt wachsende Überschüsse und ein besserer Lebensstandard ergeben haben konnten. Unter solchen Gesichtspunkten waren religiöse Opfer oder gigantische Bauleistungen wie beim Bau der ägyptischen Pyramiden oder der Großtempel in den frühmesopotamischen Städten für die damaligen Menschen durchaus „rational". Schon deswegen müssen wir davon ausgehen, dass die von Mann hervorgehobenen logistischen Vorzüge der frühen Zivilisationen sich nur ergeben, wenn wir mit heutigen Augen auf die damaligen Gegebenheiten blicken[150].

Michael Mann hat im Wesentlichen zutreffend nur die materielle Seite des uns hier interessierenden Entwicklungsprozesses bilanziert. Auch wenn diese Sichtweise nicht ausreichen kann, wäre es ebenso einseitig, nun umgekehrt die analytische Aufmerksamkeit allein auf kulturelle Entwicklungsprozesse zu richten. Unsere Aufgabe besteht vielmehr darin, jene Verflechtungs- und Interdependenzketten herauszuarbeiten, die Entwicklungen auf diesen beiden Ebenen miteinander verzahnen. Nur auf diesem Wege können zufriedenstellende Erklärungsansätze zum Übergang von Autoritäts- zu Machtbeziehungen, zur Frage der Institutionalisierung von Macht und zur Stabilisierung institutionalisierter Machtbeziehungen gefunden werden. Eine solche Erklärung wird im folgenden in Anlehnung an Breuer 1982[151] skizziert.

Was muss erklärt werden? Es geht nicht um eine abstrakte Theorie der Institutionalisierung von Macht, sondern um eine Erklärung jener **Entwicklungsprozesse, die von Gesellschaften vom Typus der Zuni in die „formative Phase" und durch sie hindurch zur Bildung „primärer Zivilisationen" geführt haben**. Diese Entwicklungsphase liegt noch weitgehend im historischen Dunkel, da es erst in der gegen Ende der formativen Phase in einigen dieser Kulturen zur Entwicklung der Schrift kam, die zudem am Anfang nicht mehr war als ein

---

150 Mann bietet ein instruktives Beispiel für historische Beobachtungen von heute aus. Die Problematik einer derartigen Sichtweise wird im Abschnitt 8.5 diskutiert.
151 Zentrale Anregungen habe ich von einer Studie von Stefan Breuer aus dem Jahre 1982 gewonnen, die den Forschungsstand zur Frage der Institutionalisierung von Macht auf eine soziologisch instruktive Art und Weise aufbereitet.

Hilfsmittel zur Erfassung der gesellschaftlichen Ressourcen[152]. Deswegen muss sich die vorgebrachte Erklärung auch hier immer noch auf der Ebene einer historisch informierten logischen Rekonstruktion bewegen.

2.2 Die religiöse Sackgasse egalitärer Stammesgesellschaften und die Idee religiöser Stellvertretung

Das Weltbild egalitärer Stammesgesellschaften vom Schlage der Zuni kennt ein großes Risiko. Was kann getan werden, wenn sich die eigenen Rituale als wirkungslos erweisen und z.b. im Falle der Zuni trotz größter magisch-religiöser Anstrengungen kein Regen fällt? Ein ganz ähnliches Risiko muss auch für die alten europäischen und vorderasiatischen Ackerbaugesellschaften angenommen werden, die nach Gimbutas dem Kult der Großen Göttin anhingen: Plötzliche Klimaverschiebungen, Missernten, Viehsterben und ähnliche Katastrophen konnten auch hier der Kultgemeinschaft die Notwendigkeit vor Augen führen, die Wirksamkeit der eigenen Rituale noch weiter zu steigern.

Die konventionelle Reaktion lautet: Noch mehr Rituale, noch genauere Durchführung, noch größere Opfer an die göttlichen Gewalten. Wenn Ruth Benedict jedoch nicht maßlos übertrieben hat, dann hat die von ihr untersuchte Kultgemeinschaft der Zuni bereits die Grenze konventioneller Steigerungsmöglichkeiten erreicht. Sie vermittelt jedenfalls den Eindruck, dass sie alle Kraft, alle Anstrengungen und alle Konzentration auf ihre religiösen Rituale ausrichtet. Der Überblick über die archäologischen Funde zu den frühauropäischen Ackerbaukulturen bei Gimbutas (1995, 1996) lässt Ähnliches vermuten.

Ein besonders prominentes archäologisches Beispiel für eine derartige Gesellschaft in der religiösen Sackgasse sind allem Anschein nach die Menschen, die Catal Hüyük vor ca. 8.000 Jahren bewohnt haben. Sie haben eine Fülle von Gegenständen hinterlassen, die auf eine äußerst intensive und zeitaufwendige religiöse Praxis schließen lassen (vgl. Mellaart 1967).

---

152 Bei der Entwicklung der Schrift muss man ganz klar zwei Phasen unterscheiden. In der ersten Phase ist sie ausschließlich ein Instrument der redistributiven Wirtschaftsform, das der Aufzeichnung empfangener oder rückverteilter Ressourcen dient. Eine vergleichbare Bedeutung haben auch die Zählschnüre in den präkolumbianischen Zivilisationen Amerikas. „Diese frühe Wortschrift war für ihre Zwecke, die Registrierung von Ein- und Ausgängen der Tempelwirtschaft, ganz gut geeignet. Aber schon die Aufzeichnung eines Personennamens bereitete Schwierigkeiten. Völlig unmöglich war es jedoch, komplizierte Sachverhalte oder gar historische oder religiöse Texte aufzuzeichnen ..." (v. Soden 1961; 107). Ähnlich äußern sich auch andere Autoren. Als Kommunikationsmittel in dem uns heute gewohnten Sinne wird die Schrift frühestens um 2.500 v.u.Z. verwendet. Erst aufgrund dieser Weiterentwicklung kann man dann die Frage nach Auswirkungen dieser Kommunikationsform auf gesellschaftliche Strukturen stellen (vgl. Goody 1990; Assmann usw.).

Das Problem dieser Gesellschaften ähnelt sehr stark dem von Karl Marx ausführlich behandelten Problem der absoluten Mehrwertproduktion im Frühkapitalismus. Hier hatten die Unternehmer ihr Interesse an der größtmöglichen Ausbeutung ihrer Arbeitskräfte soweit realisiert, dass sie **an eine von der menschlichen Natur gesetzte Grenze gestoßen waren**. Von einem bestimmten Punkt an war es nämlich geradezu kontraproduktiv geworden, den übermüdeten Arbeitern noch längere Arbeitszeiten abzuverlangen. Die Unternehmer lösten das Problem weiterer Produktivitätssteigerung durch neue Methoden der Technisierung und der Arbeitsintensivierung, mit denen sie das Arbeitsergebnis nun pro Zeiteinheit steigern konnten (Marx/Engels 1972; 331ff.).

Egalitäre Stammesgesellschaften sind offenbar Jahrtausende früher zu einer vergleichbaren Lösung gekommen. Sie bildeten die Überzeugung aus, dass einige Mitglieder der Kultgemeinschaft wirksamere Rituale zustande brächten als andere und führten diesen Befund auf unterschiedliche magische bzw. religiöse Fähigkeiten zurück. Ruth Benedict (vgl. Kap. 6) berichtet, dass Prestigeunterschiede bei den Zuni nahezu ausschließlich auf die religiösen Aktivitäten zurückgehen. In anderen Stammesgesellschaften haben sich solche Unterschiede im religiösen Prestige dadurch weiter verfestigt, dass Personen nach ihrem religiösen Charisma unterschieden werden. Genau diese Unterscheidung eröffnet nun aber einen Weg aus der Sackgasse, in der sich Gesellschaften wie die der frühen Ackerbauern oder auch die Zuni befanden. Wenn die gemeinschaftliche religiöse Praxis nicht weiter expandieren kann, dann bleibt nur der Weg ihrer qualitativen Steigerung, gewissermaßen ihrer Intensivierung. Die neue Maxime lautet dann, dass diejenigen, denen die größten magisch-religiösen Fähigkeiten zugeschrieben werden, die Rituale stellvertretend für die Kultgemeinschaft durchführen sollen. **Diesen stellvertretenden Ritualen wird dann größere Wirksamkeit als den alten Kollektivritualen zugeschrieben.**

Der Effekt dieser Problemlösung war ganz ähnlich dem der Industrialisierung: Weniger Personen sollten mit geringerem Zeitaufwand ein Mehr an magisch-ritueller Beeinflussung erzielen können als bei den alten Kollektivritualen.

2.3 Auswahl von „religiösen Virtuosen" und Voraussetzungen für die Stabilisierung religiöser Stellvertretung.

Eine wichtige Voraussetzung für die Realisierung dieser Lösung ist, dass die Kultgemeinschaft Konsens darüber erzielen kann, *welcher* Person besondere magische oder religiöse Fähigkeiten zugeschrieben werden können. Den Ausgangspunkt für diese Auswahl bildeten vermutlich die auch in egalitären Stammesgesellschaften bestehenden religiösen Prestigeunterschiede (z.B. Benedict 1950).

Worauf können sie zurückgeführt werden? Ob jemand die Kommunikation mit den göttlichen Gewalten besser oder schlechter beherrscht, versucht man daran zu erkennen, was er im Diesseits bewirkt. In einer homogenen Stammesgesellschaft können das nur Effekte für alle sein: gelingender oder misslingender Regenzauber und dergleichen in seinen Konsequenzen für die Kultgemeinschaft.

Das verändert sich aber in dem Moment, wo magisch-religiöse Rituale **stellvertretend** für andere Personen oder Sippen durchgeführt werden. Unter diesen Bedingungen kommen innerhalb der auf gemeinschaftliche Selbstbindung ausgerichteten Stammesgesellschaften **Bestimmungsinteressen auf, die sich auf das Verhalten anderer Gesellschaftsmitglieder richten.** Der Erfolg eines Rituals betrifft in erster Linie nicht mehr den Magier selbst, sondern diejenigen, für die er tätig wurde. Sie sind direkt am Erfolg interessiert.

Diese soziale Asymmetrie wiederum muss vor dem Hintergrund der für solche Gesellschaften typischen Reziprozitätsnormen (vgl. Mauss 1950) in irgendeiner Weise „ausgeglichen" werden. Da die „einfachen" Bauern sich aber nicht durch ähnlich hochbewertete Leistungen revanchieren können, bleiben nur Gegengeschenke. Sie können die Form von Nahrungsmitteln haben. Steigerbar sind diese Gegengeschenke vor allem aber in Richtung der sogenannten Prestigegüter. Dies sind Gegenstände von hohem religiösen oder kulturellen Prestige, gewissermaßen religiös definierte Tauschwerte. Auf diesem Wege kann die durch religiöse Rationalisierung gestörte soziale Reziprozität **unmittelbar** immer wieder kompensiert werden.

Perspektivisch **werden dabei aber die sozialen Unterschiede nur gesteigert und in eine „objektivierbare" und damit auch vererbbare Form gebracht.** Dieser Steigerungsmechanismus ist sehr einfach zu verstehen. In dem Maße, wie ein besonders erfolgreicher Magier Prestigegüter ansammelt, verstärken diese sein Prestige, da an ihnen gerade sein besonderes religiöses Charisma deutlich wird. An der Menge angehäufter Prestigegüter können nun die magisch-religiösen Fähigkeiten ihres Besitzers abgelesen werden. Mit der Vererbung der Prestigegüter geht das religiöse Charisma auf den Erben bzw. die Erbin über.

Auf dieser Grundlage entstehen wechselseitige Abhängigkeitsbeziehungen. Denn nicht nur die Bauern werden beispielsweise von den Ritualen eines Zauberers oder Magiers abhängig, die die wichtigsten landwirtschaftlichen Aktivitäten begleiten müssen. Umgekehrt wird der Magier in dem Maße, wie diese Aktivitäten immer mehr Zeit und Energien beanspruchen, von einer Alimentierung durch seine Klienten abhängig, da er selbst nun nicht mehr in der Lage ist, sich durch eigene Landwirtschaft zu versorgen.

Spätestens diese beiden zuletzt genannten Gesichtspunkte – Alimentierung und die Bedeutung der Akkumulation von Prestigegütern für die Zuschreibung besonderer magisch-religiöser Fähigkeiten – verschaffen auch dem magisch-religiösen Spezialisten **ein *Bestimmungsinteresse* an den reziproken Handlungen seiner „Kunden"**. Bedenkt man, dass auf genau dieser Grundlage auch heute noch berufliche Leistungen gegen Geld getauscht werden (Beck/Brater/ Daheim 1980), dann wird erkennbar, wie direkt mit dem Aufkommen innergesellschaftlicher Differenzierung nicht nur Formen des Tausches, sondern auch Bestimmungsinteressen am Verhalten anderer in die Gesellschaften einziehen und sie bis in konkrete Formen hinein bis heute prägen.

Ob sich auf dieser Grundlage feste Formen der Rangordnung und Statusvererbung entwickeln konnten, hing davon ab, ob es zur Akkumulation von Prestigegütern kam oder ob Mechanismen entwickelt wurden, die diesen Prozess abstoppten und ggfs. umkehren konnten. In den meisten Fällen scheinen Stammesgesellschaften genau solche Mechanismen entwickelt zu haben.

Bevor ich den empirisch wohl eher seltenen Fall weiterer Akkumulation in seinen Konsequenzen weiter verfolge, möchte ich noch darauf aufmerksam machen, dass von nun an **gesellschaftlicher Wandel nach zwei unterschiedlichen Mustern** erfolgen kann. Er kann einmal – wie in den vorangegangenen Kapiteln – auf der **Ebene kultureller Selbstbindungen** in einer für alle Beteiligten evidenten Form stattfinden. Er kann sich von nun an aber genau so gut auf der **Ebene innergesellschaftlicher Differenzierung** und ihrer Konsequenzen vollziehen. Auf genau dieser neuen Ebene erfolgt die dreiphasige Entwicklung zu den alten Hochkulturen. Sie ereignet sich nicht mehr als Entwicklung der Gesamtgesellschaft auf den drei miteinander direkt verflochtenen Ebenen des Weltverständnisses, der Sozialstruktur und der Ritualordnung. Das Weltverständnis bewegt sich nach wie vor in den geistigen Bahnen, die bereits im 6. Kapitel behandelt wurden. In dieser Hinsicht sind die alten Hochkulturen erstaunlich konservativ gewesen. Zum Motor der Entwicklung wird vielmehr die Sozialstruktur. Hier entfalten sich die Konsequenzen der Idee magisch-religiöser Stellvertretung. Es bilden sich auf den alten „ideologischen" Grundlagen stark hierarchisierte innergesellschaftliche Abhängigkeitsbeziehungen heraus, die die alte Ritualordnung ergänzen, ihr unterlegt sind bzw. die sie in der dritten Phase dann allmählich zu einer Art Fassade werden lassen. Am Ende wird auch der ideologische Rahmen des magisch-religiösen Weltverständnisses erodiert sein.

Mit dem Aufkommen innergesellschaftlicher Abhängigkeitsverhältnisse und darauf bezogener Aushandlungsprozesse kommt erstmalig ein neues Muster des dezentralen, zwischen Teilgruppen ausgehandelten, ungeplanten, verselbständigten, gewissermaßen **sich „hinter dem Rücken" der Beteiligten** abspielenden und dennoch von ihnen aktiv betriebenen sozialen Wandels auf.

Es wird sich zeigen, dass sich in den beiden primären Zivilisationen, auf die dieses Kapitel konzentriert sein wird, nämlich Ägypten und Mesopotamien, genau diese latente Form des sozialen Wandels ereignet hat. Wie bereits Frazer bemerkt hat, gleichen die Weltbilder beider Zivilisationen und die darin enthaltenen Kosmogonien denen der frühen Ackerbaugesellschaften. Sie scheinen sich also relativ unverändert erhalten zu haben. Die Merkmale, über die die primären Zivilisationen charakterisiert werden (siehe oben) und die heutige Gesellschaften mit ihnen teilen, sind also vermutlich „hinter dem Rücken" der Akteure entstanden. Vor diesem Hintergrund ist die Frage der Akkumulation von Prestigegütern weiter zu verfolgen!

Die Akkumulation von Prestigegütern kann aus einer personalisierten, auf der Zuschreibung unterschiedlicher persönlicher Fähigkeiten basierenden, Form der Ungleichheit eine positional verfestigte Ungleichheitsstruktur machen. Während charismatische Fähigkeiten an die Person gebunden sind, also sterblich sind, können Prestigegüter, soweit sie nicht als Grabbeigaben verwendet werden, vererbt werden. **Die Vererbung von Prestigegütern bedeutet aber nichts anderes als die Vererbung der Zuschreibung herausragender religiöser Fähigkeiten** unabhängig von den konkreten Persönlichkeitseigenschaften des jeweiligen Erben. Gerade der Versuch, Reziprozität herzustellen, führt unter diesen Bedingungen zur Verfestigung sozialer Ungleichheit, wenn ihm nicht Rückverteilungsmechanismen entgegen wirken.

Der Weg von der egalitären Stammesgesellschaft zu Zivilisationen mit verfestigter sozialer Ungleichheit hängt aber noch von einer **zweiten kritischen Bedingung** ab: die stellvertretende Ausführung magisch – religiöser Rituale darf für die Stellvertreter, zumindest im Regelfall, nicht tödlich enden. Ein solches **existenzielles Risiko** bestand im Misserfolg sowohl der stellvertretend durchgeführten Rituale wie auch für menschliche Repräsentanten magischer Eigenschaften. So wurden Vegetationskönige z.B. bei nachlassendem Wachstum der Pflanzen im Herbst regelmäßig geopfert (Frazer), oder Regenzauberer bei anhaltender Dürre in der Wüste ausgesetzt (China). Hier lag insbesondere für die frühen Vegetationskönige (vgl. Frazer 1978) ein beträchtliches Risiko. Die Anschauung, dass diese Menschen Wachstumskräfte verkörpern und damit zugleich bewirken, führte zunächst wohl ganz systematisch in den Tod. Das Ende der Vegetationsperiode wurde als Nachlassen der magischen Kräfte des sakralen Königs interpretiert und führte zur rituellen Tötung. Dieses jeweils auf ein Jahr beschränkte und mit der Figur einer kosmischen Göttin verbundene Muster eines *sakralen Königtums* war nach Frazer (1978; zuerst: 1861) allgemein verbreitet. Die Lebenskraft der Vegetationskönige sollte sich nach der Logik imitativer Magie auf die angebauten Pflanzen oder auch das Vieh übertragen. Deswegen wurden auch negative Ereignisse wie Unwetter, Dürre usw. auf mangelnde magische Fähigkeiten des Königs zurückgeführt und mit Bestrafung, zum Teil auch mit vorzeitiger Tötung beantwortet[153]. Die Stellung des Königs konnte nur unter der Bedingung als dauerhafte herausgehobene Position im Sozialgefüge etabliert werden, dass sie für den Positionsinhaber „lebbar" wurde. Wichtige Schritte in diese Richtung waren einmal sogenannte Erneuerungsrituale, die zur Auffrischung der magischen Fähigkeiten des Königs dienten. Solchen Zwecken diente beispielsweise in Mesopotamien die sogenannte „heilige Hochzeit", ein öffentliches Paarungsritual des Königs mit der obersten Priesterin, das auf einem Boot mitten auf dem Euphrat vollzogen wurde. Der König konnte seine magischen Kräfte aber auch durch zutreffende Vorhersagen demonstrieren. Hierzu wurden ansatzweise wissenschaftliche Methoden entwickelt. Mit Hilfe astronomischer Kenntnisse konnten z.B. die Mayaherrscher Sonnenfinsternisse und andere beunruhigende Himmelsereignisse vorhersagen. Die ägyptischen Pharaonen konnten die Höhe der jährlichen Nilüberschwemmung vorhersagen, da an den Katarakten im heutigen Sudan Pegelstände abgelesen wurden, von denen aus sich das Ausmaß der Überschwemmung in Ägypten abschätzen ließ.

Der „Königsweg" für die Eliminierung des Problems der Lebbarkeit sozialer Differenzierung bestand jedoch in dem **Umbau magischer Rituale in religiöse Rituale**. Auch dieser Umbau kann am Beispiel Mesopotamien studiert werden. Selbst wenn die Einzelheiten wohl immer im historischen Dunkel bleiben werden, ist doch auffällig, dass am Ende der formativen Phase in Mesopotamien

---

153 Zum besseren Verständnis des sakralen Königtums möchte ich aus einer zusammenfassenden Darstellung Frazers zitieren: „In einem gewissen Stadium der primitiven Gesellschaftsordnung gilt der König oder Priester häufig als ein Mann, der mit übernatürlichen Kräften ausgestattet oder geradezu eine Verkörperung einer Gottheit ist. In Übereinstimmung mit dieser Auffassung glaubt man, der Lauf der Natur sei mehr oder weniger seiner Herrschaft unterstellt, und man macht ihn für schlechtes Wetter, Missernten und ähnliches Unheil verantwortlich. Bis zu einem gewissen Grade scheint man anzunehmen, die Macht des Königs über die Natur werde von ihm durch bestimmte Willensakte beeinflusst, gerade so, wie sich seine Macht über seine Untertanen und Sklaven äußere. Wenn daher Dürre, Hungersnot, Pestilenz oder Stürme ausbrechen, so schreiben die Leute das Unglück der Nachlässigkeit oder Schuld des Königs zu und bestrafen ihn demgemäß durch Schläge und Gefangenschaft, oder, wenn er halsstarrig bleibt, durch Absetzung und Tod ... Seine Person gilt, wenn wir es so ausdrücken dürfen, als das dynamische Zentrum des Universums, von dem Kraftlinien nach allen Himmelsrichtungen ausstrahlen, so dass jede Bewegung – jede Wendung des Kopfes, jedes Erheben der Hand – unmittelbar einen Teil der Natur beeinflusst und ernstlich stören kann. Er ist der Stützpunkt, auf dem das Gleichgewicht der Welt ruht, und die geringste Unregelmäßigkeit von seiner Seite vermag das empfindliche Gleichgewicht umzustoßen. Die größte Sorgfalt erscheint daher sowohl von seiner Seite als auch von Seiten der anderen um seine Person geboten, und sein ganzes Leben muss bis auf die geringfügigsten Einzelheiten so geregelt werden, damit keine seiner Handlungen, ob freiwillige oder unfreiwillige, den bestehenden Lauf der Natur verwirren kann" (Frazer 1977; 245f.).

eine Lage entstanden ist, die ein existenzielles Risiko religiöser Stellvertreter weitgehend ausschließt[154]. Die herausgehobenen Positionen werden in den mesopotamischen Stadtstaaten nicht mehr aufgrund des eigenen Charismas, sondern in **Stellvertretung der Götter** ausgefüllt. Den noch die typischen Züge von Vegetationsgottheiten tragenden Göttern „gehört" das von den Stadtbewohnern bewirtschaftete Umland.

Die Priester eines zentralen Tempels, der einem Berg als klassischem Göttersitz nachgebildet ist, führen die religiösen Rituale und die wirtschaftlichen Aktivitäten im Auftrag des Stadtgottes durch. Damit sind sie den möglichen Sanktionen der bäuerlichen Bevölkerung weitgehend entzogen. Die Priester zu sanktionieren, kann bei dieser Konstruktion allenfalls Aufgabe der Götter sein – Missgeschicke, Unglücksfälle könnten von der Bevölkerung entsprechend gedeutet werden. Die leitenden Priester selbst zu sanktionieren, wäre bei dieser Konstruktion ein unverzeihliches Sakrileg der Bauern.

Erst wenn dieses existenzielle Risiko durch entsprechende Modifikation der Rituale bzw. der Vergeltungspraktiken weitgehend ausgeschaltet werden kann, werden Formen sozialer Differenzierung dauerhaft **lebbar**. Auch das ist eine Voraussetzung, die erfüllt sein muss, bevor es zu einer positionalen Verfestigung sozialer Differenzierung kommen kann. Als Fazit kann an dieser Stelle festgehalten werden, dass die Idee der religiösen Stellvertretung nur dann sozial stabilisiert werden kann, wenn die Verantwortlichkeit für den Erfolg magischer Praktiken transzendenten Personen, also „Göttern" zugeschrieben wird, die dann auch die magischen Fähigkeiten „haben". An die Stelle der menschlichen „magisch-religiösen Virtuosen" treten dann Priester, die auf die Kommunikation mit mächtigen Göttern spezialisiert sind.

Diese besonderen Vorzüge der mesopotamischen Lösung nähren die Vermutung, dass es auch andere Konstruktionen gegeben haben könnte, die aber an ihrer mangelnden sozialen Stabilität gescheitert sind. Insbesondere macht dieses Beispiel deutlich, warum nicht der magische, sondern der religiöse Aspekt in alten Glaubensüberzeugungen vom Schlage der Religion der Großen Göttin zu stabilen Formen der Staatenbildung und der sozialen Schichtung führt. Wenn es Versuche gegeben hat, dass „große Zauberer" über ihre magischen Leistungen versucht haben, diesen Gesellschaftstyp zu etablieren, dann dürften sie an dem Risiko des ihnen zuschreibbaren Misserfolges gescheitert sein. Märchen und Legenden über große Zauberer kolportieren auffällig häufig genau diesen Sachverhalt. Die in ganz Asien und im präkolumbianischen Amerika weit verbreitete Institution des Schamanen zeigt, dass stellvertretend ausgeübte Magie eher in

---

154 Das Wissen über die formative Phase in Ägypten ist immer noch sehr lückenhaft. Es besteht aber die Hoffnung, dass sich dies demnächst ändert.

vergleichsweise kleinen und spezialisierten Bereichen wie der Heilung von Krankheiten als Position stabilisiert werden kann.

2.4 Entstehung und Stabilisierung vererbbarer Machtpositionen innerhalb des jeweiligen Clans[155]

Nachdem geklärt werden konnte, dass das Problem der Lebbarkeit durch die Stilisierung magischer Kräfte zu mächtigen Göttern gelöst werden konnte, konzentriert sich die weitere Darstellung auf den Aspekt der Akkumulation von Prestigegütern und ihrer Folgen.

Die Ausgangsfrage lautet: Wie verwandelt sich die letztlich magisch-religiös begründete Autorität des oder der Ältesten eines Clans in eine vererbbare Machtposition? Im Anschluss an Meillassoux kann man annehmen, **dass patrilineare Gesellschaften eine wesentlich „günstigere" Ausgangskonstellation für diesen Veränderungsprozess aufweisen** als matrilineare. In ersteren werden Frauen in den Clan des Mannes aufgenommen. Da sie sowohl als Arbeitskraft als auch für die Reproduktion des Clans wesentliche Bedeutung haben, müssen zwischen den Clans Reziprozitätsnormen eingehalten werden. Es kommt zum sogenannten Frauentausch. Matrilineare Gesellschaften weisen kein derartiges Ausgleichs- und Tauscherfordernis auf, da hier die Sippenzugehörigkeit durch Heirat nicht verändert wird.

In patrilinearen Gesellschaften obliegt die Anbahnung von der Kompensation bedürftigen Ehen den Ältesten. Da nun in den seltensten Fällen zwischen zwei Clanen tatsächlich eine Frau direkt gegen eine andere „ausgetauscht" werden kann, vermitteln Heiratsgüter den Tausch. Der eine Frau gewinnende Clan gibt „Prestigegüter", die einen hohen symbolischen Wert haben, an den Clan, aus dem die Frau kommt. Diese Prestigegüter fungieren als eine Art Schuldforderung, als Äquivalent für eine heiratsfähige Frau. „Es gewinnt einen Wert an sich, durch die direkte Konfrontation mit dem einzig noch bestehenden Terminus des identischen Austauschs: einer Gattin. Es wird zum Ausdruck eines festen Wertes, der dem einer geschlechtsreifen und vereinbarten Frau entspricht, da es die ursprüngliche Vereinbarung erneuert. Das Heiratsgut erwirbt im Rahmen der matrimonialen Zirkulation einen Tauschwert" (Meillassoux 1976; 87; zitiert nach Breuer 1982; 179).

Tauschwerte entstehen nach Meillassoux und entgegen der marxistischen Lehre (Marx/Engels 1972; 49ff.) **also zunächst außerhalb der klassischen ökonomischen Sphäre.** Sie haben zunächst die Bedeutung, dass sie unter

---

155 Der Begriff wird im Folgenden synonym zu Sippe oder Lineage gebraucht.

den Bedingungen des Patriarchats die Reproduktion der „hausgemeinschaftlichen Produktionszelle" ermöglichen. Diese Prestigegüter werden von den Ältesten akkumuliert und erhöhen ihr Sozialprestige vor allem deswegen, weil sie als Geschenk der Götter angesehen werden. Auf diese Weise führt das Monopol für die Anbahnung von Heiraten zu einer Akkumulation von Prestigegütern bei den Ältesten. Zugleich verteilen sie den im Gemeineigentum des Clans befindlichen fruchtbaren Boden an die einzelnen Produktionseinheiten. Schließlich obliegt ihnen auch die Verwaltung und die Redistribution der erwirtschafteten Vorräte. Auf diesen Wegen erlangen die Ältesten eine Schlüsselstellung und einen hohen Rang innerhalb des Clans.

2.5 Rangbeziehungen zwischen den Clans

Nach einem ganz ähnlichen Muster kann man erklären, wie sich auch die Beziehungen zwischen den einzelnen Clans in Rangbeziehungen verwandeln können. Zwischen den Clans scheinen zunächst egalitäre Beziehungen bestanden zu haben. Jeder Clan verfügt über sein eigenes Territorium (Dorf einschließlich Anbaufläche) und betreibt seinen eigenen Ahnenkult. Nach Friedman 1975 werden diese egalitären Beziehungen durch die Institution des Gemeinschaftsfestes in **Rangbeziehungen zwischen den Clans** umgewandelt. Jeder Clan, der ein solches Gemeinschaftsfest veranstaltet, „demonstriert dadurch, dass die Geister der Fruchtbarkeit und des Wohlstandes mit (ihm) sind, wodurch sich (sein) Prestige erhöht" (Breuer 1982; 180). Da die Ausrichtung eines solchen Festes nur dann möglich ist, wenn entsprechende Vorräte vorhanden sind, transformieren sich unterschiedliche Fähigkeiten, ein solches Mehrprodukt zu erzeugen, in Prestige- und Rangunterschiede. Dieser Mechanismus verstärkt sich beispielsweise noch dadurch, dass für Frauen, die einem Clan mit hohem Rang entstammen, ein höherer Brautpreis gefordert werden kann.

Wichtig ist nun aber, **dass der unterschiedliche wirtschaftliche Erfolg als Begünstigung durch die Götter verstanden wird.** Dem Ältesten des angesehensten Clans werden deswegen auch besondere Fähigkeiten zugeschrieben, die notwendige göttliche Unterstützung herbeizuführen. „Die älteste Lineage stellt fortan nicht nur ... den **Häuptling**; sie wird zugleich zur **Vermittlungsinstanz zwischen den Göttern und den übrigen Lineages**, wodurch sich die Hierarchie endgültig verfestigt: Denn aufgrund ihres Monopols an den „imaginären Produktionsbedingungen" wird die dominierende Lineage zum Empfänger der Tribute und Arbeitsleistungen, die früher innerhalb der „Local Lineages" den Ahnen und Göttern geopfert wurden" (Breuer 1982; 180). **Das Heiligtum der Lineage mit dem höchsten Prestige wird auf diesem Wege zum gesellschaftlichen Zen-**

trum des ganzen Stammes. Hierarchisierung und Zentralisierung spielen zusammen. Sobald diese hervorgehobene Position nicht mehr an das individuelle Charisma gebunden ist und individuell errungen werden muss, sondern als Position vererbt wird[156], hat sich die **Institution des Häuptlingstums** in vollem Umfang entwickelt. „Häuptlingstümer lassen sich damit nach zwei Seiten hin abgrenzen. Sie gehören einerseits insofern nicht mehr zu den „Gesellschaften ohne Staat", als in ihnen die politische Führung dauerhaft ist und nicht mehr allein von den persönlichen Qualitäten eines Führers abhängt. Die politische Macht der Häuptlinge ist permanente, offizielle Macht, die an ein vererbbares Amt gebunden ist. Ihre Legitimität beruht nicht auf dem Charisma der Person, sondern auf dem eines Amtes und der Lineage, von der dieses Amt vererbt wird. Von den „Gesellschaften mit Staat" andererseits unterscheidet sich das Häuptlingstum dadurch, dass kein Gewaltmonopol und kein ausreichend großer Erzwingungsstab existiert, mit dessen Hilfe die Zentralinstanz ihre Entscheidungen durchsetzen könnte" (Breuer 1982; 185).

Häuptlinge sind deswegen vor allem in wichtigen Fragen immer noch auf die Herstellung eines Konsens angewiesen, was die Mitwirkung der Ältesten oder anderer Stammesmitglieder an der Entscheidungsfindung erfordert. Zudem stehen sie unter Bewährungszwang. Missernten, verlorene kriegerische Auseinandersetzungen etc. können, und hier liegt die Kehrseite der Hierarchisierung und Zentralisierung, als Anzeichen dafür gedeutet werden, dass die magischen Kräfte des Häuptlings versiegt sind. Redistribution, die Rückverteilung der erhaltenen Güter, ist eine Möglichkeit, dem entgegenzuwirken. Sie begrenzt und vermindert aber die Rangunterschiede.

Dieser **Mechanismus der Rückverteilung von Prestigegütern kann in vielen Fällen zu einer Blockade weitergehender Entwicklungen führen.** Man kann sich vorstellen, dass Diskrepanzen zwischen religiösen Erfolgsversprechen und faktischen Misserfolgen geeignet sind, Gesellschaften als relativ egalitäre Stammesgesellschaften zu stabilisieren.

---

156 Ich operiere hier mit einem Begriff des Erbcharisma, der sich von Webers Verständnis dieses Begriffes etwas unterscheidet. Weber betont Institutionalisierungsvorgänge, die die Übertragung charismatischer Eigenschaften sichern sollen. Erbordnungen, Bürokratisierung oder die rituelle bzw. symbolische Übertragung von Eigenschaften (Amtscharisma), stehen bei ihm im Mittelpunkt (vgl. Weber 1972; 142ff.). Ich sehe dagegen den ausschlaggebenden Prozess in der Verdinglichung sozialer Beziehungen. Da Prestigegüter und andere Tauschwerte in ihrer sozialen Bedeutung nicht an die Lebenszeit konkreter Personen gebunden sind, sondern sie überdauern können, entsteht Erbcharisma bereits dann, wenn Tauschwerte über die Generationsgrenzen hinweg akkumuliert und weitergegeben werden. Die bei Weber hervorgehobenen rechtlichen Regelungen und symbolischen Handlungen haben diese Gegebenheiten sicherlich weiter institutionell verfestigt.

2.6 Das Königtum: Die dritte Phase der Institutionalisierung von Macht

Die nächste Entwicklungsstufe zu einem **Staat mit Königtum** wird mit der Mutation des erblichen Häuptlingstums zum „konischen Clanstaat" erreicht. Breuer betont, dass es sich hier keineswegs um eine Zäsur, sondern eher um eine kontinuierliche Weiterentwicklung aus dem Modell des Häuptlingstums handelt. **Für diese Weiterentwicklung scheint nun dem „landwirtschaftlichen Mehrprodukt" eine besondere Rolle zuzukommen.**

Der Ausbau der Kultstätte zum Tempel, des Siedlungszentrums zur Stadt, die Alimentierung von in der Nähe des Palastes angesiedelten Handwerkern für Luxusgüter, aber ebenso auch von Priestern und von militärischen und zivilen Spezialisten wird nur dort möglich, wo ein **entsprechend großes landwirtschaftliches Mehrprodukt** erwirtschaftet werden kann. Die Akkumulation von Prestigegütern und anderen Zeichen der Macht steigert zugleich die „religiöse Kraft" des Oberhauptes und nähert ihn den Göttern an. Dies wiederum führt zumindest an der Spitze zu einer **Vereinheitlichung der Genealogie**.

Im konischen Clanstaat beruht die Stellung der Priesterschaft bzw. des Adels auf der genealogischen Beziehung zur königlichen Lineage. „Der Adel ist, was er ist, nicht mehr auf Grund seines autogenen Charisma, sondern auf Grund seiner Partizipation am königlichen Charisma ... Der konische Clanstaat ist ein Allianzsystem, das sich aus dem Zusammenschluss aller adligen Lineages zu einer segmentären Hierarchie ergibt, an deren Spitze der vergöttlichte Ahne der königlichen Lineage steht" (Breuer 1982; 189).

„Am Fuß der sozialen Pyramide finden wir ... die große Masse der Bauern und Handwerker ... Obwohl sie Abgaben entrichteten und Arbeits- und Militärdienste erbrachten ..., waren sie mit ihrem Herren doch durch das Band der Verwandtschaft verbunden, so dass ihre Mehrarbeit als Arbeit für die Gemeinschaft erschien, als gesellschaftlich notwendige Arbeit für den Clan, dessen Spitze sie als Wahrer ihrer religiösen und sozialen Interessen ansahen" (Breuer 1982; 192).

In diesem letzten Zitat werden zwei für das Verständnis dieser dritten und letzten Entwicklungsetappe zum Staatswesen zentrale Aspekte angesprochen: die **Verwandlung großer Teile der Bevölkerung in Arbeitskräfte** und ihre nach wie vor **intakte soziale Integration** in ein gemeinsames Weltverständnis und eine von allen geteilte Ritualordnung.

Beides hängt eng miteinander zusammen und ist ebenso wie die Neuordnung der Verwandtschaftszusammenhänge ein Resultat der Zusammenfassung magischer Kräfte in der Form von mächtigen Schutzgöttern. Da bei ihnen alle Fähigkeiten, das Erwünschte zu bewirken, konzentriert sind, können die menschlichen Repräsentanten und Verkünder des göttlichen Willens nicht nur über alle materiellen Ressourcen sondern auch über das menschliche Potential verfügen.

In dieses Verständnis mächtiger Götter ist somit spiegelbildlich auch das Verständnis der Mitglieder der Kultgemeinschaft als physisches Potential, als Arbeitskräfte eingeschlossen. Sie werden von den Göttern, respektive deren menschlichen Repräsentanten dazu **bestimmt**, die materielle Seite der Gemeinschaftsaufgaben an dem vorgesehenen Platz und in der vorgesehenen Art und Weise zu verrichten.

Damit verwandelt sich die Kultgemeinschaft in eine **Staatswirtschaft auf religiöser Grundlage**. Es ist somit davon auszugehen, dass die Grundlagen der im nächsten Abschnitt beschriebenen redistributiven Staatswirtschaft bereits am Ende der formativen Phase gelegt wurden. Nur erlaubt die Quellenlage für diese Phase noch keine genauere Darstellung.

Der nun nicht mehr allein über eine nach Prestige differenzierte Verwandtschaftsordnung sondern vorrangig über die Bestimmung zugewiesener Arbeitsaktivitäten vorangetriebene Prozess sozialer Differenzierung wird nach wie vor von einem gemeinsamen Weltverständnis getragen. Nur wer dieses religiöse Fundament des Königtums als „Überbauphänomen" in seiner selbständigen Bedeutung unterschätzt, kann in diesen Großgruppen zur Arbeit bestimmter Menschen die ausgebeutete Klasse sehen, die der „orientalischen Despotie" schonungslos ausgeliefert ist (Marx, Wittvogel usw.).

Die hier erstmals in großem Ausmaß praktizierte **Trennung zwischen „Kopf- und Handarbeit"** hat sich als radikale **Konsequenz der Idee religiöser Stellvertretung** entwickelt. Sie wird in dem Moment zu einem tragenden Element der Sozialstruktur, wo das religiöse Charisma auf den obersten Priester bzw. König konzentriert wird.

2.6.1 Das Spektrum ritueller Aufgaben des Königs und die Anpassung der rituellen Praxis an die neuen Gegebenheiten.

Da sich die Grundlagen des Weltverständnisses gegenüber dem von Stammesgesellschaften mit Ackerbau und Viehzucht nicht geändert haben, ist die Zielsetzung der magisch-religiösen Rituale nach wie vor „materialistisch". Regen, Fruchtbarkeit, Reichtum, Gesundheit etc. sollen ja tatsächlich bewirkt und gesichert werden.

Auch wenn die Pharaonen des Alten Reiches (Ägypten) die prekäre Stellung von Vegetationskönigen[157] längst abgestreift hatten, und selbst als mächtige

---

157 Nur die Stellung hat sich verändert, nicht aber das Verständnis der magischen Fähigkeiten. Das machen erhalten gebliebene Texte über Unas, einen Pharao der sechsten Dynastie deutlich. Die in FN 7 zitierte Darstellung von Frazer könnte auch als Zusammenfassung der Lobpreisungen über Unas angesehen werden. Die Unas Texte werden erläutert bei Spiegel 1971.

Götter bzw. Söhne der Götter (Die Zeit 2006; Bd.1, 502) angesehen wurden, oblag ihnen immer noch der typische Aufgabenkatalog eines mit magischer Kraft ausgestatteten Königs.

Winfried Barta fasst die rituellen Aufgaben des Pharao im Alten Reich folgendermaßen zusammen. „Wie gezeigt werden konnte, übernimmt der König als Rollenträger innerhalb der Schöpfungsriten die Funktion des Schöpfergottes, indem er bei seinem Herrschaftsantritt die Weltordnung wieder herstellt, beim Tempelbau das Weltgebäude in verkleinerter Form nachbildet, sowie beim Zeugungsritual bzw. beim Bestattungs- und Statuenritual den Lebenszyklus im Diesseits und Jenseits in Gang hält. Da er dabei stets nur als Darsteller die Rolle des Schöpfergottes spielt, gehören auch die im Ritual vollbrachten Schöpfertaten lediglich der rituellen Spielwelt an, d. h. der König agiert und handelt wie ein Gott, identifiziert sich also nur im Spiel mit ihm, während er seinem Wesen nach ein Mensch bleibt, jedoch durch die Riten der Herrschaftsübertragung, also durch die Rituale der Geburt und der Krönung bzw. der Erneuerung, eine wie auch immer geartete Gottähnlichkeit erlangt hat. Und erst auf Grund dieser im Ritual übertragenen Gottähnlichkeit ... ist er berechtigt ... die Funktion des Schöpfergottes zu übernehmen und dabei gleichsam spielerisch Gott gleich zu werden. Das selbe gilt eo ipso auch dann, wenn der regierende König die Rolle des Horus bzw. des Sonnengottes Re spielt" (Barta 1975; 91f).

Besondere Bedeutung hatten zweifellos die Ackerbauriten. „So war der König zunächst ganz allgemein für die Fruchtbarkeit des Landes verantwortlich. Sie konnte von ihm freilich nur so lange garantiert werden, als er selbst seine eigene physische Potenz und Rüstigkeit bewahrte; denn sobald diese nachließen, hatte er abzutreten. Er wird dabei ursprünglich rituell ermordet worden sein, ehe man den Vorgang zu Beginn der geschichtlichen Zeit nur mehr symbolisch vollzog, indem sich der alternde König gleichnishaft mit Hilfe des Sedfestes verjüngte ... Wie uns ein von König Tut anch amun im Luxortempel angebrachter Text zeigt, der ... auf ein sehr altes Ritual verweist, hatte der König die Nilüberschwemmung dadurch zu sichern, dass er sich mit der Königin auf einem Nilschiff im hieros gamos (heilige Hochzeit; D. B.) vereinigte, um mit Hilfe des Analogiezwangs einer rituellen Handlung, den die Überschwemmung bewirkenden Fruchtbarkeitszauber auszulösen. ... Der König gilt damit als Garant, der den Ackerboden befruchtenden Nilüberschwemmung und nicht zufällig wird dieses so bedeutsame Vermögen wiederholt in Hymnen an den König besungen. Ebenfalls der rituellen Fruchtbarmachung des Ackerbodens dient der, seit der Ersten Dynastie belegte Auslauf des Apisstieres, bei dem der König den als Symbol der Fruchtbarkeit verstandenen Stier in schnellem Lauf über die Felder trieb ... vor allem auch, um die Fruchtbarkeit der Viehherden zu sichern. ... Nachdem man dem Boden mit Hilfe der Macht des Rituals die nötigen Fruchtbarkeitskräfte übertragen hatte, konnte mit der eigentlichen Feldarbeit ... begonnen werden. ... Der König zog dabei mit der Hacke eine Furche durch das Erdreich und beging damit den Ritus des Erdhackens ... Die Handlung sollte das Einstreuen der Erstlingssaat vorbereiten, aber gleichzeitig auch magisch absichern, dass der durch den Ritus gereizte Erdgott besänftigt wurde, damit der Bauer, der im Anschluss an die symbolische Handlung des Königs des Boden mit der Hacke bzw. dem Pflug bearbeiten musste, nicht durch unwegbare numinose Kräfte gefährdet war." (Barta 1975; 111ff.)

Dieses ausführliche Zitat illustriert den bereits skizzierten religiösen Rationalisierungs- und Zentralisierungsvorgang. Aus Gründen der Wirksamkeit müssen zumindest alle wichtigen Rituale auf die Person des Königs konzentriert werden. Von einer bestimmten Ausdehnung des Herrschaftsbereiches an, die in Ägypten relativ schnell erreicht wurde[158], ergibt sich hieraus jedoch ein gravierendes Problem. Der Sakralkönig ist physisch gar nicht in der Lage, sämtliche Rituale an sämtlichen dafür vorgesehenen Orten persönlich auszuführen.

Nach Barta war es jedoch ohne weiteres möglich, dass Priester „in Stellvertretung und im Namen des Königs" (Barta 1975; 114) solche Rituale durchführten. Dies lässt darauf schließen, dass sich sehr früh ein „religiöser Stab" bilden konnte, eine Priesterschaft ohne *eigene* Macht- oder Autoritätsbasis. Für das Verständnis **des religiösen Fundaments der Staatsentwicklung**[159] ist es wichtig, dass man sich klar macht, dass eine religiöse Zentralinstanz, deren Rituale dann von Stellvertretern an unterschiedlichen Orten wiederholt werden, für wesentlich wirksamer angesehen werden musste als dezentrale Dorfkönige, deren Rituale authentisch gewesen wären. Das kann ganz in der Logik der Akkumulation von Prestigegütern damit begründet werden, dass das Oberhaupt eines prosperierenden Reiches ungleich mehr Macht in Form von großen Kultanlagen, Prestigegütern usw. akkumuliert hat, als dies ein Dorfkönig könnte. Diese ungleich größere Macht garantiert die ungleich größere Wirksamkeit seiner Rituale. Sie konnte offenbar ohne größere Einbuße auf Priester oder andere Repräsentanten königlicher Macht übertragen werden. **An diese kulturelle Grundlage kann die *Institutionalisierung eines zentralen Staatsapparates* direkt anschließen.**

Mit Hilfe der Delegation ist es also möglich, die besonderen religiösrituellen Fähigkeiten des Königs über die in seiner menschlichen Existenz begründeten Grenzen hinaus auszudehnen. Erst auf diesem Wege kann eine territoriale Ausdehnung des Königtums auch religiös stabilisiert werden. Die Heraus-

---

158 Man geht allgemein davon aus, dass die Phase vom regionalen Königtum bis zu einem Ober- und Unterägypten vereinigenden Reich nur wenige Jahrhunderte dauerte. Anders als für Mesopotamien sind aber die Belege für diesen Vorgang in Ägypten düftig.
159 Symptomatisch ist, dass die alten Ägypter keinen Staatsbegriff kannten, sondern den Staat mit dem Königtum identifizierten (Die Zeit 2006; 1; 473), dass auf göttlichem Willen beruhte.

bildung einer derartigen Priesterschaft kann sicherlich noch nicht als Erzwingungsstab im Weberschen Sinne gedeutet werden. Von ihm kann erst in jener Phase die Rede sein, wo das Königtum seinen religiösen Charakter zunehmend verliert und zu einer weltlichen Machtinstanz mutiert. Man könnte jedoch von der Herausbildung eines **Ermöglichungsstabes** sprechen, **der insbesondere für die territoriale Ausdehnung unerlässlich ist.**

Der entscheidende Unterschied zwischen den Vegetationskönigen, deren allgemeine Verbreitung Frazer belegt hat, und den etablierten Stadtkönigen Mesopotamiens, aber auch den Pharaonen des Alten Reiches besteht darin, **dass die Mitglieder der Kultgemeinschaft keine Zweifel mehr an den magischen Fähigkeiten ihrer Könige haben** *können.* Das liegt nicht nur an der Konstruktion mächtiger Götter sondern auch daran, dass die Kultgemeinschaft nur noch eine fiktive Instanz ist, eine Bezeichnung dafür, dass eine gemeinsame Bindung an ein Weltverständnis und eine damit zusammenhängende Ritualordnung existiert. Sie ist aber keine selbständig kommunizierende und handelnde Öffentlichkeit mehr, die Repräsentanten für Missernten, Unglücksfälle oder andere negative Ereignisse zur Rechenschaft ziehen könnte.

Eine gravierende Konsequenz der Anschauung, dass Könige Stellvertreter der Götter oder selbst Götter seien, ist, dass sie auf diesem Wege eine nahezu unumschränkte Anordnungsbefugnis gewinnen konnten. Das liegt daran, dass die Kommunikation zwischen Menschen und Göttern nach wie vor von menschlichen Bestimmungsinteressen einseitig geprägt wird: Da nur die Menschen von den Göttern etwas wollen und nicht umgekehrt, liegt die Last der Verpflichtung auf die Interessen des Anderen einseitig bei der Kultgemeinschaft. **Da sie aber keine „lebendige" soziale Instanz mehr ist, nimmt die Selbstbindung die Form des** *Eigentums* **an.** Die Kultgemeinschaft versteht sich als Eigentum des eigenen Schutzgottes (vgl. v. Soden 1961; 561). Damit wird das Verhältnis zu den Göttern an die innergesellschaftlichen Abhängigkeitsverhältnisse assimiliert und reziprok: **Als Eigentümer** *müssen* **auch die Götter ein Bestimmungsinteresse gegenüber ihren Knechten oder Sklaven haben.** Es wird repräsentiert durch den Oberpriester oder König als menschliche Stimme göttlicher Gewalten. Unabhängig davon, ob sie als Götter wie im Alten Ägypten oder als deren Vertreter angesehen werden, artikulieren sie den göttlichen Willen. Damit wird eine entscheidende Modifizierung des kommunikativen Grundmusters erreicht. Die Kultgemeinschaft als Ganze kommuniziert nicht mehr mit abwesenden Dritten. Die Götter sind nun zunächst in Form von Sakralkönigen **in der Gesellschaft selbst präsent. An die Stelle der Bindung an die kulturelle Tradition tritt de facto die** *Bindung an den Willen des Königs.* Die Selbstbindung der Kultgemeinschaft an ihre eigene magisch-religiöse Kultur wird zumindest teilweise ersetzt durch die Unterwerfung unter den Willen eines religiösen Oberhauptes.

Die Folgen dieser Veränderungen in der Konstruktion des Abhängigkeitsverhältnisses der Menschen von den göttlichen Gewalten waren einschneidend. Zunächst einmal ist die Wahrung der kulturellen Tradition und ihrer Stabilität nicht mehr um jeden Preis unabdingbar. Die Macht des Oberhauptes reicht soweit, dass er Abläufe verändern und sogar in den magisch-religiösen Kosmos eingreifen kann. Zugleich ergeben sich zuvor unbekannte Handlungsspielräume, um gesellschaftliche Ressourcen für Ziele zu verwenden, die das Oberhaupt jenseits ritueller Vorschriften[160] setzen kann. Diese Veränderung kann daran abgelesen werden, dass die Herrschaftsausübung nun stärker von der Persönlichkeit des Herrschers bestimmt wird (v. Soden 1961; 555ff.).

Spätestens gegen Ende der formativen Phase kann auf dieser Grundlage auch die Autonomie der Sippe gebrochen werden. Die sippeninterne Willensbildung wird durch eine vom Oberhaupt ausgehende Rangordnung überlagert, die mit der Delegation von Arbeitsaufgaben verknüpft ist. Die dezentrale Sippenstruktur wird damit durch eine **einheitliche gesellschaftliche Gesamtordnung überlagert, die sich operativ, in der Ausführung der von der Zentralgewalt gestellten Aufgaben bewährt**. Ebenso erfolgt eine Zentralisierung der Religionsausübung. Die zentrale Tempelanlage wird zum kulturellen Zentrum.

Auch die Bedeutung von Sippe und Familie als wirtschaftliche Einheit wird zumindest teilweise durchbrochen. Charakteristisch ist, dass das gesamte fruchtbare Land als Eigentum der Götter angesehen wird, das vom Zentraltempel verwaltet wird (Mesopotamien). Die große Masse der auch von rituellen Verpflichtungen entlasteten Bevölkerung wird damit erstmals in abhängige Arbeitskräfte verwandelt, die gegen eine tägliche Nahrungsration (Nissen 1990: 92f.) im Auftrage des Tempels Arbeitsaufgaben ausführen[161]. Damit überlagert eine Tempel- oder auch Staatswirtschaft dezentrale Strukturen wie Dörfer und Familien.

Diese Tempel- und später dann Staatswirtschaft ist ein redistributives System, das zunächst einmal alle erreichbaren Ressourcen anhäuft, lagert und je nach Bedarf und sozialer Stellung an die Bevölkerung zurückverteilt. Dies erfordert ein alle wirtschaftlichen Aktivitäten umspannendes Verwaltungsnetz, Straßen und Transportmittel, möglicherweise auch die Erfassung aller Ressourcen und eine Gesamtplanung (näheres unter 7.3.1 und 7.3.3).

---

160 Eine Zusammenfassung der rituellen Pflichten der Pharaonen aus der Frühzeit und dem Alten Reich gibt Barta 1975; 74ff. Dabei wird deutlich wie weitgehend die „offiziellen" Aktivitäten der Pharaonen rituellen Vorgaben zu folgen hatten. Diese Bindungen nehmen später deutlich ab.
161 Auch das von Sargon (Regierungszeit 2414 – 2358 v.u.Z.) geschaffene erste stehende Heer scheint auf der Grundlage täglicher Nahrungsrationen existiert zu haben. Jedenfalls lässt Sargon schriftlich festhalten, dass „fünftausendvierhundert Mann täglich vor ihm aßen" (v. Soden 1961; 548).

3 Von der Theokratie zum weltlichen Königtum – die Trennung zwischen Tempel und Palast (2. Phase).

Zentrales Merkmal der 2. Phase der Entwicklung der primären Zivilisationen ist der Wandel der gesellschaftlichen Herrschaftsinstanz von einer religiösen zu einer politischen Institution. Auch wenn die Herrscher in den späteren Phasen religiöses Oberhaupt bleiben, treten ihre religiösen Aktivitäten allmählich in den Hintergrund. **Aus Zeremonialkönigen werden de facto *politische Könige*, die die Macht der Götter immer stärker mit weltlichen Methoden zu steigern suchen**[162]. In dem Maße wie Staaten untereinander in Kontakt treten, werden Gesichtspunkte wie die Bevölkerungszahl, die Ausdehnung und der Reichtum der Städte zu Kriterien, an denen sich die Bedeutung des Staatswesens wie zugleich auch seines Schutzgottes ablesen lässt. Wirtschaftliche Aktivitäten haben zudem den Vorzug, dass sie besser beherrschbar sind als Naturbedingungen.

Man kann die im vorangegangenen Abschnitt dargestellten Rituale der ägyptischen Pharaonen danach unterscheiden, welche Erfolgsrisiken das jeweilige Ritual aufweist und daran die Frage anknüpfen, ob und wodurch diese Risiken beherrschbar sind. Ein hohes und unbeherrschbares Risiko bergen im Grunde nur jene Rituale in sich, die die Kontrolle von Umweltbedingungen bezwecken. Bei den Jagd- und Kampfritualen gibt es selbstverständlich auch Erfolgsrisiken. Der Ausgang kriegerischer Handlungen beispielsweise ist jedoch in vielen Fällen interpretierbar[163]. Beim Bau- oder beim Statuenritual sind die Risiken dagegen beherrschbar, da sie fast ausschließlich materieller Natur sind und mit der Beschaffung von Baumaterial und der Verfügung über Arbeitskräfte zusammenhängen. Wenn man nun bedenkt, dass auch diese Rituale von hoher Bedeutung waren – beim Tempelbau beispielsweise wurde nach ägyptischer Vorstellung die Weltordnung reproduziert – dann wird sehr deutlich, **dass die auf lange Sicht erfolgversprechendste Möglichkeit der Stabilisierung des Königtums in der Organisation jener Rituale besteht, die von einem funktionierenden Staatsapparat zuverlässig geleistet werden können.** Gegen die Misserfolge der Fruchtbarkeitsrituale bieten vorausschauende Planung und das Anlegen von

---

162 Für Ägypten wird diese Veränderung seit dem Beginn des mittleren Reichs, also seit ca. 2000 v.u.Z. erkennbar. In Mesopotamien erfolgte sie früher. Sargon (Regierungszeit 2414 – 2358) ist zweifellos ein politischer Herrscher. Der Begriff Palast taucht bereits um 2700 v. u.Z. erstmals auf (Klengel 2006; 39).

163 Im 2. Jahrtausend v.u.Z. und auch noch später wurden z.B. verloren gegangene und unentschiedene Schlachten, soweit dies möglich war, in den schriftlichen Aufzeichnungen als Siege dargestellt. Vgl. die Aufzeichnungen über die Schlacht von Kadesch (Keegan 1995, Zangger 1994).

Vorräten (die sieben fetten und die sieben mageren Jahre im Alten Testament) zumindest Ansatzpunkte, um Erfolge auf Dauer zu stellen. Die weitere Stabilisierung des Königtums, die sich in der Bildung von Dynastien, also der Vererbung der Königsfunktion ausdrückt, gelingt also dadurch, dass sich das Königtum zunehmend weltlichen Dingen zuwendet und sich auf die interne Organisation des Staates, den Städtebau, das Militärwesen usw. konzentriert.

3.1 Redistributiver Staat und Arbeitsgesellschaft

Da die alten Religionen auf die erfolgreiche Kontrolle von Naturbedingungen ausgerichtet sind, ist eine Steigerung der dem König zugeschriebenen Fähigkeiten nur denkbar über Mechanismen, die einerseits die hier liegenden Risiken so weit wie möglich begrenzen und die andererseits die in der Größe der Tempel und Paläste und der gesamten materiellen Kultur liegenden Manifestationen von Macht und Größe immer weiter steigern. Noch ausgeprägter als die formative Phase wird diese zweite Entwicklungsphase daher von der erfolgreichen **Etablierung einer redistributiven Staatswirtschaft und der Verwandlung der Kultgemeinschaft in eine Arbeitsgesellschaft**[164] geprägt. Der Wandel vom Sakralkönigtum zum weltlichen Königtum ist ein Indikator für die Verlagerung des Schwerpunkts in diese Richtung. Das Verlangen nach Steigerung religiöser Effizienz wird über die Effektivierung der wirtschaftlichen Aktivitäten aller Gesellschaftsmitglieder in ihren unterschiedlichen Positionen und Funktionen realisiert. So wird nun endgültig aus periodischen, ganz auf die Sicherung des eigenen Bedarfs (einschließlich eines gewissen religiösen Surplus) zugeschnittenen Aktivitäten in den Stammesgesellschaften die systematisierte und verstetigte *Arbeit für die Götter*. **Die erstaunlichen Leistungen der frühen Staaten basie-**

---

164 Eine Datierung dieses Prozesses fällt schwer, da sich dieser Prozess allmählich und in mehreren Etappen vollzogen hat. Für Ägypten bedeutet in jedem Fall der Pyramidenbau einen Einstieg. Die einfachen Arbeiten beim Pyramidenbau wurden in Gemeinschaftsarbeit von der bäuerlichen Bevölkerung außerhalb der arbeitsintensiven Zeiten (Zibelius-Chen 2006; 470) verrichtet, die komplizierteren von handwerklichen Spezialisten (vgl. auch Parsons 1975; 92). Man schätzt, dass die größte Pyramide den Einsatz von 20.000 Arbeitskräfte über 20 Jahre (ebd.; 482) erforderte. Während es denkbar ist, dass die bäuerliche Bevölkerung sich aus den eigenen Überschüssen ernährte, muss man für den Einsatz handwerklicher Spezialisten ein redistributives Wirtschaftssystem annehmen, dass auch für Arbeitersiedlungen im neuen Reich nachgewiesen ist (vgl. Gutgesell 1989). In Mesopotamien lagen die Dinge insofern etwas anders, als hier eine Intensivlandwirtschaft ohne gemeinschaftliche Bewässerungsarbeiten nicht möglich war (vgl. Nissen 19909. Einen weitgehenderen Einstieg in die Arbeitsgesellschaft brachten auch hier Großprojekte wie Tempel oder die Stadtmauer von Uruk. Großprojekte setzen in beiden Gebieten ab etwa 3.000 v.u.Z. ein.

ren darauf, dass sie Arbeitsgesellschaften mit religiösen Zielen und auf einem religiösen Fundament waren. Diese Behauptung schließt keineswegs aus, dass jene körperliche Gewalt, die ursprünglich gegen den heiligen König gerichtet war, nun systematisch auf das in Arbeitskräfte verwandelte Volk zurückschlägt. Einige Belege (Der Spiegel 1996; 2: 139) machen deutlich, dass der Arbeitsrhythmus durch Peitschenhiebe und ständiges Prügeln den Menschen im wahrsten Sinne des Wortes eingebläut wurde. Es ist jedoch unklar, ob dies von Anfang an praktiziert wurde. Zum anderen sind körperliche Zwangsmittel allein relativ wenig effektiv. Es ist zumindest höchst zweifelhaft, ob man auf diesem Wege die erschreckenden medizinischen Befunde klären kann, die beispielsweise an den Skeletten von Pyramidenarbeitern gemacht wurden (Der Spiegel 1995; 52: 154; Der Spiegel 1996; 1: 159) Das Maß an körperlicher Zerstörung deutet auf lange Leidenswege hin, die man vermutlich nicht ohne ein gewisses Maß an Eigeninteresse oder an religiösen Motiven so lange aushalten wird.

Angesichts dieser Verhältnisse nimmt es nicht wunder, dass die „städtische Revolution" aus marxistischer Sicht als die Entwicklung von Klassenverhältnissen missdeutet wurde. Nach Childe lag bereits den frühen Staaten „der eklatante ökonomische Interessenkonflikt zwischen einer winzigen Klasse von Herrschenden, die sich das soziale Surplus fast zur Gänze aneigneten und der breiten Masse der Bevölkerung, die mit den notwendigsten Subsistenzmitteln abgefunden und von den nicht-materiellen Leistungen der Zivilisation erfolgreich ausgeschlossen wurde" zugrunde. (Childe 1950; 4) Der Staat sei also Instrument einer „herrschenden Klasse", die die Produktionsmittel monopolisiert.

Diese Interpretation tut den historischen Fakten Gewalt an. Zum einen berücksichtigt sie nicht, dass zumindest am Anfang das Land typischerweise dem Tempel gehörte und individuelles Eigentum an fruchtbarem Land erst später entstand[165]. Zum anderen war das Verhältnis zwischen Staat und Politik umgekehrt: „Politische Macht organisierte die Wirtschaft, nicht umgekehrt." (Service 1977; 31.).

Wie man sich solche archaischen Staatswirtschaften vorstellen kann, macht eine Studie des Wirtschaftshistorikers Karl Polanyi über das Königtum in Dahomé im 18. Jahrhundert deutlich. Polanyis Feststellungen lassen sich sehr gut auf die von Service herausgearbeitete zweite Phase in der Entwicklung der primären Zivilisationen übertragen, die Entstehung von Stadtstaaten am Ende einer formativen Epoche. Auch in Dahomé ist wie in Ägypten und Mesopotamien ein

---

165 In der summerischen Mythologie ist ganz klar, dass das fruchtbare Land den Göttern gehörte. Der Tempel als Sitz der Götter war daher der originäre Eigentümer (v. Soden 1961; 561; Nissen 1990; 153).

religiöses Königtum entstanden. Die erheblichen Unterschiede in den religiösen Konzepten können ausgeklammert werden.

Polanyi beschreibt die Funktion des Königtums in Dahomé folgendermaßen: „Die Monarchie war die zentrale Institution des Staates. Ihre Abkunft wurde für göttlich gehalten. Der König war Bindeglied zwischen dem Volk und dem vergöttlichten Ahnen sowie Hüter des Wohlergehens des Volkes. Als solcher spielte er in der Wirtschaft von Dahomé eine zentrale Rolle. Er war es, der alljährlich die wirtschaftlichen Verhältnisse prüfte, Pläne für die Zukunft formulierte, ein Minimum von Kaurimuscheln zum Zweck des Lebensmittelkaufes an die Bevölkerung verteilte, bestimmte Äquivalenzen festsetzte, Geschenke erhielt und verteilte, sowie Zölle, Steuern und Tribute auferlegte ... Die ökonomische Seite dieses Vorgangs kann als Bewegung von Gütern und Geld auf einen Mittelpunkt hin und wieder von ihm weg, also als Redistribution bestimmt werden" (Polanyi 1979; 256). Im weiteren beschreibt Polanyi, wie der König – analog zu Ägypten und Mesopotamien – als Mittler gegenüber den Ahnen fungiert, die entsprechenden Blutopfer organisiert und zugleich aber sämtliche wirtschaftlich relevanten Vorgänge seines Landes strukturiert. Hierbei wird unter anderem eine Intensivierung und Systematisierung des Feldanbaus betrieben, was indirekt auch die Einnahmen der Zentralinstanz erhöht. Zusätzlich werden jährliche Sklavenjagden organisiert, die ebenfalls die Einnahmen der Zentralinstanz stärken und zugleich die nötigen religiösen Menschenopfer liefern. In Dahomé gibt es eine an Mykenae oder Knossos erinnernde Palastwirtschaft. Der Palast ist u.a. auch der Ort, wo die strategisch wichtigen Ressourcen zentralisiert werden (z.B. Waffen, Munition, Geld etc.).

Wenn die obige These richtig ist, dass hinter dem redistributiven Staat das Problem einer Stabilisierung und Verstetigung der „religiösen Potenz" des Königs steht, dann muss diese Form der Staatswirtschaft bereits ein ausgeprägtes Element der Stabilität und der Planung auszeichnen. „Das redistributive System des Palastes war an einen umfangreichen Planungs- und Verwaltungsapparat gekoppelt. Viele ökonomische Angelegenheiten ... beschäftigten die königliche Verwaltung das ganze Jahr hindurch. **Der Monarch war für den Lebensunterhalt des Volkes verantwortlich, und diese Verantwortlichkeit erstreckte sich auf alle Aspekte der Wirtschaft.** ... Sofort nach dem Ende der Regenzeit und nach Beendigung der Ernte begann der König mit den Vorbereitungen für den jährlichen Kriegszug. Dies war auch der Zeitpunkt für die Aufstellung der Statistiken, welche die Daten lieferten, auf deren Grundlage Abgaben vorgeschrieben und Steuern eingehoben wurden. Die Statistik erfasste die Bevölkerung, die landwirtschaftliche und handwerkliche Produktion, den Viehbestand und die meisten anderen Erzeugnisse und Ressourcen des Königreichs. Besondere Aufmerksamkeit wurde der Zahl der Arbeitskräfte gewidmet. Es wurde eine Zählung der Gesamtbevölkerung sowie der Anzahl der Personen in jeder Berufskategorie durchgeführt: Landwirte, Weber, Töpfer, Jäger, Salzarbeiter, Träger ... Schmiede und auch Sklaven. Nach der Zählung der Landwirte zählte man die in den Lagerhäusern aufbewahrten landwirtschaftlichen Produkte, die Palmen im ganzen Königreich, die Zahl der Rinder, Schafe und Hühner sowie die Erzeugnisse der verschiedenen Handwerker. Nach Einholung dieser Daten wurden die Abgaben für alle im Königreich erzeugten Produkte festgesetzt ... Die im Rahmen der statistischen Erhebung eingelangten Bevölkerungsdaten waren ein Staatsgeheimnis, das nur dem König bekannt war. Ein Häuptling oder Provinzanführer, der die Zahlen seiner Gruppe bekannt gegeben hätte, wäre erdrosselt worden." (Polanyi 1979; 264; Hervorh. D.B.)

Diese Darstellung des Königreichs von Dahomé zeigt uns eine zentralisierte Staatswirtschaft, wie sie auch für die primären Zivilisationen in ihrer zweiten und dritten Entwicklungsphase angenommen werden kann. Die königliche Anweisungsbefugnis hat nun ihren Schwerpunkt in der Lenkung einer in sich geschlossenen Staatswirtschaft. Abweichend von dem Beispiel Dahomés bzw. Polanyis Interpretation vermute ich für die primären Zivilisationen, dass das primäre Ziel dieser redistributiven Staatswirtschaft in einer Manifestation der Macht des jeweiligen Stadtgottes bestand. Diese Zielsetzung schloss sowohl Projekte wie gigantische Tempelanlagen, später auch Paläste und militärische Befestigungsanlagen, wie auch die Ernährung der Bevölkerung mit ein, die schließlich die Basis der Machtentfaltung darstellte und zum göttlichen Eigentum rechnete. Umgekehrt war die Arbeitspflicht nicht ökonomisch erzwungen sondern religiös begründet: zumindest nach sumerischer Auffassung besteht der Sinn menschlicher Existenz in der Arbeit für die Götter (vgl. von Soden 1961; 561).

Der aus der Idee religiöser Stellvertretung folgende religiöse Zentralisierungsvorgang wurde um einen wirtschaftlichen Zentralisierungsvorgang ergänzt und die religiöse Abhängigkeitsbeziehung um eine wirtschaftliche angereichert. Polanyi betont nun völlig zu recht, dass diese Abhängigkeitsbeziehung auch den König bindet. Er ist für das Wohlergehen seiner Untertanen nun auch in wirtschaftlicher Hinsicht direkt verantwortlich in einer Art und Weise, wie sie auch in Webers Begriff des Patrimonialstaates enthalten ist[166]. Die wechselseitige

---

166 Im Rahmen seiner Herrschaftssoziologie entwickelt Max Weber den Begriff des Patrimonialstaates, eine Form traditionaler Herrschaft, die den Beginn der Staatenbildung begrifflich fassen soll. Der Patrimonialstaat ist so etwas wie ein überdimensionaler vorindustrieller Haushalt, der autark wirtschaftet und auf Frondienste, Steuern oder andere Einkommensquellen zurückgreifen kann (vgl. Weber 1972; 133ff.). Dieser Begriff fasst zwar sehr anschaulich viele Momente der „alten Staaten" zusammen. Er ist jedoch eher als Negativbegriff gegenüber einer kapitalistisch verfassten Gesellschaft konzipiert. Ihm liegt die Unterscheidung zwischen Erwerb und Bedarfsdeckung zugrunde und er soll jene Bedingungen fassen, die die Entwicklung von

Beziehung zwischen König und Untertanen hat im redistributiben Staat die Form eines wirtschaftlichen Kreislaufes angenommen, bei dem dezentral erwirtschaftete Ressourcen zentralisiert und dann teilweise rückverteilt werden.

Polanyis Darstellung macht weiterhin deutlich, dass der König von Dahomé bereits über einen Erzwingungsstab verfügt. Er hat sich also Instrumente geschaffen, um seine Anordnungen notfalls auch zwangsweise durchsetzen zu können[167]. Im Anschluss an Weber kann der Erzwingungsstab als Ausformung patriarchalischer Hausgewalt verstanden werden.

Auch für Polanyi gilt allerdings, dass er seine Analyse vorkapitalistischer Gesellschaften mit Blick auf die Gegenwart betreibt. Dies führt in seinem Fall dazu, dass er den Begriff der Wirtschaft in Form der Zirkulation von Gütern und Geld bereits voraussetzt. Polanyi möchte zeigen, dass eine dem Gemeinwohl verpflichtete Wirtschaft ohne liberales Denken und ohne Profitorientierung ganz real existierte. Auch eine profitorientierte Marktwirtschaft könne ohne die gesellschaftliche Beschränkung des Marktmechanismus und ohne Bindung an das Gemeinwohl nicht funktionieren (Polanyi 1977).

Während Weber mit den Begriffen des Haushaltens und des Erwerbens zwei unterschiedliche „Logiken des Wirtschaftens" idealtypisch auseinander zu halten sucht (vgl. auch: Bader u.a. 1987), sucht Polanyi nach jener gesellschaftlichen Grundlage des Wirtschaftens, der er eine universelle Bedeutung zumisst. Ich vermute jedoch, dass es sich auch hierbei um historische Grundlagen des Wirtschaftens handelt, die erst parallel zur Rang-Vergesellschaftung und zur Entwicklung innergesellschaftlicher Machtbeziehungen entstanden sind. Es ist deswegen auch keineswegs zufällig, dass Polanyis historische Beispiele (neben dem bereits zitierten insbesondere die Trobriander und die Sumerer) aus genau dieser Entwicklungsphase stammen.

Märkten und einer erwerbsorientierten Produktion **verhindern** (ebd.; 137ff.). Der Begriff des Patrimonialstaates soll also einen eher abgrenzenden analytischen Blick auf die Vergangenheit ermöglichen. Dabei bleiben dann allerdings die dynamischen Elemente unterbelichtet. Die Erfolgsorientierung und auch der Expansionsdrang der primären Zivilisationen führte zu einer Dynamik, die dem Bild eines auf Bedarfsdeckung programmierten Haushalts letztlich fremd ist und die frühe Evolutionstheoretiker wie Morgan dazu geführt haben, hier die Schwelle zur Zivilisation zu sehen.

167 Ein Erzwingungsstab ermöglicht die Geltung sozialer Ordnung auch gegen das empirische Verhalten der Mitglieder einer Gesellschaft oder eines Verbandes. Er dient also der Garantie einer bestimmten Ordnung, die charakteristischerweise rechtlich fixiert ist (vgl. Weber 1972; 17ff.).

3.2 Haushalt und Staatswirtschaft

Die Hausgemeinschaft war in wirtschaftlicher wie auch religiöser, politischer und sozialer Hinsicht das Grundelement der frühen Ackerbaugesellschaften. Mit der Entwicklung der alten Hochkulturen geht diese zentrale Bedeutung verloren. In der formativen Phase gibt sie die religiöse Funktion weitgehend an den Zentraltempel ab. In sozialer Hinsicht wird die **unter dem Gesichtspunkt der Abstammung gebildete Sozialstruktur** durch eine von der königlichen Zentralinstanz als Zentrum geprägte *aufgabenbezogene* **Sozialstruktur** überlagert. In wirtschaftlicher Hinsicht wird sie aus der Organisation der Produktion hinausgedrängt und auf hauswirtschaftlich-konsumtive Aspekte reduziert. Diesen letzten Gesichtspunkt möchte ich hier etwas genauer nachzeichnen.

Der gedankliche Ausgangspunkt wird durch Webers Begriff der Hausgemeinschaft fixiert. „Hausgemeinschaft bedeutet ökonomisch und persönlich in ihrer 'reinen' ... Ausprägung: Solidarität nach außen und kommunistische Gebrauchs- und Verbrauchsgemeinschaft der Alltagsgüter (Hauskommunismus) nach innen ... Der hauskommunistische Grundsatz, dass nicht 'abgerechnet' wird, sondern dass der Einzelne nach seinen Kräften beiträgt und nach seinen Bedürfnissen genießt ..., lebt noch heute als wesentlichste Eigentümlichkeit der Hausgemeinschaft unserer 'Familie' fort ..." (Weber 1972; 214).

In wirtschaftlicher Hinsicht ist somit für die Hausgemeinschaft konstitutiv, **dass die Haushaltsmitglieder untereinander keine Tauschbeziehungen** eingehen. Die Hausgemeinschaft beruht nicht primär auf sexuellen Dauerbeziehungen, sondern entscheidend ist das Kriterium der ökonomischen Versorgungsgemeinschaft (Weber ebd.; 212). „Die Hausgemeinschaft ist nichts schlechthin Primitives. Sie setzt nicht ein 'Haus' in der heutigen Bedeutung, wohl aber einen gewissen Grad planmäßiger Ackerfruchtgewinnung voraus. Unter den Bedingungen rein okkupatorischer Nahrungssuche scheint sie nicht existiert zu haben" (Weber ebd.; 213). Ergänzend hierzu vermute ich, dass sich Hausgemeinschaften erst zu einem solchen Zeitpunkt ausdifferenzieren konnten, wo ein hinreichendes Maß an Tauschvorgängen (z.B. im Kontext magisch-religiöser Hierarchisierungsvorgänge) bereits vorhanden war.

Die Hausgemeinschaft beruht auf einer Form der gegenseitigen Verbundenheit, die gegen solche Reziprozitätsvorstellungen scharf abgegrenzt werden muss, wie sie in Tauschvorgängen zum Ausdruck kommen. Während an Tauschvorgänge somit der Maßstab der Gleichheit bzw. der Ungleichheit angelegt werden kann, handelt es sich hier um Schicksalsverbundenheit, Gemeinschaftlichkeit und Formen der Verbundenheit zwischen konkreten Personen, die über die Sozialisation und die Sorge für Kinder hinausgehen. **Man könnte den soziologischen Sinn der Hausgemeinschaft in der wechselseitigen Stabilisierung der**

Lebensspanne sehen. Gesunde kümmern sich um Kranke, unabhängig davon, ob sie ihnen diese Wohltat irgendwann einmal vergelten können. Kinder werden von Erwachsenen ernährt und sozialisiert. Alte Menschen werden im Rahmen der Hausgemeinschaft mit versorgt.

In der patriarchalischen Hausgemeinschaft schulden die Haushaltsmitglieder dem Familienoberhaupt (aber nicht automatisch allen anderen) aus Gründen der Pietät Gehorsam. Man kann zumindest vermuten, dass dieses Moment kultureller Formung vor allem mit Ahnenkulten zusammenhängt, da zumindest sehr traditionale Hausgemeinschaften sich in vielfältiger Weise um ihre Ahnen kümmern. Auch die Ahnen sind noch Teil der Solidargemeinschaft, was sich vor allem in Form einer rituellen Esskommunikation an bestimmten Festtagen ausdrückt (vgl. z.B. Heine-Geldern 1928).

In dem Maße nun, wie sich das Königtum über sehr diesseitige wirtschaftliche Aktivitäten stabilisiert und dadurch zugleich in seiner religiösen Potenz weiter erhöht wird, liegt es nahe, **den gesamten Staat als Haushalt im großen Stil aufzufassen.** Dadurch gewinnt die königliche Zentralinstanz, wie Polanyis Beispiel der Könige von Dahomey zeigt, neue systematische Möglichkeiten der Machtsteigerung. Solange Religion auf die erfolgreiche Beeinflussung jener Naturbedingungen hin orientiert ist, von denen die eigene Lebensgrundlage abhängt, ist es nur konsequent, wenn diejenigen, denen ein besonderes religiöses Charisma zugeschrieben wird, auch die wirtschaftlichen Kreisläufe direkt zu organisieren und zu verbessern suchen.

Ähnlich wie in der patriarchalischen Hausgemeinschaft übernimmt der Herrscher eine gewisse und sicher auch hierarchisch abgestufte Verantwortlichkeit für das Schicksal der Gesellschaftsmitglieder. Sie schulden im dafür Respekt, haben seine Anordnungen anzuerkennen und nach ihren Kräften „beizutragen". Über dieses statische Solidarverhältnis schiebt sich allerdings die Dynamik der religiösen Erfolgsorientierung. Das religiöse Charisma des Herrschers erweist sich eben gerade an immer neuen gesellschaftlichen Bauleistungen, an dem Wachstum der Bevölkerung, aber zunehmend auch an kriegerischen Taten[168].

Aber nicht nur dieses dynamische Element, sondern auch der schiere Umfang führt zur Entwicklung gesellschaftlicher Organisationsformen, die eine

---

168 An dieser Stelle muss noch einmal daran erinnert werden, dass das gesamte magisch-religiöse Weltverständnis auch in den primären Zivilisationen nicht moralisch codiert sondern immer noch erfolgsorientiert ist. Einen guten Indikator für diesen Sachverhalt bilden die in den Gräbern der ägyptischen Würdenträger gefundenen schriftlichen Zeugnisse. Sie geben Auskunft darüber, dass die Lebensführung des Verstorbenen im Einklang mit dem Maat, dem ägyptischen Sittengesetz, gewesen sei. Diese Übereinstimmung wird am Erfolg (Glück oder Unglück) des Verstorbenen, erst in der Spätphase an moralischen Kriterien fest gemacht. Vgl. Die Zeit 2006; 1; 491f., 495.

allgemeine Standardisierung der wirtschaftlichen Gegebenheiten und Zusammenhänge betreiben. **An die Stelle eines personenbezogenen und bedürfnisorientierten Wirtschaftens im Rahmen einer überschaubaren Hausgemeinschaft tritt nun eine Standardisierung nützlicher Ressourcen**, die erst die statistische Erfassung und quantitative Akkumulation solcher Gebrauchswerte ermöglicht.

3.3 Das redistributve Wirtschaftsystem in Ägypten und Mesopotamien.

Wie wir bereits gesehen haben, bedingt die Festigung des sakralen Königtums eine Verlagerung seiner religiösen Wirksamkeit in die materielle Kultur. Monumentale Tempel, Götterstatuen, große Städte, Bewässerungs- und Befestigungsanlagen werden im Rahmen der Mythologie zu zentralen gesellschaftlichen Gebrauchswerten. Vermutlich führt nun die unter permanentem religiösen Erfolgsdruck stehende Herstellung solcher Anlagen dazu, **dass eine Vorstellung standardisierter und damit auch organisierbarer Ressourcen entwickelt wird**. Wahrscheinlich ist es auch kein Zufall, dass am Beginn der Entwicklung der Schrift Aufzählungen solcher standardisierter Ressourcen stehen (ca. 3.100 v.u.Z.; vgl. z.B. Nissen 1990; 88ff.)[169]. Erst die Normierung von Arbeitsergebnissen und in der Folge wohl auch die Normierung von Arbeitsleistungen ermöglichen die arbeitsteilige Organisation so gigantischer Projekte wie der Pyramiden von Gizeh oder der Stadtmauer von Uruk. Die Entwicklung standardisierter und relativ universell einsetzbarer Standardprodukte wird durch die Verwandlung der Bevölkerung in ein Heer von Arbeitskräften ergänzt.

Die Grundvoraussetzung dieser religiösen Arbeitsgesellschaften besteht zweifellos in einer **landwirtschaftlichen Überschussproduktion**. Die landwirtschaftliche Arbeit musste so stark intensiviert und ihre Erträge so weit gesteigert werden, dass die für die gesellschaftlichen Großprojekte benötigten personellen und materiellen Ressourcen in der Landwirtschaft erwirtschaftet werden konnten. Erwirtschaftet werden musste insbesondere die Freisetzung von Menschen aus dem primären Sektor. Die Landwirtschaft musste so organisiert werden, dass entweder die landwirtschaftliche Bevölkerung saisonal für bestimmte Bau- oder Bewässerungsprojekte eingesetzt werden konnte oder, dass eine auf diese Tätig-

---

169 Erst ca. 500 Jahre später wird die Schrift so weiterentwickelt, dass sie für die Kommunikation von Ereignissen, Meinungen etc. benutzt werden kann. An Stelle schriftlicher Aufzeichnung der Ressourcen haben indianische Hochkulturen Zählschnüre benutzt. Sie erfüllten diese Funktion genauso, ermöglichten aber nicht die Weiterentwicklung zu einer Schrift im heutigen Sinne.

keiten spezialisierte Arbeiterschaft kontinuierlich ernährt werden konnte. Natürlich lassen sich diese beiden Varianten auch miteinander kombinieren.

Für Ägypten sind seit der 4. Dynastie große Arbeitersiedlungen ausgegraben worden, wobei erst spätere Arbeitersiedlungen so viel an schriftlichem Material enthalten, dass die Logistik dieser Bauprojekte rekonstruiert werden konnte. Ägyptologen vermuten, dass das grundlegende System in Ägypten bereits in den ersten Dynastien des Alten Reichs entwickelt wurde. „Dieses hier skizzierte Wirtschaftssystem ist vom Alten Reich bis hin in die Spätzeit zu verfolgen, nur geringfügige Veränderungen und Anpassungen an neue Begebenheiten sind in einzelnen Epochen zu erkennen." (Gutgesell 1989; 34)

Aufschlussreich sind auch die Befunde aus den Ausgrabungen in Uruk, der wohl weltweit frühesten Metropole, die vor 5.000 Jahren bereits die Hälfte der Fläche Roms zur Kaiserzeit und ein Mehrfaches der Stadtfläche von Athen in seiner Glanzzeit umfasst hatte. „Vereinzelt waren bereits in Schichten der Frühuruk-Zeit (3.500 v.u.Z.; D. B.) Keramiknäpfe aufgetaucht, die sich in Form und Material erheblich von der gleichzeitigen Keramik unterschieden. Es handelt sich um Näpfe mit einem schräg abgeschnittenen Rand, die aus einem sehr groben und daher äußerst porösem Material hergestellt worden waren. Sie werden unter Archäologen als „Glockentöpfe" bezeichnet. Überlegungen zur Herstellung dieser Näpfe führten zur Beobachtung, dass sie ... gepresst wurden. Von Beginn der Späturuk-Zeit an (3.200 v.u.Z.; D. B.) treten diese Näpfe in solchen Mengen auf, dass bisweilen 3/4 oder mehr der gesamten an einem Ort gefundenen Keramik dieser Gattung angehören. ... Billige und schnelle Herstellung, millionenfache Zahl, gleichförmige Größe, Eignung nur zur Aufnahme fester Stoffe lassen zugleich an eine Besonderheit der Wirtschaftsorganisation denken, die allerdings erst für Zeiten bezeugt ist, die über 600 Jahre später liegen. Aus diesen späteren Phasen wissen wir aus den Texten, dass die Entlohnung der riesigen Heere von Beschäftigten der großen Wirtschaftseinheiten in Naturalien erfolgte und zwar in täglichen Rationen. Den Hauptanteil machten dabei die Getreiderationen aus. ... Aber immerhin passen nicht nur alle Besonderheiten der Näpfe zu dieser Erklärung als Rationsgefäße für die Getreidezuteilungen, sondern der Inhalt eines dieser Gefäße entspricht fast exakt der Menge, die später hin als die tägliche Ration eines Arbeiters bekannt ist. Zudem wird die Annahme dadurch gestützt, dass das Zeichen für „Essen" in den ältesten Texten sich aus den bildlichen Wiedergaben eines menschlichen Kopfes und eines Napfes zusammensetzt, der die Form der genannten Glockentöpfe hat" (Nissen 1990; 92f.).

An diesem Beispiel wird sehr instruktiv deutlich, dass die neuen Gegebenheiten eines Zusammenlebens im Rahmen von Staaten **auch zu einer Standardisierung der reproduktiven Möglichkeiten führen.** Der Herrscher und die in seinem Namen agierenden Verwalter können sich nicht um die spezifisch persönlichen Bedürfnisse kümmern, sie können aber sehr wohl dafür Sorge tragen, dass Arbeiter standardisierte tägliche Essensrationen bekommen. Es gibt auch Hinweise darauf, dass solche Systeme einer zentral organisierten Alimentierung große Arbeitermassen durchaus funktionierten (vgl. Gutgesell 1989). Dass ein solches System erfolgreich arbeiten konnte, setzte aber nicht nur die Entwicklung standardisierter Ressourcen und entsprechender Kalkulationstechniken voraus. Erforderlich war auch die Entwicklung einer **Infrastruktur**. Was innerhalb der überschaubaren Hausgemeinschaft ohne große Vorkehrung einfach praktiziert werden konnte, erfordert nun innerhalb des staatlichen Rahmens eigene Vorkehrungen[170].

Unter Infrastruktur können wir alle Elemente fassen, die entwickelt werden müssen, damit dezentral erwirtschaftete Ressourcen einem Zentrum zufließen können und von diesem Zentrum aus wieder planmäßig in bestimmte Aktivitäten hineinfließen können. Die entsprechende Infrastruktur umfasst einmal einen rechen- und schriftkundigen Verwaltungsapparat, entsprechende Aufzeichnungsmethoden (Schrift oder Zählschnüre), Einrichtungen zur möglichst schnellen Übermittlung von Nachrichten, Verkehrswege, die den möglichst schnellen Transport entsprechender Gütermengen erlauben und schließlich einen Polizei- und Militärapparat, der das ganze System vor äußeren Feinden schützt.

Die Entwicklung einer solchen Infrastruktur ist seit 5.000 Jahren das Kernelement staatlicher Organisation. Zusammen mit den Standardisierungstechniken bildet sie das zentrale Element der Stadt- und Staatenbildung. Diese Ansicht weicht sehr stark von Webers Position ab, nach der die Existenz eines Erzwingungsstaates (Definitionsmerkmal des Patrimonialstaates) als zentral anzusehen sei, da nur so ein Element „traditionsfreier Willkür" (Weber 1972; 133) stabilisiert werden könne. Das innovativste Element der alten Hochkulturen liegt meines Erachtens **in der direkten Anwendung religiöser Erfolgsorientierung auf den Bereich des wirtschaftlichen Handelns**. Wirtschaft wird so zum Bestandteil gesellschaftlicher Reproduktionskreisläufe und unterliegt den dynamischen Einflüssen des Interesses an gesellschaftlicher Machtsteigerung.

Der neben der Zentralisierung und Hierarchisierung entscheidende Unterschied zwischen Stammesgesellschaften und Hochkulturen besteht darin, dass **Wirtschaft und Politik zu zentralen Staatsaufgaben** werden.

Wenn Parsons' AGIL-Schema (vgl. Junge 2002; 195ff.) zumindest den Umfang gesellschaftlicher Aufgabenstellung zutreffend beschreibt, dann haben sich menschliche Gesellschaften vor der Herausbildung primärer Zivilisationen immer nur über die Gestaltung ihrer kulturellen und sozialen Integration entwickelt. Deswegen konnte die bisherige Entwicklung auch auf der Ebene einer über Reli-

---

170 Herbert Spencer hat diesen Punkt sehr wohl gesehen (vgl. Turner 1985, 90).

gion und Magie entwickelten Kultur beschrieben werden. Mit den primären Zivilisationen ereignet sich eine entscheidende Ausweitung und Schwerpunktverlagerung in den gesellschaftlichen Aktivitäten, die dem Zusammenleben neue Konturen geben[171]. Diese Ausweitung des gesellschaftlichen Aufgabenbereiches führt aber noch nicht zur Ausdifferenzierung der beiden selbständigen Funktionsbereiche Wirtschaft und Politik, die erst in der frühen Moderne erfolgt. Wirtschaftliche und politische Aufgaben können noch nicht unterschieden werden und gelten daher beide als Staatsaufgaben. Der Aufgabenbereich des Staates umfasst von nun an sowohl dezentrale Produktionsstandorte wie auch den Aufbau einer gesellschaftlichen Zentralinstanz, die distributive Funktionen gewinnt. Die entscheidende Klammer, die diese beiden Bereiche miteinander verbindet, besteht in der gesellschaftlichen Infrastruktur.

Gegenüber den dezentralen Produktionsstandorten wirkt sie standardisierend und strukturierend, da auf diesem Wege eine gewisse Produktnormierung durchgesetzt, Vorgaben über Inhalte und Mengen transportiert und auch bestimmte redistributive Leistungen (Alimentierung, Rohstoffversorgung, Bewässerung etc.) den Produktionsstandorten zufließen können. Die gesellschaftliche Zentralinstanz kann ihre distributive Funktion nur über das Instrument einer gesellschaftlichen Infrastruktur erfüllen, die es erst möglich macht, zentralisierbare Potentiale zu erfassen und tatsächlich zu zentralisieren. Zugleich strukturiert die gesellschaftliche Infrastruktur die Möglichkeiten, wie die verschiedenen Ziele der Zentralinstanz auf dem Wege der Redistribution realisiert werden können.

Die drei Elemente, Freisetzung aus der Primärproduktion, bezahlte und standardisierte Arbeit, standardisierte Arbeitsprodukte, erlauben im Rahmen dieser frühen Staatswirtschaften bereits ein hohes Maß an „Teilung und Kombination der Arbeit" (Marx). Da der direkte Zusammenhang zwischen Arbeit und persönlicher Bedürfnisbefriedigung zumindest teilweise durchbrochen wurde („Arbeit für die Götter"), kann die gesamte Gesellschaft über das Instrument der Entlohnung bzw. der staatlichen Versorgung organisiert werden. Zu einer Arbeitsgesellschaft kommt es in dem Moment, wo Arbeit nicht mehr auf die direkte Befriedigung situativ auftretender Bedürfnisse abzielt, sondern zur Herstellung von gesellschaftlich definierten Gebrauchswerten, von möglichst universell nutzbaren Ressourcen verwendet wird. Die Produkte der Arbeit werden damit zu allgemein als nützlich angesehene Ressourcen, die (definitionsgemäß) nicht direkt konsumiert werden und deswegen auch nicht sofort

---

171 Diese Auffassung weicht sehr stark von der Position von Parsons ab, der (ähnlich wie Morgan) in der Entwicklung der Schrift die entscheidende Errungenschaft der primären Zivilisationen sieht. Dadurch könne die innergesellschaftliche Kommunikation in entscheidender Weise ausgeweitet werden (vgl. Parsons 1975; 46; 85ff.).

wieder verschwinden. Diese „nützlichen Hilfsquellen" können gespeichert, gelagert, transportiert, verkauft, geraubt, verschenkt werden und dienen in der Regel nicht nur einem Zweck. Die Transferierbarkeit von Ressourcen eröffnet ganz neue Möglichkeiten einer arbeitsteiligen Organisation der Gesellschaft.

Bei den grundlegenden Ressourcen, den Nahrungsressourcen, werden diese Möglichkeiten bereits deutlich erkennbar. Die Ergebnisse landwirtschaftlicher Tätigkeit sind in Form von Vieh oder von Getreide auf verschiedene Weise lagerbar und transportfähig. Wer über diese Ressourcen in hinreichendem Ausmaß verfügt, muss seine Aktivitäten nicht mehr auf die Sicherstellung des eigenen Überlebens verwenden. Er ist damit aber auch für andere Arbeitsaufgaben freigesetzt. Genau derselbe Mechanismus kann aber auch innerhalb des aus der Primärproduktion freigesetzten handwerklichen Sektors zur immer weiteren Spezialisierung und Arbeitsteilung verwendet werden. Insbesondere dort, wo zuverlässig normierte Ressourcen erzeugt werden, können komplexere Herstellungsvorgänge als Kette spezialisierter Einzelprozesse organisiert werden, die zudem noch unabhängig von konkreten Personen organisiert werden können. Sobald ein genügend leistungsfähiges Transportsystem entwickelt ist, können solche Organisationsformen flächendeckend werden. Die zunächst im religiösen Bereich entwickelten Erfolgs- und Effizienzvorstellungen finden so Eingang in das Wirtschaftsleben.

Die neuen Verhältnisse verlangen aber auch eine zentralisierte Organisation der gesellschaftlichen Aktivitäten. Wie Polanyi betont hat, stellt sich dieser Prozess in ökonomischer Hinsicht als Bewegung von Geld bzw. anderen Ressourcen auf ein Zentrum hin dar, um von dort aus wieder an die Bevölkerung zurückzufließen. Dies schließt keineswegs aus, dass zwischen diese beiden Pole zahlreiche Vermittlungsinstanzen treten – z.B. wohlhabende Beamte, die ihrerseits Arbeitskräfte beschäftigen.

Von seiner Konstruktion her ist der redistributive Staat auf Autarkie angelegt: Aus dem beherrschten Territorium werden Ressourcen herausgezogen, zentralisiert und so verwendet, dass die Ertragskraft des Territoriums zumindest erhalten, nach Möglichkeit aber gesteigert werden kann. De Facto waren die primären Zivilisationen jedoch immer auch vom Fernhandel abhängig. Er konzentrierte sich auf jene Rohstoffe und Luxusgüter, die innerhalb des beherrschten Territoriums nicht vorhanden waren bzw. erzeugt werden konnten[172]. Dieser Fernhandel hatte zwar beträchtlichen Umfang (vgl. Klengel 1991; 76ff. Zum Umfang des Kupferhandels: Zangger 1995: 216). Er war aber nicht fest als Handel oder als Austausch institutionalisiert. Handel (vgl. zum Thema Handel: Neumann 1979; Klengel 1979; 1991; Reineke 1979) galt nur als eine Möglich-

---

172 So war beispielsweise Mesopotamien auf den Import von Holz und Kupfer, Ägypten auf den Import von Holz und Elfenbein angewiesen.

keit neben anderen, zu solchen wichtigen Ressourcen zu kommen. Er wurde nur als die drittbeste Lösung angesehen, die wesentlich weniger ruhmreich war, als kriegerische Expeditionen oder gar die Eroberung der Rohstoffquellen.

4 Kriegerische Expansion – Vom Stadtstaat zum Imperium

Vorbemerkung

Auch dieser Abschnitt über die **dritte Entwicklungsphase der primären Zivilisationen** stützt sich auf die beiden am besten erforschten Hochkulturen Ägypten und Mesopotamien. Neben den sicherlich überwiegenden Parallelen gibt es aber auch gravierende Unterschiede, die vor allem den Aspekt der kriegerischen Expansion betreffen. In diesem Abschnitt werden daher einige **Unterschiede zwischen Ägypten und Mesopotamien** behandelt.

Für Mesopotamien kann man sehr deutlich drei Entwicklungsetappen unterscheiden, eine formative Phase, ein lokales Stadtkönigtum und die Bildung großer Imperien durch Eroberung und Zusammenfassung der lokalen Königtümer. Nach derzeitigem Kenntnisstand fallen in Ägypten die Phasen zwei und drei weitgehend zusammen. Mit Beginn der ersten Dynastie erfolgte die Vereinigung von Unter- und Oberägypten, so dass Ägypten scheinbar am Ende der formativen Phase bereits den Charakter eines Imperiums hat. Da die Entwicklung der Hieroglyphenschrift zeitlich mit diesem Vorgang zusammenfällt und das Wissen über die vorangegangene formative Phase immer noch sehr lückenhaft ist, kann man jedoch eine Vorphase mit lokalem Königtum auch für Ägypten nicht ausschließen[173].

Von seiner geographischen Lage her war Ägypten durch Wüstengebiete weitgehend gegen feindliche Eindringlinge geschützt bzw. umgekehrt, auf wenige Expansionsrichtungen beschränkt (nilaufwärts und entlang der Küste in Richtung Libyen oder Palästina). Das Zweistromland dagegen war nach allen Seiten hin offen und grenzte ab etwa 2.500 v.u.Z. im Nordwesten, Norden und Osten an weitere Hochkulturen, im Westen an kriegerische Nomadenstämme an.

---

173 Dafür spricht vor allem, dass sich der ägyptische Götterkosmos aus lokalen („städtischen") Kulten etwa von Memphis oder Heliopolis entwickelt hat. Sie sind ohne eine entsprechende Zentralisation mit lokalem Oberhaupt kaum denkbar. Vgl. Die Zeit 2006; 1; 498f.

4.1 Könige als Götter oder als religiöse Vermittler

Für das Verständnis der Unterschiede zwischen Ägypten und Mesopotamien *in der imperialen Phase* sind neben den Besonderheiten der geographischen Lage auch Differenzen im religiösen Kosmos und in der Stellung des Königs zwischen Göttern und Menschen zu beachten.

In Mesopotamien galten die Könige als Mittler zwischen Menschen und Göttern, in Ägypten wurden die Pharaonen und einige andere herausragende Menschen wie z.B. der Pyramidenbauer Imhoteb den Göttern zugerechnet. Ägypten verfügte über eine einheitliche Mythologie, die, wenn sie modifiziert wurde, für das gesamte Reich verbindlich verändert wurde (z.B. Amun-Kult). Mesopotamien hatte dagegen, ähnlich wie später das klassische Griechenland oder das vorchristliche Rom einen Götterkosmos entwickelt, wobei alle wichtigen Götter Stadtgötter waren, also ihr religiöses Zentrum in der Zikkurat (Zentraltempel) von Uruk, Lagasch, Ur, Kisch und anderen Städten hatten.

In Ägypten und Mesopotamien wurden zwei unterschiedliche kulturelle Konzepte zur Stabilisierung des Königtums praktiziert.

Das **mesopotamische Konzept** knüpft direkt an die in vielen Stammesgesellschaften bekannte Manna-Vorstellung an und führt letztlich zur Konzentration auf einen **privilegierten Vermittler**. Sobald diese **Position** genealogisch fixiert wird, also vererbbar wird, so dass aus dem persönlichen Charisma ein Erbcharisma wird, konnte sich auf dieser Grundlage zunächst ein lokales Königtum bilden.

Die **ägyptische Variante** besteht dagegen im **Gottkönigtum**. Letztere Konzeption hat den Vorzug, dass die Wirksamkeit der Rituale auf das Höchste gesteigert wird. Denn was könnte als wirksamer angesehen werden, als dass die Götter selbst die wichtigsten Rituale durchführen. Bei dieser Konzeption entsteht allerdings das Problem, dass Götter unsterblich sind und die sie personifizierenden Menschen sterblich.

Das sicherlich wichtigste Beispiel für Gottkönigtum liefert das Alte Reich in Ägypten (ca. 2.850 bis 2.262 v.u.Z.). Das Ende des Alten Reiches ist nicht überliefert. Einigermaßen klar ist nur, dass es zu „einer Katastrophe großen Ausmaßes" (Lanczkowski 1989; 18) gekommen sein muss. Es gibt textliche Quellen, die aussagen, dass Menschen Pharaonengräber geplündert haben, vielleicht um sich zu vergewissern, ob die Pharaonen wirklich Götter waren. Belege für die übliche Annahme, dass es sich hier allein um materiell orientierte Grabräuber gehandelt habe, die am Ende des Alten Reiches offenbar alle Pyramiden ausgeplündert haben, sind mir zumindest nicht bekannt. Der folgende Text lässt eher vermuten, dass die behauptete Unsterblichkeit der Pharaonen-Götter nachgeprüft wurde.

„Sehet, Dinge sind getan worden, die sich seit den fernsten Zeiten nicht zugetragen haben. Der König ist von Elenden gestürzt worden. Sehet der als (königlicher) Falke (Gott) Begrabene ist aus dem Sarge gerissen. Was die Pyramide verbarg, ist ausgeleert. Sehet, es ist so weit gekommen, dass das Land des Königtums beraubt worden ist durch wenige Ignoranten. Sehet, es ist so weit gekommen, dass man sich aufgelehnt hat, gegen das Schlangendiadem des Re, der die beiden Länder (Ägyptens) in Ruhe hielt. Sehet, das Geheimnis des Landes, dessen Grenzen man nicht kannte, ist entblößt. Die Residenz ist in einer Stunde überwältigt worden ... Das Geheimnis der Könige von Ober- und Unterägypten ist aufgedeckt." (ebd.; 18).

Möglicherweise ist die erst nach dem Ende des Alten Reiches aufgekommene Praxis der Mumifizierung eine Antwort auf diese Zweifel am Gottkönigtum.

Seit König Unas, dem letzten Herrscher der 5. Dynastie war es im alten Reich üblich, auch in den Pyramiden Texte anzubringen, die den Gottesanspruch der Pharaonen festhielten. In diesen Texten wird beispielsweise König Unas als besonders mächtiger Gott dargestellt, der sich alle anderen mächtigen Götter einverleibe. Der bereits im sechsten Kapitel darstellte Mythos von der getöteten Gottheit tritt hier offenbar auch noch, aber in einer anderen Variante auf. „König Unas ist ein Gott, älter als die Ältesten ... Nicht die Würden des Königs Unas von ihm genommen werden, da er das Wesen jenes Gottes verschluckt hat. Die Lebenszeit des Königs Unas wird die Ewigkeit sein, seine Grenze die Unendlichkeit ..." (ebd.; 17).

Im altägyptischen Pharaonentum sind, dies macht dieser Text sicherlich hinreichend deutlich, die Steigerungsmöglichkeiten der alten religiösen Vorstellungen wohl am weitgehendsten ausgeschöpft worden. Aus der Kommunikation zwischen mächtigen Göttern wurde hier eine Theokratie, deren Oberhaupt sich konsequenterweise anmaßen musste, das gesamte Öko-System in Gang zu halten. Man kann nur vermuten, dass eine solche Konzeption nur unter relativ stabilen ökologischen Bedingungen, die für eine anhaltende Bodenfruchtbarkeit sorgten, entwickelt und vor allem stabilisiert werden konnte. In Mesopotamien waren dagegen die ökologischen Bedingungen wesentlich instabiler (vgl. hierzu Nissen 1990; 59ff.). Das Gebiet muss offensichtlich vergleichsweise spät besiedelt worden sein, da es vor der formativen Phase noch viel zu feucht war. Von einer bestimmten Dauer der künstlichen Bewässerung an traten Versalzungsprobleme auf. Ab etwa 2.000 v.u.Z. trocknete das Zweistromland allmählich aus. Diese instabilen ökologischen Bedingungen begünstigten eher eine vorsichtige Variante religiöser Rationalisierung, bei der die Sakralkönige die Rolle der Vermittler[174] zwischen Göttern und Menschen einnahmen.

Die mesopotamische Variante ist aber auch insofern „moderner", als sie der persönlichen Ausstrahlung und Leistung des Königs mehr Raum bietet. Die instabilen Verhältnisse Mesopotamiens forcierten aber auch den in den Religionen der primären Zivilisationen insgesamt angelegten „Säkularisierungstrend", den Umbau vom religiösen zum weltlichen Machtstaat.

Eine weitere naheliegende Möglichkeit, die königliche Zentralmacht weiter auszudehnen, besteht unter den mesopotamischen Bedingungen in der Eroberung anderer Städte bis hin zur Bildung eines Weltreiches. **Eroberung ist vor allem aus religiösen Gesichtspunkten attraktiv.** Auf diesem Wege gewinnt der König weitere privilegierte Vermittlerfunktionen zu anderen Stadtgöttern. Gelingt die Eroberung aller klassischen Städte, dann kann der siegreiche König den Zugang zu dem gesamten Götterkosmos vermitteln. Weiterhin demonstriert jeder militärische Sieg die Macht des eigenen Stadtgottes. Er gewinnt über die göttlichen Rivalen und gleichzeitig manifestiert sich seine Macht in dem erbeuteten Reichtum, der gewachsenen Bevölkerung und Anbaufläche.

Diese **Entsprechung zwischen Götterkosmos und den realpolitischen Verhältnissen** hat dazu geführt, dass der Aufstieg neuer Städte immer wieder zum Umbau des Götterkosmos genötigt hat. So führte z.B. der Aufstieg Babylons dazu, dass sein Stadtgott Marduk zu einem neuen „Obergott" erklärt wurde. Jeder Sieg erhöht zudem das Potential für weitere militärische Operationen, die die Macht des Stadtgottes und seines königlichen Repräsentanten weiter erhöhen.

Aufgrund dieser Besonderheiten bildete sich in Ägypten früher ein Gesamtstaat mit stabiler Spitze und einheitlicher Infrastruktur heraus, der, von wenigen Ausnahmen abgesehen, sich in der Folge auf das Territorium Ägyptens beschränkte und eher defensiv ausgerichtet war. In Mesopotamien dagegen kam es zu einer Phase der Militarisierung und der Bildung expansiver Großreiche, die über das klassische Kernland hinausgingen. Andererseits wurde das Zweistromland immer wieder von Westen durch Nomadenstämme und von Osten durch andere Zivilisationen (insbesondere Elam; Nissen 1990: 187f.) bedroht und phasenweise erobert.

---

174 Sicherlich waren auch die Pharaonen Vermittler zwischen der Welt der Götter und der Welt der Menschen. Sie wurden jedoch der Welt der Götter zugerechnet, was jede Form der Konkurrenz, der Absetzung oder Rebellion zumindest offiziell ausschloss (Zibelius-Chen 2006; 414). Das führte allerdings insbesondere in Krisenzeiten und in der Spätzeit dazu, dass zusätzlich Tierarten wie Katzen oder Krokodilen eine Vermittlerfunktion zugeschrieben wurde (vgl. Die Zeit; 1; 504).

Da sich die Militarisierung und das Streben nach imperialer Größe als für die gesamte Antike stilbildend erwies, konzentriert sich die nachfolgende Darstellung auf die sumerisch-akkadische Gesellschaft, die eine erste Blaupause für diesen Vorgang lieferte.

4.2 Zusammenhänge zwischen wirtschaftlichem und militärischem Potential

Während man die Unterschiede in der Bedeutung der militärischen Expansion mit kulturellen Besonderheiten erklären kann, *hängen die militärischen Möglichkeiten in hohem Maße von der Wirtschaftskraft eines Landes ab*. Jedenfalls stellt der britische Militärhistoriker John Keegan (1995) einen engen Zusammenhang zwischen der Entwicklung der organisierten Kriegsführung und der Entstehung der primären Zivilisationen her.

Erstmals wohl im Zeitraum zwischen 2.700 bis 2.400 v.u.Z. wurden kriegerische Fähigkeiten bis hin zur Entwicklung eines organisierten, stehenden Heeres mit standardisierter Bewaffnung und eingeübter Militärtaktik entwickelt (Sargon)[175]. Tatsächlich bedingt die Fähigkeit zu systematischer Kriegsführung ebenso wie die Fähigkeit zum Bau eines Großtempels oder einer Pyramide, dass der kriegführende Staat in der Lage ist, möglichst viele Menschen über möglichst lange Zeiträume und über möglichst weite Distanzen hinweg zu versorgen. Die Mobilität von Truppen und weitere Merkmale militärischer Stärke wie Bewaffnung oder Disziplin der Soldaten hängen somit relativ direkt von dem Grad ab, in dem die Wirtschaft eines Landes bereits nach dem Muster einer redistributiven Staatswirtschaft organisiert ist (Vgl. unter 7.3).

Im militärischen Erfolgsfall konnte das Wirtschaftspotential weiter gesteigert werden. Militärische Erfolge versprachen Ressourcen als Kriegsbeute (Prestigegüter, Rohstoffe, Sklaven), im besten Falle die Einverleibung neuer Territorien. Es ist nun relativ einsichtig, dass auf diesem Wege das Potential an Ressourcen und damit auch die gesellschaftliche (aber nach wie vor den Göttern

---

175 Offensichtlich besteht ein sehr enger Zusammenhang zwischen der Entwicklung des redistributiven Staates und der Entwicklung eines organisierten Militärwesens. Dies wird z.B. daran deutlich, dass die Einführung regulärer Armeen bereits sehr früh einen gewissen Abschluss erreicht. „Weit folgenreicher war die Einführung regulärer Armeen. Sie traten sehr früh auf – erstmals in Sumer – und wurden von den Assyrern so weit entwickelt, dass sie sich als System kaum noch verbessern ließen. Zum assyrischen Heer gehörten Kontingente aller damals verfügbarer Truppengattungen. Außer der Infanterie waren dies berittene Bogenschützen, Streitwagenkämpfer, Pioniere und Fouragefahrer. Den Kern jedoch bildete die königliche Leibgarde, aus der möglicherweise die regulären Truppen entstanden. Das summerische Heer war vermutlich anfangs eine königliche Leibgarde, die je nach Bedarf um neue Einheiten erweitert wurde. Seither besaß jeder Staat, in dem sich die Macht in einer Person konzentrierte, solche, dem Souverän direkt unterstellten Garden" (Keegan 1995; 333).

zugeschriebene) Macht in ganz anderem Maße und auch wesentlich dynamischer gesteigert werden konnte, als allein über innergesellschaftliche Aktivitäten. Die Weltreiche der Assyrer und der Römer sind vielleicht die extremsten Beispiele für eine auf das Fundament kriegerischer Expansion gestellte Staatsentwicklung[176].

In dem Maße, wie die Staaten der Antike und vor allem ihre territoriale Ausdehnung auf erfolgreiche kriegerische Auseinandersetzungen zurückgingen, wurde ihre wirtschaftliche Grundlage zunehmend auf **Sklavenhaltung** umgestellt. Bereits sehr früh wurde die Praxis entwickelt, Besiegte als wirtschaftliche Ressource zu betrachten und sie als Sklaven[177] in die eigene Wirtschaft zu integrieren. Daraus entwickelte sich allmählich die Praxis, zumindest die körperliche Arbeit ganz als Sklavenarbeit verrichten zu lassen.

Sklaverei entspricht der Rationalität des redistributiven Staates insofern, als sie ja seine Ressourcen vermehrt. Sie war vermutlich jedoch zugleich eine ökonomische Entwicklungsschranke und damit eine der wichtigsten Ursachen für den Untergang der antiken Zivilisationen[178]. Gerade diese, **die weitere Entwicklung bestimmenden Momente des Militarismus und der Sklavenhaltung** zeigen sehr nachhaltig, dass die Aktivitäten der Könige immer stärker auf die Anhäufung realer weltlicher Macht konzentriert wurden.

Dies drückt sich auch in der Praxis aus, das innerstaatliche Zusammenleben durch **Gesetze und Rechtsnormen** zu regeln, deren Grundlage nicht mehr religiöse Maximen sind, sondern der Gedanke des restitutiven Rechts, der Wiedergutmachung angerichteter Schäden und der Bestrafung entsprechend der Höhe der Schäden.

Dabei darf allerdings nicht übersehen werden, dass der religiöse Rahmen noch lange fortdauert. Auch Herrscher, die als Protagonisten militärischer Eroberung und ziviler Gesetzgebung galten, wie z.B. Hammurabi, haben in ihren Annalen religiöse Aktivitäten wie die Stiftung eines großen Tempels überwiegend an die erste Stelle gesetzt (vgl. Klengel 1991: 179).

---

176 Siehe hierzu v. a. die Darstellung bei Keegan 1995; 254ff. und 381ff.
177 In der Antike waren Sklaven keineswegs zwangsläufig jene als Ware betrachteten und persönlich völlig rechtlosen Objekte wie die Sklaven im 18. und 19. Jahrhunderts. Vielfach wurden sie zunächst als Menschen minderen Rechts angesehen und allmählich in die Gesellschaft integriert. Diese Praxis galt insbesondere für Mesopotamien im 2. und 3. Jahrtausend v.u.Z. Erst später wurden wirtschaftliche Aktivitäten immer stärker auf immer rechtlosere Sklaven abgeschoben (klassisches Beispiel: Sparta).
178 Nach Marx (z.B. 1972; 210f.) erlaubt die Sklaverei keine komplizierten Produktionsweisen und ist insgesamt eine die Anwendung technischer Fortschritte in der Produktion hemmende Institution. Max Weber hat dagegen den Gesichtspunkt in den Mittelpunkt gestellt, dass die Ausbreitung immer größerer, die Sklavenarbeit zusammenfassender, Wirtschaftseinheiten zu stärkerer lokaler Autarkie geführt habe. Dies habe die gesellschaftliche Arbeitsteilung immer weiter ausgehöhlt (Weber 1988; 304).

4.3 Wettbewerb zwischen Gesellschaften

Sobald sich auch nur eine Gesellschaft militarisiert und andere Gesellschaften zu erobern sucht, kommt es zwangsläufig in den benachbarten Gesellschaften bei Strafe des Untergangs ebenfalls zur Militarisierung. Damit entwickeln sich **die militärischen Fähigkeiten jeder Gesellschaft zu ihrer primären Reproduktionsbedingung**, der sich alle anderen unterordnen. Die Fähigkeit zur militärischen Selbstbehauptung hängt nämlich in hohem Maße von dem technischen und wirtschaftlichen Potential sowie einem intakten gesellschaftlichen Rahmen ab.

Aus dem Vorrang erfolgreicher militärischer Operationen folgt allerdings auch, dass die Überlebenschancen von Staaten immer dann neu verteilt werden, wenn neue Waffen oder neue Militärtaktiken aufkommen. Gegen Ende des hier betrachteten Zeitraums findet ein solcher Umbruch mit dem Aufkommen des Streitwagens[179] statt. Die Voraussetzungen für große Streitwagenarmeen bestanden in Grassteppen, auf denen eine große Zahl an Pferden aufgezogen und ernährt werden konnten sowie „in einem ganzen Stab untergeordneter Spezialisten – Stallknechte, Sattler, Stellmacher, Tischler und Bogenmacher – deren Mitwirkung unerlässlich war, um die Einheit aus Streitwagen und Pferden einsatzbereit zu halten" (Keegan 1995; 241).

Aufgrund dieser Reproduktionsbedingungen hat die Erfindung des Streitwagens die militärischen Kräfteverhältnisse erheblich verschoben. Sie begünstigt Steppenvölker, die über genügend natürliche Weidefläche verfügen, sobald sie ein zivilisatorisches Niveau erreichen, dass das erforderliche Ausmaß an Arbeitsteilung ermöglicht. Sie gefährdet dagegen die auf Intensivlandwirtschaft basierenden alten Hochkulturen, die diese Weideflächen nicht haben.

Diese Konstellation gehört bereits zu den Themen des zweiten Bands. An dieser Stelle möchte ich nur auf einen mit dem Thema Reproduktionsbedingungen zusammenhängenden Aspekt hinweisen. Das Aufkommen des Streitwagens und später der Reiterei hat dazu geführt, dass nomadische Hirtenvölker große Staaten und Zivilisationen erobern konnten. Eine ganz andere Frage war aber, ob sie ihre Eroberung auch stabilisieren konnten. Während der Erfolg militärischer Raubzüge nur von den militärischen Kräfteverhältnissen und den direkt damit verkoppelten Reproduktionsbedingungen abhing, erforderte eine Stabilisierung

---

179 Streitwagen kommen ab ca. 1.700 v.u.Z. auf (vgl. Keegan 1995; 235). Die anfängliche Überlegenheit von Truppen auf Streitwagen gegenüber Fußtruppen basierte auf einer Verzehnfachung der Geschwindigkeit, was auf ebenen und gut befahrbaren Schachtfeldern bei Verwendung der damaligen Distanzwaffe, des Kompositbogens (ebd. 241), zu einem regelrechten Abschlachten der unbeweglichen Fußtruppen führte und darüber hinaus den militärischen Aktionsbereich extrem vergrößerte.

der Eroberung, dass nun auch die Reproduktionsbedingungen eines arbeitsteiligen Staatswesens erfüllt werden mussten.

5 Fazit: Soziologische Grundlagen der alten Hochkulturen

Über die Idee religiöser Stellvertretung entwickeln sich zuerst in den primären Zivilisationen Institutionen wie Stadt, Staat, fremdbestimmte Arbeit, Arbeitsteilung, die in Verbindung mit Innovationen wie Schrift und Wissenschaft auch noch heutige Gesellschaften prägen. Diese tiefgreifenden Auswirkungen hängen damit zusammen, dass die soziologische Grundlage der Gesellschaftsbildung nun eine entscheidende Modifikation erfährt. Sie ist Gegenstand dieses theoretischen Abschnitts, der das siebte Kapitel abschließt.

5.1 Die Idee religiöser Stellvertretung führt zu innergesellschaftlicher Aufgabendifferenzierung auf der Grundlage einer spezifischen Verknüpfung von Selbstbindung und Bestimmungsinteressen am Verhalten Anderer.

In den beiden vorangegangenen Kapiteln haben wir den Grundlagen homogener Sprach- und Kultgemeinschaften nachgespürt. Dabei hat sich gezeigt, dass sie Sozialität jenseits der Grenze der biologischen Bedürfnisnatur entwickeln, indem sie symbolische Konstruktionen wie Geister und Gottheiten zu beeinflussen und letztlich zu manipulieren versuchen. Dazu müssen sie sich in ihr eigenen Weltbild hinein begeben, also sich in einer Sozialstruktur positionieren und ihre gemeinschaftliche Kommunikation mit diesen Konstrukten bestimmten Darstellungsregeln unterwerfen. Es gibt Anzeichen dafür, dass der gedankliche Fluchtpunkt dieser Konstellation, eine ihre Aktivitäten vollständig auf gemeinsame rituelle Verrichtungen konzentrierende Kultgemeinschaft tatsächlich erreicht wurde. **Einen Ausweg aus dieser Sackgasse und zugleich einen Ansatzpunkt für die Entwicklung zu den alten Hochkulturen bot die *Idee religiöser Stellvertretung*.**

Sie setzt einerseits die bereits etablierte Gesellschaftskonstruktion, also auch das Zusammenspiel von Weltverständnis, Sozialstruktur und rituell geordneten Handlungsbereichen als gegeben voraus. Der „Sinn" magisch-religiöser Rituale erklärt sich also nach wie vor aus einem als gegeben unterstellten Weltverständnis. Die Wirksamkeit dieser Rituale soll aber durch *stellvertretende* Ausführung gesteigert werden. Damit werden zwei Dinge zugleich erreicht: *der Einstieg in Formen gesellschaftlicher Arbeitsteilung* (genauer: eine arbeitsteiligen Verfolgung der gesellschaftlichen Kontrollinteressen) und gleichermaßen *der Einstieg in eine innergesellschaftliche Interessendifferenzierung*. Der erste Gesichtspunkt erklärt die in allen primären Zivilisationen erreichte explosionsartige Zunahme gesellschaftlicher Leistungen, der zweite Gesichtspunkt weist darauf hin, dass damit die Geschlossenheit der Gesellschaftskonstruktion erste Risse bekommt. Das hängt damit zusammen, dass im Rahmen einer verbindlichen Gesellschaftskonstruktion eine *zusätzliche* **Ebene der Interessendifferenzierung und der Aushandlung von Bestimmungsinteressen** *zwischen* **den Gesellschaftsmitgliedern entsteht.** Beides drückt sich in dem Umbau der homogenen zu einer eine sozial stratifizierten Kultgemeinschaft aus.

Im Folgenden wird der logische wie historische Endpunkt der Idee magischreligiöser Stellvertretung analysiert: die **gesellschaftsinterne Abhängigkeitsbeziehung zwischen** *einem* **religiösen Vermittler** (historisch: Pharao, En bzw. Ensi bzw. lugal; vgl. Nissen 1990; 153.), der die Kommunikation mit dem oder den Göttern monopolisiert hat, **und der Bevölkerung**, für die er diese Vermittlungsfunktion ausübt. Diese Abhängigkeitsbeziehung kann zunächst aus zwei Perspektiven „gesehen" werden. Aus der Sicht der „Restbevölkerung" nimmt sie – zumindest für die zentralen Rituale und magischen „Wirkungen" – eine Art Klientenstatus gegenüber dem magisch-religiösen Vermittler ein. Sie hat gegenüber seinen Praktiken das Bestimmungsinteresse maximalen Erfolgs gemäß ihrem bzw. dem gemeinsamen Interesse an magisch-religiöser Weltkontrolle. Umgekehrt ist der magisch-religiöse Monopolist von materiellen Leistungen abhängig. Die Analyse hat gezeigt, (a) dass er in diese Stellung nur über die besonders erfolgreiche Anhäufung von Prestigegütern gekommen ist und (b), dass er die Risiken seiner magisch-religiösen Vermittlungstätigkeit nur durch die Konzentration auf solche magisch-religiösen Aktivitäten sichern kann, die wie Bauleistungen oder kriegerisches Potential über Arbeitsleistungen, Mehrproduktion, Ressourcen real herstellbar sind. Das Bestimmungsinteresse des magischreligiösen Vermittlers ist also darauf ausgerichtet, die Arbeitsleistungen der Bevölkerung zu steigern, Ressourcen in die Hand zu bekommen, militärisches Potential anzuhäufen.

Eine konditionale Verknüpfung der Bestimmungsinteressen beider Seiten würde bedeuten, dass der religiöse Stellvertreter die Interessen der Bevölkerung an der Durchführung der traditionellen magisch-religiösen Rituale einlöst im Austausch gegen materielle Leistungen (Mehrprodukt, Arbeitsleistungen) der Bevölkerung. Das führt dazu, dass die Bevölkerung an der Aufrechterhaltung der Alten kulturellen Ordnung interessiert ist und zugleich materielle Leistungen erbringt, die ein Potential für sozialen Wandel darstellen. Der religiöse Stellvertreter praktiziert dagegen die alten Rituale um eine Ordnung aufrechtzuerhalten, die ihm Ressourcen liefert für immer neue Vorhaben und Unternehmungen, die Gesellschaft nicht ideologisch aber faktisch verändern.

Tatsächlich sind die Möglichkeiten beider Seiten, ihre Bestimmungsinteressen zu realisieren, höchst ungleich verteilt. Im Rahmen der existierenden Traditionen kann der magisch-religiöse Monopolist seine Bestimmungsinteressen entwickeln und durchsetzen, wobei die Freiräume gegenüber den traditionellen Gewohnheiten, nicht gegenüber der überkommenen Ritualordnung, aus verschiedenen Gründen wachsen (Militär, Erzwingungsstab)[180]. Die Bevölkerung kann dagegen keine Bestimmungsinteressen aktiv verfolgen, das wäre Frevel gegenüber den magisch-religiösen Mächten („Göttern") und ihren Vermittlern. Sie hat nur die Möglichkeit, Bestimmungsversuche des magisch-religiösen Vermittlers durch Rebellion, Streik, Aufruhr etc. abzulehnen[181].

Über die Idee religiöser Stellvertretung entstehen extrem asymmetrische innergesellschaftliche Bestimmungsinteressen, die ein zunehmendes Auseinanderdriften von magisch-religiösen und materiellen Interessen bewirken. Es entsteht also eine Konstellation, auf die marxistische Grundbegriffe wie *Produktionsweise* und *Produktionsverhältnisse* scheinbar gut anwendbar sind. Insbesondere die Entwicklung in Mesopotamien zog marxistische Interpretationen beginnend mit der „orientalischen Despotie" (Marx; Wittvogel 1962) auf sich, da sich hier in der Spätphase auch privates Eigentum (auch Grundeigentum) entwickelt hat, das nach marxistischer Lehre die Grundlage aller Klassenverhältnisse darstellt. Allerdings sind die Fronten in der Auseinandersetzung zwischen Beharrung und Fortschritt und das Verhältnis von „Basis" und „Überbau" hier völlig anders beschaffen als in der marxistischen Theorie. Derartige Interpretationen tun aber der Realität auch noch aus weiteren Gründen Gewalt an.

1. Das Auseinanderdriften zwischen magisch-religiösen und materiellen Interessen hat sich unabhängig von den Eigentumsverhältnissen an den Produktionsmitteln, insbesondere am Grund und Boden vollzogen. Es kennzeichnet schon jene Entwicklungsphasen, in denen das Land von den Vorstellungen her Eigentum der Götter war, de facto dem Dispositionsrecht des obersten Priesters der zentralen Tempelanlage unterstand.

---

180 Vgl. hierzu auch die Diskussion des „Konfliktes" von Naramsin mit den Göttern bei Nissen (1990; 191ff.). Nissen ist der Ansicht, Naramsin (2.334 – 2.297 v.u.Z.) habe sich traditionswidrig den Titel des Stadtgottes von Akkad zugelegt, um Ansprüche auf den Grundbesitz des Tempels geltend zu machen.
181 Zum diesem Thema führt führt Zibelius-Chen für Ägypten Folgendes aus: „Ihre nicht bewusst von Menschen geschaffene Staatsform konnten die Ägypter nicht hinterfragen; ihnen galten ihre Gesellschaftsform und die strenge hierarchische Gliederung des Pharaonenstaates als gottgegeben." (Zibelius-Chen 2006; 414). Rebellionen fanden daher nur innerhalb der Elite statt, was auch ein Indiz dafür ist, dass sich nicht die Bevölkerung sondern nur Teile der Eliten allmählich Distanz gegenüber der alten Ordnung ausbilden konnte. Sie werden dann in der Achsenzeit zu Agenten des sozialen Wandels (vgl. Eisenstadt 1987, 1992).

2. Die magisch-religiösen Vorstellungen waren in der gesamten Entwicklungsphase alles andere als eine ideologische Fassade, sie waren für die materiellen Leistungen (z.b. den Bau von Pyramiden und großen Tempelanlagen) der alten Zivilisationen zumindest überwiegend ursächlich – wie für Ägypten dargestellt wurde, hatten alle wesentlichen materiellen Leistungen direkte oder indirekte magisch-religiöse Bedeutung.
3. Sogar noch die assyrischen Großkönige traten als Sprachrohr der Götter und als religiöse Vermittler des göttlichen Willens auf, ein starkes Indiz für einen alle „Klassengegensätze" nach wie vor einklammernden gemeinsamen gesellschaftlichen Rahmen.
4. Die Relativierung der Verwandtschaftssysteme und eine einheitliche, auf den magisch-religiösen Stellvertreter bezogene soziale Schichtung der Bevölkerung stellen noch keine Klassengesellschaft dar, sondern fügen sich in den Rahmen einer redistributiven Staatswirtschaft ein. Hier von Klassen zu sprechen, hieße Eigeninteressen zu unterstellen, für die es keine plausiblen Belege gibt.

Der Übergang in eine **allgemeine** Arbeitsgesellschaft wird nicht durch die klassischen ökonomischen Zwänge herbeigeführt, sondern er wird der Einführung von kulturellen Pflicht- bzw. Eigentumsbegriffen auf eine institutionelle Grundlage gestellt, die ihrerseits an die alten magisch-religiösen Vorstellungen anknüpft. In **Ägypten** bietet sowohl die kulturelle Konstruktion der Königsherrschaft, wie auch das Maat unmittelbare Anknüpfungsmöglichkeiten für Pflichtbegriffe. Die Königsherrschaft leitete sich aus der angeblichen Herrschaft der Götter auf Erden in grauer Vorzeit her. Auch die Herrschereigenschaften des Pharao waren ihm von den Göttern verliehen. Maat ist „der Oberbegriff für alle Bindungen und Verpflichtungen des Menschen gegenüber den Göttern, der Sitte, dem Staat und den Mitmenschen" (Die Zeit 2006; 1; 499).

In **Mesopotamien** scheint ein kultureller Eigentumsbegriff ein Anhängsel der Entwicklung der Vorstellung von Stadtgöttern aus älteren Vorstellungen imaginärer Wesen („Geister"; z.B. Korngeister) zu sein. Da der eigene Stadtgott als mächtiger als die alten Geister angesehen wird, muss auch die Abhängigkeitsbeziehung der Kultgemeinschaft dramatisiert und von dem Verwandtschaftssystem *auf das Territorium*, das nun genau definiert wird, *übertragen* werden. Das wird durch die Deutung erreicht, dass die Menschen und ihre Produktionsbedingungen (insbesondere Grund und Boden) Eigentum der Götter seien. Sie erweitert die Selbstbindung der Kultgemeinschaft an eine **kulturell bestimmte rituelle Praxis** um die Verpflichtung jedes einzelnen Mitglieds **bestimmte Leistungen für die Götter und d.h. für die Realisierung der gemeinsamen Interessen zu erbringen**. Denn Eigentum bedeutet Dispositionsrecht über die Handlungen des lebendigen Teils des Eigentums. Damit kann den Göttern ein „materielles Interesse" an der Protektion „ihrer" Stadt unterstellt werden. Die Vorstellung göttlichen Gemeineigentums stellt die Beziehung zwischen Stadt und Stadtgott auf eine stabile, von Schwankungen des göttlichen Willens unabhängige Grundlage. Spätere Vorstellungen privaten Eigentums wiederholen diese Beziehung nur noch einmal als innergesellschaftliche Konstellation. Ein Sklave ist insofern zunächst einmal – anders als im 18. und 19. Jh. – eine unterlegene und deswegen schutzbedürftige Person.

Die Idee der religiösen Stellvertretung schließt aber aus, dass es sich bei möglichen Leistungen der Übrigen um nennenswerte Leistungen ritueller Art handeln könnte. Es muss sich also bei denkbaren Leistungen der Übrigen um Handlungen handeln, **die in anderer als in magisch-religiöser Hinsicht „etwas bewirken"**. Das ist das Grundkonzept gesellschaftlicher Arbeitsteilung und Differenzierung.

Aus diesem Blickwinkel streifen landwirtschaftliche Aktivitäten den Mantel magischer Praktiken (vgl. Kapitel 6) ab und geraten zunehmend unter einen auf Ressourcen fixierten Blickwinkel, der nach der Menge erzeugter Lebensmittel fragt und sie zu einem spezifischen Erfolgskriterium macht[182]. Wir haben ja bereits gesehen, dass in allen primären Zivilisationen ein erhebliches landwirtschaftliches Mehrprodukt erzeugt wird, das Möglichkeiten schafft, einen erheblichen Teil der Bevölkerung aus der Landwirtschaft für Tätigkeiten wie Tempelbau, Handwerk, Verwaltung oder militärische Aufgaben freizusetzen. Diese Tätigkeiten können im Rahmen des gemeinsamen magisch-religiösen Weltverständnisses ebenfalls als spezifische Leistungen für die gemeinschaftlichen Ziele angesehen werden. **Eine gravierende Folge der Idee religiöser Stellvertretung ist daher die Verwandlung der egalitären Kultgemeinschaft in eine sozial differenzierte Arbeitsgesellschaft.**

Dabei ist eine weitgehende **Standardisierung der Produkte** menschlicher Arbeit erforderlich, damit über sie als Ressource im Rahmen der redistributiven Wirtschaft disponiert werden kann. Das wiederum führt auch zu einer Standardisierung menschlicher Arbeitsleistung einschließlich der Versorgung durch standardisierte Rationen. Der Einbau von Arbeit in die Gesellschaft führt dazu, dass diese Gegebenheiten in ähnlicher Weise von der konkreten Person abgelöst wer-

---

182 Der Unterschied zu der im sechsten Kapitel erwähnten Umdeutung der rituellen Ackerbautätigkeit in materielle besteht darin, dass es in Stammesgesellschaften mit langer Ackerbautradition selbstverständlich zu einer Veralltäglichung, einem langsamen Vergessen der magischrituellen Wurzeln des Ackerbaus kommen kann, der dann auf Tradition und Gewohnheit gegründet bleibt. In den primären Zivilisationen ist dagegen ein *kultureller Umdeutungsprozess* erkennbar, der zu materiellen Erfolgskriterien führt. Ein solcher Umdeutungsprozess würde auch erklären, warum in allen primären Zivilisationen eine besonders ertragreiche und intensive Landwirtschaft die Grundlage der Zivilisationsentwicklung bilden konnte.

den wie zwischenmenschliche Kommunikation und zwischenmenschliches Handeln im Ritual[183]: Arbeit wird als standardisiertes Arbeitspensum schriftlich fixierbar, berechenbar, planbar und akkumulierbar.

Die Wertigkeit der in diesem Rahmen verrichteten unterschiedlichen Aufgaben und Leistungen wird in den alten Zivilisationen unter dem Gesichtspunkt der „Nähe" zu den mächtigen Göttern hierarchisch gestuft. Insofern folgt aus der Idee religiöser Stellvertretung zweitens eine im Hinblick auf zugewiesene Aufgaben stratifizierte Gesellschaft (stratifikatorische Differenzierung). Eine unterschiedliche Wertigkeit von Aufgaben kann aber nur dann festgestellt werden, wenn ein gemeinsamer gesellschaftlicher Rahmen existiert, der Gemeinsamkeiten im Weltverständnis mit einer einheitlichen Rangordnung der Sozialstruktur und einem Kanon verbindlicher Aufgaben verknüpft. Insofern bildet das im fünften Kapitel entwickelte Modell einer sich selbst an die eigene Ritualordnung bindenden homogenen Sprach- und Kultgemeinschaft auch noch die Grundlage der alten Zivilisationen.

Eine so gebaute hierarchische Gesellschaft kann im Prinzip solidarisch sein. Diese Solidarität beruht darauf, dass alle Gesellschaftsmitglieder am selben Strang gemeinsamer Ziele ziehen, auch wenn sie Aufgaben von unterschiedlicher Wertigkeit erfüllen.

Sobald diese Aufgaben jedoch eine gewisse Eigendynamik entwickeln, ihre erfolgreiche Bewältigung zu einem primären Ziel wird, und sogar die Besetzung besonders hoch bewerteter Ränge bzw. die Ausübung besonders hervorgehobener Aufgaben zu einem individuellen Ziel werden kann, **gewinnt die soziale Differenzierung auf Kosten der gemeinsamen Ziele eine selbständige Bedeutung**. Schließt das die Instrumentalisierung der gemeinsamen Ziele für *individuelles* Erfolgsstreben mit ein, dann ist eine Lage erreicht, in der ein Kalkül möglich wird, das Max Weber als „zweckrational" bezeichnet hat: individuell gesetzte Ziele werden einschließlich der Manipulation Anderer auf möglichst effektivem Wege zu realisieren versucht.

Ich möchte diesen heute wohlbekannten Typus strategischen Handels unter den Aspekten Selbstbindung und Bestimmung des Verhaltens anderer untersuchen.

---

183 Diese Parallele ist von einer Reihe von Ethnologen bemerkt worden. Allerdings ist es eine Verkehrung der tatsächlichen Entwicklung, wenn man von „imaginären Produktionsverhältnissen" und dergleichen spricht. Eine solche These fixiert einen von den heutigen wirtschaftlichen Gegebenheiten ausgehenden Blick auf Kulturen ohne vergesellschaftete Wirtschaft. Nur dann kann die Parallele so bezeichnet werden. Vom realen Ablauf her gedacht muss umgekehrt angenommen werden, dass der Zugriff der gesellschaftlichen Organisationsform auf die Wirtschaft auch ihr den Stempel der Abstraktion von der konkreten Person und ihren Bedürfnissen, der „Realabstraktion" (Sohn-Rethel) aufgedrückt hat.

1. Die Auswahl individueller Ziele aus einem Kanon gesellschaftlich legitimer Ziele ist eine **neue Variante von Selbstbindung**. In den vorangegangenen Kapiteln trat immer nur der Fall kollektiver Selbstbindung einer Kultgemeinschaft auf. Wichtig für das Verständnis dieses Falles ist, dass solche individuellen Ziele nicht beliebig gewählt werden können. Es handelt sich hierbei vielmehr **um gesellschaftlich legitime Ziele handelt, die infolge innergesellschaftlicher Differenzierung gewählt werden können** und damit einen Konsens über mögliche wie über normativ ausgeschlossene Ziele voraussetzen. Dieser Konsens beruht auf gemeinsamer Selbstbindung. Die Kultgemeinschaft ist auf einen derartigen gesellschaftlichen Rahmen kulturell offenstehender Möglichkeiten geschrumpft[184].
2. Was bei Weber rationale Verfolgung selbstgesetzter Zwecke bedeutet, schließt unter dem Bestimmungsaspekt ein Bestimmungsinteresse am Verhalten anderer mit ein. Dieses Bestimmungsinteresse folgt jedoch insoweit nicht dem Modell doppelter Kontingenz und konditionaler Verknüpfung, als Alter über offenkundige Selbstbindungen seines Verhaltens (z.B. als Positionsinhaber und Rollenträger) **kalkulierbar** und damit auch manipulierbar geworden ist.
3. Das von Weber zweckrational genannte Kalkül kombiniert also die Interessen und Methoden der Selbst- und Fremdbestimmung von Verhalten auf eine neuartige Weise. Als ein Beispiel für ein derartiges Kalkül kann auch die sogenannte 100-Tage Regel gelten, bei der assyrische Großkönige im Falle ungünstiger Vorhersagen ihren Thron für 100 Tage räumten und ihnen unbedeutende oder unbeliebte Personen auf den Thron setzen ließen, die dann zur Vergeltung eintretender Misserfolge „geopfert" wurden (v. Soden 1962; 113). Von diesem nun möglich gewordenen *strategischen Kalkül* gehen aber noch keine nennenswerten zerstörerischen Effekte auf das in diesem ersten Band behandelte Gesellschaftsmodell aus, das auf der Solidarität aller im Rahmen der Kultgemeinschaft beruht. Das strategische Kalkül blieb wohl im Wesentlichen auf die Eliten beschränkt.

Zusammenfassend ist festzuhalten, dass der **hauptsächliche Effekt** der über die Idee religiöser Stellvertretung in die alten Hochkulturen einziehenden innergesellschaftlichen Differenzierungs- und Aushandlungsprozesse in einer **Bedeutungsabnahme religiöser Einflussnahme zugunsten „materieller" Leistungen** besteht.

---

184 Damit entsteht in Grundzügen bereits eine Konstellation zwischen gesellschaftlichem Rahmen und interindividuellen Aushandlungsprozessen, wie sie auch die Grundlage moderner Gesellschaften bildet. So hat bereits Durkheim gezeigt, dass freie vertragliche Vereinbarungen nur auf dieser Grundlage möglich sind (vgl. Durkheim 1992; 272).

6 Nachbemerkung: Mechanismen der Stagnation

Die in diesem Kapitel versuchte Rekonstruktion der Verwandlung homogener Kultgemeinschaften in Staaten mit innergesellschaftlicher Arbeitsteilung und positionaler sozialer Ungleichheit hat **eine *Entwicklungsreihe* in den Mittelpunkt gerückt, die real nur von ganz wenigen Gesellschaften so durchlaufen wurde.** An vielen Etappen dieser Entwicklungsreihe gab es Möglichkeiten der Stabilisierung, die sehr häufig von Gesellschaften realisiert wurden. Auf einige besonders wichtige soll abschließend hingewiesen werden.

(a) Matrilineare Verwandtschaftssysteme bieten kaum Ansatzpunkte für die Akkumulation von Prestigegütern.

Auch matrilineare Stammesgesellschaften kennen Sippenälteste, die Rituale stellvertretend durchführen. Im Unterschied zu Ältesten in patrilinearen Stammesgesellschaften haben sie keine Chance über die Vermittlung von Heiraten Prestigegüter zu akkumulieren.

Das hängt damit zusammen, dass unter matrilinearen Bedingungen niemand über die Eheschließung die Sippenzugehörigkeit und den Wohnort wechselt. Es existieren sogenannte „Besuchsehen", bei denen der Mann die Frau besucht, aber nach wie vor in dem Sippenhaus seiner Mutter wohnt und dort „sozialer Vater" der Kinder seiner Schwester ist (vgl. Göttner-Abendroth 1991; 37f.). Damit besteht auch kein Anlass den Zuzug von Personen mit Geschenken zu kompensieren. Da es in matrilinearen Stammesgesellschaften somit keine zum Frauentausch in patrilinearen Gesellschaften komplementären Institutionen (keinen Männertausch) gibt, fehlen Ansatzpunkte sowohl für eine Verselbständigung der Sippenältesten gegenüber der Generationenfolge der Sippe wie auch für eine unterschiedliche Gewichtung des Verhältnisses der Sippen untereinander. Unter diesen Bedingungen kann der Zusammenhang zwischen Weltverständnis, Sozialstruktur und Ritualordnung über die Praktizierung der Rituale identisch reproduziert werden.

(b) Rückverteilungsmechanismen blockieren Hierarchisierungs- und Zentralisierungsprozesse.

Aber auch unter Bedingungen der Patrilinearität, herausgehobener Stellung der Ältesten und Prestigeunterschieden zwischen den Sippen muss es nicht zur Etablierung des Häuptlingstums über die Institution des Gemeinschaftsfests kommen.

Solange Stammesgesellschaften Traditionen aufweisen, die zur Rückverteilung[185] akkumulierter Prestigegüter führen oder deren Vererbung verhindern, kann sich eine auf *persönliches Charisma* gegründete Vorrangstellung einer Person nicht zu einer *erblichen positionalen Rangordnung* verfestigen. Anlässe zu einer solchen Rückverteilung können z.b. erfolglose Rituale sein oder Gewohnheiten, die die Zirkulation von Prestigegütern höher bewerten als die Akkumulation (vgl. z.B. die Regeln des Kula-Tausch; Malinowski 1979; 304ff.) bzw. die Vererbung akkumulierter Prestigegüter ausschließen (Grabbeigaben wie materielle Opfer an die Götter sind ebenso Rückverteilungsmechanismen). M. a. W.: solange die Ritualordnung Vorkehrungen gegen die Vererbung von Prestigegütern enthält kann eine dezentrale Sippenstruktur mit Sippenältesten an der Spitze reproduziert werden.

(c) Kulturelle Widerstände gegen die Einrichtung eines Königtums.

Ebenso wenig muss eine Entwicklung vom Häuptlings- zum Königtum zwangsläufig erfolgen. So sind insbesondere ganz verschiedenartige kulturelle Widerstände gegen zwei eng miteinander verflochtene Grundlagen eines religiösen Königtums denkbar: die Übertragung magischer Fähigkeiten von ausgewählten Menschen auf Schutzgötter und einen allgemeinen Arbeitszwang. Möglicherweise kommt es bei dieser Entwicklung auch darauf an, ob die Umweltbedingungen den Übergang auf Intensivlandwirtschaft und Bewässerungssysteme nahe legen oder nicht[186]. Wie das Beispiel Schamanismus zeigt, kann sich spezialisierte dezentrale magische Praxis sehr wohl über sehr lange Zeiträume stabilisieren. Ähnliches gilt auch für die Institution des Häuptlingstums. Kulturelle Widerstandpotentiale scheinen in vielen Fällen weitere Zentralisierungstendenzen blockiert zu haben (Sigrist 1978; 33ff.).

(d) Die Bedingungen für Militarisierung waren nicht universell gegeben.

Ziemlich klar ist dagegen, dass es zur Militarisierung nur dann kommt, wenn es militärische Bedrohung durch konkurrierende Gesellschaftssysteme gibt. Wo es diese Bedrohung nicht gab – wie in Ägypten in der Zeit zwischen der Vereinigung von Ober- und Unterägypten und den Einfällen der Hyksos – bleiben auch

---

185 Diese Form der Rückverteilung darf nicht mit einer redistributiven Staatswirtschaft verwechselt werden, die auf allgemeinem Arbeits- und Abgabenzwang basiert.
186 Zum Zusammenhang zwischen künstlicher Bewässerung und Staatenbildung vgl. Wittvogel 1962; Mann 1990; Nissen 1990.

kriegerische Praktiken wie die Ausrüstung stabil, weil der Fortbestand der Gesellschaft in erster Linie von anderen Reproduktionsbedingungen wie der Ritualordnung und den landwirtschaftlichen Überschüssen abhängt.

Literatur

Arendt, H. (1961): Between Past and Future. New York.
Assmann, J. (2003): Ägypten. Eine Sinngeschichte. Ffm.
Atzler, M. (1981): Untersuchungen zur Herausbildung von Herrschaftsformen in Ägypten. Hildesheim.
Barta, W. (1975): Untersuchungen zur Göttlichkeit des regierenden Königs. Ritus und Sakralkönigtum in Altägypten nach Zeugnissen der Frühzeit und des Alten Reiches. München/Berlin.
Beck, U./Brater, M./Daheim, H. J. (1980): Soziologie der Arbeit und der Berufe. Reinbek.
Bendix, R. (1980): Könige und Volk. 2 Bde. Ffm.
Breuer, S. (1981): Zur Soziogenese des Patrimonialstaates. In: Ders./Hubert Treiber (Hg.): Entstehung und Strukturwandel der Staaten. Opladen.
Breuer, S. (1987): Imperien der Alten Welt. Stuttgart/Berlin/Köln.
Childe, G. V. (1950): „The Urban Revolution" in: Town Planing Review 21.
Diakonoff, I. M. (1982): The Structure of Near Eastern Society before the Middle of the 2nd Millenium B. C. In: Oikumene 3. Jahrbuch für Wirtschafts- und Sozialgeschichte des Altertums. S. 7 – 100.
Die Zeit: Thematische Beiträge zu Ägypten. In: Dies.: Welt und Kulturgeschichte, Band 1, Hamburg 2006. S. 473 – 512.
Durkheim, E. (1992): Über soziale Arbeitsteilung. Studie über die Organisation höherer Gesellschaften. Ffm.
Eisenstadt, S. N. (Hg.) (1987/1992): Kulturen der Achsenzeit. 5 Bde. Ffm.
Elias, N. (1969): Über den Prozess der Zivilisation. 2 Bde. Bern.
Frazer, J. G. (1977): Der goldene Zweig. Das Geheimnis von Glauben und Sitten der Völker. (Engl. Original 1861) Ffm.
Friedman, J. (1975): Tribes, States and Transformations. In: Maurice Bloch (Hg.): Marxist Analyses and Social Anthropology. London.
Friedman, J./Rowlands, M. J. (Hg.) (1977): The Evolution of Social Systems. Gloucester.
Godelier, M. (1973): Mythos und Geschichte. In: Klaus Eder (Hg.): Seminar: die Entstehung von Klassengesellschaften. S. 301 – 329. Ffm.
Goody, J. (1990): Die Logik der Schrift und die Organisation von Gesellschaft. Ffm.
Gutgesell, M. (1989): Arbeiter und Pharaonen. Wirtschafts- und Sozialgeschichte im Alten Ägypten. Hildesheim.
Heine-Geldern, R. (1928): Die Megalithen Südostasiens und ihre Bedeutung für die Klärung der Megalithenfrage in Europa und Polynesien. In: Anthropos, Bd. XXIII, 276 – 315.
Junge, M. (2002): Talcott Parsons. In: Brock/Junge/Krähnke: Soziologische Theorien von Auguste Comte bis Talcott Parsons. München/Wien.

Keegan, J. (1995): Die Kultur des Krieges. (Engl. Original 1993). Berlin.
Klengel, H. (1979): Handel und Kaufleute im hethitischen Reich. In: Altorientalische Forschungen IV; 69 – 80. Berlin.
Klengel, H. (1991): König Hammurapi und der Alltag Babylons. Zürich/München.
Kolb, F. (1984): Die Stadt im Altertum. München.
Kuckenburg, M. (2004): Wer sprach das erste Wort. Die Entstehung von Sprache und Schrift. Stuttgart.
Luhmann, N. (1984): Soziale Systeme. Ffm.
Luhmann, N. (1997): Die Gesellschaft der Gesellschaft. Ffm.
Mann, M. (1990): Geschichte der Macht. Von den Anfängen bis zur Griechischen Antike. Ffm/N.Y.
Malinowski, B. (1979): Argonauten des westlichen Pazifik. Ein Bericht über Untersuchungen und Abenteuer der Eingeborenen in den Inselwelten von Melanesisch-Neuguinea, Schriften Bd.1 hg. von F. Kramer. Ffm.
Mauss, M (1989): Soziologie und Anthropologie. 2 Bde. (Frz. Original 1950). Ffm.
Meillassoux, C. (1976): „Die wilden Früchte der Frau". Über häusliche Produktion und kapitalistische Wirtschaft. (Frz. Original 1975). Ffm.
Mellaart, J. (1967): Catal Hüyük. A Neolithic Town in Anatolia. London.
Morgan, L. H. (1987/1908): Die Urgesellschaft. Untersuchungen über den Fortschritt der Menschheit aus der Wildheit durch die Barbarei zur Zivilisation. (Amerik. Original 1877). Lollar/Lahn. Nachdruck der deutschsprachigen Ausgabe von 1908.
Neumann, H. (1979): Handel und Händler in der Zeit der III. Dynasie von Ur. In: Altorientalische Forschungen IV, 15 – 68. Berlin.
Nissen, H. J. (1990): Grundzüge einer Geschichte der Frühzeit des vorderen Orients. 2. erw. Auflage. Darmstadt.
Parsons, T. (1975): Gesellschaften. Evolutionäre und komparative Perspektiven. Ffm.
Polanyi, K. (1966): Dahomey and the Slave Trade: An Analysis of an Archaic Economy. Seattle/Washington.
Polanyi, K. (1979): Ökonomie und Gesellschaft. Ffm.
Schmidt, J. (1981): Uruk-Warka – Entstehung und Bedeutung einer Großstadt. In: 150 Jahre deutsches archäologisches Institut. Berlin.
Reinke, W. F. (1979): Waren die swtjw wirklich Kaufleute. In: Altorientalische Forschungen VI. S. 5 – 14. Berlin.
Schmandt-Bessarat, D. (1985): Tonmarken und Bilderschrift. In: Das Altertum 31.
Service, E. (1977): Ursprünge des Staates und der Zivilisation. Der Prozess der kulturellen Evolution. Ffm.
Soden, W. von (1961): Sumer, Babylon und Hethiter bis zur Mitte des zweiten Jahrtausends v.Chr. In: Golo Mann/Alfred Heuß: Propyläen Weltgeschichte. Bd. 1. Ffm./Berlin
Sigrist, C. (1978): Gesellschaften ohne Staat und die Entdeckung der social anthropology. In: Kramer/Sigrist (Hg.): Gesellschaften ohne Staat. Bd. 1. Gleichheit und Gegenseitigkeit. Ffm.
Spiegel, J. (1971): Das Auferstehungsritual der Unas-Pyramide. Beschreibung und erläuterte Übersetzung. Wiesbaden.

Der Spiegel (1995; H. 52): Aufstand gegen den Tod. Neue Grabungsfunde in Ägypten. S. 154 – 165.

Der Spiegel (1996; H. 1): Aufstand gegen den Tod (II). Ausgräber klären das Rätsel der Pyramiden. S. 154 – 160.

Der Spiegel (1996; H.2): Aufstand gegen den Tod (III). Der Niedergang des Gottesstaats. S. 136 – 142.

Spittler, G. (1987): Tschajanov und die Theorie der Familienwirtschaft. Einleitung zu Tschajanov 1987. S. VII – XXVII.

Tschajanov, A. (1987): Die Lehre von der bäuerlichen Wirtschaft. Versuch einer Theorie der Familienwirtschaft im Landbau. Nachdruck der deutschen Ausgabe von 1923 mit einer Einleitung von Gerd Spittler. Ffm/N.Y.

Wallerstein, I. (1974): The Modern World-System I. San Diego/N.Y./Boston.

Weber, M. (1972): Wirtschaft und Gesellschaft. Tübingen.

Weber, M. (1988): Gesammelte Aufsätze zur Religionssoziologie. 3 Bände. Tübingen.

Weber, M. (1988a): Die sozialen Gründe des Untergangs der antiken Kultur. In: Ders.: Gesammelte Aufsätze zur Sozial- und Wirtschaftsgeschichte. (Dt. Original 1896). Tübingen.

Wilcke, C. (1970): Drei Phasen des Niedergangs des Reiches von Ur III. In: Zeitschrift für Assyriologie 60, S. 54 – 69.

Wittvogel, K. (1962): Die orientalische Despotie. Eine vergleichende Untersuchung totaler Macht. Köln.

Zangger, E. (1994): Ein neuer Kampf um Troja. München.

Zibelius-Chen, K. (2006): Ägypten – im Land der Pharaonen. In: Die Zeit: Welt- und Kulturgeschichte. Bd. 1, Hamburg. S. 261 – 472.

8 Zusammenfassung

Gliederung

Einleitung 328
1 Techniken des Sozialverhaltens –
 über die besondere Machart von Gesellschaft 333
1.1 Das Problem der Bestimmung von Sozialverhalten 333
1.2 Unterschiedliche Lösungen des Bestimmungsproblems im
 Sozialverhalten 338
1.3 Sprachgemeinschaft: Wie können sich Menschen auf die
 Bedeutungsgleichheit von sinnhaften Unterscheidungen
 verständigen? 347
1.4 Kultgemeinschaft: gemeinsame kulturell definierte Aufgaben
 in Bezug auf die „Welt" 348
1.5 Wie kann man selbst erfundene Wesen beeinflussen?
 Rituelle Kommunikation auf der Grundlage gemeinsamer
 Bestimmungsinteressen 350
1.6 Fazit: Symbolsprache und Gesellschaft 354
2 Soziologische Aspekte der Hominisation –
 zur Evolution von Symbolsprache und Gesellschaft 354
2.1 Einige Folgerungen für ein denkbares Evolutionsszenario:
 Unter welchen Bedingungen könnte die Schwelle Symbolsprache
 und Gesellschaft genommen worden sein? 357
2.2 Ein denkbares Szenario für die „Erfindung" einer sinnhaften Welt
 in Verbindung mit einer gesellschaftlichen Organisationsform 359
2.3 Überprüfungsmöglichkeiten dieses Szenarios 364
3 Die Weiterentwicklung von Gesellschaften –
 Neolithische Revolution und die alten Hochkulturen 372
3.1 Neolithische Revolution –
 Stammesgesellschaften mit Ackerbau und Viehzucht 372
3.1.1 Magie und Religion –
 zwei Möglichkeiten der aktiven Weltbeeinflussung 374
3.2 Alte Hochkulturen – die innere Differenzierung der
 Kultgemeinschaft wird zum Entwicklungsmechanismus 376

4	Reproduktive Mechanismen – wie sich die Anforderungen an die Reproduktion gesellschaftlicher Ordnungen im Zuge der Gesellschaftsentwicklung gesteigert haben... 380
5	Die Umkehr der Denkrichtung – zu den Möglichkeiten einer historischen Soziologie in systematischer Absicht........................... 384
Literatur	 390

Einleitung

Der Wandel von Gesellschaften gehörte schon immer zu den zentralen Themen der Soziologie. Die Analyse und Erklärung jener grundlegenden gesellschaftlichen Veränderungen, durch die sich moderne von vormodernen Gesellschaften abhoben, durch die Klassiker der Soziologie wie Weber, Durkheim, Tönnies, Simmel, Parsons hat ganz wesentlich zur Etablierung der heutigen Soziologie beigetragen. Ebenso ist die derzeit andauernde Debatte um Postmoderne, zweite Moderne, Informations- und Wissensgesellschaft ein zentrales Thema der Mainstream-Soziologie.

Damit hat dieser Band wenig, auf den ersten Blick sogar gar nichts, zu tun. **Gesellschafts*entwicklung* wird hier nämlich *nicht* als Veränderung einer bereits bestehenden Gesellschaft sondern wesentlich *grundsätzlicher* verstanden.** Es geht um die Frage: **Wieso, auf welcher Grundlage, hat die menschliche Gattung überhaupt Gesellschaften entwickelt?** Wieso leben alle heute bekannten Menschen in Gesellschaften? Wozu ist das gut? Welche Folgen hat das?

Dass Menschen in Gesellschaften leben, ist uns allen so selbstverständlich geworden, dass wir uns nur schwer vorstellen können, ob und wie wir ohne Gesellschaft leben könnten. Über diesen Horizont des allzu Selbstverständlichen ist auch die Soziologie bisher kaum hinaus gekommen, obwohl sie sich als „Wissenschaft von der Gesellschaft" begreift[187]. Weil Gesellschaft als eine Selbstverständlichkeit und nicht als eine erklärungsbedürftige und evolutionär einzigartige Ausprägung des Sozialen gilt, zielt der wissenschaftliche Anspruch der Soziologie bisher nicht auf eine Klärung der Grundlagen des zwischenmenschlichen Soziallebens, sondern nur auf eine **Erklärung des sozialen Wandels auf der Grundlage der nicht weiter hinterfragten Existenz von Gesellschaft.** Der Gesellschaftsbegriff dient in der Soziologie deshalb einerseits zur *Bezeichnung*

---

187 So bemerkt etwa Musto im Wörterbuch der Soziologie, „...dass die Soziologie sich vorwiegend mit der Frage beschäftigt hat, wie gesellschaftliche Strukturen aufgebaut sind, und weniger damit, wie sie entstehen" (Musto 1989; Bd. 1; 177). Die Frage ist allerdings, ob das Eine ohne das Andere gelingen kann.

des Gegenstandsbereichs. Er bleibt aber, weil er als Prämisse behandelt wird, als soziologischer Grundbegriff äußerst farblos bis nichtssagend. Deswegen wird Gesellschaft unter anderem auch als Sammelbegriff für alles Soziale (insoweit es sich zwischen Menschen ereignet; vgl. Luhmann 1997) verwendet, für verzichtbar erklärt (Tenbruck 1984) oder als bloßes Anhängsel sowohl für Gegenwartsdiagnosen (Risiko-, Multioptionen-, Dienstleistungs-, Wissens- ...gesellschaft) wie auch für Soziologentagsthemen[188] benutzt. Dagegen verzichtet die Soziologie – z.T. programmatisch wie im Programm des Positivismus, z.T. auch unreflektiert – auf eine nähere *Bestimmung* ihres Gegenstandsbereichs Gesellschaft.

In diesem Band wurde dagegen die These entwickelt, dass das Leben in Gesellschaften – zumindest historisch gesehen – alles andere als eine Selbstverständlichkeit ist. Die Menschen haben vermutlich über gut 98% ihrer Evolutionsgeschichte nicht in Gesellschaften gelebt. Alle anderen Arten haben keine Gesellschaften entwickelt. **Deshalb ist die Entwicklung von Gesellschaften in höchstem Maße erklärungsbedürftig.**

Derartige Aussagen können allerdings nur dann gemacht und vertreten werden, wenn dabei ein bestimmtes Grundverständnis von Gesellschaft bereits unterstellt wird. Das eine ist nicht ohne das andere möglich. Gesellschaft wird hier nicht in der allgemeinsten Bedeutungsvariante räumlicher Verbundenheit (vgl. S. 340) verwendet, die auch noch zwischen einer Buchen-Tannen-Ahorn-Gesellschaft und einer Risikogesellschaft Gemeinsamkeiten erkennen ließe, sondern wird sehr viel enger gefasst. Im Anschluss an Goffman wird Gesellschaft als ein Geflecht miteinander verschränkter rollenhafter Erwartungen aufgefasst, die das Handeln der Menschen bestimmen, ohne auf konkrete Menschen bezogen zu sein. Ein auf diese Art und Weise *bestimmtes* Sozialverhalten weist nur die menschliche Gattung seit ca. 100.000 Jahren auf.

Ein derartiges Leben in Gesellschaften ist, so wurde weiter behauptet, in Zusammenhang mit der Entwicklung von Symbolsprachen entstanden. Die Symbolsprache ihrerseits wird auf einen evolutionären Zufall zurückgeführt, der sich unter bestimmten Randbedingungen ereignen konnte. Mit Blick auf neue Verständigungsmöglichkeiten, die die Symbolsprache erschließt, vermute ich, dass die Entwicklung der Symbolsprache letztlich auf einen Versuch zurück zuführen ist, über etwas nicht im direkten Kommunikationskontext Wahrnehmbares und deswegen auch nicht über Lautgesten Bezeichenbares zu kommunizieren. Die Reichweite des direkten Kommunikationskontextes wird immer dann verlassen, wenn über Vergangenes oder Zukünftiges kommuniziert werden soll. Da Trance-Erfahrungen in allen bekannten als „archaisch" geltenden Stammesgesellschaften

---

188 Z.B.: Kultur und Gesellschaft, Grenzenlose Gesellschaft, Gesellschaften im Umbruch.

eine bemerkenswert zentrale Rolle spielen, könnte die Symbolsprache aus dem Versuch entstanden sein, über Trance-Erfahrungen zu kommunizieren.

„Gesellschaft" entstand weder als Folge noch als Voraussetzung, sondern als ein genuines Begleitmoment der Symbolsprache, das zu ihrer Durchsetzung als *dominierender* Kommunikationsform unabdingbar war. Gesellschaft entwickelte sich in dem Moment, als die Menschen die sprachlich geschaffene, symbolische Welt zu praktizieren begannen. Das bedeutete einmal, dass sie sich selbst in die Welt symbolischer Bedeutungen hineinbegaben und dort positionierten (soziale Identität über Namen, Verwandtschaftssystem, Sozialstruktur). Das bedeutete weiterhin, dass ihr Verhalten nicht mehr direkt von ihrer Bedürfnisnatur und der Bewältigung momentaner Anforderungen geprägt, sondern auf Wirkungen in der symbolischen Welt ausgerichtet wurde. Dies erforderte die systematische Standardisierung und Ritualisierung von Verhaltensweisen.

Im ersten Abschnitt dieses letzten Kapitels wird dieses Gesellschaftskonzept in einer unterschiedliche Formen von Sozialverhalten vergleichenden Perspektive erläutert, die nicht auf menschliches Sozialverhalten beschränkt ist.

Da unser Wissen über Unterscheidungen funktioniert, muss auch die zweite neben Gesellschaft grundlegende Prämisse der Soziologie durch eine Differenz ersetzt werden. Sie besagt, dass sich Soziologie ganz selbstverständlich nur mit menschlichem Sozialverhalten beschäftigt.

Sozialverhalten unterscheidet sich von anderen Verhaltensweisen prinzipiell dadurch, dass es nicht vom Organismus des Akteurs autonom bestimmt, sondern von anderen Organismen, also letztlich extern, dirigiert wird. Selbst, wenn die Verhaltensweisen und Bedürfnisse der beteiligten Organismen vollständig biologisch festgelegt sind, entstehen durch Sozialverhalten zusätzliche evolutionäre Möglichkeiten. Sie werden insbesondere durch zweigeschlechtliche Arten illustriert. Weitere evolutionäre Möglichkeiten jenseits der biologischen Verhaltensfestlegung entstehen durch Lernen, insbesondere in Form strategischen Kalküls. Sie verfestigen sich durch Reziprozität und durch Sozialisation eingespielter Verhaltensweisen. **Die Entwicklung von Gesellschaften stellt einen über diese Möglichkeiten entscheidend hinausgehenden weiteren evolutionären Quantensprung dar, weil hier das Bestimmungsproblem nicht mehr zwischen Individuen ausgehandelt wird.** Es stellt sich vielmehr kollektiv für soziale Einheiten als Ganzes, so dass viel weitergehende Verhaltensmodifikationen möglich werden. Solche kollektiven Verhaltens**bestimmungen** werden dadurch möglich, dass symbolische Ordnungen mit Vollständigkeitsanspruch, symbolisches Weltverständnis, entwickelt und zur Richtschnur für das Verhalten von Kollektiven gemacht werden. Das geschieht, indem sich diese Kollektive in ihre eigene Ordnung hineinbegeben und sich als deren Bestandteil begreifen (sogenanntes reentry in Form einer Sozialstruktur) und eine aktive Rolle bei der Realisierung dieser Ordnung übernehmen (Rituelles Handeln, Rollen, unter Rückgriff auf das Weltverständnis definierte Aufgaben).

Die direkten Konsequenzen der Entwicklung von Gesellschaften markieren hohe kulturelle Homogenität und soziale Egalität. Es entstehen in sich geschlossene Sprach- und Kultgemeinschaften.

Im zweiten Abschnitt dieses Schlusskapitels wird das **in den Kapiteln 4 und 5 entwickelte konkrete Szenario dieses grundlegenden Übergangs zum Leben in Gesellschaften rekapituliert.**

Der **dritte Abschnitt** bietet dann eine Zusammenfassung der beiden zentralen frühen Entwicklungsschritte des Lebens in Gesellschaften, die historisch bis zu den ersten frühen Hochkulturen reichen (Kapitel 6 und 7). Beide Entwicklungsschritte werden als immanente Konsequenzen des mit der erstmaligen Entwicklung von Gesellschaften eingeschlagenen evolutionären Pfads erklärt. Sie vollziehen sich auf der Grundlage magischen Denkens, also der *direkten* Verbindung zwischen Weltverständnis, Sozialstruktur und ritueller Praxis.

Der erste Schritt wird allgemein als „**neolithische Revolution**" bezeichnet. Er umfasst den Übergang von einer aneignenden Lebensweise zu Ackerbau und Viehzucht. Abweichend von den gängigen Darstellungen, die vom heutigen Beobachtungsstandpunkt aus erkennen, dass hier der Mensch erstmals seine reproduktiven Grundlagen selbst zu organisieren beginnt, wird hier die Auffassung vertreten, dass vermutlich durch ständige Klimaveränderungen stimulierte Bedürfnisse nach Steigerung magischer Wirkungen diese grundlegende Innovation herbeigeführt haben.

Der zweite Schritt, die **Entwicklung erster Zivilisationen und Staaten**, wird auf eine neue Methode zur Steigerung magischer Wirkungen zurückgeführt: die stellvertretende Durchführung von Ritualen durch Personen, denen ein besonderes magisches Charisma zugeschrieben wird. Die neue Methode der stellvertretenden Durchführung von Ritualen eröffnet weitere evolutionäre Möglichkeiten auf der Grundlage von Arbeitsteilung und daran geknüpften Institutionen wie positionale Ungleichheit, spezialisierte und systematische Arbeit, Tausch und Akkumulation von Gütern.

Mit dem Einsteig in Formen der Arbeits- und Aufgabenteilung ergeben sich neue Möglichkeiten der Bestimmung von Verhalten. **Auf der Grundlage kollektiver Verhaltensbestimmung**, also auf der Basis eines von allen Gesellschaftsmitgliedern geteilten Weltverständnisses, einer sozialstrukturellen Ordnung und eines Konsens über die der Gesellschaft gestellten Aufgaben, *ergeben sich* **Aushandlungsmöglichkeiten zwischen den Trägern gesellschaftlich autorisierter Teilaufgaben** über die Modalitäten, Konsequenzen wie Voraussetzungen ihres arbeitsteiligen Zusammenwirkens in denen strategisches Kalkül ebenso einen Platz hat wie in Sozialverhalten ohne Gesellschaft.

Der **vierte Abschnitt** fasst die in den Kapiteln 5 –7 enthaltenen Analysen der Gesellschaftssysteme unter dem Aspekt **reproduktive Mechanismen** zusammen. Hierbei geht es um die Erfordernisse zur Reproduktion einmal etablierter gesellschaftlicher Ordnungen. In vergleichender Perspektive kann dabei gezeigt werden, dass sich diese Reproduktionserfordernisse immer weiter gesteigert haben.

Diese Analyseebene reproduktiver Mechanismen hat für eine mögliche empirische Überprüfung der hier skizzierten Gesellschaftssysteme zentrale Bedeutung, das sie gängige Missverständnisse insbesondere zwischen historischer Soziologie und der Ethnologie vermeiden hilft. Sie bestehen vor allem darin, dass Fallstudien von Stammesgesellschaften, die bestimmte Merkmale eines analytischen Modells nicht aufweisen, von Ethnologen bereits als Widerlegung angesehen werden. Dabei können insbesondere archaische Gesellschaftsmodelle durchaus nur rudimentär tradiert werden. Wenn sowohl die Reproduktionsbedingungen analytischer Modelle genau ausgewiesen wie auch in empirischen Fallstudien die reproduktiven Mechanismen der jeweiligen Gesellschaft genau benannt werden, dann können zumindest beide Analysen auf einer vergleichsfähigen Ebene aufeinander bezogen werden.

Im **fünften Abschnitt** wird der in den vorangegangenen sieben Kapiteln erreichte Wissenstand über die Gesellschaftsentwicklung unter methodischen Aspekten diskutiert. Im Mittelpunkt dabei steht die hier versuchte **Umkehr der Denkrichtung**. Als in der Gegenwart befindliche Beobachter fallen uns an der Vergangenheit zunächst Differenzen wie auch Bezüge zu unserer Gegenwart auf. Was war damals noch nicht so wie heute? Wo zeigen sich zum Heute tendierende Entwicklungen? Dieser Blickwinkel ist für das Nachvollziehen historischer Entwicklungen eher hinderlich. Er verleitet zu einer allzu „geradlinigen" Sicht der Dinge wie beispielsweise zu der These, dass Ackerbau aus Effektivitätsgründen „erfunden" worden sei. Anstelle einer perspektivischen Assimilierung an das Selbstverständnis heutiger Gesellschaften käme es auf eine Rekonstruktion damaliger Handlungsperspektiven und Entwicklungsprobleme an. Dieses Desiderat wurde so zu realisieren gesucht, dass Entwicklungen immer aus der Perspektive des älteren Gesellschaftsmodells zu erklären versucht wurden. Sowohl die neolithische Revolution wie auch die Herausbildung der primären Zivilisationen lassen sich aus den immanenten Konsequenzen des Lebens von Sprach- und Kultgemeinschaften in magischen Welten erklären. Die evolutionäre Vorteilhaftigkeit beider Entwicklungen zeigt sich erst nach dem Verblassen magischer Vorstellungen. Diese Vorgehensweise kann als historische Soziologie in systematischer Absicht bezeichnet werden.

8 Zusammenfassung

1 Techniken des Sozialverhaltens – über die besondere Machart von „Gesellschaft".

1.1 Das Problem der Bestimmung von Sozialverhalten

Das Bestimmungsproblem wirft die Frage auf, wieso es überhaupt zu inhaltlich bestimmten Kommunikationen bzw. Interaktionen kommen kann, wenn man von der Willensfreiheit voneinander unabhängiger Individuen ausgeht. Nur wenn man zeigen kann, auf welchem Wege unter diesen Bedingungen Inhalte in das Sozialverhalten hineinkommen, kann man die Bedingungen der Möglichkeit von Sozialverhalten verstehen.[189]

Das Bestimmungsproblem greift ein eng mit dem Aufkommen von Freiheitsrechten verknüpftes Grundproblem der Soziologie auf, das bereits Hobbes (1980 (1651)) klar gesehen hat: Wie kann es zu verbindlichen Formen des zwischenmenschlichen Zusammenlebens kommen, wenn man von menschlicher Willensfreiheit ausgeht, also von der Freiheit eines jeden Menschen, die Inhalte des eigenen Handelns frei und d.h. auch willkürlich[190] zu bestimmen?

Die von Hobbes propagierte Lösung einer sich außerhalb der Gesellschaft stellenden Instanz des Leviathan konnte das Problem nicht lösen. In diesem Rahmen kann man nicht erklären, warum alle Beteiligten, starke wie schwache Individuen, auf Dauer Rechte an den Leviathan abtreten.

Aus diesem Grund hat Parsons eine andere Lösung des Hobbes'schen Problems entwickelt. Bei genauem Hinsehen wird erkennbar, dass das von Parsons (1937) entwickelte und von Münch (1982) aufgenommene Konzept einer Interpenetration von utilitaristischer (von Willensfreiheit ausgehender) und idealistischer Ordnung[191] allerdings nur eine das Problem variierende Umschreibung bietet. Es erklärt aber nicht das Zustandekommen dieser „gemischten" Ordnung. Klar gelegt wird nur, **dass sie erforderlich ist**, weil eine rein utilitaristische Lösung zu keiner stabilen sozialen Ordnung führen kann (vgl. insbesondere Münch 1982). Stabile Ordnungen müssen zumindest Elemente gemeinsamer kultureller Voraussetzungen enthalten, die in der Tradition des Idealismus in den Blick genommen werden. **Die entscheidende Frage bleibt offen, wie man sich**

---

189 Die naheliegende Möglichkeit der Bestimmung des eigenen Handelns („Selbstbestimmung") bleibt bei dieser Fragestellung außer Betracht bzw. wird als selbstverständliche Möglichkeit nicht näher diskutiert, weil das Bestimmungsproblem als soziologisches Basisproblem sich erst in einer sozialen Konstellation zwischen mindestens zwei Akteuren ergibt.
190 „Nach dieser ... Bedeutung des Wortes Freiheit wird der frei genannt, welcher durch nichts gehindert wird, das zu tun, wozu er Geschicklichkeit und Kräfte besitzt" (Hobbes 1980: 188).
191 Im Folgenden wird der übliche Begriff „Ordnung" nur aus Gründen der Lesbarkeit verwendet. Präziser ist es, von Erwartungen zu sprechen.

die Herausbildung derartiger gemeinsamer kultureller Handlungsvoraussetzungen erklären kann. Möglicherweise ist diese auf Hobbes zurückgehende Problemformulierung zu stark auf die Frage des individuellen Einverständnisses mit einer dabei vorauszusetzenden Ordnung fokussiert, um die Frage der Generierung von intersubjektiver sozialer Ordnung voll in den Blick zu bekommen. Genau das ist aber mit dem Problem doppelter Kontingenz möglich. Hier wird eine **intersubjektive Problemlage** konstruiert, die nur über die Entwicklung von bestimmten Techniken des miteinander Kommunizierens und Handelns gelöst werden kann.

Talcott **Parsons** ging von einem Problem doppelter Kontingenz aus, das durch die empirische Intersubjektivität von Interaktion situativ nicht gelöst werden könne. Erst zeitlich stabile Wertorientierungen könnten erklären, wieso es überhaupt zu inhaltlich bestimmten Kommunikationen kommen könne. „There is a double contingency inherent in interaction. On the one hand, ego's gratifications are contingent on his selection among available alternatives. But in turn, alter's reaction will be contingent on ego's selection and will result from a complementary selection on alter's part" (Parsons/Shils 1951: 16). M. a. W.: solange Akteure nur unter dem Gesichtspunkt der Belohnungsmaximierung selegieren und die Selektionen voneinander abhängen, kann das Problem doppelter Kontingenz nicht rational gelöst werden. „Because of this double contingency, communication, which is the preoccupation of cultural patterns, could not exist without bouth generalization from the particularity of the specific situations ... and stability of meaning which can only be assured by "conventions" observed by both parties". (ebd.)

Niklas **Luhmann** griff diese Überlegungen auf, da er hier einen wichtigen sozialtheoretischen Ankerpunkt ausmachte. Er kritisierte, Parsons Antwort sei nicht hinreichend, da sie das Problem nur verschiebe. „Parsons hatte ... die Lösung in einem unterstellten (aber hinreichend real gedeckten) Wertkonsens gesehen, in einer übereinstimmenden normativen Orientierung... Dieser Vorschlag ... setzt ... voraus, dass alle Gesellschaften Kultur tradieren und jede soziale Situation Kultur daher immer schon vorfindet... Entsprechend ist das Problem der sozialen Ordnung ... ein Problem der Sozialisation ... Damit ist die Problemstellung aber nur in die Vergangenheit verschoben ... Im Prinzip ist die Konstitution sozialer Systeme an einen immer schon vorhandenen kulturellen Code gebunden, **obwohl sie auch dessen Entstehung und Funktion zu klären hätte**" (Luhmann 1984: 149f.; Hervorh. D.B.).

Ähnlich wie Parsons geht also auch Luhmann von einem **Problem doppelter Kontingenz** aus. Er assimiliert das von Parsons übernommene Bestimmungsproblem an die eigene Theorie. Das bedeutet vor allem:

8 Zusammenfassung

a. Das Problem der Selektivität stellt sich nicht erst wie bei Parsons auf der sozialen Ebene. Es ist vielmehr jedem in einer kulturellen Welt lebenden Menschen „immer präsent ... Es begleitet **unfokussiert** alles Erleben" (Luhmann 1984: 151; Hervorh. D.B.).

b. Zum Problem der Verhaltensabstimmung kommt es erst dann, wenn andere psychische Systeme als kontingent erlebt und behandelt werden: „nämlich als unendlich offene, in ihrem Grunde dem fremden Zugriff entzogene Möglichkeiten der Selbstbestimmung" (ebd.: 152).[192]

c. Das Problem doppelter Kontingenz entsteht als Problem wechselseitiger Verhaltensbestimmung dann, wenn diese Zuschreibung der Nichtdeterminierbarkeit wechselseitig vorgenommen wird und beide Seiten um die Wechselseitigkeit dieser Zuschreibung wissen. "Die Grundsituation der doppelten Kontingenz ist ... einfach: Zwei black boxes bekommen es, auf Grund welcher Zufälle immer, miteinander zu tun. Jede bestimmt ihr eigenes Verhalten... Das, was von ihr sichtbar wird, ist deshalb notwendig Reduktion ... Auf diese Weise kann eine emergente Ordnung zustande kommen ... Wir nennen diese emergente Ordnung soziales System" (ebd.: 156f.).

d. Den Begriff der Kontingenz schneidet Luhmanns auf sein Verständnis einer sinnhaft bestimmten Realität zu: „Kontingent ist etwas, was weder notwendig noch unmöglich ist ... Der Begriff bezeichnet mithin Gegebenes ... im Hinblick auf mögliches Anderssein ... Er ... bezeichnet *nicht das Mögliche überhaupt*, sondern das, was von der Realität aus gesehen anders möglich ist ... **Die Realität dieser Welt ist also im Kontingenzbegriff** als erste und unauswechselbare Bedingung des Möglichseins **vorausgesetzt**" (ebd.: 152; Hervorhebung D.B.).

e. Die Konstellation doppelter Kontingenz kann dann in eine **gemeinsame Ordnung** überführt werden, wenn wechselseitig auf den jeweils anderen ausgerichtete „Bestimmungsinteressen"[193] (...) konditional miteinander verknüpft werden und aufgrund dieser Verknüpfung eine wechselseitige Akzeptanz der jeweils „fremden" Bestimmungsinteressen erreicht wird: „Ich tue, was du willst, wenn Du tust, was ich will" (ebd.: 166). **Nach Luhmann entsteht der gesuchte kulturelle Code (= soziale Ordnung) somit über die wechselseitig miteinander verknüpfte Akzeptanz der Fremdbestimmung des eigenen Handelns.**

---

192 Dieser Ausgangspunkt existiert schon bei Hobbes. Nach Hobbes setzt allerdings die Rechtsordnung der individuellen Freiheit wirksame Grenzen (Hobbes 1980/1651; 188ff.).

193 Ich führe an dieser Stelle den auch im Weiteren verwendeten Begriff „Bestimmungsinteresse" ein, da man ohne ein derartiges Interesse nicht verstehen kann, wieso es zur konditionalen Verknüpfung kommen sollte.

f. Dieser kulturelle Code reproduziert sich nicht über personale Selbstreferenzen, sondern über **Selbstreferenzen sozialer Systeme**. „Zur Selbstreferenz gehört mithin einerseits: dass die Handlung sich selbst in der Perspektive des alter Ego kontrolliert; und andererseits: dass sie sich eben damit einem sozialen System zuordnet... Mit dieser Konstitution selbstreferentieller Handlungszusammenhänge entsteht also zugleich eine Selbstreferenz des sozialen Systems, nämlich die Miteinarbeitung des Geltungsbereichs doppelter Kontingenz und seiner sachlichen, zeitlichen und sozialen Grenzen" (ebd.: 183).

Man erkennt in diesen Formulierungen sowohl die Kontinuität von Parsons' Problemformulierung wie auch die von Luhmann vorgenommene Problemverschiebung. Auf zwei Aspekte dieser Problemverschiebung möchte ich hinweisen.

Die Problemstellung bekommt einmal dadurch andere Konturen, **dass Luhmann Kultur nicht als Bindung an bestimmte Inhalte versteht**. Kulturelle Bindungen existieren bei ihm nur als Bindungen an Möglichkeitsräume, und zwar generell als Bindung an den Möglichkeitsraum einer sinnhaft strukturierten Welt. Dieser für selektive Wahrnehmungen wie für Kommunikationen maßgebliche Horizont kann nicht überschritten werden.[194] Alle semantischen Festlegungen („Form") innerhalb dieses unhintergehbaren Möglichkeitsraums der sinnhaften Welt sind nur vor dem Hintergrund eines spezifischeren Möglichkeitsraums variierbarer Bedeutungen („Medium") möglich.[195] Daher kann die bloße Einführung von Kultur bei Luhmann das Bestimmungsproblem in keinem Fall lösen.

Zum andern möchte ich auf den Einbau des systemtheoretischen Begriffs der Konditionierung hinweisen, der die Problemlösung trägt. **Konditionierung erlaubt Abgrenzungen innerhalb eines Möglichkeitsraums, die die Möglichkeiten als solche erhalten.** Das Problem der Bestimmung wird gelöst, wenn sich Ego für eine bestimmte konditionale Verknüpfung entscheidet und wenn diese Entscheidung zu einer stabilen Verknüpfung führt. Das schaltet andere Möglichkeiten nur für den Moment der Realisierung dieser einen aus. Aus diesem Aspekt ergibt sich mein erster von insgesamt vier Einwänden gegen Luhmanns Version des Problems doppelter Kontingenz.

Erster Einwand: Diese Problemverschiebung mag zwar theorietechnisch elegant sein, sie ist aber immer noch **zu vordergründig**, da nicht geklärt wird, wo der kulturelle Möglichkeitsraum herkommt, in dem sich Ego und Alter unterscheiden können (vgl. den Aspekt d in Luhmanns Version des Problems doppel-

---

194 Dieses Sinnkonzept geht auf Husserl zurück. Luhmann verweist v.a. auf Husserl 1950 und 1972.
195 Vgl. zum Zusammenhang von „Medium" und „Form": Luhmann 1997: 190ff.

ter Kontingenz). Entsprechend seines „analytischeren" Kulturbegriffs setzt Luhmann zwar nicht mehr Sozialisation, wohl aber eine im Medium Sinn geformte Realitätssicht voraus. Wenn man klären möchte, wieso Ego und Alter sich im Rahmen eines ihnen gemeinsamen Möglichkeitsraums verständigen können, dann **ergibt sich hier ein Bestimmungsproblem, das bei dem von Luhmann explizierten Bestimmungsproblem vorausgesetzt werden muss.** Diese Prämisse verfällt genau jener oben zitierten Kritik, die Luhmann (1984: 149f.) schon an Parsons geübt hatte.

Zweiter Einwand: M.E. ist diese wesentlich „konsequentere" und „theoretischere" Fassung des Bestimmungsproblems aber auch in anderer Hinsicht noch nicht ganz durchdacht. Wenn das Bestimmungsproblem **nur** durch eine Entscheidung hinsichtlich der konditionalen Verknüpfung („wer mit wem") lösbar ist, dann sollte man zunächst die **Voraussetzungen konditionaler Verknüpfung** näher untersuchen. Erklärungsbedürftig ist einmal: **Wie kommt es überhaupt dazu, dass Ego die Handlungen von Alter bestimmen möchte?** Zweitens: Sind **alle** auf den jeweils anderen gerichteten Bestimmungsinteressen überhaupt wechselseitig und konditional miteinander **verknüpfbar?**

Dritter Einwand: Anders als Parsons möchte Luhmann einen philosophischen, von der sozialen Realität abgelösten Lösungsvorschlag des Bestimmungsproblems machen. Er ist auf der Ebene Kant'scher Fragetechnik nach den „Bedingungen der Möglichkeit" menschlichen Sozialverhaltens angesiedelt. Das schottet die Argumentation jedoch nicht von empirischen Bezügen ab.[196] Daher muss gegen den Lösungsvorschlag eingewendet werden, dass er mit charakteristischen Merkmalen sozialer Realität wie Normierung von Aufgaben, Rollenhandeln, Wertorientierung usw. nicht vereinbar ist.[197] **Alle solchen normativen Elemente sind so gebaut, dass sie konditionales Kalkül und dahinter stehende Problemlagen doppelter Kontingenz geradezu ausschalten.** Sie sprechen eher für Parsons Überlegung, dass gemeinsame Bindungen an Wertorientierungen das Bestimmungsproblem zumindest historisch lösen können.

Vierter Einwand: Luhmann berücksichtigt die Tatsache nicht, dass **Möglichkeiten der Bestimmung von Handeln nicht ein für alle Mal existieren, sondern evolutionär entstanden sind.** Damit verzichtet Luhmann aber auch

---

196 „Abstraktion darf jedoch weder als reine Artistik noch als Rückzug auf eine „nur analytisch" relevante, formale Wissenschaft missverstanden werden....Im Anschluss an Saussure, Kelly und andere könnte man auch formulieren: Begriffe formulieren den Realitätskontakt der Wissenschaft ... als Differenzerfahrung" (Luhmann 1984: 13).

197 Luhmann löst letztlich das Hobbes'sche Problem wie andere zeitgenössische Soziologen auch durch die Auflösung und Ausblendung aller intersubjektiver Verbindlichkeit aus der sozialen Realität. Das erfolgt dadurch, dass alle normativen Elemente als unter dem Deckmantel „soziologischer Aufklärung" als frei disponibel ausgegeben werden. Die soziale Realität wird also so stilisiert, **als ob** sie sich dem Postulat der Willensfreiheit problemlos füge.

darauf, zu überprüfen, ob die Verkopplung von Selektionen im Rahmen eines sinnhaftem Weltverständnisses die einzig denkbare Lösung des Bestimmungsproblems ist. Sie könnte auch auf letztlich willkürliche Grenzen des Horizonts der Theorie sozialer Systeme zurückzuführen sein, die auf nur mit „Sinn" operierende Menschen beschränkt bleibt.

Übersicht: *Einwände gegen Luhmanns Version des Problems doppelter Kontingenz*

---

1. Auch Luhmann's Formulierung des Problems doppelter Kontingenz ist zu vordergründig, weil sie ebenfalls eine kulturelle Prämisse enthält.

2. Die Verbindung zwischen Bestimmungsinteressen und konditionaler Verknüpfung ist unklar; nicht alle Bestimmungsinteressen können konditional miteinander verknüpft werden.

3. Die Lösung des Problems doppelter Kontingenz führt zu Aushandlungsordnungen, die aber ganz offensichtlich nicht der Bauart gesellschaftlicher Ordnungen entsprechen.

4. Die evolutionären Voraussetzungen der Konstellation doppelter Kontingenz bleiben ungeklärt.

1.2 Unterschiedliche Lösungen des Bestimmungsproblems im Sozialverhalten.

Ich habe Luhmanns Konzept doppelter Kontingenz nur deshalb genauer betrachtet, um deutlich zu machen, dass der übliche analytische Rahmen der Soziologie viel zu eng ist, um eine derart grundsätzliche Frage darin unter zu bringen. Die Probleme lassen sich nur in einer weiteren Perspektive klären, die sowohl nichtmenschliches wie auch außergesellschaftliches Sozialverhalten mit einschließt. Eine grundlegende Behandlung sollte zudem auch nicht von vornherein durch die Bedingung der Willensfreiheit eingeschränkt sein.

Es wird sich zeigen, dass in einer solchen weit gefassten Analyseperspektive **unterschiedliche Lösungen des Bestimmungsproblems** auffindbar sind, die auf unterschiedliche Voraussetzungen zurückgeführt werden können.

Da, wie auch das zweite Kapitel ergeben hat, der Forschungsstand über die Kognition von Tieren im Hinblick auf das Bestimmungsproblem derzeit kaum klare und nicht kontrovers diskutierten Ergebnisse liefert, **kann hier nur mit sehr groben Modellen gearbeitet werden.** Sie werden aber ausreichen, um zu explizieren, warum der Übergang auf Symbolsprache und Gesellschaft auch dann als eine tiefgreifende Zäsur in der Machart von Sozialverhalten verstanden werden muss, wenn keine anthropozentrische Position bereits als Prämisse eingeführt wird, wie das etwa in der älteren philosophischen Anthropologie (vgl. Kap. 3) der Fall war.

Im Folgenden geht es nur darum, prinzipielle Differenzen in der Lösung des Bestimmungsproblems zu markieren, ohne dabei eine Variante zur Krone der Schöpfung zu stilisieren.

(a) Das erste Modell unterstellt, dass alle Verhaltensweisen – einschließlich kommunikativer Verhaltensweisen – eines Organismus biologisch festgelegt sind und dass jeder beteiligte Organismus räumlich beweglich ist[198]. Das bedeutet, auf als identisch identifizierte Reize folgen immer dieselben Reaktionen bzw. ein (vom Organismus so identifizierter) bestimmter Input erzeugt immer wieder denselben Output. Variationen sind nur zwischen den Organismen einer Art aufgrund von Differenzen in den Erbinformationen möglich. Unabhängig davon, durch welche Mittel auch immer kommuniziert wird, ist die Kommunikation festgelegt. Weder besteht die Wahl zwischen der Art der Kommunikation noch zwischen Kommunikation und Nichtkommunikation. **Der Organismus ist also keine „bewusste" Selektionsinstanz, sondern er reagiert in direkter Abhängigkeit vom wahrgenommenen Input. Selektionsinstanz** ist hier also *die Wahrnehmung*. Auf dieser Ebene liegt der Effekt von Kommunikation und damit auch die darüber hergestellte „Sozialität". Kommunikation koordiniert die selektiven Wahrnehmungen der einzelnen Organismen. **Die logischen Möglichkeiten dieser Art von Sozialität bestehen somit in dem Zusammenschließen der Wahrnehmungen und der daraus folgenden Reaktionen.**

Welche evolutionären Vorteile können sich aus dieser Form von Kommunikation ergeben, die geeignet sind, sie evolutionär zu stabilisieren? Wird über überlebensrelevante Wahrnehmungen – etwa von Feinden, Gefahren, Nahrung etc. – kommuniziert, so wird die für den Einzelorganismus gegebene Grenze des Raumes weiter hinausgeschoben. Eine Gruppe von Organismen bekommt eine relevante Information, sobald auch nur ein Organismus sie wahrnehmen kann. Die Gruppe gewinnt diesen Vorteil aber nur, wenn sie ihre Bewegungen im Raum so koordiniert, dass einerseits relevante Kommunikationen auch von allen

---

198 Mit dem Kriterium der Beweglichkeit werden Pflanzen in der Folge ausgeklammert. Im Hinblick auf das hier verfolgte Ziel ist es überflüssig, ein noch elementareres Modell zu diskutieren.

Beteiligten wahrgenommen werden können, anderseits aber auch die „Beobachtungspositionen" räumlich gestreut sind. Bereits diese Form von Kommunikation kann sich also nur dann bewähren, wenn Organismen ihre Bewegung im Raum wechselseitig voneinander abhängig machen. Sie generiert somit das **grundlegendste Merkmal von Gesellschaftsdefinitionen: räumliche Verbundenheit.**

Darüber hinaus eröffnet diese Form der Kommunikation bereits erhebliche **Spezialisierungsmöglichkeiten.** Der Zufall, welcher Organismus eine für mehrere Organismen gleichermaßen relevante Information wahrnimmt und kommuniziert, kann zur Spezialisierung genutzt werden. So könnten z.B. (und hierfür gibt es zahlreiche Beispiele) einige Organismen ihre Aufmerksamkeit auf Feinde und Gefahren konzentrieren, um den anderen ungestörtes, konzentriertes Fressen zu ermöglichen. Diese Art der Spezialisierung funktioniert allerdings nur bei Reziprozität, also bei zeitlich begrenzter und mit „Rollentausch" verbundener Spezialisierung.

Auf diese Art von Spezialisierung lassen sich so bedeutsame evolutionäre Innovationen wie Brutpflege und die Zweigeschlechtlichkeit von Arten zurückführen.

Dieses erste Modell kommt ohne den Bestimmungsaspekt aus. Es operiert mit Kommunikationen, über die Organismen noch nicht selektiv verfügen können, über die sie also keine intentionale Kontrolle haben. Dennoch eröffnet die Möglichkeit zu kommunizieren in Verbindung mit räumlicher Beweglichkeit und kontingenter Wahrnehmung/Nichtwahrnehmung von relevanten Informationen bereits evolutionäre Wege in grundlegende Aspekte von Sozialität: **Räumliche Verbundenheit und artinterne Spezialisierung.**

Wo es sich als evolutionär vorteilhaft herausstellt, wird derartiges Sozialverhalten auf biologischer Grundlage zu einem stabilen Merkmal vieler Arten (vgl. auch Eibl-Eibesfeld 2004; 232ff.).

(b) Vor diesem Hintergrund kann nun ein **zweites Modell** eingeführt werden, dass das **Bestimmungsproblem rudimentär enthält.**

Es unterscheidet sich vom ersten Modell dadurch, dass Organismen nun über die Möglichkeit verfügen sollen, zumindest die Verarbeitung **einiger** Informationen zu variieren[199]. In diesen Fällen würde ein bestimmter Reiz nicht im-

---

199 Durch diesen Aspekt hebt sich das Modell 2 von den Vorstellungen der philosophischen Anthropologie (vgl. Kap. 3) ab. Wenn man Gehlens Analyse der biologischen Grundlagen des Menschen, die aufgrund des heutigen Forschungsstands nicht mehr haltbar ist, als Modell versteht, dann weist es das primäre Merkmal auf, dass **alle** wahrgenommenen Informationen bewusst verarbeitet werden, also variiert werden können. Eine Entlastung von diesem enormen Verarbeitungsdruck ist für Gehlen nur auf kulturellem Wege, also durch Institutionen möglich. Aus heutiger Sicht ist dieses Modell auch gegenüber dem Menschen utopisch. Auch beim Menschen werden Lernvorgänge wie z.B. Spracherwerb durch angeborene Verhaltensweisen ganz

8 Zusammenfassung

mer mit derselben Reaktion verkoppelt werden bzw. es besteht keine feste Beziehung mehr zwischen Input und Output. Beziehen wir dies auf die kommunikativen Fähigkeiten eines Organismus, dann können wir ihnen die Kontrolle über einige Kommunikationen zuschreiben. Kontrolle bedeutet Verfügung über die Alternative Kommunikation oder Nicht-Kommunikation und Verfügung über alternative Kommunikationen.

Diese Kontroll- und Variationsfähigkeiten werden üblicherweise mit anthropozentrisch besetzten Begriffen beschrieben wie: Intention, Bewusstsein, Kreativität, Denken, Lernen. Ob und inwieweit Tiere darüber verfügen, ist derzeit höchst umstritten und kann hier nicht geklärt werden[200]. Es besteht jedoch weitgehende Übereinstimmung darüber, dass auch Tiere zumindest einige Kontrollfähigkeiten auch im Bereich Kommunikation entwickelt haben. Nur das wird im Modell 2 unterstellt.

Daraus folgt allgemein für diesen Verhaltensbereich: Es werden Formen von „Lernen" möglich. Das setzt voraus, dass Intentionen und daraus folgende Handlungen bezüglich eines Objekts entwickelt werden, deren Erfolg in irgendeiner Weise kontrolliert/bewertet werden kann. Lernen wird dann z.B. auf dem Wege von trial and error möglich. Für Kommunikation bedeuten Intentionen letztlich **Bestimmungsinteressen**, also Vorstellungen über vorteilhaftes/unvorteilhaftes Verhalten anderer, das zu **Strategien** führen kann, **das Verhalten anderer zu beeinflussen.**

Die systematische Bedeutung strategischen Kommunizierens[201] für das Sozialverhalten besteht vor allem in der **Herausbildung eines Mitteilungs-**

---

wesentlich unterstützt (vgl. zusammenfassend Eibl-Eibesfeld 2004). Weder die Entgegensetzung von instinktgeleitetem Verhalten und „Handeln" noch die Überlastungsthese sind – zumindest nach dem heutigen Forschungsstand geeignet, eine mögliche Sonderstellung des Menschen zu charakterisieren. Zum anderen ist zu bedenken, dass viele Tiere Verhaltensweisen zeigen, die auf bewusste Verarbeitungsprozesse zurückgeführt werden müssen (vgl. zusammenfassend Hauser 2001). Auf dieser Merkmalsebene lassen sich Mensch und Tier also vermutlich nur durch das **Ausmaß** kalkulierten Verhaltens unterscheiden.

Das Modell 2 trägt diesen Gegebenheiten Rechnung. Noch wichtiger ist aber, dass es aufzeigen kann, dass bereits Ansätze kalkulierten Verhaltens neue Möglichkeiten des Sozialverhaltens – für Mensch und Tier – eröffnen. Nur wenn das beachtet wird, kann man auf der Basis des heutigen Wissensstands versuchen, eine Trennlinie zwischen Mensch und Tier zu ziehen, die aber anders lokalisiert sein muss.

200 Hauser 2000 ist zuzustimmen, wenn er sich von der Erforschung mentaler Fähigkeiten unterschiedlicher Tierarten mehr Information über das gesamte Spektrum geistiger Fähigkeiten verspricht, als sie eine auf Menschen beschränkte Kognitionsforschung je liefern könnte.
201 Die Verwendung des Begriffs strategischen Kommunizierens an dieser Stelle mag verwundern, ist er doch in der Soziologie mit dem Stigma des instrumentellen, bloß kalkulierenden Handelns belegt. Es darf jedoch nicht übersehen werden, dass z.B. eine argumentative Begründung auch eine Variante strategischen Kommunizierens ist. Etwas wird hier unter Rückgriff auf Normen oder Fakten gerechtfertigt, wenn angenommen werden, dass derartige Begründungen

aspekts. Welche Information wem mitgeteilt wird, kann unter den Bedingungen des Modells 2 vom „Sender" kontrolliert werden, insoweit er Kontrollformen und Bestimmungsinteressen entwickelt hat. Zugleich entwickelt sich das „Verstehen" auf der „Empfängerseite". Nicht nur die übermittelte Information muss registriert werden, sondern auch der Mitteilungsaspekt. Warum wurde die Information mitgeteilt? Welchen Zweck hat X verfolgt, als er mir das und das mitgeteilt hat?

Der Unterschied zum Modell 1 liegt darin, dass hier eine von den Teilnehmern an der Kommunikation kontrollierte **zweite Selektionsschwelle** entstanden ist. Im Modell 1 ist nur eine Selektionsschwelle bei der Wahrnehmung von Informationen vorhanden. Beim Modell 2 kann nun zusätzlich die Weitergabe von Informationen kontrolliert und Bestimmungsinteressen am Verhalten anderer unterworfen werden.

Eine Kommunikation zwischen Ego und Alter weist nun insgesamt vier Selektionen auf, zwei auf der Senderseite, zwei auf der Empfängerseite. Ego (als Sender) selegiert Informationen und Mitteilungsgesichtspunkte. Alter (als Empfänger) muss die Differenz zwischen Information und Mitteilung nachvollziehen (3. Selektion). Damit ist die Kommunikation als solche abgeschlossen. Für den Erfolg der Kommunikation ist aber eine vierte Selektion noch wesentlicher. Alter kann zu der an ihn adressierten Kommunikation Stellung beziehen, er kann sie z.B. annehmen oder ablehnen, in Frage stellen usw.

Damit sind wir bei Luhmanns Modell der Kommunikation angelangt, allerdings ohne die bei ihm vorausgesetzte Symbolsprache[202]. Wenn man z.B. de Waals Darstellungen des Sozialverhaltens von Schimpansen, insbesondere ihr Konfliktmanagement heranzieht (vgl. auch Kapitel 3), dann kann kein Zweifel bestehen, dass Schimpansen, obwohl sie über keine Symbolsprache verfügen, mit der Differenz zwischen Information und Mitteilung in erstaunlich feinen Strategien operieren.

Unter Gleichheitsbedingungen liegt auch die **Lösung von Luhmanns Problem doppelter Kontingenz in Reichweite des Modells 2:** Es ist zu vermuten, dass die konditionale Verknüpfung von Bestimmungsinteressen nach dem Motto: „Ich tue ‚was du willst, wenn du tust, was ich will" auch Tieren zugänglich ist. Auch hier können wir wiederum auf Belege aus der Schimpansenforschung zurückgreifen (vgl. Kap. 2 und 3).

---

akzeptabler sind als beispielsweise Gewaltausübung. Der Begriff wird benutzt, weil er sowohl an das Modell 2 anschließt wie auch an die Forschung über intelligentes Verhalten von Tieren.
202 Luhmann selbst ist sich nicht sicher, ob Kommunikation in dieser Form ohne Sprache möglich ist (vgl. Luhmann 1997; 205ff.), Interpreten schließen das aus (vgl. Berghaus 2004; 124ff. und 1999).

8 Zusammenfassung

Ich komme nun zu den sozialen Voraussetzungen derartigen Sozialverhaltens. Die Komplexität dieses intentional differenzierten Sozialverhaltens kann sich nur in dem Maße entfalten als die – in der Regel über Laute in Kombination mit dem Bewegungsapparat artikulierten – Kommunikationen von allen Beteiligten verstanden werden. **Basis der Verständigung scheint dabei immer noch die biologische Bedürfnisnatur zu sein**, die mit bestimmten Lautgesten fest verdrahtet zu sein scheint. Als instruktives Beispiel kann man hier an das „Kampfspiel" zwischen Hunden bzw. Wölfen denken (Lorenz, Mead). Möglicherweise sichert sie auch noch weitgehend die Beilegung von Konflikten und den Zusammenhalt von permanenten Gruppen. Jedenfalls macht das Sozialverhalten der Schimpansen deutlich, dass es ein stabiles und festliegendes Bedürfnis nach gegenseitiger Berührung und wechselseitiger Kommunikation zu geben scheint (vgl. Kap. 3). Das engt den Korridor genuin kultureller Entwicklung ein.

Zusammenfassend kann an dieser Stelle festgehalten werden, dass mit dem Aufkommen kontrollierter und intentional variierter Kommunikation innere Differenzierungen zwischen Kommunikationspartnern, insbesondere aber innerhalb einer permanent zusammenlebenden Gruppe ausgehandelt werden können. Das ermöglicht – möglicherweise evolutionär vorteilhafte – komplexere Formen der Verhaltensabstimmung wie Jagd- oder Verteidigungstechniken und -strategien , die auch tradiert und sozialisiert werden können („rudimentäre Kultur"). In diesem Rahmen ist komplexes Sozialverhalten wie das Aushandeln von Rangordnungen und das Ausbalancieren von Kooperation und Konflikt möglich. Es ermöglicht gleichermaßen „genetischen Egoismus" wie evolutionär vorteilhaftes Zusammenleben in aus beiden Geschlechtern bestehenden Gruppen. Auf dieser Grundlage war der menschlichen Gattung der Siegeszug vom Aasfresser an die Spitze der Nahrungspyramide möglich.

(c) Hiervon muss strikt ein **drittes Modell** unterschieden werden. Es besteht ebenfalls wie Modell 2 aus partiell lernfähigen Exemplaren einer Art. Im Unterschied zum zweiten Modell wird jedoch das Bestimmungsproblem variiert. **Hier wollen die Beteiligten ihr kommunikatives Zusammenwirken bestimmen.** Beim zweiten Modell ging es dagegen um die Verfolgung von Interessen am Verhalten anderer. Sozialität erwies sich dabei als ein kooperativer Weg, um heterogene Interessen am Verhalten bzw. an Ressourcen anderer wechselseitig zum Zuge kommen zu lassen. Hier geht es dagegen darum, sich gemeinsame Regeln zu geben. Aus dieser anderen Form von Sozialität ergeben sich beim Modell 3 umgekehrt Merkmale der Beteiligten. Diese Variante des Bestimmungsproblems eröffnet die Möglichkeit, **gemeinsame Verhaltensweisen auf kulturellem Wege festzulegen.**

Theoretische Anhaltspunkte für eine derartige Variante des Bestimmungsproblems liefert das Modell der Kommunikationsgemeinschaft (Apel, Habermas), empirische Anhaltspunkte die Konvention der erwachsenen Meerkatzen, die Warnrufe junger Gruppenmitglieder nach einer bestimmten Regel zu überprüfen (Kap. 2). Die Umstellung der menschlichen Kommunikation auf das **Medium der Symbolsprache** ist ohne ein engmaschiges Netz von gemeinsamen Konventionen nicht denkbar, für die der Begriff **Gesellschaft** steht.

Beginnen wir mit der Symbolsprache. Sie bietet den Vorteil relativ freier und nahezu beliebig komplexer Unterscheidungen von Bedeutungen. Sie unterscheidet sich von gestenvermittelter Kommunikation aber auch dadurch, dass nicht direkt evidente Sachverhalte wie z.b. Geschehnisse in der Vergangenheit oder Erwartungen für die Zukunft kommunizierbar werden. Diese Möglichkeiten erfordern ein erheblich höheres Maß an konventioneller Festlegung als eine von Lautgesten getragene und durch Evidenzen gemeinsamer Wahrnehmung und gemeinsamer Bedürfnisnatur unterstützte Kommunikation.

Weil diese unterstützenden Evidenzen nicht oder zumindest nicht durchgängig vorhanden sind, **müssen symbolische Bedeutungen ausschließlich im Medium der jeweiligen Symbolsprache klärbar sein.** Wie das geht, wird beim Erlernen einer Fremdsprache deutlich. Sobald der Lernende wenige Vokabeln beherrscht, kann der Unterricht ausschließlich in der Fremdsprache erfolgen, weil jede neu zu erlernende Vokabel über einen kontrastierenden Vergleich im Rahmen des bereits beherrschten Wortschatzes erklärt werden kann. Bereits mit wenigen Worten kann eine kognitive Landkarte entfaltet werden, die am Anfang nur ganz vage Konturen hat und die nun Schritt für Schritt mit jeder begrifflichen Unterscheidung immer präziser wird. Das funktioniert nur, wenn unterstellt werden kann, dass buchstäblich alles in der jeweiligen Sprache ausgedrückt werden kann. Alle menschlichen Symbolsprachen weisen diese Eigenschaft der Vollständigkeit auf. Sie spannen eine ganze Welt symbolische Bedeutungen auf. Nur dann kann über jedes denkbare Thema gesprochen werden. Nur dann kann jeder Begriff in Differenz zu anderen geklärt werden. In dieser Konkretisierung fungiert das Medium Sinn in ähnlicher Weise als selbstverständlicher Horizont wie die Evidenzen der Bedürfnisnatur wie Hunger, Angst etc. und der gemeinsamen Wahrnehmungen etwa von Nahrung oder Gefahren.

Der gravierende Unterschied besteht darin, dass im Falle der Symbolsprache dieser Hintergrund nicht einfach vorhanden ist, sondern erst entwickelt werden muss. Individuell erfolgt das qua Sozialisation, gattungsgeschichtlich als Lösung eines „Welt-Bestimmungsproblems".

Dieser letztgenannte Aspekt ist schwer zu erfassen. Es macht jedoch keinen Sinn ihn – etwa mit dem Argument, dass wir im Medium Sinn kommunizieren und dieses nie verlassen können – als unerklärbar zu tabuisieren.

Wir haben bereits beim Modell 2 einen Zusammenhang hergestellt zwischen den kommunikativen Variationsmöglichkeiten und den gemeinsamen

Konventionen, die die erforderliche Intersubjektivität sichern. Der Grund für diesen Zusammenhang war folgender: Unter den Bedingungen von intentional selegierter Kommunikation, also einer von Mitteilungsabsichten bestimmten Kommunikation, muss Egos Mitteilungsabsicht von Alter verstanden werden. Erst mit dem Verstehen von Alter liegt eine Kommunikation vor. Kommunikation wird unter diesen Bedingungen nur dann stabil (funktioniert im Regelfall), wenn innerhalb einer Kommunikationsgemeinschaft Einverständnis über die Interpretation der Lautgesten hergestellt ist. Das Beispiel der Meerkatzen, die zwischen den nicht ernstzunehmenden Warnrufen unerfahrener Gruppenmitglieder und den ernstzunehmenden Warnrufen erfahrener Gruppenmitglieder stabil unterscheiden, zeigt eine solche Konvention (vgl. Kap. 2, Abschnitt 4). Individuelle Variationen und damit auch individuelle Bestimmungsinteressen gegenüber dem Verhalten anderer sind an diese das Verstehen sichernden Konventionen gebunden.

Bei den Meerkatzen haben diese Konventionen nur ergänzenden Charakter, weil gemeinsame Evidenzen der Bedürfnisnatur und der Wahrnehmung zumindest die Grundlagen der Kommunikation tragen. Sobald aber die Variation und Kontrolle der Kommunikation ausschließlich im Medium einer Symbolsprache erfolgen soll, müssen auch diese Evidenzen durch Konventionen ersetzt werden, die direkt an die Symbolsprache anknüpfen. Bedeutungen werden nur dann gleichartig verwendet, wenn auch die sie erklärenden Unterscheidungen gleichartig verwendet werden. Letztlich laufen die die Kommunikation sichernden Konventionen auf ein gemeinsames Weltverständnis der Kommunikationsteilnehmer hinaus.

Um überhaupt spezifische Bestimmungsinteressen gegenüber dem Verhalten anderer über Mitteilungsabsichten realisieren zu können, muss zunächst eine gemeinsame Welt-Bestimmung erfolgt sein. **Unter den Bedingungen des Modells 3 ist Kommunikation also als ein zweistufiger Prozess aufzufassen: nur wenn ein hinreichender Rahmen einer gemeinschaftlich bestimmten Symbolsprache/symbolischen Welt entwickelt worden ist, können *darin* unterschiedliche Bestimmungsinteressen artikuliert und ausgehandelt werden.**

Diese Abhängigkeit macht der Begriff der Kommunikationsgemeinschaft bei Apel und Habermas hinreichend deutlich. „Nach Apel kann das Ich nicht zu einem Wissen über sich selbst gelangen, ohne durch seine intentionalen Bewusstseinsakte bereits an einem sprachlichen, kommunikativ geregelten Verständigungsprozess teilzunehmen. Insofern geht die hermeneutisch transformierte Transzendentalphilosophie nach Apel von einem Apriori der realen Kommunikationsgemeinschaft aus, die heute praktisch mit der faktischen menschlichen Gattung bzw. Gesellschaft zusammenfällt" (Mittelstraß 2004; Bd. 2; S. 421). Hinzuzufügen ist, dass nicht nur das Wissen über das Ich sondern auch das Wissen über die objektive und die soziale Welt an diesen Verständigungsprozess gebunden ist.

Vor diesem Hintergrund lohnt es sich, noch einmal einen Blick auf die Darstellung des Bestimmungsproblems bei Parsons und Luhmann zu werfen. Der entscheidende Punkt ist die Behandlung von Kultur und Sprache. Parsons These kann bestätigt werden: das Bestimmungsproblem ist nur auf der Grundlage der Bindung der Akteure an eine intersubjektiv geteilte Kultur lösbar. Die Vordergründigkeit dieser Erklärung kann auch durch Luhmann nicht repariert werden, weil er symbolsprachliche Möglichkeitsräume unterstellt, die genau so auf intersubjektiven Konventionen basieren wie historisch existente Kulturen. Ordnungen können – in Form der Lösung des Problems doppelter Kontingenz durch konditionale Verknüpfung – nur intersubjektiv ausgehandelt werden, wenn zuvor (a) ein gemeinsames Verständnis des Repertoires symbolischer Bedeutungen entwickelt worden ist und (b) unterschiedliche Bestimmungsinteressen im Rahmen der Symbolsprache artikuliert werden können.

Diese Voraussetzungen kann Luhmann nicht klären. Es ist nun zu beachten, dass es sich hier um Voraussetzungen handelt, die evolutionär entwickelt werden mussten, wenn Ordnungen mit Hilfe der Symbolsprache tatsächlich kommunikativ ausgehandelt werden sollen. Das Modell 3 erfordert indessen nur, dass die Voraussetzung (a) gelöst werden muss. Es wird sich zeigen, dass die Etablierung einer gemeinsamen Symbolsprache zunächst mit einer Bestimmung gemeinschaftlicher ritueller Aufgaben einherging, die keinen Raum für innergesellschaftliche Aushandlungsprozesse boten. Der Übergang auf Symbolsprache und Gesellschaft wird also von Luhmanns Problem doppelter Kontingenz gar nicht erfasst. Die Voraussetzung b (unterschiedliche Bestimmungsinteressen) wird erst in Zusammenhang mit innergesellschaftlichen Differenzierungsprozessen erreicht, die erst einen strategischen Bezug auf die gemeinsame Kultur ermöglichen. Hierauf werde ich erst im dritten Abschnitt dieses Schlusskapitels zurückkommen.

Zunächst geht es darum, den Übergang auf Symbolsprache in seinen – als erstmalige Etablierung von Gesellschaften fixierbaren – Folgen für das menschliche Sozialverhalten zu verstehen. Wie kann man sich also eine Lösung der Voraussetzung (a), also des „Welt-Bestimmungsproblems", vorstellen? Unter erkenntnistheoretischen Aspekten[203] hat bereits Kant darauf aufmerksam gemacht, dass wir vor aller Erfahrung mit Begriffen operieren müssen, um damit dann „etwas" in der „Welt" erkennen zu können. Eine objektivierende Erkenntnis setzt also Begriffe bereits voraus. Jede sich solcher Begriffe bedienende Kommunikation kann aber nur dann selbstreferentiell werden, also einen spezifi-

---

203 „Wie sind synthetische Urteile a priori möglich?" (KrV B 19).

schen Typus von Sozialität kontinuierlich hervorbringen, wenn Bedeutungsgleichheit zumindest hergestellt werden kann. Das setzt eine Verständigung über eine **einvernehmliche kategoriale Beschreibung der "Welt"** voraus. Das ist aber nur möglich, **wenn Aushandlungsprozesse nach dem Modell doppelter Kontingenz zumindest für diesen Fall gemeinsamer Verständigung ausgeklammert werden.** Nur so können Ego und Alter eine **gemeinsame** objektivierende Einstellung gegenüber einem gemeinsamen Objekt entwickeln, die eine intersubjektive Verständigung über die "Welt" ermöglicht.[204]

1.3 Sprachgemeinschaft: Wie können sich Menschen auf die Bedeutungsgleichheit von sinnhaften Unterscheidungen verständigen?

Gedanklicher Ausgangspunkt ist das Holzhacker-Beispiel von Alfred Schütz (Schütz/Luckmann 1975: 127f.) in stark modifizierter Form. Ego und Alter kommen im Verlauf einer Bergwanderung an einer einsamen Hütte vorbei, vor der ein Mann mit einem Werkzeug Rundholz von ca. 30 cm Länge zerteilt. Sie unterhalten sich angeregt darüber, wieso der Mann keinen Holzspalter verwendet, der ihm diese schwere Arbeit erheblich erleichtern würde. Woher können Ego und Alter überhaupt wissen, dass der Mann Holz spaltet und nicht etwa einem magischen Ritual nachgeht?

Die Antwort ist klar: Beide teilen mit dem Mann vor der Hütte das kulturelle Wissen. Ego hat sich vielleicht einmal mit seinem Großvater über das Holzhacken unterhalten, Alter hat es in seiner Jugend bei einem Skiurlaub in den Alpen sogar selbst einmal versucht. Wenn man darüber hinaus nach der Entstehung von gemeinsamen Begriffen fragt, landet man bei Formen der expliziten oder impliziten Übereinkunft. Hierauf lassen sich beispielsweise der Gebrauch des Längenmaßes „Meter" oder der Bezeichnung „Anthrazit" für einen bestimmten Farbton zurückführen.

Wenn man noch weiter fragt und klären möchte, wieso bestimmte Bezeichnungen etwas „Bestimmtes" bezeichnen, dann stößt man darauf, dass ein Begriff von benachbarten unterschieden werden kann – Meter kann von anderen Längenmaßen ebenso unterschieden werden wie Anthrazit von anderen Schwarztönen. Denkt man diesen Aspekt konsequent zu Ende, dann landet man bei Begriffspaaren wie Thema und Horizont (Husserl) oder Form und Medium (Luhmann). Begriffe können sich gegenseitig erklären, weil sie zusammen Vollständigkeit beanspruchen können. Wir können auch unbekannte Farbnuancen „irgendwie" eindeutig bezeichnen, indem wir sie von „benachbarten" Farbtönen

---

204 Daher greift die These einer Versprachlichung des Sakralen entschieden zu kurz (Habermas 1981; Bd.2, 118ff.).

unterscheiden. Am Ende landen wir bei der Gewissheit, nicht nur alle Farbtöne, sondern buchstäblich „alles" in dieser „Welt" irgendwie bezeichnen zu können. Aus diesen auch noch unserer heutigen Sprache anhaftenden Merkmalen kann man folgern, **dass jede Form sprachlicher Verständigung auf ein von allen Beteiligten geteiltes Weltverständnis zurückgeführt werden kann.**

Vor diesem Hintergrund ist es aufschlussreich, dass auch als archaisch eingestufte Kulturen diese Art von Vollständigkeit kennen, die mit dem Begriff „Welt" bezeichnet wird. Sie zeichnet bereits Kosmologien aus, die mit wenigen Unterscheidungen arbeiten wie männlich/weiblich oder Körper/Geist und zugleich die Entstehung dieser „Welt" erzählen[205] und damit zugleich auch erklären. Solche kosmologischen Erzählungen, die die Entstehung des eigenen Stammes oder auch die Schöpfung der Welt oder der heutigen Menschen als archaischen Vorgang erzählen und darauf die heutige soziale Ordnung des Stammes zurückführen, sind für zahlreiche Stammesgesellschaften überliefert.

1.4 Kultgemeinschaft: gemeinsame kulturell definierte Aufgaben in Bezug auf die „Welt"

Mit dieser Erläuterung sind wir noch nicht zum Grundproblem vorgestoßen. Die eine entscheidende Frage ist, wie ist die stabile Ausklammerung von individuellen Bestimmungsinteressen – etwa auf der Grundlage der biologischen Bedürfnisnatur – erreichbar? Die andere ebenso zentrale Frage ist, wie kann man eine Verständigung über die Welt – etwa in Form einer von allen Beteiligten anerkannten kosmologischen Erzählung – als Grundlage weiterer Kommunikation stabilisieren?

Wenn die Mythen von Stammesgesellschaften, die als archaisch gelten, oder auch die Mythen alter Hochkulturen nicht täuschen, dann war die Verständigung über die Beschaffenheit der Welt zunächst kein rein kognitiver Akt, sondern sie war direkt mit der Verständigung über Aufgaben der sozialen Einheit in der „Welt" verknüpft. Das symbolsprachliche Weltverständnis war also immer mit einer „entsprechenden" gemeinschaftlichen Praxis verknüpft, die eine aneignende Lebensweise überlagerte oder integrierte. **Das Weltverständnis der Sprachgemeinschaft konnte vermutlich nur über die gemeinsame Praxis der Kultgemeinschaft zu einer für die Beteiligten in identischer Weise erfahrbaren Realität werden und daraus jene selbstverständliche Geltung beziehen,**

---

205 Alte Kosmologien sind in der Regel zugleich auch Kosmogonien (vgl. zu diesem Begriff: Eliade 1978). Kosmogonien wie z.B. die sumerische behandeln begriffliche Differenzierungen wie die zwischen Himmel und Erde als einen realen Differenzierungsvorgang, der sich „ursprünglich" abgespielt hat (ebd. 63); vgl. auch den Schöpfungsmythos in der Bibel.

die erst eine Kommunikation über Symbolsprache zu einer reibungslos funktionierenden Einrichtung machte. Damit ist klar, auf welche Art und Weise ein symbolisches Weltverständnis stabilisiert werden kann. Wenn es von allen Beteiligten **als Realität erlebt** werden kann, gewinnt es eine unbezweifelbare Evidenz. Parsons analytische Prämisse einer gemeinsamen Kultur und eines gemeinsamen Wertesystems kann im realen sozialen Prozess erzeugt werden.

Aber auch das beim Übergang von Modell 2 auf Modell 3 analytisch wie historisch bestehende Grundproblem, die Ausklammerung differierender Bestimmungsinteressen auf Basis der biologischen Bedürfnisnatur kann auf diese Weise im realen sozialen Prozess gelöst werden. Bei der Erzeugung dieser Realität über rituelles Handeln, also über das Nachspielen mythologischer Kosmologien, muss diese Ausklammerung von allen Akteuren tatsächlich praktiziert werden. Die erforderliche rollenartige Normierung und Standardisierung von Verhaltensweisen ist ja nur dann erreichbar, wenn die Akteure tatsächlich momentanen Hunger, Durst, Ruhebedürfnisse usw. unterdrücken, also ausklammern. Auch diese Voraussetzung wird praktisch geschaffen, wenn das Weltverständnis von den Beteiligten praktiziert wird.

Sehen wir uns solche rituellen Aufgaben von Kultgemeinschaften einmal etwas näher an. Sie können sich auf die Realisierung des eigenen Weltverständnisses konzentrieren, die über symbolische Zeichen, die Festlegung „heiliger Orte" und über Rituale erfolgen kann, die mythische Erzählungen nachspielen (vgl. Durkheim 1981: 443ff.). Sie können aber auch – wie etwa die rituellen Aufgaben der ägyptischen Pharaonen im Alten Reich – auf die aktive Bewirkung der Weltordnung abzielen (vgl. Barta 1975). **Solche rituellen Aufgaben werden unter den Beteiligten *nicht* ausgehandelt** (etwa nach der Maxime maximalen Ertrag bei minimalem eigenen Aufwand erreichen zu wollen)[206]. Sie sind sowohl als Kollektiv- als auch als Individualaufgaben heilige Verpflichtungen, die von der eigenen sozialen Identität gedanklich nicht abgelöst werden können.[207]

---

206 Das gilt nach Durkheim auch noch für die moralischen Standards in modernen Gesellschaften: „Unsere sinnlichen Neigungen sind notwendigerweise egoistisch; sie haben unsere eigene Individualität als Ziel, und nur sie ... Im Gegensatz dazu erkennt man die moralische Handlung daran, dass die Regeln, nach denen sie sich richtet, universelle Regeln sein können; sie verfolgt deshalb definitionsgemäß Ziele, die nicht an die Person gebunden sind. Die Moralität beginnt erst mit der Gleichgültigkeit gegen sich selbst, der Verpflichtung gegenüber einer Sache, die etwas anderes ist als wir selbst" (Durkheim 1914/1976; 370).
207 Ebenso wenig kann der Name einer Person geändert werden – das entspräche ihrem Sterben oder Verschwinden. Diese Erfahrung haben australische Farmer nicht nur einmal gemacht, wenn sie aus Bequemlichkeit ihren eingeborenen Helfern leichter aussprechbare englische Namen gegeben haben. Die so Bezeichneten sind entweder spurlos verschwunden oder sie haben sich blutig an den Urhebern ihrer „Vernichtung" gerächt.

Solange **nur eine** in sich konsistente Kultur existiert, die über mythische Erzählungen überliefert wird, kann man annehmen, dass mit der kognitiven Verständigung über die „Welt" die Verständigung über gemeinsame Aufgaben bezüglich dieser Welt direkt verquickt war. Sprachgemeinschaften waren zugleich Kultgemeinschaften. Mit der Lösung **begrifflicher Bestimmungsprobleme** war zugleich die **einvernehmliche Bestimmung und Zuweisung ritueller Aufgaben** verknüpft.

Mythen enthalten auch gewisse Hinweise, wie man sich die Lösung derartiger Bestimmungsprobleme auf der Ebene von Handlungen und Kommunikationen vorstellen kann. In einem einzigen Akt der Sinnstiftung, den man sich eventuell (aber das ist rein spekulativ) als „charismatische Erzählung" vorstellen kann, werden in Form einer Kosmogonie zentrale begriffliche Unterscheidungen eingeführt, die sowohl die „Welt" als auch die eigene soziale Einheit bezeichnen und gemeinschaftliche Aufgaben einführen. Solche Erzählungen operieren vor allem mit Gründungsmythen wie: ein Vertreter irgendeiner Tier- oder Pflanzenart habe sich in den Gründer des Stammes verwandelt. Die von einem Erzähler hervorgebrachte Kosmogonie kann dann als charismatisch bezeichnet werden, wenn sie die Zuhörer so nachhaltig beeindruckt, dass sie die Erzählung in rituellen Kommunikationen und Handlungen mit Leben erfüllen.

Diese Vermutung wird durch das alte Verständnis von Tradition unterstützt. Tradition bedeutet, sich in allem, was man tut, am Vorbild der Alten möglichst genau zu orientieren und so deren Lebensformen identisch zu reproduzieren. In systemtheoretische Terminologie übersetzt bedeutet Tradition **Selbstreferentialität von Lebensformen**. Was das in der Realität bedeutet hat, ist zwar durchaus unklar[208], aber die Behauptung ist wichtig: Das mythische Wissen über die Welt, die Stellung des eigenen Sozialverbandes in ihr sowie die sich daraus herleitenden Rituale seien uralt und würden in identischer Form beständig wiederholt.

1.5 Wie kann man selbst erfundene Wesen beeinflussen?
Rituelle Kommunikation auf der Grundlage gemeinsamer Bestimmungsinteressen[209]

Wie können aber Ego und Alter in ihrer Eigenschaft als Mitglied ein und derselben Sprach- und Kultgemeinschaft **gemeinsam handeln**, um ihre Aufgabe gegenüber der „Welt" zu erfüllen? **Diese entscheidende Frage zielt darauf ab,**

---

208 Märchen und andere Mythen wurden offenbar von Erzählern variiert, jedenfalls sind unterschiedliche Varianten ein und derselben Grundthematik überliefert worden.
209 Dieser Abschnitt ist eine gestraffte Fassung des 5. Abschnitts in Kapitel 4. Der Gedanke wird hier erneut benötigt.

8 Zusammenfassung

wie man sich die Entwicklung von Ritualen vorstellen kann, da sie den Einstieg in das auch heute noch gängige Arsenal von positionsabhängigem Rollenhandeln bedeuten. In jedem Fall gilt: Rituale können nicht nach dem Muster doppelter Kontingenz ausgehandelt werden.

Die vermutlich auch heute noch wichtigste These über die Entstehung von Ritualen stammt von Arnold Gehlen. Danach knüpfen Rituale an das impulsive Nachspielen von emotional besonders aufregenden Ereignissen an. Der von Jane Goodall einmalig bei den Gombe-Schimpansen beobachtete „Regentanz" (Goodall 1971: 48f.) wäre dann möglicherweise der direkte Ausgangspunkt für die Entwicklung von Ritualen. Vergleicht man diesen Ausgangspunkt aber mit Ritualen von als archaisch angesehenen Stammesgesellschaften, dann fällt auf, dass diese Rituale entweder einen bestimmten Vorgang bewirken oder unterstützen sollen oder dass sie benutzt werden, um Elemente aus Erzählungen zu realisieren. **Die eigentliche Schwelle, die bei der Entwicklung von Ritualen genommen werden muss, scheint mir daher in der Verständigung über die „Welt" und die Stellung des eigenen Sozialverbandes in ihr zu liegen.** Der „Sinn" zumindest der uns bekannten Rituale scheint ja gerade **nicht** im Aufarbeiten von etwas Erlebten zu bestehen. **Rituale machen umgekehrt etwas erst erlebbar, was sonst nur in mythischen Erzählungen „existieren" würde.** Darüber hinaus bezwecken Rituale aber auch eine festgelegte Einflussnahme (vgl. Durkheim 1981) der Kultgemeinschaft auf die selbstgeschaffene Welt.

Ich möchte die Frage nach der Machart rituellen Handelns anhand eines einfachen Beispiels behandeln. Wie ich an anderer Stelle (vgl. Kapitel 4) gezeigt habe, ist vermutlich die Unterscheidung zwischen Körper und „Geist" basal, da sie zugleich eine Aussage über die „Welt" macht[210], die Sprach- und Kultgemeinschaft darin positioniert und als Grundlage für gemeinschaftliche Weltbeeinflussung genutzt werden kann. Diese drei Aspekte spielen in dem folgenden Ritual die zentrale Rolle.

Sibirische Jäger sprechen dem Bären eine Seele zu. Sie verwenden also die Unterscheidung zwischen Körper und Geist. Wenn sie einen Bären erlegen, so bedeutet das nach ihrer Vorstellung, dass sie dem im Bären hausenden „Geist" Ungelegenheiten bescheren. Sie haben ihn ja seiner Behausung beraubt. Dem Bärengeist wird große Macht zugeschrieben, insbesondere wird befürchtet, dass er sich an den Jägern rächen und ihnen Unglück und Gefahr bei kommenden Jagden bringen wird. Deswegen versuchen sie, ihn dadurch milde und evtl. ihnen sogar gewogen zu stimmen, dass sie mit dem toten Bären sehr ehrfürchtig umgehen, nur Gutes über ihn sagen und zu seinen Ehren ein Fest veranstalten (vgl.

---

210 Nach altem Verständnis kann alles in der Welt, Nichtlebewesen wie Steine oder Sterne, auch die Welt selbst (wie Aristoteles noch annimmt), nach dieser Unterscheidung behandelt werden. Es gibt also nichts, auf das diese Unterscheidung nicht angewendet werden kann.

Findeisen 1996: 32ff.). Diese Verhaltensweisen sollen auch für die Zukunft Jagdglück bescheren.

Wenn wir diese **Art von Kommunikation** verstehen wollen, können wir zunächst folgende Frage stellen: Wer „ist" der Bärengeist und wie kann man mit ihm kommunizieren?

Der Bärengeist ist in jedem Fall ein reines Konstrukt. Man kann ihm (wie anderen Geistern oder Göttern auch) Eigenschaften oder auch nachteilige oder vorteilhafte Handlungen nur zuschreiben. Ihm fehlen aber Eigenschaften einer empirischen Person: Er hat keinen Organismus, keine Persönlichkeit. Er kann nicht wahrnehmen, nicht kommunizieren, **keine Sinnzweifel äußern,** keine black box sein. Die für empirische Kommunikation unabdingbare strukturelle Kopplung an eigene Wahrnehmung ist nicht vorhanden.

Was folgt aus diesen Eigenschaften für die Kommunikation? Vor allem eines: Geister, Götter und ähnliche Konstrukte *müssen* **manipuliert** werden. Da sie Konstrukte sind und sich in der Kommunikation als solche erweisen, ist bei dieser Kommunikation das Bestimmungsinteresse und die daraus folgende kommunikative Strategie **einseitig: nur die Menschen können ein Kontingenzproblem haben.** Anders als beim Problem doppelter Kontingenz besteht es nicht darin, dass die andere Seite die Kommunikation ablehnen könnte, sondern dass sie (im Beispiel der Bärengeist) der Kultgemeinschaft entweder schaden oder ihr nützen kann. Sollte nämlich die dritte Möglichkeit der Indifferenz (der Bärengeist erweist sich als schwach oder an der Kultgemeinschaft desinteressiert oder er wird entzaubert) zutreffen, würde die Kultgemeinschaft die rituelle Kommunikation abbrechen.

Rituelle Kommunikation unterscheidet sich somit **erstens** von Kommunikation unter Bedingungen doppelter Kontingenz durch eine **direkte Erfolgsorientierung** (es geht um Wirksamkeit und nicht um Anschlussfähigkeit) **und einen festliegenden Anlass zur Kommunikation.**

Das **zweite** Merkmal ritueller Kommunikation ist, dass sie **einseitig von Seiten der Kultgemeinschaft bestimmt wird.** Dabei muss innerhalb der Kultgemeinschaft **Konsens** darüber erzielt werden, an welchen Ereignissen sie den Erfolg oder auch Misserfolg ihrer kommunikativen Handlungen erkennen kann (z.B. durch Jagdglück, in bestimmter Weise definierte „Wunder", einsetzende oder ausbleibende Naturereignisse usw.).

In ihrer Kommunikation über ihr gemeinsames Konstrukt kann die Kultgemeinschaft **nur** eine **objektivierende Einstellung** einnehmen. Sie kann also nur versuchen, aus ihrem symbolischen Konstrukt direkt Handlungsmaximen oder – regeln abzuleiten. Diese **objektivierende Einstellung** teilen **Rituale** mit **Rollenhandeln** wie auch mit **Wissen.** Auch Wissen ist kein Resultat von Kommunikation unter Bedingungen doppelter Kontingenz. Es setzt Einverständnis voraus und dient manipulativen Zwecken. Daher kann man verallgemeinern und als drittes Merkmal dieses Typs von Kommunikation (im Rahmen des Modells 3) festhalten: **Sind die Adressaten von Kommunikation soziale Konstrukte, dann muss auch die Kommunikation konstruiert, d.h. der Informations- und der Mitteilungssinn der Kommunikation müssen standardisiert und fest miteinander verkoppelt werden.** Es gibt in diesem Fall also gar keine andere Möglichkeit als Weltverständnis und soziale Praxis *direkt* miteinander zu verknüpfen.

Wie kann es gelingen, dass empirische Menschen mit wechselnden Launen und Stimmungen, unterschiedlichen Temperamenten usw. sich disziplinieren und ihre Kommunikationen permanent an derartigen Regeln orientieren? Das wird durch permanente **Beobachtung der eigenen Rituale** möglich. Über entsprechendes Wissen kann diese Technik auch auf Kommunikation mit einem empirischem Kommunikationspartner übertragen werden.

Daraus ergibt sich bereits, dass es für die Kultgemeinschaft auf sorgfältigste Beachtung der Regeln ankommt. Eine Kultgemeinschaft muss immer diszipliniert agieren, sich selbst auf Regelkonformität hin beobachten, jede persönliche Note oder Variation in ihren Handlungen unterdrücken, wenn sie in einer derartigen Kommunikation Erfolg haben will. Die für direkte Kommunikation mögliche pragmatische trial-and-error-Einstellung muss einer **kontrollierten Einstellung** weichen.

Welche Konsequenzen hat diese Art von Kommunikation für die Akteure selbst? Unter den Bedingungen eines einheitlichen und in sich geschlossenen Weltverständnisses und einer entsprechenden rituellen Praxis ist davon auszugehen, dass auch die Akteure selbst in die ihrer Kommunikation zugrunde liegende Unterscheidung z.B. zwischen Bärengeist und Jägergemeinschaft voll eintauchen. Sie müssen sich in das eigene Weltverständnis hineinbegeben, in ihm „positionieren" zumindest solange sie die entsprechenden Rituale praktizieren.

Wir können daher als **viertes Merkmal** ritueller Kommunikation festhalten, dass sich die **Akteure als Konstrukte ihrer eigenen Ordnung** verstehen. Diese Art der Kommunikation nötigt die Kultgemeinschaft dazu, eine Sozialstruktur zu entwickeln, die die Akteure in einer abstrakten regelhaften Ordnung positioniert (z.B. als Ältester des Kakadu-Clans). Sie verstehen sich primär als soziale Kategorie.

1.6 Fazit: Symbolsprache und Gesellschaft

Wenn man das Bestimmungsproblem in einen evolutionären Kontext einbettet, gewinnt es wesentlich grundsätzlichere Züge. Man muss dann nämlich fragen, wieso es überhaupt aufkommen kann. Die prinzipielle Antwort lautet: Wenn lernfähige Individuen einer Art intensive Sozialkontakte entwickelt haben, in denen Lernen und konditionale Verknüpfung eine Rolle spielen, dann kann die biologischen Bedürfnisnatur als Verständigungsgrundlage u.U. nicht mehr ausreichen. Das scheint bei dem Meerkatzenbeispiel der Fall gewesen zu sein. Dagegen scheinen wechselseitige Bedürfnisse nach emotionaler Zuwendung eine hinreichende Grundlage für die Aushandlung der Rangordnung bei Schimpansen abzugeben.

Mit der Einführung von Symbolsprache und Gesellschaft haben Menschen ein die biologische Bedürfnisnatur überlagerndes System von Kommunikationsregeln entwickelt, deren Verbindlichkeit über das Zusammenspiel von Symbolsprache und Gesellschaft erklärt werden kann. Hierbei kann sich eine Gruppe als Sprach- und Kultgemeinschaft konstituieren, die gemeinsame Bestimmungsinteressen in Form manipulativer Eingriffe gegenüber Aspekten der selbstgeschaffenen Welt verfolgt. Eine wichtige Folge dieser Praktiken ist, dass die Gruppenmitglieder sich in ihr eigenes Weltverständnis hineinbegeben und im Rahmen ihrer Sozialstruktur eine soziale Identität in Rahmen des gemeinsamen Weltverständnisses gewinnen.

Gesellschaft ist also als Pendant zur Symbolsprache zu verstehen. Eine **Umstellung** der intentionalen Kontrolle und Variation auf das Medium der Symbolsprache ist ohne eine direkt mit dem symbolischen Weltverständnis verknüpfte ritualisierte Praxis und eine Sozialstruktur nicht zu verstehen, die die Sprach- und Kultgemeinschaft in ihrem eigenen Weltverständnis positioniert. Erst über dieses zirkuläre Zusammenspiel von Weltverständnis, Sozialstruktur und ritueller Praxis wird eine *stabile und dauerhafte* Überlagerung der biologischen Bedürfnisnatur möglich. Damit wird die Behauptung verbunden, dass **alle** menschlichen Gesellschaften auf diese Weise organisiert sind.

2 Soziologische Aspekte der Hominisation – zur Evolution von Symbolsprache und Gesellschaft

Nach diesen Erläuterungen einer möglichen soziologischen Trennlinie zwischen menschlichem Sozialverhalten auf der Grundlage von Symbolsprache und Gesellschaft und Sozialverhalten ohne diese Grundlage, komme ich nun zu den evolutionstheoretischen Fragen. Die vorgeschlagene Trennlinie muss ja evolutionär entstanden sein, die Frage ist nur wie?

Aus der Argumentation im zweiten Kapitel ist schon indirekt hervorgegangen, dass ich nicht der Ansicht bin, dass hierfür evolutionsbiologische Erklärungen derart in Frage kommen, dass erst die überlegene Intelligenz des homo sapiens sinnverwendende Kommunikation und Gesellschaft hervorgebracht habe. Man muss sicherlich biologische Voraussetzungen in Rechnung stellen, aber im Kern muss man eine genuin soziokulturelle Entwicklung zu rekonstruieren suchen, die anders als die Werkzeug- und Waffenentwicklung **nicht im Kontext von Überlebensproblemen entstanden sein dürfte.**

Zunächst gilt es, die bereits getroffenen Modellunterscheidungen als Fragen an Evolutionsprozesse zu reformulieren. Welche Übergänge sind dann zu erklären und wie hängen sie miteinander zusammen?

(1) Wenn wir von heutigen Gegebenheiten ausgehen, dann fällt zunächst eine Monopolstellung des Mediums Sinn auf. Zunächst ist Sinn das Medium für zwei Operationen, die evolutionär nicht unabhängig voneinander entstanden sein können und die sich vermutlich in Koevolution (Luhmann) weiter entwickelt haben: Wahrnehmung und Kommunikation. Sowohl unsere Kommunikationen wie auch unsere Wahrnehmungen erfolgen ausschließlich im Medium Sinn: Sinn ist zum ausschließlichen Medium geworden in dem wir unsere Wahrnehmungen wie auch unsere Kommunikationen **kontrollieren** können.

Dinge, die mit unserer Bedürfnisnatur oder unserem Organismus zu tun haben, müssen wir daher in diesem Medium formulieren, damit wir gezielt handeln können. Wenn der Magen „drückt" (auch das ist bereits die Übersetzung eines Gefühls in das Medium Sinn), dann kommt es darauf an, in welche Begriffe man dieses Gefühl weiter übersetzt: bekomme ich langsam Hunger oder zeigen sich bestimmte Krankheitssymptome? Oder ist es etwas ganz anderes? Man könnte auch an beliebigen anderen Beispielen deutlich machen, dass wir unsere Wahrnehmungen nicht in anderer Weise bewusst verarbeiten können als über Begriffe, die sich nur vor dem Hintergrund anderer Begriffe weiter klären und präzisieren lassen. Ohne begriffliche Unterscheidungen können wir weder über uns noch über die Welt etwas erfahren[211].

Gleiches gilt auch für Kommunikation. Sie ist nur im Rahmen sprachlicher Möglichkeiten, im Rahmen von Wortschatz und Semantik zu kontrollieren. Zwar kommunizieren wir auch über Gesten, Körperhaltung, Geruch, Gesichtsausdruck

---

211 Kant spricht hier von Anwendung des menschlichen Verstands, Gehlen von Übergang zum „Denken" (Gehlen 1986a; 47). Seit Kant ist klar, dass mögliche Erfahrungen von a priori verfügbaren begrifflichen Unterscheidungen in konstitutiver Weise abhängig sind. „Kant zeigt, dass synthetisch-apriorische Sätze nicht nur erfahrungsabhängig, sondern auch erfahrungskonstitutiv sind" (Mittelstraß 2004; Bd. 2; 347).

usw. Diese Kommunikationsebenen können wir aber nur dann kontrollieren, wenn wir sie – mühselig genug – in Begriffe und Unterscheidungen innerhalb des Mediums Sinn übersetzen konnten.

Der Übergang auf ausschließlich sinnhafte Wahrnehmung und Kommunikation hat dem Menschen eine neuartige Welt erschlossen. Die Tiefe dieser Zäsur kann man unter anderem daran erkennen, dass wir uns nur mit Hilfe des Mediums Sinn darüber verständigen können, was vor der „Erfindung" einer Sinnwelt der Fall gewesen sein könnte.

(2) Zweitens soll an dieser Stelle explizit festgehalten werden, dass es nicht denkbar ist, dass einer der beiden Übergänge ohne den anderen erfolgt sein könnte. Eine Monopolisierung der Wahrnehmungen durch das Sinnmedium setzt ein sinnhaftes Weltverständnis voraus, was aber nur als intersubjektives denkbar ist. Eine Monopolisierung der Kommunikation auf Sinnverwendung setzt zwingend eine entsprechende Monopolisierung der Wahrnehmungen voraus – wie könnte sonst Kommunikation verstanden und verarbeitet werden?

Die im vorangegangenen Abschnitt verwendeten Begriffe formulieren ebenfalls Aspekte von Monopolisierung. Der Begriff symbolisches Weltverständnis impliziert, dass alles im Medium Sinn ausgedrückt werden kann, weil die jeweilige sinnhafte Ordnung der Welt als vollständig gilt. Sie kann durch andere Unterscheidungen ersetzt werden, die ebenfalls vollständig sein müssen, damit das Kriterium „Welt" erfüllt ist. Das Kriterium Welt sichert wiederum, dass sich Begriffe und Unterscheidungen gegenseitig erklären können.

Die Entwicklung einer Sozialstruktur sichert die *Verbindung von Wahrnehmung und Kommunikation im Rahmen sinnhafter Unterscheidungen*. Das hängt damit zusammen, dass die Sozialstruktur nicht nur Positionen und Rollen im Rahmen des Weltverständnisses offeriert, sondern auch soziale Identitäten innerhalb dieses Rahmens definiert.

Die Entwicklung ritueller Praktiken hebt darauf ab, dass Erleben und Handeln auf die Herbeiführung von Wirkungen und die Reproduktion von Zusammenhängen zugerichtet wird, die im sinnhaften Weltverständnis der jeweiligen Gesellschaft fixiert sind.

Kommunikationen regeln also nicht mehr das Miteinander in permanenten Gruppen, sie werden vielmehr als „Eingriffe" oder „Wirkungen" innerhalb einer sinnhaft geordneten Welt verstanden und deswegen ebenfalls Regeln unterworfen. Begriffe wie Zauber, Magie, magische Zeichen, Naturreligion, Religion, Reproduktion der Welt[212], Wissen, Wissenschaft umreißen in etwa diese **neu gewonnene Ebene der Einflussnahme.**

---

212 Die Aufgabe ägytischer Pharaonen im Alten Reich bestand nach dem damaligen Selbstverständnis darin, dass sie für die „Reproduktion der Welt" sorgen sollten (vgl. zusammenfassend Barta 1975). Nur aus heutiger Sicht werden sie als „Gottkönige" oder unumschränkte Herr-

Andere Formen des Sozialverhaltens verschwinden damit keineswegs, sie werden aber von dieser neuen Ebene her in den Griff zu nehmen versucht. Das bedeutet einerseits, dass sie in Abhängigkeit von der neuen die Gesellschaft in ihrer Stellung zur „Welt" betreffenden Wirkungsebene zu sekundären Formen innergesellschaftlicher Organisation umgebaut werden. Man kann aber auch partielle Kontrollverluste etwa hinsichtlich emotionaler Sensibilität vermuten, die bei ritueller Kommunikation ja ausgeblendet werden soll[213]. So deutet z.b. Goodall eine höhere emotionale Sensibilität der Schimpansen an. Im Managementtraining oder bei der Therapie von Autismus wird deswegen auch auf Mensch-Tier-Kommunikationen zurückgegriffen.

Aus diesen Merkmalen folgere ich, dass man sich den Übergang zu einer von der biologischen Natur entkoppelten Symbolverwendung nicht als einen langdauernden kumulativen Prozess vorstellen kann, sondern nur als abrupte Einführung eines sinnhaften Weltverständnisses. Das schließt den Weg über langdauernde Selektionsprozesse aus, auf die das Theorem doppelter Kontingenz abhebt[214]. **Man muss eine Entwicklung suchen, die etwas Analoges wie Mutationen in der biologischen Evolution bewirkt.** Im folgenden wird es deswegen zunächst darum gehen, wie man den vermuteten zäsurartigen Evolutionsschritt („kultureller big bang") modellhaft nachvollziehen kann.

2.1 Einige Folgerungen für ein denkbares Evolutionsszenario: Unter welchen Bedingungen könnte die Schwelle Symbolsprache und Gesellschaft genommen worden sein?

(a) Ein evolutionärer Übergang auf die heute noch praktizierten Grundmuster sinnverwendender Kommunikation und gesellschaftlichen Zusammenlebens setzt voraus, dass die direkten Überlebensprobleme bereits gelöst wurden. Mit direkten Überlebensproblemen ist vor allem gemeint, dass unsere Vorfahren sich erfolgreich gegen große Raubtiere (z.B. durch Waffen und Kooperation) schützen konnten. Das kann einmal daraus gefolgert werden, dass es bei beiden Kriterien offensichtlich nicht um direkte Überlebensprobleme geht, sondern die Aufmerksamkeit auf andere Themen gelenkt wird. Dieses Folgerung ergibt sich aber

---

scher bezeichnet. Ähnliches kann auf für andere „Herrscher" in den „primären Zivilisationen" (Service) angenommen werden.
213 „Niemand kann nonverbales Verhalten so hervorragend deuten wie ein Schimpanse" (Fouts/Mills; 1998; 325). Zu derselben Einschätzung kommt auch Goodall. Ich schließe daraus nicht auf Menschenähnlichkeit, sondern auf in dieser Hinsicht dem Menschen überlegene Fähigkeiten.
214 Das könnte man sich eher für die Herausbildung generalisierender Muster wie „Rangordnung" innerhalb einer Gruppe von Primaten, Hominiden oder anderer Säugetiere vorstellen.

auch daraus, dass Aspekte des Überlebenskampfes wie die biologische Bedürfnisnatur nun kulturell überformt werden. Wären sie noch nicht gelöst worden, dann wäre dieser evolutionäre Übergang zum Scheitern verurteilt gewesen. Diese Folgerung schließt selbstverständlich nicht aus, dass es mehrere Anläufe zur Umstellung auf ein sinnhaftes Weltverständnis gegeben haben könnte. Sie macht nur auf eine **Erfolgsbedingung** für diesen Umbruch aufmerksam.

(b) Aus den bisherigen Überlegungen sollte deutlich geworden sein, dass eine an den obigen Kriterien festgemachte Menschwerdung keineswegs umstandslos mit hoher Intelligenz oder anderen Aspekten von Überlegenheit identifiziert werden kann, die ohne die einzigartigen biologischen Eigenschaften des homo sapiens sapiens nicht erreichbar wären. Für derartige populäre Formen der Selbstbeweihräucherung sehe ich keinerlei Anlass, solange es dafür keine klaren Belege gibt.

(c) Da man weitere Entwicklungsschritte wie Ackerbau, Sesshaftigkeit, Staatenbildung sehr direkt mit dem Übergang auf ein sinnhaftes Weltverständnis plus Gesellschaft in Verbindung bringen kann (vgl. Kap. 6 und 7 sowie 8.3) liegt es nahe, mit der Überwindung dieser Schwelle auch den **Einstieg in einen sich immer weiter beschleunigenden Evolutionsprozess** (z.B. Wilson 1979) zu verbinden. Das klingt nur solange paradox, als man nur mit der Möglichkeit rechnet, dass die Menschen evolutionären Fortschritt wie z.B. Ackerbau direkt (aus Gründen der Zweckmäßigkeit) intendiert haben müssten. Viel wahrscheinlicher sind allerdings Szenarien, die mit höherer sozialer Komplexität rechnen und daher auch die Ebene unintendierter Handlungsfolgen und unerkannter Handlungsvoraussetzungen in die Überlegungen mit einbeziehen[215]. Aus einem derartigen Blickwinkel wird eine wichtige Eigenschaft dieser Schwelle erkennbar. Sie besteht vermutlich darin, dass „alte" mit der biologischen Bedürfnisnatur zusammenhängende Handlungs**voraussetzungen** durch die kulturelle Wahrnehmungs- und Kommunikationsvoraussetzung eines sinnhaft geordneten Weltverständnisses in Verbindung mit Gesellschaft (s.o.) **überlagert** werden. Mit anderen Worten: Anstelle der Beschäftigung mit den eigenen Reproduktionserfordernissen und denen der Gruppe **wird Weltkontrolle zunehmend zu einem selbstverständlichen Handlungsziel, das in eigenen Traditionen und Selbstver-**

---

215 Eine Grundthese der soziologischen Handlungstheorie ist, dass die Wahrscheinlichkeit unintendierter Handlungsfolgen in positiver Beziehung zur Komplexität der Situation steht, in der gehandelt wird. Handeln in komplexen Situationen baut in der Regel immer auch auf Voraussetzungen auf, die nicht reflektiert werden. Es zeitigt Resultate, die nicht intendiert waren (vgl. insbes. Giddens 1988). Das hat nichts mit mangelnder Intelligenz zu tun, sondern eher mit zu hoher Komplexität und dem im Strukturalismus vielfach hervorgehobenen Sachverhalt, dass Regeln nicht gewusst werden müssen, um regelgerecht zu agieren. So können z.B. Kinder selbständig grammatisch korrekte Sätze bilden, ohne dass sie die Regeln der Grammatik nennen oder erläutern können.

ständlichkeiten sozial stabilisiert wird. Potentiale der Sozialverbände werden so stabil von dem Feld gruppeninterner Aushandlungsprozesse abgezogen und auf die Auseinandersetzung mit einer sinnhaft geordneten Welt gelenkt.

2.2 Ein denkbares Szenario für die „Erfindung" einer sinnhaft geordneten Welt in Verbindung mit einer gesellschaftlichen Organisationsform[216].

Über solche vorsichtigen strukturellen Überlegungen hinaus, kann man in einem zweiten Schritt versuchen, ein sehr konkretes Szenario für den Übergang auf sinnverwendende Kommunikation und Gesellschaft zu entwickeln. Wie bei einer risikoreichen Hypothese sind hier die Widerlegungschancen und damit aber auch die Lernmöglichkeiten deutlich höher.

Der Ausgangspunkt ist die Suche nach **Anlässen** für Symbolverwendung und Gesellschaft. Im Experiment können Primaten z.B. in Taubstummensprache mit Symbolen operieren. Daraus kann man folgern, dass sie im Laufe ihrer Evolutionsgeschichte keinen Anlass gefunden haben, ihre über Lautgesten laufende Kommunikation umzustellen. Der Ansatzpunkt für das nachfolgend entwickelte Szenario liegt genau in dieser Frage: **Welchen Anlass hatten die Menschen, den Übergang auf Sinnverwendung und Gesellschaft zu vollziehen.** Da Defizitthesen wenig plausibel sind und auch die Fragen der Werkzeugentwicklung und Bewaffnung in dieser Hinsicht wenig hergeben, vermuten wir eher einen Zusammenhang mit der **Einführung von Trance-Erfahrungen in die Kommunikation**[217].

Im Endstadium der Trance kann man in einer scheinbar von Emotionen freien kognitiven Einstellung erfahren, dass man seinen eigenen Körper verlässt und sich in ein Tier, eine Pflanze oder ein Objekt aus der gewohnten Umgebung „verwandelt" (vgl. Clottes/Lewis-Williams 1997; 14ff.). D.h. in diesem Bewusstseinszustand werden **Erfahrungen gemacht, bei denen die eigene Bedürfnisnatur scheinbar nicht unterlegt ist.** Daher werfen Trance-Erfahrungen

---

216 Vgl. auch die ausführliche Darstellung im 4. Abschnitt des vierten Kapitels.
217 „Zum anderen ist die ekstatische Erfahrung als solche, als Urphänomen, konstitutiv für die menschliche Verfasstheit. Wir können uns keine Zeit vorstellen, in der der Mensch nicht Träume und Wachträume gehabt hätte, in der er nicht in „Trance" gefallen wäre, in einen Zustand der Bewusstlosigkeit, der als Reise der Seele ins Jenseits gedeutet wurde. Was sich mit den verschiedenen Kultur- und Religionsformen gewandelt hat, ist die Deutung und Wertung der ekstatischen Erfahrung" (Eliade 1978; 29). Dem ist zuzustimmen. Der entscheidende Punkt ist jedoch, dass diese Erfahrungen, die sich anscheinend nicht auf den Menschen beschränken, nicht immer in die Kommunikation eingeflossen sind. Erst wenn das erfolgt, ergeben sich nach unserer Einschätzung gravierende Konsequenzen, weil Menschen damit zur Entwicklung irgendeiner Art von gemeinsamem Weltverständnis genötigt werden. Erst auf dieser Grundlage können sich dann Praxis und Wahrnehmung umformen.

gleichermaßen grundlegende „Identitätsprobleme" wie Probleme des Weltverständnisses auf, die mit einer für Primaten üblichen Kommunikation nur emotional aufgefangen aber nicht beantwortet werden könnten[218].
Beantwortet werden können sie aber durch rituelle Praktiken (z.B. den Umgang mit Geistern), die eine sinnhafte Unterscheidung zwischen Körpern und Geistern ebenso voraussetzen wie sie eine Positionierung der Akteure in dieser Sinnwelt erfordern. Wenn man eine derartige Praxis unterstellt, dann kann man mit Hilfe des systemtheoretischen Begriffs der strukturellen Kopplung erklären, wie sich mit **einer** Antwort auf dieses Problem zugleich eine neuartige Welt sinnhafter Wahrnehmungen und sinnhafter Kommunikation „auftut".

Man kann ein mehrere Schritte umfassendes Szenario entwickeln, das den Übergang von über Lautgesten erfolgender Kommunikation in permanenten Gruppen zu mit „Sinn" operierender Kommunikation in Gesellschaften erklärt. Das Problem bei dieser Rekonstruktion ist, dass die ersten beiden Schritte nur logisch entwickelt werden können. Erst für den dritten Entwicklungsschritt gibt es handfeste archäologische und ethnologische Hinweise.

1.Schritt: Über symbolische Zeichen wird eine strukturelle Kopplung zwischen Trancewahrnehmung und Kommunikation innerhalb einer Gruppe hergestellt.

Die Entwicklung hin zu „Gesellschaft" kommt ins Rollen sobald eine Wahrnehmung in die Kommunikation eingebracht wird, die jenseits der menschlichen Bedürfnisnatur liegt. Am wahrscheinlichsten (aufgrund der Hinweise zu den weiteren Schritten) ist die Vermutung, dass Trance-Erfahrungen in die Kommunikation eingeflossen sind.

Dann stellt sich nämlich die Frage, wie eine strukturelle Kopplung zwischen Trancewahrnehmungen und der Kommunikation über sie überhaupt hergestellt werden kann. Diese Wahrnehmungen können nur über irgendwelche Zeichen in die Kommunikation eingebracht werden. Lautgesten von der Art, wie sie Jane Goodall für die Schimpansen identifiziert hat, können solche Zeichen nur ergänzen, sie aber nicht ersetzen. Das liegt neben der Überwindung der Grenze der Bedürfnisnatur auch an der **zeitlichen Entkopplung zwischen Wahrnehmung und Kommunikation**. Über Trance-Erfahrungen kann nicht während, sondern nur **nach** der Trance mit anderen Gruppenmitgliedern kommuniziert werden[219]. Der Bezug kann deswegen nicht nur über ein Hinzeigen auf etwas, was die ande-

---

218 Hier kommen Aspekte von Intelligenz *ins Spiel* (sie werden aber nicht als ursächlich angenommen), anders kann Anlass nicht verstanden werden.
219 Man muss hier deutlich zwischen Miterleben und Kommunikation unterscheiden. Ersteres ist während der Trance möglich, letzteres nicht.

8 Zusammenfassung

ren auch sehen können, hergestellt werden. Kommunikation darüber wird also erst möglich, wenn symbolische Zeichen entwickelt werden, die die Wahrnehmung in der Trance **konservieren**. Diese Eigenschaft kann eine über Lautgesten laufende Kommunikation aus prinzipiellen Gründen nicht entwickeln. Darüber, welche Zeichen das gewesen sein könnten, kann nur spekuliert werden. Eine Ritzzeichnung, Laute, pantomimische Darstellungen – vieles ist denkbar und könnte durch der Gruppe bekannte Lautgesten **ergänzt** worden sein, die die emotionale Befindlichkeit bei der Wahrnehmung im Zustand der Trance mitteilen.

2. Schritt: Umstellung der Kommunikation auf symbolische Zeichen und Sinnverwendung

Sobald einmal ein derartiges Zeichen in die Kommunikation eingeführt ist, kann man sich vorstellen, dass die Erfindung immer weiterer Zeichen eine immer weiter ausufernde strukturelle Kopplung zwischen „entsprechenden" Wahrnehmungen und Kommunikation ermöglicht: die Grenze der menschlichen Bedürfnisnatur wird immer häufiger überwunden. Ebenso auch der enge Zeithorizont des Gegenwärtigen. Dazu muss aber mit Unterscheidungen im Medium „Sinn" gearbeitet werden, weil die Informationen nicht mehr nur direkt mit den Bedürfnissen und den geläufigen Überlebensproblemen der Beteiligten zu tun haben. Dieser fehlende Hintergrund der Bedürfnisnatur macht sie in viel weitergehender Weise erläuterungsbedürftig. Sobald die Kommunikation nicht mehr auf selbstverständliche Dinge wie momentane Emotionen, direkte Gefahr, ein sichtbares Beutetier und dergleichen Bezug nimmt, können Bedeutungen nur noch selbstreferentiell innerhalb einer Welt symbolischer Bedeutungen („Sinnwelt") gewonnen werden. Die Bedeutung derartiger symbolischer Zeichen kann also nur durch Unterscheidung von anderen (ähnlichen oder entgegengesetzten) Zeichen innerhalb des Mediums symbolischer Bedeutungen erklärt werden, sobald sie sich nicht mehr auf zum Kommunikationszeitpunkt zweifelsfrei identifizierbare Objekte in der Umwelt einer Gruppe beziehen. Auf diese Weise kann man nachvollziehen, wie sich aus der Kommunikation über Trance-Erfahrungen eine in sich geschlossene Welt sich gegenseitig erklärender symbolischer Zeichen herausbildet[220].

---

220 Ein instruktives Beispiel für einen derartigen Vorgang stellt das von Gimbutas analysierte Symbolsystem dar, das sie auf einen Kult der Göttin bezieht (Gimbutas 1995).

3. Schritt: Rituelle Kommunikation mit „Geistern" führt zur Gesellschaftsentwicklung.

Wieso sollte aus einem Zufall eine dominierende Form des Weltverständnisses und des Sozialverhaltens werden? Das hängt damit zusammen, dass Trance-Erfahrungen die eigene Person einschließen. Sobald eine „Welt" sich gegenseitig erklärender Zeichen entstanden ist, sind darin auch Bezeichnungen der eigenen Person enthalten – sie ist in die gemachten Unterscheidungen verstrickt, weil sie auch in die Trance-Erfahrung verstrickt ist. Auf diese Weise erhält sie eine festliegende symbolische Bedeutung als Position innerhalb einer Sozialstruktur, die (als menschlicher Teil) in die neue Sinnwelt integriert ist. Die Entstehung des erkenntnistheoretischen Paradox des reentry ist bei dem Tranceszenario recht einfach zu verstehen.

Weiterhin kann man vermuten, dass die Verarbeitung der Trance-Erfahrung zu irgendeiner Variante der Unterscheidung zwischen „Körper" und „Geist" führt, die meines Wissens im Weltverständnis **aller** Stammesgesellschaften enthalten ist. Sie dürfte für die Art und Weise, wie die Menschen in ihr eigenes Weltverständnis eintreten, prägend sein.

Mit einer derartigen Unterscheidung können Trancewahrnehmungen als Kontaktaufnahme zwischen dem eigenen Geist (bzw. dem Geist der eigenen Gruppe) und dem Körper anderer Arten verarbeitet werden. Vor diesem Hintergrund ergeben sich dann unter Reziprozitätsgesichtspunkten Fragen wie die folgende: Was passiert, wenn „fremde Geister" (also die „Bewusstseine" anderer Wesen) ebenso wie das eigene Bewusstsein in der Lage sind, in die Körper der Gruppenmitglieder „einzudringen"?

Dieses Folgeproblem der Verbindung von Trancewahrnehmungen mit Reziprozitätsgesichtspunkten kann nur durch Kommunikation mit „Geistern", also in Kommunikation mit dem eigenen symbolischen Konstrukt, gelöst werden. Wie kann man aber mit Geistern kommunizieren, die nur Konstrukte sind und daher weder auf einen eigenen Organismus noch auf eigene Wahrnehmungs- und Verarbeitungsleistungen[221] zurückgreifen können. Wie lässt sich die auf Seiten der „Geister" fehlende strukturelle Kopplung ersetzen? Das ist nur (wie bereits in 8.1 erläutert) möglich, wenn die menschlichen Teilnehmer an dieser Kommunikation sie nach dem Muster von Ritualen durchführen. Sie müssen dabei die gesamte Kommunikation über Regeln festlegen. Das betrifft sowohl Eigenschaf-

---

221 Wie bereits (unter 8.1) erläutert wurde, gehen „Geistern" die kommunikativen Voraussetzungen natürlicher Personen ab. In systemtheoretischer Sprache ausgedrückt fehlt ihren kommunikativen Möglichkeiten die strukturelle Kopplung an ein psychisches System und einen Organismus.

ten und „Reaktionen" der „Geister" wie auch die eigene Kommunikation und deren Erfolgsbedingungen. Regeln blenden den dynamischen Aspekt der strukturellen Kopplung zwischen Wahrnehmung und Kommunikation aus. Die auf der menschliche Seite vorhandene Wahrnehmungs- und Handlungsfähigkeit muss auf die Reproduktion des über Regeln festgelegten Kommunikationszusammenhanges festgelegt werden. Die menschlichen Akteure können daher in dieser Kommunikation weder spontan reagieren noch können sie als empirische Personen nach momentaner Stimmung auftreten sondern nur in ihrer sozialstrukturellen Position nach Art von Schauspielern vorgegebenen Regeln folgen. Alles das muss festliegenden Regeln unterworfen werden, die von den menschlichen Akteuren zudem mit ritueller Sorgfalt praktiziert und beachtet werden müssen (Näheres vgl. unter 8.1).

Wenn eine Kommunikationsgemeinschaft sich in ihr eigenes sinnhaftes Weltverständnis integriert, dann verdoppelt sie gewissermaßen ihre Existenz in Formen einer Sozialstruktur. Darüber ist ihre Beziehung zu anderen Wesen ihrer Sinnwelt fixiert[222]. Wenn sie zudem festen Regeln folgende rituelle Kommunikationen praktiziert, die die im Weltverständnis fixierten Zusammenhänge in anschauliche Realität übersetzt, die das Handeln und die Wahrnehmungen der Kommunikationsgemeinschaft überformt, dann sind jene Grundstrukturen entwickelt, die auch noch das heutige Leben in Gesellschaften prägen (wie z.B.: Rollen, Positionen, Auseinandersetzung mit abstrakten Werten oder Idealen, Konstrukte wie juristische Personen; usw.; vgl. Kap. 1).

Zusammenfassung: Umstellung der Wahrnehmungen, der Kommunikationen und der Handlungen auf eine symbolisch geordnete Welt.

Die rituelle Praxis schließt den Zirkel insofern als sie „entsprechende" Wahrnehmungen produziert: „sinnorientiertes Verstehen". Die symbolischen Unterscheidungen formen auch die Wahrnehmung der Stammesmitglieder. Deswegen können sie das einmal etablierte Weltbild auch über die eigene Wahrnehmung

---

222 Was das bedeutet, kann man sich am Beispiel der Sozialstruktur von Stämmen australischer Aborigines vor Augen führen. Schon weil die australischen Stämme ein lange zurückreichendes „kulturelles Gedächtnis" haben, kann man vermuten, dass auch ihre Sozialstruktur im 18. und 19. Jh. noch archaische Züge aufweist. Nach Durkheim (1981) unterteilt sich jeder Stamm in Phratrien und Clans, die nicht nur nach Tier- bzw. Pflanzenarten oder Steinen benannt sind. Die menschlichen Clanangehörigen verstehen sich vielmehr als Brüder und Schwestern der im Clannamen bezeichneten Arten. Sie haben diesen gegenüber Esstabus und versuchen in den Ritualen ihr Äußeres dem Totemtier oder der Totempflanze anzugleichen, entsprechende Bewegungen auszuführen und dergleichen (Durkheim ebd.; 178ff.).

bestätigen. Die strukturelle Kopplung zwischen den Wahrnehmungen der einzelnen Personen und der Kommunikation wird erweitert, standardisiert (entsprechend der gemeinsamen symbolischen Bedeutungen) und von vermittelnden Elementen abhängig (Symbolsprache und darauf aufbauendes Weltverständnis; Sozialstruktur; geregeltes rituelles Kommunizieren und Handeln).

Der Mensch – ein besonderes soziales Wesen?

Die klassische Formel vom Menschen als einem sozialen Wesen besonderer Art macht, wenn überhaupt, m.E. nur Sinn, wenn man die Konsequenzen der Gesellschaftsbildung auf der allgemeinen Ebene der strukturellen Kopplung zwischen persönlicher Wahrnehmung und interpersonaler Kommunikation resumieren möchte. Sie beschreibt den coevolutionären Effekt der Gesellschaftsbildung. Das „besondere soziale Wesen Mensch" wird dadurch charakterisiert, dass es sich sowohl in seinen Wahrnehmungen wie auch in seinen Kommunikationen in einer über intersubjektiv verbindliche Symbole selbst hergesellten symbolischen Ordnung bewegt.

So verstanden postuliert diese Formel **gerade nicht**, dass der Mensch alle Möglichkeiten intersubjektiver Verständigung kultiviert habe. Er hat vielmehr einen **sehr spezifischen evolutionären Weg** beschritten, der ihm beispielsweise nicht zu besonders hoch entwickelten Sensoren für die Emotionen anderer Gruppenmitglieder bzw. Kommunikationspartner verholfen hat.

Mit der „Erfindung" der Gesellschaft ist eine evolutionäre Weichenstellung erfolgt, die zunächst einmal dadurch charakterisiert werden kann, dass die Technik kommunikativer Verständigung standardisiert und auf die gesamte Umwelt ausgeweitet wird. Das wird über die Einführung von Zeichen, ein diese ordnendes Weltverständnis und über Techniken ritueller Einflussnahme möglich, die zugleich die Kommunikation disziplinieren und verallgemeinern, so dass der Einfluss der **konkreten** Akteure auf die gesellschaftliche (zunächst rituelle) Kommunikation gerade **ausgeblendet** wird. Insofern wird mit der Gesellschaft das rollenhaft disziplinierte Kommunizieren und Handeln entwickelt.

2.3 Überprüfungsmöglichkeiten dieses Szenarios

Eine solche, die kulturellen und gesellschaftlichen Aspekte der Menschwerdung erklärende Argumentation muss insofern höchst spekulativ bleiben, als sie sich jeder **direkten** Überprüfung entzieht. Wenn man aus diesen Gründen nicht einfach nur naturwissenschaftliche Antworten zulassen und „kulturelle Antworten" als unwissenschaftlich ausblenden möchte, kann man an sie folgende Anforderungen stellen. Man kann fordern,

(a) dass sie geeignet ist, in das allgemeine Szenario der Menschwerdung integriert zu werden,
(b) dass sie mit den archäologischen Befunden übereinstimmt,
(c) dass sie von den ethnologischen Befunden zu Stammesgesellschaften nicht widerlegt wird,
(d) dass sie von soziologischen Beschreibungen von Kultur und Gesellschaft nicht widerlegt wird.

(a) Allgemeines Szenario der Menschwerdung:

Die hier entwickelte These kann als eine abschließende Entwicklung in das Gesamtszenario der Menschwerdung integriert werden. Die archäologischen Indikatoren (vgl. b) zeigen, dass das für den heutigen Menschen charakteristische Weltverständnis in Verbindung mit dem Leben in Gesellschaften mit einiger Sicherheit bereits um ca. 35.000 v.u.Z. vorhanden war. Die Datierung der (unumstrittenen) frühesten Formen von Bestattung sprechen dafür, dass diese Entwicklung ca. 100.000 v.u.Z. einsetzte[223]. Einige schwer interpretierbare ältere Funde (Bestattungen, Verwendung von Rötel; vgl. Kuckenburg 1999; 315ff.) könnten auf frühere Ansätze hindeuten, die möglicherweise zusammen mit ihren Trägergruppen untergegangen sind.

Ein indirekter Zusammenhang zur Out of Africa-These besteht dann, wenn nur für den anatomisch modernen Menschen aber nicht für heidelbergensis und neanderthalensis angenommen werden kann, dass er durch Werkzeug- und Waffenentwicklung sowie entsprechende Sozialorganisation die Gefährdung durch große Raubtiere überwunden hat. Das ist aber zumindest umstritten. In einer Entlastung von diesen Überlebensproblemen sehe ich aber in jedem Fall eine Voraussetzung für die Entwicklung von Gesellschaft und vor allem für eine Ausrichtung der Energien auf rituelle Weltbeeinflussung.

Unter Plausibilitätsgesichtspunkten ist nicht unbedingt zu vermuten, dass für diese letzte Weichenstellung in Richtung auf die heutige menschliche Zivilisation überlegene Intelligenz erforderlich war, die heute nur mit der genetischen Ausstattung des homo sapiens sapiens in Verbindung gebracht wird. Hier könnten vergleichende Untersuchungen der Anforderungen an die Informationsverar-

---

223 Diese Datierung könnte nahe legen, dass es sich hierbei um eine Innovation handelte, die nur der homo sapiens sapiens hervorbringen und mit seinem Siegeszug „out of Africa" verbreiten konnte. Diese Verbindung ist aber nicht zwingend.

beitung durch das Gehirn (a) von gestenvermittelter mit symbolischer Interaktion sowie (b) zwischen der Wahrnehmung anderer Gruppenmitglieder durch Primaten bzw. Menschen genaueren Aufschluss geben.

(b) Archäologische Indikatoren

Die Probleme der Interpretation archäologischer Befunde aus dem Bereich der Ur- und Vorgeschichte sind hinlänglich bekannt (z.b. Leroi-Gourhan 1981, 158ff.). Nur jene Elemente der materiellen Kultur, die nicht zerfallen sind, können überhaupt gefunden werden. Die Repräsentativität dessen, was tatsächlich ausgegraben wurde, kann nicht bestimmt werden. Rückschlüsse auf menschliche Praktiken müssen zwangsläufig spekulativ bleiben. Daher können archäologische Indikatoren auch nicht zur Bestätigung oder Widerlegung von Szenarien soziokultureller Evolution benutzt werden. Man kann nur untersuchen, ob eine These mit ihnen in Einklang zu bringen ist oder nicht.

Als archäologische Indikatoren für die hier vorgestellte These betrachte ich: kleine Figuren, Schmuck, Musikinstrumente im weitesten Sinne, Höhlen- und Wandmalerei, Einritzungen, die als symbolische Zeichen oder figürliche Darstellungen gedeutet werden können, sowie Bestattungen.

Funde von Schmuck, kleinen Figuren und von Musikinstrumenten (Flöten aus Knochen, Schwirrinstrumente) die in Europa ab 35.000 v.u.Z. in beträchtlicher Zahl gemacht wurden, deuten darauf hin, dass damals bereits symbolischen Zeichen offenbar große Bedeutung beigemessen wurde, was auf Sinnverwendung umgestellte Kommunikation zwingend voraussetzt (z.B. Leroi-Gorhan ebd.; Gimbutas 1995a und b). Darüber hinaus gibt es starke Hinweise auf schamanistische Praktiken (Clottes/Lewis-Williams 1997; 66ff.) und einen Einschluss des Menschen in die Symbolwelt[224], was auf die Sozialstruktur einer Stammesgesellschaft hindeutet. Auch die Praxis der Bestattung, die ab 100.000 v.u.Z. nachgewiesen ist[225], setzt die Existenz einer symbolisch geordneten Welt und einer darauf bezogenen Sozialstruktur zwingend voraus.

Die archäologischen Befunde stützen sowohl die allgemeinen Überlegungen zur Hominisation wie auch das konkrete Szenario für den parallelen Übergang auf sinnverwendende Kommunikation und Gesellschaft. Ihre Aussagekraft

---

224 Hierbei handelt es sich vor allem um stark stilisierte figürliche Darstellungen, die sich von naturalistischen Tierdarstellungen, etwa in den Höhlenmalereien stark abheben. Vgl. z.B. Bosinski 1994; Gimbutas 1995a.
225 Noch ältere Bestattungen bei Neandertalern sind umstritten, aber sogar ein Skeptiker wie Leroi-Gourhan hält die Fakten für „hinreichend gewiss, um schon für die Zeit vor dem homo sapiens die Existenz von Praktiken zu begründen, die nicht auf Techniken des materiellen Lebens ausgerichtet waren" (Leroi-Gourhan 1981; 158).

ist jedoch eng begrenzt. Jede Vorstellung darüber, auf welche Praktiken solche Funde hindeuten, basieren auf Parallelen zu Stammesgesellschaften auf einer vergleichbaren Kulturstufe. Wenn man dieses Vorgehen wie Leroi-Gourhan nicht als spekulativ verwirft und für Erkenntnisverzicht plädiert, dann ist man auf den Forschungsstand der Ethnologie angewiesen (vgl. Eliade 1978; 34f.). Er bleibt letztlich die Grundlage aller Überprüfungsversuche.

(c) Übereinstimmung mit dem ethnologischen Material zu Jäger/Sammlerinnen-Gesellschaften

Man kann das vorhandene ethnologische Material zu einem Widerlegungsversuch der These über die Herausbildung eines Zusammenhangs von sinnhaftem Weltverständnis und Gesellschaft nutzen. Diese Möglichkeit ergibt sich, weil ich für die Entwicklung von Gesellschaften ein einheitliches Szenario angenommen habe. Daraus kann man folgern, dass **alle** noch bekannten Gesellschaften gemeinsame Merkmale aufweisen müssten (vgl. unter 7.4). Ich vermute nun weiterhin, dass **alle** Gesellschaften, die besonders archaische Züge aufweisen, diese Nähe noch sehr viel deutlicher ausdrücken. Nach Kriterien, die am Ende dieses Abschnitts diskutiert werden, halte ich Jäger/Sammlerinnen-Gesellschaften für besonders archaisch und das ethnologische Material über rezente Wildbeuter zwar nicht für einen Bestätigungs- wohl aber für einen Widerlegungsversuch für geeignet. Zunächst aber möchte ich einige Merkmale anführen, die Gegenstand eines solchen Widerlegungsversuches sein könnten.

(1) Einen ziemlich direkten Hinweis, wie man sich die „plötzliche" Einführung eines sinnhaften Weltverständnisses vorstellen kann, enthalten die in Stammesgesellschaften häufigen **Kosmogonien**. Das sind mythische Erzählungen über die Verwandlung eines bestimmten Tieres (oder eines anderen Wesens) in den legendären Urahn des Stammes[226]. Diese Erzählungen führen nicht einzelne Menschen, sondern die soziale Einheit (Stamm, im Folgenden wird die Bezeichnung Kultgemeinschaft verwendet) in eine sinnhafte Welt ein. Das reentry wird also direkt thematisiert. Der sozialen Einheit obliegt es, über festliegende Rituale diesen legendären Schöpfungsakt zur Realität werden zu lassen und auf diesem Wege als **lebendige Überlieferung** zu reproduzieren. Das ist aber nur möglich, wenn diese Einheit sich als „Gesellschaft" verhält, also keinerlei Zweifel an der Wahrheit der Erzählung aufkommen lässt, sich in diese sinnhafte Welt hineinbegibt, Individualinteressen, momentane Befindlichkeiten etc.

---

226 Noch in der griechischen Philosophie wird die Welt als beseeltes Wesen gedeutet (Heraklit, Platon).

ausklammert und die in der rituellen Ordnung vorgesehenen Rollen mit Leben erfüllt.

(2) Im (als erste Form gesellschaftlichen Verhaltens vermuteten) **Ritual** werden genau jene Verhaltensmuster praktiziert, die als grundlegd für jegliche zivilisatorische Entwicklung angesehen werden: die Überwindung der Grenze der eigenen Bedürfnisnatur und die Selbstdisziplinierung des Verhaltens. Wir vermuten, dass diese Verhaltensmuster in Zusammenhang mit der Reproduktion eines sinnhaften Weltverständnisses als kollektive Erfahrung entstanden sind und nicht auf menschliche Intelligenzentwicklung und dergleichen zurückgeführt werden können.

In den Ritualen von Jäger/Sammlerinnen-Stammesgesellschaften spielen meiner Vermutung nach **Trance-Erfahrungen** noch eine tragende Rolle. Darin drückt sich der vermutete Ursprung dieser zentralen zivilisatorischen Verhaltenstechnik aus.

(3) In den magisch – religiösen Ritualen werden aber noch weitere Aspekte einer **spezifisch menschlichen Praxis** sichtbar, die erst durch Ausklammerung individueller Bestimmungsinteressen möglich wurde: Mit den Methoden kommunikativer Einflussnahme versuchen Menschen sich als Kollektivwesen in eine selbst erfundene magische Welt hineinzubegeben und in dieser Welt Einfluss auszuüben. In diesen Bezügen auf eine selbst entwickelte sinnhafte Welt verbinden sich Praxis und Poiesis (handeln und machen) – insofern kann man auch von **urproduktiven Gesellschaften** (Bargatzki) sprechen. Damit ist neben der **Unterwerfung des Sozialverhaltens unter selbstgeschaffene Regeln** auch ein Ausgangspunkt für die **aktive Veränderung der Welt nach menschlichen Zwecken** gegeben (angefangen von magisch – religiösen Symbolen wie z.B. Totems – perspektivisch: materielle Kultur, Arbeit, Wissenschaft und Technik). Zugleich kann diese **selbstgeschaffene Welt im Ritual als Realität erfahrbar** werden und damit eine vorsoziale Verankerung in der menschlichen Wahrnehmung gewinnen.

(4) Jäger/Sammlerinnen-Stammesgesellschaften weisen, so eine weitere Hypothese, eine materielle Kultur auf, die Parallelen zu jenen Stammesgesellschaften zeigt, auf deren Existenz vor ca. 30.000 Jahren nur die oben erwähnten archäologischen Indikatoren schließen lassen. Das bedeutet, dass jede dieser Stammesgesellschaften zwar nicht alle dieser Indikatoren[227] aber doch einige davon aufweisen sollte und dass sie in Zusammenhang mit wichtigen Ritualen stehen müssen oder aus anderen Gründen eine erhebliche soziale Bedeutung haben müssen.

---

227 Das kann nämlich auch für mögliche Stammesgesellschaften vor 30.000 Jahren nicht behauptet werden.

8 Zusammenfassung

Aus diesen vier Gesichtspunkten können Hypothesen entwickelt werden, die dann als widerlegt gelten müssen, wenn sie auch nur in **einem** als authentisch eingestuften Fall widerlegt werden. Dabei geht es um mehrere Ebenen:

* Auf einer allgemeinen sozialtheoretischen Ebene können die Thesen über das Zusammenspiel von Kosmogonie/Weltverständnis, Ritual und Sozialstruktur überprüft werden.

* Weiterhin kann versucht werden, eine ganze Reihe der in der Argumentation enthaltenen Thesen zu falsifizieren – z.b. die These, dass magisch-religiöse Kommunikation mit anderen als Arten aufgefassten „Wesen" zentrale Bedeutung in den Mythen und Ritualen hat. Sie wäre widerlegt, wenn in einem in dieser Hinsicht authentischen Fall derartige magisch-religiöse Kommunikationen überhaupt nicht oder nur am Rande vorkommen.

* Das Szenario der Menschwerdung kann darüber hinaus über die archäologischen Indikatoren und die Rolle von Trance-Erfahrungen in der Ritualordnung überprüft werden.

Die Schwierigkeiten eines derartigen Widerlegungsversuchs liegen einmal darin, dass er nur in Kooperation mit ethnologischen Experten durchgeführt werden kann. In der Ethnologie scheint aber ein Konsens darüber zu bestehen, dass „rezente (d.h. heutige, im weiteren Sinn: von Ethnologen erfasste) Jäger/Sammlerinnen-Kulturen" weder als „primitiv" (wie noch im 19. Jh. üblich) noch als besonders „archaisch" angesehen werden können. Dieses Vergleichsverbot kann einmal empiristisch begründet werden: alle heutigen Gesellschaften seien schließlich in zeitlicher Hinsicht gleich weit entfernt von allen historischen Ereignissen, folglich seien alle (bzw. keine) Gesellschaften gleichermaßen für historische Vergleiche geeignet. Attributen wie „primitiv", „einfach" und dergleichen kann immer mit dem Hinweis auf kulturelle Komplexität, generell mit dem Hinweis auf die prinzipielle Gleichartigkeit aller Sprachen[228] begegnet werden.

Als Argumente gegen einen Gesellschaftsvergleich (um einen Kulturvergleich geht es hier nicht) sind derartige Einwände erkennbar falsch. Kulturelle Komplexität spielt in Überlegungen zu Fragen gesellschaftlicher Leistungsfähigkeit, Effizienz oder „Modernität" **keine** direkte Rolle. Bekanntlich hängen derartige Eigenschaften von Gesellschaften zunächst von dem dominanten **Differenzierungsmuster**[229] ab. In kultureller Hinsicht ist **Variabilität** und nicht Komple-

---

228 „Soweit es die sprachliche Form betrifft, hat Platon einem makedonischen Schweinehirten und Konfuzius den wilden Kopfjägern von Assam nichts voraus" (Sapir 1921; 234)
229 In der Regel werden 4 Differenzierungsmuster unterschieden: segmentäre, stratifikatorische und funktionale Differenzierung sowie Zentrum/Peripherie. Die 3 erstgenannten können im Hinblick auf gesellschaftliche Leistungsfähigkeit hierarchisiert werden (näheres siehe z.B. Schimank 1996)

xität ein zentrales Leistungs- und Modernitätsmerkmal[230]. Schließlich lebt keine Gesellschaft ausschließlich im Heute: Aufgrund unseres Weltverständnisses benutzen wir universell einen überlieferten Begriffsvorrat und Wissensstand als Hintergrund für unsere gegenwärtige Kommunikation[231]. Vor diesem Hintergrund geht es aber darum, ob Gesellschaften ähnlich der heutigen Wissenschaftskultur ein hohes Potential (ggfs. sogar Institutionen wie die moderne Wissenschaft) für die permanente Entwertung überlieferten kulturellen Wissens aufweisen (hohe Variabilität) oder ob sie umgekehrt die identische Reproduktion ihres kulturellen Wissens (also Traditionserhalt; minimale Variabilität) zur obersten Maxime erhoben haben. Wenn man dieses Kriterium dem weiteren Kriterium der **Irreversibilität leistungsrelevanter Innovationen** kombiniert, dann ist es ziemlich klar, warum Jäger/Sammlerinnen-Gesellschaften für den beabsichtigen Vergleich sehr viel besser geeignet sind als ein Sample der Bevölkerung von New York oder Tokyo. Das Irreversibilitätskriterium besagt, dass Innovationen wie z.B. Ackerbau, die (unabhängig davon, ob das beabsichtigt war) faktische Leistungsvorteile zur Folge haben, nur um den Preis von Leistungseinbußen wieder zurückgenommen werden können (vgl. Parsons 1975; 39ff.). Daraus folgt, dass solche Zurücknahmen selten vorkommen und, falls sie sich dennoch ereignen, selten definitiven Charakter[232] haben.

Daraus ergeben sich für Jäger/Sammlerinnen-Gesellschaften folgende Besonderheiten:

- Aufgrund des Irreversibilitätskriteriums ist die Wirtschaftsweise ein Indikator für ein geringes Maß an sozialen Veränderungen im Laufe der Gesellschaftsgeschichte.
- Es kann daher auch ein hohes Maß an Traditionalismus im Sinne des Variabilitätskriteriums vermutet werden. Dieser Aspekt muss aber in jedem konkreten Fall überprüft werden.
- Diese Wirtschaftsweise konserviert in der Regel die als am wenigsten leistungsfähig geltenden Strukturen segmentärer Differenzierung als dominantes Merkmal der Sozialstruktur.

Bei einem Widerlegungsversuch am ethnologischen Material sind aber drei Aspekte in jedem einzelnen Fall zu erörtern. Einmal muss für jeden Fall untersucht

---

230 Vgl. hierzu Luhmanns Analyse zur Herausbildung einer „Zurückweisungskultur" im frühmodernen Europa – Luhmann 1980.
231 Vgl. die Erläuterungen zu Medium – Form und Horizont – Thema bei Luhmann 1997; 190ff.
232 Illustrative Beispiele für solche nicht definitiven Revisionen sind die Rücknahme von Formen der Arbeitsteilung in der chinesischen Kulturrevolution oder die Restauration der Feudalgesellschaft im Japan der Tokugawa-Zeit. Vor allem Gesellschaften, die Kontakte mit anderen Gesellschaften haben, überleben solche Revisionen selten bzw. nehmen sie schnell zurück.

werden, ob (und falls das zu klären ist: wann) die betreffende Stammesgesellschaft von größeren und militärisch überlegenen Stämmen in ungünstige Territorien verdrängt wurde. Die Verdrängung vom ursprünglichen Territorium könnte ähnlich wie in einigen bekannten Fällen (vgl. bereits Darwin 1871; 205) zumindest partiell mit einem Niedergang der alten Traditionen verbunden gewesen sein. Zum anderen müssen die Einflüsse der Kulturkontakte der letzten Jahrhunderte in Rechnung gestellt werden. Schließlich ergeben sich Grenzen der Aussagekraft des vorliegenden Materials aus den meist anders gelagerten Interessen der Forscher. Mangels Alternativen kann man daher nur versuchen, das vorhandene Material unter evolutionstheoretischen Fragestellungen gewissermaßen gegen den Strich zu bürsten.

(d) Soziologische Beschreibungen von Kultur und Gesellschaft

Wie kommen bestimmte Inhalte in das Sozialverhalten hinein, wenn Ego sein Verhalten von Alter abhängig macht und umgekehrt (vgl. Parsons/Shils 1951)? Wenn man unter dieser soziologischen Grundlagenfrage die Machart von Sozialverhalten untersucht, dann zeigt sich, dass sowohl eine in sich geschlossene Welt sinnhafter Bedeutungen wie auch die Machart von Gesellschaften einer ganz spezifischen Technik folgt, die als gemeinsame Verständigung über eine Sinnwelt beschrieben werden kann. Sie ist ganz direkt und zwangsläufig sowohl mit der Positionierung der Sprachgemeinschaft in ihrem eigenen Weltverständnis in Form einer Sozialstruktur (Kategorisierung der Akteure) wie auch mit einer ritualisierten Weltbeeinflussung (Kultgemeinschaft) verknüpft. Eine solche Verständigung über die „Welt", die eigene Position und die Aufgaben des Sozialverbandes in dieser Welt setzt eine Ausklammerung des kommunikativen „Normalfalls" gruppeninterner Aushandlungsprozesse aus dieser Kommunikation voraus. Die hier skizzierte These, dass sich diese Technik aus Trance-Erfahrungen entwickelt haben könnte, ist geeignet, einen derartig gravierenden Bruch im Sozialverhalten zu erklären.

3 Die Weiterentwicklung von Gesellschaften – Neolithische Revolution und die alten Hochkulturen

3.1 Neolithische Revolution – Stammesgesellschaften mit Ackerbau und Viehzucht

Die sogenannte Neolithische Revolution, der Übergang zu Sesshaftigkeit, Ackerbau und Viehzucht und die Entwicklung einer bereits erstaunlich reichhaltigen und umfassenden materiellen Kultur wurde im sechsten Kapitel anhand europäischer Funde besprochen. Sie hat sich aber auch in anderen Gegenden vermutlich in ähnlicher Weise ereignet. Sie ist, so wurde in diesem Kapitel behauptet, als eine Konsequenz des magisch-religiösen Weltverständnisses entstanden, das der Kultgemeinschaft eine aktive Rolle bei der Reproduktion des Zyklus von Leben, Tod und Wiedergeburt zuerkannt hat.

Dieses neue Weltbild steht einerseits in der Kontinuität eines älteren Weltverständnisses, dass im fünften Kapitel am Beispiel des Totemismus und von Vorformen des Schamanismus behandelt wurde. Dieses ältere Weltbild zielte darauf, das Stammesleben durch ein Geflecht ritueller, teilweise magischer Beziehungen zu den Geistern der umgebenden Flora und Fauna abzusichern. **Daraus hat sich offensichtlich ein Weltbild entwickelt, dass sich auf die grundlegenden Bedingungen dieses Zusammenhangs konzentriert: Die erneute *Hervorbringung* von Leben aus dem Tod.**

Diese **Themenverschiebung** wurde vermutlich durch die ständigen Klimaveränderungen nach der letzten Eiszeit nahegelegt. Da die Klimaveränderungen nicht linear, sondern schubweise erfolgt sind und sich Phasen der Erwärmung und der Abkühlung immer wieder abgelöst haben, ist davon auszugehen, dass die Tier- und Pflanzenarten, zu denen rituelle Beziehungen bestanden, starken Populationsschwankungen unterworfen waren. Dies könnte das Bedürfnis geweckt haben, durch magische Rituale den Fortbestand dieser Tier- und Pflanzenarten aktiv zu bewirken bzw. zu sichern, um so sowohl die eigene Nahrungsgrundlage wie auch die sozialen Beziehungen zur Umwelt zu stabilisieren.

Mit dieser Konzentration des magisch-religiösen Weltverständnisses auf den Zyklus von Leben – Tod – Wiedergeburt rückten zunächst Tiere bzw. Sachverhalte in den Mittelpunkt des magisch-religiösen Interesses, die mit dem Zyklus von Leben, Tod und Wiedergeburt in direkten Zusammenhang gebracht werden konnten: Die sich häutende (und damit gewissermaßen immer wieder selbst erneuernde) Schlange, die im Winter neue Geweihe aufbauenden Cerviden (Hirscharten), die Zyklen der Sonne und des Mondes, der Vegetation. Ackerbau

8 Zusammenfassung

viel auch Viehzucht[233] haben im Kontext eines derartigen Weltbildes deswegen besondere Bedeutung gewonnen, weil die Kultgemeinschaft hiermit den Zyklus mit Mitteln der Magie selbst aktiv zu befördern oder gar zu bewirken suchte. Dazu gehörten auch Menschenopfer zur Beförderung des Vegetationszyklus. Wie vor allem an der Formgebung zu erkennen ist, stand die sich mit dem Ackerbau entwickelnde materielle Kultur, insbesondere Bauwerke, Keramik, bildliche Darstellungen, Symbole und Zeichen ganz im Dienste dieses magisch-religiösen Weltverständnisses.

Unter soziologischen Gesichtspunkten ist vor allem eine Konsequenz dieser Entwicklung wichtig: Unter diesem Weltverständnis bildet sich eine **institutionelle Gesamtordnung** heraus, die die Menschen integriert und ihr Verhalten strikt normiert. Auf eine Gesellschaft wie die Zuni, die große Parallelen zu den frühen Ackerbaugesellschaften Europas und Kleinasiens aufweist, trifft Durkheims Vergesellschaftungskonzept voll zu, wonach Individualinteressen einer als übergeordnet angesehenen gesellschaftlichen Gesamtordnung untergeordnet werden.

Allerdings ist die Gesamtordnung der Zuni weniger eine Moralordnung als eine auf instrumentellen Erfolg gegründete **Wissensordnung**. Diese Charakterisierung zeigt auch an, dass sowohl in den alten wie auch den heute noch existierenden Ackerbaugesellschaften ohne Staatenbildung die Einzelperson keine besondere Rolle spielt – es sei denn, dass sie sich bei der Verfolgung der gemeinsamen Rituale irgendwie hervortut. Persönliche Autorität und die Position in der jeweiligen Abstammungslinie spielen allerdings zweifellos eine Rolle.

Schon aufgrund der von den Archäologen analysierten Gräber nimmt man an, dass frühe Ackerbaugesellschaften weder herausgehobene Einzelindividuen noch große Unterschiede in den individuell verfügbaren Ressourcen kannten. Man hat Kollektivgräber, vermutlich Sippengräber gefunden, bei denen die Grabbeigaben nicht sehr stark divergierten.

Die Ackerbau treibenden Gesellschaftssysteme haben eine operative Grenze zwischen Gesellschaftssystem und Umwelt ausgebildet. Während das Weltverständnis in der Kontinuität der Vorstellungen einer verwandtschaftlichen Verbindung zwischen Menschen und tierischen wie pflanzlichen Lebewesen bleibt, grenzen sich die Gesellschaftssysteme in operativer Hinsicht von Tieren und Pflanzen ab: nur sie haben sich die **Aufgabe** gestellt, den Kreislauf von Leben, Tod und Wiedergeburt zu bewirken. Das System symbolischer Zeichen markiert

---

233 Der Komplex Viehzucht wurde ausgeklammert, weil er keinen zusätzlichen Erkenntnisgewinn versprach und die Aufarbeitung eines weiteren Komplexes spezieller Literatur erfordert hätte. Diese Entscheidung kann damit gerechtfertigt werden, dass der Übergang zum Ackerbau eine universelle Entwicklung war, Viehzucht dagegen zumindest bei den indianischen Kulturen Amerikas keine tragende Rolle spielt.

diese operative Grenze zur Umwelt. Die Zeichen legen die informative Bedeutung von Umweltaspekten im Hinblick auf diese Aufgabe der Stammesgesellschaft fest. Solche Bedeutungsaspekte können ebenso durch **gezielte Eingriffe der Gesellschaftssysteme in die Beschaffenheit der Welt hervorgerufen werden**: Ackerbau, Hauswirtschaft, Töpfern, Weben oder der Bau von Kultanlagen, Gebäuden oder Öfen können auf solche magischen Zwecke zurückgeführt werden.

Mit dieser operativen Grenze zwischen Gesellschaftssystem und Umwelt verändert sich auch der Charakter der Rituale. Rituelle Handlungen gehen nun über das reine Nachspielen von im Weltverständnis fixierten Zusammenhängen hinaus und gewinnen zunehmend aktive, **arbeitsförmige** Konturen. Der Zusammenhang von Leben, Tod und Wiedergeburt wird durch Pflanzenanbau aktiv bewirkt, und durch handwerkliche Tätigkeiten wie Gebäude errichten, Töpfern, Weben, das Einritzen symbolischer Zeichen etc. verstärkt. **Damit verändert sich auch der Charakter der Stammesgesellschaften.** Das gesellschaftliche Leben besteht nicht mehr aus „wilden Festen", „Ausschweifungen", einem kollektiven Herbeiführen von Trancezuständen sondern **aus Aufgaben, Pflichten, dem peinlich genauen Ausführen festliegender Rituale.**

Wenn man versucht, die zentralen soziologischen Unterschiede gegenüber den im fünften Kapitel behandelten Wildbeutern zu benennen, dann fallen zwei Aspekte auf:

a. **Das Gesellschaftssystem gewinnt mit dem Getreideanbau eine wesentlich umfassendere Bedeutung.**
b. **Die rituelle Praxis wird aktiv.** Es geht den Stammesmitgliedern um das aktive Bewirken einer reproduktiven Ordnung, die auch ihr Leben und Überleben trägt.

3.1.1 Magie und Religion – zwei Möglichkeiten der aktiven Weltbeeinflussung

Unser Wissen über Stammesgesellschaften und alte Hochkulturen zeigt, dass – unter Beibehaltung ritueller Kommunikation als Grundlage – zwei Möglichkeiten der aktiven Weltbeeinflussung eine Rolle gespielt haben. Anknüpfend an die hohe Bewertung symbolischer Zeichen **spielte einmal die Methode der Magie eine Rolle**. Eine zweite Methode bestand in der Steigerung der dem symbolischen Konstrukt zugetrauten Macht – an die Stelle von Geistern treten Götter. Diese beiden Möglichkeiten sind als Konstruktionen alternativ, historisch wurden sie dennoch – bis heute – miteinander verbunden[234]. Sie haben nur deswegen eine derart zentrale Rolle gespielt, weil die Menschen, wie im sechsten Kapitel eingehend erläutert wurde, die „neolithische Revolution" nicht unter Gesichtspunkten der Zweckmäßigkeit explizit betrieben haben, sondern weil magische Erfordernisse im Vordergrund standen.

Magie lebt von der Zuschreibung symbolischer Eigenschaften. Sie unterscheiden sich von empirischen Verhaltensweisen und damit zusammenhängenden Eigenschaften dadurch, dass sie nicht offensichtlich gegeben sind, sondern sich erst einem analytischen Verstand erschließen. So kann z.B. der bei Schlangen übliche Vorgang der Häutung nach dem Winterschlaf als besondere Fähigkeit der Schlangen zur Herbeiführung erneuten Lebens gedeutet werden. Diese Interpretation kann auch auf die Eigenschaft von Hirschen angewendet werden, die mitten im Winter, also in einer Periode „erlahmten" Wachstums, beginnen, ein neues Geweih auszubilden.

Zu den Fähigkeiten des menschlichen Geistes gehört es weiterhin, diese isolierten Beobachtungen zu Eigenschaften der „Welt" zu verbinden und sie in Form von bildlichen Darstellungen, symbolischen Zeichen, Modellen oder auch von „entsprechend" geformten Gebrauchsgegenständen festzuhalten. Wenn man diese Artefakte mit den selben Augen betrachtet wie magische Eigenschaften von Lebewesen, dann bemerkt man auch, dass z.B. ein Erneuerung bedeutendes Zeichen wesentlich länger existiert als zeitlich begrenzte Prozesse wie die Häutung einer Schlange oder das „Schieben" eines Geweihs. Nach magischem Denken können diese Fähigkeiten in einer alle Aspekte von Tod und Wiedergeburt synthetisierenden Figur wie der „Göttin" weiter konzentriert werden. Am Ende einer Stufenleiter von Steigerungsmöglichkeiten magischer Eigenschaften stehen vermutlich **Kultgemeinschaften, die derartige Symbole über Jahrzehntausende hinweg reproduziert haben.** Dies legt die Deutung nahe, dass den immer wieder praktizierten Ritualen, ebenso den immer wieder verwendeten symbolischen Zeichen und Formeln magische Kräfte zugeschrieben werden. Wer sich ihrer bedienen kann, übt diese Kraft aus (Kultgemeinschaft, Magier), ist damit aber auch für Fehlschläge verantwortlich. Auch dort wo Menschen (z.B. als Vegetationskönige) selbst Teil magischer Zusammenhänge werden, werden sie von der Kultgemeinschaft erfolgsabhängig behandelt.

Diese Risiken magischer Praktiken können über eine **zweite Methode, die Konstruktion mächtiger Götter in Verbindung mit menschlichen Vermittlern**, weitgehend vermieden werden. Aus Symbolen, die magische Eigenschaften in sich konzentrieren, werden Götter, die magische Fähigkeiten **ausüben**. Götter sind symbolische Konstrukte, die zumindest vor der Entwicklung der großen

---

[234] Das hängt auch damit zusammen, dass man Magie und Religion nicht zu grundsätzlich polarisieren kann (vgl. Jensen 1991; 283ff.).

Weltreligionen durch die **Zuschreibung operativer Fähigkeiten** charakterisiert wurden. Die Kultgemeinschaft (bzw. Priester als Repräsentanten der Kultgemeinschaft) hat dann eine zweifache Aufgabe: Sie muss die Gunst der Götter stabil gewinnen und sicherstellen und sie kann **im Auftrag der Götter** Rituale und andere die Macht der Götter veranschaulichende oder fördernde Aktivitäten ausführen. Diese Überlegungen zeigen, **dass** Götter nicht nur die Risiken tragen sondern vor allem **Konstruktionen sind, die mit** *aktiven* **Praktiken der Kultgemeinschaft gut in Einklang zu bringen sind.**

3.2 Alte Hochkulturen – die innere Differenzierung der Kultgemeinschaft wird zum Entwicklungsmechanismus.

Erstmals in den alten Hochkulturen haben sich Institutionen der Staatenbildung entwickelt, die uns heute nur allzu vertraut sind: **Stadt, Staat, Arbeit und Arbeitsteilung, Wirtschaft, soziale Schichtung, Militär, feste territoriale Grenzen.** Bemerkenswert ist vor allem, dass es sich hier um eine Entwicklung handelt, die sich mindestens sechs mal unabhängig von den anderen Fällen nach demselben Grundmuster ereignet hat. Diese sechs Fälle sind Mesopotamien, Ägypten, die Induszivilisation (Harappa und Mohenjo-Daro), China (Longschan und weitere Vorläuferkulturen der Shandynastie), die präkolumbianischen Zivilisationen Mittel- (Olmeken/Teotihuacan) und Südamerikas (Chavinkultur auf der Grundlage peruanischer Lokalkulturen).

Für alle diese primären Zivilisationen ist ein im Einzelnen zwar unterschiedlicher, in seinen allgemeinen Merkmalen aber **durchaus vergleichbarer Ablauf der Entwicklung zur „Zivilisation"** dokumentiert. Am Beginn steht eine „**formative Phase**", in der sich ein städtisches Zentrum und ein Redistributionssystem herausbilden, die eine Entwicklung stabiler Arbeitsteilung erlaubt. Die landwirtschaftlichen Erträge steigen und die Bevölkerung wächst stark an. In der zweiten Phase verfestigt sich zunächst eine **zentrale Herrschaftsinstanz**, deren Charakter sich allmählich von der Theokratie zur weltlichen Herrschaft verändert. Schließlich sind für alle primären Zivilisationen Phasen der **Ausdehnung** der zunächst nur lokalen Herrschaft über Krieg und Eroberung hin zu „Weltreichen" dokumentiert. Die Entwicklung der alten Hochkulturen folgt also einem **Drei-Phasen-Modell.** Im siebten Kapitel wurden diese Entwicklungsphasen anhand der beiden am besten erforschen Beispiele Mesopotamien und Ägypten dargestellt.

In diesem Abschnitt werden nur die soziologischen Grundlagen dieser Entwicklung rekapituliert und auf das Bestimmungsproblem bezogen.

8 Zusammenfassung

Archäologische wie ethnologische Befunde legen die These nahe, dass Ackerbau betreibende Stammesgesellschaften in eine Lage kommen können, wo eine weitere Ausdehnung magischer Praktiken, die den Zyklus von Tod und Wiedergeburt bewirken sollen, mit den Mitteln gemeinsamer ritueller Aktivitäten nicht mehr möglich ist. In dieser Situation erschließt die **Idee magisch-religiöser Stellvertretung** neue Möglichkeiten, deren Dynamik bis zur Entwicklung einer Hochkultur führen kann, aber nicht muss. Schon die These von den sechs primären Zivilisationen belegt ja, dass diese Entwicklung nur in wenigen Fällen durchlaufen wurde. In der überwiegenden Zahl der Fälle wurde das Modell der solidarischen Sprach- und Kultgemeinschaft nicht aufgegeben oder die Entwicklung stagnierte in der ersten oder zweiten Phase.

Der Ausgangspunkt für die Entwicklung zur Hochkultur besteht darin, dass einer Person ein besonderes magisch-religiöses Charisma zugeschrieben wird. Die magischen Praktiken dieser Person werden als besonders wirksam angesehen oder die von ihr durchgeführten religiösen Rituale gelten als besonders erfolgreich. Wenn diese Zuschreibung mit der Idee einer stellvertretenden Ausübung von Ritualen kombiniert wird, dann wird ein innergesellschaftlicher Tausch-Mechanismus in Gang gesetzt, der Zentralisierung und soziale Ungleichheit immer weiter vorantreibt.

Sobald eine Person stellvertretend für andere Rituale durchführt, die als wirksamer angesehen werden als gemeinsame Rituale, dann erhält sie als Gründen der Reziprozität Geschenke (Prestigegüter) oder Entgelte, die diese Leistung ausgleichen sollen. Da nicht zwischen personalen Fähigkeiten und deren Resultat unterschieden wird, können angesammelte Prestigegüter die Zuschreibung besonderer Fähigkeiten steigern, also die herausgehobene Stellung weiter verstärken. Wenn es nicht zu einer Rückverteilung der Prestigegüter kommt, dann führt die Idee einer stellvertretenden Ausführung der Rituale zu einer immer weiteren Zentralisierung und Hierarchisierung an deren Ende ein Zentraltempel steht, in dem eine herausgehobene Person (Oberpriester, König) die wichtigsten Rituale durchführt und organisiert. Da Prestigegüter wie Tempelanlagen im Todesfall vererbt bzw. weiter gegeben werden, kann auch das magisch-religiöse Charisma vererbt und damit zum von der konkreten Person ablösbaren Attribut einer **herausgehobenen sozialen Position** werden.

Für die weitere Entwicklung ist nun Ausschlag gebend, wie die wechselseitige Abhängigkeitsbeziehung zwischen beiden Seiten ausgestaltet wird. Bei dem dreiphasigen Entwicklungsprozess der Hochkulturen verlagert sich das Gewicht immer weiter auf die Seite der herausgehobenen sozialen Position. Am Anfang stehen wohl regelmäßig schwache „Vegetationskönige" (Frazer), die für das Wachstum belohnt werden, weil es mit ihrem Charisma in Verbindung gebracht wird. Umgekehrt werden sie dann auch für das Ende der Vegetationsperiode von der Gemeinschaft zur Rechenschaft gezogen. Am Ende der Entwicklung stehen vererbbare Positionen des Großkönigs oder Gottkönigs, die – im Rahmen eines gemeinsamen magisch-religiösen Weltverständnisses – einen Staatsverband dirigieren und organisieren.

Was hier – in allen primären Zivilisationen auf ähnliche Weise – vorgegangen ist, **soll nun aus der Perspektive des Bestimmungsproblems analysiert werden.**

Die Idee magisch-religiöser Stellvertretung gehört noch in den Bereich kollektiver Lösungen des Bestimmungsproblems. Mit ihrer praktischen Durchführung in Form stellvertretender Rituale wird – unter der Prämisse einer kollektiven Lösung des Bestimmungsproblems in Form einer gemeinsamen gesellschaftlichen Ordnung – **eine Ebene der innergesellschaftlichen Aushandlung von Sozialverhalten eröffnet**, die wesentliche Aspekte von Luhmanns Problem doppelter Kontingenz[235] enthält.

Es kommt zu unterschiedlichen innergesellschaftlichen Bestimmungsinteressen. Die Gemeinschaft bzw. einzelne Sippen sind daran interessiert, dass der Stellvertreter seine Rituale mit möglichst großem Erfolg durchführt. Der Stellvertreter ist dagegen an etwas ganz anderem interessiert. Er möchte sein Prestige weiter erhöhen, Belohnungen maximieren, Bestrafungen vermeiden. Sobald der Stellvertreter zum Spezialisten geworden ist, der Nahrungsmittel nicht mehr selbst erzeugt, hat er auch ein Interesse an kontinuierlicher Nahrungsmittelversorgung qua Tausch oder Abgaben. Die Durchführung der Rituale ist für ihn nur Mittel zum Zweck.

Wie steht es um die Variationsmöglichkeiten beider Seiten? Das Bestimmungsinteresse der Kultgemeinschaft sind an die gemeinsame Kultur gebunden, also nicht variierbar. Variierbar ist nur die Art und Weise der Verfolgung des Bestimmungsinteresses. Ein erfolgloser Stellvertreter könnte durch einen anderen ersetzt werden oder man könnte zu Gemeinschaftsritualen zurückkehren. Dagegen ist das Bestimmungsinteresse des Stellvertreters materiell und kaum noch kulturell determiniert. Es kann variiert, vor allem aber differenziert werden. **Perspektivisch bedeutet das, dass nur die Eliten die Möglichkeit zur Innovation haben und dass diese Innovationen in Richtung einer Aufweichung und Zurückdrängung kultureller zugunsten materieller Verpflichtungen tendieren.**

Dabei darf man nicht aus den Augen verlieren, wie sich die konditionale Verknüpfung dieser unterschiedlichen Interessen am Verhalten der jeweils ande-

---

235 Zwei wichtige Prämissen Luhmann sind allerdings auch von der Realität der alten Hochkulturen nur rudimentär gedeckt: die Kultur als Möglichkeitsraum und das Verhältnis doppelter Kontingenz zwischen Ego und Alter. Deswegen ist die Entwicklung dieser Gesellschaften auch weniger kontingent sondern in wesentlichen Zügen vorgezeichnet.

ren Seite realisiert. Auf beiden Seiten müssen **Spannungsverhältnisse zwischen den innergesellschaftlichen Interessen und der eigenen rituellen Praxis** aufgebaut werden. Die (residuale) Kultgemeinschaft hat magisch-religiöse Interessen gegenüber dem Stellvertreter. Sie kann sie aber nur realisieren, wenn sie den zunehmend materiellen Interessen des Stellvertreters und seiner Repräsentanten nachkommt. Auf diesem Wege entstehen *Arbeitskräfte, die materielle Leistungen erbringen müssen, aber sich geistig in der Tradition bewegen. Auf der anderen Seite muss der Stellvertreter in seinem Verhalten den magisch-religiösen Erwartungen der Kultgemeinschaft nachkommen, also häufig in Zeremonialgewändern Rituale durchführen, an die er selbst vielleicht gar nicht mehr glaubt, weil er eher an materieller Machtausübung interessiert ist.*

Wenn man nun noch den Zentralisations- und Konzentrationsprozess bei der stellvertretenden Durchführung der Rituale bedenkt, dann wird klar, warum sich im Verlauf dieser Entwicklung in allen sechs Fällen immer mehr Macht und Innovationspotential an der gesellschaftlichen Spitze konzentriert. Dieser Zentralisations- und Konzentrationsprozess reduziert nämlich die Optionen der residualen Kultgemeinschaft bei der Auswahl und dem Wechsel von Stellvertretern und er spielt – ähnlich dem Monopolmechanismus bei Elias 1976 – dem als Sieger aus diesem Ausscheidungskampf hervorgehenden Stellvertreter alle Ressourcen wie alle Möglichkeiten der Durchsetzung arbeitsteiliger Leistungen zu.

Vor diesem Hintergrund sind die drei Phasen der Entwicklung aller primären Zivilisationen als eine konsistente Entwicklung zu verstehen. Eine einmal eingesetzte innergesellschaftliche Konstellation entwickelt ihr immanentes soziales Ordnungspotential! Das bedeutet auch, dass hier nicht mehr die kollektive Sprach- und Kultgemeinschaft der Motor der Entwicklung ist, sondern nur noch der Stellvertreter an der Spitze der Gesellschaft und die mit der – stellvertretenden – Ausübung seiner Funktionen betraute Elite der Schriftkundigen, Bürokraten, Militärs, Wissenschaftler, Baumeister und Künstler (vgl. auch Eisenstadt 1987 und 1992).

Am Ende der dritten Phase, bei der Herausbildung immer expansiverer und militärisch dominierter Staaten, zeigt sich, dass dieser Entwicklungsmechanismus letztendlich seine Voraussetzung überstrapaziert und zerstört: ein gemeinsames Weltverständnis und eine darin gegründete Sozialstruktur und rituelle Praxis. Insbesondere die Praxis der Zerstörung gewachsener Kulturen durch Deportation zerstört die gemeinsame magisch-religiöse Grundlage der ersten Zivilisationen.

Damit hat sich auch das Potential der als Kollektive, als Sprach- und Kultgemeinschaften entstandenen ersten Gesellschaften verbraucht. Deswegen spannt dieser erste Band zur Gesellschaftsentwicklung auch den Bogen von der „Erfindung" von Gesellschaften bis zu den alten Hochkulturen.

4 Reproduktive Mechanismen – Wie sich die Anforderungen an die Reproduktion gesellschaftlicher Ordnungen im Zuge der Gesellschaftsentwicklung gesteigert haben.

Ein wichtiger Vorzug einer systemtheoretischen Vorgehensweise ist, dass beobachtet, angegeben und damit auch empirisch überprüft werden kann, durch welche Operationen ein bestimmtes soziales System reproduziert wird. Alle mit der zeitlichen Dauer sozialer Systeme verbundenen Fragen wie Bestandsproblematik, Fragen des sozialen Wandels usw. können damit zumindest vom Prinzip her als empirische Fragen behandelt werden.

Daher soll in diesem Abschnitt, die in den Kapiteln 5 – 7 entwickelte „Lesart" der Gesellschaftsentwicklung von den Anfängen bis zu den alten Hochkulturen einer punktuellen und fallbezogenen Überprüfung zugänglich gemacht werden. Dies ist über eine Präzisierung der Reproduktionserfordernisse von Gesellschaften möglich.

Ich beginne mit dem analytischen Ausgangspunkt, der „Erfindung" der Gesellschaft. In den Kapiteln 2 – 4 hatte sich gezeigt, dass „Gesellschaft" bzw. „Kommunikation in einem gesellschaftlichen Rahmen" von allen anderen Formen menschlichen und nichtmenschlichen Sozialverhaltens durch einen spezifischen Reproduktionsmodus unterschieden werden kann. Der Gesellschaftsbildung liegt, wie gezeigt wurde (Kap. 4), folgende Konstellation zugrunde: Kommunikation einer Kultgemeinschaft mit einem abwesenden (imaginären) Dritten (z.B. Ahnengeist), von dem sich die Kultgemeinschaft abhängig fühlt. Unter diesen Bedingungen kann nur kommuniziert werden, wenn die Kultgemeinschaft sich an selbst gesetzte Regeln bindet.

So entsteht ein Medium[236] Geltung beanspruchender Regeln und Normen, das an die Stelle empirischer Konstellationen tritt[237]. Die konkreten Regeln sind dagegen Formen, die so lange identisch reproduziert werden, wie den selbstgesetzten Regeln entsprechende rituelle Kommunikationen aufgeführt werden. Sie reproduzieren die Selbstbindung der Kultgemeinschaft an ein Weltverständnis, das im Ritual aufgeführt wird und auf diese Weise von den Beteiligten als Realität erfahren und zugleich bewirkt werden kann. In dieser Verschränkung werden Weltverständnis, Sozialstruktur und Rituale reproduziert.

Das Medium Geltung beanspruchender Regeln wird dagegen solange reproduziert als die Konstellation einseitiger Abhängigkeit und darauf basierende Formen der Selbstbindung existieren.

Die Reproduktion der Selbstbindung der Kultgemeinschaft ist von den empirischen Reaktionen Anderer (sprachlich: zweite oder dritte Person) unabhän-

---

236 Vgl. das Begriffspaar Medium und Form bei Luhmann 1997; 190ff.
237 Unter rechtssoziologischen Gesichtspunkten vgl. auch Habermas 1992.

gig. **Der Fortbestand derartiger Stammesgesellschaften hängt daher davon ab, *ob die intern festgelegten Erfolgsbedingungen der rituellen Kommunikation erfüllt werden.*** So soll beispielsweise ein Ritual sibirische Bärenjäger vor der Rache des Bärengeistes schützen und zukünftiges Jagdglück bescheren. Solange die Kultgemeinschaft ihren Ritualen diesen festgelegten Effekt zuschreibt, gelten sie als erfolgreich und werden demzufolge weiter aufgeführt. Das bestätigt wiederum die diesem Ritual zugrundeliegende Kosmologie.

Nach diesem Muster kann man erklären, warum eine einmal erfolgte „Gesellschaftsbildung" (vgl. Kap. 4) möglicherweise sogar als konkrete Form über Jahrzehntausende identisch reproduziert werden kann. Solche Vermutungen sind für Europa aufgrund archäologische Funde zumindest plausibel[238].

Am Beispiel von Durkheims Studie über die australischen Ureinwohner (Kap. 5) kann man erkennen, dass auch das Fortbestehen der Kultur und der Sozialstruktur von Jäger/Sammlerinnen-Stammesgesellschaften von der korrekten Durchführung der überlieferten Rituale abhängt. **Entscheidend für die Reproduktion derartiger Gesellschaften ist das mit ritueller Sorgfalt durchgeführte und als erfolgreich angesehene Ritual.** Durkheims Diskussion über das Verhältnis von Phratrien und Clans, mehr noch die ethnologische Kritik an Durkheim lässt vermuten, dass entweder die von ihm verwendeten Materialien das gesellschaftliche Leben der australischen Stammesgesellschaften nicht vollständig erfasst haben oder dass bereits eine partielle Erosion der alten Kultur eingetreten war, so dass der Zusammenhang zwischen Ritualen, Sozialstruktur und Weltverständnis nicht mehr vollständig präsent war.

Für eine Jahrtausende alte weitgehende Stabilität der australischen Stammesgesellschaften spricht, dass die Tier- und Pflanzenwelt des fünften Kontinents sich über lange Zeiträume kaum verändert hat. Zum Zeitpunkt der Entdeckung Australiens durch die Europäer war die Tier- und Pflanzenwelt von Arten (wie den Beuteltieren) mit einer ganz eigenen langen Evolutionsgeschichte geprägt, die nur hier angetroffen wurden. Da das Weltverständnis der australischen Stämme eine enge Verwandtschaft zwischen der Sozialstruktur der Stammesgesellschaften und der Tier und Pflanzenwelt postuliert (vgl. Kap. 5), bestätigte diese Konstanz der Umwelt den Erfolg der Rituale. Ich vermute daher keine Anlässe („Irritationen"), am Erfolg der überlieferten Rituale zu zweifeln.

---

238 So haben sich nach allgemeiner Auffassung die Darstellungen in den französisch-spanischen Bilderhöhlen über rund 20.000 Jahre hinweg nicht verändert (Vgl. Clottes/Lewis-Williams 1997). Gimbutas (1995 a und b) belegt die Kontinuität symbolischer Zeichen über einen ähnlich langen Zeitraum. Vor allem aus den Verknüpfungen zwischen symbolischen Zeichen kann man folgern , dass auch ihr Bedeutungsgehalt unverändert geblieben ist. Allerdings ist bei archäologischen Funden aus schriftlosen Kulturen immer zu beachten, dass man soziale Praktiken nicht allein aus solchen Funden rekonstruieren kann (vgl. hierzu: Leroi-Gourhan 1981).

In einer anderen Situation befanden sich Stammesgesellschaften mit einem ähnlich gelagerten Weltverständnis, deren Umwelt rapiden Klimaveränderungen unterworfen war. Sie erlebten das Verschwinden ihrer pflanzlichen und tierischen „Verwandten". Derartige Irritationen könnten Zweifel am Erfolg der überlieferten Rituale hervorgerufen haben und zu einem Umbau des Weltverständnisses – also der konkreten Form, aber nicht des Mediums normativer Selbstbindung – geführt haben.

Jedenfalls sind für Europa und Kleinasien für eine von ständigen Klimaschwankungen und allmählicher Erwärmung geprägte Zeitphase von ca. 18.000 v.u.Z. bis ca. 3.000 v.u.Z. zahllose Relikte einer Symbolwelt gefunden werden, die zu einem auf die Reproduktion des Lebenszyklus (Leben, Tod und Wiedergeburt) gerichteten „Kult der Göttin" zusammengesetzt werden können (Gimbutas 1995 a und b).

Verglichen mit den Ritualen der australischen Stämme lassen die Funde auf eine starke Intensivierung der Rituale, auf ihre jahreszeitliche Ordnung und auf wesentlich weitgehendere und präzisere Erfolgskriterien schließen. Daraus kann man folgern, **dass das Risiko, dass den eigenen Ritualen Erfolglosigkeit zugeschrieben wird, deutlich gestiegen ist.** In Verbindung mit dem dokumentierten Klimawandel **vergrößert das deutlich die Chance für weiteren sozialen Wandel.** Alle Anhaltspunkte deuten nun darauf hin (vgl. Kap. 6), dass diese Zweifel am Erfolg eigener Rituale nicht grundlegender Art waren – die Symbolwelt scheint sich ja gerade nicht verändert zu haben. **Sie könnten eher in Richtung auf Anstrengungen gegangen sein, die Wirksamkeit der eigenen Rituale immer weiter zu steigern. Es scheint mir höchst plausibel zu sein, die wichtigste Innovation dieser Kulturen, Praktiken des Ackerbaus und der Sesshaftigkeit (Kapitel 6) als Versuch zu verstehen, genau dies zu tun.**

Darauf deutet vor allem die magische Bedeutung des Ackerbaus hin. Sie besteht darin, dass das Deponieren eines „toten" Korns in der Erde die Fruchtbarkeit der Pflanze, ihre Wiedergeburt bewirkt, wenn das zum geeigneten Zeitpunkt passiert. Die Ernte bewirkt die Tötung der Pflanze, die Lagerung der Ernte entspricht dem Begräbnis, die erneute Aussaat bewirkt die erneute Wiedergeburt usw. Der Verzehr des toten Korns bewirkt Fruchtbarkeit beim Mensch bzw. Tier – reziprok dazu sind Tier- und Menschenopfer zu verstehen. Auch die weiteren Elemente der bäuerlichen Kultur (Häuser, Backöfen, Keramik, der Vorgang des Webens usw. waren in den frühen Ackerbaukulturen Teil dieses Zusammenhangs (vgl. Kap. 6).

Diese Ausweitung ritueller Einflussnahme auf den Prozess von Leben, Tod und Wiedergeburt *erweitert auch die Reproduktionsbedingungen dieser Gesellschaften.* Nicht nur Ritualen sondern auch allen aus heutiger Sicht materiellen Tätigkeiten des Ackerbaus, der Hauswirtschaft, allen Praktiken des Webens,

Bauens usw. konnten Erfolge wie Misserfolge bei der Reproduktion des Weltverständnisses zugeschrieben werden. Das legte es nahe, die Vorgänge noch enger miteinander zu verzahnen und nahezu jede materielle Tätigkeit rituell vorzubereiten – die Durchführung von Ritualen wie dem rituellen Pflügen gehörte noch zu den Verpflichtungen der Pharaonen (vgl. Kap. 7).

Primäre Zivilisationen/Alte Hochkulturen/Staaten (Kapitel 7) haben die Komplexität ihrer Reproduktionsbedingungen noch weiter gesteigert. Diese Komplexitätssteigerung lässt sich grob in zwei Phasen unterteilen.

a) In der formativen Phase erfolgte eine Hierarchisierung der Kultgemeinschaft und eine Zentralisierung der Rituale. Das führte zu entsprechend gesteigerter **Verbindlichkeit innergesellschaftlicher Austauschbeziehungen** und zur **Verwandlung der Bevölkerung in materielle Leistungen erbringende Arbeitskräfte**. Der religiösen Zentralisierung und Hierarchisierung entsprach deswegen ein redistributives Wirtschaftssystem, das die Sozialbeziehungen auf der Basis von Arbeitspflicht und der Abgabe des landwirtschaftlichen Mehrprodukts mit materiellen Mitteln ordnete.

Für den Fortbestand derartiger Gesellschaften war die kontinuierliche Erwirtschaftung eines landwirtschaftlichen Mehrprodukts entscheidend, das die Ernährung der nichtbäuerlichen Spezialisten sowie den Aufbau militärischer Fähigkeiten ermöglichte. Die Zentralisierung der Rituale und die Hierarchisierung der Sozialstruktur steigerte die Abhängigkeit vom Erfolg der Spitze sowohl in magisch-religiöser wie auch in materieller Hinsicht.

b) Die Reproduktionsbedingungen der alten Hochkulturen erweitern sich in dem Moment um eine weitere Dimension, wo die Umwelt aus **konkurrierenden Gesellschaftssystemen** besteht, die zumindest eine militärische Bedrohung darstellen können. Unter diesen Bedingungen **werden militärische Erfolge zur primären Reproduktionsbedingung**. Militärische Niederlagen können nicht nur faktisch das Ende eines Staatsverbands bedeuten, sie müssen in jedem Fall als eine Unterlegenheit der eigenen Schutzgötter aufgefasst werden, was auch alle magisch-religiösen Erfolgskriterien unterhöhlt.

Alle anderen Reproduktionsbedingungen sind nun an diese militärischen Reproduktionsbedingungen gebunden. Militärische Erfolge werden zu Anzeichen für den Erfolg der magisch-religiösen Rituale und darauf gerichteter materieller Aktivitäten (wie vor allem: Tempelbau). Wirtschaftliche Stärke ist eine Voraussetzung militärischer Erfolge aber auch ihre Folge. Ähnliches gilt für Bevölkerungsentwicklung und innergesellschaftliche Arbeitsteilung. Im Selbstverständnis der Gesellschaften bleiben aber kriegerische Erfolge den Erfolgen der magisch-religiösen Rituale nach wie vor untergeordnet. Das machen die Annalen der assyrischen Großkönige am Eindrucksvollsten klar.

5 Die Umkehr der Denkrichtung – zu den Möglichkeiten einer historischen Soziologie in systematischer Absicht.

Am Ende dieses Schlusskapitels möchte ich noch auf einige methodische Probleme eingehen.

Die in diesem Band angestellten Analysen mögen dem einen oder anderen wissenssoziologisch und/oder systemtheoretisch informierten Leser reichlich naiv anmuten. Schließlich hat uns schon die ältere Wissenssoziologie darüber aufgeklärt, dass das, was man erkennt, von den verwendeten Begriffen abhängt und die präferierten Begriffe wiederum von den Interessen und Standpunkten des wissenschaftlichen Beobachters abhängen. Daraus hat sich in der Soziologie ein weitgehender wissenschaftsrelativistischer Konsens derart entwickelt, dass man ein und demselben Phänomen unterschiedlichste Aspekte abgewinnen kann, je nachdem aus welcher Theorie- und Begriffsperspektive man es beleuchtet.

Das hat zur Folge, dass es nicht mehr feststellbar ist, ob die „Entdeckung" von etwas Neuem auf den Gegenstandsbereich oder auf die verwendete Theorieperspektive zurückzuführen ist. Das entzieht auch klassischen, auf das Falsifizieren von Hypothesen abstellenden Wissenschaftsperspektiven zumindest für komplexere soziologische Phänomene die Substanz. Das Geschäft der Soziologen besteht dann eher in „Paradigmenwechseln" oder in Neuarrangements bestehender Theorieperspektiven.

Dieser eher implizite Konsens ist seit einigen Jahren durch eine explizite Theorie der soziologischen Beobachtung von Niklas Luhmann geadelt worden (Luhmann 1997; 886ff.), die zumindest in der deutschen Soziologie weitgehend akzeptiert wird. Luhmann geht davon aus, dass Gesellschaft die Bezeichnung für alles Soziale einschließlich des gesamten soziologischen Gegenstandbereichs „ist". Daraus folgt für soziologische Analysen, dass sie immer aus der Gesellschaft heraus erfolgen, da jeder denkbare Beobachter selbst Teil der Gesellschaft „ist". Das begrenzt seine Erkenntnismöglichkeiten prinzipiell. Beobachtungen der Gesellschaft oder bestimmter Teilaspekte weisen daher immer einen blinden Fleck auf. Das gilt auch für Beobachtungen 2. Ordnung, also für die Beobachter der Beobachter der Gesellschaft bzw. gesellschaftlicher Teilaspekte. Luhmann folgert daraus nicht, dass derartige Beobachtungen überflüssig, sinnlos oder unwissenschaftlich seien, sondern, seinem Theorieprogramm entsprechend, dass soziologische Beobachtungsstandpunkte eben immer wieder variiert werden müssten, so dass auch die „blinden Flecke" variieren und die unterschiedlichen Beobachtungen sich gegenseitig zu einem Gesamtbild ergänzen.

Vermutlich aufgrund dieser engen Anschlussfähigkeit an die soziologische Forschungspraxis, die Luhmanns Beobachter-Theorem zudem als unausweichlich legitimiert, ist meines Wissens bis heute die offensichtliche Paradoxie dieser

Argumentation nicht diskutiert worden. Sie ist nämlich nur solange plausibel, als dem Urheber dieses Theorems ein Standort *außerhalb* der blinden Flecke zuerkannt wird. Wird auch Luhmann gedanklich in „der Gesellschaft" positioniert, dann sind auch seine Begriffe wie eben der Begriff Gesellschaft und auch der „blinde Fleck" selbst möglicherweise mit einem blinden Fleck behaftet. Wenn man Luhmanns Analyse des soziologische Beobachters also für „wahr" hält, dann ignoriert und dementiert man damit zwangsläufig ihre gedanklichen Grundlagen!

Lösen wir uns wieder aus den Fallstricken dieser Paradoxie und sehen wir dem relativistischen Einwand ins Gesicht, dass die hier vorgelegte Analyse nur eine von unendlich vielen Möglichkeiten zum Thema Gesellschaftsentwicklung darstelle und man sich gut einen etwas spritzigeren Text vorstellen könne. Im Übrigen, so könnte man weiter folgern, sei nicht recht einzusehen, warum man sich überhaupt mit der doch wohl unlösbaren Frage der Entwicklung von Gesellschaften befassen solle. Schließlich gebe es doch wahrhaftig genug wichtige aktuelle soziale Probleme zu bearbeiten usw.

Was kann man solch „nüchternem Pragmatismus" entgegnen? Ich werde im Folgenden in dieser Reihenfolge auf die Einwände Beliebigkeit, Unlösbarkeit und Relevanz eingehen

Gegenüber dem Einwand der Beliebigkeit ist zunächst einmal fest zu halten, dass Gesellschaftsentwicklung, also die Entwicklung von Gesellschaften, die das soziale Leben bestimmen, eine kaum bezweifelbare Tatsache ist, die unabhängig von speziellen Theorieperspektiven eingesehen werden kann. Kaum bezweifelbar ist auch, dass die menschliche Gattung über weite Strecken ihrer Evolutionsgeschichte durchaus erfolgreich ohne Gesellschaften ausgekommen ist und dass die Entwicklung von Gesellschaften (a) der weiteren Entwicklung eine spezifische, nicht mehr biologisch, sondern kulturell geprägte Richtung gegeben hat und (b) die evolutionäre Entwicklung stark beschleunigt hat.

Schließlich ist auch kaum bezweifelbar, dass Gesellschaft nicht auf genetischem Wege, sondern als *menschliche Konstruktion* entstanden ist. Das ist ein entscheidender Punkt, der der Beliebigkeit soziologischer Analysen Grenzen setzt, wenn man ihn nur ernst nimmt. **Wenn Gesellschaft nämlich ein von den Menschen selbst entwickeltes kulturelles Konstrukt ist, dann kann dieses Konstrukt prinzipiell auch wissenschaftlich rekonstruiert werden.** Wie auch anderen Ereignissen aus der Ur- und Frühgeschichte stehen der Rekonstruktion allerdings immense praktische Schwierigkeiten entgegen, die hinreichend bekannt sind (vgl. z.B. Leroi-Gourhan 1981; 7ff.). Das Ergebnis einer solchen Rekonstruktion ist aber keineswegs rein spekulativ und ausschließlich von der Theorieperspektive abhängig, sondern es unterliegt wie jede andere Re-Konstruktion auch sachlichen Erfolgskriterien. Welche Kriterien das sein können, wurde unter 8.2.3 gezeigt.

Während „Beobachtungen" fast unbegrenzt variiert werden können, unterliegen Rekonstruktionen engen Restriktionen durch das zu ordnende Material. Konkurrierende Interpretationen können zwar nicht über Falsifikationsverfahren überprüft werden. Sie können aber daran gemessen werden, in welchem Maße sie das Material ordnen und darüber historische Prozesse erklären können. Daran muss sich auch die vorangegangene Analyse messen lassen.

Aber noch eine zweite „Freiheit" soziologischer Beobachtung kann bei **soziologischen Rekonstruktionen** nicht übernommen werden. Soziologische Beobachter stehen nicht nur „in der Gesellschaft", sie stehen auch nur in der gegenwärtigen Gesellschaft und erkennen mit der heutigen, sicherlich theoretisch aufgeladenen, Optik von dort aus Differenzen. Diesen Standort teilen sie durchaus mit Beobachtern aus anderen Disziplinen. Welche Ergebnisse dieser Beobachtungsstandpunkt zu liefern im Stande ist, möchte ich an einigen beliebig erweiterbaren Beispielen zeigen.

Wenn z.B. die Ethnologie Stammesgesellschaften über Merkmale wie geringe Größe, das Fehlen von Staatenbildung und eines politischen Herrschaftsapparates[239] beschreibt, dann hat sie damit nichts anderes getan, als sie von heutigen Gesellschaften zu unterscheiden. Ganz ähnlich ist der Erkenntnisgehalt bei Becks Unterscheidung zwischen erster und zweiter Moderne (Beck 1986; 1993). Von dem heutigen Standpunkt aus wird sichtbar, dass die modernen Gesellschaften der 60er Jahre noch nicht so modern waren wie die heutige Gesellschaft. Der wissenschaftliche Charakter dieser Beobachtung erschöpft sich dann in der Systematik, mit der diese Unterscheidung ausbuchstabiert wird. Auch die Geschichtswissenschaft bietet ein Fülle instruktiver Beispiele für die dürftige Erklärungskraft von Begriffen, die von einem heutigen Beobachterstandpunkt aus formuliert wurden. So wurde z.B. eine der ältesten in Europa gefundenen Figuren als „Venus von Willendorf" apostrophiert, weil hier Merkmale des weiblichen Körpers in einer Weise betont wurden, die dem heutigen Schönheitsideal Hohn spricht. Ähnliches gilt für Begriffe wie „Linienbandkeramiker".

Das grundsätzliche Problem dieser uns geläufigen Optik ist, **dass retrospektiv gewonnene Unterscheidungen von der Sache her immer fiktiv sind. Wir können so nur Differenzen registrieren, aber das Unbekannte nicht von seiner Genese her verstehen.**

Beispielsweise kann die in Stammesgesellschaften entwickelte menschliche Praxis nicht vom Standpunkt der Gegenwartsgesellschaften her verstanden werden sondern nur von Vor-Stammesgesellschaften aus. Vom heutigen Standpunkt

---

239 Vgl. im Einzelnen den Überblick bei Kohl 1993.

fällt uns nur die geringe Größe auf. Es könnte historisch aber genau umgekehrt gewesen sein, dass Stammesgesellschaften einen zuvor ungekannten Populationsumfang erreicht hatten (vgl. z.B. Massey 2002).

Ebenso kann man die Spezifik der ersten Moderne nur vom Standpunkt vorangegangener Gesellschaftskonstruktionen und der von diesen geerbten und bearbeiteten Problemlagen verstehen (vgl. z.B. Brock 1991). Vom Standpunkt der zweiten Moderne kann man eben nur sehen, welche Praktiken sie noch nicht kennt oder weniger systematisch entwickelt hat.

Zur „Venus von Willendorf": Nur wenn man sich von einer sexuell unterlegten Betrachtung weiblicher Körper lösen kann, dann kann man vielleicht neben der „Übergewichtigkeit" auch bemerken, dass sowohl die in Willendorf gefundene Figur wie auch zahlreiche andere aus demselben Zeitraum keine Gesichtszüge aufweist! Das könnte bedeuten, dass wir keine Frauengestalt, sondern ein symbolisches Zeichen vor uns haben, das bestimmte Merkmale des weiblichen Körpers im Rahmen magischen Denkens betont. Dafür sprechen auch die Fundorte.

Von einer gehaltvollen soziologischen Rekonstruktion ist zunächst zu fordern, dass dem Wissenschaftler diese Problematik geläufig ist. **Er muss also die Frage, *was* unterscheidet „andere" von „uns" ersetzen durch die rekonstruktive Frage *wie* „andere" zu einer bestimmten Gesellschaftskonstruktion gekommen sind.**

Hier kommt das **Tabu der Unlösbarkeit** zusätzlich ins Spiel. Wir befinden uns doch schließlich alle in „der" heutigen Gesellschaft und können keine Zeitreise unternehmen – oder? Bei etwas genauerem Hinsehen ist das aber kein ernsthaftes Argument. „Die Gesellschaft" ist allenfalls eine analytische Konstruktion. Wir befinden uns real immer in spezifischen Positionen und Rollen, die wir mit den dazugehörigen Standpunkten auch wechseln können. Dazu gehört immer auch das „Fremdverstehen" in diversen Varianten. Die Frage ist also eher, wie sich eine erforderliche Umkehr der Denkrichtung praktisch bewerkstelligen lässt.

Wie kann eine vom Heute aus auf die Vergangenheit blickende Denkrichtung umgekehrt werden in eine, die historische Handlungsperspektiven immanent zu rekonstruieren sucht? Die Probleme ähneln denen der Kognitionswissenschaften, die versuchen, geistige Prozesse bei Tieren zu erforschen (vgl. Perler/Wild 2005), ohne indes diese prinzipielle Schärfe zu ereichen. Die dort bestehenden methodischen Probleme hat Nagel folgendermaßen auf den Punkt gebracht: „Wir können nicht wissen, wie es ist, eine Fledermaus zu sein?" (Nagel 1979). Im Falle der Kognitionswissenschaften markiert die menschlichen Natur Grenzen der Erfahrbarkeit, für die methodische Brücken gesucht werden müssen. Während bei den üblichen anthropozentrischen Sichtweisen, die menschliche

Natur als Krone der Evolution erscheint, wird hier deren Begrenztheit und Spezifizität sichtbar. Wir Menschen „sind Naturprodukte wie alle anderen Lebewesen auch. Die Welt richtet sich genauso wenig nach unseren kognitiven Begrenzungen wie nach denen einfacherer Lebewesen" (Tye 1997; 289).

Derart prinzipielle Grenzen der menschlichen Natur müssen für Rekonstruktionen der Gesellschaftsentwicklung zwar nicht überschritten werden, wohl aber die **Grenzen kultureller Welten.** Bei kulturellen Welten, die etwa in Form einer bestimmten Umgangssprache und des dazugehörigen Wortschatzes existieren, sind Grenzen gegenüber einer Welt des Unbekannten, Unerkennbaren und Unaussprechlichen zwangsläufige Entsprechungen der inneren Konsistenz und des Anspruchs, dass „alles" in dieser Sprache (wie jeder anderen auch) ausgedrückt werden kann. Zwischen solchen in sich geschlossenen sprachlichen Welten sind **Übersetzungen** möglich, die auf Übereinstimmungen in den sprachlichen Grundlagen und im Lebensalltag aufbauen können. Solche **Gemeinsamkeiten mit Überbrückungsfunktion** müssen erst ausfindig gemacht werden, wenn man versuchen möchte, sich in untergegangene bzw. nur noch rudimentär existierende kulturelle Welten hinein zu begeben. **Eine solche Brückenfunktion bietet der Gesellschaftsbegriff,** da man sich an bestimmten Verhaltensweisen wie der Bestattung Toter (vgl. Kapitel 2) klar machen kann, dass Gesellschaften in untrennbarem Zusammenhang mit der Umstellung unserer Verständigung auf das Medium „Sinn" entstanden sein müssen und seit mindestes 100.000 Jahren unverändert die Funktion erfüllen, unsere Kommunikation und unser Zusammenleben zu regeln.

Wie das bereits länger existierende Beispiel Kognitionswissenschaften zeigt, sind solche Brücken allerdings mit einem klassischen Methodenverständnis nicht zu vereinbaren, dass Methoden auf der Ebene von Erkenntnisvoraussetzungen ansiedelt, die unabhängig vom Erkenntnisstand existieren. Solche methodischen Brücken werden erst im Zuge von Forschungs- und Erkenntnisprozessen entwickelt und sukzessive in Forscherzirkeln verankert. Wo die Wissenschaft in unbekanntes Terrain vordringt, muss sie sich erst ihre Voraussetzungen selbst schaffen in ähnlicher Weise wie man einen unbekannten Dschungel nur erforschen kann, wenn man dort Pfade schlägt, die die weiteren Ergebnisse auch vorstrukturieren.

An dieser Stelle unser Überlegungen können wir auch das **Relevanzproblem,** also die skeptische Frage, wozu das Ganze denn überhaupt gut sein soll, beantworten. Die Funktion solcher methodischen Brücken besteht nämlich nicht nur darin, dass sie der Wissenschaft unbekanntes Terrain erschließen. Er erlaubt uns nicht zuletzt, einen distanzierteren Blick auf das nur allzu Vertraute zu werfen. Für die Kognitionswissenschaften betont der Psychologe Marc Hauser gerade diesen Effekt. Er „ist der Ansicht, dass wir über den Geist weitaus besser

Bescheid wissen werden, wenn wir nicht nur den Geist von Menschen, sondern auch den Geist von Tieren erforschen und die Ergebnisse dann vergleichen. So verfallen wir nicht der Versuchung, den menschlichen Geist, der uns ja viel vertrauter ist, als den Geist schlechthin zu hypostasieren" (zit. nach Perler/Wild 2005; 69). Wenn man Geist durch Gesellschaft und die Unterscheidung Mensch – Tier durch die Unterscheidung: gegenwärtige moderne Gesellschaft – vorangegangene Gesellschaften ersetzt, dann wird die durchaus aktuelle Bedeutung dieser Untersuchung über die „Erfindung" der Gesellschaft deutlich erkennbar. Ein Gesellschaftsbegriff, der, wie der hier vorgeschlagene, universell anwendbar und als Differenz gegenüber anderen Formen des Sozialverhaltens markiert ist, erlaubt auch einen Blick auf die Gegenwart aus einer analytischen Distanz, die auch dem allzu Selbstverständlichen noch Informationen abgewinnen wird. Dieser Ertrag wird allerdings erst in einem zukünftigen dritten Band zur Gesellschaftsentwicklung in vollem Umfang zu erkennen sein.

Derzeit läuft unter Soziologen, die sich mit gegenwärtigen Veränderungen moderner Gesellschaften befassen, eine Art Diagnosenfestival. Je nach Beobachterposition wird uns erklärt, dass wir demnächst in der Zweiten Moderne, der Erlebnisgesellschaft, der Multioptionen-, der Informations-, Wissens-, Netzwerk- ... gesellschaft ankommen werden. Da alle Beteiligten in hinreichendem Maße wissenssoziologische Grundbildung genossen haben, findet auch keine – in der Tat überflüssige – Debatte darüber statt, in welcher dieser Gesellschaften wir uns denn nun tatsächlich befinden (werden). Unter den Beteiligten herrscht zumindest ein augenzwinkernder Konsens darüber, dass ein „sowohl als auch" gilt. Über die Beliebigkeit solcher zweifellos interessanten Beobachtungen wird man nur dann hinauskommen, wenn man eine überzeugende Rekonstruktion heutiger Gesellschaften als Gesamtzusammenhang vorlegen und sie mit anderen Gesellschaftskonstruktionen vergleichen kann. Das setzt aber einen entsprechend universellen Gesellschaftsbegriff voraus.

Für eine **vergleichende Analyse von Gesellschaftskonstruktionen** lässt sich der optimale Zeithorizont genau benennen. Er beginnt mit der „ersten" Gesellschaftskonstruktion und endet mit heutigen Gesellschaften.

Der zeitliche Aspekt hängt eng mit sachlichen Aspekten zusammen. Um zu wissen, wonach man sucht, benötigt man ein begriffliches Grundmodell, das zumindest erklären sollte, wie eine Gesellschaft funktioniert und durch welche Operationen sie reproduziert werden kann. Dieses Grundmodell wird sich in der Auseinandersetzung mit dem Material meistens nicht unerheblich verändern. Auch hier ist der erfasste Zeithorizont insofern von besonderer Bedeutung als aufeinander folgende Gesellschaftskonstruktionen erklärt werden müssen. Hierbei ergeben sich Möglichkeiten von einer auf die andere Gesellschaftskonstruktion zu schließen. Der Idealfall wäre eine Geschichte der Gesellschaftsentwicklung von Anfang an. Hierzu liegt nun ein erster Band vor. Man könnte die hier praktizierte Vorgehensweise als **historische Soziologie in systematischer Absicht** bezeichnen, um sie von der spekulativen historischen Soziologie zu unterscheiden, wie sie etwa vor Jahrzehnten in Deutschland insbesondere von Alfred Weber populär gemacht wurde (A. Weber 1950; 1953)

Literatur

Barta,W (1975): Untersuchungen über die Göttlichkeit des regierenden Königs. Ritus und Sakralkönigtum in Altägypten nach Zeugnissen der Frühzeit und des Alten Reiches. Berlin.
Beck, U. (1986): Risikogesellschaft. Auf dem Weg in eine andere Moderne. Ffm.
Beck, U. (1993): Die Erfindung des Politischen. Ffm.
Berghaus, M. (1999): Wie Massenmedien wirken. Ein Modell zur Systematisierung. In: Rundfunk und Fernsehen 47, H. 2, S.181 – 199.
Berghaus, M. (2004): Luhmann leicht gemacht. Eine Einführung in die Systemtheorie. 2. A. Köln/Weimar/Wien.
Bosinski, G. (1994): Menschendarstellungen in der Altsteinzeit. In: B. Reinhardt/K. Wehrberger: Der Löwenmensch. Tier und Mensch in der Kunst der Eiszeit. Begleitpublikation zur gleichnamigen Ausstellung im Ulmer Museum; 11. September – 13. November 1994, Sigmaringen, S.77 – 100.
Brock, D. (1991): Der schwierige Weg in die Moderne. Ffm./N.Y.
Clottes, J./Lewis-Williams, D. (1997): Schamanen. Trance und Magie in der Höhlenkunst der Eiszeit. Sigmaringen
Darwin, C. (1966): Die Abstammung des Menschen. Wiesbaden 1966. (Englische Erstausgabe 1871)
Durkheim, E. (1981): Die elementaren Formen des religiösen Lebens. (Frz. Original 1912). Ffm.
Durkheim, E. (1981a): Der Dualismus der menschlichen Natur und seine sozialen Bedingungen. In: F. Jonas: Geschichte der Soziologie 2, S. 368 – 380. Opladen (Le dualisme de la nature humaine et ses conditions sociales, in: Scientia, XV, 1914, s. 206 – 221. Übersetzt von F. Jonas)
Eibl-Eibesfeld, I. (2004): Die Biologie des menschlichen Verhaltens. Grundriss einer Humanethologie. 5. Aufl. Vierkirchen-Pasenbach
Eliade, M. (1978): Geschichte der religiösen Ideen. Band 1: Von der Steinzeit bis zu den Mysterien von Eleusis. Freiburg (Amerikanische Erstausgabe 1975)
Elias, N. (1976): Der Prozess der Zivilisation. Ffm.
Eisenstadt, S. N. (Hg.) (1987): Kulturen der Achsenzeit. Ihre Ursprünge und ihre Vielfalt. 2 Bde. Ffm.
Eisenstadt, S. N. (Hg.) (1992): Kulturen der Achsenzeit II. Ihre institutionelle Dynamik. 3 Bde. Ffm.

Findeisen, H./Gehrts, H. (1996): Die Schamanen. Jagdhelfer und Ratgeber, Seelenfahrer, Künder und Heiler. München.
Foucault, M. (1977): Überwachen und Strafen. Ffm.
Fouts, R./Mills, S. T. (1998): Unsere nächsten Verwandten. Von Schimpansen lernen, was es heißt, ein Mensch zu sein. München
Frazer, J. G. (1989): Der goldene Zweig. Das Geheimnis von Glauben und Sitten der Völker. Ffm.
Gehlen, A. (1986a): Der Mensch. Seine Natur und seine Stellung in der Welt. 13. Aufl.; Erstauflage 1940. Wiesbaden.
Gehlen, A. (1986 b): Urmensch und Spätkultur. Philosophische Ergebnisse und Aussagen. 5. Aufl.; Erstauflage 1956. Wiesbaden.
Giddens, A. (1988): Die Konstitution der Gesellschaft. Ffm./NY.
Gimbutas, M. (1987): Megalitic Religion: Prehistoric Evidence. In: M. Eliade: Enzyclopedia of Religion. Bd. 9; S. 336ff. N.Y.
Gimbutas, M. (1995): Die Sprache der Göttin. Ffm.
Gimbutas, M. (1996): Die Zivilisation der Göttin. Ffm.
Göttner-Abendroth, H. (1991): Das Matriarchat II.1. Stammesgesellschaften in Ostasien, Indonesien, Ozeanien. Stuttgart.
Goodall, J. (1971): Wilde Schimpansen. 10 Jahre Verhaltensforschung am Gombe-Strom. Reinbek.
Habermas, J. (1992): Faktizität und Geltung. Ffm. Hauser, M. D. (2001): Wilde Intelligenz. Was Tiere wirklich denken. München.
Hobbes, Th. (1980): Leviathan. Stuttgart. (zuerst 1651).
Horkheimer, M./Adorno, Th. W. (1988): Dialektik der Aufklärung. Philosophische Fragmente. Ffm.
Husserl, E. (1950): Ideen zu einer reinen Phänomenologie und phänomenologischen Philosophie. Erstes Buch: Allgemeine Einführung in die Phänomenologie. Husserliana Bd. III. Hg. von W. Biemel. Den Haag.
Husserl, E. (1972): Erfahrung und Urteil: Untersuchungen zur Genealogie der Logik. Hg. von L. Landgrebe. Hamburg.
Jensen, A. E. (1991): Mythos und Kult bei Naturvölkern. (Erstauflage 1951). München.
Kohl, K. H. (1993): Ethnologie – die Wissenschaft vom kulturell Fremden. München.
Kuckenburg, M. (1999): Lag Eden im Neandertal? Auf der Suche nach dem frühen Menschen. Düsseldorf und München.
Leroi-Gourhan, A. (1981): Die Religionen der Vorgeschichte. Ffm.
Luhmann, N. (1984): Soziale Systeme. Ffm.
Luhmann, N. (1997): Die Gesellschaft der Gesellschaft. Ffm.
Luhmann, N. (1980): Gesellschaftsstruktur und Semantik. Studien zur Wissenssoziologie der modernen Gesellschaft. Bd. 1. Ffm.
Massey, D. S. (2002): A Brief History of Human Society: The Origin and Role of Emotion in Social Life. In: ASR, Vol 67, Feb.; S. 1 – 29.
Mittelstraß, J. (Hg.) (2004): Enzyklopädie Philosophie und Wissenschaftstheorie. 4 Bände. Stuttgart/Weimar.
Münch, R. (1982): Theorie des Handelns. Zur Rekonstruktion der Beiträge von Talcott Parsons, Emile Durkheim und Max Weber. Ffm.

Musto, S. A. (1989): Stichwort Evolutionstheorien. In: G. Endruweit/G. Trommsdorf: Wörterbuch der Soziologie, Bd. 1; 173 – 179. Stuttgart.
Nagel, T. (1979): What Is It Like to Be a Bat? In: Ders: Mortal Questions. Cambridge/New York.
Parsons, T. (1968): Structure of Social Action. NY. (Orig. 1937)
Parsons, T./Shils, E. (1951): Toward a General Theory of Action. Cambridge. Mass.
Perler, D./Wild, M. (2005): Der Geist der Tiere – eine Einführung. In: Diess. (Hg.): Der Geist der Tiere. Philosophische Texte zu einer aktuellen Diskussion. Ffm.
Sapir, E. (1921): Language: An Introduction to the Study of Speech. New York.
Schimank, U. (1996): Theorien gesellschaftlicher Differenzierung. Opladen
Schütz, A./Luckmann, Th. (1975): Strukturen der Lebenswelt. Neuwied und Darmstadt.
Stahl, M. (2003): Gesellschaft und Staat bei den Griechen: Archaische Zeit. Paderborn
Tenbruck, F. (1984): Emile Durkheim oder die Geburt der Gesellschaft aus dem Geist der Soziologie. In: ZfS, 10.Jg. S. 333 – 250.
Tye, M. (1997): The Problem of simple Minds: Is There Anything Ti Is Like to Be a Honey Bee? In: Philosophical Studies 88, S. 165 – 180.
de Waal, F. (1991): Wilde Diplomaten. Versöhnung und Entspannungspolitik bei Affen und Menschen. München/Wien
Weber, A. (1950): Kulturgeschichte als Kultursoziologie (Erstausgabe 1935). München
Weber, A. (1953): Der dritte oder der vierte Mensch. Vom Sinn des geschichtlichen Daseins. München.
Weber, M. (1972): Wirtschaft und Gesellschaft. Tübingen
Weber, M. (1988): Die protestantische Ethik und der Geist des Kapitalismus. In: Ders.: Gesammelte Aufsätze zur Religionssoziologie. Bd. 1. S. 17 –206. Tübingen.
Wesel, U. (1980): Der Mythos vom Matriarchat. Ffm.
Wilson, O. E. (1979): Biologie als Schicksal. Die soziobiologischen Grundlagen menschlichen Verhaltens. Ffm./Berlin.